1 공묘 주전인 대성전(大成殿). 높이 24.8m, 폭 45.8m, 내부 길이 24.9m나 되는 대건축물로, 지붕은 베이징고궁(北京故宮)과 마찬가지로 황색(황제의 용품에 썼던 고귀한 색깔)의 유리와(琉璃瓦)로 되어 있다. 이 대성전 앞에 있는 노대(露臺, 지붕이 없는 대)에서는 매년 9월 상순에 '공자문화제'의 일환인 팔일무가 개최된다.

2 화려한 조각이 있는 본전 석주(石柱).

1 울창한 거목으로 둘러싸인 공묘(孔廟). 오른쪽에 공부(孔府), 멀리 뒤에 공림(孔林)이 보인다. 바로 앞은 명대(明代)의 성문.

2 공묘의 거의 한 가운데에 위치하는 규문각(奎文閣). 송대에 세워진 것으로 장서루(藏書樓)라고 부르며, 공묘에서 대대로 전해져 오는 경전 등의 장서가 보관되어 있다. 그 옆에 서 있는 높이 6m, 폭 2m의 '복구된 공자묘비' (명나라 成化 연간 4년) 라고 쓰여진 탁본은 각 나라의 서도가들에게 인기가 높다.

3 취푸[曲府] 시가에서 공림으로 참배하러 가는 도중에 만나게 되는 만고장춘(萬古長春). 명만력(明萬曆) 22년(1594년)에 창건된 이 석방(石坊)에는 용, 기린, 준마, 사슴, 서운 등의 장식문양이 선명하게 조각되어 있다. 참배하러 가는 길을 따라 양쪽으로 오래된 떡갈나무가 즐비하게 늘어서 있는데, 유구한 역사를 느낄 수 있다.

1 취푸[曲阜]의 공림(孔林, 공자 및 그 후예들의 묘소)에 있는 공자의 묘소(사진 오른쪽). 공자 사후 그의 죽음을 간파했던 고제(高弟)인 자공(子貢)은 묘소 옆(사진 왼쪽)에서 총 6년간 그를 잃은 슬픔을 노래했다.

2 공자의 묘지. 토분 앞에 '대성지성문선왕묘(大成至聖文宣王墓)' 라는 돌비석이 서 있다. 그 옆에 장남 공리(孔鯉)와 손자 공급(孔伋)의 묘가 있는데, 이와 같은 묘장법을 휴자포손(携子抱孫, 아들을 거느리고 손자를 껴안다)이라고 한다.

3 공림 내부는 관광용 마차나 버스 등이 순회할 수 있다. 물론 하이킹을 하는 기분으로 걸으면서 여기저기에 서 있는 옹방강(翁方綱), 하소기(何紹基)와 같은 서예가가 쓴 석패를 보면서 순회하는 것도 하나의 즐거움이다.

4 공묘(孔廟) 안에서 동쪽으로 난 승성문(承聖門)을 막 들어선 곳에 공자의 고택(故宅)이 있었던 자취가 남아 있다. 공자 일가는 이 우물물을 먹었다고 하는데, 청나라의 건융제는 물을 입에 담고서 "물을 마시고, 생각한다. 아아 선왕이시여 실은 그가 나의 스승이었군요" 라는 말을 했다고 한다.

전각 | 벽계(甓溪)

미자(微子) 편 8장에 나온다. 그렇다 할 것도[可] 없고[無] 그렇지 않다 할 것도[不可] 없다[無]. 시비(是非)하지 말라 함이다. 시비(是非)를 가려 시(是)는 시(是), 비(非)는 비(非) 둘로 나누어 고집하지 말라는 것이다. 이는 서구(西歐)의 형식논리(形式論理)와는 전혀 다른 생각하기[思之]다. 이성(理性, logos)으로 셈하고 검증하여 시(是)와 비(非)를 둘로 나누려는 논리(論理)란 물질(物質)에는 통하지만 목숨(生命)에는 통하지 않는다. 유가(儒家)의 무가무불가(無可無不可) · 도가(道家)의 인시인비(因是因非) · 불가(佛家)의 무파이무불파(無破而無不破) 등은 다 같은 말씀이다. 시비(是非)를 나누어 둘[二]이라고 고집하지 말라. 물건은 저울로 달 수 있어도 마음은 그렇게 할 수 없다. 그러니 걸림 없이 생각하라 함이 무가무불가(無可無不可)이다.

사람인가를 묻는

논어

사람인가를 묻는 논어 후편

펴낸곳 | 동학사
펴낸이 | 유재영
글쓴이 | 윤재근

기획 | 이화진
편집 | 나진이
본문디자인 | 송지화

1판 1쇄 | 2004년 9월 15일
1판 6쇄 | 2017년 12월 31일
출판등록 | 1987년 11월 27일 제10-149

주소 | 04083 서울 마포구 토정로 53(합정동)
전화 | 324-6130, 324-6131 · 팩스 | 324-6135
E-메일 | dhsbook@hanmail.net
홈페이지 | www.donghaksa.co.kr
www.green-home.co.kr

ISBN 89-7190-155-1 04150
ISBN 89-7190-156-X 04150 (전2권)

사람인가를 묻는 논어

후편

윤재근 編

동학사

차례

논어(論語) 후편(後篇)

| 11. 선진(先進) |

| 12. 안연(顔淵) |

| 13. 자로(子路) |

14. 헌문(憲問)

| 15. 위령공(衛靈公) |

| 16. 계씨(季氏) |

| 17. 양화(陽貨) |

18. 미자(微子)

19. 자장(子張)

20. 요왈(堯曰)

논어(論語) 전편(前篇)

논어 論語

후편

후편(後篇) 11

선진(先進)

입문 이 편에서 맨 처음 나오는 구절인 선진어례악(先進於禮樂)의 '선진(先進)'을 따서 편명(篇名)으로 삼았다. 『논어(論語)』를 전후(前後)로 나눌 때 이 「선진(先進)」 편을 후편(後篇)의 첫 편으로 삼는다. 「선진」 편에는 제자들에 대한 공자의 평(評)들이 많이 나온다. 이 편(篇)을 통해 그들의 사람 됨됨이가 어떠했는지 살펴볼 수 있을 것이다. 공자는 직설적으로 지적하거나 우회적으로 둘러대면서 제자들의 인품을 비교해 따져본다.

첫 장(章)에서 공자가 예악(禮樂)을 환기시키는 데 주목했으면 한다. 인품(人品)을 살피고자 할 때 예악을 중심축으로 따져보는 이유가 무엇인지 일깨워주기 때문이다. 공자는 예악 중에서도 예(禮)를 중심에 두고 인생을 밝히는 성인이다.

『예기(禮記)』 제28 「중니연거(仲尼燕居)」에서 공자는 이렇게 말하고 있다. "자왈(子曰) 예야자리야(禮也者理也) 악야자절야(樂也者節也) 군자무리부동(君子無理不動) 무절부작(無節不作) 불능시어례류(不能詩於禮繆) 불능악어례소(不能樂於禮素) 박어덕어례허(薄於德於禮虛)." 예라는 것은[禮也者] 도리이고[理], 악이란 것은[樂也者] 절제이다[節]. 군자는[君子] 도리가[道] 없으면[無] 거동하지 않고[不動], 절제가[節] 없으면[無] 작정하지 않는다[不作]. 시를[詩] 잘못하면[不能] 예를[於禮] 어긋나게 하고[繆], 악을[樂] 잘못하면[不能] 예를[禮] 버려두게 되며[素], 덕을[於德] 박하게 하면[薄] 예를[於禮] 없애버린다[虛].

위에서 보다시피 공자는 예(禮)를 위해 시(詩)와 악(樂), 그리고 덕(德)까지 닦아야 한다고 여긴다. 이런 점에서 도가(道家)와 유가(儒家)는 서로 다르다. 도가는 예악 중에서 악(樂)을 중심으로 하여 인락(人樂)을 천락(天樂)에 포함시킨다. 도가에서 볼 때 공자가 말하는 예악은 하찮은 겉치레에 불과하다. 하지만 「선진」 편은 주로 예악으로써 사람의 됨됨이를 저울질하라고 일깨워준다.

특히 안연(顔淵)의 요절(夭折)을 두고 공자가 애통해하는 부분은 생사(生死)의 애락(哀樂)을 가슴 뭉클하도록 느끼게 해준다. 생사의 애락을 예악(禮樂)으로 마감해야 한다는 것이 공자가 중시하는 장례(葬禮)이다. 예(禮) 중에서 가장 장엄하고 엄숙한 것이 장례이다. 장례를 통해서 한 사람의 완결된 모습을 살필 수 있기 때문일까? 안연의 죽음에 관한 장(章)이 네 번에 걸쳐 연이어 나온다. 이렇듯 수제자 안연의 요절을 안타까워하는 공자를 보면 성인 이전에 한 인간의 편린을 여실하게 느끼게 해주어 공자가 오히려 더 가깝게 느껴진다. 성인도 편애(偏愛)하는가 싶을 정도이니 말이다.

사람의 됨됨이를 들추어 이야기해주는 이 「선진」 편은 거울 앞에 서서 자기 자신을 바라보며 마음 속을 살펴보라는 듯한 장(章)이다. 그래서 이 「선진」 편은 나를 부끄럽게 하여 고개를 떨구게 한다고 생각된다. 그러나 마음 속에 숨겨진 부끄러운 것들을 돌이켜보게 하는 호소력 덕분에 한편으론 벌을 받고 난 다음처럼 후련한 가르침을 얻기도 한다. 바로 앞 편인 「향당(鄕黨)」 편에서 이미 예를 강조했지만, 「선진」 편에서도 예로써 사람을 깔끔하게 하는 도리(道理)를 새삼 일깨워준다.

제1장

【문지(聞之)】

선진어례악야인야(先進於禮樂野人也)

【원문(原文)】

子曰 先進於禮樂에 野人也요 後進於禮樂에 君
자왈 선진어례악 야인야 후진어례악 군
子也라 하나니 如用之 則吾從先進호리다
자야 여용지 즉오종선진

【해독(解讀)】

공자께서 말했다[子曰]. "옛날 선배들은 예악에 대하여[先進於禮樂] 야인이었으나[野人也], 지금 후배들은 예악에 대하여[後進於禮樂] 군자이다[君子也]. 둘 중에서 하나를 택한다면[如用之] 곧[則] 나는 옛날 선배들의 것을 좇겠다[吾從先進]."

【담소(談笑)】

자왈(子曰)

과거의 예악(禮樂)이 공자 당신 시대에 이르러 어떻게 달라졌는지 밝히고 있다. 야인(野人)과 군자(君子)를 대비(對比)시켜 예악의 변화를 말하고 있다. 그러나 예악이 궁즉변(窮則變)을 바르게 거치지 못하고 있음을 지적하고, 당대의 예악보다 차라리 옛날의 예악을 따르겠다고 한다. 왜 공자가 「술이(述而)」 편 1장에서 "술이부작(述而不作) 신이호고(信而好古)"라고 밝혔는지 그 뜻을 새삼 헤아리게 하고, 「옹야(雍也)」 편 16장에서 밝힌 "문질빈빈(文質彬彬) 연후군자(然後君子)"란 말씀을 다시 한번 새겨보게 한다. 문질(文質)이 어우러져야

지 한쪽에 치우치면 예악도 중용(中庸)을 잃고 만다. 그러면 예악도 시중(時中)을 잃어버리게 된다고 일깨워준다. 때에 따라 알맞기[時中]를 잊지 말라는 말씀으로도 들린다.

선진어례악야인야(先進於禮樂野人也) 후진어례악군자야(後進於禮樂君子也)

▶ **옛 선배들은[先進] 예악에[於禮樂] 야인적이었지만[野人], 지금 후배들은[後進] 예악에[於禮樂] 군자적이다[君子].**

여기서 선진(先進)은 주(周)나라 초기의 사람들을 말한다고 볼 수 있다. 그리고 후진(後進)은 공자 당대의 사람들로 여기면 된다.

왜 공자께서 야인(野人)과 군자(君子)를 대비시키고 있는지 곰곰이 헤아려보아야 한다. 여기서 다시 '문질빈빈(文質彬彬)' 이란 말씀을 떠올려보자. 문(文)은 문식(文飾) · 문사(文奢) · 문화(文化)로 볼 수 있고, 질(質)은 질박(質樸) · 소박(素樸) · 자연(自然)으로 볼 수 있다. 나아가 문(文)을 문(紋)으로 보아 겉 무늬로 새기고, 질(質)을 주(主)로 보아 속 바탕으로 새길 수 있다. 그러면 야인은 속 바탕을 소중히 하는 사람, 군자는 겉모습을 꾸미는 사람으로 넓혀서 새겨볼 수 있을 것이다. 여기서 군자는 공자가 바라는 인자(仁者)로서의 군자가 아니라 겉치장에 치우친 문사(文士)를 의미한다고 볼 수 있다. 그러니 옛 사람들은[先進] 예악을 질박하게 대했고, 공자 당대의 사람들은[後進] 예악을 겉치레로 대했다고 새길 수 있다.

앞 선(先), 나아갈 진(進), 촌스러울 야(野)

여용지즉오종선진(如用之則吾從先進)

▶ **만약에[如] 선진의 예악과 후진의 예악을[之] 받아 활용한다면[用] 곧[則] 나는[吾] 옛날 분들의 것을 좇겠다[從].**

여(如)는 여기서 약(若)과 같다. 만약에[如]. 용지(用之)의 용(用)은 수용(受用)의 준말로 보고 새긴다. 지(之)는 선진(先進)의 예악(禮樂)과 후진(後進)의 예악을 받는 지시어이다. 종(從)은 수(隨)와 취(就), 그리고 순(順) 등과 같다. 좇아 따른다[從].

문질빈빈(文質彬彬)의 예악이어야 하지만, 그렇지 못한 경우라면 문(文)에 치우친 예악이 아니라 질(質)에 치우친 예악을 따르겠노라 단언한다. 겉치레보다는 차라리 거칠어도 수수하고 꾸밈없는 예악이 낫다고 생각하라 한다. 그러나 공자의 바람과 달리 예악이 줄곧 형식을 따지는 예절(禮節) 쪽으로 기울어져, 공자가 바라던 예(禮)가 마치 처음부터 딱딱한 것인 양 착각하게 되어버렸다. 그래서 이제는 예를 마치 낡아 못 쓰게 된 것인 양 팽개쳐버리게 되었다. 그러나 예는 버릴 수 없으며, 또한 낡을 수도 없다. 예는 사람이 사람으로서 천지(天地) 안에서 제 분수를 지켜 살게 하는 마음가짐[忠信]을 자비(自卑)의 몸가짐으로 끌어주고 이어주는 벼리[紀綱]이기 때문이다.

겉치레에 빠진 예악보다 보기는 거칠어도 마음을 순박하게 하는 예악이 낫다고 하는 공자를 보라. 공자는 "예여기사야녕검(禮與其奢也寧儉)"이라고 「팔일(八佾)」 편 4장에서 단언한 바 있다. 예란[禮] 사치스럽기보다는[與其奢] 차라리[寧] 검소하다[儉]. 이를 보아도 공자가 노자(老子)의 견소포박(見素抱樸)을 부정하지 않음을 알 수 있을 것이다. 수수함을[素] 살펴[見] 그 수수함을[樸] 안아라[抱]. 공자 역시 포박(抱樸)의 예악을 멀리하지 말라 한다. 그러니 문화인(文化人, 君子)이랍시고 촌놈[野人] 촌놈 하면서 촌것[質樸]이라고 깔보지 말라.

만약 여(如), 쓸 용(用), 곧 즉(則), 나 오(吾), 좇을 종(從)

제2장

【문지(聞之)】

덕행(德行) · 언어(言語) · 정사(政事) · 문학(文學)

【원문(原文)】

子曰 從我於陳蔡者로 皆不及門也로다 德行엔
자 왈 종 아 어 진 채 자 개 불 급 문 야 덕 행

顔淵 閔子騫 冉伯牛 仲弓이요 言語엔 宰我 子
안 연 민 자 건 염 백 우 중 궁 언 어 재 아 자

貢이요 政事엔 冉有 季路이요 文學엔 子游 子夏니라
공 정 사 염 유 계 로 문 학 자 유 자 하

【해독(解讀)】

공자께서 말했다[子曰]. "나를 따라 진나라 채나라로 갔던 사람들은[從我於陳蔡者] 그 아무도 벼슬에 오르지 못했구나[皆不及門也]. 그 사람들 중에서 덕행에는[德行] 안연[顔淵] · 민자건[閔子騫] · 염백우[冉伯牛] · 중궁[仲弓]이고, 언어에는[言語] 재아[宰我] · 자공[子貢]이며, 정사에는[政事] 염유[冉有] · 계로[季路]이며, 문학에는[文學] 자유[子游] · 자하[子夏]이다."

【담소(談笑)】

자왈(子曰)

공자가 출사(出仕)해 정치를 바로잡으려다 실망하고 고국 노나라를 떠났을 때가 56세였다 한다. 그 때가 정공(定公) 13년이었다. 그리고 나서 13년 만에 노나라로 돌아왔을 때는 애공(哀公) 11년이었다. 편력(遍歷)하는 맨 마지막 동안은 진(陳)나라와 채(蔡)나라에서 체류

했다. 왕도(王道)를 펴려고 떠도는 동안 공자 일행이 겪었던 고생은 「위령공(衛靈公)」 편 첫 장에 잘 나타나 있다. "재진절량(在陳絶糧) 종자병(從者病) 막능흥(莫能興)." 진나라에[陳] 있을 때[在] 양식이[糧] 떨어졌고[絶], 공자를 따라갔던 제자들은[從者] 병들어[病] 일어날[興] 수 없었다[莫能].

이렇게 고생만 하고 벼슬길에 오르지 못한 제자들이 안타까워 공자가 마음 아파하고 있다. 여기 「선진(先進)」 편 2장은 이른바 '공문(孔門) 사과십철(四科十哲)' 이란 말을 낳게 했다. 물론 사과십철(四科十哲)이란 말은 아주 후대인 당(唐)나라 현종(玄宗) 때에 붙여진 것이니, 공자가 제자들을 네 갈래로 나누어 그 중에서 십철(十哲)을 선발한 것은 아니다. 공자의 문하(門下)에는 3천명이 넘는 제자가 있었고, 육예(六藝)에 능통한 사람만도 72명이나 있었다고 한다. 하여튼 스승으로서 제자들을 안쓰러워하면서 공자가 서글픈 심정을 토로하는 중이다.

종아어진채자(從我於陳蔡者) 개불급문야(皆不及門也)

▶ **진나라 채나라까지[於陳蔡] 나를[我] 따라다닌[從] 제자들은[者] 모두[皆] 벼슬길에[門] 미치지도 못해봤구나[不及].**

여기서 종(從)은 수(隨)와 같다. 따르다[從]. 급(及)은 체(逮)와 같다. 미치다[及]. 개불급문(皆不及門)은 주유(周游)하는 동안 제자들이 줄곧 당신을 수행하느라 벼슬길에 오를 기회를 놓쳐버린 것을 안타까워하는 심정이 드러난다고 새기면 된다. 문(門)은 등용문(登龍門)의 문(門)으로 여기고 새기면 된다.

공자가 제자들을 생각하며 서글퍼하고 있다. 천하에 인도(仁道)를 넓히고자 13년이나 떠돌았어도 성인의 말을 들어준 군왕은 없었으니 아무리 성인이라도 서글프지 않을 수 없었으리라. 더군다나 제자들의 출사(出仕)까지 막은 셈이 되었으니 그 서글픔이 더했을 것이다.

그런 와중에 제자들을 네 갈래로 나누어 이름을 부르며 위안을 삼았던 것일까? 공자의 호명(呼名)이 절절하다. 덕행(德行)에는 어느 제자가 뛰어나고, 언어(言語)에는 어느 제자가 뛰어나며, 정사(政事)에는 어느 제자가 뛰어나고, 문학(文學)에는 어느 제자가 뛰어나다며 호명하는 공자의 모습을 상상해보라. 여기서 문학이란 시(詩)·서(書)·예(禮)·악(樂)·사(射)·어(御)·수(數) 등 넓은 의미로 본 문학이다. 여러 제자를 모아놓고 호명하지는 않았을 듯하다. 아마도 공자는 홀로 허공을 향해 독백으로 제자들의 이름을 날려보냈으리라. 패도(覇道)와 무도(無道)가 어지럽히는 세상을 13년 동안 떠돌다가 그만두어야 하는 순간에 제자를 호명하는 공자를 상상해보라. 무엇이 성인을 아프게 했는지 곰곰이 생각해볼 일이다.

따를 종(從), 나 아(我), 진나라 진(陳), 채나라 채(蔡), 모두 개(皆), 미칠 급(及), 문 문(門)

제3장

【문지(聞之)】

어오언무소불열(於吾言無所不說)

【원문(原文)】

子曰 回也는 非助我者也로다 於吾言에 無所不說이오녀
(자왈 회야 비조아자야 어오언 무소불열)

【해독(解讀)】

공자께서 말했다[子曰]. "회(回)는 나를 도와주는 자가 아니었다[回也非助我者也]. 내가 한 말에 대하여 그가 기뻐하지 않은 바가 없었다[於吾言無所不說]."

【담소(談笑)】

자왈(子曰)

공자가 안연(顔淵)을 절묘하게 칭찬하고 있다. 비조아(非助我)에서 비(非)를 그냥 들으면 공자가 안연에게 서운해한다고 오해할 수도 있을 것이다. 그러나 안연은 이미 일가(一家)를 이룬 당사자이지 공자 당신의 보조자(補助者)가 아님을 은근하게 밝히며 안연을 더욱 그리워하고 있다.

회야비조아자야(回也非助我者也)

▶ 안연은[回] 나를[我] 보좌해주는[助] 사람이[者] 아니었다[非].

회(回)는 안연(顔淵)의 이름이다. 조(助)는 보(輔)·좌(佐)와 같다. 조수(助手)의 준말로 보면 된다.

안연을 당신의 조수(助手)처럼 여기지 않았음을 밝히고 있다고 볼 수 있다. 이런 공자의 심정을 「공야장(公冶長)」 편 9장을 보아도 알 수 있다. 거기서 공자와 자공(子貢)이 나눈 대화를 상기해보라. "불여야(弗如也) 오여여(吾與女) 불여야(弗如也)." 안회만 못하리라[弗如也] 너하고[與女] 나는[吾] 다같이 안회만 못하리라[弗如也]. 이처럼 공자 당신마저도 안연만 못하다고 했으니 안연의 덕행(德行)을 알 만하리라. 덕행이야말로 인도(仁道)의 실천인 까닭이다.

돌 회(回), 아닐 비(非), 도울 조(助)

어오언(於吾言) 무소불열(無所不說)

▶ 내가[吾] 해준 말을[言] 터득 못해 기뻐하지 않은[不說] 바가[所] 없다[無].

어오언(於吾言)을 앞에 둔 것은 강조하기 위해서이다. 보통이라면 무소불열어오언(無所不說於吾言)이라고 말해도 된다. 어오언(於吾言)의 어(於)는 목적어 앞에 쓰는 의미 없는 조사(助詞)이다.

공자께서 무슨 말을 해주든 안연이 다 새기고 터득해 받아들이지 않음이 없었다는 사실을 공자 당신이 강조하고 있다. 안연이 공자의 말씀[言]을 모조리 기뻐했다[說]는 것이 무슨 뜻일까? 안연이 공자의 말씀을 행동으로 실천했다는 말로 받아들이면 될 것이다. 당신께 들은 말씀을 알고만 있는 게 아니라 기꺼이 생활 속에서 실천했음을 무소불열(無所不說)이 암시한다고 보아도 되리라. 공문(孔門)에서 덕행(德行)이라면 단연 안연이라 하신 말씀이 실감난다. 안연은 인도(仁道)를 생활화했음을 공자가 증명(證明)하고 있다. 지성(知性)만 앞세우려 들고 덕성(德性)을 뒤로 내모는 세상은 난세(亂世)를 불러온다. 난세라고 투정하지 말라. 난세라면 먼저 내 탓이지 남의 탓이 아니기 때문이다.

이해하여 기뻐할 열(說)

제4장

【문지(聞之)】

효재(孝哉)

【원문(原文)】

子曰 孝哉라 閔子騫이여 人不間於其父母昆弟之言이로다
자왈 효재 민자건 인불간어기부모곤제지언

【해독(解讀)】

공자께서 말했다[子曰]. "효성스러워라[孝哉]! 민자건이여[閔子騫]. 민자건의 부모형제가 그를 칭찬해도 남들이 아무도 이의를 내지 않는다[人不間於其父母昆弟之言]."

【담소(談笑)】

자왈(子曰)

공자가 민자건(閔子騫)의 효성(孝誠)을 밝히고 있다. 효(孝) 역시 덕(德)의 실천이다. 부덕(不德)이면 불효(不孝)이게 마련이다. 후덕(厚德)이면 효성이게 마련이다. 그래서 부덕한 부모 밑에 효자(孝子)가 없는 법이다. 왜 공자는 민자건의 효성을 들어 효를 강조하는가? 효야말로 인도(仁道)를 실천하는 첫걸음이기 때문이다. 목숨을 물려준 부모를 섬기고 감사하는 마음이 곧 천명(天命)을 따르는 삶이고, 이것이 곧 효가 아닌가. 목숨을 사랑하는 마음으로 통하는 효도(孝道)는 곧 인도(仁道)이다.

효재민자건(孝哉閔子騫) 인불간어기부모곤제지언(人不間於其父母昆弟之言)

▶ 효성스럽구나[孝哉] 민자건은[閔子騫]! 민자건의[其] 부모나[父母] 형제가[昆弟] 민자건이 효성스럽다고 말해도[言] 남들이 아무도[人] 그렇지 않다고 말하지 않는다[不間].

간(間)은 여기서 자(呰)와 같다. 그렇지 않다고 헐뜯다[間]. 곤(昆)은 형(兄)과 같다. 형제(兄弟)와 곤제(昆弟)는 같은 말이다.

민자건의 효성은 일화(逸話)로 잘 알려져 있다. 민자건은 일찍 어머니를 잃고 계모(繼母)의 학대를 받으며 자랐다. 하루는 아버지의 수레를 끌고 가다 자건이 고삐를 놓쳤다. 아버지가 자건의 손을 잡아보고 손이 얼어 고삐를 놓쳤음을 알았다. 자건의 옷을 살폈더니 옷이 얇아 온몸이 얼어 있었다. 집에 돌아와 이복(異腹) 형제들의 옷을 살폈더니 그들은 따뜻하게 입고 있었다. 아버지가 노하여 계모를 내쫓으려고 하자 자건이 아버지께 이렇게 아뢰었다. "어머님이 계시면 한 아들이 홑옷을 입으면 되겠습니다만, 어머님이 나가신다면 네 아들이 홑옷을 입고 춥게 살아야 합니다." 그런 뒤로 계모가 뉘우치고 친어머니처럼 되었다 한다.

효성은 친모(親母)와 계모(繼母)를 분별하지 않는다. 전실(前室) 자식이 계모를 업신여기면 결국 아버지의 마음이 상한다는 것을 효자는 알기 때문이다. 민자건은 효(孝)로써 아버지의 노여움을 풀고 계모의 허물을 없앴으니 효의 힘이란 이런 것이다. 우리는 지금 효자인가 아니면 불효자인가? 솔직해 말해 우리는 불초(不肖)가 아닌가. 어버이의 고마움을 모르고 살면 그게 바로 불초이다.

효도 효(孝), 감탄어조사 재(哉), 훨훨 날 건(騫), 헐뜯을 간(間), 형 곤(昆)

제5장

【문지(聞之)】

삼복백규(三復白圭)

【원문(原文)】

南容이 三復白圭어늘 孔子以其兄之子로 妻之하시다
남용 삼복백규 공자이기형지자 처지

【해독(解讀)】

남용이 백규의 시구(詩句)를 늘 외었다[南容三復白圭]. 그래서 공자가 당신 형님의 딸을 남용의 아내가 되게 했다[孔子以其兄之子妻之].

【담소(談笑)】

남용삼복백규(南容三復白圭)

▶ 남용은[南容] 『시경(詩經)』「대아(大雅)」에 있는 「억편(抑篇)」의 시구를[白圭] 늘[三] 되풀이해서 암송했다[復].

남용(南容)에 대해서는 「공야장(公冶長)」 편 2장에서 이미 이 같은 내용으로 언급한 바 있다. 삼복(三復)의 삼(三)은 딱 세 번이란 뜻이 아니고 '늘 항상' 이란 뜻이다. 백규(白圭)는 『시경(詩經)』「대아(大雅)」 탕의 시편[蕩之什]에 있는 「억(抑)」의 시구를 뜻한다. 그 시구는 이러하다. "백규지점(白圭之玷) 상가마야(尙可磨也) 사언지점(斯言之玷) 불가위야(不可爲也)." 백옥홀의[白圭] 흠은[玷] 오히려[尙] 갈아내 고칠 수 있지만[可磨], 한번 뱉은 말의[斯言] 흠은[玷] 고칠 수 없다[不可爲].

「억(抑)」이란 시편(詩篇, 什)은 사언(四言)을 주로 한 114행의 긴 장시(長詩)다. 위 시구는 41~44행에 들어 있다. 이 시편의 끝 시행(詩行)들도 새겨둘 만하다. "천방간난(天方艱難) 왈상궐국(曰喪厥國) 취비불원(取譬不遠) 호천불특(昊天不忒) 회휼기덕(回遹其德) 사민대극(使民大棘)." 하늘이[天] 재앙을[艱難]을 내려[方] 이 나라를[厥國] 망하게 하려는구나[曰喪]. 멀리서[遠] 비유를[譬] 취할 것 없지[不取]. 크나큰[昊] 하늘은[天] 어긋남이 없어라[不忒]. 어쩌자고[回] 크나큰 덕을[德] 그르쳐[遹] 백성으로[民] 하여금[使] 너무도[大] 아프게 하는구나[棘].

이 시편은 젊은이라면 망해가는 나라를 절망할 게 아니라 미래를 향해 의연하게 살아가라는 희망의 뜻을 담고 있다. 미래를 절망하는 젊은이라면 기대할 바 없는 젊은이일 것이다. 삼복백규(三復白圭)란 말에서 남용(南容)이란 젊은 제자는 잘못된 나라는 고칠 수 있지만 한 번 망가진 사람은 그것으로 끝나는 이치를 잘 알고 있었음을 헤아릴 수 있다. 삼복백규(三復白圭)는 '사언지점(斯言之玷) 불가위야(不可爲也)' 란 「억(抑)」의 시행을 떠올리면 그 속뜻을 새기는 데 도움이 될 것이다. 여기서 억(抑)은 밀(密)과 통하고, 점(玷)은 흠을 뜻한다.

공자의 인간적인 면모가 보인다. 당신 형님의 딸을 믿음직한 젊은이에게 시집 보내려는 마음을 '공자이기형지자처지(孔子以其兄之子妻之)' 에서 엿볼 수 있으니 말이다. 공자께서[孔子] 당신[其] 형님의[兄] 딸을[子] 남용의 아내가 되게 하였다[妻之]. 처지(妻之)로 보아 형지자(兄之子)의 자(子)는 형님의 아들이 아니라 딸임을 알 수 있다.

공자가 당신 형님의 사윗감으로 삼은 남용은 어떤 젊은이였을까? 삼복백규(三復白圭)라는 말을 통해 그의 사람 됨됨이를 엿볼 수 있으리라. 한번 뱉은 말은 주워담을 수 없으니 말조심하며 삼가 살아야 한다는 이치를 터득했음을 그 말귀로써 알 수 있기 때문이다. 난세(亂世)일수록 말조심하라. 아무리 말 잘하는 달인(達人)도 나무에서 떨어지는 원숭이 꼴을 영영 면하기는 어려운 줄 알라. 남용처럼 입을 삼가 무겁게 하라.

남녘 남(南), 얼굴 용(容), 되풀이 복(復), 흰 백(白), 홀 규(圭)

제6장

【문지(聞之)】

유안회자호학(有顔回者好學)

【원문(原文)】

季康子問 弟子孰爲好學니이꼬
계 강 자 문 제 자 숙 위 호 학

孔子對曰 有顔回者好學하더니 不幸短命死矣라
공 자 대 왈 유 안 회 자 호 학 불 행 단 명 사 의

今也則亡하니라
금 야 즉 망

【해독(解讀)】

계강자가 물었다[季康子問]. "제자들 중에서 누가 배우기를 좋아했습니까[弟子孰爲好學]?"

공자께서 대답했다[孔子對曰]. "안회란 사람이 있었는데 그가 배우기를 좋아했지요[有顔回者好學]. 불행하게도 명이 짧아 세상을 뜨고 말았습니다[不幸短命死矣]. 지금은 없지요[今也則亡]."

【담소(談笑)】

계강자문(季康子問) 제자숙위호학(弟子孰爲好學)

▶ **계강자가[季康子] 물었다[問]. "제자들 중에서[弟子] 누가[孰] 배우기를[學] 좋아함을[好] 실천합니까[爲]?"**

계강자(季康子)는 노(魯)나라의 삼대부(三大夫) 중 막내이다. 노나라의 실세로 군림한 삼대부 중에서 가장 횡포가 심했던 자가 바로 계강자였다. 그런 자가 공자에게 「옹야(雍也)」 편 2장에서 애공(哀公)

이 물었던 것과 똑같은 질문을 던지고 있다. 당시 애공은 삼대부의 등쌀에 허수아비 제후(諸侯) 노릇을 하고 있었다.

막내 계(季), 편안할 강(康), 누구 숙(孰), 좋아할 호(好), 배울 학(學)

공자대왈(孔子對曰) 유안회자호학(有顔回者好學) 불행단명사의(不幸短命死矣) 금야즉망(今也則亡)

▶ 공자께서 대답해주었다[孔子對曰]. "안회라는[顔回] 사람이[者] 있었는데[有] 배우기를[學] 좋아했지요[好]. 그런데 불행하게도[不幸] 명이[命] 짧아[短] 죽고 말았지요[死矣]. 그래서 지금은[今也] 없답니다[亡]."

참 묘하게도 계강자의 등쌀에 임금 노릇을 제대로 못했던 애공이 「옹야」 편 2장에서 공자께 똑같은 질문을 했었다. 그런데 애공의 물음에 답했던 데 비해 계강자한테는 그냥 간단히 대답하고 만다. 부덕(不德)하여 무례(無禮)한 자가 호학자(好學者)를 물어서 무얼 하려는가? 이런 불쾌감이 성인의 마음을 흔들었을까? 하여튼 부덕하게 군림했던 계강자한테는 애공께 들려주었던 다음과 같은 말씀을 들려주지 않는다. "안회는 노여움을 옮기지 않았고[不遷怒], 잘못을 두 번 거듭하지 않았습니다[不貳過]. 그런데 불행하게도 명이 짧아 죽고 말아서[不幸短命死矣] 지금은 없습니다[今也則亡]. 그 뒤로는 여태껏 배우기를 좋아하는 자가 있는지 들은 바가 없습니다[未聞好學子也]."

화풀이를 남에게 옮기고[遷怒] 허물이 허물인 줄 몰라 못된 짓을 밥 먹듯이 했던 소인에게 불천노(不遷怒) 불이과(不貳過)를 말해준들 무슨 소용이 있단 말인가. 하지만 명색이 대부(大夫)란 자가 물었으니 입 다물고 있을 수 없어 그냥 간단히 응해주었다는 느낌이 든다. 개발에 편자란 속담이 생각난다. 구제할 수 없는 무례한(無禮漢)에게 호학(好學)하는 까닭을 말해주어 무얼 하겠는가? 성인은 재목이 아니면 도끼질을 않는 법이다.

마주할 대(對), 얼굴 안(顔), 다행스러울 행(幸), 짧을 단(短), 목숨 명(命), 이제 금(今), 없을 망(亡)

제7장

【문지(聞之)】

안로청자지거이위지곽(顔路請子之車以爲之槨)

【원문(原文)】

顔淵死커늘 顔路請子之車以爲之槨한대 孔曰 才不才에 亦各言其子也니 鯉也死커늘 有棺而無槨하니 吾不從行하야 以爲之槨은 以吾從大夫之後라 不可從行也니라

(안연사 안로청자지거이위지곽 공왈 재부재 역각언기자야 이야사 유관이무곽 오부종행 이위지곽 이오종대부지후 불가종행야)

【해독(解讀)】

안연이 죽자[顔淵死] 안로가 공자의 수레로 덧관을 마련하자고 청했다[顔路請子之車以爲之槨].

공자께서 말했다[子曰]. "잘났든 못났든[才不才] 자식에 대한 정은 누구든 같다[亦各言其子也]. 이(鯉)가 죽었을 때[鯉也死] 관만 있었지 덧관은 없었다[有棺而無槨]. 내 수레를 팔아 덧관을 만들고 내가 걸어서 가지는 못한다[吾不從行以爲之槨]. 나도 대부의 뒤를 따른 적이 있기에[以吾從大夫之後] 걸어서 따라갈 수는 없다[不可從行也]."

【담소(談笑)】

안연사(顔淵死) 안로청자지거이위지곽(顔路請子之車以爲之槨)

▶ 안연이[顔淵] 죽자[死] 안연의 아버지 안로가[顔路] 공자의[子之] 수레를[車] 이용하여[以] 안연의[之] 덧널을[槨] 마련하자고[爲] 간청했다[請].

안로청자지거이위지곽(顔路請子之車以爲之槨)에서 이(以)는 용(用)과 같고 자지거(子之車)를 목적어로 하고 있다. 위(爲)는 여기서 만들 조(造)와 같고 연지곽(淵之槨)을 지곽(之槨)으로 줄인 것이라고 여기고 새기면 문의(文意)가 잘 드러난다.

안로(顔路)는 안연(顔淵)의 아버지로 이름은 무유(無繇)이다. 안로 역시 공문(孔門)이니 부자(父子)가 다 공자의 제자였다. 안로가 죽은 자식의 명복을 빌고자 스승인 공자의 수레를 팔아서 덧널을 마련하자고 간청했던 모양이다. 공자가 가장 아끼던 제자이니 그런 간청을 했던 것일까? 아무래도 좀 심하다는 생각이다. 자식을 잃은 부정(父情)을 감안한다 해도 간청이 지나치다는 생각이다. 이런 안로에게 공자는 예(禮)를 들어 그럴 수 없는 이유를 타일러준다.

얼굴 안(顔), 못 연(淵), 청할 청(請), 수레 거(車), 덧널 곽(槨)

재부재(才不才) 역각언기자야(亦各言其子也) 이야사(鯉也死) 유관이무곽(有棺而無槨)

▶ 총명하건[才] 총명치 못하건[不才] 역시[亦] 아버지는 저마다[各] 제[其] 자식을[子] 말하게 마련이다[言]. 내 아들 이가[鯉] 죽었을 때[死] 관은[棺] 있었지만[有] 외관은[槨] 없었다[無].

재(才)는 여기서 재능(才能)의 준말로 새기면 된다. 총명하다[才].

이(鯉)는 공자의 아들로 자(字)는 백어(伯魚)이다.

여기서는 역각(亦各)을 잘 음미해볼수록 부정(父情)이란 것을 다시금 생각하게 된다. 안로가 안연의 아버지라면 나 공자는 백어의 아버지란 속뜻을 깨닫게 해주기 때문이다. 안연은 내가 가장 아끼는 제자이고 백어는 내 자식이 아닌가. 내 자식이 죽었을 때 관(棺)에 넣어 묻었던 것은 죽은 자식의 장례(葬禮)에 어긋나지 않기 위해서였지, 부정(父情)으로 말한다면 나 역시 어찌 외관(外棺) 즉 곽(槨)을 더해주고 싶지 않았겠는가. 정에 기울어 예에 어긋나게 하지 말라 함이다. 장례를 장엄하게 하라는 말씀은 허례(虛禮)를 범하라는 것이 아니다. 예를 떠난 장엄이란 허식(虛飾)이 아닌가.

재주 재(才), 말할 언(言), 잉어 리(鯉), 널 관(棺)

오부종행(吾不從行) 이위지곽(以爲之槨) 이오종대부지후(以吾從大夫之後) 불가종행야(不可從行也)

▶ 내가[吾] 걸어서 따라가고[從行] 수레로[以] 덧널을[槨] 마련하지 않는 것은[不爲] 그 수레로[以] 내가[吾] 대부의[大夫] 뒤를[後] 따르는 것이니[從], 안연의 관 뒤를 걸어서 따라갈 수 없다[不可從行].

이위지곽(以爲之槨)의 이(以) 앞에 자지거(子之車)가 있다고 보아야 한다. 되풀이되는 내용은 생략해버리는 한문장(漢文章)의 버릇을 상기하면 된다. 공자는 노나라에서 하대부(下大夫)로서 사구(司寇)의 벼슬을 했다. 오늘날로 치면 검찰총장에 해당하는 관직이다. 하대부라면 걷는 것이 아니라 수레를 타고 행차해야 예(禮)에 걸맞다고 안로에게 밝히는 공자는 별로 감동을 주지 못한다. 오히려 안연보다 못한 백어일지라도 백어는 내 자식이니, 안로에게 안연이 소중하듯이 나(공자)한테는 백어가 소중하다는 심정을 솔직하게 토로하는 모습이 더 감동을 준다. 얼마나 인간적인 성인(聖人)인가.

백어는 50세에 죽었고, 당시 공자는 71세였다고 한다. 아마도 공자께서 72세였을 때 안연이 사망한 듯하다. 그러나 『춘추(春秋)』「공양전(公羊傳)」에는 애공(哀公) 14년(공자 나이 71세 때)에 안연이 죽었다는 기록이 있다. 예순에 이순(耳順)이고 일흔에 종심소욕(從心所欲)이라 했으니 공자께선 예에 따라 마음을 썼을 터이다. 그러니 수레를 팔 수 없다고 하는 공자를 향해 인색하다고 말할 것 없다.

따를 종(從), 뒤 후(後)

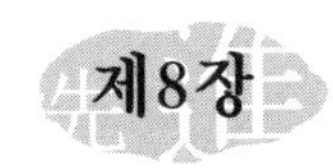

제8장

【문지(聞之)】

천상여(天喪予)

【원문(原文)】

顔淵死커늘 孔曰 噫라 天喪予샷다 天喪予샷다
안 연 사 공 왈 희 천 상 여 천 상 여

【해독(解讀)】

안연이 죽자[顔淵死] 공자께서 말했다[子曰]. "아아[噫]! 하늘이 나를 망치는구나[天喪予]! 하늘이 나를 망치는구나[天喪予]!"

【담소(談笑)】

희(噫) 천상여(天喪予) 천상여(天喪予)

▸ 아아 어인 일이란 말인가[噫]! 하늘이[天] 나를[予] 망치는구나

[喪]! 하늘이[天] 나를[予] 망치는구나[喪]!

희(噫)는 탄식하는 모습이다. 상(喪)은 여기서 구길 망(亡)과 같다. 망친다[喪]. 그러니 여기서 상(喪)은 뜻하는 바를 구겨 이루지 못하게 한다는 의미로 해석하면 된다. 덕행(德行)의 화신(化身)이었던 안연(顔淵)이 일찍 죽어 공자가 뜻한 바를 이루는 데 엄청난 타격을 받으리란 것을 이 상(喪)이 드러낸다.

공자는 「술이(述而)」 편 22장에서 하늘이 자기를 돕는다고 확신한 바 있다. "천생덕어여(天生德於予)." 하늘이[天] 나에게[於予] 덕을[德] 점지했다[生]. 이로 미루어 공자는 하늘이 자신에게 안연을 내렸다고 믿었음을 짐작할 수 있다. 그런 안연의 요절(夭折)을 두고 공자는 하늘[天]이 당신한테서 안연을 빼앗아갔다고 본 것이다. 그래서 천상여(天喪予)라고 하늘[天]을 우러러 탄식하고 있다.

천(天)은 만물을 주재하는 도(道)이다. 천(天)이 공자에게 시킨 바가 곧 인(仁) 아닌가. 그러니 인도(仁道)는 하늘이 공자에게 시킨 바이지 공자 당신이 조작한 것이 아니다. 그래서 이미 "술이부작(述而不作)"이라 공언하지 않았던가. 공자가 밝히는 술이(述而)란 말씀에는 선대(先代)의 문화(文化)만이 아니라 천명(天命)의 부름에 따라야 한다는 큰 뜻이 있음을 알아야 한다.

도(道)가 세상에 드러남이 덕(德) 아닌가. 그래서 도가(道家)는 덕을 통윤리자(通倫理者)라 했고, 유가(儒家)는 도지흠(道之欽)이라 하지 않는가. 만물 저마다의[倫] 이치에[理] 두루 통하는[通] 것이[者] 덕이다. 도를[道] 공경함이[欽] 덕이다. 그러니 안연의 덕행은 곧 안연이 도를 공경한다는 뜻이다. 도를 공경함[道之欽]을 일러 인(仁)이라 한다. 인(仁)의 화신인 안연을 잃었으니 아무리 성인이라 한들 어찌 하늘을 향해 탄식하지 않을 수 있겠는가. "하늘이 나를 망쳤구나[天喪予]!"

탄식할 희(噫), 망하게 할 상(喪), 나 여(予)

제9장

【문지(聞之)】

자곡지통(子哭之慟)

【원문(原文)】

顔淵死커늘 子哭之慟하신대 從者曰 子慟矣사로이다
안 연 사 자 곡 지 통 종 자 왈 자 통 의

曰 有慟乎아 非夫人之爲慟이오 而誰爲리오
왈 유 통 호 비 부 인 지 위 통 이 수 위

【해독(解讀)】

안연이 죽자[顔淵死] 공자께서 곡을 하다 통곡하고 말았다[子哭之慟].

함께 따라 갔던 사람이 말했다[從者曰]. "선생께서 슬프게 우셨습니다[子慟矣]."

공자께서 말했다[曰]. "내가 통곡했다고[有慟乎]? 그를 위해 통곡하지 않는다면[非夫人之爲慟] 누구를 위해 통곡하란 말인가[而誰爲]?"

【담소(談笑)】

자곡지통(子哭之慟)

▶ 공자께서[子] 예를 갖춰 우시다가[哭] 슬픔에 겨워 소리내 엉엉 울고 말았다[慟].

곡(哭)은 슬픔을 안으로 삭이며 망자(亡者)에게 예(禮)를 다하는 울음이다. 슬픔을 절제하는 울음이 곧 예를 따르는 곡(哭)이다. 통(慟)은 통읍(慟泣)의 준말로 여기고 새기면 된다. 슬픔에 겨워 마음이 절제를 잃어버리고 통곡하는 울음이 통(慟)이다.

공자의 통읍(慟泣)을 목격한 종자(從者)가 "자통의(子慟矣)"라 하며 놀라는 것은 매사를 예에 따라 했던 공자께서 예를 벗어난 모습을 보았기 때문이다. 슬퍼도 마음 속으로 슬퍼해야지 드러내면 안 되는 것이 예가 바라는 절제(節制)이다. 슬픔에 겨워 그런 절제를 잃어버린 공자를 보고 종자가 놀라 공자께 "선생께서[子] 큰 소리로 엉엉 우셨다[慟]"고 여쭈었던 것이다.

이에 공자가 "유통호(有慟乎)?"라며 반문한다. 내가 통곡했단 말이지[有慟乎]? 그래서 비례(非禮)란 말인가? 자네[從者]는 아직 종심소욕(從心所欲)의 경지를 모를 거야. 공자는 일흔이 되어서야 바라는[欲] 바대로[所] 마음을[心] 따른다[從]고 했다. 슬픔이 겨우면 겨운 대로 그 슬픔을 드러내는 게 예란 것을 모를 거야. 이렇게 독백하는 듯한 성인(聖人)의 심정이 유통호(有慟乎)란 반문(反問)에서 묻어나와 우리를 절절하게 한다. 얼마나 인간적인 성인인가.

울 곡(哭), 슬퍼 큰 소리로 울 통(慟)

비부인지위통이수위(非夫人之爲慟而誰爲)

▶ **그 사람을[夫人] 위하여[爲] 통곡하지 않으면[非慟] 누구를[誰] 위하여[爲] 통곡하란 말인가?**

위부인(爲夫人)이라면 평범한 말투인데 여기서는 부인(夫人)을 힘주어 강조하기 위해 위(爲) 앞으로 부인(夫人)을 끌어냈다. 지(之)는 조어(助語)일 뿐이다. 물론 여기서 사나이[夫人]란 안연(顔淵)을 일컫는다. 수위(誰爲) 뒤에 통(慟)이 생략됐다고 보면 된다.

얼마나 절절한가. 안연 같은 사내를 잃었으니 하늘을 원망해도 죄가 되지 않으리란 공자의 심정이 우리를 뭉클하게 한다. 그러니 공자가 통곡하며 슬퍼하는 모습을 두고 누가 비례(非禮)라 하겠는가. 성기의자(誠其意者)는 무자기(毋自欺)라고 한다는 『대학(大學)』의 말씀이 새삼스럽다. 그[其] 마음가짐을[意] 정성껏 다하는[誠] 것이[者] 자신을[自] 속이지[欺] 않는 것이다[無].

공자는 안연의 죽음을 숨김없이 슬퍼했다. 정성을 떠난 예(禮)란 허례(虛禮)일 뿐인데 어찌 성인께서 거짓을 행하겠는가. 얼마나 인간적인가. 왜 공자의 말씀이 우리네 마음을 치는 것일까? 초인적인 성인이 아니라 너무나 인간적인 성인인 까닭에 공자의 말씀이 우리를 절절하게 하는 것이다.

아닐 비(非), 사나이 부(夫), 위할 위(爲), 누구 수(誰)

제10장

【문지(聞之)】

회야시여유부야(回也視予猶父也)

【원문(原文)】

顔淵死커늘 門人欲厚葬之한대 子曰 不可하니라 門人厚葬之한대 曰 回也는 視予猶父也하니 予不得視猶子也하니 非我也라 夫二三子也니라

안연사 문인욕후장지 자왈 불가 문인후장지 왈 회야 시여유부야 여부득시유자야 비아야 부이삼자야

【해독(解讀)】

안연이 죽자[顔淵死] 문인들이 성대하게 장사를 지내려고 해[門人欲厚葬之] 공자께서 안 된다고 말했다[子曰不可]. 그러나 문인들은 안연의 장례를 성대하게 치러버렸다[門人厚葬之].

공자께서 말했다[曰]. "안연은 나를 제 아버지처럼 여겼지만[回也視予猶父也], 나는 안연을 내 자식처럼 대하지 못했다[予不得視猶子也]. 이는 나 때문이 아니고[非我也] 너희들 때문이었다[夫二三子也]."

【담소(談笑)】

문인후장지(門人厚葬之)

▶ 문인들이[門人] 안연을[之] 성대하게[厚] 장사 지냈다[葬].

문인(門人)은 동문(同門)과 같은 말이다. 같은 문하(門下)란 말이요 집안 식구란 말이다. 불가(佛家)에서는 문도(門徒)나 권속(眷屬)이라고 한다. 후(厚)는 여기서 대(大)와 같다. 장지(葬之)의 지(之)는 안연(顔淵)을 받는 지시대명사라고 보면 된다. 안연을 성대하게 장사 지내겠다고 하자 공자가 그렇게 할 수 없다[不可]고 말했다. 그러나 제자들은 스승의 뜻을 어기고 자신들의 뜻대로 하고 말았다. 이에 공자가 왜 불가(不可)하다 했는지 그 까닭을 밝히는 말씀을 들어보라. 시샘 많아 성인을 괴롭히는 우리네 인간이 참으로 부끄럽다.

집안 문(門), 클 후(厚), 장사지낼 장(葬), 그 지(之)

회야시여유부야(回也視予猶父也) 여부득시유자야(予不得視猶子也)

▶ 진정코 안연은[回] 나를[予] 제 아버지처럼[猶父] 대했으나[視], 나는[予] 안연을 내 자식처럼[猶子] 대하질[視] 못했다[不得].

회야(回也)의 야(也)는 회(回)를 강조하는 조어(助語) 구실을 한다. 회(回)는 안회(顔回), 즉 공자의 수제자인 안연(顔淵)을 말한다. 회(回)는 이름이고 연(淵)은 자(字)이다. 유(猶)는 마치 ~과 같다는 뜻이다.

공자가 몹시 안타까워하고 있다. 안연이 살아 있을 때 친자식처럼 대해주지 못한 회한(懷恨)이 드러난다. 그러면서 왜 안연의 장례식을 성대하게 치르지 말라고 했는지 그 마음을 헤아릴 수 있어서 공자의 모습이 더욱 인간적으로 절절하다. 왜 불가(不可)라고 했는지 그 까닭을 곰곰이 생각해보라. 샘 많은 우리 자신이 얼마나 부끄러운가.

돌 회(回), 바라볼 시(視), 나 여(予), 마치 ~같을 유(猶), 아버지 부(父), 얻을 득(得)

비아야(非我也) 부이삼자야(夫二三子也)

▶ **안연을 내 아들처럼 대하지 못한 것은 나 때문이 아니고[非我] 너희들 때문이었다[夫二三子].**

부(夫)는 남자를 가리키는 말이다. 부자(夫子)라고 하면 높임말도 되지만 낮추는 말도 된다. 여기서 부(夫)는 기(其)와 같다. 저것이라고 할 때의 저[夫]이다. 공자께서 제자들을 한데 묶어서 너희라고 호칭하고 있다. 이삼자(二三子)의 이삼(二三)은 여럿을 뜻하고, 자(子)는 여기서 제자(弟子)의 준말로 여기고 새기면 된다.

성인께서 왜 안연의 죽음을 두고 통읍(慟泣)했는지 알 만하다. 아끼는 자식을 잃은 아버지의 심정을 어찌 예(禮)만 앞세워 조리(條理)를 따지려 하는가? 물론 공자는 예는 이(理)이므로 무슨 일에서든 예를 떠나면 안 된다고 말한다. 자식을 잃은 아버지의 심정이란 바로 통(慟)으로 드러나는 것이 곧 예의 조리(條理)가 아닌가. 통곡해야 할 일이라면 통곡하라. 이러함이 곧 성의(誠意)가 아닌가. 성인도 속내를 드러내보이며 꾸짖을 때는 엄하게 꾸중한다. 왜 공자가 안연을 친자식처럼 대할 수 없었단 말인가? 그렇게 했더라면 너희들 시샘 탓으로 안연이 마음고생을 했을 것이라고 공자가 암시한다. 공자의 제자라고 해서 다들 군자감이었던 것은 아니다. 그랬다면 공자가 왜 불가(不可)라 했는지 다 알아차렸을 것이다. 왜냐하면 군자무리이부동(君子無理而不動)이기 때문이다. 군자는[君子] 이치에 걸맞지 않으면[無

理] 거동하지 않는다[不動]. 여기서 무리(無理)는 비례(非禮)를 말한다. 안연의 죽음은 안연의 위치에 걸맞게 치르면 되지 친아들처럼 아꼈던 제자라고 해서 분에 넘치게 장사 지낼 것은 없다 한다. 허례(虛禮)로 과시하려는 심술은 곧 소인(小人)의 짓이 아닌가. 호화분묘를 해놓고 과시하려는 졸부(猝富)들 생각이 난다. 하여튼 세상에는 언제나 꼴불견이 있게 마련이다.

아닐 비(非), 나 아(我), 저 부(夫)

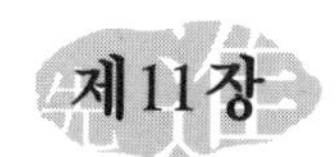

제11장

【문지(聞之)】

미능사인(未能事人) 언능사귀(焉能事鬼)

【원문(原文)】

季路問事鬼神한대
계로문사귀신

子曰 未能事人이면 焉能事鬼리오
자왈 미능사인 언능사귀

敢問死하노이다 曰 未知生이면 焉知死리오
감문사 왈 미지생 언지사

【해독(解讀)】

자로가 귀신을 섬기는 문제를 물었다[季路問事鬼神].

공자께서 말했다[子曰]. "사람도 잘 섬기지 못하는데[未能事人] 어찌 귀신을 섬길 수 있겠는가[焉能事鬼]?"

"감히 죽음에 관해서도 여쭙겠습니다[敢問死]."

공자께서 말해주었다[曰]. "삶도 아직 모르는데[未知生] 어찌 죽음에 대해 알겠느냐 말이다[焉知死]"

【담소(談笑)】

계로문사귀신(季路問事鬼神)

▶ 계로가[季路] 땅의 귀신을[鬼神] 섬기는 일에 관해[事] 물었다[問].

계로(季路)는 공자의 제자인 자로(子路)를 말한다. 이름은 중유(仲由)이다. 공문십철(孔門十哲) 중에서 염유(冉有)와 함께 정사(政事)에 뛰어났다고 한다.

이미 「술이(述而)」 편 20장에 이런 말이 있었다. "자불어괴력난신(子不語怪力亂神)." 공자께서는[子] 기괴[怪] · 난폭[力] · 난동[亂] · 귀신[神] 등은 별로 말하지 않았다[不語]. 지금은 이런 말이 대수롭지 않게 들릴지 모른다. 그러나 공자가 살았던 당시를 생각해보면 이러한 말씀은 매우 놀라운 것이다. 춘추시대만 해도 아직은 하(夏) · 은(殷)에서 주(周)로 이어온 천신(天神)과, 지귀(地鬼) 즉 지기(地祇)를 섬기는 풍속이 무성했기 때문이다. 말하자면 주술(呪術)이 인간의 사고(思考)에 영향을 미치던 시대였다. 그런 때에 인간을 중심에 두고 삶을 생각해야지 귀신을 중심에 두고 삶을 바라보지 말라고 했으니 참으로 놀라운 일이 아닌가. 인간주의를 중심에 둔 성인이 바로 공자이다. 이런 공자께 귀신을 섬기는 일[事鬼神]을 묻자 공자는 반문(反問)으로써 자로 자신으로 하여금 다시금 새겨보게 한다. 사제(師弟)의 대화는 언제 어디서든 학교(學校)이다. 배운 것을[學] 본받아 갚아라[校]. 공자는 이런 뜻의 반문을 항상 던진다.

막내 계(季), 길 로(路), 물을 문(問), 섬길 사(事), 땅 귀신 귀(鬼), 하늘 귀신 신(神)

미능사인(未能事人) 언능사귀(焉能事鬼)

▶ 사람도[人] 제대로 섬기지 못하거늘[未能事] 어찌[焉] 귀신을[鬼] 섬길 수 있겠는가[能鬼]?

미능(未能)에서 제대로 못한다는 어감(語感)이 풍긴다. 언(焉)은 하야(何也)와 같다. '어째서' 란 어조(語調)로 보면 된다. 사(事)는 봉사(奉事)의 준말로 여기고 새긴다. 받들어 섬긴다[事].

「옹야(雍也)」 편 20장에서 번지(樊遲)가 앎[知]에 대해 묻자 공자가 이렇게 말했다. "무민지의(務民之義) 경귀신이원지(敬鬼神而遠之) 가위지의(可謂知矣)." 백성이[民] 지켜야 할 의리에[義] 힘쓰고[務], 귀신을[鬼神] 공경하되[敬] 그 귀신을[之] 멀리하면[遠] 아는 것이라고 할 수 있다[可謂知].

이러한 앎[知]을 잘 새긴다면 왜 공자가 자로한테 이런 반문을 던졌는지 알 것이다. 왜 공자가 호학(好學)하라 하는가? 이는 무엇보다 인간임을 알라 함이 아닌가. 귀신(鬼神)에 의지해 인간의 삶을 저당 잡히지 말라 한다. 이래도 공자의 인문관(人文觀)을 낡았다고 하겠는가? 인간의 삶을 인간이 알 수 없는 것에 의탁하지 말라는 것이니 이는 곧 인간이라면 자기실현을 해야 한다는 뜻 아닌가. 인생을 구걸하지 말라 한다. 성질 급한 자로여 수기(修己)하라.

아닐 미(未), 섬길 사(事), 어찌 언(焉)

미지생(未知生) 언지사(焉知死)

▶ 삶도[生] 아직 모르는데[未知] 어찌[焉] 죽음을[死] 알겠는가[知]?

이미 「위정(爲政)」 편 17장에서 공자는 자로에게 안다는 것[知之]을 가르쳐준 바 있다. "지지위지지(知之爲知之) 부지위부지(不知爲不知) 시지야(是知也)." 아는 것을[知之] 안다[知之] 하고[爲] 모르는 것을[不知] 모른다고[不知] 한다[爲]. 이런 것이[是] 앎이다[知].

그런데도 성질 급한 자로가 죽음에 관한 질문을 던지자 다시금 반문으로써 가르쳐준다. 마치 지자불혹(知者不惑)임을 잊었느냐고 꾸중하는 듯하다. 지혜로운 자는[知者] 현혹당하지 않는다[不惑]. 알래야 알 수 없는 것을 두고 알아보려고 허둥대는 짓 역시 불혹(不惑)이다. 공자는 알 수 있는 세계를 탐구하라 하지 인간이 알 수 없는 신비(神秘)를 탐구하라 하지 않는다. 공자는 지극한 현실주의자로서 성인이다. 경험할 수 있는 것만이라도 궁구해 철저하게 알려고 할 일이지 알래야 알 길이 없는 죽음을 두고 어찌 안다고 하겠는가. 성질 급한 자로여! 지지위지지(知之爲知之) 부지위부지(不知爲不知)를 명심(銘心)하라. 이렇게 다시금 환기시키는 듯하다.

살 생(生), 죽을 사(死)

제12장

【문지(聞之)】

은은여(誾誾如) · 항항여(行行如) · 간간여(侃侃如)

【원문(原文)】

閔子待側에 誾誾如也하고 子路는 行行如也하고
민 자 대 측 은 은 여 야 자 로 항 항 여 야

冉有 子貢은 侃侃如也어늘 子樂하시다 若由也는
염 유 자 공 간 간 여 야 자 락 약 유 야

不得其死然이로다
부 득 기 사 연

【해독(解讀)】

공자를 옆에서 모시고 민자건은[閔子待側] 온화한 모습이었고[誾誾如也], 자로는 굳세고 강한 모습이었으며[子路行行如也], 염유와 자공은[冉有子貢] 화락한 모습이었다[侃侃如也]. 공자께서도 즐거워하셨다[子樂]. 자로 같은 사람이라면[若由也] 그냥 그대로 죽기는 어려울 것이라고 하셨다[不得其死然].

【담소(談笑)】

민자대측(閔子待側) 은은여야(誾誾如也) 자로항항여야(子路行行如也) 염유자공간간여야(冉有子貢侃侃如也)

▶ 옆에서[側] 공자를 모시고 있는[待] 민자건은[閔子] 얌전히 삼가는 모습이고[誾誾如], 자로는[子路] 굳세어 활달한 모습이며[行行如], 염유와 자공은[冉有子貢] 온화하나 곧은 모습이다[侃侃如].

은(誾)은 화(和)와 신(愼)의 뜻을 아우른다. 온화하여 얌전히 삼간다[誾]. 여(如)는 여기서 모(貌)와 같다. ~같은 모습이다[如]. 항(行)은 강(剛)과 강(强)을 아우른 뜻이다. 이 때 발음은 행(行)이 아니라 항(行)이다. 굳세고 강하다[行]. 간(侃)은 직(直)과 화(和)의 뜻을 아우른다. 곧고 온화하다[侃].

앞서 2장에서 공문십철(孔門十哲)을 언급한 바 있다. 지금 공자를 모시고 함께 있는 민자(閔子)·자로(子路)·염유(冉有)·자공(子貢)은 모두 공자를 정성껏 따르던 제자들이다. 민자는 효성이 지극했다는 민자건(閔子騫)이다. 저마다 개성이 잘 드러나고 있다. 자로만 빼고 다들 화락(和樂)한 모습이다. 은은여(誾誾如)나 간간여(侃侃如)나 다 화락한 모습으로 볼 수 있다. 다만 자로 즉 계로(季路)만 항항(行行)의 모습[如]으로 묘사되고 있다. 항항(行行)은 강강(强剛)과 같은 뜻이고, 은은(誾誾)과 간간(侃侃)은 유약(柔弱)의 뜻으로 통한다.

성질 급한 자로는 부러지기 쉬운 무쇠와 같은 성질 탓으로 공자로부터 여러 번 꾸중을 듣기도 하지만, 공자가 아끼는 제자 중의 하나이다. 항상 공자는 자로를 향해 그 성질머리 좀 부드럽게 하라고 타이른다. 여기서도 역시 공자는 좋은 제자들과 함께 즐거워하면서도[子樂] 자로를 향해 다음처럼 타이른다. "약유야부득기사연(若由也不得其死然)." 만일[若] 자로 같은 사람이라면[由] 조용히 그냥 죽기는[其死然] 어려울 게다[不得].

유(由)는 자로의 이름이다. 못 참는 성미 탓으로 하늘이 점지한 수명을 조용히 다 누리지 못하리라 여겨져 걱정하는 스승의 모습을 보라. 아끼고 사랑하는 까닭에 항상 성미 급한 자로의 발목을 잡아주려는 스승을 보라. 얼마나 극진한 스승인가. 이런 공자의 심정이 노자(老子)의 말을 떠올리게 한다. "유약승강강(柔弱勝剛强)." 약하고 부드러움이[柔弱] 굳건하고 강함을[强剛] 이긴다[勝]. 거칠게 살지 말고 부드럽게 살라 한다.

위문할 민(閔), 모실 대(待), 옆 측(側), 온화할 은(誾), 길 로(路), 굳셀 항(行)

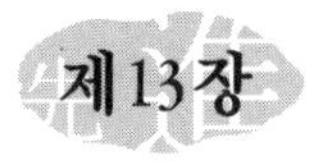

제13장

【문지(聞之)】

부인불언(夫人不言) 언필유중(言必有中)

【원문(原文)】

魯人이 爲長府러니 閔子騫曰 仍舊貫如之何오는
노 인 위 장 부 민 자 건 왈 잉 구 관 여 지 하

何必改作이리오
하 필 개 작
子曰 夫人不言이언정 言必有中이니라
자 왈 부 인 불 언 언 필 유 중

【해독(解讀)】

노나라 사람이 재물을 보관할 장부(長府)를 지으려 하자[魯人爲長府] 민자건이 말했다[閔子騫曰]. "헌 것을 두고 고치면 어떻단 말인가[仍舊貫如之何]? 반드시 새로 지어야 한단 말인가[何必改作]!"

공자께서 말했다[子曰]. "그 사람은 말을 하지 않지만[夫人不言], 말을 했다 하면 사리에 어긋나는 법이 없다[言必有中]."

【담소(談笑)】

잉구관여지하(仍舊貫如之何) 하필개작(何必改作)

▶ 있던 것을[舊] 인하여[仍] 고쳐 그대로 쓰면[貫如] 어떻단 말인가[何]? 어째서[何] 꼭[必] 다시 새로[改] 지어야 한단 말인가[作]!

노인위장부(魯人爲長府)를 두고 민자건(閔子騫)이 한 말이다. 위장부(爲長府)의 위(爲)는 작(作)과 같다. 짓다[爲]. 장부(長府)는 재물을 보관해두는 창고(倉庫)를 뜻한다. 노나라 사람이[魯人] 창고를[長府] 지으려 했다[爲]. 잉(仍)은 인(因)이나 습(襲)과 같다. 인하여[仍]. 관여(貫如)의 관(貫)은 일관(一貫)의 준말로 보아 일관된 모습[貫如]이라고 새기면 된다. 지하(之何)는 하(何)를 강하게 하는 어조(語調)이다. 민자건의 말씨는 하잉구관여(何仍舊貫如)를 강조한 말투로 볼 수 있다.

있는 것을 고쳐 쓰면 그만이지 어쩌자고 한사코 새로 지으려고 하느냐고 민자건이 따져 묻고 있다. 공자의 온고지신(溫故知新)이란 여기서 민자건이 바라는 바와 같다. 옛것을 답습하라는 게 아니다. 헌

것을 고쳐 새 것이 되게 하라 함이다. 온고지신이 일신(日新)이요, 일신(日新)이 곧 지래자(知來者)가 아닌가. 미래를[來者] 알라[知]. 그러니 공자가 후생가외(後生可畏)하라 한 것이다. 미래를[後生] 두려워해야 한다[可畏].

인할 잉(仍), 옛 구(舊), 꿸 관(貫), 같을 여(如), 반드시 필(必), 고칠 개(改), 지을 작(作)

부인불언(夫人不言) 언필유중(言必有中)

▶ **그[夫] 사람은[人] 말을 하지 않지만[不言], 말을 했다 하면[言] 반드시[必] 사리(事理)에 알맞음이[中] 있다[有].**

민자건의 말을 전해 듣고 공자가 민자건을 칭찬하는 말씀이다. 부인(夫人)의 부(夫)는 기(其)와 같다. 여기서는 민자건을 말한다. 유중(有中)의 중(中)은 적중(的中)의 준말로 여기고 새기면 된다. 물론 유중(有中)의 중(中)은 문의(文意)에 따라 제중(制中)·시중(時中)·중정(中正)의 준말로 새겨야 되는 경우도 있다. 삼가 어긋남이 없게 하라[制中]. 때에 알맞게 하라[時中]. 마음가짐을 바르게 하라[中正].

어긋나거나 억지스러운 말을 하지 않는다고 민자건을 칭찬하고 있다. 덕행(德行)이라면 안연(顔淵)과 민자건(閔子騫)이 아닌가. 되지도 않는 말을 지껄이다가는 예(禮)를 형식에 불과한 것으로 망쳐버리기 쉽다. 그래서 공자도 불언(不言)을 덕으로 여긴다. 노자(老子)는 지자불언(知者不言)이라 했다. 참으로 아는 사람은[知者] 말하지 않는다[不言]. 여기서 지자(知者)란 덕자(德者)와 같다. 그래서일까? 『예기(禮記)』 제28 「중니연거(仲尼燕居)」에 공자가 밝혔다는 말씀이 있다. "박어덕어례허(薄於德於禮虛)." 덕을[德] 엷게 하면[薄] 예를[禮] 헛것이게 한다[虛]. 여기서 어(於)는 목적어 앞에 붙어 있는 의미 없는 조어(助語)로 보면 된다. 함부로 말하지 말라. 그러면 부덕(不德)함이다. 덕행의 화신이라는 민자건이 어찌 함부로 지껄이는 짓을 범하겠는가.

그 부(夫), 말할 언(言), 반드시 필(必), 알맞을 중(中)

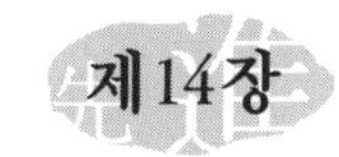

제14장

【문지(聞之)】

유지고슬(由之鼓瑟) 해위어구지문(奚爲於丘之門)

【원문(原文)】

子曰 由之鼓瑟을 奚爲於丘之門고 門人이 不敬子路한대 子曰 由也升堂矣 未入於室也니라

자왈 유지고슬 해위어구지문 문인 불경 자로 자왈 유야승당의 미입어실야

【해독(解讀)】

공자께서 말했다[子曰]. "자로가 거문고를 타는구나[由之鼓瑟]. 저런 재주에 어쩌자고 내 집에서 타는가[奚爲於丘之門]."

제자들이 자로를 존경하지 않게 되어버렸다[門人不敬子路].

이에 공자께서 말했다[子曰]. "물론 자로야[由也] 사랑채의 사랑방에는 들었지만[升堂矣] 안채의 안방에는 아직 못 들었을 뿐일세[未入於室也]."

【담소(談笑)】

자왈(子曰)

절묘한 말씀이다. 문(門)과 당(堂)과 실(室)을 비유해 경박한 제자들을 나무라고 있다. 호학(好學)을 강조하는 공자가 거문고 타기[鼓瑟]를 빌려 학문의 경지를 비유해 말하려고 했는데, 제자들은 그만 스승의 말씀을 액면 그대로 듣고 자로(子路)가 스승의 눈밖에 났다는 식으로 오해했던 모양이다. 이렇게 오해한 제자들을 절묘하게 꾸짖어 부끄럽게 한다. 소인은 부끄럽게 하면 싸우려 덤비고, 대인이 될 가망이 있는 사람은 스스로 뉘우쳐 자기를 개선(改善)하는 길을 찾는다. 공자는 지금 제자들로 하여금 수기(修己)하는 계기(契機)를 마련해주고 있다.

유지고슬(由之鼓瑟) 해위어구지문(奚爲於丘之門)

▶ **자로가[由] 큰 거문고를[瑟] 뜯다니[鼓] 어찌[奚] 내 집에서[丘之門] 뜯는단 말인가[爲].**

슬(瑟)은 25현(絃) 내지 27현의 거문고이다. 고슬(鼓瑟)의 고(鼓)는 동사로 쓰였으며 북을 치거나 거문고를 뜯는다는 뜻이다. 거문고를 뜯는다[鼓]. 해(奚)는 여기서 해약(奚若)의 준말로 여기고 새기는데 뜻은 하(何)와 같다. 어째서[奚]. 위(爲)는 앞의 고(鼓)를 대신한다. 구(丘)는 공구(孔丘)의 준말이다. 공자의 집[丘之門]. 유지고슬(由之鼓瑟)은 평범하게 하면 유고슬(由鼓瑟)이다. 유지(由之)의 지(之)는 강조하는 어조(語調)에 불과하다. '아니 유라는 자가[由之] 큰 거문고를[瑟] 뜯다니[鼓]' 정도의 놀라워하는 표현으로 해석하면 된다. 거문고를 잘 뜯지도 못하면서 어쩌자고 내 집에서 저런 일을 하느냐고 의아해하는 어조가 해(奚)라는 한마디에서 느껴진다.

유(由)는 성질 급한 자로(子路)를 말한다. 그런 자로가 거문고[瑟]를 부드러움[柔]과 어울림[和]으로 즐거움[樂]을 누리게 할 만큼 잘 타지 못함을 지적했을 뿐인데, 제자들은 스승의 말을 있는 그대로 듣고선 공자가 자로를 무시한다고 여겼던 모양이다. 그래서 그만 자로를 얕보았던 모양이다. "문인불경자로(門人不敬子路)." 공자의 제자들이

[門人] 자로를[子路] 존경하지 않았다[不敬].

아마도 자로가 뜯는 거문고 소리에 자로의 성질머리가 그대로 드러났을 터이다. 거칠게 타는 자로의 거문고 소리를 재미 삼아 비하한 것을 두고 자로를 얕보는 제자들을 향해 일침을 가하는 공자를 보라. 스승은 제자를 갈무리하는 데 섬세하면서도 끝까지 주도면밀하다.

북칠 고(鼓), 큰 거문고 슬(瑟), 어찌 해(奚), 할 위(爲), 언덕 구(丘)

유야승당의(由也升堂矣) 미입어실야(未入於室也)

▶ 물론 자로야[由] 사랑채의 사랑방에 들었고[升堂] 안채의 안방에만[於室] 아직 못 들었을 뿐이야[未入].

유야(由也)의 야(也)는 유지(由之)의 지(之)처럼 강조하는 어조를 드러낸다. 공자는 자로가 이미 문간(門間)의 경지를 벗어나 사랑채에 올라 사랑방에 들었다고 비유해 말한다. 승당(升堂)의 승(升)은 등(登)과 같다. 오르다[升]. 당(堂)은 여기서 사랑채 즉 바깥채를 말한다. 미입(未入)의 미(未)는 여기서 절묘한 속뜻을 헤아리게 한다. 아직은 못 들고 있지만 언젠가는 들게 되리란 가능성을 함축하고 있기 때문이다. 실(室)은 안채의 안방을 말한다.

지금 공자는 당신의 제자들이 인도(仁道)를 실천하는 수준을 각각 문간방, 사랑방, 안방 등으로 비유해 말해주고 있다. 문간방에서 어물쩡거리는 처지인 너희가 이미 사랑채에 올라 사랑방에 들어가 있는 자로를 얕보다니 얼마나 어처구니없는 짓이냐고 꾸짖고 있다. 성인(聖人)은 직설적으로 험한 말을 써서 꾸짖지 않는 법이다. 성인은 스스로 새겨 자신을 살펴보게 은근히 말해주기 좋아한다. 똥 묻은 개가 겨 묻은 개를 흉본다는 속담이 생각난다. 그리고 나는 어느 쪽이냐는 자문(自問)이 고개를 떨구게 한다.

오를 승(升), 사랑채 당(堂), 아직 못할 미(未), 들 입(入), 안방 실(室)

제15장

【문지(聞之)】

과유불급(過猶不及)

【원문(原文)】

子貢曰 師與商也 孰賢이니이꼬
자 공 왈 사 여 상 야 숙 현

子曰 師也過하고 商也不及이니라
자 왈 사 야 과 상 야 불 급

曰 然則師愈與이꼬
왈 연 즉 사 유 여

子曰 過猶不及이니라
자 왈 과 유 불 급

【해독(解讀)】

자공이 물었다[子貢曰]. "자장과 자하 중에서 누가 더 현명합니까[師與商也孰賢]?"

공자께서 말해주었다[子曰]. "자장이라면 재주가 넘치고[師也過], 자하라면 재주가 모자란다[商也不及]."

이에 자공이 되물었다[曰]. "그렇다면 자장이 더 현명한 것입니까[然則師愈與]?"

이에 공자께서 말해주었다[子曰]. "지나친 것은 모자라는 것과 같다[過猶不及]."

【담소(談笑)】

사여상야숙현(師與商也孰賢)

▶ **자장(子張)과 자하(子夏) 중에서[師與商] 누가[孰] 더 현명합니까[賢]?**

사(師)는 자장(子張)의 이름이고, 상(商)은 자하(子夏)의 이름이다. 숙(孰)은 수(誰)와 같다. 누가 더 ~한가[孰]? 현(賢)은 현명(賢明)의 준말로 여기고 새기면 된다. 자공(子貢)이 스승인 공자께 둘 중에서 누가 더 현명하냐고 위와 같이 물었다.

스승 사(師), 함께 여(與), 누구 숙(孰), 현명할 현(賢)

사야과(師也過) 상야불급(商也不及)

▶ **자장은[師] 지나치고[過] 자하는[商] 모자란다[不及].**

과(過)는 여기서 월(越)과 같고, 오(誤)와 같고, 건(愆)과 같다. 넘어버리다[越], 그릇되다[誤], 허물을 짓다[愆] 등등의 뜻으로 새기면 된다. 급(及)은 체(逮)와 같다. 따라가 잡는다[及].

자장이 무엇을 넘어버렸다는 말일까? 자공이 현(賢)을 두고 물었으니 여기서 과(過)는 자장이 재주가 지나쳐 중용(中庸)을 잃기 쉬움을 지적했다고 보아도 무방할 것이다. 불급(不及) 역시 중용을 따르지 못함을 지적한 것으로 새기면 무방하리라. 저마다 지닌 바 재주를 알맞게 부릴 줄 알면 그 사람은 현명하다. 재주를 지나치게 부려도 현명하지 않고[不賢], 재주를 옹색하게 부려도 불현(不賢)이다. 지나쳐도 어리석고[不賢] 모자라도 어리석다. 지나침은 모자람만 못하니 차라리 자장보다 자하가 낫다고 여기면 어떨까?

그러나 자공은 아마도 스승이 지적한 과(過)를 재주가 넘친다는 뜻으로 듣고, 불급(不及)을 재주가 모자란다는 뜻으로 들었는지 이렇게 반문한다. “연즉사유여(然則師愈與)?” 그렇다면[然則] 사가[師] 보다 낫다는 것입니까[愈與]? 유(愈)는 ~보다 더 뛰어나거나 낫다는 뜻이다. 여(與)는 완곡한 의문을 풍기는 조어(助語)로 보면 된다.

그러자 공자는 자공으로 하여금 다시 살펴 헤아리게 대답해준다. "과유불급(過猶不及)." 지나침은[過] 모자람과[不及] 같다[猶]. 「옹야(雍也)」편 27장에서 이미 이렇게 말한 바 있다. "중용지위덕야(中庸之爲德也) 기지의호(其至矣乎) 민선구의(民鮮久矣)." 중용이[中庸] 바로 덕이[德] 된다[爲]. 중용이란[其] 지극하고 지극하다[至矣乎]. 사람들이[民] 멀리한 지[鮮] 오래되었다[久]. 과유불급(過猶不及)은 바로 이런 심정을 토로한 것이라고 볼 수 있으리라. 자장과 자하가 중용을 멀리한다고 지적한 셈이다. 어찌 그 두 제자뿐이겠는가? 중용을 멀리하고 소홀히 하려는 버릇은 예나 지금이나 다를 바 없을 것이다.

지나칠 과(過), 미칠 급(及)

제16장

【문지(聞之)】

비오도야(非吾徒也) 소자명고이공지가야(小子鳴鼓而攻之可也)

【원문(原文)】

季氏富於周公이어늘 而求也爲之聚斂而附益之한대
계 씨 부 어 주 공 이 구 야 위 지 취 렴 이 부 익 지

子曰 非吾徒也로소니 小子아 鳴鼓而攻之可也니라
자 왈 비 오 도 야 소 자 명 고 이 공 지 가 야

【해독(解讀)】

계씨는 노나라 임금보다 더 부자인데[季氏富於周公] 염구가 그자를 위하여 세금을 무겁게 긁어모아 그자의 재물을 더욱 불려주었다[而求也爲之聚斂而附益之].

이에 공자께서 말했다[子曰]. "염구는 내 제자가 아니다[非吾徒也]. 자네들은 북을 둥둥 쳐서 염구를 공격해도 좋다[小子鳴鼓而攻之可也]."

【담소(談笑)】

자왈(子曰)

앞서 2장에서 공자는 정사(政事)에는 염유(冉有)와 자로(子路)라고 밝혔다. 그리고 「옹야(雍也)」 편 6장에서 계강자(季康子)에게 "구야예(求也藝) 어종정호하유(於從政乎何有)"라고 염구를 칭찬한 바 있다. 염구라면[求也] 재주가 뛰어나다[藝]. 정사를[政] 맡아보는 데[於從] 무슨 문제가 있겠는가[何有]?

아마도 이런 칭찬 덕분에 염구가 계강자 밑으로 한 자리를 얻어 들어갔던 모양이다. 그런데 백성을 위해 정사를 돌봐주기를 바랐던 바와 달리 제 주인인 계강자의 개 노릇을 하는 염구를 보고 공자가 격분하고 있다. 염구를 미워하기까지 한다. 성인이 어찌 격분하여 사람을 미워할 수 있느냐고 시비(是非) 걸지 말라. 「이인(里仁)」 편 3장에서 했던 말씀을 상기해보라. "유인자(唯仁者) 능호인(能好人) 능오인(能惡人)." 오로지[唯] 어진 이만이[仁者] 사람을[人] 좋아할 수도 있고[能好] 사람을[人] 미워할 수도 있다[能惡]. 공자는 당신의 제자들이 모두 다 군자처럼 보였으리라. 돼지 눈에는 돼지만 보이고 군자 눈에는 군자만 보이기 때문이다. 그러나 제자들한테서 군자가 아니라 소인배나 범하는 짓을 발견하는 순간, 인자(仁者)인 공자는 능히 염구가 범한 소인배 짓을 미워할 수 있다. 염구야 백성을 괴롭히는 계강자를 백성을 돕는 쪽으로 이끌어야지 맞장구를 친다면 너는 소인배가 아니냐?

소인배가 정사를 맡으면 가정(苛政)이라 할 만하다. 그래서 공자는 『예기(禮記)』에서 "가정맹어호야(苛政猛於虎也)"라고 했다. 모질고 사나운[苛] 정치는[政] 호랑이보다[於虎] 더 사납다[猛]. 염구가 지금 호랑이 발톱을 더 날카롭게 갈아주는 짓을 저지르고 있으니, 공자가 분노하여 염구가 불인(不仁)을 범했으니 용서치 말고 내치라 함은 시빗거리가 되지 않으리라. 왜 염구가 못된 계강자 밑에서 놀아나는가? 그 까닭은 뒤의 21장에서 드러난다. 공자는 불인(不仁) 앞에 단호히 대처하기를 바라는 성인이다.

계씨부어주공(季氏富於周公) 이구야위지취렴이부익지(而求也爲之聚斂而附益之)

▶ **계씨는[季氏] 노(魯)나라 임금[周公]보다[於] 부유했다[富]. 그런데[而] 염구란 자가[求也] 계씨를[之] 위하여[爲] 백성들로부터 세금을 긁어모아[聚斂] 그자의 재산을[之] 더욱더 보태주었다[附益].**

구야(求也)의 구(求)는 공자의 제자 염구(冉求)를 말한다. 야(也)는 어조(語調)를 강조하는 말투이다. 위지(爲之)의 지(之)는 계씨(季氏)를 받는 지시어이고, 익지(益之)의 지(之) 역시 그런 지시어로 여기고 새기면 된다.

정사(政事)에 뛰어났다고 공자가 칭찬했던 염구가 주구(走狗) 노릇을 할 줄이야! 열 길 물 속은 알 수 있어도 한 길 사람 속은 알 수 없는 노릇이다. 결국 공자도 사람 됨됨이를 몰랐으니 말이다. 이를 두고 제자를 편애하는 공자의 허물이라고 흉보지 말라. 인자(仁者)는 오로지 백성을 위하려는 뜻밖에 없다.

막내 계(季), 부유할 부(富), 모을 취(聚), 긁어모을 렴(斂),
붙을 부(附), 더할 익(益)

비오도야(非吾徒也) 소자명고이공지가야(小子鳴鼓而攻之可也)

▶ **내[吾] 제자가[徒] 아니다[非]. 너희는[小子] 싸움을 알리는 북을[鼓] 울려[鳴] 사정없이 그 놈을[之] 공격해도 좋다[可攻].**

도(徒)는 배(輩)와 같다. 한 무리 · 동아리[徒]. 그러니 오도(吾徒)를 우리가 함께할 동무가 아니라는 뜻으로 새겨도 된다. 그러면 공자의 속내를 더 잘 헤아릴 수 있을 것이다. 그리고 공자가 얼마나 화가 났는지를 "명고이공지가야(鳴鼓而攻之可也)"란 표현에서 알 수 있을 것이다. 평범하게 말하면 가명고이공지야(可鳴鼓而功之也)라고 했을 테니 말이다. 뒤집어 말하는 것은 강조할 내용이 있기 때문이다. 공지(攻之)의 지(之)는 염구(冉求)를 가리키는 지시어이다.

성인은 백성을 등지는 짓 앞에선 분노한다. 그래서 공자는 무례한(無禮漢)의 행동을 용서하지 않는다. 계강자(季康子) 밑으로 들어간 염구가 무례한인 계강자를 거절하지 못하고 잘못된 행동을 범하고 말았으니 공문(孔門)의 몰매를 맞아야 당연하다고 말하는 공자를 보라. 공자는 나라를 바르게 다스리는 데 예(禮)를 떠날 수 없다고 주장하는 성인이다. 『예기(禮記)』 제26 「경해(經解)」에서 공자는 이렇게 말했다. "예지어정국야(禮之於正國也) 유형지어경중야(猶衡之於輕重也)." 무게를 다는 데[於輕重] 저울질하는 것[衡之]같이[猶], 나라를[國] 바로하는 데[於正] 예를 따라야 한다[禮之].

학정(虐政)을 부추기는 일에 끼어든 염구를 공자가 어찌 용서할 수 있겠는가? 용서할 수 없다. 그래서 사정 두지 말고 염구의 잘못을 공격하라 한 것이다. 그렇다고 공자가 인간 염구를 내치라 한 것은 아니다. 염구가 범한 비례(非禮)를 내치라 했지 공문의 호적에서 파내라는 호령은 분명 아닐 터이다. 죄를 미워하지 사람을 미워하지 말라 함이 공자의 인도(仁道)가 아닌가.

아닐 비(非), 무리 도(徒), 울릴 명(鳴), 북 고(鼓), 칠 공(攻)

제17장

【문지(聞之)】

우(愚)·노(魯)·벽(辟)·안(喭)

【원문(原文)】

柴也愚하고 參也魯하고 師也辟하고 由也喭이니라
시 야 우 삼 야 로 사 야 벽 유 야 안

【해독(解讀)】

자고는 우직하고[柴也愚], 증자는 둔하며[參也魯], 자장은 형식적이고[師也辟], 자로는 거칠다[由也喭].

【담소(談笑)】

시야우(柴也愚) 삼야로(參也魯) 사야벽(師也辟) 유야안(由也喭)

▶ 자고(子羔)는[柴] 어리석은 데가 있고[愚], 증자(曾子)는[參] 미련한 데가 있으며[魯], 자장(子張)은[師] 겉만 번지르르하고[辟], 자로(子路)는[由] 거친 데가 있다[喭].

우(愚)는 여기서 우직(愚直)의 준말로 여기고 새기면 된다. 어리석지만[愚] 정직하다[直]. 노(魯)는 노둔(魯鈍)의 준말로 여기고 새기면 된다. 미련하지만 둔해서 못된 짓은 안 한다[魯]. 우(愚)와 노(魯)는 다 어리석음을 뜻한다. 유가(儒家)는 어리석음[愚]을 허물로 삼지만, 도가(道家)는 어리석음을 도(道)의 이웃으로 여긴다. 그래서 도가는 어리석으니까 도에 가깝다[愚故道] 한다. 벽(辟)은 변벽(便辟)의 준말로 여기고 새기면 된다. 성실하지 못하고 외양만 가꾼다[辟]. 안(喭)은 안안(喭喭)의 준말로 여기고 새기면 된다. 거세고 빨라 거칠다[喭]. 우

(愚)·노(魯)·벽(辟)·안(喭) 등은 모두 허물이다. 그러나 허물이라 해서 인(仁)을 부정하려는 허물은 아니지 않는가. 그렇지만 앞서 본 염구(冉求)의 허물은 인(仁)을 짓밟고 있으니 용서할 수 없다.

시(柴)는 공자의 제자로 성(姓)은 고(高)이고 자(字)는 자고(子羔)이다. 삼(參)은 증자(曾子)의 이름이고, 사(師)는 자장(子張)의 이름이다. 유(由)는 자로(子路)의 이름이다.

공자가 당신의 제자를 흉본다고 여기지 말라. 인자(仁者)가 되기를 바라지만 인간에게는 어쩔 수 없이 허물이 있게 마련임을 지적할 뿐이다. 「이인(里仁)」 편 7장에서 공자는 이렇게 말했다. "관과(觀過) 사지인의(斯知仁矣)." 허물을[過] 살피면[觀] 곧[斯] 어진지[仁] 알아본다[知]. 염구처럼 백성을 등치는 무례한의 허물만 아니라면 저마다 허물을 고쳐가면서 군자의 길을 걷게 할 수 있다는 공자의 강한 뜻을 여기에서 마주할 수 있다.

잡목 시(柴), 어리석을 우(愚), 노둔할 로(魯), 석 삼(參), 허물 벽(辟), 거칠 안(喭)

제18장

【문지(聞之)】

회야기서호(回也其庶乎)·사불수명(賜不受命)

【원문(原文)】

子曰 回也其庶乎아 屢空이니라 賜不受命이요 而
자왈 회야기서호 누공 사불수명 이

貨殖焉이나 億則屢中이니라
화 식 언　　억 즉 루 중

【해독(解讀)】

공자께서 말했다[子曰]. "안회는 거의 도에 가까웠니라[回也其庶乎]! 거의 집이 텅 비었구나[屢空]. 자공은 만족하지 않고[賜不受命] 재산을 불렸다[而貨殖焉]. 그러나 자공의 추측은 거의 맞았다[億則屢中]."

【담소(談笑)】

회야기서호(回也其庶乎) 누공(屢空)

▶ **안회야[回], 그것에[其] 가깝구나[庶]! 거의[屢] 텅 비었지만 말이다[空].**

서(庶)는 여기서 기(幾)와 같다고 보면 된다. 가깝다[庶]. 누(屢)는 누차(屢次)의 준말로 여기고 새기면 된다. 거의 매번[屢]. 공(空)은 여기서 빈(貧)과 같다고 볼 수 있다. 말하자면 쌀독이 텅 비어 있을 만큼 가난하다는 말이다. 공자는 안회(顔回)를 당신의 분신처럼 여겼다. 따라서 기서(其庶)의 기(其)를 인(仁)으로 새기고 인도(仁道)로 새겨도 될 것이다. 인도에 가깝다[其庶]. 그러다 보니 안회가 늘 가난했음을 공자가 누공(屢空)이란 한마디로 절절하게 느끼게 한다. 집안이 텅텅 비어 아무것도 없을 만큼 가난했다는 말이다.

이미 「옹야(雍也)」편 9장에서 공자는 안회의 안빈낙도(安貧樂道)를 읊었다. "현재회야(賢哉回也) 일단사(一簞食) 일표음(一瓢飮) 재루항(在陋巷) 인불감기우(人不堪其憂) 회야불개기락(回也不改其樂)." 현명하여라[賢哉] 안회여[回也]. 밥 한 그릇 먹고[一簞食] 물 한 쪽박 마시고[一瓢飮] 누추한 골목에 살고 보면[在陋巷] 남들은[人] 그런[其] 괴로움을[憂] 참지 못하거늘[不堪], 안회는[回] 그런[其] 즐거움을[樂] 바꾸지 않는구나[不改]. 안회는 이미 그 때에도 이 세상 사람이 아니었던 셈이다. 이 세상에는 현자(賢者)가 배겨낼 틈이 없음을 공자도 알았고 안회도 알았을 것이다.

가까울 서(庶), 감탄사 호(乎), 거의 루(屢), 빌 공(空)

사불수명이화식언(賜不受命而貨殖焉) 억즉루중(億則屢中)

▶ **자공은[賜] 명령을[命] 따르지 않고[不受] 재물을[貨] 번창하게 했다[殖]. 일을 헤아리면[億] 거의[屢] 맞았다[中].**

수명(受命)은 천명(天命)을 따른다는 뜻이다. 천명을 따라 산다 함은 주어진 삶에 만족하며 산다는 말이다. 자공은 그렇게 살지 않고 돈벌이를 잘하여 부유하게 살려고 했다. 실제로 공문(孔門)에서 가장 이재(利財)에 밝아 공자의 제자 중에서 가장 부유했다 한다. 말하자면 자공은 능란한 장사꾼이었던 셈이다. 왜 공자는 가난한 안회와 부유한 자공을 대비해 보라는 듯 동시에 언급하고 있을까? 그것이 너는 어느 편이냐고 묻는 것 같아 속내를 속일 수 없다. 지금 세상에서 가장 흔한 거짓말은 돈 싫어한다는 말일 터이다. 그러니 요즘 세상에 안회를 현명하다 할 사람은 하나도 없다. 그렇다 하더라도 졸부(猝富)될 생각만큼은 하지 말기 바란다. 안회를 칭송(稱頌)하는 공자를 흉보지 말라.

베풀 사(賜), 받을 수(受), 재물 화(貨), 번성할 식(殖), 헤아릴 억(億), 맞출 중(中)

제19장

【문지(聞之)】

불천적(不踐迹) 역불입어실(亦不入於室)

【원문(原文)】

子張이 問善人之道한대 子曰 不踐迹이니 亦不入於室이니라
자장 문선인지도 자왈 불천적 역불입어실

【해독(解讀)】

자장이 선인의 도를 물었다[子張問善人之道]. 공자께서 말했다[子曰]. "발자취를 따라 밟지 않으면[不踐迹] 역시 안방에 들어갈 수 없다[亦不入於室]."

【담소(談笑)】

불천적(不踐迹) 역불입어실(亦不入於室)

▸ **성인의 발자취를[迹] 따라 밟지 않고선[不踐] 역시[亦] 성인의 안방에[於室] 들어가지 못한다[不入].**

천(踐)은 이(履)와 같다. 따라 밟아가다[踐]. 적(迹)은 여기서 적(跡)과 같다. 발자취[迹]. 족적(足迹)의 준말로 여기고 새기면 된다. 실(室)은 앞서 14장의 비유를 참고하면 된다. 성인의 경지에 이르는 과정을 문(門)에서 당(堂), 당(堂)에서 실(室)로 비유하여 성인의 경지를 암시했었다. 그러니 여기의 입어실(入於室)을 성인의 경지에 들어간다는 뜻으로 새겨 헤아리면 된다.

자장(子張)이 선인지도(善人之道)를 묻자 공자께서 자장에게 정곡을 찔러 대답해주고 있다. 앞서 17장에서 자장의 사람됨을 일러 사야벽(師也辟)이라고 했었다. 여기서 벽(辟)은 겉만 번지르르하게 꾸미는 짓을 잘한다는 뜻이다. 그런 사(師, 子張)가 선인(善人)의 도(道)를 물었다. 그렇다고 해서 "자네는 변벽(便辟)부터 버려야 한다"고 면박을 준다면 꾸중만 하고 마는 꼴이다. 성인은 좀처럼 면박을 주어 무안하게 하지 않는다. 성인은 스스로 잘 살펴 명심(明心)하여 명심(銘心)하게 하는 말씀을 들려준다. 자신을 살펴[明心] 허물 찾기를 잊지 말라[銘心].

위와 같은 스승의 말씀을 듣고 자장은 곰곰이 자신을 되돌아봤을 터이다. 현자(賢者)인 척 겉치레를 했던 자신을 부끄럽게 여기고 스스로 개선(改善)하기를 다짐하며 명심(銘心)했을까? 하여튼 성인은 명심(明心)해보라 한다. 그렇다. 선인의 도(道)는 곧 사람이 따라야 하는 인도(仁道)란 말이 아닌가. 선인(善人)의 선(善)이란 어짊[仁]을 생활로 잘 이끌어간다는 뜻이 아닌가! 선인이란 곧 인자(仁者)가 되려는 당사자 아닌가. 인자는 성의(誠意)를 다해 인도(仁道)를 넓힌다. 겉치레를 하는 자장이 스승의 뜻을 헤아렸을까? 모를 일이다. 세상에는 빛만 좋은 개살구가 너무나 많으니 말이다.

밟을 천(踐), 자취 적(迹), 또한 역(亦), 들어갈 입(入), 안방 실(室)

제20장

【문지(聞之)】

군자자호(君子者乎)

【원문(原文)】

子曰 論篤是與면 君子者乎아 色莊者乎아
자왈 논독시여 군자자호 색장자호

【해독(解讀)】

공자께서 말했다[子曰]. "논함이 독실하다 하여[論篤是與] 군자란 말인가[君子者乎]? 겉만 장엄하게 꾸미려는 자일지도 모르지 않는가[色莊者乎]?"

【담소(談笑)】

논독시여(論篤是與) 군자자호(君子者乎) 색장자호(色莊者乎)

▶ 사리(事理)를 따짐이[論] 도타움이란[篤] 것을[是] 편든다고[與] 군자란 말인가[君子者乎]? 겉만 꾸미는 자일지도 모른다[色莊者乎].

논(論)은 여기서 설(說)·사(思)·의(議) 등의 뜻과 같다. 논설(論說)·논의(論議)·논변(論辯) 등의 준말로 여기고 새기면 된다. 독(篤)은 여기서 후(厚)와 같다. 인정이 많아 도탑다[篤]. 돈독(敦篤)하다 할 때의 모나지 않고 무던하다는 뜻을 포함해 후하고 인정이 많다는 말로 들린다.

공자는 지금 군자의 됨됨이를 말하고 있다. 논독(論篤)의 논(論)과 독(篤)은 서로 걸맞기 어려운 마음가짐일 수 있다. 논(論)이 매정하더라도 사리(事理)를 따져 바른 갈래를 짓기 바라는 마음가짐이라면, 독(篤)은 무던하고 인정이 많아 관대하기를 바라는 마음가짐이다. 그러니 논독은 무던하고 후한 논설(論說)이나 논의(論議), 또는 논변(論辯)으로 이해하고 새겨도 된다. 이렇듯 논(論)보다 독(篤)을 앞세우다 보면 온갖 일들이 두리뭉실 넘어가버릴 수 있다.

군자는 무조건 무던하고 후한 사람이 아니다. 군자는 무례(無禮)하여 무도(無道)하면 그 까닭을 냉엄하게 살펴 단호히 대처해야지 적당히 편들면 안 된다. 군자는 중간에서 누이 좋고 매부 좋게 한다는 식으로 홍정을 붙이는 거간이 아니다. 그러니 어찌 번지르르한 논변을 앞세워 군자인 척하겠는가. 군자는 불인(不仁) 앞에 단호하고 분명히 인도(仁道)의 편에 서는 사람이지 무던하게 엉거주춤한 자가 아니다. 언제나 중간잡이는 떡고물이나 챙기려고 울타리를 탄다. 공자가 이런 기회주의자를 두둔할 리 없다. 껍데기[色莊者]는 가라.

사리를 밝힐 론(論), 도타울 독(篤), 편들 여(與), 빛깔 색(色), 장엄할 장(莊)

제21장

【문지(聞之)】

문사행제(聞斯行諸)

【원문(原文)】

子路問 聞斯行諸이꼬 子曰 有父兄在하니 如之何其聞斯行之리오
冉有問 聞斯行諸이꼬 子曰 聞斯行之니라
公西華曰 由也問에 聞斯行諸어늘 子曰 有父兄在라 하시고 求也問에 聞斯行諸어늘 子曰 聞斯行

之라 하시니 赤也惑하야 敢問하노이다
지 적야혹 감문

子曰 求也退 故로 進之하고 由也兼人 故로 退之
자왈 구야퇴 고 진지 유야겸인 고 퇴지
호라

【해독(解讀)】

자로가 물었다[子路問]. “좋은 말을 들으면 즉시 행해야 합니까[聞斯行諸]?” 공자께서 말했다[子曰]. “부형이 계시는데[有父兄在] 어찌 네가 들은 대로 곧 행한단 말인가[如之何其聞斯行之]?”

염유가 물었다[冉有問]. “좋은 말을 들으면 즉시 행해야 합니까[聞斯行諸]?” 공자께서 말했다[子曰]. “들은 즉시 행하라[聞斯行之].”

이에 공서화가 아뢰었다[公西華曰]. “자로가 문사행제(聞斯行諸)라고 묻자[由也問聞斯行諸] 스승께선 부형이 계시는데라고 하시고[子曰有父兄在], 염유가 문사행제(聞斯行諸)를 묻자[求也問聞斯行諸] 스승께서 들은 즉시 행하라고 하시니[子曰 聞斯行之], 저는 어리둥절하여[赤也惑] 외람되오나 묻고 싶습니다[敢問].”

공자께서 말해주었다[子曰]. “염유는 소극적이다[求也退]. 그래서[故] 적극적으로 나서라 한 것이고[進之], 자로는 남의 것까지 참견하고 앞선다[由也兼人]. 그래서[故] 물러서게 한 것이다[退之].”

【담소(談笑)】

자왈(子曰)

성인(聖人)의 가르침은 철인(哲人)의 가르침과는 다르다. 철인은 정오(正誤)나 시비(是非)를 가려야 하는 지식(知識)을 전달한다. 고대 그리스의 아리스토텔레스는 이 사람한테 이렇게 말하고 저 사람한테 저렇게 말하지 못했다. 그러면 그의 말은 틀린 것이 되고 만다. 그는 성인이 아니라 철인이기 때문이다. 철인한테는 사유(思惟)가 문제이지 사람은 문제되지 않는다. 그러나 성인한테는 사람이 문제이지 사유가 빚어내는 지식은 문제가 아니다. 어린이한테는 어린이가 알아듣게 말해주고, 바보면 바보인 대로 알아듣게 말해주며, 총명하면 총명한 대로 알아듣게 말해준다. 이처럼 같은 문제를 두고도 사람됨에 따라 이렇게도 말해주고 저렇게도 말해주는 게 곧 성인의 가르침이다.

철인은 사유해서 얻은 이론(理論)을 제시하려고 하지만, 성인은 그런 이론 따위에는 아랑곳하지 않고 바로 당신 앞에 있는 사람한테만 관심을 두려 한다. 그래서 성인은 선생(先生)이 되지만, 철인은 석학(碩學)이란 칭송을 받을지언정 선생이란 존칭을 누리기 어렵다. 성인은 고삐를 풀어주고 철인은 고삐를 매려고 한다. 여기 21장에서 성인의 가르침이 어떠한지 체험할 수 있다. 지금 공자가 마음이 유약(柔弱)한 염유(冉有)와 마음이 강강(强剛)한 자로(子路)를 견주어 성인의 가르침이 어떠한지 보여주고 있기 때문이다.

문사행제(聞斯行諸)

▶ 좋은 말씀을 들었을 때[聞] 곧[斯] 그 말씀을 행해야 합니까[行諸]?

문(聞) 다음에 목적어가 있다고 여기고 새긴다. 듣는다[聞] 함은 반드시 무엇인가를 듣는 것이기 때문이다. 문(聞) 다음에 반드시 좋은 말씀만 와야 한다고 볼 것은 없다. 성인의 말씀이나 경전에 있는 말씀 정도로 새겨도 될 것이다. 사(斯)는 여기서 즉(則)과 같다. 즉시[斯]. 곧[斯]. 행제(行諸)의 제(諸)는 어조사로 지어(之於)나 지호(之乎)를 줄인 말이다. 여기서는 묻는 말이므로 행제(行諸)는 행지호(行之乎)를 줄인 것이라고 보면 된다. 물론 행지(行之)의 지(之)는 문(聞)의 내용을 가리키는 지시어이다.

성질이 급하고 거센 자로와 성질이 여리고 약한 염구가 같은 내용을 스승께 물었다. 이에 공자는 자로한테는 "유부형재(有父兄在) 여지하기문사행지(如之何其聞斯行之)"라 답해주고, 염구한테는 "문사행지(聞斯行之)"라고 답해주었다. 이를 보고 공서화(公西華)가 어리둥절해 그 까닭을 묻는 광경을 상상하면서 이 21장을 체험하면 성인의 가르침이 과연 어떠한지 목격할 수 있다.

성질 급한 자로한테는 "아버지와 형님이[父兄] 살아[在] 계시는데[有] 어찌[如之何] 자네가 들었다고[其聞] 즉시[斯] 그것을[之] 행동으로 옮긴단 말인가[行]?"라고 말해주고, 성질이 여린 염구한테는 "들은 대로[聞] 즉시[斯] 들은 바를[之] 행하라[行]"고 말해주는 스승을 보고 공서화가 어리둥절해졌다[赤也惑]. 적(赤)은 공자의 제자인 공서화의 이름이다. 같은 문제를 두고 달리 응답해주는 스승을 보고 공서화는 헷갈렸다[惑].

들을 문(聞), 곧 사(斯), 행할 행(行), 어조사 제(諸)

구야퇴고진지(求也退故進之) 유야겸인고퇴지(由也兼人故退之)

▶ **염구는[求] 소극적이다[退]. 그래서[故] 적극적으로 하라 했고[進之], 자로는[由] 남의 몫마저 하려고 덤빈다[兼人]. 그래서[故] 뒤로 물러서라고 했다[退之].**

구야퇴(求也退)의 퇴(退)는 겸(謙)·양(讓)의 뜻과 같다. 겸손하여 양보한다[退]. 이런 겸양의 성질 때문에 염구는 앞 16장에서 스승께 혼쭐이 났었다. 염구가 계강자(季康子)의 등쌀을 견디지 못하고 백성들로부터 세금을 긁어모으는 취렴(聚斂)을 범했다가 "저놈은 내 제자가 아니다[非吾徒也]"고 호된 벌을 받았던 일을 떠올리면서 공자의 말을 들었으면 한다.

성인은 사람을 버리지 않는다. 설령 못난 인간일지라도 잘 일깨워 사람이 되게 하는 선생이 곧 성인 아닌가. 『논어(論語)』에서 자로는 여러 번 스승께 급한 성질머리 좀 고치라고 혼쭐이 나곤 한다. 그러나 공자는 자로에게 한없는 애정을 갖고 혼낼 뿐이다. 자로야 제발 한발만 물러서 한번 더 생각해보고 행동하면 좋지 않느냐? 이런 심정을 항상 자로에게 전달하곤 했다. 이 얼마나 사람 되게 가르치는 일에 치열한가. 그래서 공자께 누구든 고개를 숙이는 것이 아닌가 한다.

구할 구(求), 물러날 퇴(退), 그러므로 고(故), 나아갈 진(進),
까닭 유(由), 겸할 겸(兼)

제22장

【문지(聞之)】

자외어광(子畏於匡)

【원문(原文)】

子畏於匡하실새 顔淵後러니 子曰 吾以女爲死矣호라
(자외어광 안연후 자왈 오이여위사의)

曰 子在어시니 回何敢死리이꼬
(왈 자재 회하감사)

【해독(解讀)】

공자께서 광이란 곳에서 난을 당했을 때[子畏於匡] 안연이 뒤늦게야 좇아오자[顔淵後] 공자께서 이렇게 말했다[子曰]. "나는 그대가 죽은 줄 알았네[吾以女爲死矣]."

안연이 아뢰었다[曰]. "선생께서 계신데[子在] 제가 어찌 감히 죽겠

습니까[回何敢死]?"

【담소(談笑)】

자외어광(子畏於匡)

▶ 공자께서[子] 광(匡)이란 곳에서[於匡] 위험에 처하게 되었다[畏].

위의 내용은 「자한(子罕)」 편 5장에 그대로 언급된 바 있다. 공자가 위(衛)나라 광(匡)이란 곳에서 난폭했던 양호(陽虎)란 사람으로 오인받아 위험한 일을 당했다. 그러나 공자는 당황하지 않고 주(周)나라가 물려준 문화(文化)를 확신하면서 광 사람들이 난폭하게 대하지 않으리란 확신을 보였다. 여기서는 안연(顔淵)이 뒤늦게 나타나 얼마나 걱정했던가를 실토하여 그 사제(師弟) 사이의 정이 얼마나 도타운지 잘 보여주고 있다.

위험에 처할 외(畏), 바를 광(匡)

오이여위사의(吾以女爲死矣)

▶ 나는[吾] 자네가[女] 죽은 줄[爲死] 생각했다[以].

이(以)는 여기서 사(思)와 같다. 생각하다[以]. 이위(以爲)를 떠올리면 된다. 생각하기에 따라[以爲]. 여(女)는 여(汝)와 같다. 너 · 자네 · 당신[女].

공자가 보이지 않는 안연을 얼마나 걱정했는지 잘 드러난다. 이에 안연이 이렇게 아뢴다. "자재(子在) 회하감사(回何敢死)." 스승께서[子] 계시는데[在] 제가[回] 어찌[何] 감히[敢] 죽겠습니까[死]. 안연이 얼마나 지성껏 스승을 받들어 모시는지 잘 드러나고 있다. 그러나 안연은 자신의 뜻과 달리 공자보다 먼저 죽고 말았다. 이미 앞에서 그의 죽음을 견디기 어려워했던 공자를 떠올리면 여기서 보여주는 사제(師弟) 사이의 정이 더욱 애절해진다. 물론 지금은 선생도 없고 제자랄 것도 없는 세상이라 딴 세상 이야기처럼 들리지만 말이다.

나 오(吾), 생각할 이(以), 너 여(女), 될 위(爲), 죽을 사(死)

제23장

【문지(聞之)】

대신자이도사군(大臣者以道事君) 불가즉지(不可則止)

【원문(原文)】

季子然問 仲由冉求는 可謂大臣與이꼬
계 자 연 문 중 유 염 구 가 위 대 신 여

子曰 吾以子爲異之問이라니 曾由與求之問이로다
자 왈 오 이 자 위 이 지 문 증 유 여 구 지 문

所謂大臣者는 以道事君하다가 不可則止하나니 今
소 위 대 신 자 이 도 사 군 불 가 즉 지 금

由與求也는 可謂具臣矣니라
유 여 구 야 가 위 구 신 의

曰 然則從之者與이꼬
왈 연 즉 종 지 자 여

子曰 弑父與君은 亦不從也리라
자 왈 시 부 여 군 역 부 종 야

【해독(解讀)】

계자연이 물었다[季子然問]. "중유와 염구는 대신이라 할 수 있겠습니까[仲由與冉求可謂大臣與]?"

공자께서 대답했다[子曰]. "나는 당신이 특이한 질문을 하리라고 생각했소[吾以子爲異之問]. 그런데 겨우 유(자로)와 구(염유)에 관해 묻는 것이오[曾由與求之問]? 이른바 대신이란[所謂大臣者] 정도로써 임금을 섬기다가[以道事君], 그럴 수 없다면 곧장 벼슬자리를 그만두지요[不可則止]. 지금 자로와 염유는[今由與求也] 대신은 될 수 없고 구차한 신하는 될 수 있겠지요[可謂具臣矣]."

이에 계자연이 물었다[曰]. "그렇다면 주인이 시키는 대로 따라할 신하인지요[然則從之者與]?"

공자께서 대답해주었다[子曰]. "임금을 죽인다거나 제 아비를 죽이는 짓은 따르지 않겠지요[弑父與君亦不從也]."

【담소(談笑)】

자왈(子曰)

대신(大臣)과 가신(家臣)을 분별하고 있다. 대신은 정도(正道)로써 임금을 섬기는 신하이고, 가신은 제 주인의 종 노릇을 하는 자임을 밝히고 있다. 대신은 백성을 위해 임금을 섬기고, 가신은 제 주인을 위하는 몸종에 불과하다. 공자 당대에 노(魯)나라에서는 계씨(季氏) 삼가(三家)가 세력을 잡고 무도(無道)한 짓을 다하고 있었는데, 염구(冉求)와 자로(子路)가 이들의 가신 노릇을 하고 있었다. 이미 앞 16장에서 공자는 염구를 호되게 비판한 적이 있었다. 여기서도 공자는 여전히 준엄하다. 자로와 염구를 구신(具臣)이라고 비난하는 공자를 보라.

오이자위이지문(吾以子爲異之問) 증유여구지문(曾由與求之問) 소위대신자(所謂大臣者) 이도사군(以道事君) 불가즉지(不可則止) 금유여구야(今由與求也) 가위구신의(可謂具臣矣)

▶ 나는[吾] 당신이[子] 색다른[異] 질문을[問] 하리라[爲] 생각했습니다[以]. 그런데 겨우[曾] 자로와[由與] 염구에[求] 관한 물음이오[問]. 이른바[所謂] 대신이란[大臣者] 정도로써[以道] 임금을[君] 섬기다가[事], 그렇게 할 수 없다면[不可] 즉시[則] 그만두오

[止]. 이제[今] 자로와[由] 염구는[求] 숫자나 맞추어주는 벼슬아치에[具臣] 불과하다 할 수 있지요[可謂].

오이(吾以)의 이(以)는 여기서 사(思)와 같다. 생각한다[以]. 증(曾)은 내(乃)와 같다. 그렇거늘[曾]. 지(止)는 정(停)과 같다. 그치고 그만둔다[止]. 정지(停止)의 준말로 여기고 새기면 된다. 구신(具臣)은 숫자만 채우는 못난 신하, 또는 주인의 머슴 노릇 하는 가신을 말한다. 구신(具臣) · 졸신(卒臣) · 가신(家臣) 등등은 다 같이 부끄러운 신하를 뜻한다.

공자가 자로와 염구가 무도한 세도가 밑에서 가신 노릇 하는 것을 용인할 리 없다. 괘씸한 놈들이라고 여기고 있다. 자랑스러운 신하를 대신(大臣)이라 한다. 대신은 정도(正道)로써 임금을 섬긴다[以道事君]. 정도란 어떤 도(道)란 말인가? 물론 인도(仁道)이리라. 백성을 편안히 살게 다스리는 길을 트고 넓히는 신하가 대신이다.

생각할 이(以), 다를 이(異), 함께 여(與), 겨우 증(曾), 섬길 사(事), 그만들 지(止), 갖추어질 구(具)

연즉종지자여(然則從之者與)

▶ 그렇다면[然則] 윗사람의 지시를[之] 따를[從] 자란[者] 말인지요[與]?

공자가 염구와 자로를 일컬어 구신(具臣)이라 하자 계자연(季子然)이 위와 같이 되물었다. 계자연은 노나라 삼환(三桓)의 한 사람이다. 계자평(季子平)의 아들로 공자의 제자뻘이다. 구신이라고 하면 주인의 지시를 잘 따르는 신하는 되느냐고 물었던 모양이다. 종지(從之)의 지(之)는 주인이 내리는 지시나 명령 따위로 새기면 된다. 가신이란 본래 제 주인을 섬기는 종에 불과하다. 계자연 같은 자가 어디 대신을 바라겠는가. 오히려 백성 편에 서는 대신을 싫어할 터이다. 이런 계자연한테 공자는 계자연이 철렁하도록 응대한다.

그럴 연(然), 곧 즉(則), 따를 종(從), 의문어조사 여(與)

시부여군역부종야(弑父與君亦不從也)

▶ **그렇더라도[亦] 임금이나 제 아버지를[父與君] 죽이는 짓을[弑] 따르지는 않을 것입니다[不從].**

시부여군(弑父與君)을 강조하고자 맨 앞에 썼다. 역부종시부여군야(亦不從弑父與君也)를 어세(語勢)를 높여 강하게 말하는 공자의 화술이 절묘하다.

성인의 말씀은 한 치의 틈이 없는 법이다. 성인의 말씀을 비껴갈 자는 없다. 그러니 계자연의 물음에 맞장구를 쳐줄 공자가 아니다. 계자연을 질겁하게 하면서 자로와 염구가 종지자(從之者)임을 비난하는 말투로 공자 당신의 불쾌한 심기를 드러낸다. 얼마나 인간적인 성인인가. 공자는 이래도 흥 저래도 흥하는 성인이 아니다. 공자는 백성을 아프게 하는 자라면 지위가 높든 낮든 용서하지 않는다. 「헌문(憲問)」 편 44장에서 자로가 군자(君子)를 묻자 "수기이안백성(修己以安百姓)"이라고 응해준 공자의 속내를 알 만하리라. 자로야! 너 같은 졸신(卒臣)이 군자가 되고 싶은가? 그렇다면 무도한 주인(계자연) 따위의 비위나 살피지 말고 백성을 편안히 모시는 일[安百姓]을 하라. 이런 공자의 심정을 이 장에서도 헤아릴 수 있을 것이다. 지금도 가신(家臣)이 되려는 자는 많아도 대신(大臣)이 되려는 자는 참으로 적다. 그래서 여전히 권력은 개가 물어뜯는 썩은 고깃덩어리 같다는 말을 듣는다.

윗사람을 죽일 시(弑), 아버지 부(父), 또 역(亦)

제24장

【문지(聞之)】

오부녕자(惡夫佞者)

【원문(原文)】

子路使子羔로 爲費宰한대 子曰 賊夫人之子로다
자로사자고 위비재 자왈 적부인지자

子路曰 有民人焉하며 有社稷焉하니 何必讀書然
자로왈 유민인언 유사직언 하필독서연

後에 爲學이리꼬
후 위학

子曰 是故로 惡夫佞者하노라
자왈 시고 오부녕자

【해독(解讀)】

자로가 자고로 하여금 비읍의 읍재를 삼으려고 천거하자[子路使子羔爲費宰] 공자께서 대답했다[子曰]. "그자를 망치게 된다[賊夫人之子]."

이에 자로가 말했다[子路曰]. "백성도 있고[有民人焉] 사직도 있사온데[有社稷焉] 어찌 반드시 책을 읽은 뒤라야 배운다고 하겠습니까[何必讀書然後爲學]?"

공자가 대답했다[子曰]. "이런 까닭에[是故] 너같이 말 잘하는 사람이 싫다[惡夫佞者]."

【담소(談笑)】

자왈(子曰)

실천을 통해 배울 수 있다고 말하는 자로(子路)를 호되게 꾸짖고 있다. 성인이 미워한다[惡]고 하면 미움받아 마땅한 법이다. 학덕(學德)을 쌓은 다음에 다스리는 일을 하라는 게 공자가 밝히는 수기이안인(修己以安人)이다. 수기(修己)란 나를 후덕한 사람으로 거듭나게 하라는 게 아닌가. 수기(修己)와 수덕(修德)은 같은 말이다. 덕(德)을 닦으려면 성현을 찾아가야지 현실을 찾아가선 안 된다. 그래서 먼저 철저하게 위학(爲學)하라 한다. 현실에서는 잔꾀나 늘고 잔머리만 늘게 마련임을 공자가 모를 리 없다.

적부인지자(賊夫人之子)

▶ **그[夫] 사람을[人之子] 상하게 하고 만다[賊].**

적(賊)은 여기서 상(傷)과 해(害)와 같다. 해쳐 상한다[賊]. 부(夫)는 여기선 기(其)와 같다. 저 부(夫). 부인지자(夫人之子)는 기자(其子)를 강조한 말이다.

'자로사자고위비재(子路使子羔爲費宰)' 에 대하여 공자는 자로에게 위와 같이 말해주었다. 자로가[子路] 자고로[子羔] 하여금[使] 비(費)라는 고을의[費] 읍재가[宰] 되게 했다[爲]. 이러한 자로의 제안에 공자께서 자고를 망치려 하느냐고 핀잔을 준 것이다. 그러자 성질 급한 자로가 경솔하게 굴었다.

해칠 적(賊), 저 부(夫)

유민인언(有民人焉) 유사직언(有社稷焉) 하필독서연후위학(何必讀書然後爲學)

▶ **백성도[民人] 있고[有] 나라도[社稷] 있사온데[有], 어찌[何] 반드시[必] 책을[書] 읽은[讀] 다음에야[然後] 배운다고 합니까[爲學]?**

민인(民人)·인민(人民)·백성(百姓)은 같은 말이다. 언(焉)은 단언하는 종결어미로, 여기선 자로가 단호한 말투로 자고를 망친다고 한 스승의 말씀에 항의하고 있음이 느껴진다. 사직(社稷)은 나라를 뜻한다. 어찌 수기이안백성(修己以安百姓)의 수기(修己)가 독서(讀書)에만 있겠느냐고 자로가 항의하고 있다. 말하자면 성현의 전(傳)에만 수기의 길이 있는 게 아니라 현실에도 그런 길이 있다고 항의하는 것이다.

어조사 언(焉), 토지신 사(社), 오곡의 신 직(稷), 반드시 필(必), 읽을 독(讀), 책 서(書)

시고(是故) 오부녕자(惡夫佞者)

▶ **이러[是]하므로[故] 너같이[夫] 말 잘하는[佞] 사람을[者] 미워한다[惡].**

오(惡)는 증오(憎惡)의 준말로 여기고 새기면 된다. 싫어하고 미워한다[惡]. 영(佞)은 첨(諂)과 같다. 정직하지는 못하나 재주가 있어 말은 잘한다[佞]. 그러니 영자(佞者)는 얄미운 놈이다. 어찌 성인이 이런 자로의 입과 더불어 입씨름을 하겠는가.

성인은 시비를 걸지 않는다. 요절을 낼 일이면 단칼에 끝내버린다. 오(惡)라는 한마디로 끝내버리는 공자의 말씨를 보라. 구차스럽게 이러고저러고 달래 설득함이 없다. 입만 잘 놀리는 자는 한마디로 요절을 내야 하는 법이다. 그래서 불가(佛家)에서도 합취구구(合取狗口)라는 화두(話頭)가 있다. 개 주둥이[狗口] 닥쳐라[合取]. 공자가 영자(佞者)를 용서할 리 없다. 영자(佞者)의 입을 구급(口給)이라고 한다. 말주변이 좋은[給] 주둥이[口]가 예(禮)를 어기고 어긋나게 하기 때문이다. 공자가 『예기(禮記)』에서 "공이부중례위지급(恭而不中禮謂之給)"이라고 말한 까닭을 알 것이다. 공손하되[恭] 예에[禮] 맞지 않으면[不中] 급이라[給] 한다[謂之]. 여기서 급(給)은 구급(口給)의 준말로 새기면 된다. 구변(口辯)만 좋은 사람[佞者]을 미워하라고 단언한다.

성인의 단언은 틀린 바가 없다. 함부로 말로써 까불지 말라.

이것 시(是), 미워할 오(惡), 말 잘할 녕(佞)

제25장

【문지(聞之)】

이오일일장호이(以吾一日長乎爾) 무오이야(毋吾以也)

【원문(原文)】

點아 爾何如오
점 이하여

鼓瑟希러니 鏗爾 舍瑟而作하야 對曰 異乎三者之撰호이다
고슬희 갱이 사슬이작 대왈 이호삼자지찬

子曰 何傷乎리오 亦各言其志也니라
자왈 하상호 역각언기지야

曰 暮春者에 春服旣成이어던 冠者五六人과 童子六七人으로 浴乎沂하고 風乎舞雩하야 詠而歸호리이다
왈 모춘자 춘복기성 관자오륙인 동자육칠인 욕호기 풍호무우 영이귀

夫子喟然歎曰 吾與點也노라
부자위연탄왈 오여점야

【해독(解讀)】

"점(點)아 너는 어떠한가[點爾何如]?"

거문고를 들릴 듯 말 듯 타다가 큰 소리나게 퉁기고는[鼓瑟希鏗爾] 거문고를 놓고 일어서서[舍瑟而作] 스승께 아뢰었다[對曰]. "저는 세 사람의 뜻과는 다릅니다[異乎三者之撰]."

공자께서 말했다[子曰]. "무슨 속상할 일이 있느냐[何傷乎]? 저마다 나름대로 자신의 뜻을 말한 것이다[亦各言其志也]."

증석이 말했다[曰]. "늦봄에[暮春者] 봄옷을 마련해 입고[春服旣成], 관을 쓴 사람 대여섯하고[冠者五六人] 아이들 예닐곱과 함께[童子六七人] 강가로 목욕을 가며[浴乎沂], 기우제 드리는 곳에서 바람을 쐬면서[風乎舞雩] 노래나 읊다가 돌아오겠습니다[詠而歸]."

공자께서 한숨을 쉬다 찬탄해 말했다[夫子喟然歎曰]. "나도 너와 같다[吾與點也]!"

【담소(談笑)】

"자로증석염유공서화대좌(子路曾晳冉有公西華待坐)." 이와 같이 시작되는 여기 25장(章)은 『논어(論語)』에서 가장 긴 장이다. 대좌(待坐)는 스승을 모시고[待] 앉아 있다[坐]는 뜻이다. 이 넷에게 공자가 이렇게 말문을 열어 묻는다. "이오일일장호이(以吾一日長乎爾) 무오이야(毋吾以也) 거즉왈(居則曰) 불오지야(不吾知也) 여혹지이즉하여(如或知爾則何以)?" 나로서 말하자면[以吾] 자네들보다[乎爾] 조금[一日] 늙었지[長]. 그렇다고 나를 멀리하지[以吾] 말라[毋]. 평소에[居] 자네들이 이렇게 말한다지[曰]. 내가[吾] 자네들을 몰라준다고[不知]. 만일에[如或] 자네들을[爾] 내가 알아서 써준다면[知] 어찌하겠는가[何以]?

이런 스승의 말을 듣고 성질 급한 자로(子路)가 곤란하고 곤궁을 겪는 나라일지라도 자신이 나서서 3년만 다스리면 부강하게 만들고 백성에게 바른 길을 알려주겠다고 당차게 말했다. 이 말을 듣고 공자께서 빙그레 미소를 지었다[哂之] 한다. 신지(哂之)의 신(哂)은 소(笑)

와 같다. 여기선 자로솔이(子路率爾)와 부자신지(夫子哂之)란 표현을 주목하면 사제(師弟)의 내면을 재미있게 체험할 수 있다. 솔이(率爾)는 당돌하게 불쑥 나와 말하는 모습이고, 신지(哂之)는 은근히 미소짓는 모습이다. 치국(治國)의 뜻을 펴겠다는 제자를 관대하게 보아 넘기는 공자의 모습이 눈에 보이는 듯하다.

그 다음 염유(冉有)가 사방 오륙십 리의 작은 나라를 한 3년 맡아 다스리면 백성을 풍족하게 할 수 있겠으나 "여기례악(如其禮樂) 이대군자(以俟君子)"라고 겸손하게 말한다. 나라를 다스릴[其] 예악이라면[如禮樂] 제가 감당할 수 없으니 군자를[君子] 기다리겠습니다[俟]. 당돌한 자로에 비해 염유는 유약(柔弱)하고 겸손(謙遜)해 계강자(季康子)가 지시하는 대로 취렴(聚斂)을 하다 공자께 혼쭐이 났던 바로 그 염유답게 아뢴다. 이런 염유의 말에 공자는 아무런 반응을 보이지 않는다.

그 다음 공서화(公西華)가 나라를 다스릴 능력은 없지만 배우는 심정으로 다음과 같은 일을 하고 싶다고 아뢴다. "종묘지사(宗廟之事) 여회동(如會同) 단장보(端章甫) 원위소상언(願爲小相焉)." 종묘의 제사나[宗廟之事] 제후들이 회의를 하면[如會同] 검은 예복과 검은 예관을 차려 쓰고[端章甫] 군자를 돕는 자가[小相] 되고 싶습니다[願爲]. 군자의 예(禮)를 돕는 신하가 되겠다는 공서화의 말에도 공자는 대꾸하지 않는다.

넷 중에서 셋이 이런저런 말을 아뢰는데도 증석(曾晳)은 거문고만 나직이 뜯고 있었던 모양이다. 그래서 공자가 증석에게 물었다. "점이하여(點爾何如)?" 점아[點] 자네는[爾] 어떠한가[何如]? 점(點)은 증석(曾晳)의 이름이다. 이에 증석이 위와 같이 공자께 아뢴 것이다.

고슬희갱이(鼓瑟希鏗爾) 사슬이작(舍瑟而作) 대왈 이호삼자지찬(對曰 異乎三者之撰)

▶ 낮게[希] 거문고를[瑟] 뜯다가[鼓] 거문고를[爾] 크게 텅 치고[鏗] 거문고를[瑟] 내려놓고[舍] 일어서서[作] 스승께[對] 아뢰었다[曰]. "세 사람이[三者] 갖춘 뜻과는[撰] 다릅니다[異]."

희(希)는 희(稀)와 같다. 들릴락 말락 낮은 소리[希]. 『노자(老子)』 14장에 이런 말이 나온다. "청지불문명왈희(聽之不聞名曰希)." 들으려 해도[聽之] 들리지 않음을[不聞] 일러 희(希)라 한다[名曰希]. 갱(鏗)은 거문고를 크게 타며 내는 소리를 말한다. 희(希)의 반대말로 여기고 새겨도 된다. 사(舍)는 여기서 사(捨)와 같다. 내려놓는다[舍]. 작(作)은 여기서 입(立)과 같다. 일어선다[作]. 찬(撰)은 구(具)와 같다. 갖추다[撰].

증석은 앞서 말한 셋과는 다른 생각을 지니고 있음을 고슬(鼓瑟)이란 표현만으로도 짐작할 수 있을 것이다. 고슬(鼓瑟)은 정치와는 거리가 먼 모습을 암시하기 때문이다. 그리고 희(希)와 갱(鏗) 또한 묘한 여운을 남긴다. 희(希)는 스승이 무엇이라고 말씀하시는지 살피고 있음을 짐작하게 하고, 텅 하고 내는 거문고의 큰 소리는 셋이 펴는 뜻들이 마땅치 않다는 심정을 드러낸다고 볼 수 있다. 그래서 스승께 세 사람의 생각과는 다르다고 아뢰는 증석의 심중을 짚어보게 한다.

뜯을 고(鼓), 거문고 슬(瑟), 희미할 희(希), 거문고 타는 소리 갱(鏗), 그 이(爾), 놓을 사(舍), 일어날 작(作), 다를 이(異), 갖출 찬(撰)

욕호기(浴乎沂) 풍호무우(風乎舞雩) 영이귀(詠而歸)

▶ 강에서[乎沂] 목욕을 한 다음[浴], 기우제를 드리는 곳에서[乎舞雩] 바람을 쐬며[風] 노래나 읊다가[詠] 돌아오겠습니다[歸].

욕(浴)은 목욕(沐浴)의 준말로 여기고 새기면 된다. 호(乎)는 어

(於)와 같다. ～에서[乎]. 무우(舞雩)는 기우제(祈雨祭)를 올리는 장소를 말한다. 영(詠)은 영창(詠唱)의 준말로 여기고 새기면 된다.

이런 증석을 두고 도가적(道家的)이라고 말할 것은 없다. 홀로 그렇게 하는 것이 아니라 여럿이 어울려 한가롭고 자유롭게 노닐다 세상으로 내려와 다시 호학(好學)하여 수기(修己)하겠다는 뜻[撰]으로 보는 게 옳을 것이다. 다시 말해 안백성(安百姓)의 뜻을 저버리는 것이 아니란 말이다. 그래서 공자도 증석의 말을 듣고 "오여점야(吾與點也)"라고 맞장구를 친 게 아닌가. 나는[吾] 증석 자네와[點] 같다[與]. 공자가 노장(老莊)처럼 치세(治世)의 뜻을 버리고 낙향(落鄕)해 무위자연(無爲自然)의 삶을 누리겠다는 것은 아니다. 자로나 염유나 공서화와 달리 수기(修己)를 철저하게 한 다음에라야 안백성(安百姓)의 뜻을 감히 스승께 아뢸 수 있다는 증석의 속내를 스승이 알아차린 것이니, 이 또한 사제(師弟)의 정(情)이 도탑지 않은가.

세 제자가 나가자 증석은 다시 스승과 대화를 나눈다. 그 대화는 증석이 세 사람(자로 · 염유 · 공서화)이 말한 내용을 다시금 묻고 공자께서 해석해주는 내용으로 이루어진다. 여기 수록된 25장의 내용은 전체 중에서 선별해 사제의 대화를 살펴본 것이다.

목욕할 욕(浴), 강 이름 기(沂), 바람 풍(風), 춤출 무(舞), 기우제 우(雩), 읊을 영(詠), 돌아올 귀(歸)

후편(後篇) 12

안연(顔淵)

입문 이 편의 맨 처음 나오는 구절인 안연문인(顔淵問仁)의 '안연(顔淵)' 을 따서 편명(篇名)으로 삼았다. 전체 24장(章) 중에 절반이 넘는 내용이 인(仁)과 정(政)에 대한 문답(問答)으로 짜여져 있다.

안연(顔淵) · 중궁(仲弓) · 사마우(司馬牛) 등 여러 사람들이 공자께 인(仁)과 정(政)을 묻는다. 다른 편에서와 달리 공자는 제자의 물음에 대하여 관념적인 해답을 덧붙여 묻는 사람에 따라 알맞게 살펴 체험하도록 일깨워준다. 인(仁)을 사유(思惟)하게 하고, 정(政)을 숙고(熟考)하게 하면서 저마다 수분(守分)하도록 한다. 사람 됨됨이에 따라 적절하게 답해주면서 보다 넓고 깊게 사고(思考)하도록 일깨워주는 성인의 모습이 더욱 잘 드러나는 대목이 이 「안연(顔淵)」 편이라 하겠다.

이 편 첫 장부터 인(仁)을 구현(具現)하는 방편을 제시하고 있다. 공자는 인도(仁道)를 넓히는 데 으뜸가는 방편은 예(禮)임을 첫 장부터 분명히 한다. 이로써 「안연」 편이 공자의 인도를 이해하고 해석하는 데 중요한 위치를 차지하고 있음을 알 수 있다.

제1장

【문지(聞之)】

극기복례위인(克己復禮爲仁) · 위인유기(爲仁由己)

【원문(原文)】

顔淵問仁한대 子曰 克己復禮爲仁이니 一日克己
안 연 문 인 자 왈 극 기 복 례 위 인 일 일 극 기

復禮면 天下歸仁焉하나니 爲仁由己니 而由人乎
복 례 천 하 귀 인 언 위 인 유 기 이 유 인 호

哉리오
재

顔淵曰 敢問其目하노이다
안 연 왈 감 문 기 목

子曰 非禮勿視하며 非禮勿聽하며 非禮勿言하며
자 왈 비 례 물 시 비 례 물 청 비 례 물 언

非禮勿動이니라
비 례 물 동

顔淵曰 回雖不敏이나 請事斯語矣리이다
안 연 왈 회 수 불 민 청 사 사 어 의 .

【해독(解讀)】

안연이 인(仁)에 관하여 물었다[顔淵問仁].

공자께서 대답했다[子曰]. "자기를 이겨내고 예(禮)로 돌아감이 인(仁)이다[克己復禮爲仁]. 하루라도 자기를 이겨내고 예로 돌아가면[一日克己復禮] 천하가 인에게로 돌아온다[天下歸仁焉]. 나로부터 인을 이룩함이니[爲仁由己] 남에게 의존할 것이겠느냐[而由人乎哉]!"

안연이 여쭈었다[顔淵曰]. "그렇게 할 방편을 말씀해주시기 바랍니다[請問其目]."

공자께서 대답했다[子曰]. "예가 아니면 보지 말고[非禮勿視], 예가 아니면 듣지 말며[非禮勿聽], 예가 아니면 말하지 말고[非禮勿言], 예가 아니면 거동하지 말라[非禮勿動]."

안연이 아뢰었다[顔淵曰]. "비록 제가 불민하지만[回雖不敏] 스승께서 해주신 말씀을 실천하고자 합니다[請事斯語矣]."

【담소(談笑)】

자왈(子曰)

안연(顔淵)이 인(仁)을 묻자 공자가 그것을 실천하는 길을 밝힌다. 인을 실천하는 벼리가 예(禮)에 있음을 밝혀 인의 실천을 제시하고 있다. 비록 인을 관념적으로 설명하는 듯 보이지만, 결국 삶을 통하여 실천하지 않으면 안 된다는 것을 사유(思惟)하게 한다. 이렇듯 공자는 인을 보편적으로 해석하되 결코 관념적인 지식으로 그치지 않게 해준다.

극기복례위인(克己復禮爲仁) 일일극기복례(一日克己復禮) 천하귀인언(天下歸仁焉)

▶ **내 자신을[己] 이겨내고[克] 예로[禮] 되돌아오면[復] 인이[仁] 된다[爲]. 하루만이라도[一日] 자신을[己] 이겨내고[克] 예로[禮] 되돌아오면[復] 온 세상이[天下] 인으로[仁] 되돌아간다[歸].**

기(己)는 자기(自己)의 준말로 여기고 새기면 된다. 극(克)은 여기서 승(勝)과 같다. 극복(克服)의 준말로 여기고 새기면 된다. 공자는 극기(克己)라 했고, 노자(老子)는 자승(自勝)이라고 했다. 복(復)은 반(返)과 같다. 되돌아오다[復]. 복귀(復歸)의 준말로 여기고 새기면 된다.

어진 사람은 먼저 자기를 이긴다. 그러나 사나운 사람은 남을 이기려고 발버둥친다. 자기를 이긴다는 것은 결국 무사(無私)하라 함이요, 약신(約身)하라 함이요, 몰신(沒身)하라 함이다. 그래서 살신성인(殺身成仁)이라 한다. 나를 죽여라[殺身 · 沒身]. 나의 무엇을 죽이라 하는가? 나에게 숨겨진 온갖 탐욕(貪欲)을 물리치라 한다. 나를 높이지 말고 낮추라 함이다. 나만 이롭게 하면 남에게 해를 끼친다는 것을 날마다 일깨우라 함이 곧 극기(克己)다. 그러면 절로 자비존인(自卑尊人)을 할 수 있다. 나를[自] 낮추고[卑] 남을[人] 높인다[尊]. 그러면 남들도 나를 절로 높여준다. 이를 일러 사양지심(辭讓之心)이라 한다.

서로 사양하는 마음을 주고받는 것이 곧 복례(復禮)의 덕(德)이다. 이런 덕을 내가 하루라도 베풀면 내 주변의 모든 사람들이 나에게 더욱 후덕(厚德)하게 보답한다. 내가 사나우면 남들도 나에게 사납고, 내가 어질면 남들도 나에게 어질다. 그러므로 내가 나를 이겨내[克己] 예로 되돌아오면[復禮] 온 세상이 인으로 되돌아간다[天下歸仁]는 것이다. 그래서 공자는 『예기(禮記)』 제32 「표기(表記)」에서 이덕보덕(以德報德)이라고 했다. 덕으로써[以德] 덕을 갚는다[報德]. 물론 유가(儒家)에서 예를 가장 먼저 꼽는 것은 공자의 인도(仁道)는 예를 떠나서는 실현될 수 없다고 보았기 때문이다. 『예기(禮記)』 제1 「곡례(曲禮)」의 다음과 같은 말을 상기했으면 한다. "도덕인의(道德仁義) 비례불성(非禮不成)." 예가 아니면[非禮] 도덕이나 인의가[道德仁義] 이루어지지 않는다[不成]. 예(禮)를 떠나면 인(仁)이 멀어진다.

이겨낼 극(克), 나 기(己), 돌아올 복(復), 될 위(爲), 돌아갈 귀(歸)

위인유기(爲仁由己) 이유인호재(而由人乎哉)

▶ **나로[己] 말미암아[由] 어짊을[仁] 이룩하지[爲] 남으로[人] 말미암아[由] 이루어지겠는가[乎哉]?**

유(由)는 종(從)이나 자(自)와 같다. 말미암다[由]. 유기(由己)와 자기(自己)는 같은 말이다. 나로부터[由己 · 自己]. 유인(由人) 앞에 위인(爲仁)이 생략되었다고 보고 새긴다. 어짊[仁]은 나로부터 비롯되지 남으로부터 비롯되지 않음을 공자가 강조하고 있다. 그런 공자의 심정이 종결어미 호재(乎哉)에서 잘 드러난다. 호재(乎哉)는 곡진한 어조이다. 완곡한 어조가 엄한 말씨보다 울림이 더 절실하다.

공자가 인(仁)을 절절하게 밝히고 있다. 내가 어질면 그만이다. 남한테 어질기를 바라거나 요구하지 말라. 그런데 소인(小人)은 저는 모질면서 남이 먼저 후하기를 바란다. 그래서 너도나도 불인(不仁)의 삶을 잇는다.

말미암을 유(由)

비례물시(非禮勿視) 비례물청(非禮勿聽) 비례물언(非禮勿言) 비례물동(非禮勿動)

▶ 예가[禮] 아니라면[非] 보지도[視] 말라[勿]. 예가[禮] 아니라면[非] 듣지도[聽] 말라[勿]. 예가[禮] 아니라면[非] 말하지도[言] 말라[勿]. 예가[禮] 아니라면[非] 거동도[動] 말라[勿].

오로지 예(禮)로써 살라 한다. 공자의 인도(仁道)는 예를 떠나서는 생각할 수 없다. 예는 인(仁)뿐만 아니라 의(義)까지 실현하는 방편이다. 왜 예를 행해야 하는가? 이에 대한 해답은 『예기(禮記)』 제1 「곡례(曲禮)」에 있는 다음과 같은 말을 상기했으면 한다. "도덕인의(道德仁義) 비례불성(非禮不成) 교훈정속(敎訓正俗) 비례불비(非禮不備) 분쟁변송(分爭辨訟) 비례불결(非禮不決)." 예가[禮] 아니라면[非] 도와[道] 덕과[德] 인과[仁] 의가[義] 이루어지지 않고[不成], 예가[禮] 아니라면[非] 가르치고[敎] 일깨워[訓] 바른[正] 풍속도[俗] 갖추어지지 않으며[不備], 예가[禮] 아니라면[非] 다툼을[爭] 가리고[分] 송사를[訟] 판단하기도[辨] 결정되지 않는다[不決].

예(禮)는 삶의 벼리인 셈이다. 이와 같이 공자는 거창한 예만 강조하는 게 아니라 삶의 속속들이에서 예를 떠날 수 없다 강조한다. 그래서 『예기』「곡례」상(上)의 첫머리는 이렇게 시작된다. "무불경(毋不敬) 엄약사(儼若思) 안정사(安定辭) 안민재(安民哉)." 선[善]에 어긋나지[不敬] 말라[毋]. 이런저런[若] 생각을[思] 엄숙하게 하라[儼]. 말하기를[辭] 부드럽고[安] 분명하게 하라[定]. 그리고 모든 사람들을[民] 편안하게 하라[安].

경(敬)은 선(善)을 넓히고[陳善] 사악함[邪]을 결단내는[廢邪] 마음가짐이다. 그래서 경(敬)을 진선폐사(陳善閉邪)라 한다. 불경(不敬)보다 더한 비례(非禮)는 없다. 약사(若思)의 약(若)은 '마치 ~을 하는 것 같은' 이란 뜻이다. 그래서 약사(若思)는 도를 떠올리듯[若] 생각하라[思]고 새긴다. 안정(安定)의 안(安)은 유(柔)와 같다. 부드럽게 한다[安]. 안민(安民)의 안(安)은 편(便)과 같다. 낙낙하게 한다[安].

저마다 생활의 벼리[紀綱]를 예로 삼는 것이 공자의 예론(禮論)이고, 인(仁)을 실천하는 방편이 곧 예임을 밝히고 있다. 그러니 비례(非禮)면 곧 불인(不仁)이요, 결례(缺禮)도 불인이며, 무례(無禮)도 불인이다. 공자는 인(仁)을 부정하는 행동들을 방지하는 것이 곧 예(禮)라고 안연의 물음에 대답한다.

이런 스승 앞에 안연은 이렇게 조아린다. "회수불민(回雖不敏) 청사사어의(請事斯語矣)." 제가[回] 비록[雖] 어리석지만[不敏] 스승께서 해주신[斯] 말씀을[語] 받들어 실천하겠습니다[請事]. 어느 스승이 이런 제자를 사랑하지 않겠는가. 이런 제자가 나이 서른두 살에 죽었으니 하늘을 향해 "천상여(天喪予)"라고 외치며 통곡했던 것이다. 하늘이[天] 나를[予] 버렸다[喪]. 안연의 죽음을 두고 성인도 하늘을 원망했다. 유가(儒家)의 예(禮)는 인(仁)을 행하는 방편임을 잊지 말라. 그러니 예는 낡을 수 없음을 명심하게 한다. 어진 사람, 어진 삶, 어진 세상을 누가 낡았다고 하겠나?

아닐 비(非), ~을 하지 말 물(勿), 볼 시(視), 들을 청(聽), 말할 언(言), 행동할 동(動)

제2장

【문지(聞之)】

기소불욕(己所不欲) 물시어인(勿施於人)

【원문(原文)】

仲弓問仁한대 子曰 出門如見大賓하며 使民如承大祭하고 己所不欲을 勿施於人이니 在邦無怨하며 在家無怨이니라
중궁문인 자왈 출문여견대빈 사민여승대제 기소불욕 물시어인 재방무원 재가무원

仲弓曰 雍雖不敏이나 請事斯語矣로리이다
중궁왈 옹수불민 청사사어의

【해독(解讀)】

중궁이 인(仁)에 관하여 물었다[仲弓問仁].

공자께서 대답했다[子曰]. "사회에 나가서는 큰 손님을 뵌 듯이 하고[出門如見大賓], 백성을 부릴 때는 큰 제사를 모시듯 하며[使民如承大祭], 내가 원하지 않는 바를[己所不欲] 남에게 시키지 말라[勿施於人]. 그러면 나라에 있어도 원망이 없고[在邦無怨] 집에 있어도 원망이 없을 것이다[在家無怨]."

중궁이 아뢰었다[仲弓曰]. "비록 제가 불민하지만[雍雖不敏] 스승께서 해주신 말씀을 실천하고자 합니다[請事斯語矣]."

【담소(談笑)】

자왈(子曰)

중궁(仲弓)이 인(仁)을 묻자 무원(無怨)이라고 밝혀준다. 곧 무원(無怨)의 생활을 하라는 것이다. 『예기(禮記)』「곡례(曲禮)」에 부례자(夫禮者) 자비이존인(自卑而尊人)이란 말이 있다. 무릇[夫] 예라는[禮] 것은[者] 자기를[自] 낮추고[卑] 남을[人] 높인다[尊]. 집안에서나 집밖에서 이렇게만 생활하면 원망을 사지 않고 살 수 있다고 타일러준다.

중궁(仲弓)은 염옹(冉雍)의 자(字)이다. 공문(孔門)에서 덕행(德行)이 높은 제자였다. 이미 「옹야(雍也)」 편 1장에서 공자가 그를 높이 산 바 있다. "옹야가사남면(雍也可使南面)." 옹은[雍] 남면을 할[南面] 만하다[可使]. 남면(南面)이란 임금 노릇을 한다는 말이다. 이로써 옹(雍)의 덕행이 얼마나 높았는지 짐작할 수 있다. 이 남면(南面)을 '거경이행간(居敬而行簡)' 으로 새겨도 되느냐고 되물었을 때 공자가 그렇다고 응해주었던 사제간(師弟間)의 정담(情談)이 새삼 떠오른다. 성인의 말씀은 부드럽되 꼼짝 못하게 한다.

출문여견대빈(出門如見大賓) 사민여승대제(使民如承大祭) 기소불욕(己所不欲) 물시어인(勿施於人) 재방무원(在邦無怨) 재가무원(在家無怨)

▶ 집을[門] 나서거든[出] 귀한[大] 손님을[賓] 뵙듯이 하고[如見], 백성을[民] 부리거든[使] 큰 제사를[大祭] 받들 듯하며[如承], 내가[己] 싫어하는[不欲] 바를[所] 남에게[於人] 옮기지 말라[勿施]. 그러면 나라에서도[在邦] 원망이[怨] 없고[無] 집에서도[在家] 원망이[怨] 없다[無].

여견(如見)의 여(如)는 ~하듯 할 약(若)이나 그럴 연(然)과 같다.

~하듯이 하다[如]. 그러하다[如]. 여기서는 약(若)과 같이 새겼으면 한다. 사민(使民)의 민(民)은 백성을 말한다. 중궁이 관직(官職)에 있음을 암시한다. 여승(如承)의 승(承)은 봉(奉)과 같다. 받들다[承]. 물시(勿施)의 시(施)는 이(移)와 같다. 옮기다[施]. 재방(在邦)은 집을 나선 사회생활을 의미하고, 재가(在家)는 집안에서의 생활을 뜻한다. 무원(無怨)의 원(怨)은 한(恨)과 같다. 노하고 미워한다[怨]. 원(怨)을 원노(怨怒)나 원망(怨望)의 준말로 여기고 새기면 된다.

중궁이 인(仁)을 묻자 공자가 위와 같이 대답한다. 앞서 안연(顔淵)에게 대답한 것과 비교해보면 공자가 여전히 사람 따라 알맞게 응대하고 있음을 알 수 있다. 여전히 예(禮)를 들어 인(仁)을 말하면서도 비례물시(非禮勿視) 등 추상적으로 말하지 않고 중궁의 실생활을 들어 알맞게 대답하는 모습을 보라. 공자의 가르침이나 일깨움이 관념적인 지식이 아님을 알 수 있다. 성인은 그 사람에게 꼭 필요하고 절실한 것을 가르쳐 일깨운다.

여견대빈(如見大賓)은 사회생활에서 겸양(謙讓)하라 함이다. 겸손하고[謙] 사양하라[讓]. 그러면 사회생활의 예(禮)이다. 여승대제(如承大祭)는 공구(恭懼)하라 함이다. 받들어 모시고[恭] 두려워하라[懼]. 그러면 관리의 예이다. 그리고 예에서 무엇보다 중요한 것은 기소불욕물시어인(己所不欲勿施於人)이리라. 내가[己] 싫어하는[不欲] 바를[所] 남에게[於人] 옮기지 말라[勿施]. 달면 삼키고 쓰면 뱉는 인간이 되지 말라 함이다. 어렵고 힘들수록 솔선(率先)하여 성실(誠實)하라 함이다.

『예기』「곡례」의 말씀을 떠올리면서 공자의 가르침을 들으면 우리는 더욱 꼼짝 못하게 된다. "예불유절(禮不踰節) 불침모(不侵侮) 불호압(不好狎)." 예는[禮] 정도를[節] 넘지 않고[不踰], 침범하거나[侵] 얕보지 않으며[不侮], 친하다 하여 함부로 하는 짓을[狎] 싫어한다[不好]. 아무리 사소한 일에도 한(恨)을 사지 말라는 게 무원(無怨)이다. 무원이면 예로 통한다. 그러니 무원(無怨)이나 무위(無違)는 같은 말이다. 예를 어기지 말라. 그러면 절로 어짊이[仁] 된다[爲]. 그러니 말씀을 달리한다 해도 한길로 통한다. 위인(爲仁). 인(仁)의 길을 벗어나지 말라[爲仁].

날 출(出), 볼 견(見), 손님 빈(賓), 시킬 사(使), 받들 승(承), 제사 제(祭), 바 소(所), 하고자할 욕(欲), 옮길 시(施), 있을 재(在), 나라 방(邦), 원망할 원(怨), 집 가(家)

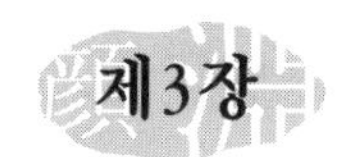

제3장

【문지(聞之)】

인자기언야인(仁者其言也訒)

【원문(原文)】

司馬牛問仁한대 子曰 仁者其言也訒이니라
사마우문인 자왈 인자기언야인

曰 其言也訒이면 斯謂之仁已乎이꼬
왈 기언야인 사위지인이호

子曰 爲之難하니 言之得無訒乎아
자왈 위지난 언지득무인호

【해독(解讀)】

사마우가 인(仁)에 관하여 물었다[司馬牛問仁].

공자께서 대답했다[子曰]. "인자(仁者)는 말하기를 어려워한다[仁者其言也訒]."

사마우가 여쭈었다[曰]. "말하기를 어려워한다는[其言也訒] 그 말씀이 곧 어짊이란 말씀입니까[斯謂之仁已乎]?"

공자께서 말해주었다[子曰]. "어짊을 실천하기가 어려우니[爲之難] 어짊을 말하기를 쉽게 할 수 있겠는가[言之得無訒乎]?"

【담소(談笑)】

자왈(子曰)

경솔하다는 말을 들었던 사마우(司馬牛)가 인(仁)을 묻자 그의 허물을 콕 찔러 일깨워주고 있다. 경솔했다 하니 사마우의 입은 가벼웠을 터이다. 입을 가볍게 놀리다 보면 말을 함부로 흘리게 마련이다. 이런 사마우를 향해 공자는 인(訒)하라 한다. 과묵하여 함부로 말하지 않음이 인(訒) 아닌가. 공자는 마치 편작(扁鵲)이 침(針)을 놓듯 찔러야 될 혈(穴)에 인(訒)하라는 침을 놓아 인자(仁者)가 되는 길로 사마우를 이끌어준다. 성인이란 이런 선생이다. 사마우는 공자의 제자로 성씨가 사마(司馬), 이름은 경(耕), 자(字)는 자우(子牛)이다. 송(宋)나라 사람으로 경솔하다는 평을 들었다 한다.

인자기언야인(仁者其言也訒)

▶ 어진[仁] 사람은[者] 자신의[其] 말을[言] 아끼고 아껴 말하기를 어려워한다[訒].

인자인기언야(仁者訒其言也)라고 하면 평범한 말투이다. 그러나 인자(仁者)는 기언야인(其言也訒)이라고 함으로써 인자의 말버릇을 강조하는 어조(語調)가 되었다.

경솔한 사마우에게 말버릇을 강조해 인(仁)을 밝혀주고 있다. 인(訒)은 말을 아끼고 여간해서는 말하지 않음을 뜻한다. 말을 꾹 참고 말하지 않는 것이다. 그래서 인(訒)은 인(忍)과 같다고 보아도 된다. 언출난(言出難)이라 하지 않는가. 입이 무겁고 과묵해 말을[言] 내기가[出] 어렵다[難] 함이 곧 인(訒)이다.

역시 공자는 사마우에게 예를 벗어나지 말라고 가르친다. 공자는 『예기(禮記)』 제28 「중니연거(仲尼燕居)」에서 이렇게 말했다. "공이부중례위지급(恭而不中禮謂之給)." 공손하더라도[恭] 예에[禮] 맞지 않으면[不中] 말만 번지르르한 아첨이라고[給] 한다[謂之]. 급(給)은 여기서 구급(口給)의 준말로 여기면 된다. 말만 번지르르하게 잘 떠벌리는 입이 구급(口給)이다. 말이 헤픈 입을 두고 조주선사(趙州禪師) 같은 이는 개 주둥이[狗口]라고 막말을 했다. "합취구구(合取狗口)." 개[狗] 주둥이[口] 닥쳐라[合取]. 구급은 비례(非禮)이다. 비례면 불인(不仁)이다. 그러니 사마우야 입 조심해라.

그러나 사마우는 그만 입을 가볍게 놀리고 만다. "기언야인(其言也訒) 사위지인이호(斯謂之仁已乎)?" 기언야인(其言也訒)이란 말씀이[斯] 곧 인이라 하겠습니까[謂之仁已乎]? 사(斯)는 기언야인(其言也訒)을 가리키는 지시어이다. 사마우의 경솔한 말버릇이 사(斯)와 단언하는 어미(語尾) 이호(已乎)에서 잘 드러난다. 스승께서 말조심하라[訒]고 했는데도 사마우는 순식간에 입을 헤프게 놀리고 만 셈이다.

그러나 공자는 역정을 내지 않고 타이른다. "위지난(爲之難) 언지득무인호(言之得無訒乎)!" 과묵함을[之] 실천하기가[爲] 어려우니[難] 말하는 짓이[言之] 헤프기만[無訒] 하구나[得]! 위지(爲之)의 지(之)는 기언야인(其言也訒)으로 보고, 언지(言之)는 사마우의 말버릇을 가리킨다고 보면 된다. 득무인(得無訒)은 과묵함이 없음을[無訒] 취했다[得]는 표현이므로 말이 헤프다는 뜻으로 새기면 된다. 사마우야 어찌 그리도 헤프게 말하느냐. 이렇게 공자가 다시 타일러준 셈이다.

그런데 여기 3장에는 제자가 끝으로 아뢰는 말이 없다. "사마우수불민(司馬牛雖不敏) 청사사어의(請事斯語矣)." 이와 같은 내용이 없다. 사마우여 입을 가볍게 놀리지 말라. 세 치 혀가 탈을 낸다 하지 않는가. 사마우야 먼저 인(訒)을 실천한 다음에나 스승께 인(仁)을 물어

볼 일이다. 세상에는 가벼운 입들이 판친다. 그래서 세상이 불인(不仁)으로 몸살을 앓는다.

말 더듬거릴 인(訒)

제4장

【문지(聞之)】

군자불우불구(君子不憂不懼)

【원문(原文)】

司馬牛問君子한대 子曰 君子不憂不懼니라
사마우문군자 자왈 군자불우불구

曰 不憂不懼면 斯謂之君子矣乎이꼬
왈 불우불구 사위지군자의호

子曰 內省不疚어니 夫何憂何懼리오
자왈 내성불구 부하우하구

【해독(解讀)】

사마우가 군자에 관하여 물었다[司馬牛問君子].

공자께서 대답했다[子曰]. "군자는 근심하지도 않고 두려워하지도 않는다[君子不憂不懼]."

사마우가 여쭈었다[曰]. "근심하지 않고 두려워하지 않는다는[不憂不懼] 그 말씀이 곧 어짊이란 말씀입니까[斯謂之君子矣乎]?"

공자께서 말해주었다[子曰]. "자신을 반성해도 허물이 없거늘[內省不疚] 무엇을 근심하고 무엇을 두려워하겠느냐[夫何憂何疚]."

【담소(談笑)】

자왈(子曰)

공자가 사마우(司馬牛)에게 군자(君子) 됨을 밝혀준다. 사마우는 사마환퇴(司馬桓魋)의 동생이다. 환퇴(桓魋)가 송(宋)나라에서 공자를 해치려고 했던 일을 「술이(述而)」 편 22장에서 보았다. 스승의 말씀을 듣고 부끄러워하고 뉘우쳐야 하건만 그럴 줄 모르는 사마우에게 자문(自問)해보도록 이끈다. "내성불구(內省不疚)." 이는 자신으로 되돌아가 자신을 스스로 살펴보라는 뜻이다.

공자의 이 말씀이 노자(老子)가 말한 자명(自明)을 떠올리게 한다. "자지자명(自知者明)." 자신을[自] 아는[知] 사람은[者] 밝다[明]. 여기서 명(明)은 뉘우칠 일을 범하지 않는다는 뜻으로 보면 된다. 경솔하여 허물을 범하기 쉬운 자신을 밝힐 등불을 켜라 함이 곧 내성불구(內省不疚)하라 함이다. 어찌 사마우만 내성불구(內省不疚)하라 하겠는가. 누구나 제 속을[內] 살펴[省] 허물을 짓지 말아야 한다[不疚].

군자불우불구(君子不憂不懼)

▶ **군자는[君子] 근심하지 않고[不憂] 두려워하지 않는다[不懼].**

우(憂)는 여기서 욕(辱)과 같다. 허물 탓으로 근심한다[憂]. 구(懼)는 공(恐)과 같다. 허물 탓으로 두려워한다[懼].

『주역(周易)』「십익(十翼)」「잡괘전(雜卦傳)」을 보면 "군자도장(君子道長) 소인도우(小人道憂)"란 말로 끝난다. 군자의[君子] 도는[道] 성장하고[長], 소인의[小] 도는[道] 근심스럽다[憂]. 왜 군자의 도는 성장하는가? 군자에게는 우환(憂患)이랄 게 없기 때문이다. 우환이란 미래를 가로막는 장애물 같은 것. 그러나 소인은 어긋나기[逆]를 일삼아 우환을 산다. 우환이랄 게 없는 군자가 무엇을 두려워하겠는가. 군자는 누구인가? 그는 지자(知者)·인자(仁者)·용자(勇者)의 화신(化身)이다. 「자한(子罕)」 편 28장에서 밝힌 공자의 말씀을 상기해보기 바란다. "지자불혹(知者不惑) 인자불우(仁者不憂) 용자불구(勇者不懼)."

군자는 우환 따위를 미리 물리치는 데 용맹스럽다. 그러나 소인은 우환을 만드는 데 용감한 탓에 겁쟁이가 된다. 그래서 소인의 용기는 만용(蠻勇)이 되고 만다. 만용이란 어긋나는[逆] 짓이 아닌가. 어긋나면 곧 비례(非禮)를 범한다. 그래서 공자는 『예기(禮記)』「중니연거(仲尼燕居)」에 이렇게 밝혀두고 있다. "용이부중례위지역(勇而不中禮謂之逆)." 용감하되[勇] 예에[禮] 어긋나면[不中] 이를 어긋나기라 한다[謂之逆]. 공자께서 소인이 되지 말고 군자가 되라 한다.

근심할 우(憂), 두려워할 구(懼)

내성불구(內省不疚)

▶ **마음 속을[內] 잘 살펴[省] 걱정하지 않는다[不疚].**

내(內)는 여기서 이(裏)와 같다. 마음 속[內]. 성(省)은 찰(察)과 같다. 성찰(省察)의 준말로 여기고 새기면 된다. 잘 살핀다[省]. 구(疚)는 병(病)과 같다. 마음앓이를 한다[疚].

내성(內省)은 곧 신독(愼獨)이요 자명(自明)이다. 내가 나를 살피는 일이 곧 내성(內省)이요 자명(自明)이다. 맹자(孟子)는 자신을 돌이켜봄[內省]을 자반(自反)이라고 했다. 공자도 이미 「위정(爲政)」편 10장에서 밝혔다. "인언수재(人焉廋哉)." 어찌[焉] 인간이[人] 숨길 수 있겠는가[廋哉]!

불우(不憂)하여 불구(不懼)하면 군자냐고 묻는 사마우에게 내성불구(內省不疚)하라는 말씀은 결국 성의(誠意)를 다해 조심조심 살아가라고 타일러주는 말씀이다. 성의란 곧 무자기(毋自欺)이다. 자기를 스스로[自] 속이지[欺] 말라[勿]. 제 마음 속을[內] 잘 살펴라[省]. 그리하여 지은 허물을 부끄러워하고 뉘우쳐 서슴없이 자신을 개선하

라. 그러면 마음이 병을 앓을 리 없다. 왜 군자는 편안히 살고 소인은 날마다 불안하게 사는지 알 만하다.

속 내(內), 살필 성(省), 괴로워 걱정할 구(疚)

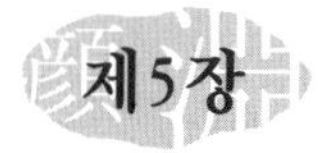

【문지(聞之)】

군자경이무실(君子敬而無失) 여인공이유례(與人恭而有禮)

【원문(原文)】

司馬牛憂曰 人皆有兄弟어늘 我獨亡이로다
사마우우왈 인개유형제 아독망

子夏曰 商聞之矣러니 死生有命이요 富貴在天이
자하왈 상문지의 사생유명 부귀재천

라호라 君子敬而無失하며 與人恭而有禮면 四
군자경이무실 여인공이유례 사

海之內 皆兄弟也니 君子何患乎無兄弟也리오
해지내 개형제야 군자하환호무형제야

【해독(解讀)】

사마우가 수심에 차 말했다[司馬牛憂曰]. "남들은 모두 형제가 있는데[人皆有兄弟] 오직 나한테만은 없다[我獨亡]."

자하가 말했다[子夏曰]. "내 들은 바로[商聞之矣] 생사는 운명에 달렸고[生死有命] 부귀는 하늘에 있다네[富貴在天]. 군자가 경건하여 허물이 없고[君子敬而無失] 남들과 더불어 공손하여 예를 지킨다면[與人恭而有禮] 온 세상 안에 있는[四海之內] 모든 사람들이 다 형제이거늘

[皆兄弟也], 어째서 군자가 형제가 없다고 근심하는가[君子何患乎無兄弟也]?"

【담소(談笑)】

인개유형제(人皆有兄弟) 아독망(我獨亡)

▶ **남들은[人] 모두[皆] 착한 형 아우가[兄弟] 있는데[有] 오직[獨] 나한테만[我] 없다[亡].**

유(有)와 무(無)는 주어를 뒤에 둔다. 아독망(我獨亡)의 망(亡) 다음에 형제(兄弟)가 생략됐다고 보면 된다. 독(獨)은 유독(惟獨)의 준말로 보고 새긴다.

환퇴(桓魋)라는 형이 있는데도 왜 사마우(司馬牛)는 자기한테 형제가 없다고 말하는 것일까? 사마우우왈(司馬牛憂曰)의 우(憂)는 사마우의 심정을 짐작하게 하고, 유형제(有兄弟)의 형제(兄弟)는 그 속에 깊은 뜻이 있음을 짐작하게 해준다. 환퇴는 포악(暴惡)한데다 난(亂)을 일으키려고 했던 자이다. 이런 환퇴 때문에 사마우가 마음고생을 했던 모양이다. 형을 탓하는 사마우가 어떤 형제를 바랐을까를 생각해보면 유형제(有兄弟)의 형제(兄弟)가 어질고 착한 형제를 의미한다는 것을 짐작할 수 있다. 그래서 사마우가 자하에게 근심스럽게 말한[憂曰] 심정을 헤아릴 수 있게 해준다. 형제 중에 포악한 자가 있으면 없느니만 못해 흉하다고들 한다.

모두 개(皆), 오로지 독(獨), 없을 망(亡)

사생유명(死生有命) 부귀재천(富貴在天)

▶ **죽고 사는 것은[死生] 운명이[命] 정하고[有] 부귀도[富貴] 하늘에[天] 달렸다[在].**

동양적 사생관(死生觀)과 인생관(人生觀)을 들어 자하(子夏)가 푸념하는 사마우에게 위와 같이 말해준다. 유명(有命)의 명(命)은 운명(運命)의 준말로 여기고, 부귀(富貴)는 부귀영화(富貴榮華)의 준말로 여기고 새기면 된다.

만사(萬事)가 내 뜻대로 되어야 한다고 고집하지 말라 한다. 세상이 어찌 내 바라는 대로 되겠는가. 그러니 탓할 곳이라곤 없는 법. 오로지 성의(誠意)를 다해 생사(生死)에 감사하면 된다는 것이 유명(有命)이요 재천(在天)이다. 착하고 어질게 자신의 분수에 맞게 열심히 살라 함이 유명(有命)이고 재천(在天)이다. 본래 숙명(宿命)이란 패배주의가 아니다. 천지를 어기지 않고 순리대로 산다[宿命]는 뜻을 패배주의로 몰지 말라. 탐욕스런 인간이 숙명을 패배로 여긴다. 그러나 착하고 어진 사람은 숙명을 안고 산다. 안빈낙도(安貧樂道)란 바로 숙명을 둥지로 삼아야 누릴 수 있는 삶이 아닌가. 그렇다고 가난뱅이로 살라는 것은 아니다. 도둑질하지 말고 절로 열심히 살면 무엇 하나 걱정할 까닭이 없음을 일러 유명(有命)이요 재천(在天)이라 한다. 그러니 사마우여! 포악한 형이 하나 있다고 자책(自責)할 것은 없는 일 아닌가.

죽을 사(死), 살 생(生), 목숨 명(命), 부유할 부(富), 귀할 귀(貴), 있을 재(在)

군자경이무실(君子敬而無失) 여인공이유례(與人恭而有禮) 사해지내개형제야(四海之內皆兄弟也)

▶ 군자는[君子] 경건하여[敬] 허물이[失] 없고[無] 남들에게[與人] 공손하여[恭] 예를[禮] 갖추므로[有] 온 세상 안[四海之內] 모든 사람들이[皆] 다 형제이다[兄弟].

경(敬)과 공(恭)은 같은 말이다. 경(敬)을 경건(敬虔)의 준말로, 공(恭)을 공손(恭遜)의 준말로 여기고 새기면 된다. 마음가짐이 엄숙함

[肅]도 공경이고, 삼가[愼] 조심함[謹]도 공경이며, 서로 어울림[和]도 공경이다. 그러니 경(敬)과 공(恭)은 다 예를 잃지 않는 마음가짐이다. 이런 마음가짐이 어찌 허물을 범하겠는가. 무실(無失)의 실(失)은 과실(過失)의 준말로 여기고 새긴다. 무실(無失)과 유례(有禮)는 같은 뜻이다.

마음가짐이 공경하면 몸가짐도 따라 공경함이 곧 중례(中禮)이다. 지금 자하는 사마우에게 스승(공자)의 뜻을 전하고 있다고 보아도 된다. 『예기(禮記)』「중니연거(仲尼燕居)」에서 공자는 다음과 같이 말했다. "경이부중례위지야(敬而不中禮謂之野) 공이부중례위지급(恭而不中禮謂之給) 용이부중례위지역(勇而不中禮謂之逆)." 경건해도[敬] 예에[禮] 어긋나면[不中] 야(野)라 하고[謂之野], 공손해도[恭] 예에[禮] 어긋나면[不中] 급(給)이라 하며[謂之給], 용감해도[勇] 예에[禮] 어긋나면[不中] 역(逆)이라 한다[謂之逆]. 야(野)는 야비(野鄙)의 준말, 급(給)은 구급(口給)의 준말, 역(逆)은 역덕(逆德)의 준말로 여기면 된다.

꼴불견[野]이 되지 말 것이요 말만 앞세워 떠들지[給] 말 것이며 도리에 어긋난 짓[逆]을 하지 말라. 그러면 형제가 따로 없다는 것이다. 자신에게는 착한 형제가 없다고 걱정하는 사마우를 향해 군자에게는 온 세상 모든 사람들이 다 형제라고 자하가 한마디 해주고 있다. "군자하환호무형제야(君子何患乎無兄弟也)." 군자가[君子] 어찌[何] 형제가[兄弟] 없다고[無] 걱정한단 말인가[患]? 사마우가 군자가 아닌데 어쩌란 말인가. 우리 모두 소인들이어서 날마다 걱정거리만 만들며 옹색하게 산다.

경건할 경(敬), 허물 실(失), 공손할 공(恭), 예도 례(禮), 바다 해(海)

제6장

【문지(聞之)】

자장문명(子張問明)

【원문(原文)】

子張問明한대 子曰 浸潤之譖과 膚受之愬을 不行焉이면 可謂明也已矣니라 浸潤之譖과 膚受之愬을 不行焉이면 可謂遠也已矣니라
자장문명 자왈 침윤지참 부수지소 불행언 가위명야이의 침윤지참 부수지소 불행언 가위원야이의

【해독(解讀)】

자장이 총명함을 물었다[子張問明].

공자께서 대답해주었다[子曰]. "물이 스며들어 적실 듯한 참언이나[浸潤之譖] 피부에 닿을 듯한 하소연을[膚受之愬] 팽개쳐버리면[不行焉] 총명하다고 단언할 수 있다[可謂明也已矣]. 물이 스며들어 적실 듯한 참언이나[浸潤之譖] 피부에 닿을 듯한 하소연을[膚受之愬] 팽개쳐버리면[不行焉] 멀리 내다본다고 단언할 수 있다[可謂遠也已矣]."

【담소(談笑)】

자왈(子曰)

어찌하면 총명(聰明)하고 왜 총명해야 하는지 밝히고 있다. 달콤한 것에 놀아나지 말라. 감언이설(甘言利說)보다 더 달콤한 유혹은 없다. 욕심을 부추기는 말솜씨[甘言]는 자칫 눈을 감아버리게 만들기 쉽다. 눈 뜨고 당하면 얼마나 얼간이 같은가. 총명하고 싶은가? 그렇다

면 먼저 솔깃한 꼬임에 넘어가지 말라.

또한 반드시 사람은 총명해야 한다. 그래야 미래를 내다볼 수 있기 때문이다. 「자한(子罕)」 편 22장의 말씀이 떠오른다. “후생가외(後生可畏) 언지래자불여금야(焉知來者不如今也).” 후배를[後生] 두려워해야 한다[可畏]. 뒷날 태어날 사람들이[來者] 지금 우리와[今] 같지 않을 것임을[不如] 어찌 모르는가[焉知]?

총명해야[明] 멀리 내다본다[遠]. 이를 공자가 자장(子張)에게 확인시켜준다. 총명하면 감언(甘言) 따위에 눈이 가려 망칠 리 없다는 말씀이다.

침윤지참(浸潤之譖) 부수지소(膚受之愬) 불행언(不行焉) 가위명야이의(可謂明也已矣)

▶ **스며들어[浸] 적시는[潤] 아첨이나[譖] 피부로[膚] 느끼는[受] 하소연이라도[愬] 그것들을[焉] 팽개쳐버린다면[不行] 총명하다고[明] 단언할 수 있다[可謂].**

침윤(浸潤)은 물이 스며들어 적시는 모습을 말한다. 부수(膚受)는 피부에 닿아 느끼게 하는 절실한 모습을 말한다. 참(譖)은 여기서 참(讒)과 같다. 거짓으로 남을 헐뜯다[譖]. 참사(譖詐)의 준말로 여기고 새기면 된다. 남을 헐뜯는 말에 맞장구치지 말라. 소(愬)는 소(訴)와 같다. 억울하다며 일러바친다[愬]. 읍소(泣訴)와 같은 말이 소(愬)이다. 불행언(不行焉)의 언(焉)은 어시(於是)의 줄임이다. 물론 어시(於是)의 시(是)는 여기서 참(譖)과 소(愬)를 가리키는 지시어로 본다. 불행(不行)은 행하지 않음이니 팽개친다는 뜻이다. 명(明)은 자기를 살펴 밝힌다는 말이다. 자기성찰(自己省察)을 한마디로 명(明)이라 한다.

공자와 노자는 다 명(明)을 높이 샀다. 자명(自明)하라. 성찰(省察)하라. 그러면 어떠한 꼬임에도 넘어가지 않으니 현명하다. 현명하면 앞을 내다볼 줄 안다. 그래서 공자는 "가위원야이의(可謂遠也已矣)" 라고 부연한다. 여기서 원(遠)은 미래를 내다본다는 뜻으로 원시(遠視)의 준말이다. 앞을 멀리 내다본다[遠]. 야이의(也已矣)는 딱 잘라 말하는 어미(語尾)다. 성인께서 이처럼 단언할 때는 한 점 틀릴 리가 없다. 미래가 걱정인가? 그렇다면 총명하라.

스며들 침(浸), 적실 윤(潤), 남을 헐뜯는 참(譖), 살갗 부(膚), 받아들일 수(受), 하소연할 소(愬), 이에 언(焉), 일컬을 위(謂), 밝을 명(明)

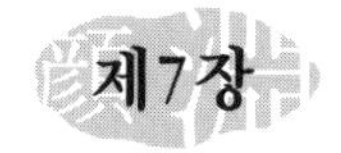

제7장

【문지(聞之)】

자공문정(子貢問政)

【원문(原文)】

子貢問政한대 子曰 足食 足兵이면 民信之矣이라
자공문정 자왈 족식 족병 민신지의

子貢曰 必不得已而去인댄 於斯三者何先이니꼬
자공왈 필부득이이거 어사삼자하선

曰 去兵이니라
왈 거병

子貢曰 必不得已而去인댄 於斯二者何先이니꼬
자공왈 필부득이이거 어사이자하선

曰 去食이니 自古皆有死이니와 民無信不立이니라
왈 거식 자고개유사 민무신불립

【해독(解讀)】

자공이 정치를 묻자[子貢問政] 공자께서 대답해주었다[子曰]. "식량을 충분하게 해주고[足食] 군비를 충분히 하며[足兵] 백성이 정치를 믿게 하는 것이다[民信之矣]."

자공이 여쭈었다[子貢曰]. "만부득이 한 가지를 버리자면[必不得已而去] 이 셋 중에서 어느 것을 버려야 합니까[於斯三者何先]?"

공자께서 말했다[曰]. "군사비를 버린다[去兵]."

자공이 여쭈었다[子貢曰]. "만부득이 한 가지를 버리자면[必不得已而去] 이 둘 중에서 어느 것을 버려야 합니까[於斯二者何先]?"

공자께서 말했다[曰]. "양식을 버린다[去食]. 본래부터 사람은 누구나 죽는다[自古皆有死]. 허나 백성이 믿지 않으면 나라가 설 수 없다[民無信不立]."

【담소(談笑)】

자왈(子曰)

자공(子貢)이 정치를 묻자 공자께서 정치의 급소를 밝히고 있다. 족식(足食)·족병(足兵)·민신(民信)이라 한다. 백성한테 먹을거리가 충분해야 한다[足食].『예기(禮記)』제5「왕제(王制)」에 보면 나라가 보유한 식량은 백성이 9년 동안 먹을 양이면 충분하고, 6년 동안 먹을 양이면 부족하며, 3년 동안 먹을 양이면 나라라 할 수 없다고 했다. 한편 군비를 충분히 하여 백성을 불안하지 않게 하는 것이 족병(足兵)이다. 그리고 백성이 정치를 믿어주는 게 민신(民信)이다. 공자께서 이 셋 중에서 제일 중요한 것이 민신(民信)이라고 밝히고 있다. 정치가 불신(不信)당하는 나라치고 잘 사는 나라는 없다.

필부득이이거(必不得已而去) 어사삼자하선(於斯三者何先)

▶ 꼭[必] 어쩌지 못해[不得已] 버려야 한다면[去] 말씀하신[斯] 세

가지중에서[於三者] 어느 것을[何] 먼저 버려야 합니까[先]?

부득이(不得已)는 관용어로 보면 된다. '피치 못해 어쩔 수 없이' 정도의 뜻이다. 거(去)는 여기서 사(捨)와 같다. 버린다[去]. 어사(於斯)의 사(斯)는 공자가 말해준 내용을 가리킨다. 하선(何先)의 선(先)은 뒤에 거(去)가 생략됐다고 보고 새긴다.

위와 같이 자공이 묻자 공자가 이렇게 대답한다. "거병(去兵)." 군비를[兵] 버린다[去]. 공자는 자공에게 정치란 오로지 백성을 편안하게 하는 데 있음을 상기시키고 있다.

반드시 필(必), 얻을 득(得), 이미 이(已), ~에서 어(於), 이 사(斯), 어느 하(何), 먼저 선(先)

거식(去食) 자고개유사(自古皆有死) 민무신불립(民無信不立)

▶ 식량을[食] 버린다[去]. 본래부터[自古] 누구든 다[皆] 죽지만[有死], 백성한테[民] 정치에 대한 신뢰가[信] 없다면[無] 나라가 부지할 수 없다[不立].

백성으로부터 정치가 불신(不信)당하면 나라가 존립할 수 없다. 백성을 배부르게 한다고 해서 다 되는 것은 아니다. 정치란 무엇보다 먼저 백성의 마음을 편안하게 해주어야 한다. 정치가 그렇지 못하면 족식(足食)·족병(足兵)이 제대로 이루어질 수 없다. 믿고 따라야지 강압에 못 이겨 백성이 굴종하게 하는 짓은 학정(虐政)일 뿐 정치(政治)가 아니다. 『예기(禮記)』 제27 「애공문(哀公問)」에서 애공(哀公)이 위정(爲政)을 묻자 공자가 이렇게 밝힌다. "정자정야(政者正也)." 정치란 것은[政者] 정도이다[正]. 정(正)은 정도(正道)의 준말로 여기고 새기면 된다. 그러니 민신(民信)이란 나라의 다스림이 정도를 밟고 있음을 백성이 믿어준다는 말이다.

정치가 정도(正道)를 벗어나면 나라가 설 수 없음을 공자가 이재

(理財)에 밝고 구변(口辯)이 좋은 자공(子貢)에게 엄숙히 밝혀준다. 사람이라면 누구나 죽는다[皆有死]고 전제하니 얼마나 엄숙한가. 그러면서 민신(民信)을 밝히는 성인의 속뜻을 살펴보라. 백성을 비굴하게 하지 말라는 것이다.

그래서 공자는『예기』「애공문」에서 연이어 이렇게 정치하는[爲政] 근본을 밝힌다. "고지위정(古之爲政) 애인위대(愛人爲大) 소이치애인례위대(所以治愛人禮爲大) 소이치례경위대(所以治禮敬爲大) 경지지의(敬之至矣) …… 시고군자여경위친(是故君子與敬爲親) 사경시유친야(舍敬是遺親也) 불애불친(不愛不親) 불경부정(不敬不正) 애여경기정지본여(愛與敬其政之本與)." 옛날에[古] 성군이 정치를[政] 함에는[爲] 사람을[人] 사랑함을[愛] 가장 중요한 것으로[大] 삼았다[爲]. 사람을[人] 사랑하기를[愛] 다스리려고[治] 하는[以] 바는[所] 예를[禮] 가장 중요한 것으로[大] 삼았고[爲], 예를[禮] 다스리려고[治] 하는[而] 바는[所] 존경함을[敬] 가장 중요한 것으로[大] 삼았다[爲]. 그리하여 존경함을[敬] 극진히 했다[至]. …… 이러하므로[是故] 군자는[君子] 존경하기를[敬] 더불어[與] 친했다[爲親]. 존경하기를[敬] 버리면[舍] 그것은[其] 가까이함을[親] 버리는 것이다[遺]. 사랑하지 않으면[不愛] 가까이하지 않음이고[不親], 존경하지 않음은[不敬] 정도를 부정함이다[不正]. 사람(백성)을 사랑하고[愛] 더불어[與] 존경하면[敬] 그것이[其] 정치의[政] 근본이다[本]. 소이(所以)의 이(以)는 여기선 위(爲)와 같다.

그러므로 공자가 말하는 민신(民信)은 곧 백성으로 하여금 '애여경기정지본(愛與敬其政之本)'을 믿게 하는 것이다. 이재에 밝고 구변이 능했던 자공이 스승의 이러한 속뜻을 얼마나 헤아려 짐작했을까? 모를 일이다. 언제 어디서나 항상 정치한다 하지만 백성을 등치는 짓들이 세상에서 득실거리니 말이다.

~로부터 자(自), 옛 고(古), 모두 개(皆), 설 립(立)

제8장

【문지(聞之)】

문유질야(文猶質也) 질유문야(質猶文也)

【원문(原文)】

棘子成曰 君子質而已矣니 何以文爲리오
극 자 성 왈 군 자 질 이 이 의 하 이 문 위

子貢曰 惜乎라 夫子之說君子也니 駟不及舌이로
자 공 왈 석 호 부 자 지 설 군 자 야 사 불 급 설

다 文猶質也며 質猶文也니 虎豹之鞟이 猶犬羊
문 유 질 야 질 유 문 야 호 표 지 곽 유 견 양

之鞟이니라
지 곽

【해독(解讀)】

극자성이 말했다[棘子成曰] "군자는 바탕이면 된다[君子質而已矣]. 장식을 해서 무엇하겠는가[何以文爲]?"

자공이 말했다[子貢曰]. "참 딱하군요[惜乎]. 당신이 군자에 관해 언급했으니[夫子之說君子也] 네 마리의 말이 끄는 마차도 말해버린 혀는 따르지 못하겠지요[駟不及舌]. 장식이란 바탕과 같고[文猶質也], 바탕은 장식과 같지요[質猶文也]. 호랑이나 표범의 가죽에 있는 무늬를 지워버리면[虎豹之鞟] 털을 깎아버린 개가죽이나 양가죽과 같다오[猶犬羊之鞟]."

【담소(談笑)】

자공왈(子貢曰)

자공(子貢)이 위(衛)나라 대부(大夫) 극자성(棘子成)의 군자관(君

子觀)을 비판하고 있다. 극자성이 공자의 생각을 꼬집었기 때문이다. 「옹야(雍也)」 편 16장에서 공자는 문질빈빈(文質彬彬)이라고 했다. 바탕[質]만 있어도 안 되고 장식[文]만 있어도 안 된다. 속[質]만 앞세워도 안 되고 겉[文]만 앞세워도 안 된다. 속 바탕[質]과 겉모습[文]이 함께 어울려야 한다[彬彬]. 문질빈빈(文質彬彬)은 자연(自然, 質)과 문화(文化, 文)가 함께 어울려야지 어느 하나만을 택해선 안 된다는 관점이다.

극자성이 이에 대해 비판하고 나서자 자공은 털을 지워버린 가죽[鞹]을 비유해 시비(是非)를 가린다. 유가(儒家)는 시비 가림을 마다하지 않지만, 도가(道家)는 시비 걸기를 천하게 여긴다. 물론 유가의 시비 가림이 시(是)는 언제나 시(是)이어야 하고 비(非)는 항상 비(非)이어야 한다는 것은 아니다. 그것은 시비가 상통하는 가림이지 상대하는 가림이 아니므로 서양식의 시비 가림과는 다르다. 시중(時中)이니 적중(的中)이니 중용(中庸)이니 하는 것이 곧 시비의 상통을 말함이 아닌가. 지금 자공은 시비의 중용을 밝히고 있다.

군자질이이의(君子質而已矣) 하이문위(何以文爲)

▸ 군자는[君子] 바탕이면[質] 그만이다[而已矣]. 장식[文]은 해서[爲] 무엇[何] 하겠나[以]?

질(質)은 질박(質樸) · 본실(本質) · 소질(素質) · 실질(實質) · 바탕 등을 말한다. 문(文)은 문장(紋章) · 장식(裝飾) · 겉모습 등을 말한다. 질(質)은 안이요 문(文)은 겉을 말하고, 질(質)은 자연(自然)이요 문(文)은 문화(文化)로 보면 된다. 도가는 문(文)을 버리고 질(質)을 택하라 한다. 이를 노자(老子)는 견소포박(見素抱樸)이라 했다. 지금 극자성은 자공 앞에서 도가의 입장을 들어 군자(君子)를 설파하고 있다.

문질(文質) 중에서 질(質)로써 군자됨을 밝히는 극자성을 보고 구변(口辯) 좋은 자공이 입 다물고 있을 리 없다. 극자성에게 "참으로 딱하다[惜乎]"는 말로 맞받으며 꼬집는 자공을 보라. 자공이라면 구변 좋은 유자(儒者)가 아닌가. 모질게 몰아치는 자공의 구변을 보라. "부자지설군자야(夫子之說君子也) 사불급설(駟不及舌)." 당신이[夫子] 군자를[君子] 말했는데[說] 네 마리의 말이 끄는 수레도[駟] 그렇게 말하는 혀를[舌] 따라잡지 못하리다[不及]. 말도 안 되는 말을 했으니 어처구니없다는 것이다. 함부로 말하면 안 된다. 한번 뱉은 말은 주워담을 수 없으니 함부로 말하지 말라 한다. 이 얼마나 신랄한 구변인가.

바탕 질(質), 할 이(以), 무늬 문(文), 할 위(爲)

문유질야(文猶質也) 질유문야(質猶文也) 호표지곽유견양지곽(虎豹之鞹猶犬羊之鞹)

▶ 겉은[文] 속과[質] 같고[猶], 속은[質] 겉과[文] 같다[猶]. 호랑이나[虎] 표범의[豹] 털을 밀어버린 가죽은[鞹] 개나[犬] 양의[羊] 털을 밀어낸 가죽과[鞹] 같다[猶].

유(猶)는 여기서 사(似)와 같다. 마치 ~과 같다[猶]. 곽(鞹)은 털을 밀어낸 맨가죽을 말한다.

지금 자공은 털이 있어야 호랑이가죽과 개가죽이 서로 다름을 알 수 있다고 주장한다. 털이 없으면 호랑이가죽이나 개가죽이나 다를 바 없다는 것이다. 이런 자공의 주장은 옳은가? 말장난이라면 말장난에 불과하다. 개가죽은 털이 있든 없든 개가죽이고, 호랑이가죽 또한 그럴 수밖에 없다. 털을 밀어냈다 해서 호랑이가죽의 바탕[質]과 개가죽의 바탕[質]이 같은 것은 아니지 않는가. 흡사함[猶]이 하나같음[爲一]일 수는 없다. 자공의 구변이 주워대는 비유가 그럴 듯하지만 공자의 문질빈빈(文質彬彬)을 돕지는 못한다. 말재간으로 시비는 걸 수 있어도 폐부를 찔러 깨닫게 할 수는 없다. 하여튼 자공의 구변은 좋다. 그렇다고 공자께서 좋아할 리 없을 터이다. 본래 군자눌언(君子訥言)이라 했으니 말이다. 군자는 말이 어눌하지[訥言] 자공처럼 능변(能辯)을 못 한다. 그냥 겉과 속이 함께해야지 어느 하나만을 고집해선 안 된다고 말하면 그만일 텐데 말이다.

마치 ~과 같을 유(猶), 호랑이 호(虎), 표범 표(豹),
털을 밀어낸 가죽 곽(鞹)

제9장

【문지(聞之)】

백성족(百姓足) 군숙여부족(君孰與不足)

【원문(原文)】

哀公問於有若曰 年饑用不足하니 如之何오
애공문어유약왈 연기용부족 여지하

有若對曰 盍徹乎시니이꼬
유약대왈 합철호

曰 二吾猶不足이어니 如之何其徹也리오
왈 이오유부족 여지하기철야

對曰 百姓足이면 君孰與不足이며 百姓不足이면 君孰與足이리이꼬
대왈 백성족 군숙여부족 백성부족 군숙여족

【해독(解讀)】

애공이 유약에게 물었다[哀公問於有若曰]. "올해 기근이 들어 나라

의 비용이 모자란다[年饑用不足]. 어찌하면 좋을까[如之何]?"

유약이 아뢰었다[有若對曰]. "왜 십분의 일을 내는 세법을 쓰지 않습니까[盍徹乎]?"

애공이 말했다[曰]. "십분의 이를 내는 세법을 써도 나는 모자라는 것 같은데[二吾猶不足] 어찌 십분의 일을 쓴다는 말인가[如之何其徹也]?"

이에 유약이 아뢰었다[對曰]. "백성이 풍족하면[百姓足] 임금은 누구와 더불어 부족할 것이며[君孰與不足], 백성이 부족하다면[百姓不足] 임금은 누구와 더불어 풍족하겠습니까[君孰與足]?"

【담소(談笑)】

연기용부족(年饑用不足) 여지하(如之何)

▶ 올해는[年] 흉년이 들어[饑] 나라의 쓸모가[用] 부족하다[不足]. 어떻게 하면 좋을까[如之何]?

기(饑)는 아(餓)와 같다. 기근(饑饉)의 준말로 보고 새기면 된다. 흉년이 들어 굶주린다[饑]. 용(用)은 국가 비용을 뜻한다. 여지하(如之何)는 관용어구이다. 어떻게 하면 좋은가[如之何]?

노(魯)나라 임금 애공(哀公)이 위와 같이 유약(有若)에게 물었다. 유약은 「학이(學而)」편 2장에 나왔던 공자의 제자이다. 노나라 사람으로 공자보다 13년 아래였고 성씨는 유(有), 이름은 약(若), 자(字)는 유자(有子)이다. 애공의 물음에 유약은 이렇게 대답했다. "합철호(盍徹乎)." 합(盍)은 하부(何不)의 합자(合字)이다. 어찌 ~하지 않는가[盍]. 철(徹)은 주대(周代)의 세법(稅法)인데 백성으로 하여금 나라에 수확량의 십분의 일을 바치게 했다. 유약의 말을 듣고 애공이 마땅치 않았던 모양이다. 십분의 이를 받아도[二] 나한테는[吾] 부족한 것 같은데[猶不足] 어찌하여[如之何] 십분의 일을 조세(租稅)하란 말이냐[徹]고 유약에게 핀잔을 주었다. 애공은 백성을 먼저 생각하는 데 인색했다. 백성이 먹으면 임금도 먹고, 백성이 굶으면 임금도 굶어야 백성이 믿고 임금을 따르지 않겠는가. 공자가 자공에게 거식(去食)보다 민신(民信)이 소중하다고 타일렀던 뜻이 여기서 새삼스레 떠오른다.

흉년 기(饑), 쓸 용(用), 풍족할 족(足), 같을 여(如)

백성족(百姓足) 군숙여부족(君孰與不足) 백성부족(百姓不足) 군숙여족(君孰與足)

▶ 백성이[百姓] 풍족하면[足] 임금은[君] 누구와[孰] 함께[與] 부족하고[不足], 백성이[百姓] 부족하면[不足] 임금은[君] 누구와[孰] 더불어[與] 풍족하겠습니까[足]?

유약이 정치의 근본인 민신(民信)을 밝히고 있다. 그래서 유약은 공자의 제자답다. 공자가 말하는 정(政)은 백성을 위함이지 군신(君臣)을 위하는 것이 아니기 때문이다. 나라의 근본은 임금이 아니라 백성이다. 이처럼 유약은 유가(儒家)의 정치이념인 애인(愛人)을 명쾌하게 밝힌다. 조선조 남명(南冥)이 선조에게 "임금은 쪽배이고 백성은 강물이니 강물이 화나면 쪽배는 산산조각이 나고 만다"고 진언했던 일 역시 공자의 민신(民信)을 언급한 것임을 알 수 있으리라. 그러나 백성을 사랑하라[愛人]는 공자의 말씀을 몸소 실천한 유자(儒者)는 거의 없었다. 정치한다는 사람은 누구든 '숙여(孰與)'란 이 한마디를 잘 살펴야 할 것이다. 누구와[孰] 더불어[與] 정치하는가? 지금 세태를 유약이 본다면 허다한 정치인(政治人)을 향해 이렇게 물을 것이다. 진실로 시민과 더불어 정치하는가?

성씨 성(姓), 임금 군(君), 누구 숙(孰), 함께 여(與)

제10장

【문지(聞之)】

자장문숭덕변혹(子張問崇德辨惑)

【원문(原文)】

子張問崇德辨惑한대 子曰 主忠信하며 徙義 崇德也니라 愛之欲其生하고 惡之欲其死하나니 旣欲其生이오 又欲其死는 是惑也니라 誠不以富요 亦祇以異로다

(자장문숭덕변혹 자왈 주충신 사의 숭덕야 애지욕기생 오지욕기사 기욕기생 우욕기사 시혹야 성불이부 역기이이)

"성불이부(誠不以富) 역기이이(亦祇以異)"는 「계씨(季氏)」편 12장의 기사지위여(其斯之謂與) 앞에 있어야 할 내용이 여기에 잘못 끼어들었다는 설이 있다.

【해독(解讀)】

자장이 덕을 높이고 미혹을 판별하는 것을 여쭙자[子張問崇德辨惑] 공자께서 대답해주었다[子曰]. "충성과 신의에 힘쓰고[主忠信] 의를 향해 나아감이[徙義] 덕을 높이는 것이다[崇德也]. 좋아하면 그것이 살기를 바라고[愛之欲其生], 싫어하면 그것이 죽기를 바란다[惡之欲其死]. 이미 살기를 바라던 것인데[旣欲其生] 또 죽기를 바라는 것이[又欲其死] 미혹함이다[是惑也]. 참으로 부하기 때문이 아니라[誠不以富] 오로지 남과 다르기 때문이다[亦祇以異]."

【담소(談笑)】

자왈(子曰)

공자가 덕을 높이고 미혹을 범하지 않는 마음가짐이 무엇인지 자장(子張)에게 밝혀주고 있다. 어찌 자장에게만 숭덕(崇德)과 변혹(辨惑)이 문제 되겠는가. 우리 모두 덕을 높이고[崇德] 미혹을 범하지 않는[辨惑] 삶을 누린다면 분명 우리는 이 세상에서 한가족처럼 살 수 있으리라. 숭덕하면 누구나 인자(仁者)가 되고 변혹하면 누구나 지자(知者)가 된다.

『주역(周易)』「계사전(繫辭傳)」상(上)에서 공자는 이렇게 말한다. "일음일양지위도(一陰一陽之謂道) 계지자선야(繼之者善也) 성지자성야(成之者性也) 인자견지(仁者見之) 위지인(謂之仁) 지자견지(知者見之) 위지지(謂之知)." 음(陰)이란 기운도 되고 양(陽)이란 기운도 되는 것을[一陰一陽] 도(道)라고 한다[之謂道]. 그 도를[之] 계승하는[繼] 것이[者] 선(善)이고[善], 그 도를[之] 일구는[成] 것이[者] 성(性)이다[性]. 어진 사람이[仁者] 선과 성을[之] 보면[見] 인(仁)이라 하고[謂之仁], 현명한 사람이[知者] 선과 성을[之] 보면[見] 지(知)라고 한다[謂之知].

덕을 높인다[崇德]. 이는 곧 선(善)과 성(性)을 따라 살라 함이다. 미혹을 가려낸다[辨惑]. 이 역시 곧 선성(善性)을 잊지 않고 살라 함이다. 그러자면 마음가짐이 성의(誠意)를 벗어나지 말아야 한다. 공자가 성의로써 살라 한다.

주충신(主忠信) 사의(徙義) 숭덕야(崇德也)

▶ **충성과[忠] 신의에[信] 힘쓰고[主] 정의를[義] 따라나섬이[徙] 덕을[德] 높이는 것이다[崇].**

주(主)는 여기서 무(務)와 같다. 힘써 다한다[主]. 충(忠)은 중심(中心)을 한 글자로 합했다고 생각해도 된다. 중심을 갈성(竭誠)이라고도 한다. 정성을[誠] 다함을[竭] 일러 중심이라고 한다. 그래서 중심을 무사(無私)라고도 한다. 사욕(私欲)이 없는 마음가짐[無私]이 곧 충(忠)인 셈이다. 그러므로 충(忠)을 불기(不欺)라 한다. 속이지 않는다[不欺]. 남을 속이지 않으려면 먼저 자기 자신을 속이지 말아야 한다. 무자기(毋自欺)하라. 자신을[自] 속이지[欺] 말라[毋]. 『대학(大學)』은 각론(各論) 첫머리에서부터 충(忠)을 강조한다. "소위성기의자(所謂誠其意者) 무자기야(毋自欺也)." 그[其] 마음가짐을[意] 정성 되게[誠] 한다는[所謂] 것은[者] 내가 나를[自] 속이지[欺] 말라[毋]는 것이다. 성의(誠意) · 무자기(毋自欺) · 무사(無私) · 충(忠) 등은 다 같은 셈이다.

신(信)은 불의(不疑)이다. 신(信)은 진(眞)이요 명(明)이기 때문이다. 참되고[眞] 마음을 밝히는 것[明]이 곧 신(信)이다. 그래서 신(信)은 임(任)이다. 믿고[信] 맡긴다[任] 함은 의심할 것이 없다 함이다. 불신(不信)하면 곧 부덕(不德)이다. 왜 불신 당하는가? 검척애경(儉戚愛敬)을 버렸기 때문이다. 검소하라[儉], 피붙이를 사랑하라[戚], 모든 것들을 사랑하라[愛], 그리고 선을 넓혀라[敬]. 그러면 신(信)이다.

덕(德)이 무엇이냐고 묻지 말라. 덕은 지식(知識)이 아니다. 삶의 도(道)이다. 왜 인덕(仁德)이라 하고 지덕(知德)이라 하는가. 인(仁)이 곧 덕이요 지(知)가 곧 덕이란 말이다. 지덕을 겸비했다고 말하지 말라. 지와 덕은 둘이 아니라 하나이기 때문이다. 덕을 안다 함은 지식이 아닌 덕으로 살 줄 안다는 뜻이니 지덕(知德)은 하나란 말이다. 덕은 만물을 하나같이 목숨을 누리는 존재로 보기 때문이다.

이런 덕을 높이려면 먼저 충(忠) · 신(信)을 힘써 다하라. 그러자면 정의를[義] 따라나서야 한다[徙]. 사(徙)는 여기서 천(遷)과 같고 의(倚)와 같다. 옮겨가 의지한다[徙]. 의(義)를 멀리하거나 저버리지 말고 의로 이사하라. 불의에 머물러 살지 말고 정의로 옮겨와[遷] 의지하고[倚] 살라 함이 곧 사의(徙義)이다.

따지고 보면 의는 덕을 실천한다는 뜻이다. 의롭게 살라. 이는 후덕하게 살라 함이 아닌가. 주충신(主忠信)하라, 후덕(厚德)하라, 숭덕

(崇德)하라, 성덕(盛德)하라, 일신(日新)하라 등등은 다 같은 말씀이라 할 수 있다. 날마다[日] 새롭게 하라[新] 함은 날마다 덕을 무성하게 하라[盛德] 함이다. 그러니 숭덕(崇德)은 날마다 후덕하게 살라는 말씀이다. 그래서 『주역』도 일신(日新)을 성덕(盛德)으로 풀이하지 않았는가. 요새 말하는 지성(知性)은 사물을 새롭게 알라[知物]는 서구적인 지(知)이지 덕을 알라는 우리네 지(知)가 아니다. 우리네 지(知)는 사물을 알라는 쪽보다 사람을 알라[知人]는 쪽에 중심을 둔다. 이는 곧 숭덕(崇德)의 삶을 위해서이다.

힘써 할 주(主), 정성을 다할 충(忠), 믿을 신(信), 옮길 사(徙), 옳을 의(義), 높일 숭(崇), 큰 덕(德)

애지욕기생(愛之欲其生) 오지욕기사(惡之欲其死) 기욕기생(旣欲其生) 우욕기사(又欲其死) 시혹야(是惑也)

▶ **좋아하는 것이면[愛之] 그것이[其] 살아 있기를[生] 바라고[欲], 싫어하는 것이면[惡之] 그것이[其] 죽어 없기를[死] 바란다[欲]. 그런데 이미[旣] 그것이[其] 살아 있기를[生] 바랐다가[欲] 또[又] 그것이[其] 죽어 없기를[死] 바란다[欲]. 이런 짓이[是] 헷갈림이다[惑].**

욕기생(欲其生)의 기(其)는 애지(愛之)를 가리키는 지시어로 본다. 생(生)은 '오래 있다'는 뜻이고, 사(死)는 '죽어 없어진다'는 뜻이다. 좋은 것 싫은 것을 나누어 좋은 것이면 많이 있기를 바라고 싫은 것이면 없어지기를 바라는 것을 욕(欲)이라 한다. 왜 욕(欲)을 사(私)라고 하는가? 나를 중심으로 좋음과 싫음을 갈라놓고, 좋으면 취하고 싫으면 버리고 싶어하는 심술(心術)이 곧 욕(欲)이기 때문이다.

애오(愛惡)·호오(好惡)·애증(愛憎) 등은 모두 좋아하는 것과 싫어하는 것을 분별한다. 불가(佛家)나 도가(道家)는 분별하기를 말라 하지만, 유가(儒家)는 분별하되 자기 중심으로 하지 말라 한다. 말하자면 사물(事物)을 자기 중심으로 보지 말라는 것이다. 사리(事理)를 따져 알면 안다 하고 모르면 모른다 함이 지(知)라고 공자는 분명히 밝힌다. 그러니 혹(惑)은 지(知)도 부지(不知)도 아닌 헷갈리는 마음가짐이다. 알 듯 말 듯한 것에 말려들면 혹(惑)이요, 이랬다저랬다 변덕스러운 것도 혹(惑)이다. 전에는 오래 있기를 바랐다가[旣欲其生] 다시 또 없어지기를 바라는 것[又欲其死]은 얼마나 중심을 잃어버린 마음가짐인가. 헷갈리지 말라[不惑]. 이는 곧 사욕(私欲)으로 애(愛)·오(惡)를 따져 분별하지 말라는 뜻이다. 그러면 무엇이 헷갈리고 또한 무엇이 헷갈리게 하는지 안다. 이러함이 변혹(辨惑)이다. 헷갈려 변덕스럽게 살지 말라. 불혹(不惑)하라. 사(私)와 욕(欲)을 합쳐 욕(慾)이라 한 것을 알겠고, 욕(慾)이 결국 욕(辱)으로 이어지게 마련임을 알겠다.

좋아할 애(愛), 바랄 욕(欲), 싫어할 오(惡), 이미 기(旣), 또 우(又), 헷갈릴 혹(惑)

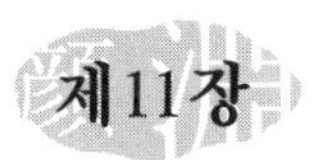

제11장

【문지(聞之)】

군군(君君) 신신(臣臣) 부부(父父) 자자(子子)

【원문(原文)】

齊景公問政於孔子한대 孔子對曰 君君 臣臣 父
제경공문정어공자　공자대왈 군군 신신 부

父子子니이다
부 자 자

公曰 善哉라 信如君不君하며 臣不臣하며 父不父
공 왈 선 재 신 여 군 불 군 신 불 신 부 불 부

하며 子不子면 雖有粟이나 吾得而食諸아
자 부 자 수 유 속 오 득 이 식 제

【해독(解讀)】

제나라 경공이 공자께 정치를 물었다[齊景公問政於孔子]. 이에 공자께서 말해주었다[孔子對曰]. "임금은 임금답고[君君] 신하는 신하답고[臣臣] 아버지는 아버지답고[父父] 자녀는 자녀다운 것입니다[子子]."

이에 경공이 말했다[公曰]. "좋은 말이오[善哉]! 참으로 만약 임금이 임금답지 못하고[信如君不君] 신하가 신하답지 못하고[臣不臣] 아비가 아비답지 못하고[父不父] 자식이 자식답지 못하면[子不子], 곡식이 있다 한들[雖有粟] 내 어찌 그것을 먹을 수 있겠소[吾得而食諸]?"

【담소(談笑)】

자왈(子曰)

공자는 제(齊)나라 경공(景公)을 두 번 만났다고 알려져 있다. 제나라 경공(B. C. 447～487)은 영공(靈公)의 아들로 이름은 저구(杵臼)이다. 제나라 대부(大夫) 최저가 모반을 일으켜 장공(莊公)을 죽이고 옹립한 임금이 바로 경공이다. 그가 무려 58년 동안 임금 자리에 있을 때 대부들의 세력 다툼이 격심했다. 공자가 경공을 만난 것은 한번은 경공이 노(魯)나라에 왔을 때이고, 다른 한번은 공자가 제나라에 갔을 때이다. 어느 만남에서 공자가 경공에게 정치를 설파했는지는 잘 알려져 있지 않다. 하여튼 여기서 공자는 경공을 일깨워주고 있다. 경공이 대부들의 세력 다툼 사이에서 임금 노릇을 제대로 못하고 있었기 때문이다.

군군(君君)이란 공자의 말씀에 경공은 할 말이 없었으리라. 정치란 무엇인가? 이런 질문에 대하여 공자는 정치학자처럼 답하지 않는다. 공자는 묻는 자의 형편에 따라 자유자재로 가장 알맞은 해답을 들려주어 일깨우고 터득하게 할 따름이다. 물론 이랬다저랬다한다는 뜻은 아니다. 공자의 정치관(正治觀)은 「자로(子路)」 편 3장에 잘 드러나 있다. "필야정명호(必也正名乎)." 무슨 일이 있어도[必也] 명분을[名] 바로잡아야 한다[正]. 정치는 이런 명분을 바로잡지 못하면 불가능하다는 것이다. 공자는 정치(政治)의 정(政)은 정(正)이라고 했다. 그 정(正)을 정명(正名)의 준말로 여기고 새기면 되겠다. 대통령은 대통령답게 하고 장관은 장관답게 하는 세상이 언제쯤 올까?

군군(君君) 신신(臣臣) 부부(父父) 자자(子子)

▶ **임금은[君] 임금답게 하고[君], 신하는[臣] 신하답게 하며[臣], 아비는[父] 아비답게 하고[父], 자식은[子] 자식답게 한다[子].**

군군(君君)에서 앞의 군(君)은 명사, 뒤의 군(君)은 동사로 보고 새긴다. 한자(漢字)는 하나의 품사로 고정되지 않는다. 임금은 임금이란 이름에 걸맞는 구실을 하라는 게 군군(君君)이다. 이것이 곧 임금의 정명(正名)이다. 어떻게 하면 임금다운가? 덕치(德治)를 하라. 그러면 임금답다 함이 군군(君君)이다. 과연 경공이 공자의 이런 참뜻을 헤아리고 "선재(善哉)"라며 맞장구를 쳤을까? 공자가 밝힌 군군(君君)은 경공 자신을 몹시 초라하게 하는 말이 아닌가. 그렇다면 경공의 "선재(善哉)"라는 호응은 그냥 시늉일 뿐인가? 모를 일이다. 하여튼 대부들의 등쌀에 어줍잖게 임금 노릇을 하는 경공에게 군군(君君)이란 한마디는 가시돋힌 말로 들렸겠다.

임금 군(君), 신하 신(臣), 아비 부(父), 자녀 자(子)

신여군불군(信如君不君) 신불신(臣不臣) 부불부(父不父) 자부자(子不子) 수유속(雖有粟) 오득이식제(吾得而食諸)

▶ 진실로 만약[信如] 임금이[君] 임금답지 못하고[不君] 신하가[臣] 신하답지 못하고[不臣] 아비가[父] 아비답지 못하고[不父] 자식이[子] 자식답지 못하다면[不子], 비록[雖] 먹을 양식이[粟] 있어도[有] 내[吾] 어찌 먹을 수 있겠는가[得而食]?

신여(信如)는 관용어구이다. 참으로 만약[信如]. 속(粟)은 찧지 않은 상태의 오곡(五穀)을 말한다. 제(諸)는 여기선 호(乎)와 같다. 어찌 ~하겠는가?[諸].

대부들의 등쌀을 어쩌지 못하는 경공이 공자의 군군(君君)을 이렇게 받다니, 아마도 공자의 말씀을 제대로 알아듣지 못한 모양이다. 임금 노릇도 제대로 못하면서 이렇게 말하다니 싶어 공자도 속으로 딱하게 여겼으리라. 임금이 임금이란 이름값을 제대로 못한다면 백성한테서 거두어들인 곡식을 어찌 먹겠느냐고 말하는 경공에게 뻔뻔스럽다고 욕해주고 싶다. 명분(名分)을 모르면 정명(正名)은 부정되게 마련이다. 이름값을 제대로 하는 것이 명분이니 임금이 임금 노릇을 제대로 해야 임금이란 명분이 서지 않겠는가. 임금의 정명(正名)은 무엇으로 보장되는가? 덕치(德治)이리라. 유가(儒家)에서 말하는 덕치란 안백성(安百姓)이 아닌가. 대부들이 노략질하는 판에 어찌 백성이 편안하겠는가를 경공은 모른 척하고 있는 셈이다. 치자(治者)여! 제발 안백성(安百姓)을 위해서 관직(官職)의 이름값을 제대로 하라. 그러면 공자의 정명정신이 오늘날 자유 민주주의를 번창하게 하고도 남는다. 그러니 공자의 말씀을 낡았다고 하지 말라.

누구 수(雖), 오곡 속(粟), 나 오(吾), 얻을 득(得), 먹을 식(食), 어조사 제(諸)

제12장

【문지(聞之)】

자로무숙낙(子路無宿諾)

【원문(原文)】

子曰 片言에 可以折獄者는 其由也與인저 子路無宿諾이니라
자왈 편언 가이절옥자 기유야여 자로 무숙낙

【해독(解讀)】

공자께서 말했다[子曰]. "한마디로써 재판의 판결을 내릴 수 있는 사람은[片言可以折獄者] 바로 유일 것이다[其由也與]. 자로한테는 승낙한 것을 묵히는 일이 없다[子路無宿諾]."

【담소(談笑)】

자왈(子曰)

과감하고 단호한 성격을 지닌 자로(子路)를 칭찬하면서도 공자는 항상 자로에게 주의를 준다. 공자는 여러 번에 걸쳐 그런 심정을 드러낸다. 「공야장(公冶長)」 편 7장에서도 이렇게 주의를 주었다. "유야호용과아(由也好勇過我) 무소취재(無所取材)." 자로야 너는[由] 용맹을[勇] 좋아하기는[好] 나보다 더하지만[過我], 사리를 따져 분간할 줄[所取材] 모른다[無]. 용맹이 좋으나 깊이 생각하는 용맹이어야 한다는 말씀이다. 이렇듯 공자는 항상 자로의 과단성을 아끼면서도 깊이 생각하라고 부탁한다. 아무리 신의(信義)가 도타워 과감하게 일해도 무모(無謀)해서는 안 된다는 것을 자로를 빌려 밝히고 있다.

편언가이절옥자(片言可以折獄者) 기유야여(其由也與)

▶ **딱 말 한마디로써[以片言] 재판의[獄] 판결을 내릴 수 있는[可折] 사람은[者] 바로 이[其] 자로이리라[由也與]!**

절옥(折獄)의 절(折)은 여기서 단(斷)과 같다. 결단 내다[折]. 옥(獄)은 송(訟)과 같다. 송사(訟事)를 판결하다[折獄]. 여기서 공자는 편언(片言)을 앞에 써서 힘주어 말하고 있다. 가이(可以) 다음에 편언(片言)이 있다고 보고 새기면 된다. 기유(其由)의 유(由)는 자로의 이름이고, 기(其)는 강조하려는 어조를 돕는 관사로 본다. 자로의 급한 성질을 여실하게 느끼도록 말씀하고 있다. 성인의 말씀은 피부에 와 닿을 뿐만 아니라 마음을 콕콕 찔러 꼼짝 못하게 한다.

공자는 자로에 대해 이렇게 부연하고 있다. "자로무숙낙(子路無宿諾)." 자로한테는[子路] 승낙한 일을[諾] 미루어 묵혀두는 일이란[宿] 없다[無]. 무(無)는 주어를 뒤에 둔다. 숙낙(宿諾)이 그 주어이다. 숙낙(宿諾)의 숙(宿)은 유(留)와 같다. 미루어 묵혀두다[宿]. 낙(諾)은 승낙(承諾)의 준말로 여기고 새기면 된다.

옥(獄)은 송사이므로 두 편이 서로 옳다고 다툼을 벌이게 마련이다. 송사는 심각한 일이다. 시비(是非) 가림은 신중할수록 좋다. 속단(速斷) 속결(速決)은 무모(無謀)하게 마련이다. 무모함은 생각이 얕아서 일어나는 허물이다. 신의(信義)만 앞세워 성급하거나 조급하게 행동하지 말라. 그래서 세 번 생각하고 입을 떼라는 속담이 생겼다. 성질 급한 군자(君子)는 없다.

조각 편(片), 판결할 절(折), 송사 옥(獄), 사람 이름 유(由), 어조사 여(與)

제13장

【문지(聞之)】

필야사무송(必也使無訟)

【원문(原文)】

子曰 聽訟吾猶人也나 必也使無訟乎인저
자 왈 청 송 오 유 인 야 필 야 사 무 송 호

【해독(解讀)】

공자께서 말했다[子曰]. "나도 남만큼은 송사를 처리한다[聽訟吾猶人也]. 그러나 반드시 송사 같은 것이 없도록 해야 한다[必也使無訟乎]."

【담소(談笑)】

자왈(子曰)

이 장(章)의 말씀은 『대학(大學)』의 각론(各論) 4 「본말(本末)」에도 나온다. 무송(無訟)이 본(本)이라면 청송(聽訟)은 말(末)이라는 말씀이다. 송사(訟事)란 것이 왜 일어나는지 헤아려보게 한다. 내 몫을 조금이라도 더하여 나를 이롭게 하려는 속셈 때문에 서로 다투는 일이 벌어진다. 제 몫만 챙기려고 들면 너도나도 법대로 해보자고 일을 내기 마련이다. 그러면 시비(是非)를 가릴 수밖에 없다. 그리고 승소(勝訴)한 사람은 빼앗아 얻고 패소(敗訴)한 사람은 빼앗겨 잃는다. 이런 송사는 불인(不仁)이다. 어진 사람은 송사를 모른다. 그러니 내 몫에만 매달리지 말라 한다.

청송오유인야(聽訟吾猶人也) 필야사무송호(必也使無訟乎)

▶ **나도[吾] 남들만큼은[猶人] 송사를[訟] 처리하겠지만[聽], 허나 반드시[必也] 송사가[訟] 없도록[無] 한다[使].**

청송(聽訟)의 청(聽)은 여기서 단(斷)과 같다. 판단해서 결단한다[聽]. 시비 다툼을 가려 결단한다[聽訟]. 청송(聽訟)을 강조하고자 맨 앞에 두었다. 필야(必也)~호(乎)는 관용어구로 반드시 '꼭 ~한다[必也~乎]' 는 뜻이다. 무송(無訟)은 송사가 벌어지지 않게 한다는 말이다.

옛날에는 송사를 벌이는 집안을 흉하다고 해 여간해서는 송사를 걸 생각을 하지 않았다. 몫을 놓고 시비 걸며 다투는 일은 무엇보다도 비례(非禮)라고 여겼기 때문이다. 바로 이 편 첫 장에서 밝혀둔 공자의 말씀을 상기해보라. "극기복례위인(克己復禮爲仁)." 나를[己] 이겨내고[克] 예로[禮] 되돌아가라[復]. 극기(克己)하라. 이는 욕심에 굴복하지 말라 함이다. 복례(復禮)하라. 이는 곧 사양하는 마음으로 돌아가라 함이다. 사양하는 마음가짐[禮]이면 무슨 일이 있어도 송사를 멀리한다. 복례(復禮)하면 곧 어질어지기[爲仁] 때문이다. 복례(復禮)면 곧 무송(無訟)이다. 그래서 예는 흉한 일을 미리 막아주지만, 법은 흉한 일을 뒤치다꺼리할 뿐이라 한다.

무송(無訟)이란 한마디가 이렇게 반문(反問)한다. 너는 예(禮)와 법(法) 중에서 어느 쪽을 택하는가? 지금 우리는 법을 믿고 예를 멀리한 지 오래되었다. 그래서 너도나도 증거를 대라며 속고 속이기를 밥먹듯이 한다. 이 얼마나 불인(不仁)한 세상인가. 그렇다고 세상을 탓하지 말라. 내가 사나운 탓에 세상이 사나워지기 때문이다. 그러므로 우리 모두 공자의 다음과 같은 말씀을 한번 새겨보도록 하자. "위인유기(爲仁由己)." 인이란[仁] 나로부터[由己] 비롯된다[爲]. 그러니 남더러 어질어지라고 요구하지 말라 한다.

들을 청(聽), 시비를 다툴 송(訟), 마치 ~과 같을 유(猶), 시킬 사(使)

제14장

【문지(聞之)】

행지이충(行之以忠)

【원문(原文)】

子張問政한대 子曰 居之無倦하며 行之以忠이니라
자 장 문 정 자 왈 거 지 무 권 행 지 이 충

【해독(解讀)】

자장이 정치란 무엇이냐고 여쭈었다[子張問政]. 공자께서 말했다[子曰]. "자리에서 게을리하지 않고[居之無倦] 정성을 다해 일하는 것이다[行之以忠]."

【담소(談笑)】

자왈(子曰)

정치란 백성을 위해서 하는 것이지 자신의 명리(名利)를 위함이 아님을 밝히고 있다. 잔꾀부리지 말고 국민에게 봉사하라. 정성을 다해 그 일을 완수하라 한다. 그렇게 해야 정(政)이 정(正)이 된다. 공자의 정치관은 바로 정명(正名)이 아닌가. 정명(正名)의 명(名)은 명분(名分)의 준말이다. 명분을[名] 바르게 하라[正]. 정명을 실천하는 방법을 말하는 중이다.

거지무권(居之無倦) 행지이충(行之以忠)

▶ 정치를[之] 하면[居] 게을리하지[倦] 말고[無] 충성으로써[以忠] 정치를[之] 이행하라[行].

거지(居之)와 행지(行之)에서 지(之)는 지시어로서 자장(子張)이 묻고 있는 정(政)을 가리킨다. 권(倦)은 해(懈)와 같다. 게으름을 피우고 느슨하다[倦]. 충(忠)은 성(誠)과 같다.

정성을 다하는 마음가짐이 곧 중심(中心)인 충(忠)이다. 마음을 다해 정성껏 일하는 게 곧 충(忠)이다. 그래서 충(忠)은 곧 성(誠)이다. 그러자면 무엇보다도 무자기(毋自欺)하라 한다. 내가 나를[自] 속이지[欺] 말라[毋]. 맡은 관직에 부끄럽지 않게 하라 함이 무권(無倦)이요, 그러자면 충성(忠誠)으로써 맡은 일을 이행하는 것이 곧 정치(政治)다. 여기서 정(正)은 무엇이든 바로잡는 것이 정치임을 의미한다. 무엇부터 바로잡아야 하는가? 바로 나 자신부터 바로잡아야 한다. 다시 말해 정치(政治)의 정(政)은 정명(正名)에서 시작한다는 것이다. 명분을 바르게 하라는 것은 맡은 바 소임(所任)에 부끄럽지 않게 하라 함이다. 부끄럽지 않은 정치는 국민에게 봉사하는 데서 비롯된다. 이런 공자의 정치관을 누가 낡았다고 하겠는가. 성인의 말씀은 낡을 수가 없다. 성인의 말씀은 항상 미래적(未來的)이기 때문이다.

머물러 있을 거(居), 게을리할 권(倦), 실천할 행(行), 충성 충(忠)

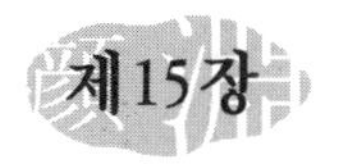

제15장

【문지(聞之)】

약지이례(約之以禮)

【원문(原文)】

子曰 博學於文이오 約之以禮면 亦可以弗畔矣夫인저
자 왈 박 학 어 문 약 지 이 례 역 가 이 불 반 의 부

【해독(解讀)】

공자께서 말했다[子曰]. "글을 널리 배우고[博學於文] 예로써 단속해야[約之以禮] 비로소 어긋나지 않는다[亦可以弗畔矣夫]."

【담소(談笑)】

자왈(子曰)

「옹야(雍也)」편 25장에서 말씀하신 내용을 똑같이 다시 언급하고 있다. 아마도 다시 상기해보기를 바라고 넣었으리라. 여기서도 그 내용을 그대로 옮겨 다시 한번 새겼으면 한다.

공자가 군자(君子)를 밝히고 있다. 『대학(大學)』의 각론(各論) 「성의(誠意)」에 나오는 구절을 떠올리게 한다. "군자필신기독야(君子必愼其獨也)." 군자는[君子] 반드시[必] 자기[其] 홀로를[獨] 삼간다[愼]. 게으른 군자란 없고 느슨한 군자란 없다는 말이다. 정성을 다하여 사는 이가 본래 군자라 한다. 그러니 이 세상에 군자가 없다는 말이 나온다. 소인은 남한테는 성실히 하라 하면서 저는 적당히 꾸물거린다. 공자 말씀에 군자는 스스로 엄하다고 한다.

박학어문(博學於文) 약지이례(約之以禮) 역가이불반의부(亦可以弗畔矣夫)

▶ 육경(六經) 속에 있는 선왕의 도를[文] 널리[博] 배우고[學] 예로써[以禮] 자신을[之] 단속해야[約] 비로소[亦] 어긋나지 않을 수

있다[可弗畔].

여기서 문(文)은 학문(學文)의 문(文)이다. 그 문(文)은 육경(六經) 즉 『시경(詩經)』·『서경(書經)』·『예기(禮記)』·『악경(樂經)』·『역경(易經)』·『춘추(春秋)』에 있는 선왕(先王)의 도와 문물제도를 일컬으며, 문화 전반을 망라하는 문(文)이다. 공자의 온고(溫故)는 결국 그러한 학문(學文)의 문(文)에 매진하라는 말씀이다. 박학어문(博學於文)이란 호학(好學)과 같은 말이다.

이례(以禮)는 『예기(禮記)』의 치례이치궁(致禮以治躬)을 떠올리게 한다. 예를 다하여[致禮] 몸을 다스린다[治躬]. 약지(約之)의 약(約)은 치(治)와 같다. 다스려 단속한다[約]. 불반(弗畔)의 불(弗)은 불(不)과 같고, 반(畔)은 배(背)와 같다. 어겨 어긋난다[畔]. 어긋나지 않는다[弗畔]. 무엇에 어긋나지 않는다 하는가? 인도(仁道)에 어긋나지 않는다 함이리라.

군자는 인도(仁道)를 삶으로써 실천하는 주인이다. 그러한 실천을 위하여 성의(誠意)를 다해야 한다. 학문에 성의를 다하고 예에 성의를 다해야 한다. 그러니 군자는 반드시 그 홀로를 삼간다[必愼其獨]. 자신한테 엄격하면서 남에게 관대한 사람을 보았는가? 보았다면 바로 그 사람이 군자일레라.

넓을 박(博), 글 문(文), 단속할 약(約), 비로소 역(亦), 아니 불(弗), 두둑 반(畔)

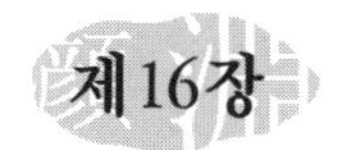

제16장

【문지(聞之)】

군자성인지미(君子成人之美)

【원문(原文)】

子曰 君子成人之美하고 不成人之惡하나니 小人反是니라
자왈 군자성인지미 불성인지악 소인반시

【해독(解讀)】

공자께서 말했다[子曰]. "군자는 남의 아름다운 점을 이루게 하고[君子成人之美], 남의 사악한 일을 저지르지 않게 한다[不成人之惡]. 소인배는 이와 반대이다[小人反是]."

【담소(談笑)】

자왈(子曰)

군자의 사명(使命)을 밝히고 있다. 군자의 사명은 인자(仁者)이면서 동시에 지자(知者)가 되는 데 있다. 특히 군자는 인자가 되어야 사명을 다할 수 있다. 「이인(里仁)」편 3장의 말씀을 상기하면 좋겠다. "유인자(唯仁者) 능호인(能好人) 능오인(能惡人)." 오로지[唯] 어진[仁] 사람만이[者] 남을[人] 사랑할 수도 있고[能好] 남을[人] 미워할 수도 있다[能惡]. 군자의 마음가짐을 일러 왜 충서(忠恕)라 하는지 알 만하다. 정성을 다해 돕고 용서하는 마음가짐[忠恕]을 떠나지 않는 주인이 곧 군자라 한다.

군자성인지미(君子成人之美) 불성인지악(不成人之惡) 소인반시(小人反是)

▸ 군자는[君子] 남의[人之] 좋은 점을[美] 더욱더 이루게 해주고[成], 남의[人之] 나쁜 점을[惡] 더욱더 이루지 않게 해준다[不成]. 소인배는[小人] 이를[是] 뒤집는 짓을 한다[反].

미(美)는 선미(善美)의 준말로, 악(惡)은 사악(邪惡)의 준말로 여기고 새기면 된다. 성(成)은 달성(達成)의 준말로 여기고 새긴다. 이루어낸다[成].

남의 좋은 점을 보면 자기 것인 양 좋아하고, 남의 나쁜 점을 보면 자기 탓인 양 안타까워하는 이를 본 적이 있는가? 그런 이를 보았다면 그런 분이 곧 살아 있는 군자이리라. 군자란 말이 거창하게 들린다면 그런 분은 분명 대인(大人)이다.

극기(克己)는 소인(小人)이 대인(大人)으로 옮겨가는 고행(苦行)인 셈이다. 이런 고행을 이행하는 사람이라야 남을 칭찬할 수도 있고 야단칠 수도 있다. 하지만 세상이 어디 그런가? 똥 묻은 개가 겨 묻은 개를 흉본다는 왜 속담이 생겼겠는가? 저는 모질면서 남더러 왜 어질지 못하냐고 삿대질하는 소인배를 공자가 질타하는 까닭을 우리 모두 새겨보았으면 한다. 남을 칭찬하기 좋아하는 사람은 군자의 이웃이 될 수 있다. 소인배는 남이 잘 되면 샘을 내고 배아파한다. 이러한 까닭도 솔직하게 생각해보았으면 한다. 오죽하면 사촌이 땅을 사면 배가 아프다 하겠는가. 공자를 마주할 낯이 없다.

이루어줄 성(成), 좋을 미(美), 사악할 악(惡), 뒤집을 반(反), 이것 시(是)

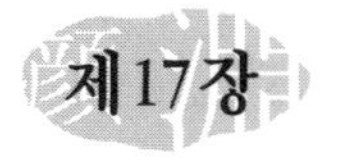

제17장

【문지(聞之)】

정자정야(政者正也)

【원문(原文)】

季康子問政於孔子한대 孔子對曰 政者正也니 子帥以正이면 孰敢不正이리오
계강자문정어공자 공자대왈 정자정야 자솔이정 숙감부정

【해독(解讀)】

계강자가 공자께 정치를 물었다[季康子問政於孔子]. 공자께서 응답해주었다[孔子對曰]. “정치는 바로잡는 것이지요[政者正也]. 당신이 바르게 솔선한다면[子帥以正] 어느 누가 감히 바르지 않겠습니까[孰敢不正]?”

【담소(談笑)】

자왈(子曰)

계강자(季康子)는 노(魯)나라를 혼란스럽게 한 삼환(三桓)의 일족이다. 임금을 얕보고 백성 위에 군림했던 그자가 정치(政治)를 묻다니, 자신이 무도(無道)한 자임을 계강자는 몰랐던 모양이다. 하기야 제 얼굴을 제가 못 보는 법이다. 제 얼굴을 보자면 거울 앞에 서보아야 한다. 공자는 지금 계강자가 얼마나 부끄럽게 정치하는지 곧이곧대로 비춰주는 거울 노릇을 하고 있다. 계강자야 부정(不正)하지 말라. 권력을 남용해 무도한 짓을 범하지 말라. 정도(正道)를 어기지 말라[不正]. 공자는 권력자를 사정없이 통박한다. 성인은 할 말만 하지 군더더기를 붙여 구차하게 말하지 않는다. 권력을 쥐고 세상을 주물러대는 계강자를 사정없이 질타하는 공자를 보라. 이런 모습이야말로 무가외(無可畏)이다. 무엇 하나 두려워할 것이 없다[無可畏].

정자정야(政者正也) 자솔이정(子帥以正) 숙감부정(孰敢不正)

▶ 나라를 다스리는[政] 것이란[者] 바로잡는 일이지요[正]. 대부께서[子] 바른 일로써[以正] 솔선한다면[帥] 어느 누가[孰] 감히 바른 일을 하지 않겠습니까[不正]?

정(政)은 국정(國政)의 준말로 보면 된다. 나라를[國] 다스린다[政]. 국정은 치세(治世)의 한 부분이다. 이법정민(以法正民)이 곧 정(政)이다. 법으로써[以法] 백성을[民] 올바르게 이끈다[正]. 정(正)은 직(直)·평(平)·정(定)·장(長)·상(常) 등과 같다. ~을 바르게 하라[直] 함도 정(正)이고, ~을 공평하게 하라(平) 함도 정(正)이며, ~을 안정되게 하라[定] 함도 정(正)이고, ~을 어른스럽게 하라[長] 함도 정(正)이며, ~을 떳떳하게 하라[常] 함도 정(正)이다. 이러한 정(正)은 곧 덕(德)으로 통한다. 그래서 공자는 「위정(爲政)」 편 첫 장에서 이렇게 말했다. "위정이덕(爲政以德)." 덕으로써[以德] 다스리는 일을[政] 하라[爲]. 이는 곧 덕치(德治)를 말한다. 권력으로 백성 위에 군림하지 말고 백성을 편안하게 하는 법으로 다스리는 일을 하라[以法正民]. 이러한 정(正)을 계강자 당신이 솔선한다면 어느 누가 그 정(正)을 범하겠느냐고 대놓고 면박을 준다. 솔(帥)은 솔(率)과 같다. 발음이 수(帥)가 아니라 솔(帥)이다. 솔선(率先)과 솔선(帥先)은 같은 말이다.

계강자의 무도한 부정(不正)을 들어 백성을 괴롭히지 말라고 질타한다. 학정(虐政)을 일삼는 자일수록 말로만 백성을 파는 버릇이 태초부터 있었다. 불가(佛家)에서는 그러한 못된 입을 개 주둥이[狗口]라고 한다. 불가의 선사(禪師)는 성인(聖人)과 달리 막말을 잘한다. 특히 조주(趙州)선사가 그렇다. "구구합취(狗口合取)." 개 주둥이[狗口] 닥쳐라[合取]. 공자에게 정치를 물었다는 계강자란 자에게 개 주둥이 닥치라는 욕이나 퍼부어주고 싶다.

나라를 다스릴 정(政), 바르게 할 정(正), 높임말 자(子), 쫓을 솔(帥), 누구 숙(孰), 감히 감(敢)

제18장

【문지(聞之)】

계강자환도(季康子患盜)

【원문(原文)】

季康子患盜하야 問於孔子한대 孔子對曰 苟子之不欲이면 雖賞之라도 不竊하리라
(계강자환도 문어공자 공자대왈 구자지 불욕 수상지 부절)

【해독(解讀)】

계강자가 도둑이 많음을 걱정하며[季康子患盜] 공자께 물었다[問於孔子]. 공자께서 응답해주었다[孔子對曰]. "우선 당신이 욕심을 부리지 않는다면[苟子之不欲] 도둑질로 상을 받는다 해도[雖賞之] 도둑질을 안 할 것이오[不竊]."

【담소(談笑)】

자왈(子曰)

나라를 훔치는 도둑놈은 제 자신이 도둑인 줄 모른다. 남의 집 담을 넘는 좀도둑은 붙잡혀서 쇠고랑을 차지만, 세금을 훔쳐먹는 자는 오히려 잘났다 행세한다. 그 꼬락서니를 공자가 눈감아줄 리 없다. 계강자에

게 바로 네가 도둑놈이면서 어찌 도둑질을 두고 걱정하느냐고 면박을 퍼부으니 통쾌하다. 바로 앞 장에서 말한 정(正)을 새삼 살피게 한다.

구자지불욕(苟子之不欲) 수상지(雖賞之) 부절(不竊)

▶ **다만 진실로[苟] 당신이[子] 도둑질을[之] 원치 않는다면[不欲], 비록[雖] 도둑질을[之] 상을 주고 찬양한다 해도[賞] 백성은 훔치지 않을 것입니다[不竊].**

구(苟)는 여기서 단(但)이나 성(誠)과 같다. 다만[但], 진실로[誠]의 뜻이다. 지불욕(之不欲)의 지(之)는 욕(欲)의 목적어인데 강조하기 위해 앞에 두었다. 물론 지(之)는 계강자환도(季康子患盜)의 도(盜)를 받는 지시어이다. 상지(賞之)의 지(之) 역시 도(盜)를 받는 지시어이다. 절(竊)은 도(盜)나 사(私)와 같다. 여기서 절(竊)은 도둑질해[盜] 내 것으로 한다[私]는 뜻이다.

계강자환도(季康子患道)라니 가소로운 일이다. 제가 큰 도둑이면서 좀도둑을 걱정하다니, 도둑이 제 발 저린다 함은 좀도둑을 두고 한 속담이다. 천하를 넘보는 무도(無道)한 계강자는 제 놈이 곧 도둑인 줄 모른다. 무도하게 권세를 휘두르는 자가 가장 큰 도둑이다. 무도(無道)란 도(道)를 훔쳐 제멋대로 하는 짓이 아닌가. 공자 당시 노(魯)나라의 이른바 삼환(三桓)이란 세도가들이 백성을 후리던 그런 패거리였다. 공자가 그자들의 비위를 맞추어줄 리 없다. 계강자(季康子) 바로 당신이 도적(盜賊)질을 하지 않으면 상을 준다 해도 백성이 훔치는 짓은 하지 않으리라고 면전에서 질타하는 공자를 보라. 성인은 천명(天命) 앞에서나 두려울까 그 무엇도 두려워하지 않는다[無可畏]. 성인은 왜 무가외(無可畏)하는가? 성인은 무친(無親)이요 무사(無私)요 무아(無我)이기 때문 아닌가. 그래서 노자(老子)도 몰신(歿身)하라 했다. 욕심덩어리인 나를[身] 죽여라[歿]. 그러니 성인의 말씀을 들어둘수록 그만큼 흉허물을 면할 수 있다.

다만 구(苟), 그것 지(之), 비록 수(雖), 상줄 상(賞), 훔칠 절(竊)

제19장

【문지(聞之)】

군자지덕풍(君子之德風) 소인지덕초(小人之德草)

【원문(原文)】

季康子問政於孔子曰 如殺無道하야 以取有道이면 如何이꼬
계강자문정어공자왈 여살무도 이취유도 여하

孔子對曰 子爲政에 焉用殺이리오 子欲善而民善矣리니 君子之德風이요 小人之德草라 草尙之風必偃하느니라
공자대왈 자위정 언용살 자욕선이민선의 군자지덕풍 소인지덕초 초상지풍필언

【해독(解讀)】

계강자가 공자께 정치를 물으며 말했다[季康子問政於孔子曰]. "만약[如] 무도한 자를 죽여 없애고[殺無道] 도를 지키게 하는 쪽을 취한다면[以取有道] 어떻겠소[如何]?"

공자께서 말해주었다[孔子對曰]. "당신이 정치를 하면서[子爲政] 어찌 죽이는 짓을 쓰겠다는 것이오[焉用殺]? 당신이 선하기를 바라면 백성도 선하게 되오[子欲善而民善矣]. 군자의 덕은 바람 같고[君子之德

風] 소인의 덕은 풀과 같아[小人之德草] 바람이 더해지면 반드시 따르게 마련이오[草尙之風必偃].”

【담소(談笑)】

자왈(子曰)

앞서 17장에서 밝힌 정자정야(政者正也)의 정(正)을 다시 살펴보게 한다. 정(正)이란 덕치(德治)를 말하고, 덕치는 선정(善政)을 말하기 때문이다. 선정을 하면 죽이는 짓[用殺]을 하지 않아도 된다. 학정(虐政)을 저질러대는 패거리가 무도(無道)한 무리이지 백성이 무도할 리 없다는 것이 공자의 정치관이다. 공자의 인도(仁道)는 백성을 천지(天地)로 여기고 받들라는 것이 아닌가. 선정이란 백성 위에 군림하지 말고 봉사하라 함이다. 임금이 백성을 받들어야 하거늘 하물며 대부(大夫)가 백성 위에 군림한단 말인가. 언용살(焉用殺), 이 한마디는 다음과 같은 반문일 수 있으리라. “만일 무도한 놈을 죽이자면 먼저 계강자 너부터 죽임을 당해야 하는 게 아닌가.” 항상 성인은 무가외(無可畏)한다. 공자의 인도(仁道)는 살(殺) 그 자체도 용인하지 않음을 밝히고 있다.

여살무도(如殺無道) 이취유도(以取有道) 여하(如何)

▸ 만약에[如] 법을 지키지 않는 자를[無道] 죽이고[殺] 법을 잘 지키는 자를[有道] 취한다면[取] 어떻겠소[如何]?

여살(如殺)의 여(如)는 약(若)과 같다. 만약에[如]. 여하(如何)의 여(如)는 하(何)와 같다고 보면 된다. 무도(無道)는 무도자(無道者)의 준말로 여기고 새긴다. 유도(有道) 역시 유도자(有道者)의 준말로 여기고 새긴다.

여기서 무도(無道)나 유도(有道)의 도(道)는 인도(仁道)의 도(道)가 아니라 법(法)을 말한다. 공자의 입장에서 본다면 계강자야말로 무법

자(無法者)일 터이다. 그런 자가 이런 공자에게 의견을 말하다니 기가 찰 일이다.

만약 여(如), 죽일 살(殺), 택할 취(取), 어떠할 여(如)

자위정(子爲政) 언용살(焉用殺) 자욕선이민선의(子欲善而民善矣)

▶ **당신이[子] 정치를[政] 하겠다면서[爲] 어찌[焉] 살인을[殺] 하려는지요[用]? 당신이[子] 선을[善] 바라면[欲] 백성은[民] 선하게 되오[善].**

용살(用殺)의 살(殺)은 살인(殺人)의 준말로 여기고 새기면 된다. 공자가 바라는 정치(政治)는 바로 인정(仁政)이요 덕치(德治)다. 언용살(焉用殺)의 언(焉)이 어진 정치를 베푼다면 어찌 살인할 일이 있겠느냐고 면박하는 느낌을 준다. 자욕선(子欲善)의 선(善)은 선정(善政)의 준말로 여기고 새긴다.

공자가 지금 계강자 당신이 불선(不善)하므로 백성이 당신한테 불선(不善)하는 게 아니냐고 면박하고 있다. 이런 면박을 보고 백성이 화나면 임금이라도 머물 곳이 없음을 알라. 공자는 이미 「팔일(八佾)」 편 13장에서 이렇게 말했다. "획죄어천(獲罪於天) 무소도야(無所禱也)." 하늘에[於天] 죄를[罪] 지으면[獲] 빌[禱] 곳마저[所] 없다[無].

하늘을 백성으로 여기면 된다. 그래서 민심(民心)은 천심(天心)이라 하지 않는가. 계강자야 너부터 법을 지켜라. 그러면 백성이 어찌 법을 어길 생각을 하겠는가. 이렇게 공자가 반문하고 있다. 실로 공자는 무가외(無可畏)한다.

어찌 언(焉), 쓸 용(用), 착할 선(善), 백성 민(民)

군자지덕풍(君子之德風) 소인지덕초(小人之德草) 초상지풍필언(草尚之風必偃)

▶ **군자의[君子] 덕은[德] 바람 같고[風] 소인의[小人] 덕은[德] 풀과 같아[草] 풀은[草] 바람이 더해지면[尚之風] 반드시[必] 바람 따라 쏠린다오[偃].**

성인의 비유법은 언제나 절묘하다. 군자의 덕(德)을 바람에, 백성의 덕을 풀에 비유하는 화술(話術)이 절묘하다. 바람이 불면 바람은 허공을 골고루 지나 만물을 다 같이 스치고 지나간다. 그런 바람처럼 군자의 덕은 편애하지 않는다 한다. 왜 성현을 일러 무친(無親)하다 하고 무사(無私)하다 하는가? 바로 성현이 베푸는 덕이 공평무사하기 때문이다. 그런 덕이라야 소인의 덕을 움직인다는 것이다. 소인(小人)은 군자를 본받는다. 물론 여기서 소인이란 백성을 말한다. 군자를 대인이라 하고 백성을 소인이라 하는 것은 차별하기 위해서가 아니다. 사욕(私欲)을 버리면 군자요, 사욕을 차리면 소인이란 말이다. 평범한 사람치고 사욕을 다 버린 자는 드물다. 누구든 제 욕심을 갖고 살아간다. 그러나 소인도 사나운 욕심이 흉한 줄 안다. 그래서 군자의 덕이 불면 소인도 부끄러운 줄 알고 군자의 덕을 본받아 그만큼 어질고 착해진다 한다. 그것을 풀은[草] 바람이 더해지면[尚之風] 반드시[必] 바람 따라 쏠린다[偃]고 표현했다. 상지풍(尚之風)의 상(尚)은 여기서 가(加)와 같다. 더하다[尚].

인도(仁道) 앞에서 백성은 진실로 굽히지만, 무도(無道) 앞에선 거짓으로 굽힌다는 것을 알라. 덕으로써 백성이란 풀[草]을 눕힐 수 있어도 부덕(不德)으로는 백성을 눕힐 수 없다. 어찌 도도한 강물을 강포(强暴)한 힘으로 막을 수 있겠는가. 백성보다 더한 힘은 없다는 것을 계강자 같은 세도가(勢道家)는 미처 몰랐다가 반드시 변을 당하고 만다. 그러니 계강자야 백성을 후리지 말라.

큰 덕(德), 바람 풍(風), 풀 초(草), 더할 상(尙), 반드시 필(必), 엎드려 따를 언(偃)

제20장

【문지(聞之)】

시문야(是聞也) 비달야(非達也)

【원문(原文)】

子張問 士何如斯可謂之達矣이꼬
자장문 사하여사가위지달의

子曰 何哉오 爾所謂達者여
자왈 하재 이소위달자

子張對曰 在邦必聞하며 在家必聞이니이다
자장대왈 재방필문 재가필문

子曰 是聞也라 非達也니라 夫達也者는 質直而好義하여 察言而觀色하야 慮以下人하나니 在邦必達하며 在家必達이니라 夫聞也者는 色取仁而行違요 居之不疑하나니 在邦必聞하며 在家必聞이니라
자왈 시문야 비달야 부달야자 질직이호의 찰언이관색 여이하인 재방필달 재가필달 부문야자 색취인이행위 거지불의 재방필문 재가필문

【해독(解讀)】

자장이 여쭈었다[子張問]. "선비는 어찌하면 통달했다고 할 수 있습니까[士何如斯可謂之達矣]."

공자께서 말했다[子曰]. "무엇이냐[何哉]? 네가 말한 통달이란 말은[爾所謂達者]."

자장이 아뢰었다[子張對曰]. "나라에 있어도 반드시 이름이 나고[在邦必聞] 집안에 있어도 반드시 이름이 나는 것입니다[在家必聞]."

공자께서 말해주었다[子曰]. "네 말은 명성이지[是聞也] 통달이 아니다[非達也]. 무릇 통달한 사람은[夫達也者] 수수하고 곧고 옳음을 사랑하고[質直而好義], 남의 말을 신중히 들어주고 남의 표정을 잘 살피면서[察言而觀色] 겸손한 마음가짐으로 상대를 생각해주는 사람이다[慮以下人]. 그래서 나라에 있어도 반드시 통달하고[在邦必達], 집안에 있어도 반드시 통달한다[在家必達]. 무릇 명성을 좇는 사람은[夫聞也者] 겉으로는 어진 척하면서 어짊을 어기는 짓을 범하고[色取仁而行違], 그렇게 처신하면서도 의심하지 않는다[居之不疑]. 그래서 이런 인간은 나라에서도 이름이 나고[在邦必聞] 집안에 있어도 이름이 난다[在家必聞]."

【담소(談笑)】

자왈(子曰)

자장(子張)에게 통달(通達)과 명성(名聲)의 차이를 밝혀주고 있다. 이에 자장은 부끄러워 뉘우치게 되리라. 그는 허세를 부리고 겉치레에 신경 썼던 제자였다고 하니 말이다. 아마도 자장은 출세(出世)하여 명성을 얻고자 했던 모양이다. 공자는 이런 자장의 말을 받아 "하재(何哉)"란 말을 던져 꼼짝 못하게 하고 있다. "너 지금 뭐라고 했느냐[何哉]?" 이 한마디로 다그치는 모습이 은근하지만 뚜렷하다. 성인의 가르침은 한 치도 빗나가지 않는다. 이런 가르침을 일러 불가(佛家)에서는 무루(無漏)라고 한다. 무엇 하나 한 방울도 새어나갈 것이 없다[無漏]. 공자의 가르침은 언제나 그렇다.

사하여사가위지달의(士何如斯可謂之達矣)

▶ 선비는[士] 어떻게[何如] 하면[斯] 통달했다고 할 수 있습니까[可謂之達]?

사(斯)는 여기서 어조사로 즉(則)과 같다. ~하면[斯]. 지달(之達)의 지(之)는 영어의 소유격처럼 본다. '선비의' 정도로 뜻을 새기면 된다. 달(達)은 통달(通達)의 준말로 여기고 새긴다.

자장이 스승께 어떻게 하면 통달(通達)할 수 있느냐고 묻자, 공자는 대뜸 네가 말한 달(達)이 무슨 뜻이냐고 다그친다. "하재이소위달자(何哉爾所謂達者)." 네가[爾] 달(達)이라고 했는데[所謂] 무슨 뜻이냐[何]? 자장 네가 선비의 통달(通達)을 묻다니 너답지 않구나!

이같은 스승의 심정이 겉치레에 신경 쓰는 자장에게 바로 전달되지는 않은 모양이다. 왜냐하면 자장이 이렇게 대답했기 때문이다. "재방필문(在邦必聞) 재가필문(在家必聞)." 나랏일을 보아도[在邦] 반드시[必] 이름이 나고[聞], 집안에서도[在家] 반드시[必] 이름이 나는 것입니다[聞]. 스승께서 물은 달(達)의 뜻이 문(聞)과 같다고 아뢴 셈이다. 자장은 달(達)과 문(聞)을 같다고 본 것이다.

그러나 스승은 제자가 말한 달(達)과 문(聞)은 결코 같지 않다고 단언한다. "시문야(是聞也) 비달야(非達也)." 네가 말한[是] 문(聞)은[聞] 달(達)이 아니다[非]. 왜 다른가? 달(達)은 통달(通達)이고 문(聞)은 명달(名達)이기 때문이다. 통달한 사람은 숨기 좋아하고 명달을 좇는 사람은 앞서 드러나기 좋아한다. 남을 지극하게 배려할 줄 아는[通達] 사람은 된 사람이고, 유명해지기를 바라는[名達] 사람은 난 사람이다. 된 사람은 무겁고 난 사람은 가볍다. 자장 너는 가벼운 사람이 되고 싶은가 아니면 듬직한 사람이 되고 싶은가? 이렇듯 스승은 자장에게 반문하고 있다. 이는 곧 우리 모두에게 던지는 반문이리라.

선비 사(士), 꿰뚫어볼 달(達)

부달야자(夫達也者) 질직이호의(質直而好義) 찰언이관색(察言而觀色) 여이하인(慮以下人)

▶ 무릇[夫] 통달이란[達也] 것은[者] 꾸밈없이 수수하며[質] 곧고[直] 옳음을[義] 사랑하고[好], 남의 말을[言] 살펴들으며[察] 남의 표정을[色] 살펴보고[觀], 낮은 마음으로써[以下] 남을[人] 헤아린다[慮].

질(質)은 질박(質樸)의 준말로, 직(直)은 정직(正直)의 준말로 여기고 새기면 된다. 찰언이관색(察言而觀色)은 줄여서 그냥 관찰(觀察)이라 한다. 성현(聖賢)은 사물을 관찰하기보다 먼저 사람을 관찰하라 한다. 여(慮)는 염(念)과 같다. 잘 되기를 바라면서 혹시나 잘못되면 어쩌나 하고 염려하다[慮]. 그래서 여(慮)는 우(憂)와도 통한다. 이하(以下)의 하(下)는 하심(下心)의 준말로 여기고 새기면 된다.

낮은 곳을 향하는 마음가짐[下心]은 곧 겸손함이다. 겸손한 마음가짐으로써[以下心] 남을[人] 돌봐준다[慮]. 이런 분이 통달(通達)한 사람이다. 통달함은 지극하게 안다 함이다. 무엇을 그렇게 안다는 걸까? 극기복례(克己復禮)를 지극하게 안다는 말씀이라고 새겨도 무방할 것이다. 겉치레만 일삼으려는 자장이여 이제 알겠는가? 하기야 자장처럼 출세(出世)를 좇는 인간은 많아도 통달한 사람을 만나기란 하늘에 별 따기 같음은 예나 지금이나 마찬가지다. 난 사람들 틈바구니라서 세상이 가볍고 시끄럽다.

꾸밈없이 수수한 질(質), 곧을 직(直), 좋아할 호(好), 살필 찰(察), 살필 관(觀), 낯 색(色), 생각 려(慮)

부문야자(夫聞也者) 색취인이행위(色取仁而行違) 거지불의(居之不疑) 재방필문(在邦必聞) 재가필문(在家必聞)

▶ 무릇[夫] 영문이란[聞也] 것은[者] 겉으로는[色] 어진[仁] 척하면

서[取] 어질지 않은 짓을[違] 범하고[行], 그런 삶에[之] 머물러 살면서도[居] 그런 자신을 의심해보지 않아[不疑] 나라에서 일을 보아도[在邦] 반드시[必] 이름이 나고[聞], 집안에 있어도[在家] 반드시[必] 이름이 난다[聞].

문(聞)은 여기서 영문(令聞)의 준말로 여기고 새긴다. 영문(令聞)과 명달(名達)은 같은 말이다. 세상에 자자하게 알려져 유명해진다[令聞]. 그런데 영문(令聞)은 오명(汚名)으로 통할 수 있음을 조심해야 한다. 그렇지 않으면 유명세(有名稅)를 치르며 험한 꼴을 당한다. 그래서 난 사람들의 끝은 대개 흉하고 험하다. 색(色)은 안색(顔色)의 준말로 여기고 새기면 된다. 여기서 색(色)은 '겉보기' 정도의 뜻이다. 취(取)는 수(受)와도 같고 거(擧)와도 같다. 여기서는 들어[擧] 받아들인다[受]는 뜻이다. 그러니 취인(取仁)은 어진 척한다는 말이다. 행위(行違)의 위(違)는 인(仁)을 어긴다는 뜻이므로 불인(不仁)과 같다. 어질지 않은 짓[違]을 범한다[行違]. 거지(居之)의 지(之)는 색취인이행위(色取仁而行違)를 가리키는 지시대명사로 보면 된다. 어진 척하면서 어질지 않게 산다[居之]. 그러니 거지(居之)는 위선적으로 산다는 말이다. 위선적인 자신이 부끄러운 줄 모르고 산다 함이 바로 불의(不疑)이다.

유명해지려면 좀 뻔뻔스러워야 한다. 그러니 자신을 돌이켜보기가 무섭고 싫어진다. 그래서 눈 딱 감고 유명해지기만을 바라고 겉치레에 신경 쓰는 것이다. 자장이 그런 자임을 공자가 어찌 몰랐겠나. 공자 같은 성인이야말로 통달한 지인(至人)이 아니겠는가. 아마도 자장은 꽁꽁 얼어붙었을 터이다.

이름날 문(聞), 취할 취(取), 어길 위(違), 머물러 살 거(居), 의심할 의(疑)

제21장

【문지(聞之)】

숭덕(崇德) 수특(脩慝) 변혹(辨惑)

【원문(原文)】

樊遲從遊於舞雩之下러니 曰 敢問崇德脩慝辨惑하노이다
번지종유어무우지하 왈 감문숭덕수특변혹

子曰 善哉라 問이여 先事後得이 非崇德與아 功其惡이오 無攻人之惡이 非脩慝與아 一朝之忿으로 忘其身하야 以及其親이 非惑與아
자왈 선재 문 선사후득 비숭덕여 공기악 무공인지악 비수특여 일조지분 망기신 이급기친 비혹여

【해독(解讀)】

번지가 공자를 모시고 무우 제단 아래를 거닐면서[樊遲從遊於舞雩之下] 여쭈었다[曰]. "감히 숭덕(崇德)과 수특(脩慝) 그리고 변혹(辨惑)에 관해 여쭙고 싶습니다[敢問崇德脩慝辨惑]."

공자께서 말해주었다[子曰]. "참 좋은 질문이다[善哉問]. 일을 먼저 하고 얻기를 뒤로 하면[先事後得] 덕을 높이는 것이 아니겠느냐[非崇德與]? 자기의 나쁜 점을 공격하고[功其惡] 남의 나쁜 점은 공격하지 않으면[無攻人之惡] 사악한 마음을 다스리는 것이 아니겠느냐[非脩慝與]? 하루 아침의 분을 못 이겨[一朝之忿] 자신을 망치고[忘其身] 제 부모한테까지 그 화를 미치게 한다면[以及其親] 미혹함이 아니겠느냐[非惑與]?"

【담소(談笑)】

자왈(子曰)

번지(樊遲)가 숭덕(崇德)·수특(脩慝)·변혹(辨惑)을 묻자 아주 좋은 질문이라며 공자가 반긴다. 앞서 10장에서 자장(子張)이 물었던 것처럼 번지가 숭덕과 변혹을 물었지만, 자장한테 답해주었던 대로 대답하지 않고 있음을 주목하게 한다. 성인은 같은 문제라도 사람에 따라 알맞게 답하지 어떤 것에 대해 답을 미리 정해두고 항상 같게 답하지 않는다. 같은 문제라도 사람 따라 달리 그 해답을 알려주는 게 성인의 가르침이다. 그래서 공자는 「공야장(公冶長)」편 9장에서 안회(顔回)를 들어 이렇게 칭찬했다. "회야문일이지십(回也聞一以知十)." 안회는[回] 하나를[一] 들으면[聞] 열을[十] 알았다[知]. 성인께 물으면 나한테 꼭 맞게 응답해주는 법이다. 성인은 맞춤옷만 지어 입혀주지 기성복을 사다 입히지 않는 셈이다. 성인은 한 가지 생각만 하라는 개념(槪念) 따위로 답하지 않는다. 묻는 사람에 따라 그 사람에게 알맞은 답을 찾아 안겨준다. 그래서 성인의 답은 식자(識者)가 내리는 답과 결코 같을 수 없다. 식자는 기성복 같은 답을 만들어 백 사람이 물으면 백 사람에게 같은 답을 준다. 그런데 성인은 한 가지를 백 사람이 물으면 백 사람마다 각각 알맞은 답을 찾아 맞춤옷을 지어 입히듯이 답해준다. 성인이 아는 것[知]과 식자가 아는 것이 이렇게 다르다. 성인의 지(知)는 지물(知物)이 아니라 지인(知人)이다. 성인은 사람을 알아보고[知人], 학자는 사물을 알아본다[知物]. 지금 공자는 번지에게 알맞은 답을 해주고 있으니 그에게 맞춤옷을 지어 입히고 있는 셈이다.

선사후득(先事後得) 비숭덕여(非崇德與)

▶ 일을[事] 먼저 하고[先] 얻기를[得] 뒤로 하면[後] 그것이 덕을[德] 높이는 것이[崇] 아니겠느냐[非與]?

비(非)～여(與)는 은근한 긍정문을 이끈다. ～아니겠나[非～與]? 이는 아니란 것이 아니니 바로 그것이란 뜻으로 새긴다. 여기서 선(先)과 후(後)는 『대학(大學)』 본론(本論)에 있는 말을 상기하고 새기면 된다. "사유종시(事有終始) 지소선후(知所先後) 즉근도의(則近道矣)." 일에는[事] 처음과[始] 끝이[終] 있다[有]. 그러니 앞에 하고[先] 뒤에 할[後] 바를[所] 알라[知]. 그러면[則] 도에[道] 가깝다[近].

일에서 먼저 할 것이 무엇일까? 정성을 다해 일하겠다는 마음가짐일 것이다. 뒤를 바라고 일하는 척 말라 한다. 소인은 생색내며 공치사를 일삼고, 대인은 일하고도 입을 다문다. 논공행상(論功行賞)이란 본래 소인배들의 흥정이다. 제가 차지할 몫을 크게 하려고 속셈하는 짓은 곧 부덕(不德)이다. 무슨 일이 있어도 그런 짓은 하지 말라 함이 선사후득(先事後得)하라는 말이다. 오죽하면 염불에는 뜻이 없고 잿밥에만 눈독들인다는 속담이 생겼겠는가. 번지야 무슨 일에서든 공치사하지 말아라. 이렇게 스승이 타이르는 듯하다.

먼저 할 선(先), 일 사(事), 뒤 후(後), 얻을 득(得), 아닐 비(非), 받들어 높일 숭(崇), 의문조사 여(與)

공기악(功其惡) 무공인지악(無攻人之惡) 비수특여(非脩慝與)

▶ **나의[其] 사악함은[惡] 공격하고[攻] 남의[人] 사악함은[惡] 공격하지[攻] 않는다면[無] 그것이 사악한 마음을[慝] 다스려 바른 마음으로 고치는 것이[脩] 아니겠느냐[非與]?**

공(攻)은 여기서 격(擊)이나 적(摘)과 같다. 지적하여[摘] 친다[擊]. 기악(其惡)과 인지악(人之惡)을 대비시키고 있음을 주목하면 쉽다. 인지악(人之惡)이 남의[人] 사악함[惡]이므로 기악(其惡)은 나의[其] 사악함[惡]이란 뜻이다. 악(惡)은 사악(邪惡)의 준말로 여기고 새긴다. 수특(脩慝)의 수(脩)는 치(治)와 같다. 다스려 고친다[脩]. 특(慝)은 사

(邪)와 같고, 악(惡)이나 간(姦)과도 같다. 간사하고 악하고 못되다[慝]. 못된 소인배의 마음가짐이 특(慝)이다.

성현(聖賢)이 아닌 이상 누구한테나 나름의 과실(過失)이 있게 마련이다. 그런데 소인배는 제 허물은 팽개쳐두고 남의 허물을 갖고 이러쿵저러쿵 입방아를 찧으면서 공격한다. 남의 코가 세 치라면 내 코는 석 자인 줄 몰라 걸핏하면 남을 공격하고 비난하려고 덤비는 용심(用心)을 버리고 먼저 내 허물부터 공격하여 없애라 함이 공기악(功其惡)이다. 남의 허물은 눈감아주고 먼저 내 허물부터 찾아 없애라 함이 수특(脩慝)이다.

공격할 공(攻), 사악할 악(惡), ~하지 않을 무(無), 다스릴 수(脩), 사악한 마음 특(慝)

일조지분(一朝之忿) 망기신(忘其身) 이급기친(以及其親) 비혹여(非惑與)

▶ **하루 아침의[一朝] 분함으로[忿] 제[其] 몸을[身] 잊고 행패를 부리다[忘] 그 누를[以] 제[其] 부모에까지[親] 끼친다면[及] 그런 짓이 미혹함이[惑] 아니겠느냐[非與]?**

분(忿)은 한(恨)과 노(怒)와 같다. 분노와 원한[忿]. 분해서 제 정신을 못 차리고 행패를 부리는 짓이 곧 망신(忘身)이다. 망신당할 짓을 저질러대면 아비 어미 없는 호로자식이라고 욕을 먹는다. 이보다 더한 불효(不孝)는 없다. 제 한 몸을 제대로 추스르지 못해 제 부모까지 욕을 먹게 하는 짓은 범하지 않겠다고 마음먹어도 철이 든 셈이다. 무엇보다 철부지가 되지 말라 한다. 배울 것 다 배웠다고 하면서도 철없는 인간들이 얼마나 많은가. 분노(忿怒)하지 말라. 그러면 정신없는 짓을 저지르고 행패부리다 제 자신을 망친다. 그러니 수신(守身)하라. 유가(儒家)의 수신(守身), 도가(道家)의 자명(自明), 불가(佛家)의

자도(自度) 등은 모두 다 미혹(迷惑)하지 말라 함이 아닌가. 그래서 유가의 변혹(辨惑)은 불가의 개오(開悟)와 같다. 공자가 말하는 변혹은 "전념미즉범부(前念迷則凡夫) 후념오즉불(後念悟則佛)"이란 육조 혜능(六祖慧能)의 말을 떠올리게 한다. 앞 생각이[前念] 미혹하면[迷] 곧[則] 범부요[凡夫], 뒷생각이[後念] 깨우치면[悟] 곧[則] 부처이다[佛].

분한 마음보다 더한 미혹(迷惑)은 없다. 참으로 마음이란 것은 불붙는 장작개비처럼 될 수도 있고 다 타버린 재처럼 될 수도 있다. 분노 따위로 마음에 불을 지피지 말라. 그러면 제 몸 둘 바를 알게 될 것이다. 지금 공자가 인간이 범하는 미혹을 아주 쉽게 일깨워주지 않는가. 항상 성인의 가르침은 폐부를 찌른다.

아침 조(朝), 분노할 분(忿), 잊을 망(忘), 몸 신(身), 미칠 급(及), 부모 친(親), 미혹할 혹(惑)

제22장

【문지(聞之)】

애인(愛人) · 지인(知人)

【원문(原文)】

樊遲問仁한대 子曰 愛人이니라
번지문인 자왈 애인

問知한대 子曰 知人이니라
문지 자왈 지인

樊遲未達이어늘 子曰 擧直錯諸枉이면 能使枉者
번지미달 자왈 거직조제왕 능사왕자

直이니라
직

樊遲退하야 見子夏曰 鄕也吾見於夫子而問知하
번 지 퇴 견 자 하 왈 향 야 오 견 어 부 자 이 문 지

니 子曰 擧直錯諸枉이면 能使枉者直이라 하시니 何
자 왈 거 직 조 제 왕 능 사 왕 자 직 하

謂也오
위 야

子夏曰 富哉라 言乎여 舜有天下에 選於衆하사
자 하 왈 부 재 언 호 순 유 천 하 선 어 중

擧皐陶하니 不仁者遠矣오 湯有天下에 選於衆하사
거 고 요 불 인 자 원 의 탕 유 천 하 선 어 중

擧伊尹하시니 不仁者遠矣니라
거 이 윤 불 인 자 원 의

【해독(解讀)】

번지가 인(仁)을 물어 여쭈자[樊遲問仁] 공자께서 답해주었다[子曰]. "사람을 사랑하는 것이다[愛人]."

또 지(知)를 물어 여쭈자[問知] 공자께서 답해주었다[子曰]. "사람을 아는 것이다[知人]."

번지가 스승의 말씀을 잘 알아듣지 못하자[樊遲未達] 공자께서 말해주었다[子曰]. "곧은 것을 들어 굽은 것 위에 놓으면[擧直錯諸枉] 굽은 것으로 하여금 곧게 할 수 있다[能使枉者直]."

번지가 물러 나와[樊遲退] 자하를 만나자 말하였다[見子夏曰]. "조금 전에 제가 스승을 뵙고 지(知)라는 것이 무엇이냐고 물었더니[鄕也吾見於夫子而問知] 스승께서 이렇게 말씀하셨어요[子曰]. '곧은 것을 들어 굽은 것 위에 놓으면[擧直錯諸枉] 굽은 것으로 하여금 곧도록 할 수 있다[能使枉者直].' 무슨 뜻인지요[何謂也]?"

자하가 말해주었다[子夏曰]. "그 말씀은 뜻이 너무나 풍부하고 깊습

니다그려[富哉言乎]! 순임금이 천하를 차지하여[舜有天下] 여러 사람들 중에서 선별하여[選於衆] 고요를 등용하자[擧皐陶] 어질지 못한 자들이 멀어졌고[不仁者遠矣], 탕임금이 천하를 차지하여[湯有天下] 여러 사람들 중에서 선별하여[選於衆] 이윤을 등용하자[擧伊尹] 어질지 못한 자들이 멀어졌던 것입니다[不仁者遠矣]."

【담소(談笑)】

자왈(子曰)

번지(樊遲)가 인(仁)과 지(知)를 묻자 간명하게 핵심을 찔러 답해주고 있다. 사람을 사랑하라[愛人] 그러면 인(仁)이다. 내가 먼저 남을 사랑하면 남들도 나를 사랑한다 함이 인이다. 그리고 사물(事物)을 알기보다 먼저 사람을 알라. 이것이 참다운 지(知)다. 공자는 바로 앞 20장에서 통달(通達)한 사람이 되라고 했다. 그러자면 찰언이관색(察言而觀色)하라 했다. 왜 그런 말씀을 했는지 여기서 새삼 일깨워준다.

거직조제왕(擧直錯諸枉) 능사왕자직(能使枉者直)

▶ **곧은 사람을[直] 등용하여[擧] 굽은 사람[枉] 옆에 곧은 사람을[諸] 일하게 두면[錯] 굽은 사람도[枉者] 곧은 사람이[直] 되게 할 수 있다[能使].**

거(擧)는 거용(擧用)의 준말로 여기고 새기면 된다. 직(直)은 직자(直者)의 준말로 여기고 곧은[直] 사람[者], 정직한 사람으로 해석하면 된다. 조(錯)는 조(措)와 치(置)와 같다. 발음은 여기서 착(錯)이 아니라 조(錯)이다. 제(諸)는 지어(之於)의 합자(合字)로 본다. 물론 지어(之於)의 지(之)는 직(直)을 받는 후치사(後置詞)이다. 그러니 조제왕(錯諸枉)은 조지어왕(錯之於枉)으로 풀어서 해석한다. 곧은 사람을[之] 굽은 사람[枉] 옆에[於] 둔다[錯].

아마도 번지는 총명하지 못했던 모양이다. 인(仁)은 애인(愛人)이고 지(知)는 지인(知人)이라는 공자의 말씀을 미달(未達)한 것을 보면 말이다. 잘 새겨 알아듣지 못했다[未達]. 그래서 공자가 정직한 사람[直]과 부정직한 사람[枉]을 들어 곧은 사람 곁에 굽은 사람이 있으면 굽은 사람이 감화를 받아 곧은 사람이 될 수 있다고 설명해주었지만, 여전히 이해하지 못하고 스승 앞을 물러났던 모양이다.

왜 번지는 스승의 설명을 듣고도 미달(未達)했을까? 아무래도 「옹야(雍也)」 편 20장에서 들은 내용을 스승께서 그대로 되풀이하지 않아서일까? 「옹야」 편 20장에서 번지가 지(知)와 인(仁)을 물었을 때 공자는 이렇게 대답했었다. "무민지의(務民之義) 경귀신이원지(敬鬼神而遠之) 가위지의(可謂知矣) 인자선난이후획(仁者先難而後獲) 가위인의(可謂仁矣)." 사람이[民] 지켜야 할 도리에[義] 힘쓰고[務], 귀신을[鬼神] 공손히 대하되[敬] 그것을[之] 멀리하면[遠] 지(知)라고[知] 할 수 있다[可謂]. 어진[仁] 것이란[者] 어려운 일을[難] 먼저 하고[先] 보답은[獲] 남보다 뒤로 하면[後] 어질다[仁] 할 수 있다[可謂]. 말은 달리 들리지만 뜻은 하나라는 것을 번지가 미처 알아차리지 못한 것일까?

그러나 번지는 모르면서 아는 척하지 않았으니 충실한 제자라 할 수 있다. 알아챌 때까지 물어보려 했으니 말이다. 알면 안다 하고 모르면 모른다 하라는 게 공자의 지관(知觀)이 아닌가. 스승의 말씀을 듣고 나와 자하(子夏)를 만나자 "향야오견어부자이문지(鄕也吾見於夫子而問知)" 하고 말하고서는, 스승께서 "거직조제왕(擧直錯諸枉)"이라고 말씀했는데 그게 무슨 뜻이냐고 물었다. 향야(鄕也)는 조금 전 아까란 말이다. 번지의 말을 듣고 자하가 감탄하여 말한다. "부재(富哉) 언호(言乎)!" 뜻이 풍부하도다[富哉]. 스승의 말씀이여[言乎]. 스승께서 드신 비유를 한마디로 이렇다저렇다할 수 없다면서 자하는 순(舜)임금이 고요(皐陶)를 등용하고 탕왕(湯王)이 이윤(伊尹)을 등용했던 고사(故事)를 들어 번지와 자신의 견해를 나눈다.

등용할 거(擧), 곧을 직(直), 놓아둘 조(錯), 어조사 제(諸), 굽을 왕(枉), 하여금 사(使)

순유천하(舜有天下) 선어중(選於衆) 거고요(擧皐陶) 불인자원의(不仁者遠矣)

▶ **순이[舜] 세상을[天下] 얻어[有] 여러 사람들 중에서[於衆] 골라[選] 고요를[皐陶] 등용하자[擧] 어질지 않은[不仁] 자들이[者] 멀리 사라졌다[遠].**

유(有)는 여기서 득(得)과 같다. 얻었다[有]. 물론 유(有)는 취(取)와도 같다. 그러나 순(舜)은 나라를 취한 것이 아니라 요(堯)임금으로부터 물려받았기 때문에 유가(儒家)가 표방하는 성군(聖君)의 푯대가 되었다. 선(選)은 선별(選別)의 준말로 여기고 새긴다. 거(擧)는 거용(擧用)의 준말로 보고 등용(登用)과 같은 말로 새기면 된다. 고요(皐陶)의 요(陶)는 발음을 기억해두어야 한다. 도(陶)가 아니라 순임금의 신하 이름인 요(陶)라고 할 때는 어울려 서로 즐거움을 누린다[和樂]는 뜻이다. 원(遠)은 서(逝)와 통한다. 멀어져서 없어져버렸다[遠].

불인자(不仁者)가 없어지면 저절로 인자(仁者)들만 남는다. 인자는 바로 애인(愛人)이 아닌가. 백성을[人] 사랑한다[愛]. 유가는 인(人)과 인(仁)을 같은 말로 본다. 나아가 인(仁)과 애(愛)를 같이 본다. 유가의 애(愛)는 애인(愛人)이지만, 도가의 애(愛)는 애만물(愛萬物)인 점이 서로 다르다. 공자는 사람을 사랑하라[愛人] 하고, 노자는 만물을 사랑하라[愛萬物] 한다. 백성을 사랑할 수 있는 인자를 직(直)으로써 비유했고, 백성을 사랑하지 않는 무리[不仁者]를 왕(枉)으로 비유한 게 아니냐고 자하가 번지에게 스승이 말씀한 '거직조제왕(擧直錯諸枉)'의 비유를 설명해주었다. 즉 자하는 순임금은 고요(皐陶)를 등용해 불인자(不仁者)를 없애고 인자(仁者)들로써 세상을 다스려 백성을 편안하게 했고, 탕왕(湯王)은 이윤(伊尹)을 등용해 불인자를 없애고 인자들로써 세상을 다스려 역시 백성을 편안하게 했다는 두 고사를 들어 번지의 궁금증을 풀어준 것이다. 고요는 유우씨(有虞氏)로 자(字)는 견정(堅庭)이고, 순임금 밑에서 형법을 바르게 다스려 억울한 백성이 없도록 했다. 이윤은 성씨가 이(伊)이고 이름은 지(摯), 윤(尹)은 관직 이름이다. 은(殷)나라 개국(開國) 공신(功臣)이다.

인자(仁者)에게는 팔이 안으로 굽는다는 속담 같은 것이 없다. 그런 속담은 소인들이 좋아할 뿐이다. 소인은 사(私)를 무엇보다 소중히 여긴다. 그러나 인자에게는 그런 사(私)가 없다. 나를 중심에 두고 세상을 보려는 마음가짐[私]을 유가든 불가든 도가든 모두 다 사(邪)로 여긴다. 사(私)는 사(邪)를 낳고, 사(邪)는 악(惡)을 부른다. 악이란 무엇인가? 나를 이롭게 하느라 남이 해롭게 되는 것이라고 여기면 된다. 그래서 악(惡)을 뒤집으면 바로 선(善)이 된다 하지 않는가. 불가에서는 인자를 선남(善男) 선녀(善女)라고 부르기도 한다. 자하의 설명을 듣고 번지는 스승의 뜻을 헤아렸을 터이다.

어머니 뱃속에서부터 인자(仁者)로 태어나는 것은 아니다. 인자는 살면서 되어가는 것이니, 그런 향상을 일러 일신(日新)이라 한다. 일신은 날마다 덕을 풍성하게 한다[盛德]는 뜻이다. 인(仁)을 삶으로써 실천하면 곧 덕(德)이다. 그래서 공자는 「위령공(衛靈公)」 편 28장에서 "인능홍도(人能弘道)"라고 한 것이 아닌가. 사람이[人] 도를[道] 넓힐 수 있다[能弘].

번지는 인자(仁者) · 지자(知者) · 덕자(德者)가 셋이 아니라 하나임을 알았을 터이고, 인도(仁道)를 넓혀 갈 마음이 생겼을 터이다. 너는 인도를 걷고자 하는가? 그렇다면 너는 대인(大人)이다. 너는 사도(私道)를 걷고 있는가? 그렇다면 네가 바로 소인배임을 알라. 소인배를 보고 소인배라고 하는 데 화내지 말라. 이렇듯 공자가 지금 우리를 향해 고함치고 있다.

순임금 순(舜), 고를 선(選), 무리 중(衆), 등용할 거(擧), 느릴 고(皐), 화락할 요(陶)

제23장

【문지(聞之)】

무자욕언(無自辱焉)

【원문(原文)】

子貢問友한대 子曰 忠告而善道之호대 不可則止하야 無自辱焉이니라
자공문우 자왈 충고이선도지 불가즉지 무자욕언

【해독(解讀)】

자공이 벗의 사귐을 물어 여쭈자[子貢問友] 공자께서 답해주었다[子曰]. "충고하여 좋게 인도하는데도[忠告而善道之] 말을 들어주지 않으면 그만두고[不可則止] 지나치게 충고해 자신이 욕먹게 하지 말라[無自辱焉]."

【담소(談笑)】

자왈(子曰)

붕우유신(朋友有信)의 신(信)을 밝혀주고 있다. 신(信)은 무엇보다 말을 믿어주는 사이가 아닌가. 말을 믿지 못하고 의심하면 서로 마음

을 주고받을 수 없다. 그러면 교우(交友)는 있을 수도 없고 될 수도 없다. 그러나 지나치게 충고하여 벗의 마음을 너무 아프게 하지 말라 한다. 불신(不信)으로 이어질 수 있기 때문이다. 내가 지나쳐 조금이라도 불신당한다면 내가 곧 나를 욕되게 하는 게 아닌가. 벗이 소중하지만 자기를 욕되게 하면서까지 충고하면 그런 짓은 충고가 아니라 간섭이다. 벗일수록 서로 충고하되 서로 간섭하지 말라.

충고이선도지(忠告而善道之) 불가즉지(不可則止) 무자욕언(無自辱焉)

▶ **정성을 다해[忠] 잘잘못을 알려[告] 좋게[善] 벗을[之] 인도하되[道] 할 수 없거든[不可] 곧[則] 그만두고[止] 지나쳐서 자기를[自] 욕되게[辱] 하지 말라[無].**

충(忠)은 여기서 갈성(竭誠)의 뜻이다. 정성껏[忠]. 고(告)는 고지(告知)의 준말로 여기고 새기면 된다. 선(善)은 여기서 도(道)를 꾸미는 부사이다. 도(道)는 도(導)와 같다. 인도(引導)한다[道]. 도지(道之)의 지(之)는 우(友)를 받는다. 불가(不可) 다음에 도지(道之)가 생략되었고, 지(止) 다음에는 충고(忠告)가 생략되었다고 보면 된다. 무자욕(無自辱)은 무욕자(無辱自)로 고쳐보면 이해하기 쉽다. 자신을[自] 욕되게[辱] 하지 말라[無]. 여기서 무(無)는 물(勿)과 같다. ~하지 말라[無].

벗 사이라면 유신(有信)이니 한마음이다. 내 마음 네 마음이 따로 있지 않음이 곧 유신(有信)이다. 그러니 솔직하게 잘잘못이나 옳고 그름을 나눌 수 있다[忠告]. 그러나 충고(忠告)하되 벗의 마음을 살펴 알맞게 해야지 아프게 몰아쳐서는 안 된다고 한다. 무엇보다 유신(有信)은 곧 충서(忠恕)가 아닌가. 진실로[忠] 서로를 껴안는다[恕]. 지나친 충고로 벗의 마음을 아프게 하지 말라 함이 불가즉지(不可則止)의 지(止)다. 충고를 거부한다고 화낸다면 어이없는 일이다. 어이없는 일은 지나침에서 온다. 무엇이든 지나치면 허물이다. 스스로 허물을 범하는 것이 바로 자욕(自辱)이다. 무슨 일이 있어도 자욕(自辱)하지 말라. 목마른 말을 강가로 끌고 가되 억지로 물 먹일 생각은 하지 말라.

정성껏 할 충(忠), 알릴 고(告), 좋을 선(善), 이끌 도(道), 멈출 지(止), 욕될 욕(辱)

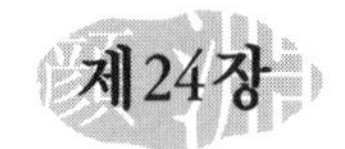

제24장

【문지(聞之)】

이우보인(以友輔仁)

【원문(原文)】

曾子曰 君子以文會友하고 以友輔仁이니라
증 자 왈 군 자 이 문 회 우 이 우 보 인

【해독(解讀)】

증자가 말했다[曾子曰]. "군자는 글로써 벗과 사귀고[君子以文會友] 벗으로써 서로의 인덕을 돕고 더한다[以友輔仁]."

【담소(談笑)】

증자왈(曾子曰)

증자(曾子)는 증점(曾點)의 아들이다. 이들 부자(父子) 모두 공자의 제자였는데 아들인 증자는 공자보다 46년 연하였다고 한다. 이름은 삼(參), 자(字)는 자여(子輿)이다. 공자 학문(學文)의 진수를 이어받은 제자로 알려져 있고, 공자의 뜻을 실천하도록 강조했다. 「태백(泰伯)」 편 7장에서 증자는 이렇게 말했다. "인이위기임(仁以爲己任) 불역중호(不亦重乎)." 인(仁)을[仁] 내[己] 임무로[任] 삼고 있으니[爲] 이 또한[亦] 무겁지 않겠느냐[不重乎]! 또한 증자는 공자의 일이관지(一以貫之), 즉 인(仁)을 충서(忠恕)라고 풀이해서 유명하다. 증자의 회우(會友)는 벗들이 서로 만나 노는 것이 아니다. 증자는 그것을 보인(輔仁)을 위한 방편이라고 밝힌다. 서로 도와 인덕(仁德)을 높이자 함이 곧 증자의 회우(會友)라 할 수 있다.

군자이문회우(君子以文會友) 이우보인(以友輔仁)

▸ **군자는[君子] 성현의 가르침이 담긴 글로써[以文] 벗을[友] 사귀고[會], 벗이 됨으로써[以友] 인을[仁] 서로 도와 드높인다[輔].**

이문(以文)의 문(文)은 성현의 가르침으로 보아도 된다. 물론 이 문(文)은 학문(學文)의 문(文)이다. 학문(學問)과 예의(禮儀)를 줄여 그냥 문(文)이라고 보아도 된다. 도가(道家)의 입장에서 보면 문(文)은 인(人)이며 인위(人爲)에 해당된다. 인위를 요새는 문화(文化)라고 하지만, 사실 문화는 서구의 'culture'를 번역한 역어(譯語)이다. 하여튼 문(文)을 넓게 새겨야지 글자라는 뜻으로만 새겨서는 곤란하다.

회우(會友)는 벗을[友] 모은다[會] 함이니 곧 벗을 사귄다는 뜻이다. 무엇으로써 벗을 사귀는가? 바로 문(文)이라 한다. 즉 성현의 가르침을 본받아 벗을 사귀자 함이 증자가 바라는 회우(會友)이다. 하기야 이해(利害)로 사귀는 것은 벗이 아니다. 그런 사귐은 동료(同僚)일 뿐이다. 벗 사이는 한마음이 되지만 동료 사이엔 두 마음이 딴전을 피우기 쉽다. 이익이 된다 싶으면 사귀고 손해가 된다 싶으면 헤어지는 동료 관계는 결코 회우(會友)일 수 없다.

이우(以友)의 우(友)는 성현의 가르침을 본받아 서로 마음을 주고

받는 벗을 말한다. 붕우(朋友)의 준말로 여기고 새긴다. 붕(朋)은 같은 선생 밑에서 사람됨을 배운 벗을 말하고, 우(友)는 한고장에서 태어나 한우물을 같이 마시면서 자란 고향 친구를 말한다. 그런 벗을 죽마고우(竹馬故友)라 하지 않는가. 증자에게 마음의 고향은 어디란 말인가? 공자가 밝힌 일이관지(一以貫之)의 인도(仁道)이리라. 그 길을 함께 걷는 벗과 사귄다면 절로 보인(輔仁)이 될 것이다. 보(輔)는 보좌(輔佐)의 준말로 여기고 새기면 된다. 서로 도와 드높인다[輔]. 서로 도와 인도를 넓히면 곧 스승의 바람인 인능홍도(人能弘道)를 실천할 수 있다.

세상을 어진 사람으로 가득 메울 때까지 처음부터 끝까지 변함없다[一以貫之]는 스승의 뜻을 실천하겠다는 증자의 바람이 어느 날에 열매를 맺을까? 날이 갈수록 인도(仁道)가 넓혀지기는커녕 점점 더 좁아진다는 생각을 버릴 수 없으니 참으로 우리는 민망스럽게 살아가고 있다. 회우(會友)가 어려운 세상임을 공자가 알고 있었듯 증자 역시 잘 알고 있었으리라. 그래도 절망하지 말라 함이 회우(會友)요 보인(輔仁)이다.

모을 회(會), 벗 우(友), 도울 보(輔)

후편(後篇) 13

자로(子路)

입문 이 편의 맨 처음 나오는 구절인 자로문정(子路問政)의 '자로(子路)' 를 따서 편명(篇名)으로 삼았다. 이 편은 30장(章)으로 이루어져 있다. 전반의 내용은 주로 정치(政治)에 관한 문답으로, 후반의 내용은 주로 정치를 담당할 당사자가 갖추어야 할 도덕(道德)에 관한 문답으로 이루어져 있다.

특히 이 편은 공자(孔子)의 정명사상(正名思想)을 밝히고 있다는 점에서 매우 중요하다. 정명(正名)이 성사(成事)의 근본임을 헤아리게 하고, 성사(成事)가 곧 정치(政治)의 임무임을 일깨워 준다. 성사(成事)의 사(事)가 곧 안민(安民)으로 이어져야 함을 깨닫는다면 왜 정명의 정치가 곧 오늘날 민주정치의 정신인지 능히 헤아릴 수 있을 것이다. 그래서 정명(正名) → 성사(成事) → 예악(禮樂) → 형벌(刑罰)이 덕치(德治)의 실행임을 따져보게 한다.

덕치는 곧 민주정치를 말한다. 안백성(安百姓)이 곧 덕치이기 때문이다. 민주정치를 어렵게 말할 것 없다. 국민을[百姓] 편하게 하라[安]. 민주정치에 대해 이보다 더 간명한 해석은 없을 것이다. 이런 덕치의 시발(始發)을 공자는 정명(正名)에 두고 있는 것이다.

공자가 밝히는 정명(正名)은 무자기(無自欺)로부터 시작된다고 볼 수 있다. 내가 나를[自] 속이지[欺] 말라[無]. 그래야 애인(愛人)한다. 정치가 바로 애인(愛人)이라는 것을 정명으로써 일구어낼 수 있다. 그래서 공자는 수기이안인(修己而安人)이라 하지 않았는가. 애인(愛人)은 곧 안인(安人)이다. 자신을[己] 어질고 착한 사람이 되게 하라[修]. 그리고 나서[而] 남들 즉 국민을[人] 편안하게 하라[安]. 여기 「자로(子路)」 편에서는 무엇보다 이 정명이란 말씀을 새겨두어야 한다. 물론 그러자면 호례(好禮)하고 호의(好義)하며 호신(好信)하는 치인(治人)이 되도록 자신을 닦아야 한다.

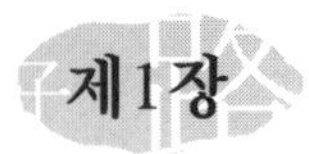

제1장

【문지(聞之)】

선지로지(先之勞之)

【원문(原文)】

子路問政한대 子曰 先之勞之니라
자로문정 자왈 선지로지

請益한대 曰 無倦이니라
청익 왈 무권

【해독(解讀)】

자로가 정치에 관하여 물었다[子路問政]. 공자께서 답했다[子曰]. "앞서서 일하고 노고를 알아주어라[先之勞之]."

"좀더 자세히 말해주십시오[請益]."

공자께서 대답해주었다[曰]. "지친다고 게을리 말라[無倦]."

【담소(談笑)】

자왈(子曰)

자로(子路)가 정(政)을 묻자 백성을 다스리는 자의 의무를 밝혀주고 있다. 백성을 부리려고 생각하기보다 백성을 위해 봉사해야 한다고 설명해준다. 정치(政治)는 매우 구체적이고 현실적이다. 따라서 관념적인 지식을 앞세우지 않고 정치는 바로 백성을 돕는 데 있다고 설명하는 공자의 정치관은 오늘날 시민사회가 추구하는 정치관과 상통한다고 볼 수 있다. 모든 권력은 시민으로부터 나온다는 민주(民主)정신은 곧 공자가 바라던 덕치(德治)이다. 덕치를 담당할 자는 어떤 자질을 갖추어야 하는지 자로에게 스승이 간명하게 말해주고 있다.

선지로지(先之勞之)

▶ 백성에[之] 앞서서 하고[先] 백성을[之] 위해 힘써 일하며 걱정하라[勞].

선(先)은 전(前)과 같다. 앞서서 먼저 한다[先]. 선지(先之)의 지(之)는 민(民)을 받는다고도 보지만, 선(先)을 동사로 만드는 어조사(語助辭)로 볼 수도 있다. 노지(勞之)의 지(之)도 마찬가지다. 그러나 스승의 참뜻을 새겨 헤아린다면 지(之)를 백성을 가리키는 지시어로 보는 편이 더 좋을 듯하다. 노(勞)는 여기서 근(勤)과 같다. 힘써 일하고 걱정한다[勞].

정치하는 사람은 백성보다 먼저 일하고 노력해 백성을 편안하게 해야 한다는 대답에 자로는 더 말씀해주셨으면 한다[請益]고 했다. 이에 공자는 더 간명하게 무권(無倦)이라고 잘라 말해준다. ~하지 말라[無]. 게으를 권(倦). 권(倦)은 여기서 해(懈)와 같다. 권태(倦怠)의 준말로 여기고 새기면 된다. 싫증나 게으름피운다[倦]. 핑계대며 게으름피우지 말라[無倦]. 안민(安民)하라 함을 공자는 이렇게 쉽게 밝혀준다. 정치를 거창하고 어렵게 말할 것 없다. 백성 편에 서서 모든 것을 미리미리 생각하여 일이 잘못되지 않고 잘 되게끔 노력하라는 게 공자의 선지(先之)요 노지(勞之)다. 관존민비(官尊民卑)야말로 공자를 배반하는 짓이다. 오히려 민존관비(民尊官卑)라야 공자의 정치관인 정명(正名)과 들어맞는다.

치자(治者)라면 소 잃고 외양간 고치는 짓을 범하지 말라. 뒷북치는 일을 저지르지 말라. 그러면 백성이 힘들다. 요새 빈번한 행정편의주의야말로 공자를 가장 화나게 하는 행패이리라. 진실로 백성을 위한 치자가 있는가? 이에 대한 해답은 정치[政]가 바르기[正]를 바라는 시민에게 물어보면 분명해진다. 치자는 인자(仁者)여야 하기 때문이다. 공자가 「옹야(雍也)」편 20장에서 말했던 내용을 자로에게 거듭 알려주고 있다. "인자선난이후획(仁者先難而後獲)." 어진 사람은[仁者] 어려운 일을[難] 백성보다 먼저 나서서 하고[先] 얻어내는 것을[獲] 백성보다 뒤로 한다[後]. 정(政)이란 인(仁)을 떠나선 안 된다. 자로야 정치는 인자(仁者)가 해야 한다. 이렇게 공자가 말해주고 있다.

앞설 선(先), 힘써 일할 로(勞)

제2장

【문지(聞之)】

선유사(先有司) 사소과(赦小過) 거현재(擧賢才)

【원문(原文)】

仲弓爲季氏宰라 問政한대 子曰 先有司요 赦小過하며 擧賢才니라
중궁위계씨재 문정 자왈 선유사 사소과 거현재

曰 焉知賢才而擧之리이꼬
왈 언지현재이거지

曰 擧爾所知면 爾所不知를 人其舍諸아
왈 거이소지 이소부지 인기사제

【해독(解讀)】

중궁이 계씨의 가재(家宰)가 되자 공자께 정치에 관하여 물었다[仲弓爲季氏宰問政].

공자께서 답했다[子曰]. "먼저 적절하게 일을 맡기고[先有司], 작은 잘못은 용서해주며[赦小過], 현명한 인재를 등용해 쓰라[擧賢才]."

중궁이 다시 아뢰었다[曰]. "현명한 인재인지 어떻게 알고 등용해 쓸 수 있습니까[焉知賢才而擧之]?"

공자께서 대답해주었다[曰]. "네가 잘 아는 현재(賢才)를 등용해 쓰라[擧爾所知]. 그러면 네가 모르는 현명한 인재를[爾所不知] 남들이 너한테서 내버려두겠느냐[人其舍諸]?"

【담소(談笑)】

자왈(子曰)

중궁(仲弓)에게 윗사람으로서 아랫사람을 어떻게 관리해야 하는지 밝혀주고 있다. 공자는 「옹야(雍也)」 편 1장에서 중궁을 임금의 재목이라고 극찬한 바 있고, 같은 편 4장에서도 다음과 같이 칭찬했었다. "이우지자(犁牛之子) 성조각(騂且角) 수욕물용(雖欲勿用) 산천기사제(山川其舍諸)." 얼룩소[犁牛] 새끼의[子] 털이 붉고[騂] 또한[且] 뿔이 바르면[角], 비록[雖] 희생양으로 쓰지[用] 않으려 해도[勿] 산천의 신이[山川] 그 새끼를[其] 내버려두겠는가[舍].

신성한 희생양에 비유하며 현재(賢才)로서 반드시 백성을 위해 일할 재목이라고 칭찬했던 중궁이 계씨(季氏)의 가신(家臣)을 맡을 장(長)이 되자 선정(善政)은 아랫사람을 잘 다루는 일이라고 밝혀주고 있다. 중궁의 성씨는 염(冉), 이름이 옹(雍)이고 중궁(仲弓)은 자(字)이다. 공자가 신뢰했던 제자였다. 어떤 이가 중궁을 평해 "인이불녕(仁而不佞)"이라 하자 공자께서 어질면 되었지 말주변 좋아 무엇 하느냐고 면박하는 대목이 「공야장(公冶長)」 편 5장에 실려 있다. 어질되[仁而] 말주변이 없다[不佞].

선유사(先有司) 사소과(赦小過) 거현재(擧賢才)

▶ 먼저[先] 일을 하게 맡기고[有司], 작은[小] 잘못은[過] 용서해주며[赦], 현명한[賢] 인재를[才] 등용해 써라[擧].

사(赦)는 사면(赦免)의 준말로 여기고 새기면 된다. 책임을 묻지 않고 용서해주다[赦]. 과(過)는 과실(過失)의 준말로 여기고 새기면 된다. 현재(賢才)는 현명(賢明)한 인재(人才)를 줄여서 말한 것이다.

선유사(先有司)는 인재를 잘 등용해 알맞게 일을 맡기되 모든 일을 내가 해야 한다고 생각하지 말라는 뜻이다. 내가 아니면 안 된다는 독단처럼 무서운 아집(我執)은 없다. 내가 다한다는 고집[我執]을 버리라 함이 선유사(先有司)이다. 한편 일벌백계(一罰百戒)라며 겁주지 말라 함이 사소과(赦小過)이다. 성의껏 열심히 하려다 저지르는 작은 잘못은 책임을 묻지 말고 용서해주라 함이 사소과(赦小過)이다. 사람을 잘 써야 일이 제대로 되는 것을 두고 인사(人事)가 만사(萬事)라 한다. 사람 하나 잘못 쓰면 오만 가지 일이 뒤틀리게 된다는 것이다. 그러니 현명한 인재를 잘 찾아 써라 함이 거현재(擧賢才)이다. 말이 없고 스승의 가르침을 묵묵히 따랐던 중궁을 아끼는 정이 물씬 배어 나온다.

말을 사(司), 용서할 사(赦), 허물 과(過), 들 거(擧), 총명할 현(賢), 인재 재(才)

언지현재이거지(焉知賢才而擧之)

▶ 어찌하면[焉] 현명한[賢] 인재를[才] 알아내서[知] 그런 인재를[之] 등용해 쓸 수 있겠습니까[擧]?

과묵한 중궁이지만 입을 열어 위와 같이 다시 여쭈었다. 아마도 중궁은 선유사(先有司)와 사소과(赦小過)는 능히 할 수 있어도 거현재(擧賢才)에 대해서는 다시 스승의 지혜를 얻길 바랐던 것이리라. 여기서도 중궁이 듬직한 인물임을 느낄 수 있다.

어찌 언(焉), 알 지(知)

거이소지(擧爾所知) 이소부지(爾所不知) 인기사제(人其舍諸)

▶ 네가[爾] 알고 있는 현재(賢才)를[所知] 등용하라[擧]. 그러면 네가[爾] 알지 못하는 현재를[所不知] 남들이[人] 그냥 내버려두겠는가[舍]?

이(爾)는 여(汝)와 같다. 너[爾]. 인기사제(人其舍諸)에서 기(其)는 강조하려는 어조(語調)를 띠고, 사(舍)는 사(捨)와 같으며, 제(諸)는 지호(之乎)의 합자(合字)이다. 내버린다[舍].

중궁 자네가 현명한 사람만을 골라 등용해 쓰면 자네가 모르는 현재(賢才)를 남들이[人] 자네한테 천거해줄 것이라고 타일러주는 스승을 보라. 아끼는 제자가 이왕에 계씨(季氏)의 가재(家宰)가 되었다 하니, 비록 학정(虐政)을 일삼는 무도(無道)한 대부일지언정 그(계씨)에게 선정(善政)의 모범을 보여주기를 간절히 바랐을 것이다. 여기에 횡포가 자자한 계씨란 대부 밑에서 일할 중궁에게 계씨의 수족(手足)은 되지 말라는 공자의 당부도 숨겨져 있다고 생각된다. 계씨의 사재(私財)를 불려주기를 마다하지 않았던 염유(冉有)를 당신의 문하(門下)에서 축출하라던 공자의 노여움을 상기해보라. 염유는 내 제자가 아니니 세상에 내놓고 공격하라던 공자를 중궁은 잊지 않았을 터이다.

너 이(爾), ~할 바 소(所), 버릴 사(舍), 의문어조사 제(諸)

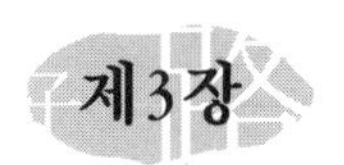

제3장

【문지(聞之)】

필야정명호(必也正名乎)

【원문(原文)】

子路曰 衛君待子而爲政하시나니 子將奚先이니이꼬
자로왈 위군대자이위정 자장해선

子曰 必也正名乎인저
자왈 필야정명호

子路曰 有是哉라 子之迂也여 奚其正이리이꼬
자로왈 유시재 자지우야 해기정

子曰 野哉라 由也여 君子於其所不知에 蓋闕如
자왈 야재 유야 군자어기소부지 개궐여

也니라 名不正이면 則言不順하고 言不順이면 則事
야 명부정 즉언불순 언불순 즉사

不成하고 事不成이면 則禮樂不興하고 禮樂不興이면
불성 사불성 즉례악불흥 예악불흥

則刑罰不中하고 刑罰不中이면 則民無所措手足
즉형벌부중 형벌부중 즉민무소조수족

이니라 故君子名之인댄 必可言也며 言之인댄 必可
고군자명지 필가언야 언지 필가

行也니 君子於其言에 無所苟而已矣니라
행야 군자어기언 무소구이이의

【해독(解讀)】

자로가 여쭈었다[子路曰]. "위나라 임금이 선생님을 모셔다 정사를 맡긴다면[衛君待子而爲政] 선생님께서는 무엇부터 먼저 하시겠습니까[子將奚先]?"

공자께서 답해주었다[子曰]. "반드시 명분을 바로잡겠다[必也正名乎]."

자로가 아뢰었다[子路曰]. "그렇습니까[有是哉]? 선생님께서 현실과 먼 것이 아닙니까[子之迂也]? 어째서 명분부터 바로잡겠다고 하시는지요[奚其正]?"

공자께서 말해주었다[子曰]. "자로야 너는 거칠구나[野哉由也]. 군자는 자기가 모르는 것에 대해선[君子於其所不知] 입을 다무는 법이다[蓋闕如也]. 명분이 바르지 못하면[名不正] 곧 말이 순조롭게 되지 못하고[則言不順], 말이 순조롭게 되지 못하면[言不順] 곧 일이 이루어지지 않으며[則事不成], 일이 이루어지지 않으면[事不成] 예악이 흥하지 못하고[則禮樂不興], 예악이 흥하지 못하면[禮樂不興] 곧 형벌이 알맞게 시행되지 못하며[則刑罰不中], 형벌이 알맞게 시행되지 못하면[刑罰不中] 곧 백성들은 손발을 둘 곳이 없어진다[則民無所措手足]. 그러므로 군자가 이름을 붙일 때는[故君子名之] 반드시 말로써 전달되어야 하고[必可言也], 말했다면[言之] 반드시 행동으로 옮겨야 한다[必可行也]. 군자는 자신의 말에[君子於其言] 조금이라도 진실한 바가 없어선 안 된다[無所苟而已矣]."

【담소(談笑)】

자왈(子曰)

자로(子路)에게 정명(正名)을 자세하게 밝혀주고 있다. 명을[名] 올바르게 한다[正]. 정명이란 곧 명지(名之)와 언지(言之)가 하나임을 밝혀준다. 생각하는 바를 행동으로 옮겨야 하기 때문이다. 말한 바[言之]와 행동하는 바[行之]가 서로 다르다면 바로 그런 짓이 무자기(無自欺)를 어기는 것임을 깨닫게 해준다. 공자가 말하는 정명은 『대학(大學)』의 성의(誠意)를 떠올리게 한다. 자로에게 군자(君子)는 정직하게 말하고[名之] 반드시 이치에 맞게 말한다는 것을 일깨워주고 있다. 즉 명분(名分)과 실리(實利)는 따로 있는 게 아니라 함께한다는 것을 밝혀주고 있다. 선난이후획(先難而後獲)을 떠올리면 왜 명분과 실리가 다르지 않은지 알 수 있으리라. 선난(先難)이 군자의 명분이라면 후획(後獲)은 군자의 실리가 아닌가. 그러자면 정명(正名)이 먼저 이루어져야 함을 일깨워주려고 공자께서 자로를 독려하고 있다.

필야정명호(必也正名乎)

▶ 반드시[必] 명분을 제대로 지키기를[名] 바로잡겠다[正].

정명(正名)의 정(正)은 여기서 직(直)·평(平)·정(定)·당(當)·상(常) 등과 같다. 그래서 바르고[直], 공평하고[平], 안정되고[定], 마땅하고[當], 떳떳하고[常] 등등의 뜻을 모두 함축하고 있다. 한편 정명(正名)의 명(名)은 명분(名分)의 준말로 여기고 새기면 된다. 이 명(名)은 여기서 명령(命令)과 같다. ~을 지켜라[名]. 명분(名分)의 분(分)은 본분(本分)을 뜻한다. 신분에 따라 반드시 지켜할 도리(道理)를 뜻하는 분(分)이다. 그러므로 정명(正名)이란 말은 바에 따라 저마다 해야 할 도리를 지키도록 바로잡아준다는 뜻이다.

자로가 스승께 "위군대자이위정(衛君待子而爲政) 자장해선(子將奚先)"이냐고 묻자 공자가 위와 같이 정명(正名)이라고 단언했다. 위나라[衛] 임금이[君] 선생님을[子] 모셔다가[待] 정치를[政] 맡긴다면[爲] 선생님께선[子] 무엇을[奚] 먼저 하시겠습니까[將先]?

무슨 일이 있어도[必也] 명분을 바로잡겠다[正名]는 대답에 자로가 너무 현실성이 없는 말씀이 아니냐고 대꾸했다. "유시재(有是哉). 자지우야(子之迂也) 해기정(奚其正)." 그렇습니까[是有哉]? 이 유시재(有是哉)는 관용어이다. 선생님께선[子] 현실과 너무 멀리 떨어져 계십니다[迂]. 우(迂)는 원(遠)과 같다. 물정에 어둡다[迂]. 왜[奚] 명분을[其] 바로잡겠다 하십니까[正]? 기정(其正)의 기(其)는 명(名)을 받는 지시어이다.

자로의 이런 말을 듣고 공자는 사정없이 자로를 꾸짖는다. "야재유야(野哉由也)." 너는[由] 참으로 거칠고 무식하구나[野哉]! 유야재(由也哉)라고 말하면 평범하다. 야(野)를 강조하고자 앞으로 끌어내서 자로를 사정없이 꾸짖고 있는 공자의 마음을 느낄 수 있다. 유(由)는 자로의 이름이다. "이놈아 명분이 어째서 물정에 어두운 말이냐? 네놈은 지금 명분(名分)과 실리(實利)를 둘로 보는 모양인데, 명분 없는 실리도 안 되고 실리 없는 명분도 안 된다는 것을 모르느냐?" 이렇게 꾸짖는 심정이 야재(野哉)란 말씨에 숨어 있다. 명분과 실리를 둘로 보지 말라. 서로 통하는 앞뒤이다. 선난이후획(先難而後獲)이란 말이다. 자로야 알겠는가? 이렇듯 호통을 친 다음 왜 그러한가를 설명해 준다.

반드시 필(必), 바로잡을 정(正), 명령할 명(名), ~구나 호(乎)

명부정즉언불순(名不正則言不順) 언불순즉사불성(言不順則事不成)

▶ **명분이[名] 바로잡히지 않으면[不正] 곧 말이[言] 도리에 어긋나고[不順], 말이[言] 불순하면[不順] 곧 일이[事] 성사되지 않는다[不成].**

명부정(名不正)은 본분을 어겨 어긋나는 것이다. 「안연(顔淵)」편 11장에서 공자는 이렇게 말했다. "군군(君君) 신신(臣臣) 부부(父父) 자자(子子)." 임금은[君] 임금다워야 한다[君] 함이 곧 임금이 지켜야 할 정명(正名)이다. 임금이 백성을 사랑하지 않고 그들 위에 군림한다면 그런 임금은 명부정(名不正)의 폭군이라 할 수 있다. 이는 본분(本分)을 잊어버리는 것이다.

명부정(名不正)이면 마음가짐이 도리에 어긋나 있는 것이다. 그러면 언(言)이 도리에 어긋나게 마련이다[不順]. 언(言)이란 바로 마음가짐을 드러내는 게 아닌가. 마음가짐이 어긋나고 말이 어긋나는데 어찌 하는 일[事]이 이루어지겠는가. 정치(政治)란 성사(成事)가 아닌가. 일을 망치는 정치라면 이미 정치가 아니다. 정명(正名)이 바로 성사(成事)의 길인 줄 알라. 물론 여기서 성사(成事)는 안민(安民)하라는 일[事]을 뜻한다. 백성을[民] 편안하게 할[安] 일을 이루어내는 게 정치다. 그러니 사불성(事不成)은 안민(安民)의 정치가 이루어지지 않음이다. 이런 정명을 두고 자로가 물정에서 멀리 떨어진 말씀이라고 했으니 스승으로부터 "야재(野哉)"라며 호된 꾸중[野哉]을 들어도 싸다. 오늘날 왜 정치가 시민으로부터 불신받는가? 정명이 망가져버린 탓이 아닌가. 부정부패는 어디서 오는가? 명부정(名不正)의 심보에서 비롯되는 것이 아닌가.

곧 즉(則), 도리에 따를 순(順), 일 사(事), 이룰 성(成)

사불성즉례악불흥(事不成則禮樂不興) 예악불흥즉형벌부중(禮樂不興則刑罰不中)

▶ 일이〔事〕 성사되지 않으면〔不成〕 곧 예악이〔禮樂〕 일어나지 않고〔不興〕, 예악이〔禮樂〕 일어나지 않으면〔不興〕 곧 법 집행이〔刑罰〕 맞게 치러지지 않는다〔不中〕.

살맛 나게 하는 것이 예악(禮樂)이다. 예악은 열지고언지(說之故言之)를 만족시켜준다. 어떻게 만족시켜주는가? 시가무(詩歌舞)로써 사는 맛을 누리게 한다. 삶을 즐거워하고자[說之] 그래서[故] 말한다[言之]. 그러나 안민(安民)의 정치가 무산되면 무슨 살맛이 나서 백성이 노래 부르고 춤추겠는가. 예악불흥(禮樂不興)이란 세상이 암담함을 일컫는다. 불흥(不興)의 흥(興)은 기(起)와 성(盛)과 같다. 일으켜 성하다[興]. 부흥(復興)의 준말로 보고 새기면 된다. 이처럼 예악불흥(禮樂不興)은 정치가 엉망이 돼 살맛이 나지 않음을 뜻한다. 이는 곧 생존의 질서가 무너짐을 뜻한다. 그러면 법이 거미줄처럼 되고 만다.

벌레만 걸려들고 힘센 새는 치고 나가는 거미줄 같은 법이 백성이 바라는 대로 집행될 리 없다. 언제 어디서든 살맛 나지 않는 세상에서는 법이 강자(强者)의 수중에 놀아나서 약자(弱者)를 울린다. 법 질서가 무너진 세상을 일러 형벌부중(刑罰不中)이라 한다. 백성이 억눌려도 억울함을 풀지 못하는 세상이 바로 형벌부중(刑罰不中)의 세상이다. 부중(不中)의 중(中)은 적중(適中) 또는 적중(的中)의 준말로 새기면 된다. 딱 들어맞다[中]. 왜 이런 참담한 세상이 빚어지는가? 위정자

(爲政者)가 정명(正名)을 망각한 탓이다. 이런데도 자로야 정명을 두고 물정 모르는 소리[迂]라고 하겠는가? 정치에 뜻이 있는 자로야 너는 혼나야 한다.

예절 례(禮), 시가무 악(樂), 일어날 흥(興), 형벌 형(刑), 죄 벌(罰), 알맞을 중(中)

형벌부중즉민무소조수족(刑罰不中則民無所措手足)

▶ **법 집행이[刑罰] 맞게 이루어지지 않으면[不中] 곧[則] 백성한테는 [民] 손발을[手足] 둘[措] 곳이[所] 없다[無].**

조(措)는 치(置)와 같다. 놓다[措]. 조치(措置)의 준말로 여기고 새긴다. 수족(手足)은 일신(一身)과 같은 말이다. 이 한 몸[手足].

법치(法治)는 덕치(德治)의 한 수단이 되어야 한다는 설명이다. 성인은 어려운 것을 아주 쉽게 말해준다. 덕치는 안민(安民)의 정치를 말한다. 그런 덕치를 보장하기 위해서 법치가 필요할 뿐이라 한다. 공자가 법치를 아주 쉽게 밝혀주고 있다.

민무소조수족(民無所措手足)의 무(無)를 유(有)로 바꾸어 생각하면 바로 안민(安民)으로 가는 법치가 된다. 백성은 항상 발 뻗고 잠 편히 자는 세상을 바란다. 그러자면 법 집행(형벌)부터 적중해야 하리라. 모든 법률(法律)이 백성을 편안하게 하는[安民] 장치인가 아니면 백성을 억압하려는[不安民] 장치인가 생각해보라 한다. 우리한테는 서글픈 인사말이 있다. "밤새 안녕하셨는가?" 안민(安民)의 형벌이 망가져 백성이 몸 둘 곳을 찾지 못함을 슬퍼하는 인사말이 아닌가. 왜 이런 암담한 세상이 빚어지는가? 위정자(爲政者)가 정명(正名)을 망각한 탓이 아닌가. 정치에 뜻을 둔 자로야 너는 혼나야 한다.

곳 소(所), 놓을 조(措), 손 수(手), 발 족(足)

고(故) 군자명지필가언야(君子名之必可言也) 언지필가행야(言之必可行也)

▶ 그러므로[故] 군자가[君子] 명분을 밝힐 때는[名之] 반드시[必] 도리에 맞게 말해야 하고[可言], 도리에 맞게 말한 이상[言之] 반드시[必] 실행될 수 있어야 한다[可行].

자기의 본분(本分)을 행동으로써 실천하지 않는 군자(君子)는 없다. 도가(道家)의 지인(至人), 불가(佛家)의 보살(菩薩) 등등 서로 이름이 다를 뿐 그 본분은 다 한길로 통하는 현자(賢者)이다. 안백성(安百姓)이 군자의 본분이요, 안중인(安衆人)이 지인의 본분이요, 안중생(安衆生)이 보살의 본분이다. 위정자(爲政者)란 누구인가? 안백성(安百姓)의 일을 하는 자가 아닌가. 군자는 이런 위정자의 모범을 보이는 대인(大人)이다. 그래서 군자는 반드시 명분을 밝혀 말해야 한다는 것이 군자의 명지필가언(名之必可言)이요, 군자는 자신이 한 말에 대하여 반드시 책임지고 실행해야 한다는 것이다.

거짓말하는 군자는 없다. 거짓말을 밥 먹듯이 하는 자가 정치하면 백성은 믿을 데가 없다. 군자는 말하기를 목숨처럼 여겨야 한다. 그래서 공자는 이렇게 말한다. "군자어기언(君子於其言) 무소구이이의(無所苟而已矣)." 자신이[其] 한 말에 대하여[於言] 군자에게는[君子] 진실함이[所苟] 무엇보다[而已矣] 없어선 안 된다[無]. 이이의(而已矣)는 단언하는 종결어미다. 구(苟)는 성(誠)과 같다. 진실하다[苟].

일언이중천금(一言而重千金)이라 하지 않는가. 그러니 따지고 보면 정명(正名)이란 무슨 일이 있어도 거짓말하지 않고 자신이 한 말에 대하여 책임지고 실행(實行)한다 함이다. 그러므로 공자의 정명(正名)은 안민(安民)하라 함이다. 하기야 우리 주변에도 그런 정객(政客)들이 우글거려 메스껍고 역겨워 토할 지경이다. 명부정(名不正)이 바로 불안민(不安民)임을 아는 것이 오늘날 민주정치의 기본이라 하겠다. 그러니 공자의 덕치(德治)가 민주주의 정치임을 알면 공자를 낡았다고 말할 수 없으리라. 성인(聖人)은 낡을 리가 없다. 성인은 미래를 위해 말하기 때문이다. 정명(正名)을 얕보고 정치하겠다는 자로야, 거칠고 무식하다는 말을 들어도 싸다.

그러므로 고(故), 반드시 필(必), 언급할 언(言), 이행할 행(行)

제4장

【문지(聞之)】

오불여로농(吾不如老農)

【원문(原文)】

樊遲請學稼한대 子曰 吾不如老農호라
번 지 청 학 가 자 왈 오 불 여 로 농

請學爲圃한대 曰 吾不如老圃호라
청 학 위 포 왈 오 불 여 로 포

樊遲出커늘 子曰 小人哉라 樊遲也여 上好禮하면
번 지 출 자 왈 소 인 재 번 지 야 상 호 례

則民莫不敢敬하고 上好義하면 則民莫不敢服하고
즉 민 막 불 감 경 상 호 의 즉 민 막 불 감 복

上好信하면 則民莫不敢用情이니 夫如是면 則四
상 호 신 즉 민 막 불 감 용 정 부 여 시 즉 사

方之民이 襁負其子而至矣리니 焉用稼리오
방 지 민 강 부 기 자 이 지 의 언 용 가

【해독(解讀)】

번지가 오곡을 키우는 일을 배우고자 청했다[樊遲請學稼]. 공자께서 말했다[子曰]. "나는 늙은 농부만 못하다[吾不如老農]."

다시 번지가 채소 기르는 일을 가르쳐 달라고 했다[請學爲圃]. 공자께서 말했다[曰]. "나는 늙은 채소꾼만 못하다[吾不與老圃]."

번지가 나가자[樊遲出] 공자께서 말했다[子曰]. "번지는 정말 속이 좁구나[小人哉樊遲也]! 윗사람이 예의를 잘 지키면[上好禮] 백성도 경건하지 않을 수 없고[則民莫不敢敬], 윗사람이 정의를 잘 지키면[上好義] 백성도 복종하지 않을 수 없으며[則民莫不敢服], 윗사람이 신의를 잘 지키면[上好信] 백성도 성실할 수밖에 없다[則民莫不敢用情]. 이와 같이 하면[夫如是] 온 사방의 사람들이 자식을 강보에 싸서 업고라도 모여들 텐데[則四方之民襁負其子而至矣] 어찌 농사일을 활용해보겠단 말인가[焉用稼]?"

【담소(談笑)】

자왈(子曰)

「위정(爲政)」 편 12장에서 공자는 군자불기(君子不器)라 했다. 여기서는 공자가 왜 군자를 불기(不器)라고 했는지 깨달을 수 있다. 군자는 물건을 다루는 기능인이 아니라 사람을 다루는 선생이란 뜻에서 불기(不器)라 했음을 이해하게 해준다.

선생(先生)은 사람이 되는 길을 안내하는 분이다. 한편 온갖 사물에 관한 지식을 전달하는 사람은 기능인이다. 교사(敎師)·교수(敎授)·훈장(訓長) 등등은 모두 기능인에 속한다. 공자는 이런 기능인을 소인(小人)이라고 했다. 물건을 다루는 일은 작고 사람을 다루는 일은 크다는 뜻에서 소인이라 한 것이다.

공자에게 번지(樊遲)가 군자가 되는 길을 묻지 않고 곡식이나 채소 기르는 일을 물어 스승인 공자를 실망시키고 말았다. 번지가 군자(君子)의 길을 가기 바랐기 때문이다. 농사일을 알고 싶다면 경험이 풍부한 늙은 농부를 찾아가 물어라. 나(공자)는 농사일에 관해선 늙은 농부를 당할 수 없다고 밝히는 공자를 보라. 알면 안다 하고 모르면 모른다 함이 공자의 지(知)다. 제자를 적당히 대하지 않는 공자를 보라. 성인이 보여주는 성의(誠意)란 이러함이 아니겠는가. 그러니 공자는 남에게 무권(無倦)하라 소리칠 수 있다. 게으름피우지[倦] 말라[無]. 사람을 사랑하는 데 게으름피우지 말라 함이 호례(好禮)요, 호의(好義)요, 호신(好信)임을 밝히고 있다.

오불여로농(吾不如老農) 오불여로포(吾不如老圃)

▶ **나는[吾] 늙은[老] 농사꾼만[農] 못하고[不如], 나는[吾] 늙은[老] 채소꾼만[圃] 못하다[不如].**

농(農)은 농부(農夫)의 준말로, 포(圃)는 포정(圃丁)의 준말로 여기고 새기면 된다. 불여(不如)는 ~만 못하다는 뜻이다. 번지가 공자께 가(稼)를 묻자 불여로농(不如老農)이라 하고, 다시 포정(圃丁)이 되기[爲圃]를 묻자 불여로포(不如老圃)라고 답해주었다. 가(稼)는 곡식을 심고 가꾸는 일이고, 포(圃)는 채소를 심고 가꾸는 일이다.

공자는 분별(分別)을 마다 않는 독특한 성인(聖人)이다. 성인은 일여(一如)를 바라지 불여(不如)를 바라지 않는다. 노자는 당신이 나를 소라고 부르면 소가 될 터이고, 말이라고 부르면 말이 될 터라고 한 성인이다. 이렇듯 도가(道家)는 불여(不如), 불가(佛家)는 불이(不二)라 하여 분별을 떠나지만 유가(儒家)는 분별을 인정한다. 도가가 유가를 못마땅하게 여기는 이유는 바로 분별함에 있다고 보아도 된다. 말하자면 유가는 육체노동과 정신노동을 분별하지만, 도가는 그런 분별을 매우 하찮은 짓으로 본다. 그래서 도가는 분별(分別)을 소지(小知)라 하고, 일여(一如)를 대지(大知)라 한다. 하여튼 공자는 제자들에게 군자의 길을 걸어가라고 했지 장인의 길을 걸어가라고 하지 않았다. 정신노동이 귀하고 육체노동은 천해서가 아니라 당신이 가르쳐줄 수 있는 것은 군자가 되는 길이기 때문이다. 그러니 공자가 말하는 불여(不

如)를 분별로는 볼지언정 귀천(貴賤)의 분별로 보아서는 안 된다. 군자는 소인(小人)의 일을 사랑할 줄 아는 주인이기 때문이다.

나 오(吾), 같을 여(如), 늙을 로(老), 농부 농(農), 밭 포(圃)

상호례즉민막불감경(上好禮則民莫不敢敬) 상호의즉민막불감복(上好義則民莫不敢服) 상호신즉민막불감용정(上好信則民莫不敢用情)

▶ 윗사람이[上] 예의를[禮] 사랑하면[好] 곧[則] 백성이[民] 경건하지[敬] 않을 리 없고[莫不敢], 윗사람이[上] 도의를[義] 사랑하면[好] 곧[則] 백성이[民] 따르지[服] 않을 리 없으며[莫不敢], 윗사람이[上] 신의를[信] 사랑하면[好] 곧[則] 백성이[民] 진실한 마음을[情] 쓰지[用] 않을 리 없다[莫不敢].

호(好)는 애(愛)와 같다. 사랑한다[好]. 경(敬)은 공(恭)·숙(肅)·경(警)·신(愼) 등을 하나로 모은 뜻이다. 공경하고[恭], 엄숙하고[肅], 조심하고[警], 삼가는[愼] 마음가짐이 경(敬)이다. 이러한 경(敬)을 진선폐사(陳善閉邪)라 한다. 선을[善] 넓히고[陳] 악을[惡] 없앤다[閉]. 복(服)은 직(職)·사(思)·치(治)·습(習)·종(從) 등을 하나로 모은 뜻이다. 직분에 따르고[職], 생각하고[思], 다스리고[治], 익히고[習], 따르는[從] 행동이 곧 복(服)이다. 그러므로 복(服)은 경(敬)을 실천한다는 뜻으로 볼 수 있다. 한편 용정(用情)의 정(情)은 성지동(性之動)이라 한다. 성지동(性之動)은 성지감어물이동(性之感於物而動)을 줄인 말이다. 마음 그 자체가[性] 사물을 만나[於物] 느끼게 돼[感] 움직인[動] 마음가짐이 정(情)이라 한다. 이런 정(情)을 쓰는 일이 용정(用情)이다. 마음가짐은 정(情)이요 마음쓰기는 용정(用情)이다.

호례(好禮)는 마음가짐을 선하게 하고, 호의(好義)는 선을 행하게 하며, 호신(好信)은 선을 생활하게 한다. 호례(好禮)·호의(好義)·호신(好信)은 곧 사람이 되는 길을 찾아들어 벗어나지 않게 하는 이정표(里程標)와 같다. 당신은 경(敬)을 사랑하는가? 그렇다면 당신은 사람이 되는 길을 걷고 있다. 당신은 의(義)를 사랑하는가? 그렇다면 당신은 사람의 길을 걷고 있다. 당신은 신(信)을 사랑하는가? 그렇다면 당신은 사람의 길을 튼튼히 하고 있다. 사람이 되라. 그러자면 호례(好禮)하고, 호의(好義)하며, 호신(好信)하라. 이제 공자가 인(仁)을 애인(愛人)이라 하고, 지(知)를 지인(知人)이라 한 까닭을 조금은 알 수 있으리라. 사람을[人] 사랑하라[愛]. 어떻게 사랑하라 하는가? 애인이례(愛人以禮)요, 애인이의(愛人以義)요, 애인이신(愛人以信)이리라. 그래야 치인(治人)이 될 수 있다. 치인인 군자는 마음을 쓰지 몸을 쓰지 않는다는 것이다.

군자는 누구인가? 바로 애인(愛人)하는 당사자 아닌가. 그런 줄 모르고 번지가 학가(學稼)나 위포(爲圃) 등을 물어 배우고자 하니 공자가 섭섭한 심정을 감출 수 없었을 것이다. 그래서 제자의 뒤통수에 대고 "네 놈은 소인(小人)이구나!" 하고 한탄하는 성인의 모습이 마음을 저민다. 마치 공자가 이렇게 독백하는 듯하다. "번지야 애인(愛人)의 당사자가 될 일이지 어쩌자고 농부(農夫)가 되고 포정(圃丁)이 되는 일을 나에게 묻는단 말이냐? 번지야 만일 네가 호례(好禮) · 호의(好義) · 호신(好信)으로써 백성을[民] 사랑하는[愛] 치자가 된다면 온 사방의 사람들이 '강부기자이지의(襁負其子而至義)' 하리라." 저마다[其] 어린 자식을[子] 포대기에 싸서[襁] 업고[負] 모여든다[至]. 인간이여! 제발 군자가 되려고 하라. 공자가 이렇듯 우리를 향해 지금까지 절규하고 있다.

윗사람 상(上), 좋아할 호(好), 없을 막(莫), 공경할 경(敬),
좇을 복(服), 믿을 신(信), 쓸 용(用), 뜻 정(情)

제5장

【문지(聞之)】

송시삼백(誦詩三百)

【원문(原文)】

子曰 誦詩三百하되 授之以政에 不達하여 使於四方에 不能專對하면 雖多나 亦奚以爲리오
자왈 송시삼백 원지이정 부달 사어사방 불능전대 수다 역해이위

【해독(解讀)】

공자께서 말했다[子曰]. "시 3백 편을 다 외우되[誦詩三百] 정사에 그것을 원용하는 데 통달하지 못해[授之以政不達] 여러 외국에 사신으로 나가서[使於四方] 자기 스스로 응대할 수 없다면[不能專對], 외우고 있는 시가 많은들[雖多] 무슨 소용이 있겠는가[亦奚以爲]?"

【담소(談笑)】

자왈(子曰)

『시경(詩經)』이 치자(治者)에게 왜 필요한지 밝히고 있다. 힘으로 다스리는 것이 아니라 어진 마음으로 다스리라 함이 덕치(德治)다. 공자는 덕치를 북돋아주는 것이 시(詩)라고 보았다. 시에서 후덕한 마음이 일어난다고 본 것이다. 그래서 『태백(泰伯)』 편 8장에서 이렇게 밝히지 않았던가. "흥어시(興於詩) 입어례(立於禮) 성어락(成於樂)." 물론 흥어시(興於詩)의 흥(興)은 여러 면에서 해석해야 한다. 시에서[於詩] 일어난다[興]. 무엇이 일어난단 말인가? 그것을 하나로 꼬집어 단정할 수는 없지만 군자로 하여금 덕치의 마음을 일으킨다는

뜻으로 이 흥(興)을 새겨도 될 것이다. 시가 곧 예악(禮樂)의 출발이 아닌가. 예악을 덕치를 구현하는 방편으로 본 공자의 뜻을 새겨듣게 한다. 『시경』을 송두리째 외운다고 해서 대단할 것 없다는 것이다. 시를 정치(政治)에 활용할 줄 모른다면 소용없다 한다.

송시삼백(誦詩三百) 원지이정((援之以政) 부달(不達) 사어사방(使於四方) 불능전대(不能專對) 수다역해이위(雖多亦奚以爲)

▶ 『시경(詩經)』을 모조리 다[詩三百] 암기해 읊는다 해도[誦] 『시경』을 들어[之以] 정치를[政] 원용하는 데[援] 통달하지 못해[不達] 외국에[於四方] 사신으로 파견되어[使] 자신이 홀로[專] 상대할 수 없다면[不能對], 비록[雖] 암송하는 시들이 많다 해도[多] 무슨 소용이 있겠는가[奚以爲]?

송(誦)은 암송(暗誦)의 준말로 여기고 새긴다. 외워 읊다[誦]. 시삼백(詩三百)은 『시경(詩經)』의 모든 시(詩) 즉 풍(風) · 아(雅) · 송(頌)을 모두 말한다. 지이(之以)의 지(之)는 시삼백(詩三百)을 받는 지시어로 보면 된다. 원정이시삼백(援政以詩三百)으로 바꾸면 뜻을 헤아리기 쉽다. 사(使)는 사신(使臣)의 준말로 여기고 새긴다. 사신으로 파견되다[使]. 전(專)은 독(獨)과 같다. 대(對)는 상대(相對)의 준말로 여기고 새긴다. 해(奚)는 하(何)와 같은 의문사이다.

원지이정(援之以政)하라. 『시경』으로[之以] 정치를[政] 취하라[援]. 이는 곧 『시경』으로 정치(政治)하라는 뜻이다. 나아가 예악(禮樂)으로써 정치하라 함이다. 『시경』은 예악의 전범(典範)이기 때문이다. 예악은 덕치(德治)를 구현하게 한다. 그래서 유가(儒家)의 입장에서 보면 이것이 곧 치세(治世)이다.

『시경』은 풍(風) · 아(雅) · 송(頌)으로 나누어져 있다. 풍은 부부(夫婦)의 애정(愛情)과 군신(君臣) 사이의 의(義)를 배우게 한다고 해석해왔다. 아는 군신의 우호(友好)나 평화적인 외교관계를 배울 수 있다고 해석해왔다. 그리고 송은 군왕(君王)의 공덕을 칭송하는 것이라고 해석해왔다. 이와 같은 관점이 결코 절대적인 것은 아니다. 유가가 『시경』의 시들을 그렇게 분류해 해석했을 뿐이다. 그러니 유가의 해석에 얽매일 이유가 없다. 그저 풍 · 아 · 송을 시가(詩歌)로 여기면 그만이다. 이것들 역시 사람이 불러야 했던 노래[詩歌]들로 보면 그만이란 말이다.

우리는 왜 노래를 불러야 하는가? 『예기(禮記)』 「악기(樂記)」가 그에 대한 결론적인 해답을 내리고 있다. "열지고언지(說之故言之)." 즐겁게 살고 싶다[說之]. 그래서[故] 말한다[言之]. 정치의 궁극적인 목적은 어디에 있는가? 그 목적은 애인(愛人)이라고 공자가 밝혔다. 백성을 사랑하라[愛人]. 백성을 편안하게 하라[安人]. 이는 곧 백성의 열지(說之)를 만족시켜주라는 뜻 아닌가. 이는 곧 시가무(詩歌舞)를 살펴 백성의 바람을 살피는 마음을 간직하라는 게 아닌가. 정치하는 자들이여! 왜 공자가 『시경』을 정치의 경전(經典)으로 삼자고 했는지 생각해본 적이 있는가? 시민을 편안하게 해주고 싶은 치자(治者)가 있다면 먼저 삶을 즐거이 누리고 싶은 마음[說之]을 살필 줄 알아야 하리라. 그 열지(說之)를 헤아려 새기려면 백성의 온몸을 타고 드러나는[言之] 시가무를 멀리해선 안 된다는 것을 알아야 한다. 그러나 오늘날 정치인은 이런 까닭을 까맣게 모른다. 그래서 요새 정치판은 법(法) 타령만 늘어놓고 아차아차 뒷북치기 요란하다.

외울 송(誦), 시경 시(詩), 취할 원(援), 다스릴 정(政), 통달할 달(達), 사신 사(使), 홀로 전(專), 상대할 대(對), 비록 수(雖), 무엇 해(奚)

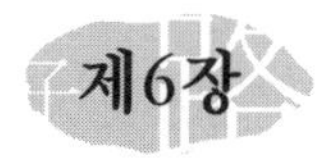

제6장

【문지(聞之)】

기신정(其身正) 불령이행(不令而行)

【원문(原文)】

子曰 其身正이면 不令而行하고 其身不正이면 雖令不從이니라
자왈 기신정 불령이행 기신부정 수령 부종

【해독(解讀)】

공자께서 말했다[子曰]. "정치하는 사람 자신이 정직하면[其身正] 명령을 내리지 않아도 일이 이루어지고[不令而行], 그 사람 자신이 정직하지 않다면[其身不正] 명령을 내려도 그 명령대로 따르지 않는다[雖令不從]."

【담소(談笑)】

자왈(子曰)

다시금 정명(正名)을 밝히고 있다. 치자(治者)가 정직(正直)하다 함은 정명을 곧게 이행하여 백성을 편안하게 한다는 뜻이다. 그러므로 치자는 법망(法網)으로 권력(權力)을 강화할 게 아니라 백성의 마음을 사로잡아야 한다고 밝히고 있다. 이를 위해 치자는 백성보다 먼저 어떻게 해야 하는가? 「안연(顔淵)」 편 1장에서 이미 밝혀주었다. "극기복례(克己復禮)." 사사로움을 버리고[克己] 예로 돌아가라[復禮]. 극기(克己)하라. 복례(復禮)하라. 이는 다 공평무사(公平無私)하라 함이다. 이를 한마디로 정(正)이라 해도 되고 직(直)이라 해도 된다.

기신정(其身正) 불령이행(不令而行) 기신부정(其身不正) 수령부종(雖令不從)

▶ 정치하는 사람[其] 자신이[身] 정직하다면[正] 명령하지 않아도[不令] 여러 일들이 행해지지만[行], 그 사람[其] 자신이[身] 정직하지 않다면[不正] 비록[雖] 명령을 내려도[令] 백성이 따라주지 않는다[不從].

기신(其身)을 치자(治者)라고 여기면 된다. 영(令)은 치자가 하는 것이기 때문이다. 행(行)은 시행(施行)이나 이행(履行)의 준말로 보고, 종(從)은 복종(服從)이나 순종(順從)의 준말로 여기고 새긴다.

정치(政治)의 정(正)을 다시금 살펴보게 한다. 「안연(顔淵)」 편 17장에서 공자는 정자정야(政者正也)라고 했다. 정치란 것은[政者] 바로 정(正)이라는 뜻이다. 이 정(正)을 앞 3장에서 필야정명(必也正名)이라고 해석했다. 그리고 이 정(正)이 곧 덕(德)임을 「위정(爲政)」 편 1장에서 이렇게 밝혔다. "위정이덕(爲政以德)." 덕으로써[以德] 정치하라[爲政]. 그러면 곧 정치의 정명(正名)이라 한다. 치자는 자신부터 먼저 후덕한 사람이 되어야 한다는 말씀이다. 힘만 믿는 치자의 뒤끝이 왜 흉한가? 부덕(不德)하기 때문이다. 부정(不正)이면 반드시 부덕한 죄로 벌을 받는다. 그런 인간이 어찌 백성을 다스릴 수 있겠는가. 치자라면 제 목숨 걸고 백성한테 정직하라는 게 공자가 밝히는 정(正)이다.

몸 신(身), 명령할 령(令), 행해질 행(行), 비록 수(雖), 좇을 종(從)

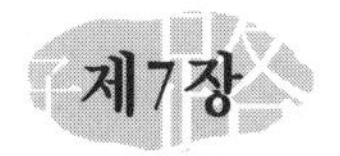

【문지(聞之)】

노위지정(魯衛之政)

【원문(原文)】

子曰 魯衛之政은 兄弟也로다
자 왈 노 위 지 정 형 제 야

【해독(解讀)】

공자께서 말했다[子曰]. "노나라와 위나라의 정치는[魯衛之政] 형제이다[兄弟也]."

【담소(談笑)】

자왈(子曰)

노(魯)나라와 위(衛)나라는 공자 당대에 이르러 다 같이 쇠퇴의 길을 밟고 있었다. 이를 공자가 서글퍼하고 있다. 성군이 베풀었던 덕치(德治)가 사라져버리고 임금을 얕보면서 백성을 불안(不安)하게 하는 대부(大夫)들의 학정(虐政)이 날로 심해짐을 개탄하고 있다. 특히 형제(兄弟)란 한마디가 많은 것들을 헤아리게 하는 묘한 맛을 낸다. 성인의 말씀은 뜻한 바가 무엇인지 풀어주기보다 듣는 사람이 스스로 풀어보도록 요구한다. 그래서 성인의 말씀은 생각하게 하지 생각한 바를 건네주지 않는다. 형제란 한마디를 곰곰이 음미하라 한다.

노위지정형제야(魯衛之政兄弟也)

▶ 노나라와[魯] 위나라의[衛] 정치는[政] 형과 아우이다[兄弟].

노나라는 주나라를 열었던 성군(聖君) 주공(周公)의 후손이 군주(君主)가 된 나라이다. 그리고 위나라는 주공의 아우 강숙(康叔)의 후손이 군주가 된 나라이다. 이렇듯 노나라와 위나라는 형제의 나라로 시작했다. 많은 세월이 지나 이 두 나라는 공자 당대에 이르러 서로 비슷하게 정치적인 혼란을 겪고 있었다. 주공이 펼쳤던 덕치(德治)를 왜 역사는 거듭 융성하게 만들지 못했을까? 왜 나라를 이끈다는 정치는 한사코 인도(仁道)를 벗어나고 마는가?

형제(兄弟)란 한마디가 여러 가지를 살펴보게 한다. 특히 유가(儒家)가 성군으로 삼는 주공의 덕치가 왜 쇠퇴하고 말았는지 생각해보게 한다. 백성을 편안하게 하려고 문물제도를 덕치로 이끌며 출발했는데 왜 권세를 틀어쥔 대부들의 등쌀로 안민(安民)이 불안민(不安民)으로 바뀌고 말았는가? 형제란 한마디가 정치의 궁즉변(窮則變)을 상기해보라 한다. 오죽하면 권불십년(權不十年)이라 하겠는가. 틀어쥔 권력은 항상 흉하고 험하게 끝을 내기 마련이다. 특히 노나라를 농락했던 삼환(三桓)의 권세들이 주공의 덕치를 난도질하고 있어서 공자가 더욱 서글퍼했을 것이다.

나라 이름 로(魯), 나라 이름 위(衛)

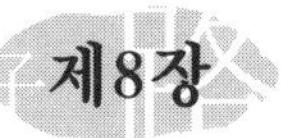

제8장

【문지(聞之)】

자위위공자형(子謂衛公子荊)

【원문(原文)】

子謂衛公子荊한대 善居室이로다 始有에 曰 苟合矣라 하고 少有에 曰 苟完矣라 하고 富有에 曰 苟美矣라 하니라
자위위공자형 선거실 시유 왈 구합 의 소유 왈 구완의 부유 왈 구 미의

【해독(解讀)】

공자께서 위나라 공자였던 형(荊)을 평했다[子謂衛公子荊]. "집안을 잘 이끌어갔다[善居室]. 처음에 재산이 모이자[始有] 형이 말하기를[曰] 간신히 꾸려갈 수 있다 했고[苟合矣], 좀더 재산이 모이자[少有] 형이 말하기를[曰] 간신히 갖출 것을 갖추었다고 했고[苟完矣], 풍부하게 재산이 모이자[富有] 형이 말하기를[曰] 비로소 아름답게 되었다고 했다[苟美矣]."

【담소(談笑)】

자왈(子曰)

공자는 생활을 현실적으로 바라보게 하는 성인(聖人)이다. 열심히 일해 윤택하게 사는 것이 게을러 빈궁하게 사는 것보다 낫다고 인정하는 성인이다. 성인 앞에서는 맹물만 마시고 살아야 한다는 압박을 받기 쉬운데, 공자는 정직하게 벌어 부자가 된다면 아름다운 일이라고 칭찬하는 성인이다. 공자가 집안 살림을 경제적으로 잘 이끌어 삶을 윤택하게 하라고 말씀하는 중이다. 공자는 경제생활을 정직하게 잘 하라고 당부하는 성인이다.

선거실(善居室)

▶ **집안의 재산을[室] 저축하는 데[居] 알맞게 잘했다[善].**

선(善)은 선처(善處)의 준말로 여기고 새기면 된다. 알맞게 잘한다[善]. 거(居)는 축(蓄)과 같다. 모아 쌓다[居]. 실(室)은 방(房)과 같다. 지금 거실은 'living room'으로 여기기 마련이다. 그러나 여기서 거실은 집안을 위한 재물(財物)을 잘 저축하고 운영한다는 말이다. 거실(居室)의 거(居)는 저축한다 함이고, 실(室)은 가재(家財)란 말이다. 그러니 선거실(善居室)은 집안 살림을 알맞게 잘 처리하여 궁핍한 생활을 면한다는 뜻이다. 집안 살림을 잘한다[善居室]고 위(衛)나라 공자(公子) 형(荊)을 공자가 칭찬하고 있다. 경제생활을 잘한다고 내놓고 칭찬하는 성인은 만나기 어렵다. 공자(公子)는 임금의 서자(庶子)를 말한다.

잘할 선(善), 저축할 거(居), 집 실(室)

시유(始有) 왈(曰) 구합의(苟合矣)

▶ **처음으로[始] 가재(家財)가 모이자[有] 형(荊)이 간신히[苟] 살 만큼 모았다[合]고 말했다[曰].**

시유(始有)의 유(有) 다음에 실(室)이 있다고 여기고 새기면 된다. 합(合)은 합취(合聚)의 준말로 여기고 새기면 된다. 합(合)은 취(聚)와 같다. 모으다[合]. 겨우 삶을 꾸려갈 수 있다는 말로 새기면 된다.

구합(苟合)의 구(苟)란 말로 미루어 형(荊)이 열심히 가재(家財)를 모아 집안을 꾸려가려고 노력했음을 알 수 있다. 이를 보면 임금의 서자였다는 형(荊)은 성실했던 듯하다. 성실한 사람은 교만하지 않고 근면하고 검소하게 생활해 나간다. 노자(老子)는 성실(誠實)을 그냥 검(儉)이란 한마디로 암시하기도 한다. 어떤 성인이든 검소한 사람을 칭송한다. 앞 4장에서 공자는 호신(好信)이면 용정(用情)이라고 했다. 용정(用情)을 도가(道家)의 말로 하면 검(儉)이다. 신(信)은 검(儉)에서 시작한다. 신의를 좋아하는[好信] 사람은 검소한 삶[儉]을 좋아한다. 그러니 호신(好信)은 곧 호검(好儉)이란 말이다. 검소함을[儉] 좋아한다[好]. 위나라 공자 형(荊)은 분명 검소했을 터이다. 부자가 되고 싶은가? 그렇다면 처음부터 검소하라.

처음 시(始), 있을 유(有), 간신히 구(苟), 모일 합(合), 종결어미 의(矣)

소유(少有) 왈(曰) 구완의(苟完矣)

▶ **조금 더[少] 재산이 늘자[有] 비로소[苟] 갖출 것을 갖추게 됐다[完]고 형(荊)이 말했다[曰].**

소유(少有)의 유(有) 다음에 실(室)이 있다고 여기고 새긴다. 이 실(室)은 물론 가재(家財)를 뜻한다. 그러니 소유(少有)를 소유실(少有室)로 여기고 새기면 된다. 집안 재산이[室] 조금 더[少] 있다[有].

알뜰하게 집안 살림을 엮어갔던 형(荊)의 모습이 눈에 보이는 듯하다. 집안의 살림살이를 하나씩 갖추어갔음을 구완(苟完)이란 말로 잘 알 수 있다. 비로소[苟] 갖출 것을 갖추었다[完] 함은 요새 젊은 부부들처럼 한꺼번에 '세트'로 살림살이를 부모한테서 사 받아 가는 짓을 하지 않았다는 뜻이다. 살림살이를 자신이 하나씩 장만해가는 과정이 구완(苟完)이라고 보면 된다. 성인은 부지런한 사람을 칭송한다. 그래서 공자는 첫 장에서 무권(無倦)하라 했다. 게으름을 피우지 말라(無倦). 형(荊)은 검소하고 부지런했음이 분명하다. 그러니 그는 부자로 살 권리가 있었다.

적을 소(少), 비로소 구(苟), 완전할 완(完)

부유(富有) 왈(曰) 구미의(苟美矣)

▶ **집안 재산이 풍부하게[富] 되자[有] 비로소[苟] 아름답게 되었다고[美] 형(荊)이 말했다[曰].**

부유(富有)의 유(有) 다음에 실(室)이 있다고 여기면 된다. 집안 재산이[室] 풍부하게[富] 있다[有]. 구미(苟美)의 미(美)는 여기서 미만(美滿)의 준말로 보고 새기면 된다.

구합(苟合)을 거쳐 구완(苟完)에 이르고, 다시 구완(苟完)을 거쳐 구미(苟美)에 이르는 과정은 제가(齊家)의 모습으로도 볼 수 있다. 치국(治國)하기에 앞서 제가(齊家)하고, 제가(齊家)하기에 앞서 수신(修身)하라 함이 『대학(大學)』이 요구하는 기본 인생관(人生觀)이 아닌가. 여기서 구미(苟美)는 제가(齊家)를 이루었음을 암시한다고 보아도 무방하다. 집안 살림을 잘 꾸려 부자가 되어 가솔들이 마음 편하게 살 수 있게 되었고, 더불어 베풀면서 살게 되었음을 구미(苟美)의 미(美)로써 짐작할 수 있기 때문이다.

또한 구미(苟美)의 미(美)를 통해 형(荊)이 부자가 되었다고 교만하지 않았음을 알 수 있다. 그는 「학이(學而)」 편 15장의 말씀을 이루었다 할 수 있다. 다시 말해 부이무교(富而無驕)에서 부이호례(富而好禮)를 이룬 것이다. 나아가 형(荊)은 「학이(學而)」 편 5장의 절용이애인(節用而愛人)을 제가(齊家)로써 이룩했다 할 수 있다. 부유하되[富] 교만하지[驕] 않고[無] 부유하면서도[富] 예를[禮] 좋아한다[好]. 씀씀이를[用] 잘하여[節] 남들을[人] 사랑한다[愛].

유가(儒家)는 화(和) · 낙(樂) · 미(美) · 선(善) · 의(義) 등을 따로 보지 않고 하나로 본다. 그러니 구미(苟美)의 미(美)를 서로 어울려[和] 서로 베풀고[樂] 서로 착하게 살아[善] 의로운[義] 경지로 이해할 수 있을 것이다. 이렇게 하여 부자가 된 형(荊)에게 어떤 사람이 졸부(猝富)라고 하겠는가. 졸부는 어떤 자인가? 재산 좀 있다고 남 보란 듯 과시하는 자이다. 그런 자야말로 천하에 제일 더럽고 추하다. 왜 추한가? 인색해 남을 사랑할 줄 모르는 까닭이다. 그러므로 형(荊)이 말한 구미(苟美)의 미(美)는 그냥 겉보기 아름다움을 말하는 것이 아님을 새겨두어야 한다. 절용이애인(節用而愛人)을 한마디로 검(儉)이라고 해도 된다. 검소한 사람은 남에게 윤택하다. 형(荊)은 그렇게 살았을 것이므로 성인(聖人)의 칭송을 받는다.

부유할 부(富), 아름다울 미(美)

제9장

【문지(聞之)】

부지(富之) · 교지(敎之)

【원문(原文)】

子適衛하실새 冉有僕이러니 子曰 庶矣哉라
자 적 위 염 유 복 자 왈 서 의 재

冉有曰 旣庶矣어든 又何加焉이리이꼬 曰 富之니라
염 유 왈 기 서 의 우 하 가 언 왈 부 지

曰 旣富矣어든 又何加焉이리이꼬 曰 敎之니라
왈 기 부 의 우 하 가 언 왈 교 지

【해독(解讀)】

공자께서 위나라로 갔을 때[子適衛] 염유가 수레를 몰았다[冉有僕].

공자께서 말했다[子曰]. "백성이 많구나[庶矣哉]!"

염유가 아뢰었다[冉有曰]. "이미 백성이 많으니[旣庶矣] 다시 더 보태야 할 것은 무엇이겠습니까[又何加焉]?"

공자께서 말했다[曰]. "백성을 부유하게 하라[富之]."

염유가 아뢰었다[曰]. "이미 백성이 부유하다면[旣富矣] 다시 더 보태야 할 것은 무엇이겠습니까[又何加焉]?"

공자께서 말했다[曰]. "백성을 가르쳐라[敎之]."

【담소(談笑)】

자왈(子曰)

정치의 목적이 왜 애인(愛人)이고 안민(安民)인지 밝히고 있다. 백성을 어떻게 사랑하고 어떻게 편안하게 할 것인지를 밝히고 있다. 잡다한 정치 이론들을 열거하지 말라. 온갖 정치사상은 애인(愛人)이란 한마디에 스며들 것이고, 온갖 정치 목표는 안민(安民)이란 한마디에 녹아들 것이다. 성인의 말씀은 듣기는 쉬워도 생각해 헤아리기는 바다보다 더 깊다. 한마디 속에 만 갈래 생각이 피어나는 게 성인의 말씀임이 새삼스럽다.

기서의(旣庶矣) 우하가언(又何加焉)

▶ **이미[旣] 백성이 많으니[庶] 다시 더[又] 무엇을[何] 백성한테 더 해야 합니까[加]?**

서(庶)는 여기서 중(衆)과 같고 민(民)과 같다. 서민(庶民)의 준말로 여기고 새기면 된다. 백성이 많다[庶]. 언(焉)은 어시(於是)의 준말이다. 물론 어시(於是)의 시(是)는 서(庶), 즉 백성을 가리키는 지시어이다. 그러니 언(焉)은 '백성한테' 란 뜻이다.

"자적위(子適衛) 염유복(冉有僕)." 공자께서[子] 위나라로[衛] 갔을 때[適] 염유가[冉有] 수레를 몰았다[僕]. 적(適)은 왕(往)과 같다. ~로 간다[適]. 복(僕)은 종이란 뜻도 있지만 여기서는 어(御)와 같다. 수레를 몬다[僕].

수레를 타고 위나라로 가면서 공자가 "서의재(庶矣哉)"라고 말하자 염유(冉有)가 위와 같이 물었다고 한다. 백성이 많구나[庶]! 재(哉)는 감탄어조사로 본다. 이미 백성이 많은데 그 백성한테 무엇을 더해주어야 하느냐는 염유의 질문은 곧 치국(治國)의 목적이나 목표가 무엇인지를 묻는 것이다. 염유의 질문에 공자께서 간명하게 답해주었다. "부지(富之)." 부지(富之)의 지(之)는 서(庶)를 받는 지시어이다. 백성을[之] 부유하게 하라[富]. 학정(虐政)은 백성을 굶기지만, 선정(善政)은 백성을 윤택하게 하여 제 고향에서 편히 살게 한다. 그래서 폭군은 백성을 곤궁하게 하고 성군은 백성을 부유하게 한다. 덕치(德治)란 무엇인가? 선정이다. 백성을 윤택하게 하여 마음과 몸을 편안하게 하는 선정이 곧 덕치다. 그래서 공자는 염유의 물음에 단언했다. 백성을 부유하게 하라[富之].

그러자 염유가 다시 스승께 아뢰었다. "기부의(旣富矣) 우하가언(又何加焉)." 그러자 공자는 이번에도 염유에게 간명하게 답해주었다. "교지(敎之)." 백성을 무지(無知)하게 하지 말라. 백성을 몽매(蒙昧)하게 내버려두지 말라는 뜻이다. 백성들로 하여금 호학(好學)하도록 하라는 말씀이다. 그렇지 않고서 어찌 백성이 호례(好禮)하고 호의(好義)하며 호신(好信)할 수 있겠는가. 백성을[之] 가르쳐라[敎]. 무엇을 가르치라 하는가? 인도(仁道)를 가르치라 함이다. 치자(治者)만 인자(仁者)가 되라는 게 아니다. 백성도 다 같이 인자가 되어야 평천하(平天下)가 이룩된다. 공자의 이상(理想)을 허무맹랑하다 하지 말라. 치국(治國)하여 평천하(平天下)하라 함은 지극히 현실적인 말씀이니 말이다.

백성을 부유하게 하라[富之]. 이 얼마나 현실적인가. 백성을 가르쳐라[敎之]. 이 또한 얼마나 현실적인가. 그러니 공자가 말하는 인도(仁道)는 철학의 문제가 아니라 극히 현실적인 생존의 문제이다. 이러한 뜻에서 공자는 정치를 역설했다. 성인이라면 대부분 정치를 멀리하라 하지만 공자만은 정치에 적극적으로 참여하라 한다. 그러므로 부지(富之)와 교지(教之)는 실천하는 정치를 말한다고 볼 수 있다. 공자를 말만 하는 성인이라고 말하지 말라.

이미 기(旣), 많을 서(庶), 또 우(又), 무엇 하(何), 더할 가(加), 이에 언(焉)

제10장

【문지(聞之)】

구유용아자(苟有用我者)

【원문(原文)】

子曰 苟有用我者면 期月而已라도 可也니 三年이면 有成이리라
자왈 구유용아자 기월이이 가야 삼년 유성

【해독(解讀)】

공자께서 말했다[子曰]. "진실로 나를 써줄 사람만 있다면[苟有用我者] 1년이면[期月而已] 나라를 바로잡을 수 있고[可也], 3년이면 그 성과가 나올 것이다[三年有成]."

【담소(談笑)】

자왈(子曰)

공자께서 선정(善政)을 자신하고 있다. 이렇게 자신에 차 있는 공자를 두고 누구도 교만하다거나 오만하다고 흉볼 수 없다. 공자는 말

로만 선정을 외치는 성인이 아니라 선정을 행동으로 옮겨 성취하라는 성인이기 때문이다. 다만 군왕들이 공자를 멀리했을 뿐이다. 공자에게 선정을 베풀 기회를 주는 군왕이 없었다. 이를 서글퍼하는 성인을 보라.

구유용아자(苟有用我者) 기월이이(期月而已) 가야(可也) 삼년유성(三年有成)

▶ **진정[苟] 나를[我] 써줄[用] 사람이[者] 있다면[有] 1년[期月] 만이면[而已] 나라를 바로잡을 수 있고[可], 3년이면[三年] 그 성과가[成] 드러날 것이다[有].**

구(苟)는 여기서 성(誠)과 같다. 진실로 ~하기만 하면[苟]. 기월(期月)은 1년이란 뜻이다. 이이(而已)는 강조하는 어미다. ~일 뿐[而已]. 유성(有成)의 성(成)은 성과(成果)의 준말로 여기고 새기면 된다.

구유용아자(苟有用我者)의 구(苟) 한 글자에서 공자의 절절한 심회를 엿볼 수 있다. 구(苟)를 갈성(竭誠)으로 새기기도 한다. 정성을[誠] 다한다[竭]. 진실로 인도(仁道)로써 선정(善政)하기를 바라는 임금이 있어서 자신이 뜻한 바대로 선정을 베풀도록 맡겨만 준다면 1년 안에 나라의 혼란을 바로잡을 수 있다고 자신하는 공자를 보라. 정치(政治)의 정(政)을 정(正)이 되게 할 자신이 있다, 그래서 나라의 모든 부정(不正)을 몰아내 정명(正名)을 이루어 나라에 호례(好禮)·호의(好義)·호신(好信)의 질서를 이루겠다는 공자를 비웃지 말라. 다만 진실로 공자에게 천하를 내맡기려는 군왕이 없었을 뿐이다.

앞서 4장에서 공자가 한 말을 상기해보라. "윗사람이 예의를 잘 지키면[上好禮] 백성도 경건하지 않을 수 없고[則民莫不敢敬], 윗사람이 정의를 잘 지키면[上好義] 백성도 복종하지 않을 수 없으며[則民莫不敢服], 윗사람이 신의를 잘 지키면[上好信] 백성도 성실할 수밖에 없다

[則民莫不敢用情].” 상호례(上好禮)의 상(上)을 공자라고 여기고 생각해보라. 그러면 공자의 호언(豪言)을 거짓말이라 할 수 없을 것이고, 공자의 장담(壯談)을 오만이라고 흉볼 수 없을 것이다. 백성은 공자를 갈망하지만 폭군은 공자를 시기하는 까닭을 곰곰이 생각해보면 공자가 왜 이렇게 치고 나오는지 알 수 있을 것이다. 껍데기는 가라. 그러면 알맹이가 드러난다.

진실로 구(苟), 쓸 용(用), 나 아(我), 기간 기(期), 어조사 이(已), 가할 가(可), 이룰 성(成)

제11장

【문지(聞之)】

선인위방백년(善人爲邦百年)

【원문(原文)】

子曰 善人爲邦百年이면 亦可以勝殘去殺矣라 하니
자왈 선인위방백년 역가이승잔거살의

誠哉라 是言也여
성재 시언야

【해독(解讀)】

공자께서 말했다[子曰]. “착한 사람이 100년간 나라를 다스린다면[善人爲方百年] 역시 잔인한 인간들을 물리치고 살인을 없앨 수 있다고 하니[亦可以勝殘去殺矣], 이런 말은 참으로 옳은 말이다[誠哉是言也].”

【담소(談笑)】

자왈(子曰)

선인(善人)을 밝히고 있다. 선인은 누구인가? 선정(善政)을 담당하는 사람이다. 덕치(德治)를 행할 당사자이다. 선정이란 애인(愛人)과 지인(知人)을 정치로써 구현하는 일이 아닌가. 선인은 군자(君子)요 대인(大人)이다. 치자(治者)로서 선인은 어떤 사람인가? 「안연(顔淵)」편 22장에서 자하(子夏)가 번지(樊遲)에게 그런 선인에 대해 말해준 바 있다. "순유천하(舜有天下) 선어중(選於衆) 거고요(擧皐陶) 불인자원의(不仁者遠矣) 탕유천하(湯有天下) 선어중(選於衆) 거이윤(擧伊尹) 불인자원의(不仁者遠矣)." 바로 고요(皐陶)와 이윤(伊尹) 같은 치자를 가리켜 선인이라 한다. 정치는 선인이 맡아서 해야 한다고 공자가 역설하고 있다.

선인위방백년(善人爲邦百年) 역가이승잔거살의(亦可以勝殘去殺矣) 성재(誠哉) 시언야(是言也)

▶ 착한[善] 사람이[人] 100년만[百年] 나라를[邦] 다스린다면[爲] 역시[亦] 그렇게 함으로써[以] 잔인한 인간들을[殘] 물리치고[勝] 살인하는 인간을[殺] 사라지게[去] 할 수 있다는[可] 이[是] 말은[言] 참으로 옳다[誠].

위방(爲邦)은 위정(爲政)과 같다. 나라를 다스린다[爲邦]. 가이(可以)에서 이(以)는 뒤에 앞의 내용이 있다고 보고 새긴다. 그래서 이(以)를 '그렇게 함으로써' 정도로 새긴다. 승잔(勝殘)의 잔(殘)은 잔인하고 무도한 인간, 즉 악인(惡人)을 말한다. 살(殺) 역시 살인자(殺人者) 즉 악인을 말한다.

사람을 잔인하게 만들어 살인을 저지르게 만드는 세상은 결국 폭군(暴君)의 학정(虐政) 때문에 빚어지는 혼란이요 아픔이다. 이런 혼란과 아픔을 치유할 수 있는 치자(治者)는 선인(善人)이다. 인자(仁

者)·군자(君子)·대인(大人)·선인(善人) 등은 다 같은 말이요 덕치(德治)를 펴는 치자를 뜻한다. 썩은 정객(政客)은 결코 치자일 수 없다. 부패한 정객은 누구인가? 불인(不仁)한 소인(小人)을 말한다. 소인은 애인(愛人)을 멀리하고 지인(知人)하기를 비웃는 저밖에 모르는 뻔뻔스러운 인간이다. 멀쩡하게 거짓말을 밥 먹듯 하면서도 부끄러워할 줄 모르는 인간을 가리켜 불인자(不仁者)라고 한다. 지금 정치하는 사람들 중에는 치자가 많은가 부패한 정객이 많은가? 알 만한 사람은 다 알고 있다. 그래서 공자가 "성재시언야(誠哉是言也)"라고 절절하게 힘주어 부르짖고 있다.

나라 방(邦), 이길 승(勝), 잔혹할 잔(殘), 없앨 거(去), 죽일 살(殺), 정성 성(誠), 이 시(是)

제12장

【문지(聞之)】

여유왕자(如有王者)

【원문(原文)】

子曰 如有王者라도 必世以後仁이니라
자왈 여유왕자 필세이후인

【해독(解讀)】

공자께서 말했다[子曰]. "만일 왕자가 있다면[如有王者] 반드시 한 세대 이후에는 어진 세상이 될 것이다[必世以後仁]."

【담소(談笑)】

자왈(子曰)

고요(皐陶)나 이윤(伊尹) 같은 치자를 선인(善人) 즉 군자(君子)라고 한다면, 요(堯)나 순(舜) 같은 성왕(聖王)은 왕자(王者)라고 말하고 있다. 선인이 세상 사람을 인도(仁道)로 이끌어 세상이 인덕(仁德)으로 넘치게 하는 데 100년이 걸린다면, 왕자는 한 세대 즉 30년이면 인덕의 세상으로 변화시킨다는 것이다. 가뭄에 단비를 기다리듯 왕자(王者)를 갈망하고 있다.

여유왕자(如有王者) 필세이후인(必世以後仁)

▶ **만약에〔如〕 하늘이 바라는 바대로 하는 임금이〔王者〕 나타난다면〔有〕, 틀림없이〔必〕 30년이 지난〔世〕 뒤에는〔後〕 어진 세상이 되리라〔仁〕.**

여(如)는 여기서 약(若)과 같다. 만약에[如]. 왕자(王者)의 왕(王)은 천명(天命)을 받아 다스리는 임금을 말한다. 공자가 말하는 왕(王)을 노자(老子)는 명(明)이라고 한다. 노자의 입장에서 보면 왕자(王者)는 밝은 사람[明者]인 셈이다. 물론 공자가 바라는 이상향은 인덕(仁德)이 실현되는 세상이고, 노자가 바라는 이상향은 무위(無爲)의 세상이다. 하지만 서로 말이 다를 뿐 따지고 보면 만물이 다 함께 한결같이 살 수 있는 세상을 바라는 마음은 서로 통한다고 할 수 있다. 다만 공자는 사람을 중심으로 편안한 세상을 이루자 하고, 노자는 만물을 다 껴안는 세상이 되게 그냥 그대로 내버려두자 한다.

왕자(王者)는 맹자(孟子)에 이르러 더욱 분별된다. 왕자(王者)는 인도(仁道)를 일구는 임금이고, 패자(覇者)는 겉으로 어진 척하면서 힘으로 세상을 후리는 임금이라고 맹자는 분명히 했다. 공자는 폭군을 아예 무시해버리지만, 그러나 폭군마저도 성군이 될 수 없느냐고 반문했다. 성인(聖人)은 이러쿵저러쿵 따져 갈래를 나누지 않는다. 그러니 공자가 왕자만 알고 패자를 몰랐을 리 없다. 왕자는 조용하고 패자는 호령한다. 그래서 왕자(王者)를 정자(靜者)로 보아도 된다. 본래 정(靜)이란 천명을 따라 하늘에 안기는 것이기 때문이다. 이 천명은 곧 애인(愛人)을 말한다. 백성을[人] 사랑하라[愛]. 이것이 하늘의 명령이며, 그 명령을 정성껏 이행하는 임금을 왕자(王者)라 한다. 공자 같은 성인이 왜 왕자(王者)의 등장을 간절하게 바라는지 알 만하다.

만약 여(如), 임금 왕(王), 반드시 필(必), 뒤 후(後)

제13장

【문지(聞之)】

구정기신의(苟正其身矣)

【원문(原文)】

子曰 苟正其身矣면 於從政乎何有며 不能正其身이면 如正人何오
자 왈 구 정 기 신 의 어 종 정 호 하 유 불 능 정 기 신 여 정 인 하

【해독(解讀)】

공자께서 말했다[子曰]. "만일 자신을 올바르게 한다면[苟正其身矣] 정치에 종사하는 데 어려울 것은 없다[於從政乎何有]. 제 자신을 올바르게 할 수 없다면[不能正其身] 어떻게 남을 바르게 할 수 있겠는가[如正人何]?"

【담소(談笑)】

자왈(子曰)

정명(正名)을 웅변하듯이 절절하게 밝히고 있다. 성인(聖人)이 이렇게까지 열렬히 강변하다니. 정치(政治)가 잘못되어 죄 없는 백성이 고달파지는 것을 견디지 못하는 공자의 모습이 눈 앞에 보이는 듯하다. 명분(名分)을 바르게 하라[正名]. 공자의 정명(正名)은 노자(老子)의 몰신(沒身)과도 같다. 몸 바쳐 애인(愛人)하라고 공자가 절규하고 있다.

구정기신의(苟正其身矣) 어종정호하유(於從政乎何有) 불능정기신(不能正其身) 여정인하(如正人何)

▶ 만약[苟] 자기 자신을[其身] 바르게만 하면[正] 정치를[政] 좇는 데[於從] 아무런 문제될 것이 없다[何有]. 자기 자신을[其身] 바르게 못한다면[不能正] 어찌[何如] 남들을[人] 바르게 하겠는가[正]?

여기에서 구(苟), 호하유(乎何有), 그리고 하여(何如)를 여(如) ~하(何)로 쓴 것 등등은 어조(語調)와 어세(語勢)를 간절하고 절절하게 하려는 이른바 수사(修辭)라고 할 수 있다. 성인이 이렇듯 어감(語感)을 절절하게 드러내 말하는 것은 그것이 너무도 절실한 진리이기 때문이다. 간절함이 피부에 와 닿을 듯 성인이 호소하고 있다.

구(苟)는 만약 ~한다면의 뜻이다. 기신(其身)은 자신(自身)으로 바꾸어 새기면 된다. 종정(從政)에서 종(從)은 종사(從事)의 준말로 여기고, 정(政)은 정치(政治)의 준말로 여기고 새기면 된다. 정인(正人)의 인(人)은 백성(百姓)으로 여기고 새기면 된다.

정기신(正其身)의 정(正)은 앞서 4장에서 공자가 번지(樊遲)에게 말해주었던 호례(好禮) · 호의(好義) · 호신(好信)을 상기하면 된다. 따라서 정기신(正其身)하라 함은 곧 자신을 닦아라[修己] 함이다. 마음가짐과 몸가짐을 바르게 한다[正] 함은 예를 좋아하고[好禮], 의를 좋아하고[好義], 신의를 좋아함[好信]을 떠날 수 없기 때문이다. 공자는 치자(治者)가 이렇게만 하면 백성도 따라서 바른 몸가짐과 마음가짐을 갖추게 된다[正人]는 확신을 버린 적이 없다. 공자만큼 인간을 확신한 성인은 없다. 그러므로 명분을 정직하게 하라[正名]는 공자의 정치관(政治觀)은 정기신(正其身)으로부터 시작된다. 정치한다는 사람들은 먼저 자신이 정직한지 자문하기 바란다.

적어도 구(苟), 좇을 종(從), 무엇 하(何)

제14장

【문지(聞之)】

유정(有政) · 기사야(其事也)

【원문(原文)】

冉子退朝어늘 子曰 何晏오 對曰 有政이러이다
염 자 퇴 조 자 왈 하 안 대 왈 유 정
子曰 其事也로다 如有政인댄 雖不吾以나 吾其
자 왈 기 사 야 여 유 정 수 불 오 이 오 기
與聞之니라
여 문 지

【해독(解讀)】

염유가 조회에서 물러나오자[冉子退朝] 공자께서 물었다[子曰]. "왜 늦었느냐[何晏]?"

염유가 아뢰었다[對曰]. "나랏일이 있었습니다[有政]."

공자께서 꾸짖었다[子曰]. "그것은 개인의 일이었을 것이다[其事也]. 만일 나랏일이 있다면[如有政] 비록 내가 관여되지 않았다 해도[雖不吾以] 나도 너와 더불어 함께 나랏일을 들었을 것이다[吾其與聞之]."

【담소(談笑)】

자왈(子曰)

정명(正名)을 망각한 염유(冉有)를 꾸짖고 있다. 염유는 임금을 무시하고 국정을 문란하게 하던 대부(大夫) 계씨(季氏) 밑에서 가신(家臣) 노릇을 하고 있었다. 염유가 백성을 위해서 올바른 일을 하지 않고 제 주인을 위해 머슴 노릇을 마다 않자 공자께서 꾸짖고 있다. 공사(公私)를 헤아리지 못하면 정명은 망가지고 만다. 이런 제자를 공자가 용서해줄 리 없다.

기사야(其事也) 여유정(如有政) 수불오이(雖不吾以) 오기여문지(吾其與聞之)

▶ **그것은[其] 계씨(季氏)의 일이다[事]. 만약에[如] 나랏일이[政] 있었다면[有], 비록[雖] 나를[吾] 관여시키지 않았다 해도[不以] 나도[吾] 여러 사람들과[其] 함께[與] 네가 말했던 나랏일을[之] 들었을 것이다[聞].**

기사(其事)의 기(其)는 염유가 말한 유정(有政)의 정(政)을 받는 지시어로, 사(事)는 사사(私事)의 준말로 여기고 새기면 된다. 한 개인을 위해서 하는 일[私事]로 해석하면 된다. 여(如)는 약(若)과 같다. 만일 ~한다면[如]. 유정(有政)의 정(政)은 치(治)와 같은데 국정(國政)의 준말로 여기고 새긴다. 물론 정사(政事)로 새겨도 된다. 정사(政事)의 사(事)는 사사(私事)가 아니라 공사(公事)를 뜻한다. 다시 말해 백성을 위해서 하는 일[公事]이다. 불오이(不吾以)는 불이오(不以吾)에서 오(吾)를 강조하기 위해 이(以) 앞으로 도치시킨 형태로, 여기서 이(以)는 용(用)과 같은 동사로 쓰였다. 관여시킨다[以]. 기여(其與)는 '여럿이 함께' 정도로 새긴다. 문지(聞之)의 지(之)는 염유가 말했던 유정(有政)의 정(政)을 받는 지시어이다.

염유가 조회(朝會)에서 물러나오자 공자께서 물었다. "하안(何晏)." 무엇 때문에[何] 늦었는가[晏]? 여기서 안(晏)은 만(晩)과 같다. 늦다[晏]. 스승의 물음에 염유가 이렇게 아뢰었다. "유정(有政)." 정사(政事)가[政] 있었습니다[有]. 염유의 대답을 듣고 공자가 위와 같이 꾸짖고 있다. 염유가 정명(正名)을 망각했기 때문이다.

염유가 정사(政事)의 사(事)와 사사(私事)의 사(事)를 분별하지 못했음을 꾸짖고 있다. 정사(政事)의 사(事)는 사사(私事)의 사(事)가 아니라 공사(公事)의 사(事)임을 분명히 해야 정사에 대한 정명이다. 그러나 염유는 공사(公私)를 분별하지 못하여 정치의 근본인 필야정명(必也正名)을 망각하는 잘못을 범하고 말았다. 이에 공자는 만일 염유가 밝힌 유정(有政)의 정(政)이 국정(國政)이었다면 공개적으로 이행될 터이니, 비록 공자 당신이 조회에 참석해 정사에 관여하지 않더라도 들어서 알 수 있는 일이 아니냐고 염유에게 따지고 있다. 내가 들은 바 없는 일이라면 백성을 위한 공사(公事)가 아니라 한 개인의 권세를 위한 사사(私事)가 아니냐고 추궁하고 있다. 이처럼 염유가 정명을 위반했다고 단언하는 중이다.

왜 공자는 정치의 근본을 정명(正名)이라고 했을까? 나라를 다스린다[政治] 함은 곧 공사(公私)를 엄격하게 분별하여 사복(私僕)이 아닌 공복(公僕)이 되라는 뜻이다. 지금 공자는 염유가 권세를 잡은 대부 계씨의 사복 노릇을 마다 않고 있음을 질타하고 있다. 개인을 위해 일하는 머슴[私僕]인가 아니면 백성을 위해 일하는 머슴[公僕]인가 따져 묻고 있다. 오로지 백성을 위해 정성을 다해 일하라는 게 공자가 밝히는 정명사상(正名思想)이리라. 이런 정치사상은 아무리 세상이 바뀐다 한들 변할 리 없다. 변할 리 없는 것[眞理]을 상(常)이라 한다. 정치의 진리는 애인(愛人)일 뿐이다. 백성을[人] 사랑하라[愛]. 이것이 곧 정(政)의 상(常)이다. 이러한 상(常)을 알라는 게 동양적 명(明)이다. 정명(正名)하라. 이는 현명한 치자(治者)의 몫이다. 이 몫을 다한다면 어느 치자이든 염유가 받은 비난을 면할 수 있다.

일 사(事), 만약 여(如), 비록 수(雖), 할 이(以), 함께 여(與), 들을 문(聞)

제15장

【문지(聞之)】

일언이가이흥방(一言而可以興邦)

【원문(原文)】

定公問 一言而可以興邦이라 하니 有諸이꼬
정 공 문 일 언 이 가 이 흥 방 유 제

孔子對曰 言不可以若是 其幾也어니와 人之言曰
공 자 대 왈 언 불 가 이 약 시 기 기 야 인 지 언 왈

爲君難하며 爲臣不易라 하나니 如知爲君之難也인댄
위 군 난 위 신 불 이 여 지 위 군 지 난 야

不幾乎一言而興邦乎이고
불 기 호 일 언 이 흥 방 호

曰 一言而喪邦이라 하니 有諸이꼬
왈 일 언 이 상 방 유 제

孔子對曰 言不可以若是 其幾也어니와 人之言曰
공 자 대 왈 언 불 가 이 약 시 기 기 야 인 지 언 왈

予無樂乎爲君이요 唯其言而莫予違也라 하나니 如
여 무 락 호 위 군 유 기 언 이 막 여 위 야 여

其善而莫之違也인댄 不亦善乎이꼬 如不善而莫
기 선 이 막 지 위 야 불 역 선 호 여 불 선 이 막
之違인댄 不幾乎一言而喪邦乎이꼬
지 위 불 기 호 일 언 이 상 방 호

【해독(解讀)】

정공이 물었다[定公問]. "말 한마디로 나라를 흥하게 할 수 있는 말이 있겠소[一言而可以興邦有諸]?"

공자가 이에 말했다[孔子對曰]. "말 한마디로 그렇게 할 수는 없습니다[言不可以若是]. 그런데 가까운 그런 말로[其幾也] 백성이 말합니다[人之言曰]. '임금이 되기는 어렵고[爲君難] 신하 되기도 쉽지 않다[爲臣不易].' 만약에 임금 되기가 어려운 줄 안다면[如知爲君之難也], 그런 말이 나라를 흥하게 하는 한마디가 아니겠습니까[不幾乎一言而興邦乎]?"

정공이 말했다[曰]. "한마디로 나라를 잃어버린다는 말은 있겠소[一言而喪邦有諸]?"

공자가 이에 말했다[孔子對曰]. "말이란 한마디로 다 표현할 수 없습니다[言不可以若是]. 다만 그런 말로 가깝게[其幾也] 백성이 말합니다[人之言曰]. '나는 임금이 되는 것을 즐거워하지 않는다[予無樂乎爲君]. 오로지 그런 말을 내가 위반하지 않는다[唯其言而莫予違也].' 만약에 임금의 말씀이 선하고 그 선한 말씀을 위반하지 않는다면[如其善而莫之違也] 그 또한 좋지 않겠습니까[不亦善乎]? 만약에 선하지 않은데 아무도 그 말을 위반하지 못한다면[如不善而莫之違], 그런 말이 나라를 잃어버리게 하는 한마디가 아니겠습니까[不幾乎一言而喪邦乎]?"

【담소(談笑)】

자왈(子曰)

선정(善政)하라고 말하고 있다. 임금이 선정을 하면 나라가 흥할 것이고, 그렇지 못하면 나라가 망하리라고 밝히고 있다. 임금 자신이 선정하지 않으면 안 된다는 것을 알고 있어야 한다. 임금이 선정을 펴지 않는데도 신하가 입을 다물고 있다면 임금은 점점 더 예(禮)로써 정치하지 못해 나라를 잃어버리게 된다고 밝히고 있다. 그러나 공자는 정공(定公)에게 선정을 하라고 곧장 말하지 않는다. 백성의 말을 빌려 정공으로 하여금 살펴 새기게 한다. 성인의 말솜씨는 꼼짝 못하게 한다.

언불가이약시(言不可以若是) 기기야(其幾也) 인지언왈(人之言曰) 위군난(爲君難) 위신불이(爲臣不易) 여지위군지난야(如知爲君之難也) 불기호일언이흥방호(不幾乎一言而興邦乎)

▶ 말이란[言] 말씀하신 대로[若是] 다 표현할 수는 없습니다[不可以]. 그런[其] 가까운 말로[幾] 백성이[人] 일러 말합니다[言曰]. "임금이[君] 되기가[爲] 어렵고[難], 신하가[臣] 되기도[爲] 쉽지 않다[不易]." 만약에[如] 임금[君] 되기가[爲] 어려운 줄[難] 안다면[知], 바로 그 한마디가[一言] 나라를[邦] 흥하게 한다는[興] 가까운 말이 아니겠습니까[不乎]?

정공(定公)이 공자에게 이렇게 물었다. "일언이가이흥방(一言而可以興邦有諸)?" 한마디 말로[以一言] 나라를[邦] 흥하게 할 수 있는[可興] 그런 말이[諸] 있겠는가[有]? 정공의 이 같은 물음에 공자가 위와 같이 대답했다는 것이다.

유제(有諸)의 제(諸)는 어조사이다. 불가이(不可以)의 이(以)는 여기서 위(爲)와 같이 본다. 약시(若是)의 시(是)는 정공이 물었던 내용을 받는 지시어이다. 기(幾)는 근(近)과 같다. 가깝다[幾]. 기기(其幾)

는 '정공이 바라는 말뜻에 가까운 말' 이라고 새기면 된다. 인지언왈(人之言曰)의 인(人)은 백성을 뜻한다. 백성이 입에 올리기를[人之言曰]. 불기호(不幾乎)의 불호(不乎)는 반문하는 말투로 보면 된다.

위군난(爲君難)은 선정(善政)을 베풀어 백성을 편안하게 하는 임금이 되기 어렵다는 뜻이다. 공자께서 정공에게 당신은 선정을 하고 있느냐고 묻고 있다. 선정(善政) 이 한마디가 바로 나라를 흥하게 하는 일언(一言)이 아니냐고 반문하고 있다. 백성은 임금이 선정하기를 갈망한다. 이런 백성의 갈증을 풀어주기란 쉬운 일이 아님을 말해주고 있다.

위신불이(爲臣不易)는 임금이 선정을 하도록 돕기가 어렵다는 뜻이다. 임금에게 바른 말을 하여 선정하도록 함이 곧 신사군이충(臣事君以忠)이 아닌가. 충성으로써[以忠] 임금을[君] 섬겨라[事]. 이충(以忠)의 충(忠)은 임금이 백성을 사랑하도록 정성을 다해 임금을 보필하는 마음가짐이요 몸가짐이다. 이런 충성을 다하기가 어렵다는 것을 공자가 정공에게 밝히고 있다. 폭군은 흔하지만 충신은 얼마나 귀한가를 암시한다. 그러니 선정을 하여 덕치를 편다면 이런 한마디로 나라를 흥하게 한다는 것이다. 아무도 반대하지 못하리라.

말씀 언(言), 할 이(以), 같을 약(若), 이것 시(是), 가까울 기(幾), 어려울 난(難), 쉬울 이(易), 흥할 흥(興), 나라 방(邦), 어조사 제(諸)

언불가이약시(言不可以若是) 기기야(其幾也) 인지언왈(人之言曰) 여무락호위군(予無樂乎爲君) 유기언이막여위야(唯其言而莫予違也) 여기선이막지위야(如其善而莫之違也) 불역선호(不亦善乎) 여불선이막지위(如不善而莫之違) 불기호일언이상방호(不幾乎一言而喪邦乎)

▶ 말이란[言] 말씀하신 대로[若是] 다 표현할 수는 없습니다[不可

以]. 그런[其] 가까운 말로[幾] 백성이[人] 일러 말합니다[言曰]. "나는[予]임금 노릇 하기를[爲君] 좋아하지 않는다[無樂]. 오직[唯] 그런[其] 말을 해도 [言] 어느 누구든 내가[予] 틀린 말을 한다고 반대하지[違] 않는다[莫]." 만약에[如] 임금의 말씀이[其] 착하여[善] 백성들 모두가 임금의 말씀을[之] 어기지[違] 않는다면[莫] 어찌[亦] 아니[不] 좋겠습니까[善乎]? 만약에[如] 임금의 말이 착하지 않은데도[不善] 아무도 그런 임금의 말을[之] 반대하지[違] 않으면[莫], 그런 임금의 착하지 않은 한마디가[一言] 나라를[邦] 잃게 하는[喪] 가까운 말이 아니겠습니까[不幾乎]?

정공(定公)이 공자에게 "일언이상방유제(一言而喪邦有諸)"냐고 묻자 공자가 위와 같이 대답했다고 한다. 말 한마디로[一言] 나라를[邦] 잃게 되는[喪] 그런 말이 있겠소[有諸]?

그러자 공자는 그런 말이 있다고 한마디로 잘라 말할 수는 없지만, 백성이 나누는 말을 살펴보면 거의 알 수 있겠노라고 대답한다. "여무락호위군(予無樂乎爲君) 유기언이막여위야(唯其言而莫予違也)." 여기서 여(予)는 백성 중의 한 사람을 일컫는다. 임금이 임금이란 이름에 부끄럽지 않게 본분을 제대로 다해서 임금 노릇을 백성이 원하는 대로[正名] 한다면 왜 백성이 "무락호위군(無樂乎爲君)"이라고 말하겠는가. 임금이 정명(正名)을 바른 대로 못 지킨 데 대한 백성의 원성이 '임금 노릇 하기를[爲君] 싫어한다[無樂]' 는 말에 숨어 있다고 보면 된다. 백성 중의 한 사람이[予] 임금이 싫다고 하는데도 그렇게 말하는 사람[予]을 모든 사람들[百姓]이 반대하지 않는다는 소문이 백성의 입을 타고 흐르면, 곧 그 소문이 나라를 잃는 한마디라고 일러준다.

임금이 잘못하는데도 어느 누구 하나 잘못한다고 말할 수 없는 세상이라면 그런 세상은 망하게 마련이다. 예나 지금이나 백성의 입을 틀어막는 나라는 망하고 만다. 옛날은 폭군이라 했고 지금은 독재자라 하는데, 바로 이 폭군과 독재자란 한마디가 곧 나라를 망하게 하는 일언(一言)이리라. 정공 당신도 폭군이란 말을 듣는다면 그 폭군이란 한마디가 바로 나라를 잃는[喪邦] 한마디 말[一言]이라고 공자가 암시해주고 있는 셈이다.

즐거워할 락(樂), 오직 유(唯), 아니할 막(莫), 나 여(予), 어길 위(違), 잃을 상(喪)

제16장

【문지(聞之)】

근자열(近者說)

【원문(原文)】

葉公問政한대 子曰 近者說하며 遠者來니라
섭 공 문 정 자 왈 근 자 열 원 자 래

【해독(解讀)】

섭공이 정치를 묻자[葉公問政] 공자께서 말해주었다[子曰]. "가까운 곳에 있는 사람들이 기뻐하고[近者說] 먼 곳에 있는 사람들이 찾아오는 것입니다[遠者來]."

【담소(談笑)】

자왈(子曰)

섭공(葉公)에게 가장 필요한 답을 들려주고 있다. 외교에만 신경쓰고 내치(內治)를 소홀히 해 어렵게 사는 백성들을 거두지 못한 섭공을 비판하고, 인정(仁政)이 무엇인지 쉽게 설명해주고 있다.

근자열(近者說) 원자래(遠者來)

▶ **가까이 사는[近] 사람들이[者] 기뻐하고[說], 멀리 사는[遠] 사람들이[者] 찾아와 사는 것입니다[來].**

섭공(葉公)은 초(楚)나라 중신(重臣)이었던 심저량(沈諸梁)을 말한다. 만년에 공자와 교우(交友)가 있었다고 한다. 그런데 섭공은 덕치(德治)를 멀리하고 외교에 치중했던 정치가였다. 이런 섭공에게 공자께서는 정치(政治)란 나라 안의 사람들이 즐겁게 살도록 해주어 옆 나라들이 부러워 따라오는 것이라고 말해준다.

나라 안 백성들이 못 살면 외교를 아무리 잘한들 무슨 쓸모가 있겠는가를 섭공 스스로 헤아려보게 한다. 치국(治國)이 되어야 평천하(平天下)가 될 게 아닌가. 제 나라 백성이 잘살게 하는 일[治國]이 먼저이지 온 세상 사람들이 잘살게 하는 일[平天下]은 그 다음이란 말이다. 덕치로써 백성을 잘살게 하여 기쁘게 하는 것이 바로 정치라는 말이다. 이러한 대답에 외교에만 신경 썼다던 섭공이 찔끔했을 터이다. 하기야 지금도 내치(內治)는 등한하게 여기면서 외교를 통해 자신의 영달을 챙기는 치자(治者)들이 흔하니, 섭공에게 던진 공자의 해답은 여전히 명답이라 하겠다.

가까울 근(近), 기뻐할 열(說), 멀 원(遠), 올 래(來)

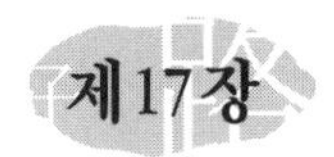

제17장

【문지(聞之)】

무욕속(無欲速) 무견소리(無見小利)

【원문(原文)】

子夏爲莒父宰 問政한대 子曰 無欲速하며 無見小利니 欲速則不達하고 見小利則大事不成이니라
자하위거보재 문정 자왈 무욕속 무견소리 욕속즉부달 견소리즉대사불성

【해독(解讀)】

자하가 거보의 읍재가 되어 정치를 묻자[子夏爲莒父宰問政] 공자께서 말해주었다[子曰]. "성급하게 서둘지 말며[無欲速] 적은 이득을 꾀하지 말라[無見小利]. 성급하게 설치면 일을 제대로 다하지 못하고[欲速則不達], 작은 이득을 꾀하면 큰 일이 이루어지지 않는다[見小利則大事不成]."

【담소(談笑)】

자왈(子曰)

자하(子夏)가 거보(莒父)의 읍재(邑宰)가 되어 가르침을 청하자 한 고을의 책임자로서 해야 할 바를 분명하게 가르쳐주고 있다. 고을 백성이 다 편안히 살 수 있도록 모든 일을 신중하게 삼가야 함을 가르쳐주고 있다.

무욕속(無欲速) 무견소리(無見小利) 욕속즉부달(欲速則不達) 견소리즉대사불성(見小利則大事不成)

▶ 급하게 서둘지[欲速] 말라[無]. 사소한[小] 이득에[利] 눈독들이지[見] 말라[無]. 급하게 서둘고자 하면[欲速] 곧[則] 일을 철저하게 알지 못하고[不達], 사소한[小] 이득에[利] 눈독들이면[見] 곧[則] 큰 일이[大事]이루어지지 않는다[不成].

무(無)는 여기서 물(勿)과 같다. ~을 하지 말라[無]. 속(速)은 속결

(速決)의 준말로 여기고 새기면 된다. 재빨리 결단을 낸다[速]. 견(見)은 당(當)과 같다. 당하다[見]. 견(見)은 견집(見執)의 준말로 여기고 새기면 된다. 붙잡힘을 당한다[見執]. 그래서 견소리(見小利)는 곧 사사로움에 치우침을 말한다. 부달(不達)의 달(達)은 통달(通達)의 준말로 여기고 새긴다. 철저하게 알게 된다[達]. 불성(不成)의 성(成)은 성사(成事)의 준말로 여기고 새기면 된다. 일을 성공시킨다[成].

무욕속(無欲速)하라 함은 신중(愼重)하라 함이다. 이는 곧 성의(誠意)를 다해 일하라는 뜻이다. 그러니 「안연(顔淵)」 편 14장에서 자장(子張)에게 말해준 거지무권(居之無倦)하라는 말씀과 통한다. 자리에 있으면[居之] 게으름을 피우지 말라[無倦]. 그리고 무견소리(無見小利)하라 함은 역시 같은 편 14장에서 자장에게 말해준 행지이충(行之以忠)하라는 말씀과 통한다. 정성을 다해[以忠] 일을 행하라[行之]. 그러니 무견소리(無見小利)하라 함은 무사(無私)하라 함이다. 사사로움을 범하지[私] 말라[無].

거보의 읍재에게 대사(大事)란 무엇인가? 거보라는 고을의 백성들이 편안히 살도록 백성들을 사랑하는 일이리라. 거보(莒父)는 노(魯)나라의 한 읍(邑) 이름이다. 지금은 산동성(山東省) 거현(莒縣)인데, 거부(莒父)라고 읽지 않고 거보(莒父)라고 읽는다. 아버지 부(父), 사나이 보(父). 거보의 백성을 위하여 철저하게 봉사하는 일이 곧 읍재가 된 자하의 대사(大事)일 터이다. "자하야 읍재로서 군자가 되라" 고 공자가 부탁한다. 이는 공자가 백성을 대변(代辯)한 것이다. 성인은 항상 백성을 대변하지 군신(君臣)을 위해 변명하지 않는다.

~을 말라 무(無), 하고자 할 욕(欲), 빠를 속(速), 당할 견(見), 적을 소(小), 이익 리(利), 이룰 달(達), 이룰 성(成)

제18장

【문지(聞之)】

부위자은(父爲子隱) 자위부은(子爲父隱)

【원문(原文)】

葉公語孔子曰 吾黨有直躬者하니 其父攘羊이어늘 而子證之하니이다
섭공어공자왈 오당유직궁자 기부양양 이자증지

孔子曰 吾黨之直者는 異於是하니 父爲子隱하며 子爲父隱하나니 直在其中矣니라
공자왈 오당지직자 이어시 부위자은 자위부은 직재기중의

【해독(解讀)】

섭공이 공자께 말했다[葉公語孔子曰]. "우리 마을에 강직한 궁이라는 자가 있습니다[吾黨有直躬者]. 그 사람의 아버지가 양을 훔쳤는데[其父攘羊] 그 자가 제 아버지의 도둑질을 증언했답니다[而子證之]."

공자께서 말해주었다[孔子曰]. "우리 마을의 정직한 사람은[吾黨之直者] 그 사람과는 다릅니다[異於是]. 아버지는 자식을 위해 숨겨주고[父爲子隱] 자식은 아버지를 위해 숨겨주지요[子爲父隱]. 정직함이란 그런 가운데 있지요[直在其中矣]."

【담소(談笑)】

공자왈(孔子曰)

인(仁)을 밝히고 있다. 인(仁)은 자효(慈孝)의 바탕이다. 부모가 자녀를 사랑함이 자(慈)이고 자녀가 부모를 사랑함이 효(孝)이다. 제 아

버지가 살인을 범했다 한들 자식이 아버지를 살인자라고 저버릴 수 없고, 자식이 살인을 범했다 한들 아비가 자식을 버릴 수 없는 마음가짐이 곧 자효임을 생각해보게 한다. 정직(正直)이니 강직(剛直)이니 하는 마음가짐이 자효(慈孝)를 떠나서는 쓸데없는 것임을 밝혀주고 있다.

오당유직궁자(吾黨有直躬者) 기부양양이자증지(其父攘羊而子證之)

▸ **우리[吾] 마을에[黨] 정직한[直] 궁이라는[躬] 사람이[者] 있습니다[有]. 그 사람의[其] 아버지가[父] 남의 양을[羊] 훔쳤는데[攘] 그 아들이[子] 제 아버지가 양을 훔친 일을[之] 일러바쳤습니다[證].**

당(黨)은 향(鄕)과 같다. 향당(鄕黨)의 준말로 여겨도 된다. 고향 마을[黨]. 궁(躬)은 신(身)과 같다. 몸소 행한다[躬]. 양(攘)은 여기서 도(盜)나 절(竊)과 같다. 훔친다[攘]. 증지(證之)의 지(之)는 바로 앞의 내용[其父攘羊]을 가리키는 지시어로 보고, 증(證)은 증언(證言)의 준말로 여기고 새긴다.

섭공(葉公)이 공자에게 자랑삼아 들려준 말이다. 그러나 섭공은 인지생야직(人之生也直)의 직(直)을 모르고 있다. 공자는 「옹야(雍也)」편 17장에서 이렇게 말했다. "인지생야직(人之生也直) 망지생야(罔之生也) 행이면(幸而免)." 사람의[人] 삶이란[生] 곧게 마련인데[直] 곧음이[之] 없는[罔] 삶은[生] 요행으로[幸] 모면하는 것이다[免]. 망(罔)은 여기서 무(無)와 같다. 잔꾀로 살아가는 사람들을 소인(小人)이라 한다. 섭공은 궁(躬)이란 자가 얼마나 소인배인지 모르고 있다. 그러니 공자가 섭공에게 면박을 줄 수박에 없다. 성인(聖人)이 면박을 줄 때는 에둘러 말하지 않는다. 잘못 알고 있는 사람에게는 성인도 사정없다.

마을 당(黨), 곧을 직(直), 몸소 행할 궁(躬), 훔칠 양(攘), 알릴 증(證)

오당지직자이어시(吾黨之直者異於是) 부위자은(父爲子隱) 자위부은(子爲父隱) 직재기중의(直在其中矣)

▶ 우리가 말하는[吾黨] 정직한[直] 사람은[者] 궁이라는 사람과는[於是] 다릅니다[異]. 아버지는[父] 아들을[子] 위하여[爲] 숨겨주고[隱], 자식은[子] 아버지를[父] 위하여[爲] 숨겨줍니다[隱]. 정직이란[直] 부자가 그렇게 하는[其] 가운데[中] 있지요[在].

친친(親親)을 모르는 섭공을 사정없이 면박하는 공자를 보라. 공자는 불인(不仁) 앞에선 그 무엇도 용서하지 않는다. 부모와 자녀의 관계가 바로 인(仁)의 모습 아닌가. 아버지와 자식 사이는 법(法)도 개입할 수 없다. 불인(不仁)이라면 정직(正直)하다 한들 무슨 소용이란 말인가. 자식이 제 아비를 고발하는 것을 두고 정직하다고 말하지 말라. 그런 짓은 비인간적인 잔혹함이다. 부자(父子) 사이의 인(仁)을 절단 내는 일을 두고 어찌 직(直)이라고 하는가? 어질고 착한 삶을 두고 직(直)이라 하지 잘못한 일을 무조건 증언한다고 해서 강직하다고 말하지 말라. 숨겨줄 은(隱)을 잘 새겨보라고 한다. 지금은 재물이 많은 탓에 부자가 송사(訟事)를 벌이는 집안들이 많다. 그런 집안은 이미 콩가루 집안이라서 제 아비를 고발한 궁(躬)과 같은 자들이 설치는 꼴이다. 왜 공자가 섭공을 호되게 면박하는지 다들 알 터이다.

다를 이(異), 숨겨줄 은(隱), 있을 재(在), 가운데 중(中)

제19장

【문지(聞之)】

거처공(居處恭) 집사경(執事敬) 여인충(與人忠)

【원문(原文)】

樊遲問仁한대 子曰 居處恭하며 執事敬하며 與人忠을 雖之夷狄이라도 不可棄也니라
(번지문인 자왈 거처공 집사경 여인충 수지이적 불가기야)

【해독(解讀)】

번지가 인(仁)을 물었다[樊遲問仁]. 공자께서 말해주었다[子曰]. "살면서 언제나 공손하고[居處恭], 일을 맡아할 적에는 정성을 다하며[執事敬], 사람들과 사귈 때는 충성을 다하라[與人忠]. 비록 오랑캐 땅에 간다 해도[雖之夷狄] 버릴 수 없는 것들이다[不可棄也]."

【담소(談笑)】

자왈(子曰)

사생활과 사회생활에서 지켜야 할 인(仁)에 대해 밝히고 있다. 인은 곧 사람과 사람 사이에서 구현되는 착한 삶의 길임을 밝혀주고 있다. 착한 사람이 되라 한다. 『중용(中庸)』의 성신유도(誠身有道)를 헤아려 새기게 한다. 스스로 자신을[身] 정성 되게 함에[誠] 도가[道] 있다[有]. 번지가 앞서 두 번에 걸쳐 인(仁)을 여쭐 때 공자는 「옹야(雍也)」편 20장에선 "선난이후획(先難而後獲)"이라 했고, 「안연(顔淵)」편 22장에선 "애인(愛人)"이라고 답해주었다. 그리고 세 번째인 지금은 일상생활을 예로 들어 밝혀주고 있다. 인(仁)을 철학적으로 논(論)

하지 말라. 인은 삶으로 드러나야 하기 때문이다.

거처공(居處恭) 집사경(執事敬) 여인충(與人忠) 수지이적불가기야(雖之夷狄不可棄也)

▶ **날마다 살면서[居處] 공손히 하고[恭], 맡은 일을 할 때는[執事] 정성을 다하며[敬], 남들과 사귈 때에는[與人] 충성을 다하라[忠]. 비록[雖] 오랑캐 땅으로[夷狄] 간다 해도[之] 이것들을(恭·敬·忠) 버릴 수 없다[不可棄].**

사생활에서 보이는 착한 마음가짐과 몸가짐을 공손(恭遜)하다 한다. 여기서 공(恭)은 공손(恭遜)의 준말이다. 한편 사회생활에서 보이는 착한 마음가짐과 몸가짐을 경건(敬虔)하다 한다. 여기서 경(敬)은 경건(敬虔)의 준말이다. 사람과 사람 사이의 관계를 충신(忠信)이라 한다. 여기서 충(忠)은 충신(忠信)의 준말이다. 이러한 공(恭)·경(敬)·충(忠)을 한마디로 성지(誠之)라 한다. 삶을 정성되게 하라[誠之]. 즉 언제 어디서든 정성스럽게 살라 함이 곧 성지(誠之)다.

위와 같은 공자의 말씀은 『중용(中庸)』 4편 1장의 말씀을 떠올리게 한다. "성자천지도야(誠者天之道也) 성지자인지도야(誠之者人之道也) …… 성지자(誠之者) 택선이고집지자야(擇善而固執之者也)." 정성이란[誠] 것은[者] 하늘의[天] 도이고[道], 정성 되게 하는[誠之] 것은[者] 사람의[人] 도이다[道]. …… 정성 되게 하는[誠之] 것이란[者] 착함을[善] 선택하여[擇] 그 선함을[之] 무슨 일이 있어도 버리지 않는[固執] 것이다[者].

오만하지 말라. 그러면 어질다[仁]. 경솔하지 말라. 그러면 어질다[仁]. 속이지 말라. 그러면 어질다[仁]. 그래서 어진 사람은 먼저 자기 자신부터 속이지 않는다고 한다. 어진 사람[仁者]이 곧 성지자(誠之者)이고, 정성 되게 사는 사람[誠之者]은 곧 무자기(毋自欺)한다. 자신을[自] 속이지[欺] 않는다[毋]. 공자는 이런 사생활을 공(恭)이라 했고, 사회생활을 경(敬)이라 했으며, 공경(恭敬)을 묶어 충(忠)이라 한다고 번지(樊遲)에게 타일러준다. 정성을 다하여 살라는 성인의 말씀을 거역하고 사는 우리는 할 말이 없다.

살 거(居), 곳 처(處), 공손할 공(恭), 잡을 집(執), 일 사(事), 공경할 경(敬), 충성 충(忠), 비록 수(雖), 갈 지(之), 오랑캐 이(夷), 오랑캐 적(狄), 버릴 기(棄)

제20장

【문지(聞之)】

행기유치(行己有恥)

【원문(原文)】

子貢問曰 何如斯可謂之士矣니이꼬
자 공 문 왈 하 여 사 가 위 지 사 의

子曰 行己有恥하며 使於四方하야 不辱君命이면
자 왈 행 기 유 치 사 어 사 방 불 욕 군 명

可謂士矣니라
가 위 사 의

曰 敢問其次하노이다
왈 감 문 기 차

曰 宗族稱孝焉하며 鄕黨稱弟焉이니라
왈 종 족 칭 효 언 향 당 칭 제 언

曰 敢問其次하노이다
왈 감 문 기 차

曰 言必信하며 行必果하면 經經然小人哉나 抑
왈 언필신 행필과 경경연소인재 억
亦可以爲次矣니라
역가이위차의
曰 今之從政者는 何如니이꼬
왈 금지종정자 하여
子曰 噫라 斗筲之人을 何足算也리오
자왈 희 두소지인 하족산야

【해독(解讀)】

자공이 물었다[子貢問曰]. "어찌하면 선비라 할 수 있겠습니까[何如斯可謂之士矣]?"

공자께서 말했다[子曰]. "항상 수치심을 갖고 자신의 언행을 바르게 하고[行己有恥], 외국에 파견되어서[使於四方] 제 임금의 명령을 욕되게 하지 않으면[不辱君命] 선비라 할 수 있겠다[可謂士矣]."

자공이 또 물었다[曰]. "감히 묻겠습니다만 그 다음 가는 선비는 어떻습니까[敢問其次]?"

공자께서 말했다[曰]. "집안 사람들이 효자라고 칭송하고[宗族稱孝焉] 마을 사람들로부터 우애롭다고 칭찬받는 자일 것이다[鄕黨稱弟焉]."

자공이 또 물었다[曰]. "감히 묻겠습니다만 그 다음 가는 선비는 어떻습니까[敢問其次]?"

공자께서 말했다[曰]. "말했으면 반드시 실행하고[言必信] 행동하여 반드시 결과를 거두면[行必果], 딱딱해 소인 같기는 하나[經經然小人哉] 그래도 그 다음은 될 것이다[抑亦可以爲次矣]."

자공이 다시 또 물었다[曰]. "지금 정치한다는 자들은 어떻습니까[今之從政者何如]?"

공자께서 말했다[子曰]. "아[噫]! 한말들이 인간을 두고[斗筲之人] 이렇다저렇다 달아볼 게 뭐가 있겠는가[何足算也]?"

【담소(談笑)】

자왈(子曰)

선비의 등급을 밝히고 있다. 먼저 선비는 부끄러움을 알아야 한다는 것이다. 수치심을 모르는 자는 선비 노릇을 할 수 없다 한다. 부끄러움을 아는 사람은 허튼 짓이나 못된 짓을 저지르지 않는다. 그러면 절로 품행이 방정해지기 때문이다. 행기유치(行己有恥)하라. 이는 공경하는 마음가짐으로 행동하라는 뜻이다. 이렇게 하면 절로 안민(安民)의 길을 넓힐 수 있다. 그러니 안민(安民)도 맨 먼저 자기를 부끄럽게 하지 않겠다는 마음이 있어야 함을 밝히고 있다. 이는 곧 선비라면 예로써[以禮] 살라는 말씀이다.

행기유치(行己有恥) 사어사방불욕군명(使於四方不辱君命) 가위사의(可謂士矣)

▶ **부끄러워하는 마음을[恥] 갖고[有] 언행을 삼가며[行己], 외국에[於四方] 나가서[使] 임금의[君] 명령을[命] 욕되게 하지 않으면[不辱] 선비라[士] 할 수 있다[可謂].**

행기(行己)는 처신(處身)과 같이 보고 새긴다. 유치(有恥)의 유(有)는 여기서 보(保)와 같고, 치(恥)는 염치(廉恥)의 준말로 여기고 새긴다. 간직하다[有]. 사(使)는 사신(使臣)의 준말로 여기고 새긴다. 신하로서 파견되다[使]. 욕(辱)은 오(汙)와 같다. 굴욕(屈辱)의 준말로 여기고 새기면 된다. 더럽히다[辱].

자공(子貢)이 선비됨을 묻자 공자가 위와 같이 대답해주었다. 행기(行己)는 마음가짐과 몸가짐을 삼간다는 뜻이다. 무엇을 하고 무엇을 말 것인지 부끄럽지 않게 처리하면 올바른 행기(行己)다. 유치(有恥)란 염치(廉恥)를 잊지 말라 함이다. 염치를[恥] 간직하라[有]. 먼저 검소하라 함이 염(廉)이고, 부끄러워하라 함이 치(恥)다. 이 또한 수기이안인(修己以安人)하라는 뜻이 아닌가. 수기(修己)란 결국 염치 없는 인간이 되지 말라 함이다. 파렴치(破廉恥)보다 더 더럽고 추한 짓은 없다. 선비라면 염치를 떠나선 안 된다. 그러니 오늘날 관리를 두고 왜 선비라고 말할 수 없는지 알 만하다. 목에 힘주며 군림하려는 관리(官吏)라면 못난 소인배에 불과하다. 관료(官僚)가 왜 썩는가? 염치를 파괴하기 때문이다. 공자는 성인이므로 군말을 하지 않는다. 선비란 누구인가? 염치를 목숨처럼 여기고 차리는 당사자이다.

행할 행(行), 나 기(己), 가질 유(有), 부끄러울 치(恥), 시킬 사(使), 욕될 욕(辱), 선비 사(士)

종족칭효언(宗族稱孝焉) 향당칭제언(鄉黨稱弟焉)

▶ **집안 사람들이[宗族] 효자라고[孝] 일컫고[稱], 고을 사람들이[鄉黨] 우애가 있는 자라고[弟] 일컫는다[稱].**

종족(宗族)은 친족(親族)이란 말과 같다. 향당(鄕黨)의 향(鄕)은 1만 2천호의 마을이고, 당(黨)은 5백호의 마을이다. 따라서 향당은 한 고을을 말한다고 보면 된다.

선비라면 인자(仁者)이어야 한다. 그래서 선비는 효제(孝弟)를 떠나 살 수 없다. 왜냐하면 효제가 바로 위인지본(爲仁之本)이기 때문이다. 인자한 사람이 되는 근본이 바로 부모를 받들어 모시고[孝] 형아우 사이를 돈독히 하는[弟] 자이다. 이런 자라야 한 고을의 선비가 될 수 있다고 밝히고 있다. 이 또한 행기유치(行己有恥)를 다르게 말하는 것이다.

마루 종(宗), 가계 족(族), 일컬을 칭(稱), 효도 효(孝), 어조사 언(焉), 아우 제(弟)

언필신(言必信) 행필과(行必果) 경경연소인재(經經然小人哉) 억역가이위차의(抑亦可以爲次矣)

▶ **말은[言] 반드시[必] 진실해야 하고[信] 행동은[行] 반드시[必] 결실을 맺어야 하니[果] 딱딱해 융통성이 없어 보여[經經然] 소인이겠지만[小人], 또한 역시[抑亦] 그 다음은[次] 될 수 있다[可以爲].**

경경연(經經然)의 경(經)은 여기서 법(法)과 치(治)와 같다. 법조문만 따져 다스리려 할 뿐 융통성이 없는 모습을 가리켜 경경연(經經然)이라 한다. 원칙만 따지려는 답답한 관리들을 연상하면 된다. 법을 잘 운용해야 안백성(安百姓)이 된다는 것을 모르는 선비라면 소인(小人)에 불과하다 한다. 백성의 처지를 살펴 다스려야지 법에다 백성을 옭아매려고 해선 안 된다는 뜻이다.

여기서 자공(子貢)은 공자께 세 번에 걸쳐 선비의 등급을 물었다. 첫 번째 물음에는 행기유치(行己有恥)라야 선비이고, 두 번째 물음에서는 효제(孝弟)라야 선비이며, 세 번째 물음에선 언필신(言必信) 행필과(行必果)해야 선비라고 대답해주었다. 그러자 다시 또 자공이 공자께 물었다. "금지종정자하여(今之從政者何如)." 지금[今] 관리들은[從政者] 어떻습니까[何如]? 이에 공자는 "희(噫)"라 탄식하고 이렇게 말해주었다. "두소지인하족산야(斗筲之人何足算也)." 한 말들이 되와 한 말 두 되들이 죽기(竹器)밖에 안 되는 [斗筲] 인간을[人] 이렇다 저렇다 달아볼 게 무어 있겠는가[何足算]? 희(噫)는 탄식하는 감탄사이다. 두소(斗筲)는 얼마 안 되는 양을 뜻한다. 공자 당대의 관리들도 소인배였던 모양이다. 예나 지금이나 행기유치(行己有恥)의 선비가 많아야 안백성(安百姓)의 세상이 되는 것은 변함없는 사실이다. 그러니 공자가 밝힌 선비를 낡은 관리상이라고 하지 말라.

말할 언(言), 반드시 필(必), 믿을 신(信), 법 경(經), 그럴 연(然), 또한 억(抑)

제21장

【문지(聞之)】

부득중행이여지(不得中行而與之) 필야광견호(必也狂狷乎)

【원문(原文)】

子曰 不得中行而與之일댄 必也狂狷乎인저 狂者進取요 狷者有所不爲也니라
자 왈 부 득 중 행 이 여 지 필 야 광 견 호 광 자 진 취 견 자 유 소 불 위 야

【해독(解讀)】

공자께서 말했다[子曰]. "중용을 행하는 사람을 얻어 사귀지 못할 바엔[不得中行而與之] 반드시 과격한 사람이나 고집쟁이와 사귀겠다[必也狂狷乎]. 과격한 사람은 진취적이고[狂者進取], 고집쟁이는 절대로 나쁜 짓을 하지 않을 터이다[狷者有所不爲也]."

【담소(談笑)】

자왈(子曰)

공자께서 「이인(里仁)」편 7장을 다시 떠올리게 한다. "관과사지인의(觀過斯知仁矣)." 허물을[過] 잘 살펴보면[觀] 그 사람이[斯] 어진지[仁] 알 수 있다[知].

군자와 사귀되 절대로 소인배(小人輩)와는 사귀지 말라는 경고가 숨어 있다. 잔머리로 선악(善惡)을 적당히 굴리며 어진 척 잔꾀를 일삼는 소인배들을 사정없이 난타하고 있다. 기회를 노리는 소인배보다 차라리 광자(狂者)와 견자(狷者)를 택해 사귀겠다는 공자의 단언 앞에 고개를 들 수 있는 사람은 거의 없으리라. 공자의 이런 절규 앞

에 오로지 군자라야 고개를 들 수 있을 것이다.

부득중행이여지(不得中行而與之) 필야광견호(必也狂狷乎) 광자진취(狂者進取) 견자유소불위야(狷者有所不爲也)

▶ 중용을[中] 행하는[行] 이를 얻어[得] 그와[之] 함께하지 못한다면[不與], 차라리[必也] 선을 향해 앞뒤를 가리지 않을 자와[狂] 선을 위해 뜻을 굽히지 않을 자를[狷] 함께 사귀겠다. 광자는[狂者] 선을 향해 사정없이 나아가고[眞趣], 견자에게는[狷者] 반드시 하지 않아야 할[不爲] 바가[所] 있다[有].

중행(中行)은 중행자(中行者)로 보면 된다. 중(中)은 중용(中庸)의 준말로 여기고 새긴다. 중용을 실천하는 사람[中行]. 필야광견호(必也狂狷乎)는 필야(必也) 다음에 여(與)가 생략되었다고 보면 된다. 유소불위(有所不爲)는 무슨 일이 있어도 불선(不善)이나 불인(不仁)을 행하지 않는다고 새기면 공자의 속뜻을 헤아릴 수 있다.

중용을 행한다[中行] 함은 곧 군자(君子)를 일컫는다. 『중용(中庸)』 2편에서 공자는 이렇게 말했다. "군자중용(君子中庸) 소인반중용(小人反中庸)." 군자는[君子] 중용을 따르고[中庸], 소인은[小人] 중용을[中庸] 어긴다[反]. 군자의 중용을 시중(時中)이라고 한다. 때에 알맞게 행한다[時中]. 소인의 반중용(反中庸)은 무기탄(無忌憚)이다. 불인(不仁) 앞에서도 거리낌 없음이 곧 무기탄(無忌憚)이다. 불인을 꺼리지 않는 소인을 잊지 말라. 군자와 더불어 사귀어야지 무슨 일이 있어도 소인배와는 사귀지 말라는 뜻이다. 그래서 공자는 광자(狂者)와 견자(狷者)를 들이대며 그들과 사귀겠노라 절규한다.

광자(狂者)라면 일반적으로 미친 사람을 말한다. 물불을 가리지 않고 덤벼드는 이를 광자라고 한다. 공자가 차라리 사귀겠노라 하는 광자란 누구이겠는가? 인도(仁道)를 넓히고자 불나방처럼 돌진하는 이일 터이다. 견자(狷者)라면 일반적으로 무슨 일이 있어도 뜻을 굽히지 않는 고집쟁이를 말한다. 공자가 차라리 사귀겠다 하는 견자란 누구이겠는가? 역시 인도(仁道)를 넓히고자 뜻을 굽히지 않는 고집쟁이일 터이다. 오죽하면 공자가 광자와 견자를 들어 군자와 사귈 것을 절규했겠는가. 공자가 살았던 당대에도 소인배들이 지금처럼 득실거렸던 모양이다.

중용 중(中), 함께할 여(與), 미칠 광(狂), 뜻을 굽히지 않을 견(狷), 나아갈 진(進), 취할 취(取), 할 위(爲)

제22장

【문지(聞之)】

불항기덕(不恒其德) 혹승지수(或承之羞)

【원문(原文)】

子曰 南人이 有言曰 人而無恒이면 不可以作巫醫라 하니 善夫라 不恒其德이면 或承之羞라 하니 子曰 不占而已矣니라
자왈 남인 유언왈 인이무항 불가이작 무의 선부 불항기덕 혹승지수 자왈 부점이이의

【해독(解讀)】

공자께서 말했다[子曰]. "남쪽나라 한 사람이 이런 말을 했다[南人有言曰]. '사람이면서 항심이 없다면[人而無恒] 무당이나 의사 노릇도 못할 것이다[不可以作巫醫].' 맞는 말이다[善夫]. 덕행이 일정하지 않

으면[不恒其德] 수치를 불러온다고 한다[或承之羞].”

공자께서 말했다[子曰]. “그런 일은 점치지 않아도 뻔한 일이다[不占而已矣].”

【담소(談笑)】

자왈(子曰)

앞 장에 이어서 다시금 인도(仁道)에 대한 확신을 다짐하게 한다. 인도를 넓히는 인간형으로 공자는 성인(聖人)·군자(君子)·대인(大人)에 이어 유항자(有恒者)를 들었다. 여기서는 「술이(述而)」 편 25장으로 다시 돌아가 유항자를 만나보게 한다. 변함없이 인도를 넓히는 분이 곧 유항자이다.

공자가 말하는 유항자(有恒者)의 항(恒)은 노자(老子)의 상(常)과 같다는 생각이다. 『도덕경(道德經)』 16장에서 노자는 “귀근왈정(歸根曰靜) 정왈복명(靜曰復命) 복명왈상(復命曰常)”이라고 했다. 뿌리로[根] 돌아감은[歸] 정이라[靜] 하고[曰], 그 고요함은[靜] 복명이라[復命] 하며[曰], 그 명령에 따름은[復命] 상이라고[常] 한다[曰]. 그러므로 고요함[靜]은 곧 한결같음[常]이다.

물론 노자가 말하는 귀근(歸根)의 근(根)은 도(道)를 말한다. 노자가 말하는 도는 자연이란 도이고 공자가 말하는 도는 인(仁)이란 도이지만 그 이치는 모두 다 한결같음에 있다. 이를 공자는 항(恒)이라 말했고, 노자는 상(常)이라 말했을 뿐이다. 그리고 공자 역시 인자정(仁者靜)이라고 하여 노자가 말한 정(靜)과 서로 통하는 점이 있다. 대인은 한결같고 소인은 변덕스럽다는 것이다. 공자가 간곡히 말하고 있다. 제발 너희들 소인배가 되지 말거라.

인이무항(人而無恒) 불가이작무의(不可以作巫醫)

▶ 사람이면서[人而] 한결같은 마음이[恒] 없다면[無], 그래서는

[以] 무당 노릇이나[巫] 의원 노릇도[醫] 할 수 없다[不可作].

인이(人而)의 이(而)는 어조(語調)를 강조하는 어조사이다. 항(恒)은 상(常)과 같다. 한결같다[恒]. 항(恒)은 항심(恒心)의 준말로 보고 새기면 된다. 불가이작(不可以作)에서 이(以)를 들어내어 불가작(不可作)으로 하고, 다시 이(以) 다음에 무항(無恒)이 생략되었다고 보고 고쳐서 새기면 된다. 변덕스러움으로는[以無恒] 무당 노릇도 못할 것이고 의원 노릇도 못할 것이라는 뜻이다. 공자가 무당 노릇을 높이 사서 이런 말을 인용한 것은 물론 아니다. 공자는 주술을 멀리하라 했었다. 변덕스러워서는 아무 일도 못한다는 말을 하고자 남쪽 나라 사람[南人]이 했다는 말을 소개한 다음 옳은 말이라 동의한다. "선부(善夫)." 맞는 말이다[善夫].

한결같은 항(恒), 지을 작(作), 무당 무(巫), 의원 의(醫)

불항기덕(不恒其德) 혹승지수(或承之羞)

▶ 그[其] 덕행을[德] 한결같게 하지 않으면[不恒] 혹은[或] 부끄러운 꼴을[羞] 초래한다[承].

승(承)은 여기서 계(繼)와 같다. 잇다[承]. 승(承)을 승계(承繼)의 준말로 새기면 된다. 수(羞)는 치(恥)와 같다. 부끄러운 일[羞]. 수치(羞恥)의 준말로 여기면 된다.

공자가 『주역(周易)』의 항괘(恒卦)에 나오는 효사(爻辭)를 인용하고 있다. 항괘는 64괘(卦) 중에서 32번째 괘이다. 아래는 손괘(巽卦), 위는 진괘(震卦)로 된 이 항괘를 『주역』은 뇌풍항(雷風恒)으로 해석하고 있다. 우레와[雷] 바람은[風] 항(恒)이다[恒]. 이 항괘의 세 번째 양효(陽爻)에 대한 효사는 이러하다. "불항기덕(不恒其德)이라 혹승지수(或承之羞)니 정(貞)이면 인(吝)하리라." 그 덕을[其德] 한결같게 못한다[不恒]. 혹은[或] 부끄러움을[羞] 이을 것이다[承]. 마음이 곧고 발라도[貞] 욕을 보리라[吝].

이런 효사를 공자가 왜 인용했겠는가? 무항(無恒)하면 설령 마음이 곧다 한들 욕을 볼 수밖에 없는 것을 더욱 강조하고자 항괘의 효사를 인용했으리라. 인(仁)을 변덕스럽게 대하지 말라. 인(仁)을 빙자하여 불인(不仁)을 범하지 말라 함이다. 불인보다 더한 수치(羞恥)는 없다. 아무리 마음이 바르다고 한들[貞] 불인을 범하면 반드시 승지수(承之羞)한다 함이다.

공자는 이어서 부끄러운 꼴[羞]을 초래한다[承]는 것이 불 보듯 뻔하므로 점칠 것 없다고 단언한다. "부점이이의(不占而已矣)." 점치지 않아도[不占] 분명하다[而已矣]. 그러니 공자가 우리한테 간곡히 이렇게 당부하고 있다고 상상해보라. 유항자(有恒者)가 되라. 결코 무항자(無恒者)는 되지 말라. 유항자(有恒者)는 누구인가? 변함없이 인도(仁道)를 넓히는 대인(大人)이다. 무항자(無恒者)는 누구인가? 불인(不仁)을 범하고도 부끄러워할 줄 모르는 소인(小人)이다. 제발 소인이 되지 말라고 공자가 외치지만 늘 세상은 쇠귀에 경 읽어주는 꼴이니 어이하리.

그 기(其), 큰 덕(德), 혹은 혹(或), 이을 승(承), 부끄러울 수(羞)

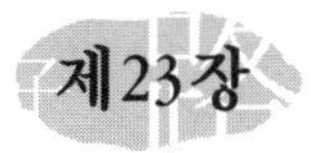

제23장

【문지(聞之)】

군자화이부동(君子和而不同)

【원문(原文)】

子曰 君子和而不同하고 小人同而不和니라
자 왈 군 자 화 이 부 동 소 인 동 이 불 화

【해독(解讀)】

공자께서 말했다[子曰]. "군자는 어울리되 패거리를 짓지 않고[君子和而不同], 소인은 패거리를 짓되 어울리지 않는다[小人同而不和]."

【담소(談笑)】

자왈(子曰)

앞 장에 이어 다시금 군자(君子)와 소인(小人)을 대비시키고 있어서 「위정(爲政)」편 14장의 말씀을 상기하게 한다. 거기서는 군자는 걸림이 없지만[周] 소인은 편파적이라고[比] 대비했었다. 군자가 왜 유항자(有恒者)이고 소인이 왜 무항자(無恒者)인지 헤아리게 해준다.

군자화이부동(君子和而不同) 소인동이불화(小人同而不和)

▶ 군자는[君子] 서로 어울려 화합하되[和] 패거리를 짓지 않지만[不同], 소인은[小人] 패거리를 짓되[同] 서로 어울려 화합하지 않는다[和].

군자는 벗을 삼아 살고, 소인은 동료를 이루어 삶을 꾀한다. 벗은 충신(忠信)으로 이루어지고 동료는 이해(利害)로 이루어진다. 그래서 벗 사이는 서로 마음을 열고 주고받을 수 있지만, 동료 사이는 서로의 마음을 엿보고 떠보며 서로를 저울질하기 바쁘다. 벗 사이에는 이해(利害)가 끼어들지 않는다. 그래서 벗은 서로 배반할 줄 모른다. 벗이 서로 나누는 마음가짐을 화(和)라고 보면 된다. 화목(和睦)·화기(和

氣) · 화합(和合)은 모두 사람을 어질게 하는 마음가짐이 아닌가.

그러나 동료는 처음부터 이해를 따져 한 패를 이룬 관계이다. 그래서 이로우면 만나고 해로우면 헤어진다. 이합집산(離合集散)이란 바로 이런 패거리 짓기를 말한다. 소인은 이렇게 패거리를 지으며 부화뇌동(附和雷同)을 마다하지 않는다. 부화(附和)를 두고 화목(和睦)이라고 말하지 말라. 겉으로 화목한 척하는 게 곧 부화(附和)이다. 거짓으로 인자한 척하는 짓을 가인(假仁)이라 한다. 겉으로 드러내는 불인(不仁)보다 더 가증스러운 것이 가인(假仁)이리라. 부화(附和) 역시 화목한 척하면서 상대의 허를 노리는 짓이니 오히려 겉으로 드러내는 불화보다 더 더럽다. 뇌동(雷同)은 그냥 정신없이 패거리를 만드는 꼴이다. 소인은 잇속만 맞아들면 서슴없이 뇌동하기를 마다하지 않는다. 그래서 소인을 무기탄자(無忌憚者)라고 부른다. 뻔뻔스러워 부끄러워할 줄 모르는 사람[無忌憚者]은 변덕스럽다. 그러니 군자와 소인은 분명하게 구분된다. 우리가 사는 현실은 우정(友情)의 세상인가 아니면 동료(同僚)의 세상인가? 이런 분류는 점치지 않아도 누구든 다 알 것이다. 온통 동료로 이루어져 있고 패거리를 지어 내 몫 네 몫을 놓고 칼질하겠다는 세상을 두고 환호하지 말라. 그보다는 군자가 등장하기를 갈구하라는 듯 공자의 말씀이 우리네 폐부를 찌른다.

어울릴 화(和), 한가지 동(同)

제24장

【문지(聞之)】

향인개호지하여(鄕人皆好之何如)

【원문(原文)】

子貢問曰 鄕人皆好之何如니이꼬
자 공 문 왈 향 인 개 호 지 하 여

子曰 未可也니라
자 왈 미 가 야

鄕人皆惡之何如니이꼬
향 인 개 오 지 하 여

子曰 未可也니라 不如鄕人之善者好之오 其不
자 왈 미 가 야 불 여 향 인 지 선 자 호 지 기 불

善者惡之니라
선 자 오 지

【해독(解讀)】

자공이 여쭈었다[子貢問曰]. "마을 사람들이 모두 좋아한다면 어떻겠습니까[鄕人皆好之何如]?"

공자께서 말했다[子曰]. "좋지 않다[未可也]."

"마을 사람들이 모두 싫어한다면 어떻겠습니까[鄕人皆惡之何如]?"

공자께서 말했다[子曰]. "좋지 않다[未可也]. 마을 사람들 중에서 착한 사람들은 좋아하지만[不如鄕人之善者好之] 그 마을 사람들 중에서 못된 사람들은 싫어하는 것만 못하다[其不善者惡之]."

【담소(談笑)】

자왈(子曰)

대중의 성질을 말하고 있다. 공자가 「이인(里仁)」 편 3장에서 했던 말씀을 상기하게 한다. "유인자(唯仁者) 능호인(能好人) 능오인(能惡人)." 오로지[唯] 어진[仁] 사람만이[者] 사람을[人] 좋아할 수 있고[能好] 미워할 수 있다[能惡]. 대중은 선악(善惡)을 두고 변덕스러운 무리다. 그런 대중이 어떤 한 사람을 좋아한다고 해서 그가 훌륭한 사람이

고, 대중이 어떤 한 사람을 싫어한다고 해서 그 사람이 나쁜 사람이라고 단정하지 말라 한다. 앞 장에서 언급한 소인동이불화(小人同而不和)를 다시 떠올려 생각해보아도 그렇다. 대중한테는 달면 삼키고 쓰면 뱉는 변덕이 있다. 이 점을 잊지 말라 한다. 더불어 무항자(無恒者)를 살펴두게 한다.

불여향인지선자호지(不如鄕人之善者好之) 기불선자오지(其不善者惡之)

▶ 마을 사람들 중에서[鄕人] 착한 사람들은[善者] 좋아하고[好之] 그 마을 사람들 중에서[其] 못된 사람들은[不善者] 싫어하는[惡之] 것만 못하다[不如].

자공(子貢)이 공자께 먼저 "향인개호지하여(鄕人皆好之何如)"냐고 물었고, 다음엔 "향인개오지하여(鄕人皆惡之何如)"냐고 물었다. 공자는 두 번 다 "미가야(未可也)"라고 대답했다. 다 좋아한다[皆好之] 해도 안 좋고[未可], 다 싫어한다[皆惡之] 해도 안 좋다[未可]고 대답한 것이다. 왜 공자가 이랬을까? 공자가 대중(大衆)을 어떻게 생각하는지 살펴볼 수 있는 대목이다. 공자는 대중의 다양한 모습인 백인백색(百人百色)을 원하지 대중을 한 가닥으로 몰아가는 백인일색(百人一色)은 원하지 않았음을 위의 대답에서 알 수 있다.

마을 사람들이[鄕人] 모두 다[皆] 좋아하면[好之] 어떻겠습니까[何如]를 갑(甲)이라 하고, 마을 사람들이[鄕人] 모두 다[皆] 싫어하면[惡之] 어떻겠습니까[何如]를 을(乙)이라 하고, 공자의 맨 마지막 대답을 병(丙)이라고 하자. 그러면 위의 말씀을 이렇게 줄일 수 있을 것이다. "갑을불여병(甲乙不如丙)." 갑과[甲] 을은[乙] 병만[丙] 못하다[不如]. 왜 갑과 을이 병만 못하다고 했는지 알 수 있는 실마리는 개호지(皆好之)와 개오지(皆惡之)의 개(皆)에 있다고 본다. 마을 사람 모두가 다[皆] 좋아한다[好之] 해도 안 좋고[未可], 마을 사람 모두가 다[皆] 싫어한다[惡之] 해도 안 좋다[未可]는 까닭은 무엇일까? 백인일색(百人一色)이라면 안 좋다 함이다. 마을 사람들은 그 마을의 대중이다. 대중 속에는 선자(善者)도 있고 불선자(不善者)도 있게 마련이다. 선자는 인자(仁者)를 좋아하지만[好之], 불선자는 인자를 시기하고 시샘해 싫어한다[惡之]. 그러므로 불선자가 싫어하는 사람이 있다면 그는 인자라고 볼 수 있다. 따라서 인자인지 아닌지 살피려면 병과 같아야 좋다[可]고 밝혀준 것이다.

따라서 공자가 바라는 인도(仁道)를 서구사상의 산물인 이데올로기(ideology)처럼 이해하려고 해선 안 된다. 공자는 극히 현실적인 성인이다. 어차피 세상에는 선악(善惡)과 길흉(吉凶)이 함께함을 인정하고 백성을 백인일색(百人一色)으로 몰아선 안 된다고 본 셈이다. 세상의 명암(明暗)을 솔직하게 인정하는 성인이 곧 공자이다. 그래서 공자는 백성을 초(草)에 비유하지 않았던가. 온갖 풀들이 천지에 산다. 다양성이 요구되는 디지털 세상에서 공자의 이런 생각은 더욱 신뢰를 얻을 것이다. 물론 공자는 대중을 소인(小人)의 무리로 본다는 느낌을 준다. 그렇지만 백성을 무시하지는 않는다. 오히려 백성을 하늘로 여기고 봉사하라 함이 안백성(安百姓) 아닌가. 이러한 공자의 대중관(大衆觀)이 디지털 세상에서 새바람을 타리란 진단은 억지가 아니다. 성인의 말씀이 곧 일신(日新)임이 새삼스럽다.

마을 향(鄕), 착할 선(善), 좋아할 호(好), 싫어할 오(惡)

제25장

【문지(聞之)】

군자이사이난열야(君子易事而難說也)

【원문(原文)】

子曰 君子易事而難說也니 說之不以道면 不說也
자 왈 군 자 이 사 이 난 열 야 열 지 불 이 도 불 열 야

요 及其使人也하얀 器之니라 小人難事而易說也니
급 기 사 인 야 기 지 소 인 난 사 이 이 열 야

說之雖不以道라도 說也요 及其使人也하얀 求備
열 지 수 불 이 도 열 야 급 기 사 인 야 구 비

焉이니라
언

【해독(解讀)】

공자께서 말했다[子曰]. "군자는 섬기기는 쉬워도 기쁘게 하기는 어렵다[君子易事而難說也]. 도리에 맞지 않게 기쁘게 해주면[說之不以道] 기뻐하지 않는다[不說也]. 그리고 군자가 사람을 쓸 때는[及其使人也] 그 사람의 능력에 따라 쓴다[器之]. 소인은 섬기기는 어려워도 기쁘게 하기는 쉽다[小人難事而易說也]. 비록 도리에 맞지 않아도 그를 기쁘게 해주면[說之雖不以道] 기뻐한다[說也]. 그리고 소인이 사람을 쓸 때는[及其使人也] 한 사람에게 모든 기능을 다 갖추도록 요구한다[求備焉]."

【담소(談笑)】

자왈(子曰)

군자(君子)와 소인(小人)이 어떻게 다른지 다시 대비하여 밝히고 있다. 군자가 되려면 먼저 소인이 되지 말아야 한다. 소인이 되지 않으려면 소인이 어떤 인간형인지 알아야 한다. 그런 까닭에 공자가 군자와 소인을 『논어(論語)』에서 여러 번 대비시키고 있다고 볼 수 있다. 바로 앞 23장에서 그런 대비를 했고, 「위정(爲政)」 편 14장에서도 그랬다. 이는 공자가 인간이라면 군자도 될 수 있고 소인도 될 수 있

음을 알고 누구나 군자가 되기를 바랐기 때문이리라. 그렇다고 공자가 모든 사람이 군자가 되어야 한다고 한 것은 아니다. 다만 소인을 다스리고 싶다면 군자가 되어야 한다고 했을 뿐이다. 공자가 소인을 부정하지 않았음을 기억하면 된다. 소인이 어떤 인간인지 꼭 알아두라 할 뿐 소인을 배척하라는 것은 아니다. 오히려 안백성(安百姓)이라 했으니, 소인이 편안하게 살도록 하려면 군자가 되어야 한다는 말씀이다.

군자이사이난열야(君子易事而難說也) 열지불이도불열야(說之不以道不說也) 급기사인야기지(及其使人也器之)

▶ 군자는[君子] 섬기기는[事] 쉬워도[易] 기쁘게 하기는[說] 어렵다[難]. 도리에 맞지 않게[不以道] 기쁘게 해주면[說] 기뻐하지 않는다[不說]. 그리고[及] 군자가[其] 사람을[人] 쓸 때면[使] 그 사람을[之] 능력에 맞게 쓴다[器].

사(事)는 여기서 봉(奉)과 같다. 섬긴다[事]. 봉사(奉事)의 준말로 여기고 새긴다. 열(說)은 열(悅)과 같다. 기뻐하다[說]. 불이도(不以道)의 도(道)는 도리(道理)의 준말로 여기고 새긴다. 기지(器之)의 기(器)는 사용(使用)한다는 뜻이다. 여기서는 기능인으로 쓴다는 뜻이다. 군자불기(君子不器)의 기(器)와 같다.

『논어(論語)』를 열면 맨 첫 장에 "인부지이불온(人不知而不慍) 불역군자호(不亦君子乎)"란 공자의 말씀이 나온다. 세상 사람들이[人] 알아주지 않아도[不知] 노여워하지 않으니[不慍] 참으로 군자가 아니겠는가[不亦君子乎]! 이런 군자이니 섬기는 데 까다로울 것이 없다. 그러나 군자는 극기복례(克己復禮)의 삶을 누리려 하므로 도리에 맞지 않으면 기뻐하지 않는다. 그래서 군자를 기쁘게 하기란 어렵다. 군자의 열지(說之)는 자신이 스스로 삶을 즐기는 것이지 남이 즐겁게 해줄 수 있는 일이 아니다. 열지(說之)는 스스로 누리는 즐거운 삶이

지 기쁘게 해주는 일로 되는 게 아니다. 군자의 열지(說之)는 신독(愼獨)하기를 떠나지 않기 때문이다. 홀로 있어도[獨] 삼가 조심한다[愼]. 그래서 군자는 극기(克己)의 삶을 즐긴다.

그리고 군자는[君子] 어떤 한 가지 일에 매달리는 기능인이 아니다[不器]. 공자는 「옹야(雍也)」편 25장에서 이렇게 말했다. "군자박학어문(君子博學於文) 약지이례(約之以禮)." 군자는[君子] 인간의 것들을[文] 널리 배우고[博學], 예로써[以禮] 자신을[之] 단속한다[約]. 여기서 남이 군자를 기쁘게 해줄 수 없음을 알 수 있다.

쉬울 이(易), 섬길 사(事), 어려울 난(難), 기뻐할 열(說), 도리 도(道), 그리고 급(及), 시킬 사(使), 쓰일 기(器)

소인난사이이열야(小人難事而易說也) 열지수불이도열야(說之雖不以道說也) 급기사인야구비언(及其使人也求備焉)

▶ 소인은[小人] 섬기기는[事] 어려워도[難] 기쁘게 해주기는[說] 쉽다[易]. 비록[雖] 도리에 맞지 않게[不以道] 그를[之] 기쁘게 해주어도[說] 기뻐한다[說]. 그리고[及] 소인이[其] 사람을[人] 부릴 때는[使] 그 사람에게 여러 기능을 다해주기를[備] 요구한다[求].

앞 23장에서 공자는 소인동이불화(小人同而不和)라고 했다. 소인은[小人] 패거리를 짓되[同] 서로 어울려 화합하지 않는다[不和]. 이런 소인을 섬기기가 왜 어렵다 하는가? 소인을 섬기려면 그 소인과 한 패거리가 되어야 하기 때문이다. 소인 중의 소인을 폭군(暴君)이라고 한다. 충신(忠臣)이 폭군을 섬기기는 참으로 어렵다. 그러나 간신(奸臣)은 폭군을 아주 쉽게 기쁘게 해준다. 폭군과 간신은 다 도리에 어긋나기를 즐기며 사는 한 패거리이기 때문이다. 소인은 본래 제 비위만 맞추어주면 기뻐할 뿐 도리를 따져 자신을 단속하는 것을 매우 싫어한다. 소인은 결코 자신을 단속하려 들지 않는다. 그래서 소인을 무기탄자(無忌憚者)라고 하지 않는가.

뻔뻔스러워 부끄러워할 줄 모르는 사람[無忌憚者]은 남을 배려할 줄 모르고 자기만 생각하고 산다. 그런 까닭에 소인은 사람을 부릴 때 턱없이 부린다. 능력에 따라 쓸 생각은 하지 않고 제 비위만 맞추어주기를 바란다. 소인이 높은 자리에 앉으면 이른바 측근이란 패거리를 만들어 자신의 충복(忠僕)이 되어주기를 요구한다. 말이 충복이지 종노릇을 하라는 요구이다. 한 패거리가 되어 할 짓 못할 짓 가리지 않고 해야 하므로 부리는 사람에게 다양한 재주와 기능을 요구한다. 이렇게 생각해보면 소인이 사람을[人] 부릴 때[使] 왜 여러 기능을 다해 달라고 요구하는지 짐작할 수 있다. 이런 소인배의 탐욕을 공자가 모를 리가 있겠는가. 공자가 밝힌 "소인사인야구비언(小人使人也求備焉)"의 구비(求備)를 이렇게 이해해도 되리라. 한 패거리가 되어 달라[求備]. 소인배가 득실거리면 왜 세상이 바람 잘 날이 없는지 알 만하다. 왜 공자가 소인을 멀리하라 하는지 알겠다.

작을 소(小), 비록 수(雖), 구할 구(求), 갖출 비(備), 어조사 언(焉)

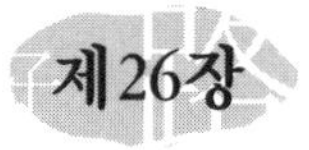

제26장

【문지(聞之)】

군자태이불교(君子泰而不驕)

【원문(原文)】

子曰 君子泰而不驕하고 小人驕而不泰니라
자 왈 군 자 태 이 불 교 소 인 교 이 불 태

【해독(解讀)】

공자께서 말했다[子曰]. "군자는 태연하나 교만하지 않고[君子泰而不驕], 소인은 교만하기만 하지 태연하지는 못하다[小人驕而不泰]."

【담소(談笑)】

자왈(子曰)

군자와 소인이 어떻게 다른지 또 다시 대비하고 있다. 여기서도 군자가 극기복례(克己復禮)하고 약지이례(約之以禮)함을 헤아리게 한다. 군자는 예(禮)로써 살고 소인은 무례(無禮)하게 산다는 것을 밝히고 있다. 이 장은 「자한(子罕)」 편 4장의 자절사(子絶四)를 떠올리게 한다.

군자태이불교(君子泰而不驕) 소인교이불태(小人驕而不泰)

▶ **군자는[君子] 태연하되[泰] 교만하지 않고[不驕], 소인은[小人] 교만하되[驕] 태연하지 못하다[不泰].**

여기서 태(泰)는 대(大)·통(通)·관(寬)·안(安) 등의 뜻을 아울러 간직하고 있다. 크고[大], 걸림 없고[通], 넉넉하며[寬], 편안한[安] 모습을 가리켜 태연(泰然)하다 한다. 태(泰)를 이 태연(泰然)의 준말로 여기고 새기면 된다. 교(驕)는 오(傲)·종(縱)·자(姿) 등의 뜻을 아울러 간직한다. 오만하고[傲], 늘어지고[縱], 방자한[姿] 태도를 가리켜 교만(驕慢)하다 한다. 교(驕)를 이 교만(驕慢)의 준말로 여기고 새기면 된다.

공자가 군자는 태연(泰然)하고 소인은 교만(驕慢)하다고 단언한다. 군자의 모습인 태(泰)를 터득하기 위해서는 자절사(子絶四)를 떠올리면 좋으리라. "무의(毋意)·무필(毋必)·무고(毋固)·무아(毋我)." 자의(恣意)가 없고[毋意], 기필(期必)이 없고[毋必], 고집(固執)이 없고[毋固], 독존(獨存)이 없다[毋我] 함이 공자의 자절사(子絶四)가 아닌

가. 이런 자절사의 모습이 곧 태연한 모습일 것이다. 방자한[恣] 마음가짐[意]을 버리라 함이 무의(毋意)일 터이고, 반드시 꼭[必] 하고야 말겠다는 다짐[期]을 버리라 함이 무필(毋必)일 터이고, 한 가지를 정해서[固] 붙들기[執]를 버리라 함이 무고(毋固)일 터이며, 오로지[獨] 나만 있다는 생각[存]을 버리라 함이 무아(毋我)일 터이다. 그래서 태연한 모습을 일러 크다 하고, 걸림 없다 하며, 넉넉하고 편안한 모습이라 한다.

그런데 소인은 태연함을 비웃고 교만함을 뽐낸다. 교만하다 함은 제 잘난 줄만 알고 세상을 얕보는 티를 말한다. 소인은 교만해서 건방지게 굴면서도 부끄러워할 줄 모른다. 참으로 소인은 꼴불견이라 할 수 있다. 무례(無禮)하게 사는 소인 탓으로 불인(不仁)이 빚어진다. 그래서 공자는 결코 소인이 되어선 안 된다고 역설하는 것이 아닌가.

넉넉할 태(泰), 무례할 교(驕)

제27장

【문지(聞之)】

강의목눌근인(剛毅木訥近仁)

【원문(原文)】

子曰 剛毅木訥近仁이니라
자 왈 강 의 목 눌 근 인

【해독(解讀)】

공자께서 말했다[子曰]. "강직하고 과감하며 수수하고 입이 무거움은 인도(仁道)에 가깝다[剛毅木訥近仁]."

【담소(談笑)】

자왈(子曰)

앞 장의 군자태(君子泰)를 풀어서 설명해주고 있다. 군자는 항상 인도(仁道)를 벗어나지 않는다. 인도에 머물러 사는 모습을 살펴보게 한다. 인도는 철학(哲學)의 길이라기보다는 극히 현실적이고 실천적인 삶의 길이다. 인도를 입으로만 말하지 말라 한다. 몸소 실천하라 한다.

강의목눌근인(剛毅木訥近仁)

▶ 강직하고[剛] 과감하며[毅] 있는 그대로 수수하고[木] 말을 아껴 입이 무거움은[訥] 인도에[仁] 가깝다[近].

강(剛)은 여기서 강직(剛直)의 준말로 여기고 새기면 된다. 물욕(物欲)을 팽개쳐버린다[剛直]는 뜻의 강(剛)으로 새기면 된다. 의(毅)는 의연(毅然)의 준말로 여기고 새긴다. 지조가 굳세다[毅然]는 뜻의 의(毅)로 새기면 된다. 목(木)은 박(樸)·박(朴)과 같다. 그냥 그대로 꾸밈없이 수수하다는 뜻이다. 수수하다[木]. 눌(訥)은 과묵(寡默)하다는 말이다.

강의목눌(剛毅木訥)은 유가(儒家)와 도가(道家)가 사람의 됨됨이를 바라보는 관점이 어떻게 다른지 살펴보게 한다. 도가는 강의(剛毅) 쪽을 부질없다고 여긴다. 그러나 목눌(木訥)은 무위(無爲)의 삶이라고 보고 삶의 가치로 여긴다. 노자(老子)는 공자가 말하는 목(木)의 속뜻을 견소포박(見素抱樸)이라고 밝힌다. 자연을[素] 살펴[見] 그 자연을[樸] 안아라[抱]. 노자는 공자가 말하는 눌(訥)보다 더 강하게 불언(不言)하라 한다. 아예 말하지 않는다[不言]. 눌(訥)은 과묵(寡默)하는 말버릇이지만, 불언(不言)은 그냥 침묵(沈默)하는 말버릇이다. 불가(佛家)에서도 눌언(訥言)하기보다 묵조(默照)하기를 바란다. 그러니 삼가(三家)가 모두 등 돌린 채 사람을 말하고 삶을 말하는 것은 아니다. 서로 같은 자리에서 사람과 삶을 보고 있는 셈이다. 그 자리를 덕(德)이라고 여겨도 틀리지 않으리라. 유가의 인덕(仁德)·도가의 상덕(上德)·불가의 적덕(積德) 등은 다 공자가 밝히는 강의목눌(剛毅木訥)을 저버리지 않는다. 군자는 부덕(不德)을 멀리하지만, 소인은 부덕을 범하면서도 그런 줄 모르고 뻔뻔스럽게 산다. 그런 소인이라서 인도(仁道)에 가까울 리 없음을 잊지 말라 한다.

굳셀 강(剛), 과감할 의(毅), 질박할 목(木), 어눌할 눌(訥)

제28장

【문지(聞之)】

절절시시이이여야(切切偲偲怡怡如也)

【원문(原文)】

子路問曰 何如斯可謂之士矣이꼬
자로문왈 하여사가위지사의

子曰 切切偲偲怡怡如也며 可謂士矣니 朋友切切偲偲오 兄弟怡怡니라
자왈 절절시시이이여야 가위사의 붕우절절시시 형제이이

【해독(解讀)】

자로가 여쭈었다[子路問曰]. "어떻게 하면 선비라 할 수 있겠습니까[何如斯可謂之士矣]?"

공자께서 말했다[子曰]. "간절히 서로 선을 권하고 잘못을 고치게 애쓰고 화락하면[切切偲偲怡怡如也] 선비라 할 수 있다[可謂士矣]. 벗끼리는 서로 선을 권하며 잘못을 고치게 애쓰고[朋友切切偲偲], 형제 사이에는 서로 화락하라[兄弟怡怡]."

【담소(談笑)】

자왈(子曰)

앞 20장에서 자공(子貢)이 똑같은 질문을 여쭈었을 때 행기유치(行己有恥)하라고 공자께서 말해주었다. 지금 자로(子路)에게 말해주는 절절(切切)·시시(偲偲)·이이(怡怡)하라 함 역시 행기유치(行己有恥)의 삶을 살라는 말씀과 같다.

절절시시이이여야(切切偲偲怡怡如也) 가위사의(可謂士矣)

▸ **간절히 서로 선을 권하고 잘못을 고치게 하며[切切] 착하도록 서로 노력하고[偲偲] 서로 화락하는[怡怡] 등등이라면[如] 선비라고[士] 할 수 있다[可謂].**

절(切)은 각(慤)과 요(要)와 같다. 정성스럽고[慤] 간절하다는[要] 뜻의 절(切)이다. 시(偲)는 책(責)과 같다. 간절하게 책망하다[偲]. 이(怡)는 열(悅)·낙(樂)·화(和)를 한데 묶은 뜻이다. 기쁘고[悅], 즐겁고[樂], 어울린다[和]는 뜻의 이(怡)다.

절절(切切)도 착하고 어진 마음이요, 시시(偲偲)도 착하고 어진 마음이며, 이이(怡怡)도 착하고 어진 마음이다. 이런 마음이 없다면 어찌 처신하는 데 부끄럽지 않게 살 수 있겠는가? 선비라면 선하지 않으면 책망하고, 어질지 않으면 정성을 다해 고칠 수 있게 세상의 모범이 되어야 한다는 것이다. 이 또한 극기복례(克己復禮)요 약지이례(約之以禮)가 아닌가. 그래서 자로가 선비를 묻자 공자께서 선비가 갖추어야 할 처신(處身)을 위와 같이 답해준 것이다. 선비라면 붕우(朋友) 사이에는 정성을 다해 간절히 착한 사람이 되도록 노력하고[切切], 잘못이 있다면 서슴없이 지적해 서로 고치게 하라[偲偲]고 당부한다. 나아가 선비라면 형제 사이에 삶을 서로 사랑하고 도와 삶을 즐겁게 누린다[怡怡]고 밝히는 공자를 보라. 공자는 분명 생활 속의 성인(聖人)이다.

바로잡아 고칠 절(切), 노력할 시(偲), 기뻐할 이(怡), 무리 여(如)

제29장

【문지(聞之)】

선인교민칠년(善人教民七年)

【원문(原文)】

子曰 善人教民七年이면 亦可以卽戎矣니라
자 왈 선 인 교 민 칠 년 역 가 이 즉 융 의

【해독(解讀)】

공자께서 말했다[子曰]. "착한 사람이 백성을 7년 동안 가르친다면[善人教民七年] 백성을 전쟁에 나가게 할 수 있다[亦可以卽戎矣]."

【담소(談笑)】

자왈(子曰)

앞 11장에서 선자(善者)가 나라를 100년 다스리면 승잔거살(勝殘去殺)이라고 했는데, 여기선 선인(善人)이 7년 동안 백성을 다스리면 백성이 전쟁터에 나가는 것을 두려워하지 않는다고 밝히고 있다. 왜 백성이 싸움터에 나가기를 두려워하지 않는지 생각해보라고 한다.

선인교민칠년(善人敎民七年) 역가이즉융의(亦可以卽戎矣)

▶ 착한 사람이[善人] 7년 동안[七年] 백성을[民] 가르치면[敎] 무기를 들고 전쟁터로[戎] 나갈 수도 있다[亦可卽].

교민(敎民)의 교(敎)는 교육(敎育)의 준말로 여기고 새기면 된다. 교민(敎民)을 치민(治民)으로 생각해도 된다. 선인(善人)이 백성을[民] 가르친다면[敎] 착한 백성이 되도록 가르칠 것이다. 착한 백성이 사는 세상은 절로 착한 세상이 되게 마련이다. 착한 세상에는 잔혹한 일이 없다. 이를 승잔(勝殘)이라고 한다. 착한 세상에는 범죄가 없다. 그러니 살인범이 있을 리 없다. 살인범이 없어지면 그런 것이 바로 거살(去殺)이다. 백성을 어떻게 가르친다는 말일까? 승잔거살(勝殘去殺)의 세상을 누리도록 가르친다는 말로 들어도 되리라.

이런 세상을 이루려는 선인의 치세(治世)는 태평성대(太平聖代)를 실현한다. 그러면 백성은 그런 착한 세상을 지켜내기 위하여 침입해오는 외적과 목숨을 걸고 싸우기를 마다하지 않을 것이다. 폭군(暴君)은 백성을 억지로 전쟁터에 내몰지만, 성군(聖君)이 다스리는 백성은 전쟁이 나면 자진해서 병기(兵器)를 들고 나간다 하지 않는가. 그러니 선인이 7년 동안 백성을 다스리다 보면 백성도 선인의 치세가 얼마나 고마운지 알았으니 전쟁이 터지면 선인의 치세를 보전하기 위하여 스스로 목숨을 내놓으리라고 공자가 확신하고 있다. 치자(治者)가 되고 싶은가? 그렇다면 네 자신부터 선인(善人)이 되라. 이렇게 공자가 요구하고 있다.

가르칠 교(教), 또 역(亦), 나아갈 즉(卽), 병기 융(戎)

제30장

【문지(聞之)】

이불교민전(以不敎民戰)

【원문(原文)】

子曰 以不教民戰이면 是謂棄之니라
자 왈 이 불 교 민 전 시 위 기 지

【해독(解讀)】

공자께서 말했다[子曰]. "백성을 가르치지 않고 전쟁을 치르게 한다면[以不敎民戰] 그런 것이야말로 백성을 버리는 짓이다[是謂棄之]."

【담소(談笑)】

자왈(子曰)

앞 장을 반대로 해서 말하고 있다. 불교민(不敎民)하면서 백성을 전쟁터로 내몬다면 백성은 그런 세상을 떠나버린다고 단언한다.

이불교민전(以不敎民戰) 시위기지(是謂棄之)

▶ 백성을[民] 가르치지 않고서[以不敎] 전쟁을 치르게 한다면[戰], 이는[是] 백성을[之] 버리는 짓이라[棄] 하겠다[謂].

전(戰)은 전투(戰鬪)의 준말로 여기고 새기면 된다. 전쟁을 치르게 한다[戰]. 기(棄)는 여기서 유(遺)와 같다. 유기(遺棄)의 준말로 여기고 새기면 된다. 버려 잃는다[棄].

나라가 있어서 백성이 있는 게 아니다. 먼저 백성이 있어야 나라가 있다. 이런 사실을 폭군(暴君)은 모른다. 폭군은 나라나 백성이나 모두 제 것으로 여기고 백성을 노예처럼 부리려 한다. 그러니 이불교민(以不敎民)을 백성을 노예처럼 부려먹는다는 뜻으로 새겨도 무방하다. 폭군은 백성이 똑똑해지는 것을 두려워한다. 그러나 성군은 백성을 착하게 이끌어 현명하게 한다. 그래서 폭군은 불교민(不敎民)하여 세상을 버리고, 성군은 교민(敎民)하여 세상을 건진다.

이민 없는 나라는 없다. 독재자가 속상하게 세상을 끌어가는 탓으로 이민을 떠나겠다는 사람들이 많았던 때가 있었다. 예나 지금이나 정치가 못나면 백성은 아무리 조국이라 해도 떠나고 싶어한다. 군사정권의 독재가 한창일 때 이민 가고 싶어하는 사람들이 많았다. 지금은 부정부패가 너무나 심하여 못살겠다고 절망하는 사람들이 많다. 치자(治者)로서 선인(善人)들이 부족한 까닭에 우리가 사는 세상이 이처럼 애달프다. 군자(君子)·선인(善人)·대인(大人)을 낡은 인간형이라고 말하지 말라. 안백성(安百姓)·안민(安民)·안인(安人)은 다 같은 말이다. 백성을 마음 편하고 넉넉하게 살도록 자신을 돌보지 않는 이를 군자니 선인이니 대인이라고 부르면 된다. 어느 날에나 선인들이 이 나라를 다스려 살기 좋은 터전이 되게 해줄까?

전쟁 전(戰), 버릴 기(棄), 이것 지(之)

후편(後篇) 14

헌문(憲問)

입문 이 편의 맨 처음 나오는 구절인 헌문치(憲問恥)의 '헌문(憲問)'을 따서 편명(篇名)으로 삼았다. 이 편(篇)은 『논어(論語)』의 편들 중에서 길다. 그래서인지 장(章) 수가 44장 또는 46장, 47장 등으로 일정하지 않다.

「헌문(憲問)」 편에서도 정치(政治)에 관한 문답들이 주를 이룬다. 삼왕(三王)의 치적과 이패(二覇)의 행적들을 언급하고, 제후(諸侯)와 대부(大夫)들의 행적에 대해 말한다. 「헌문」 편의 핵심은 위인지치(爲仁知恥)하라는 말씀과 수기안민(修己安民)하라는 말씀에 있다고 본다. 어진 사람이 되고[爲仁] 부끄러워할 줄 알라[知恥]. 나를 닦아[修己] 세상 사람들을 편안하게 하라[安民].

그런데 요새 사람들은 위기(爲己)하지는 않으면서 위인(爲人)하려고 발버둥친다는 공자의 말씀이 참으로 우리를 찔끔하게 한다. 위기(爲己)는 내 자신을 어진 사람이 되게 노력한다는 말이고, 위인(爲人)은 남을 위하려는 것이 아니라 남들에게 자기를 알리려고 노력한다는 말이다. 그러니 위인은 요샛말로 하면 자기수양은 팽개쳐두고 인기 스타가 되려고 아등바등한다는 뜻이다. 그러니 어찌 지치(知恥)를 하겠는가. 하여튼 우리는 어진 사람이 되자는 위인(爲仁)하기를 버리고 인기 스타가 되자는 위인(爲人)하기에 급급하니 어찌 부끄러워할 줄 알겠는가[知恥].

이는 곧 수기(修己)를 게을리하지 말라 함이다. 그래서 공자는 수기를 마다하고 한평생을 게으르게 보낸 오랜 고향 친구의 정강이를 지팡이로 매질한 것이다. 성인이 왜 매질을 하겠는가?

『논어』에서 가장 절절하고 애틋한 장(章)들 중 하나가 이 편 45장이라는 생각이다. 그래서 그 대목을 미리 알려주고 싶다. "유이불손제(幼而不孫弟) 장이무술언(長而無述焉) 노이불사(老而不死) 시위적(是爲賊) 이장고기경(以杖叩其脛)." 어려서는[幼] 건방지고 우애롭지 못했고[不孫弟], 자라서는[長] 너한테[焉] 착한 일이 없었으며[無述], 늙어서도[老] 죽지 않으니[不死], 네 놈은[是] 도둑이[賊] 된 것이다[爲]. 그리고는 공자께서 지팡이를 들어[以杖] 원양의[其] 정강이를[脛] 후려쳤다[叩]. 공자께서 매를 들었다. 이 한마디로 족할 것이다.

제1장

【문지(聞之)】

방유도곡(邦有道穀)

【원문(原文)】

憲問恥한대 子曰 邦有道穀하되 邦無道穀이 恥也니라
헌 문 치 자 왈 방 유 도 곡 방 무 도 곡 치 야

【해독(解讀)】

원헌(原憲)이 치욕에 대해 여쭈었다[憲問恥].

공자께서 답했다[子曰]. "나라에 도가 있으면 녹을 먹지만[邦有道穀], 나라에 도가 없는데도 녹을 먹는 짓이[邦無道穀] 치욕이다[恥也]."

【담소(談笑)】

자왈(子曰)

「태백(泰伯)」편 12장을 떠올리게 한다. "방유도(邦有道) 빈차천언(貧且賤焉) 치야(恥也) 방무도(邦無道) 부차귀언(富且貴焉) 치야(恥也)." 여기서도 헌(憲)에게 같은 말씀을 들려주고 있다. 헌(憲)은 공자의 제자인 원사(原思)의 이름이다. 나라가 인도(仁道)로써 다스려질 때는 벼슬해 국록을 받아먹어도 되겠지만, 그렇지 않은데 벼슬해 국록을 받아먹는다면 치욕스럽다고 단언하고 있다.

방유도곡(邦有道穀) 방무도곡(邦無道穀) 치야(恥也)

▶ **나라에[邦] 도가[道] 있다면[有] 녹을 먹지만[穀], 나라에[邦] 도**

가[道] 없는데[無] 녹을 먹는 것은[穀] 치욕이다[恥].

방유도(邦有道)의 도(道)는 인도(仁道)의 준말로 여기면 된다. 곡(穀)은 녹(祿)과 같다. 국록(國祿)을 받아먹는다[穀]. 곡(穀)은 곡식을 말한다. 나라에서 주는 곡식을 국록(國祿)이라 한다. 그래서 곡(穀)은 선(善)·생(生)·양(養)·유(乳) 등의 뜻을 포함한다. 다시 말해 국록을 뜻하는 곡(穀)에는 착하고[善] 살게 하고[生] 길러주고[養] 젖을 먹인다[乳]는 의미가 담겨 있다. 치(恥)는 치욕(恥辱)의 준말로 여기고 새기면 된다.

나라에 도(道)가 있다 함은 곧 안백성(安百姓)의 정치가 이루어지고 있다는 말이다. 백성을 편안히 살게 해준 대가로 국록을 받는 것은 당당하다. 그래서 나라에 도가 있는데도 가난하면서[貧] 비천한[賤] 삶을 살면 부끄럽고[恥], 나라에 도가 없는데도 국록을 받아먹고 부귀(富貴)를 누린다면 부끄럽다고 공자가 「태백」 편 12장에서 밝혔던 것이다. 그와 같은 말을 여기에서는 원헌(原憲)에게 간명히 말해주고 있다.

일생을 두륜산 아래 산천제(山天齋)에서 처사(處事)로 살았던 남명(南冥) 조식(曺埴) 선생이 생각난다. 남명 선생은 세상에 도가 있으면 벼슬길에 오르지만[天下有道則見] 도가 없으면 숨는다[無道則隱]는 공자의 말씀을 따랐던 셈이다. 그러니 선생은 부끄러울 게 하나도 없다. 혹시라도 경남 산청(山淸) 쪽 지리산에 가거든 산천제에 들러 예(禮)로써 남명 선생께 재배(再拜)하기 바란다.

나라 방(邦), 있을 유(有), 녹 곡(穀), 부끄러울 치(恥)

제2장

【문지(聞之)】

극벌원욕불행언(克伐怨欲不行焉)

【원문(原文)】

克伐怨欲을 不行焉이면 可以爲仁矣이이꼬
극벌원욕 불행언 가이위인의

子曰 可以爲難矣이니와 仁則吾不知也케라
자왈 가이위난의 인즉오부지야

【해독(解讀)】

"남을 이기려는 짓과 제 자랑을 하는 짓, 남을 원망하는 짓과 욕심을 사납게 내는 짓 등 이 네 가지를 행하지 않으면[克伐怨欲不行焉] 인(仁)이라 하겠습니까[可以爲仁矣]?"

공자께서 답했다[子曰]. "그렇게 할 수 있기란 어렵고[可以爲難矣], 그렇게 함이 인인지 나는 모르겠다[仁則吾不知也]."

【담소(談笑)】

자왈(子曰)

공자가 지금 누구에게 말해주는 것인지 분명하지 않다. 누가 인(仁)을 물었는지 드러나 있지 않기 때문에 그렇다. 아마도 1장에 이어서 원헌(原憲)이 인에 관한 자신의 생각을 들어 스승(공자)께 물었던 듯싶다.

공자는 위와 같이 단언하듯 묻는 질문에 대하여 모르겠다고 답하고 있다. 성인은 이것인지 저것인지를 물으면 모른다고 답한다. 인(仁)을 그렇게 갈래지어 단정하지 말라는 뜻이리라. 왜냐하면 인능홍도

(人能弘道)이기 때문이다. 공자는 인간이[人] 인도를[道] 넓혀갈 수 있다[能弘]고 확신하는 성인이니 그래서 모르겠다고 답한 것으로 여겨도 무방하지 싶다.

극벌원욕불행언(克伐怨欲不行焉) 가이위인의(可以爲仁矣)

▶ 남을 이기기 좋아하는 짓과[克], 제 자랑을 일삼는 짓과[伐], 남을 미워하는 짓과[怨], 욕심을 부리는 짓을[欲] 행하지 않는다면[不行], 그럼으로써[以] 어짊이[仁] 될 수 있겠습니까[可爲]?

극(克)은 여기서 승(勝)과 같다. 그러므로 극기복례(克己復禮)의 극기(克己)가 아니라 승인(勝人), 즉 남을[人] 이겨낸다[勝]는 뜻으로 새겨야 한다. 벌(伐)은 공(功)과 같다. 자벌(自伐)의 준말로 여기면 된다. 공치사하다[伐]. 원(怨)은 한(恨)·기(忌)·구(仇)·애(恚) 등의 뜻이 있다. 남을 원망하고[恨] 미워하여[忌] 남과 원수지고[仇] 분해한다[恚]는 뜻으로 원(怨)을 새기면 된다. 욕(欲)은 탐욕(貪欲)의 준말로 여기고 새긴다. 가이위(可以爲)는 가위이극벌원욕불행(可爲以克伐怨欲不行)을 간명하게 줄인 것으로 보면 된다. 한문(漢文)은 한번 나온 내용이면 생략해버리는 버릇이 있다.

네 가지[克·伐·怨·欲]를 범하지 않으면 어질다 할 수 있느냐고 물었다. 인(仁)이란 무엇인가? 딱 떨어지는 답을 얻고자 하는 게 범인(凡人)들의 욕심이다. 그러나 인생은 과학이 바라는 정답으로 풀릴 수 있는 게 아니다. 인(仁)은 인간의 문제이지 과학의 문제가 아니다. 그러니 하나 더하기 하나는 둘이란 답을 바라지 말았으면 하지만, 한사코 똑 떨어지는 답을 얻고 싶어하는 게 범인들의 직성이다.

이길 극(克), 공훈 벌(伐), 미워할 원(怨), 바랄 욕(欲), 써 이(以), 될 위(爲)

가이위난의(可以爲難矣) 인즉오부지야(仁則吾不知也)

▶ **그렇게[以] 행할 수 있기도[可爲] 어렵지만[難], 그런 짓이 인이라[仁] 한다면[則] 나는[吾] 그런 건지 모르겠다[不知].**

가이위(可以爲)를 가위이극벌원욕(可爲以克伐怨欲)으로 고쳐 새기면 쉽다. 이 때 이(以)는 그냥 목적어 앞에 있을 뿐 의미는 없다. 극벌원욕(克伐怨欲)을[以] 행할 수 있다[可爲]. 인즉(仁則)의 인(仁) 앞에 극벌원욕자(克伐怨欲者)가 있다고 생각하면서 새겨야 한다. '그런 짓들이[克伐怨欲者] 어짊이라면[仁則]' 이라고 해석하면 된다.

인(仁)을 네 가지[克伐怨欲]로 갈래지은 뒤 맞느냐고 묻는 질문에 공자가 나는[吾] 모르겠다[不知]고 대답한다. 왜 그렇게 대답했을까? 이겨야 할 경우와 미워할 경우, 그리고 욕심을 내야 할 경우가 있기 때문이 아닐까 한다. 불선자(不善者)를 모른 척한다면 인(仁)이라 할 수 없다. 그를 선자(善者)로 변화시키는 것이 곧 인능홍도(人能弘道)이기 때문이다. 공자가 "오로지[唯] 인자만이[仁者] 사람을[人] 좋아할 수도 있고[能好] 미워할 수도 있다[能惡]"고 하지 않았는가. 그러니 남을 이기려 하지 않고[不行克], 제 자랑을 하지 않고[不行伐], 남을 미워하지 않고[不行怨], 탐하지 않는다[不行欲] 해서 그런 짓들이 곧 인(仁)이라고 단정할 수 없는 까닭을 알 수 있다. 인(仁)이 무엇이라고 단정적으로 결론 내리지 말라 한다. 그렇듯 단정해버리면 공자가 바라는 인능홍도(人能弘道)가 멈춰질 것이기 때문이다. 인간이[人] 인도를[道] 넓힐 수 있다[能弘]. 그러므로 공자께 인(仁)이 무엇이냐고 물어 확답(確答)을 얻겠다 바라지 말라.

성인은 확답하지 않는다. 「공야장(公冶長)」 편 9장에서 공자가 안회(顔回)를 칭송했던 일을 상기해보면 짐작할 수 있으리라. 자공(子貢)이 자기는 문일이지이(聞一以知二)하지만 안회는 문일이지십(聞一以知十)한다고 아뢰자, 공자가 맞장구를 치면서 이렇게 안회를 칭송했다. "오여여불여야(吾與女弗如也)." 너하고[與女] 나는[吾] 안회만 못하다[弗如]. 자공은 하나를 들으면[聞一以] 둘을[二] 알고[知], 안회는 하나를 들으면[聞一以] 열을[十] 안다[知].

성인은 하나만 알기를 바라지 않는다. 불가(佛家)에서도 이변(離邊)하라 했다. 단정(斷定)하지 말라는 뜻이다. 단정을[邊] 떠나라[離]. 인생이 바로 그렇지 않은가. 공자도 인생 때문에 인(仁)을 밝히지 철학(哲學)을 하자고 인을 말하는 것이 아니지 않는가.

할 위(爲), 어려울 난(難), 곧 즉(則), 나 오(吾), 알 지(知)

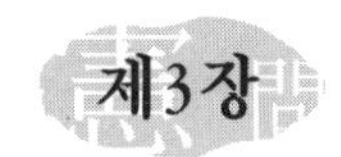

제3장

【문지(聞之)】

사이회거(士而懷居)

【원문(原文)】

子曰 士而懷居면 不足以爲士矣니라
자 왈 사 이 회 거 부 족 이 위 사 의

【해독(解讀)】

공자께서 말했다[子曰]. "선비이면서 편안히 살기를 바란다면[士而懷居] 선비가 될 수 없다[不足以爲士矣]."

【담소(談笑)】

자왈(子曰)

선비는 극기(克己)하여 안민(安民)을 위하는 것이 사명이다. 그런 선비가 편안히 살기를 바란다면 선비 될 자격이 없다고 밝힌다. 선비가 되려면 먼저 선인(善人)이 되라 한다. 회거(懷居)는 소인이 바라는 바이다. 제 한 몸 편히 살기를 바라는 소인이 어찌 선비가 될 수 있겠느냐고 반문하고 있다.

사이회거(士而懷居) 부족이위사의(不足以爲士矣)

▶ 선비이면서[士而] 편히 살기를[居] 바란다면[懷] 선비[士] 되기[爲] 어렵다[不足].

사이(士而)의 이(而)는 어세(語勢)를 강조하고자 쓰였다. 사회거(士懷居)를 강조한 말투이다. 부족이(不足以)의 이(以) 앞이나 뒤에는 회거(懷居)가 생략되었다고 여기면 된다. 그래서는[以] 정도로 새긴다.

무릇 선비란 군자(君子)를 닮고자 수기(修己)하는 당사자여야 한다는 것이다. 군자는 누구인가? 밤낮으로 안민(安民)하려고 회덕(懷德)하는 대인(大人)이 아닌가. 소인(小人)이 선비가 되면 안민(安民)을 바랄 수 없다. 군자는 회덕(懷德)하고 소인은 회토(懷土)하는 까닭이다. 「이인(里仁)」편 11장에서 공자는 이렇게 말했다. "군자회덕(君子懷德) 소인회토(小人懷土)." 군자는[君子] 덕을[德] 마음 속에 품고[懷], 소인은[小人] 재산을[土] 마음 속에 품는다[懷]. 회덕(懷德)은 남을 위해 베풀 마음가짐이 되어 있다는 말이다. 반면에 회토(懷土)는 자기 몫을 차지하고 공치사하며 재물을 불리려는 욕심을 감추고 있다는 뜻이다. 그런 욕심은 남을 위하려는 게 아니라 제 한 몸 잘되면 그만이라는 이기심이게 마련이다.

선비는 군자를 닮아가야 한다. 그래서 공자가 「학이(學而)」편 14장에서 이렇게 말했지 않은가. "군자거무구안(君子居無求安)." 군자는[君子] 살아가면서[居] 제 한 몸 편안하기를[安] 바라지 않는다[無求]. 그러니 선비라면 회거(懷居)하지 말라. 회거(懷居)란 자기 편하게 살기 위한 구안(求安)이다. 그래서 소인이 선비 노릇 한다고 하면 안민(安民)은 물 건너간 셈이다. 왜 백성이 관료사회를 불신하게 되었는가? 회덕(懷德)은 멀고 회토(懷土)에 눈을 파는 탓이 아닌가.

선비 사(士), 품을 회(懷), 살 거(居), 만족할 족(足)

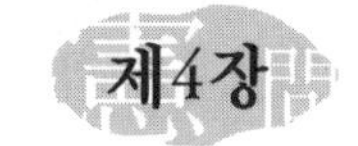

제4장

【문지(聞之)】

위언위행(危言危行)

【원문(原文)】

子曰 邦有道엔 危言危行하고 邦無道엔 危行言孫이니라
(자왈 방유도 위언위행 방무도 위행언손)

【해독(解讀)】

공자께서 말했다[子曰]. "나라에 도가 있을 때는[邦有道] 말과 행실이 고답적이지만[危言危行], 나라에 도가 없을 때는[邦無道] 행실을 고답적으로 하고 말은 공손히 해야 한다[危行言孫]."

【담소(談笑)】

자왈(子曰)

나라를 위한 선비의 처신(處身)에 대해 밝히고 있다. 도(道)가 있는 나라라면 선(善)이 악(惡)을 제압하는 정의(正義)가 살아 있을 것이니 안민(安民)의 소신(所信)을 과감하게 펼치고, 나라에 도가 없다면 악이 선을 물리치는 상황이니 안민(安民)을 위해 행실은 과감하되 말조심하라고 당부한다.

방유도(邦有道) 위언위행(危言危行) 방무도(邦無道) 위행언손(危行言孫)

▶ **나라에[邦] 도가[道] 있을 때는[有] 말을[言] 고상하게 하고[危] 행실도[行] 고상하게 하지만[危], 나라에[邦] 도가[道] 없을 때는[無] 행실을[行] 고상하게 하되[危] 말은[言] 공손해야 한다[孫].**

위(危)는 여기서 고(高)와 같다. 높고 고결하다[高尙]. 물론 위(危)는 위태롭다[不安]는 뜻으로 자주 쓰인다. 인도(仁道)가 살아 있는 세상[有道]에는 불안(不安)이 없다. 그러나 인도가 펼쳐지지 않는 세상[無道]에는 모든 일이 불안하기 마련이다. 무도한 세상일수록 행실을 고고하게 하라 함이 위행(危行)이다. 선(善)을 행함도 위행(危行)이고, 불선(不善)을 물리침도 또한 위행(危行)이다. 언손(言孫)의 손(孫)은 공(恭)과 겸(謙)과 같다. 공손(恭孫)이나 겸손(謙孫)의 준말로 여기고 새긴다.

나라에 인도가 살아 있다면 진선(盡善)을 위해 과감하게 처신(處身)하라 함이 위언위행(危言危行)하라는 뜻이다. 그러나 나라에 인도가 없다면 불인(不仁)이나 불선(不善) 앞에 과감하게 행동하되 말조심하여 불행을 자초하지 말라 함이 위행언손(危行言孫)하라는 뜻이다. 이는 곧 악(惡)과 타협하지 말라는 말씀이다.

다시 또 「태백(泰伯)」편 12장의 말씀을 떠올리게 한다. "천하유도즉현(天下有道則見) 무도즉은(無道則隱)." 천하에[天下] 도가[道] 있으면[有] 곧[則] 드러내고[見], 도가[道] 없으면[無] 곧[則] 숨는다[隱]. 위행언손(危行言孫)은 바로 이 무도즉은(無道則隱)과 같은 말씀이다. 더러운 세상에 잘났다고 고개 쳐들고 떠들지 말라. 그러면 못된 짓이란 것을 하늘이 알고 백성이 안다.

나라 방(邦), 높을 위(危), 말할 언(言), 행실 행(行), 공손할 손(孫)

제5장

【문지(聞之)】

유덕자필유언(有德者必有言) · 인자필유용(仁者必有勇)

【원문(原文)】

子曰 有德者必有言이어니와 有言者不必有德이니라
자왈 유덕자필유언 유언자불필유덕

仁者必有勇이어니 勇者不必有仁이니라
인자필유용 용자불필유인

【해독(解讀)】

공자께서 말했다[子曰]. "덕 있는 사람은 반드시 옳은 말을 하지만[有德者必有言], 옳은 말을 하는 사람이라고 해서 반드시 덕이 있는 것은 아니다[有言者不必有德]. 어진 사람은 반드시 용감히 행하지만[仁者必有勇], 용감한 사람이라고 해서 반드시 인자한 것은 아니다[勇者不必有仁]."

【담소(談笑)】

자왈(子曰)

유덕(有德)의 뜻을 밝히고 있다. 인도(仁道)를 넓히려는 정신을 갖추고 그 정신을 행동으로 옮기는 자가 곧 유덕자(有德者)라 한다. 군자(君子)·선자(善者)·대인(大人) 등등이 모두 다 유덕자임을 깨닫게 한다. 유덕자가 곧 인자(仁者)이다. 인자는 말보다 행동으로 인도를 넓혀간다는 것을 새기게 한다.

유덕자필유언(有德者必有言) 유언자불필유덕(有言者不必有德) 인자필유용(仁者必有勇) 용자불필유인(勇者不必有仁)

▶ 덕이[德] 있는[有] 사람은[者] 반드시[必] 옳은 말을 하지만[有言], 옳게 말하는[有言] 사람에게[者] 반드시[必] 덕이[德] 있다는 것은 아니다[不有]. 어진[仁] 사람은[者] 반드시[必] 용감히 실천하지만[有勇], 용감하게 실천하는[勇] 사람에게[者] 반드시[必] 어짊이[仁] 있다는 것은 아니다[不有].

덕을 갖춘 사람[有德者]은 말을 앞세우지 않는다. 덕(德)은 언행(言行)을 둘로 보지 않고 하나로 보기 때문이다. 실천하지 못할 일이라면 유덕자(有德者)는 입을 다문다. 그래서 군자의 말씨를 두고 옳되 어눌하다 한다. 덕은 옳은 말을 빚지만, 옳은 말이라고 해서 곧 덕으로 이어지는 것은 아니다. 말이 많고 말을 앞세우는 사람일수록 부덕(不德)을 범하는 경우를 자주 본다.

유덕자(有德者)는 불인(不仁) 앞에 과감하다. 인도(仁道)를 넓히기 위해서라면 과감하다. 인자(仁者)는 불인을 막기 위해 용감하다. 그러나 용감한 척하지 않는다. 인(仁)이 용기(勇氣)를 빚어내지 용기가 인을 초래하는 것은 아니라는 말이다. 말을 앞세우며 용감하게 자신을 드러내는 사람은 인자이기 어렵다. 자벌(自伐)하는 사람은 거의 다 어질기 어렵다. 자기를[自] 자랑하는[伐] 사람은 어둡다. 그래서 노자(老子)도 부자벌(不自伐)을 일러 명(明)이라 했다. 자기를[自] 자랑하지 말라[不伐]. 그러면 밝다[明].

큰 덕(德), 반드시 필(必), 용감할 용(勇)

제6장

【문지(聞之)】

우직궁가이유천하(禹稷躬稼而有天下)

【원문(原文)】

南宮适問於孔子曰 羿善射하고 奡盪舟호대 俱不得其死어늘 然禹稷躬稼而有天下하시니이다
夫子不答이러시니 南宮适出커늘 子曰 君子哉라 若人이어 尙德哉라 若人이어

【해독(解讀)】

남궁괄이 공자께 묻듯이 말했다[南宮适問於孔子曰]. "예(羿)는 활을 잘 쏘았고[羿善射] 오(奡)는 힘이 세어 배를 흔들었다지만[奡盪舟], 그들은 모두 제 명에 죽지 못했소[俱不得其死]. 그러나 우(禹)와 직(稷)은 스스로 농사짓고 살았지만 천하를 얻었소[然禹稷躬稼而有天下]."

이에 공자께서 대답하지 않자[夫子不答] 남궁괄이 나가버렸다[南宮适出]. 이에 공자께서 말했다[子曰]. "저 같은 사람이 참으로 군자로다[君子哉若人]. 저런 사람이 덕을 숭상한다[尙德哉若人]."

【담소(談笑)】

자왈(子曰)

남궁괄(南宮适)이 폭력으로는 천하를 얻을 수 없다고 반문하듯이 말을 걸자, 공자는 맞장구를 치지 않고 그냥 있다가 괄(适)이 나가자비로소 그를 군자라고 칭송한다. 괄(适)의 면전에서 아무 말도 않던 공자의 모습이 「이인(里仁)」 편 24장의 말씀을 떠올리게 한다. "군자욕눌어언(君子欲訥於言)." 군자는[君子] 말을[於言] 무디게 하고자 한다[欲訥]. 말을 아끼는 성인의 모습을 엿볼 수 있게 해준다.

예선사(羿善射) 오탕주(奡盪舟) 구부득기사(俱不得其死) 연우직궁가이유천하(然禹稷躬稼而有天下)

▶ **예라는 사람은[羿] 활쏘기를 잘했고[善射] 오라는 사람은[奡] 물에 있는 배를 밀어 물에 띄울 만큼 힘이 셌지만[盪舟], 그 둘은 다[俱] 제[其] 명대로[死] 살지 못했소[不得]. 그러나 우라는 사람과[禹] 직이라는 사람은[稷] 몸소[躬] 농사를 짓고 살았지만[稼] 세상을[天下] 얻었소[有].**

선사(善射)는 명궁(名弓)과 같은 말로 무기를 잘 다룬다는 뜻이다. 탕주(盪舟)는 힘만 앞세운다는 뜻이다. 기사(其死)의 사(死)는 천명(天命)을 다 누린 다음 죽는 것을 말한다. 궁(躬)은 궁행(躬行)의 준말로 여기고 새기면 된다. 궁행(躬行)은 친행(親行)과 같다. 몸소 실천한다[躬]. 가(稼)는 가색(稼穡)의 준말로 여기고 새긴다. 여기서 가(稼)는 곡식을 심어 거두어들이는 일[稼穡]을 뜻한다. 유천하(有天下)의 유(有)는 득(得)과 같다. ~을 얻다[有].

남궁괄(南宮适)이 공자에게 위와 같이 말을 걸었다. 남궁괄은 노(魯)나라 대부 남궁경숙(南宮敬叔)의 이름으로, 자(字)는 자용(子容) 또는 남용(南容)이다. 그 괄(适)이 예(羿)·오(奡)와 우(禹)·직(稷) 네 사람을 예로 들어 유천하(有天下)를 이야기하고 있다. 예와 오는 패자(覇者)를 비유한 것이고, 우와 직은 인자(仁者)를 비유한 것이라고 보면 된다. 패자는 제 힘이나 재주만 믿다가 화(禍)를 당해 제 명대로 살지 못하고 횡사했지만, 농사짓던 우와 직은 어질어서 천하를 얻었다고 밝히고 있다.

우(禹)는 순(舜)임금 밑에서 치수(治水)에 공을 세워 순임금으로부터 임금의 자리를 물려받아 백성을 편안하게 한 성왕(聖王)이다. 직(稷)은 온갖 곡식을 재배하여 백성이 굶주림 없이 잘 살게 한 주(周)나라 선조로서 농업을 주나라 건국의 바탕으로 삼았다. 우와 직이 천하를 얻은 것은 힘이 아니라 인도(仁道)였다고 말하는 남궁괄은 공자와 같은 생각을 피력했던 셈이다. 그래서 공자는 그런 남궁괄의 발언에 맞장구를 치는 대신에 그가 없는 데서 그를 찬양한 것이다. 괄이[南宮适] 나가자[出] 비로소 공자가 그를 한없이 칭송한다. "군자재약인(君子哉若人)." 남궁괄 같은[若] 사람이야말로[人] 군자로다[君子哉].

인약남궁괄군자야(人若南宮适君子也)라고 평범하게 말씀하지 않고 강조할 것을 내세워 감탄하는 어조로 칭송하는 속뜻을 절절히 드러내는 성인의 수사(修辭)를 보라. 성인의 말솜씨[修辭]는 한 치도 틈이 없다. 그러니 성인의 눌어언(訥於言)은 말을 못하는 것이 아니라 말을 아껴 꼭 해야 할 말만 딱 하고야 마는 말솜씨임을 알겠다. 성인(聖人)이 이러하므로 불가(佛家)에서도 합취구구(合取狗口)란 화두(話頭)를 좋아하는 게 아닌가. 개 주둥이[狗口] 닥쳐라[合取].

사람 이름 예(羿), 잘할 선(善), 궁술 사(射), 힘셀 오(奡), 흔들 탕(盪), 배 주(舟), 함께 구(俱), 얻을 득(得), 죽음 사(死), 그러나 연(然), 하우씨 우(禹), 농사 직(稷), 몸소 행할 궁(躬), 농사지을 가(稼), 얻을 유(有)

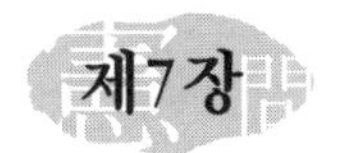

제7장

【문지(聞之)】

군자이불인자유의부(君子而不仁者有矣夫)

【원문(原文)】

子曰 君子而不仁者有矣夫이니라 未有小人而仁者也니라
자왈 군자이불인자유의부 미유소인이인자야

【해독(解讀)】

공자께서 말했다[子曰]. "군자이면서 어질지 못한 자는 있을 수 있지만[君子而不仁者有矣夫], 소인이면서 어진 사람은 지금까지 있었던 적이 없다[未有小人而仁者也]."

【담소(談笑)】

자왈(子曰)

다시 한번 공자께서 군자(君子)와 소인(小人)을 구분 하고 있다. 「이인(里仁)」 편 11장으로 되돌아가 다시 한번 생각해보라는 듯하다. 군자는 인도(仁道)를 넓히고자 하나 소인은 사리(私利)를 탐한다. 군자라도 인자(仁者)의 경지에 이르지 못할 수 있다. 그러나 소인은 처음부터 인자 될 생각은 아예 없고 제 잇속만 챙기는 데 골몰한다. 그런 소인배가 어찌 인자가 될 수 있겠느냐고 딱 부지러게 밝힌다.

군자이불인자유의부(君子而不仁者有矣夫) 미유소인이인자야(未有小人而仁者也)

▶ 군자이면서[君子而] 어질지 못한[不仁] 자는[者] 있을 수 있지만[有], 소인이면서[小人而] 어진[仁] 자는[者] 예로부터 지금까지 있었던 적이 없다[未有].

공자는 「이인(里仁)」 편 11장에서 군자와 소인을 이렇게 구분 지었다. "군자는 덕을 생각하고[君子懷德] 소인은 땅을 생각하며[小人懷

土], 군자는 법을 생각하고[君子懷刑] 소인은 은혜 받기를 생각한다[小人懷惠].” 여기서 회덕(懷德)은 안인(安人)으로 통한다. 군자는 그 안인(安人)을 하고자 수기(修己)하며 회덕(懷德)한다. 자신을[己] 닦아가는 과정에서 어질지 못한 경우가 생기더라도 곧 군자는 뉘우치고 인도(仁道)를 넓히기 위해 계속 나아간다. 그러나 소인은 남을[人] 편안하게 한다[安]는 생각이 처음부터 없기 때문에 어진 사람이 될 리 없다. 오로지 저 자신의 영리만 탐하려는 소인배가 어찌 인자(仁者)가 되겠는가. 이 땅에 군자(君子)는 없는 셈이니 더 할 말이 없다. 다만 회덕(懷德)은 크고 회토(懷土)는 작다는 공자의 말씀만은 다시 한 번 되새겼으면 한다.

어조사 의(矣), 어조사 부(夫), 아닐 미(未)

제8장

【문지(聞之)】

애지능물로호(愛之能勿勞乎)

【원문(原文)】

子曰 愛之란 能勿勞乎아 忠焉이란 能勿誨乎아
자 왈 애 지 능 물 로 호 충 언 능 물 회 호

【해독(解讀)】

공자께서 말했다[子曰]. “사랑한다 해서 힘든 일을 시키지 않겠는가[愛之能勿勞乎]? 충성을 다한다고 해서 깨우쳐주지 않을 수 있겠는가[忠焉能勿誨乎]?”

【담소(談笑)】

자왈(子曰)

학덕(學德)을 밝히고 있다. 덕행을[德] 베워라[學]. 사랑하는 자식일수록 놀고 먹게 하지 말라는 것이다. 땀 흘려 일하게 하라 한다. 베풀 줄 아는 사람이 되려면 힘든 일을 몸소 겪어보아야 한다. 나아가 아무리 충실하다 해도 더 가르쳐 깨우쳐줄 것이 있음을 잊지 말라 한다. 사람으로 하여금 인자(仁者)가 되게 하라는 것이다.

애지능물로호(愛之能勿勞乎) 충언능물회호(忠焉能勿誨乎)

▶ **사랑한다고 해서[愛之] 힘든 일을 시키지 않을 수 있겠는가[能勿勞乎]? 정성을 다한다고 해서[忠焉] 깨우쳐주지 않을 수 있겠는가[能勿乎]?**

애지(愛之)의 지(之)를 자녀(子女)로 생각해도 된다. 노(勞)는 노력(勞力)의 준말로 여기고 새기면 된다. 힘들여 열심히 일한다[勞]. 물(勿)은 무(毋)와 같다. ~하지 않는다[勿]. 충(忠)은 여기서 충성(忠誠)의 준말로 여기면 된다. 정성을 다한다[忠]. 회(誨)는 교(敎)와 같다. 여기서는 회유(誨諭)의 준말로 여기면 된다. 가르쳐 일깨워준다[誨].

사랑하는 자녀일수록 스스로 노력하는 사람이 되도록 길러야 한다. 시키는 일을 잘 한다고 만족할 게 아니라 항상 일깨워 뉘우칠 줄 아는 사람이 되도록 길러야 한다. 지식을 많이 쌓아 유식(有識)하다고 사람이 되는 것은 아니다. 된 사람이란 덕(德)을 갖추어야지 박식(博識)해서 되는 것이 아니다. 지식을 길러주기 전에 먼저 사람이 되게 하라 함이다. 인간교육을 하라 함이다. 지금은 입으로만 그렇게 하고 입시교육만 하고 있으니 자립할 줄 모르고 부끄러움을 몰라 뉘우칠 줄 모르는 철부지들이 양산되는 중이다.

사랑할 애(愛), 아니할 물(勿), 힘쓸 로(勞), 정성을 다할 충(忠), 가르칠 회(誨)

제9장

【문지(聞之)】

위명(爲命)

【원문(原文)】

子曰 爲命에 裨諶草創之하고 世叔討論之하고
자 왈 위 명 비 심 초 창 지 세 숙 토 론 지

行人子羽修飾之하고 東里子產潤色之하니라
행 인 자 우 수 식 지 동 리 자 산 윤 색 지

【해독(解讀)】

공자께서 말했다[子曰]. "외교문서를 작성할 때[爲命] 정나라 대부 비심이 초안을 잡았고[裨諶草創之], 세숙이 내용을 검토했으며[世叔討論之], 외교관 자우가 문장을 다듬었고[行人子羽修飾之], 동리에 사는 자산이 윤색했다[東里子產潤色之]."

【담소(談笑)】

자왈(子曰)

자산(子產)을 치하하고 있다. 「공야장(公冶長)」 편 16장에서도 공자는 군자사도(君子四道)를 들어 자산을 칭송했었다. 여기서는 정(鄭)나라의 현명했던 대부 네 명을 들어서 군자가 정치에 참여해야 하는 까닭을 밝힌다.

위명(爲命) 비심초창지(裨諶草創之) 세숙토론지(世叔討論之) 행인자우수식지(行人子羽修飾之) 동리자산윤색지(東里子產潤色之)

▶ 정(鄭)나라에서는 사령을[命] 작성할 때에[爲] 비심이[裨諶] 초안을 잡고[草創之], 세숙이[世叔] 그 내용을 검토하며[討論之], 외교관인[行人] 자우가[子羽] 문장을 수정하고[修飾之], 동리에 사는[東里] 자산이[子產] 그 사령을 윤색했다[潤色之].

위명(爲命)의 명(命)은 외국에 내보내는 사령(辭令)을 뜻한다. 초창지(草創之)의 초(草)는 약(略)·초(初)와 같다. 창(創)은 조(造)와 같다. 처음 만들었다[草創].

정나라를 잘 이끌었던 네 명의 현명한 대부(大夫)를 말하고 있다. 특히 자산(子產)은 근 30년간 대신(大臣)으로서 정나라를 이끌어 부강(富强)하게 했던 현재(賢宰)였다. 자산은 이웃 나라에 문화적·경제적으로 영향을 많이 끼쳤다. 또한 자산은 중국(中國) 성문법(成文法)의 시조(始祖)라 할 수 있다. 제정한 법률을 동기(銅器)에 명문(銘文)으로 새겨 법을 운용하게 했고, 농업을 장려하여 농산물 증산을 도모했다. 또한 백성에게 세금을 알맞게 부과하도록 하여 안민(安民)을 기함으로써 제정(祭政)시대를 마감하게 하는 데 기여했다. 그러므로 자산은 군자가 정치해야 한다는 공자의 뜻을 만족시켜주는 좋은 본보기가 된다고 볼 수 있다.

이런 자산이 정나라의 외교문서를 마지막으로 윤색(潤色)했다는 공자의 말씀에는 깊은 뜻이 있다. 나라와 나라 사이가 잘되어야 갈등을 막고 평화를 서로 유지할 수 있기 때문이다. 그러니 자산이 마지막 손질을 했다는 윤색이란 안민(安民)을 위해서 외교문서를 빈틈없이 잘 다듬어 상대국에 예(禮)를 갖추는 일이었다고 볼 수 있다. 인문정치(人文政治)의 싹을 틔운 현재(賢宰) 자산은 공자 나이 20대였을 때 정나라의 재상(宰相)이었다. 아마도 공자는 자산을 빌려 노(魯)나라에서 무도(無道)하게 세도를 부렸던 삼환(三桓)을 꾸짖고 싶었을지 모른다. 예나 지금이나 지도자 한 사람 잘 만나면 온 백성이 편하고, 그렇지 못하면 밤새 안녕하냐는 인사말을 나누며 살아야 한다.

명령을 내릴 명(命), 도울 비(裨), 참 심(諶), 글씨쓸 초(草), 만들 창(創), 아재비 숙(叔), 따질 토(討), 의논할 론(論), 날개 우(羽), 닦을 수(修), 꾸밀 식(飾), 젖을 윤(潤). 빛깔 색(色)

제10장

【문지(聞之)】

혜인(惠人)

【원문(原文)】

或問子產한대 子曰 惠人也니라
(혹 문 자 산 / 자 왈 / 혜 인 야)

問子西한대 曰 彼哉 彼哉여
(문 자 서 / 왈 / 피 재 / 피 재)

問管仲한대 曰 人也 奪伯氏駢邑三百하야늘 飯疏食 沒齒하되 無怨言하니라
(문 관 중 / 왈 / 인 야 / 탈 백 씨 병 읍 삼 백 / 반 소 사 / 몰 치 / 무 원 언)

【해독(解讀)】

어떤 이가 자산을 묻자[或問子產] 공자께서 말했다[子曰]. “은혜로

운 사람이다[惠人也].”

또 자서를 묻자[問子西] 공자께서 말했다[曰]. “그저 그런 사람이다[彼哉彼哉].”

또 관중을 묻자[問管仲] 공자께서 말했다[曰]. “그 사람은[人也] 백씨한테서 병읍 땅 삼백 평을 빼앗았다[奪伯氏騈邑三百]. 백씨는 맨밥을 먹으면서도[飯疏食] 죽을 때까지[沒齒] 관중을 원망하는 말 한마디도 못했다[無怨言].”

【담소(談笑)】

자왈(子曰)

자산(子産)과 관중(管仲)을 들어 현자(賢者)와 패자(覇者)를 말하고 있다. 관중은 빼앗고 자산은 베풀었음을 밝히고 있다. 치자(治者)가 어떤 사람이어야 하는가를 생각해보게 한다.

인야탈백씨병읍삼백(人也奪伯氏騈邑三百) 반소사(飯疏食) 몰치(沒齒) 무원언(無怨言)

▶ **그 사람이야[人也] 백씨한테서[伯氏] 병읍에 있는[騈邑] 땅 삼백 평을[三百] 빼앗았다[奪]. 백씨는 반찬 없는[疏] 밥을[食] 먹으면서[飯] 나이가[齒] 다할 때까지[沒] 관중을 원망하는[怨] 말 한마디도 못했다[無言].**

인야(人也)의 야(也)는 여기서 비웃는 느낌을 강조하는 말투로 보면 된다. 소사(疏食)는 고기라곤 없는 보잘 것 없는 밥상을 말한다. 먹을 식(食)이 아니라 먹거리 사(食)이므로 발음을 주의해야 한다. 몰치(沒齒)란 치아가 다 빠졌다는 뜻이지만, 나이가 다돼서 죽게 되었다는 의미로 본다. 죽을 때까지[沒齒]. 무(無)는 여기서 물(勿)과 같다. 못했다[無]. 원(怨)은 원망(怨望)의 준말로 여기고 새기면 된다. 여기선 관중을 원망하는 말[怨言]이다.

공자는 자산(子産)을 혜인(惠人)이라고 평한 데 비해, 관중(管仲)은 탈백씨병읍삼백(奪伯氏騈邑三百)이란 사실을 들어 협약(脅弱)한 자라고 평한다. 혜인(惠人)은 안인(安人)과 같은 말이다. 은혜를 베푸는 사람[惠人]은 사람을 편안하게 하는 사람[安人]이다. 자산은 혜인(惠人)이므로 대인(大人)이다. 혜인 · 안인은 선자(善者) · 현자(賢者)를 말한다. 선자 · 현자는 인자(仁者)로 통한다.

그러나 관중처럼 남의 것을 빼앗는 사람은 불선자(不善者)이다. 불선자는 곧 소인(小人)이다. 공자는 「팔일(八佾)」 편 22장에서 이미 다음과 같이 관중을 평했었다. "관중지기소재(管仲之器小哉) …… 관씨이지례(管氏而知禮) 숙부지례(孰不知禮)." 관중의[管仲] 그릇은[器] 작다[小]. …… 관중이란 자가[管氏] 예를[禮] 안다고 한다면[知] 어느 누가[孰] 예를[禮] 모를 것인가[不知]?

관중은 무례(無禮)한 소인일 뿐이라 한다. 제(齊)나라 대부로서 패권(霸權)을 행사했던 관중. 그가 비록 대부였다고는 하나 공자는 그를 한낱 소인배로 평했다. 왜냐하면 관중은 힘으로 권세를 부렸기 때문이다. 패도(霸道)는 백성을 약자(弱者)로 착각하다 망하고, 왕도(王道)는 백성을 강자(强者)로 여기고 이끌어가므로 성대하다.

빼앗을 탈(奪), 맏 백(伯), 고을 이름 병(騈), 먹일 반(飯), 다할 몰(沒), 뚫릴 소(疏), 나이 치(齒), 원망할 원(怨)

제11장

【문지(聞之)】

빈이무원난(貧而無怨難)

【원문(原文)】

子曰 貧而無怨難하고 富而無驕易니라
자 왈 빈 이 무 원 난 부 이 무 교 이

【해독(解讀)】

공자께서 말했다[子曰]. "가난하면서 원망하지 않기는 어려우나[貧而無怨難], 부자이면서 교만하지 않기는 쉽다[富而無驕易]."

【담소(談笑)】

자왈(子曰)

「학이(學而)」 편 15장의 말씀을 상기하게 한다. 무원(無怨)은 낙(樂)으로 통하고, 무교(無驕)는 호례(好禮)로 통한다는 것을 되새기게 한다.

빈이무원난(貧而無怨難) 부이무교이(富而無驕易)

▶ **가난하게 살면서도[貧而] 남을 원망하지[怨] 않기는[無] 어렵고[難], 부유하게 살면서도[富而] 교만하지[驕] 않기는[無] 쉽다[易].**

「학이(學而)」 편 15장에서 공자께 자공(子貢)이 여쭈었다. "빈이무첨(貧而無諂) 부이무교(富而無驕) 여하(如何)?" 가난해도[貧而] 아첨하지[諂] 않고[無] 부자라도[富而] 교만하지[驕] 않으면[無] 어떻습니까[如何]? 이에 공자가 답해주었다. "미약빈이락(未若貧而樂) 부이호례자(富而好禮者也)." 가난하면서도[貧而] 삶을 즐거워하고[樂] 부유하면서도[富而] 예를[禮] 좋아하는[好] 것만[者] 못하다[未若].

부유하면 교만하기 쉽다. 그런데 공자는 왜 부자로 살면서 교만하지 않기가 쉽다고 하는가? 가난을 제 탓으로 돌리기는 어렵다. 가난하면 세상 탓하며 남을 원망하기 쉽다. 하지만 부유하면 베풀 수 있으므로 베풀겠다는 마음만 먹으면 쉽다. 베푸는 마음은 교만할 리 없다. 없는 사람이 베풀기는 어려워도 있는 사람은 베풀려는 마음만 먹으면 쉽다. 베풀 줄 아는 부자는 겸허하다. 그래서 공자는 부자일수록 예를 좋아하라[富而好禮] 한다. 물론 여기서 부(富)는 졸부(猝富)를 말하는 게 아니다. 졸부는 교만하지 않기[無驕]가 제일 어렵다[難].

가난할 빈(貧), ~을 않을 무(無), 원망할 원(怨), 어려울 난(難),
부유할 부(富), 교만할 교(驕), 쉬울 이(易)

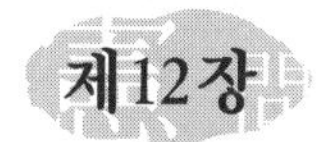

제12장

【문지(聞之)】

맹공작위조위로즉우(孟公綽爲趙魏老則優)

【원문(原文)】

子曰 孟公綽이 爲趙魏老則優어니와 不可以爲藤薛大夫이니라
자왈 맹공작 위조위로즉우 불가이위등설대부

【해독(解讀)】

공자께서 말했다[子曰]. "맹공작은 조(趙)나 위(魏) 같은 대가(大家)의 가신은 하고도 남지만[孟公綽爲趙魏老則優], 등(藤)이나 설(薛) 같은 작은 나라의 대부 노릇은 할 수 없다[不可以爲藤薛大夫]."

【담소(談笑)】

자왈(子曰)

욕심을 덜 부리려고 했던 맹공작(孟公綽)을 들어 정직한 사람이라고 해서 아무 데나 쓸 수 있다고는 생각하지 말라고 한다. 능력에 따라 알맞게 사람을 등용(登用)해 써야 함을 밝히고 있다. 인사(人事)가 만사(萬事)란 말을 상기시킨다.

맹공작위조위로즉우(孟公綽爲趙魏老則優) 불가이위등설대부(不可以爲藤薛大夫)

▶ 맹공작은[孟公綽] 진나라 귀족인 조대가(趙大家)나[趙] 위대가(魏大家)의[魏] 가신[老] 노릇을 하면[爲] 우수하겠지만[優], 작은 등나라나[藤] 설나라의[薛] 대부가[大夫] 될 수는 없다[不可爲].

노(老)는 여기서 가신(家臣)을 뜻한다. 우(優)는 여(餘)와 통한다. 능력을 발휘하고도 남는다[優]. 대부(大夫)는 나라를 맡아 다스리는 신하이고, 가신(家臣)은 문벌(門閥)의 살림을 맡는 집사(執事)이다. 조(趙)와 위(魏)는 진(晉)나라의 귀족 문벌이고, 등(藤)과 설(薛)은 작은 나라이다.

맹공작(孟公綽)은 가신 노릇은 잘할 수 있는 그릇이지만 나라를 다스릴 신하감은 못 된다고 밝히고 있다. 공자가 왜 욕심을 사납게 부리지 않았다고 알려진 맹공작을 평가절하했을까? 아마도 그 사람은 인도(仁道)를 널리 펴겠다는 뜻은 믿음직하지 못하고, 실세의 눈치나 살피면서 그럭저럭 난세를 헤쳐나가는 처세술(處世術)에 능했던 듯싶다. 보고도 못 본 척하면서 옹기장수 성벽 밑을 지나듯이 용케 살아가는 사람은 따지고 보면 그릇이 작다. 사람이 청렴하다 한들 안인(安人)의 뜻이 약하다면 혜인(惠人)은 아니라 하겠다. 혜인이라면 인자(仁者)에 버금가지 않는가. 나라를 맡을 치자(治者)는 청렴하되 안인(安人)의 뜻을 펼쳐야 한다. 그 뜻은 청렴만으로는 안 된다. 왜 그런가는 다음 장에서 가서 성인의 말씀을 살피면 알 수 있다.

될 위(爲), 가신 로(老), 우수할 우(優)

【문지(聞之)】

자로문성인(子路問成人)

【원문(原文)】

子路問成人한대 子曰 若臧武仲之知와 公綽之不欲과 卞莊子之勇과 冉求之藝에 文之以禮樂이면 亦可以爲成人矣니라
자로문성인 자왈 약장무중지지 공작지불욕 변장자지용 염구지예 문지이예악 역가이위성인의

曰 今之成人者는 何必然이리오 見利思義하며 見危授命하며 久要不忘平生之言이면 亦可以爲成人矣니라
왈 금지성인자 하필연 견리사의 견위수명 구요불망평생지언 역가이위성인의

【해독(解讀)】

자로가 인간의 완성에 관해 여쭈었다[子路問成人].

공자께서 말했다[子曰]. "장무중과 같은 지혜와[若臧武仲之知] 맹공작과 같은 청렴함[公綽之不欲], 변장자와 같은 용기[卞莊子之勇] 염구와 같은 재주에[冉求之藝] 예악으로써 문물에 밝다면[文之以禮樂] 인간 완성이라 할 수 있겠다[亦可以爲成人矣]."

공자께서 이어서 말했다[曰]. "그렇지만 오늘날의 인간 완성이란[今之成人者] 꼭 그렇게까지 해야 할 게 뭐 있겠느냐[何必然]? 이득을 보면 정의를 생각하고[見利思義], 위기에 부딪치면 목숨을 바칠 줄 알며[見危授命], 아주 옛날에 했던 약속이라도 평생의 언약으로 잊지 않는다면[久要不忘平生之言] 또한 인간 완성이 될 수 있겠다[亦可以爲成人矣]."

【담소(談笑)】

자왈(子曰)

인간의 완성에 대해 현실적으로 밝히고 있다. 군자가 되어야 비로소 인간 완성이 이룩된다고 단언하지 않는 공자를 보라. 인간 완성을 군자에 두면 도달하기 어렵다는 것을 공자는 잘 알고 있었던 것이다. 그렇지만 적어도 인간 완성이라면 무엇보다 신의(信義)만큼은 없어선 안 된다고 밝힌다. 특히 위성인(爲成人)이란 말씀은 다음 25장의 위기(爲己)와 같은 말씀으로서 같은 장의 위인(爲人)을 멀리하라는 말씀으로 새겨들었으면 한다.

약장무중지지(若臧武仲之知) 공작지불욕(公綽之不欲) 변장자지용(卞莊子之勇) 염구지예(冉求之藝) 문지이예악(文之以禮樂) 역가이위성인의(亦可以爲成人矣)

▶ 장무중과[臧武仲] 같은[若] 지혜와[知], 맹공작과[公綽] 같은 청렴과[不欲], 변장자와[卞莊子] 같은 용기와[勇], 염구와[冉求] 같은 재주에[藝] 예와 악으로써[以禮樂] 문물제도에 밝다면[文之] 역시[亦] 인간 완성이[成人] 될 수 있겠다[可以爲].

약(若)은 여기서 여(如)와 같다. ~과 같다[若]. 장무중(臧武仲)은 노나라 대부로, 이름은 흘(紇)이고 의숙(宜叔)의 아들이다. 지(知)는 지혜(知慧)의 준말로 여기면 된다. 공작(公綽)은 앞 장의 맹공작(孟公綽)을 말한다. 변장자(卞莊子)는 변읍의 대부인데 용감하여 범을 잡았다 한다. 염구(冉求)는 공자의 제자 염유(冉有)의 이름이다. 「옹야(雍也)」 편 6장에서 공자가 염구를 "구야예(求也藝)"라고 했었다. 예(藝)는 다재다능(多才多能)을 뜻한다. 문지(文之)는 문물제도(文物制度)에 따라 문화생활을 한다는 말이다. 가이위(可以爲)의 이(以) 앞이나 뒤에는 지(知) · 불욕(不欲) · 용(勇) · 예악(禮樂) · 예(藝) 등이 생략되었다고 보면 된다. ~로써[以].

자로(子路)가 인간 완성[成人]을 묻자 공자가 위와 같이 대답해주었다. 그로써 인간을 완전하게 하는 데 필요한 요소가 무엇인지 짐작할 수 있다. 어질고 착한 인간이 되어 남들을 편안하게 한다[安人]는 뜻을 실천하는 사람이 곧 완성된 인간이리라. 토굴 속에서 자기 하나만을 위해 수도(修道)한다 해서 공자가 바라는 성인(成人)이 아님을 알 수 있다. 예악으로써 문지(文之)하는 삶을 이끌어야 성인(成人)이란 말이다.

공자가 말하는 문지(文之)가 단순히 오늘날과 같은 문화생활을 뜻하는 것은 아니다. 공자가 인간 완성으로 든 문지(文之)는 인능홍도(人能弘道)의 뜻을 실천하는 삶을 뜻한다. 인간이[人] 인도(仁道)를[道] 넓힐 수 있다[能弘]. 그러니 공자가 말하는 문지(文之)는 유덕(有德)한 삶을 말한다고 볼 수 있다.

『예기(禮記)』「악기(樂記)」에 이런 말이 있다. "예악개득위지유덕(禮樂皆得謂之有德)." 예(禮)와 악(樂)을[禮樂] 모두[皆] 터득해 깨우침을[得] 덕이[德] 있다고[有] 한다[謂之]. 후덕하게 살라 함이 문지이예악(文之以禮樂)인 셈이다. 그러므로 요새 문화생활을 두고 문지(文之)라고 말하지 말라. 요새 생활은 물질에 의한 문명생활이지 후덕(厚德)한 삶이 아니기 때문이다. 요새는 후덕한 사람이란 눈 씻고 보아도 없으니 말이다. 너도나도 얼마나 부덕(不德)하게 살고 있는가. 성인(聖人)은 항상 우리를 부끄럽게 한다.

갈을 약(若), 착할 장(臧), 굳셀 무(武), 버금 중(仲), 너그러울 작(綽), 조급할 변(卞), 용감할 용(勇), 재주 예(藝), 될 위(爲)

금지성인자(今之成人者) 하필연(何必然) 견리사의(見利思義) 견위수명(見危授命) 구요불망평생지언(久要不忘平生之言) 역가이위성인의(亦可以爲成人矣)

▶ **요새[今] 인간 완성이란[成人] 것은[者] 꼭[必] 그럴 게[然] 무엇이 있겠느냐[何]? 이익을[利] 보면[見] 옳은가를[義] 생각하고[思], 위기를[危] 마주하면[見] 목숨을[命] 던지며[授], 옛날에 한[久] 약속이[要] 평생 지켜야 할[平生] 언약임을[言] 잊지 않는다면[不忘], 또한[亦] 그럼으로써[以] 인간 완성이[成人] 될 수 있겠다[可爲].**

성인(成人)이 곧 군자(君子)이어야 한다고 고집할 것 없다는 말씀이다. 아쉬운 대로 신의(信義)만 잊지 않고 살아도 인간 완성[成人]이라 할 수 있다고 밝히는 공자를 보라. 얼마나 현실을 긍정하는 성인(聖人)인가. 부처도 성불(成佛)하라고 하지 않는다. 먼저 선남(善男) 선녀(善女)가 되라고 당부한다. 절에 가면 스님이 자신은 성불하지 못하면서 신도한테 "성불하십시오" 하는 것처럼, 설익은 유자(儒者)들이 걸핏하면 성인(成人)은 성인(聖人)이 되는 것이라고 엄포를 놓는다.

공자는 군자가 되기 전에 먼저 선자(善者)부터 되라고 한다. 이 얼마나 솔직한가. 군자 될 가망이 없는 사람한테 너는 군자가 되라고 하면 달아나버린다. 먼저 착한 사람[善者]이 되라고 하면 그렇게 해보겠노라 마음먹을 수 있다. 착한 사람은 누구인가? 공자는 이렇게 해답해준다. "견리사의(見利思義) 견위수명(見危授命) 구요불망평생지언(久要不忘平生之言)." 한마디로 말해 신의를 저버리지 않는 사람부터 되라. 그것만 해도 요새로 치면 인간 완성[成人]이 된다고 하는 공자가 우리를 부드럽게 설득하는 뜻은 다음과 같은 것이겠다. 선자(善者)가 먼저 되어야 인자(仁者)가 생긴다. 그러니 공자가 우리를 향해 먼저 착한 사람이 되라 한다.

이제 금(今), 볼 견(見), 이로울 리(利), 생각할 사(思), 옳을 의(義), 위험할 위(危), 줄 수(授), 목숨 명(命), 오래 구(久), 약속 요(要), 잊을 망(忘), 고를 평(平), 또 역(亦)

제14장

【문지(聞之)】

시연후언(時然後言) · 낙연후소(樂然後笑) · 의연후취(義然後取)

【원문(原文)】

子問公叔文子於公明賈曰 信乎아 夫子不言不笑不取乎아
자문공숙문자어공명가왈 신호 부자불언불소불취호

公明賈對曰 以告者過也로소이다 夫子時然後言이라 人不厭其言하고 樂然後笑라 人不厭其笑하고 義然後取라 人不厭其取하나이다
공명가대왈 이고자과야 부자시연후언 인불염기언 낙연후소 인불염기소 의연후취 인불염기취

子曰 其然고 豈其然乎리오
자왈 기연 기기연호

【해독(解讀)】

공자께서 공명가에게 공숙문자에 대해 물었다[子問公叔文子於公明賈曰]. "정말로[信乎] 공숙문자는 말이 없고 웃지도 않고 재물을 취하지도 않는가[夫子不言不笑不取乎]?"

공명가가 대답했다[公明賈對曰]. "말을 전한 사람이 지나쳤습니다[以告者過也]. 공숙문자께서는 말할 때가 된 뒤에야 말해서[夫子時然後言] 사람들이 그 분의 말을 싫어하지 않았고[人不厭其言], 즐거운 뒤라야 웃어서[樂然後笑] 사람들이 그 분의 웃음을 싫어하지 않았으며[人不厭其笑], 의로운지를 안 뒤에야 재물을 취했기에[義然後取] 사람들은 그 분이 재물을 취해도 싫어하지 않았습니다[人不厭其取]."

이를 듣고 공자께서 말했다[子曰]. "그래야지[其然]. 그런데 정말로 그랬을까[豈其然乎]?"

【담소(談笑)】

자왈(子曰)

인간 완성의 한 모습을 들어 살펴보게 한다. 공자가 불언(不言)·불소(不笑)·불취(不取)를 마땅치 않게 여기는 것은 분명하다. 그러나 공명가(公明賈)의 말을 말 그대로 긍정하는 것 같지 않아 알쏭달쏭하다. 인간 완성[成人]이 쉽지 않음을 내비치는 것인지도 모른다. 하여튼 기기연호(豈其然乎)란 공자의 말씀이 아리송하다. 그래서 더욱 사람 되기를 따져보게 하니 성인(聖人)의 말솜씨는 절묘하다.

이고자과야(以告者過也) 부자시연후언(夫子時然後言) 인불염기언(人不厭其言) 낙연후소(樂然後笑) 인불염기소(人不厭其笑) 의연후취(義然後取) 인불염기취(人不厭其取)

▶ 그렇게[以] 전해드린[告] 사람이[者] 지나쳤습니다[過]. 공숙문자(公叔文子)는[夫子] 말해야 할 때가 되면[時] 그런[然] 뒤에야[後] 말했기에[言] 남들이[人] 그 분이 한[其] 말을[言] 싫어하지 않았고[不厭], 즐거움을 나누고 난[樂] 그런[然] 뒤에야[後] 웃었기에[笑] 남들이[人] 그 분이 짓는[其] 웃음을[笑] 싫어하지 않았으며[不厭], 의로움을 알고[義] 그런[然] 뒤에야[後] 재물을 취했기에[取] 남들이[人] 그 분이[其] 재물을 취해도[取] 싫어하지 않았습니다[不厭].

이고자(以告者)의 이(以) 앞이나 뒤에 공자가 질문한 내용, 즉 불언(不言)·불소(不笑)·불취(不取)가 생략되었다고 보면 된다. 고(告)는 계(啓)와 같다. 알리다[告]. 과(過)는 월(越)과 같다. 넘어서다[過]. 그래서 과(過)는 오(誤)와 죄(罪)로 이어지기도 한다. 그릇됨[誤]과 허물[罪]은 다 넘쳐 지나친 탓이다[過]. 시(時)는 적시(適時)의 준말로 보면 된다. 연후(然後)는 '그런 뒤에야'의 뜻이고, 염(厭)은 오(惡)와 같다. 싫어하다[厭]. 염오(厭惡)의 준말로 여기면 된다. 기언(其言)의 기(其)는 공숙문자(公叔文子)를 가리킨다. 취(取)는 여기서 수수(收受)와 같다. 거두어[收] 받는다[受]는 뜻의 취(取)이다.

공자가 위(衛)나라 대부(大夫)였던 공숙문자(公叔文子)가 불언(不言)·불소(不笑)·불취(不取)의 인간됨을 보였다는 말을 전해듣고, 위나라 사람인 공명가(公明賈)를 만나자 당신께서 들었던 소문이 정말이냐[信乎]고 묻는 광경을 상상해보라. 그러자 공명가가 위와 같이 공자께 여쭈었다 한다. 공숙문자의 이름은 공손발(公孫拔)이고 문(文)은 시호(諡號)이다. 공명가(公明賈)의 공명(公明)은 성씨고, 가(賈)는 이름이다.

공명가의 말을 듣고 공자는 이런 반응을 보였다. "기연(其然) 기기연호(豈其然乎)." 그래야지[其然]. 그런데[豈] 정말로 그랬을까[其然乎]? 기연(其然)만 보면 공명가가 전해준 말이 사실일 경우 공숙문자의 사람됨이 좋았다는 말로 이해할 수 있다. 그러나 기기연호(豈其然乎)라고 했으니 앞서 들었던 공숙문자의 인간됨(不言 · 不笑 · 不取)뿐만 아니라 이번에 공명가가 전해준 말도 곧이 곧대로 듣지 않는다는 느낌을 준다. 그래서 공자가 기기연호(豈其然乎)라 하신 말씀이 알쏭달쏭하다. 공명가의 전언을 말 그대로 수긍하지 않는 듯한 느낌을 기(豈)~호(乎)라는 말투에서 받기 때문이다. 의심스럽다는 느낌의 어찌[豈]라는 말투에 반문의 느낌을 내는 호(乎)가 있어서 더욱 그러하다.

만일 공숙문자가 공명가가 말한 대로 살았다면 틀림없이 군자(君子)다웠으리라. 그런데 공자는 위나라의 대부로서 공숙문자가 군자였다는 사실을 인정해줄 수 없었던 모양이다. 그래서 어찌[豈] 그랬을까[其然乎]라고 토를 달은 듯싶다. 짐작만으로 함부로 사람을 비난도 말 것이며 칭송도 하지 말라. 오로지 인자(仁者)라야 사람을 저울질해도 허물이 없지 인자가 아니라면 선불리 사람을 저울질하지 말라. 공자가 우리더러 들으라고 이런 충고를 해놓은 게 틀림없지 싶다.

알려줄 고(告), 넘을 과(過), 알맞을 때 시(時), 싫어할 염(厭), 그 기(其), 즐거워할 락(樂), 웃을 소(笑), 거둘 취(取)

제15장

【문지(聞之)】

오불신야(吾不信也)

【원문(原文)】

子曰 臧武仲以防으로 求爲後於魯하니 雖曰不要君이나 吾不信也하니라
자왈 장무중이방 구위후어로 수왈불요군 오불신야

【해독(解讀)】

공자께서 말했다[子曰]. "방읍을 차지한 장무중이[臧武仲以防] 노나라에 방읍을 맡아줄 후계자를 정하겠다고 요구했다[求爲後於魯]. 비록 말로는 임금에게 강요하지 않았다 하지만[雖曰不要君] 나는 믿지 못하겠다[吾不信也]."

【담소(談笑)】

자왈(子曰)

언행(言行)은 둘이 아니라 하나임을 강력하게 밝힌다. 말[言] 다르고 행동[行]이 다르면 믿을 수 없다고 밝히고 있다. 왜 공자는 지혜(知慧)로웠다는 장무중(臧武仲)의 태도를 믿을 수 없다고 단언할까? 장무중이 힘을 믿고 밀어붙이는 짓을 범했던 모양이다. 성인은 힘을 앞세우면 용서하지 않는다.

장무중이방(臧武仲以防) 구위후어로(求爲後於魯) 수왈불요군(雖曰不要君) 오불신야(吾不信也)

▶ 장무중이[臧武仲] 방읍을[防] 거느리게 되자[以] 노나라에[於魯] 방읍을 맡을 후계자가 될 사람을[爲後] 요구했다[要]. 비록[雖] 노나라 임금에게[君] 강요하진 않았다고[不要] 말하지만[曰], 나는[吾] 믿지 못하겠다[不信].

여기서 이(以)는 솔(率)과 같다. 거느리다[以]. 방(防)은 방읍(防邑)

이란 고을을 말한다. 위후(爲後)는 후계자를 뜻한다. 불요(不要)의 요(要)는 강요(强要)의 준말로 본다.

노(魯)나라 대부였던 장무중(臧武仲)이 세도(勢道)를 누리던 맹씨(孟氏)의 참소(讒訴)로 주(邾)나라로 망명했다가, 다시 옛날 봉읍(封邑)인 방읍으로 돌아와 근거지를 확보한 후 자신의 후계자를 정하겠다며 노나라 양공(襄公)에게 요청했다. 이런 고사(故事)를 곁들여야 여기 공자의 말씀을 새겨들을 수 있을 것이다. 쫓겨났다가 다시 되돌아와 근거지를 확보했다면 세력을 얻었다는 말이다. 세력을 잡고 재기한 장무중이 자기를 대신할 후계자를 요청했다니 그의 사람됨을 어찌 믿을 수 있겠는가. 공자가 밝힌 불신(不信)을 권모술수(權謀術數)를 믿지 못하겠다는 뜻으로 새겼으면 한다. 성인(聖人)은 권세로 빚어내는 작란(作亂)이나 모략(謀略)을 믿지 않는다. 백성 또한 그런 짓을 믿지 않는다. 백성도 성인의 말씀을 믿고 따르며 성인도 백성을 믿고 따른다. 권세(權勢) 앞에 굽실거리는 성인은 없다.

거느릴 이(以), 고을 이름 방(防), 요구할 구(求), 될 위(爲), 비록 수(雖), 요구할 요(要), 믿을 신(信)

제16장

【문지(聞之)】

휼이부정(譎而不正)·정이불휼(正而不譎)

【원문(原文)】

子曰 晉文公은 譎而不正하고 齊桓公은 正而不譎하니라
자왈 진문공 휼이부정 제환공 정이불휼

【해독(解讀)】

공자께서 말했다[子曰]. "진나라 문공은 속임수를 부려 마땅치 않았고[晉文公譎而不正], 제나라 환공은 마땅히 하되 속임수를 쓰지 않았다[齊桓公正而不譎]."

【담소(談笑)】

자왈(子曰)

춘추시대(春秋時代) 패자(覇者)의 두 모습을 말하고 있다. 모략(謀略)을 일삼아 세력을 잡는 패자가 있는가 하면 모략을 덜 쓰고도 세력을 잡는 패자가 있다. 이렇든저렇든 패자를 옹호하지는 않는다. 공자는 패자가 앞세우기 좋아하는 정당(正當)함을 옹호하지 않는다.

진문공휼이부정(晉文公譎而不正) 제환공정이불휼(齊桓公正而不譎)

▶ **진나라[晉] 문공은[文公] 모략을 일삼되[譎] 마땅치 않았고[不正], 제나라[齊] 환공은[桓公] 마땅하게 하고[正] 모략을 일삼지는 않았다[不譎].**

휼(譎)은 사(詐)와 같다. 속인다[譎]. 귤(譎)로 읽어도 되고 휼(譎)로 읽어도 된다. 정(正)은 정당(正當)의 준말로 새긴다. 마땅하게 한다[正].

문공(文公)과 환공(桓公)은 다 춘추시대 패자(覇者)로서 제후(諸侯)들의 맹주(盟主)로 군림했다. 그래도 주(周)나라 왕실을 존경하고 나름대로 공을 세웠다. 그런데 문공은 모략(謀略)을 일삼아 자신의 정당함을 구축했고, 환공은 비록 모략을 멀리했다 하지만 자기 세력을 강화하는 데 정당성을 부여했다.

그러나 공자는 정당(正當)하라 하지 않고 정직(正直)하라 한다. 정직함과 정당함은 서로 같을 수도 있지만 서로 다를 수도 있기 때문이다. 안인(安人)하는 대인의 마땅함[正當]이라면 공자도 용인할 것이다. 그러나 앞 3장에서 본 회거(懷居)를 위한 정당함이라면 소인의 짓에 불과하다. 나 하나 편히 살기를 바란다[懷居]. 소인이 말하는 마땅함[正當]은 회거(懷居)를 뒤에 감추고 있다.

패자(霸者)는 막강한 힘을 가진 소인일 뿐이다. 패자는 자신의 권세를 보전하기 위하여 힘을 강화하려고 하지 백성을 편안하게 하려고 국력(國力)을 강화하지 않는다. 군자(君子)가 치자(治者)라면 백성을 위하여 나라를 부강하게 하고자 애쓰지만, 패자가 치자로 군림하면 자신을 뒤따르는 패거리를 위해 백성을 활용한다. 그러니 패자의 정당함을 공자가 용인할 리 없다.

성인은 덕을 앞세워야 응하지 힘을 앞세우면 용서하지 않는다. 노자(老子)도 자승자강(自勝者强)을 앞세웠지 승인자력(勝人者力)을 앞세우지 않았다. 자기를[自] 이기는[勝] 사람은[者] 강하고[强], 남들을[人] 이기는[勝] 사람은[者] 힘을 부린다[力]. 패자(霸者)는 승인자력(勝人者力)의 패거리에 불과하다.

나라 진(晉), 속일 휼(譎), 마땅할 정(正), 나라 이름 제(齊), 푯말 환(桓)

제17장

【문지(聞之)】

환공규합제후(桓公九合諸侯)

【원문(原文)】

子路曰 桓公殺公子糾하야늘 召忽死之하고 管仲
자로왈 환공살공자규 소홀사지 관중

不死하니 曰未仁乎인저
불사 왈미인호

子曰 桓公九合諸侯하되 不以兵車는 管仲之力也
자왈 환공규합제후 불이병거 관중지력야

니 如其仁 如其仁이리오
여기인 여기인

【해독(解讀)】

자로가 말했다[子路曰]. "환공이 공자 규를 죽이자[桓公殺公子糾] 소홀은 공자 규를 따라 죽었지만[召忽死之] 관중은 죽지 않았으니[管仲不死] 관중은 어질지 못하다고 말해도 되겠습니까[曰未仁乎]?"

공자께서 말했다[子曰]. "환공이 제후를 규합하는 데[桓公九合諸侯] 무력을 사용하지 않은 것은[不以兵車] 관중의 힘이었으니[管仲之力也] 어질다 하겠다[如其仁]. 어질다 하겠다[如其仁]."

【담소(談笑)】

자왈(子曰)

앞 장(章)에서 밝혔던 정당함[正]을 다시 말하고 있다. 패자(霸者)의 행위가 인(仁)으로 통하는 정당함이 될 수도 있고 그렇지 않을 수도 있음을 헤아려 살피게 한다. 관중(管仲)이 인자(仁者)인 것이 아니라 그가 취한 행위가 여인(如仁)이라는 말씀을 새겨듣게 한다.

환공규합제후(桓公九合諸侯) 불이병거(不以兵車) 관중지력야(管仲之力也) 여기인(如其仁) 여기인(如其仁)

▶ 환공이[桓公] 여러 제후들을[諸侯] 규합하는 데[九合] 무력을[兵車] 사용하지 않은 것은[不以] 관중의[管仲] 힘이었다[力]. 그 힘은 어질다 하겠다[如其仁]. 그 힘은 어질다 하겠다[如其人].

구합(九合)은 규합(糾合)을 뜻한다. 공교롭게도 환공(桓公)이 살해한 공자(公子)의 이름이 규(糾)여서 혼동을 피하고자 구(九)를 빌려 쓴 수사(修辭)이다. 그러니 구합(九合)이 아니라 규합(九合)으로 읽는다. 불이(不以)의 이(以)는 용(用)과 같다. 쓴다[以]. 여기인(如其人)의 기(其)는 앞의 관중지력(管仲之力)의 역(力)을 받는 지시어이다.

자로(子路)가 공자께 이렇게 물었다. "환공살공자규(桓公殺公子糾) 소홀사지(召忽死之) 관중불사(管仲不死) 왈미인호(曰未仁乎)?" 이에 공자가 자로에게 대답해준 내용이 위와 같다. 사지(死之)의 지(之)는 공자 규(糾)를 가리키는 지시어이다. 공자 규를 따라 죽었다[死之]. 환공(桓公)은 제(齊)나라 희공(僖公)의 서자(庶子)로 이름이 소백(小白)이었다. 제나라 양공(襄公)이 무도(無道)하여 소백은 포숙아(鮑叔牙)와 함께 거(莒)나라로 피했고, 공자 규는 관중(管仲), 소홀(召忽)과 함께 노(魯)나라로 피해 갔다. 그런데 소백이 주권을 장악하여 자신을 환공이라 칭하고, 노나라 사람들로 하여금 규를 죽이게 하고 관중과 소홀을 잡으려 했다. 이에 소홀은 규를 따라 목숨을 끊었지만, 관중은 항복하고 포숙아의 추천에 따라 환공 밑에서 재상(宰相) 노릇을 했다. 이런 고사를 곁들여 사제(師弟) 사이의 대화를 들으면 공자가 결론으로 말씀한 여기인(如其仁)의 속뜻을 짚어보는 데 도움이 될 것이다.

왜 그냥 기인야(其仁也)라고 하지 않고 여기인(如其仁)이라 했을까? 사제간의 대화가 이렇게 반문해보게 한다. 또 여기인(如其仁)의 기(其)가 관중 자신을 가리키는지 아니면 관중지력(管仲之力)의 역(力)을 대신하는지 따져보게 한다. 그냥 어질다[仁也]고 하지 않고 왜 여(如)를 더하여 여기인(如其仁)이라고 말해주었을까. 이를 생각해보면 성인(聖人)의 속뜻을 어림잡을 수 있으리라.

여(如)는 비슷하다는 말이지 '바로 그것' 이란 뜻은 아니다. 그러니 여기인(如其仁)의 기(其)는 환공을 잘 설득하여 무력을 행사하지 않도록 한 관중의 영향력[管仲之力]을 말한다고 생각할 수 있다. 전쟁을 일으키면 백성이 고달프지만 전쟁을 막으면 그만큼 백성이 편안할 수 있다. 전쟁을 막아 백성을 편안하게 한 관중의 영향력이야말로 인(仁)에 가깝다는 뜻으로 여기인(如其仁)이라 했음직하다. 어쨌든 현명한 재상이라 한들 관중은 패자(霸者)의 무리에 속한다. 아무리 현명한 패자라 한들 공자께서 패자에게 인자(仁者)라고 칭하지는 않았을 것이다. 다만 패자이면서도 다행스럽게 현명했으니, 관중이 인자에 가까운 일을 했다는 정도로 들으면 될 듯하다.

모을 합(合), 모두 제(諸), 사용할 이(以), 수레 거(車), 같을 여(如)

제18장

【문지(聞之)】

관중상환공(管仲相桓公)

【원문(原文)】

子貢曰 管仲非仁者與인저 桓公殺公子糾어늘 不
자 공 왈 관 중 비 인 자 여 환 공 살 공 자 규 불
能死오 又相之오녀
능 사 우 상 지

子曰 管仲相桓公하고 覇諸侯하여 一匡天下하니 民
자 왈 관 중 상 환 공 패 제 후 일 광 천 하 민
到于今受其賜하나니 微管仲이면 吾其被髮左衽矣
도 우 금 수 기 사 미 관 중 오 기 피 발 좌 임 의
러니라 豈若匹夫匹婦之爲諒也라 自經於溝瀆而
기 약 필 부 필 부 지 위 양 야 자 경 어 구 독 이
莫之知也리오
막 지 지 야

【해독(解讀)】

자공이 여쭈었다[子貢曰]. "관중은 인자(仁者)가 아니겠지요[管仲非仁者與]? 환공이 공자 규를 죽였는데도[桓公殺公子糾] 따라 죽지 않고[不能死] 그의 재상까지 되었으니 말입니다[又相之]."

공자께서 말했다[子曰]. "관중이 환공 밑에서 재상이 되어[管仲相桓公] 환공을 도와 제후들의 패자가 되게 하였고[覇諸侯], 천하를 하나로 바로잡아[一匡天下] 백성이 오늘에 이르기까지 관중의 은혜를 입었다[民到于今受其賜]. 관중이 없었더라면[微管仲] 우리도 오랑캐처럼 머리를 풀고 옷을 입었을 것이다[吾其被髮左衽矣]. 어찌하여 관중의 업적이 보잘 것 없는 남녀가 절개를 지킨다고[豈若匹夫匹婦之爲諒也] 개천에서 제 목을 매고 알아주지 않을 죽음을 범하는 짓과 같단 말인가[自經於溝瀆而莫之知也]."

【담소(談笑)】

자왈(子曰)

관중(管仲)의 업적(業績)에 대하여 설파(說破)하고 있다. 관중이란 인간을 두고 인자(仁者)냐 인자가 아니냐 시비할 것 없다는 입장을 고수하고 있다. 관중의 업적이 백성한테 은혜로움을 안다면 그것으로도 관중을 높이 사야 한다고 강조한다. 패자(覇者)를 인자라는 잣대로는 잴 수 없음을 알되, 패자가 취한 업적은 백성의 편에서 살펴야 한다고 밝히고 있다.

관중상환공(管仲相桓公) 패제후(霸諸侯) 일광천하(一匡天下) 민도우금수기사(民到于今受其賜) 미관중(微管仲) 오기피발좌임의(吾其被髮左衽矣) 기약필부필부지위양야(豈若匹夫匹婦之爲諒也) 자경어구독이막지지야(自經於溝瀆而莫之知也)

▶ 관중이[管仲] 환공을[桓公] 도와[相] 제후들의[諸侯] 우두머리가 되게 하여[霸] 세상을[天下] 하나 되게 하고[一] 바로잡아[匡] 지금에[于今] 이르기까지[到] 백성이[民] 관중의[其] 은혜를[賜] 입었다[受]. 관중이[管仲] 없었다면[微] 우리도[吾] 그렇게[其] 머리칼을 풀어헤치고 옷깃을 왼쪽으로 돌려 입고 살 것이다[被髮左衽]. 평범한 사람들이[匹夫匹婦] 절개를[諒] 지키겠다고[爲] 개골창에서[於溝瀆] 제 몸을[自] 매달아 죽어[經] 아무도 모르게 되는[莫知] 짓과[之] 관중의 업적이 어찌[豈] 같단 말인가[若]?

상(相)은 여기서 조(助)와 같다. 돕다[相]. 패(霸)는 요샛말로 하면 보스(boss)라는 말이다. 힘을 바탕으로 한 우두머리를 패(霸)라고 한다. 그래서 『맹자(孟子)』「공손축장구(公孫丑章句)」 제3에서 맹자는 이렇게 말했다. "이력가인자패(以力假仁者霸) 패필유대국(霸必有大國) 이덕행인자왕(以德行仁者王) 왕부대대(王不待大)." 힘으로[以力] 어짊을[仁] 가장하는[假] 짓은[者] 패이다[霸]. 패는[霸] 반드시[必] 큰 나라를[大國] 가지려 한다[有]. 덕으로[以德] 어짊을[仁] 행하는[行] 것은[者] 왕이다[王]. 왕은[王] 큰 나라이기를[大] 바라지 않는다[不待]. 맹자는 이처럼 패(覇)를 사정없이 비판했다. 그러나 공자는 무조건 비판할 것이 아니라 안민(安民)의 뜻을 보여주는 패(覇)라면 감안해주어야 한다는 생각을 내비친다. 힘으로 하는 정치[覇]에 대하여 공자는 안민(安民)을 했는가를 살폈고, 맹자는 패(覇) 그 자체를 비판한 셈이다.

피발좌임(被髮左衽)은 머리칼을 풀어헤치고 옷깃을 왼쪽으로 돌려 입고 산다는 표현으로 오랑캐를 뜻한다. 공자가 말하는 오랑캐는 비문화적인 생활을 하는 무리를 의미한다. 그러니 인종 차별에 근거한 오랑캐를 말하는 것이 아니다. 성인(聖人)은 인간을 차별하지 않지만, 공자는 문지(文之)의 삶을 넓혀가는지를 따졌던 성인이다. 인간을 편안하게 하는 문물제도(文物制度)를 갖추고 살기[文之]를 바랐기 때문이다. 그래서 관중이 환공을 도와 제후들의 우두머리가 되게 하여 천하를 통일하고 주(周)나라 왕실의 문물제도를 온 세상에 넓힌 것을 잊지 말라 한다. 이런 이유로 관중의 패(覇)를 알아주지 않아도 되는 범인(凡人)의 자경(自經) 쯤으로 여기지 말라고 자공에게 당부한다.

제 몸을 목매달아 죽는 짓[自經]처럼 관중의 업적을 내치지 말라 한 까닭을 공자는 민수기사(民受其賜)에 두었다. 백성이 관중의 은혜를 입었다[民受其賜]는 사실을 들어 힘을 바탕으로 한 패(覇)일지라도 일방적으로 매도하지 말라 한다. 그렇다고 공자가 관중을 인자(仁者)로 본 것은 결코 아니다. 다만 관중의 치적이 지닌 현실적인 측면[民受其賜]을 고려해보라는 것뿐이다. 한사코 관중의 패(覇)를 부정(否定)하고자 하는 제자들(자로와 자공)에게 한쪽으로 치우쳐 생각하지 말라고 당부하는 스승을 보라. 이 얼마나 현실적인 성인(聖人)인가. 성인에게는 어떠한 이데올로기도 없다. 이념이란 소인들이 자주 들먹이는 고성(鼓聲)에 불과하다.

도울 상(相), 우두머리 패(覇), 바로잡을 광(匡), 이를 도(到), 어조사 우(于), 받을 수(受), 은혜 사(賜), 없을 미(微), 덮을 피(被), 머리칼 발(髮), 옷깃 임(衽), 어찌 기(豈), 같을 약(若), 짝 필(匹), 사내 부(夫), 부녀 부(婦), 믿을 양(諒), 자신 자(自), 맬 경(經), 개천 구(溝), 도랑 독(瀆), 없을 막(莫)

제19장

【문지(聞之)】

가이위문의(可以爲文矣)

【원문(原文)】

公叔文子之臣大夫僎이 與文子同升諸公이려니
공 숙 문 자 지 신 대 부 선 　 여 문 자 동 승 제 공

子聞之하시고 曰 可以爲文矣로다
자 문 지 　 왈 가 이 위 문 의

【해독(解讀)】

공숙문자의 가신인 대부 선이[公叔文子之臣大夫僎] 공숙문자의 추천으로 공숙문자와 함께 조정의 신으로 올랐다[與文子同升諸公].

공자께서 이 말을 듣고[子聞之] 말하기를[曰], 가히 문(文)이란 시호를 받을 만하다고 했다[可以爲文矣].

【담소(談笑)】

자왈(子曰)

세상은 한 사람만으로 잘 되는 것이 아님을 밝히고 있다. 천하위공

(天下爲公)이라 한다. 세상은[天下] 모두에게[公] 베풀어준다[爲]. 세상이 마치 제 것인 양 착각하는 짓을 가리켜 무도(無道)라 한다. 여럿이 힘을 모아 인도(仁道)를 넓혀야 백성이 편안히 살 수 있는 세상이 됨을 잊지 말라 한다.

공숙문자지신대부선(公叔文子之臣大夫僎) 여문자동승제공(與文子同升諸公)

▶ **공숙문자의[公叔文子] 가신인[臣] 대부[大夫] 선이[僎] 공숙문자와[文子] 함께[與] 같이[同] 공조(公朝)에[公]올랐다[升].**

공숙문자지신(公叔文子之臣)의 신(臣)은 가신(家臣)의 준말로 보면 된다. 승(升)은 등(登)과 같다. 오르다[升]. 제공(諸公)의 공(公)은 공조(公朝)의 준말로 본다. 공조는 조정(朝廷)을 뜻한다. 승제공(升諸公)은 임금을 도와 나라를 다스리는 곳[公朝]으로 선(僎)이 진출하게 되었다는 말이다. 여기서 제(諸)는 지어(之於)의 합자(合字)이므로 승제공(升諸公)은 승지어공(升之於公)을 줄인 것이다. 승지어공(升之於公)의 지(之)는 임금의 신하를 뜻하는 지시어이다. 그러니 여문자동승제공(與文子同升諸公)은 공숙문자가 자신의 가신으로 부리던 선(僎)을 임금의 신하로 추천해 자신과 같은 서열이 되게 했다는 뜻이다.

이런 일은 소인배는 못한다. 공자가 이를 듣고[子聞之] 공숙문자는 문(文)이란 시호(諡號)를 받을 만하다고 칭찬했다. "가이위문의(可以爲文矣)." 그렇게 했으니[以] 문이란[文] 시호를 받을 수 있다[可爲].

공숙문자(公叔文子)는 위(衛)나라 대부로 문(文)이란 시호를 받았다. 문(文)이란 시호를 받았다 함은 문물(文物)을 빛나게 했음을 뜻한다. 문물을 빛나게 하려면 널리 현명한 인재를 찾아 써야 한다. 자신의 가신을 임금에게 천거해 자기와 같은 조정의 신하가 되게 한 공숙문자는 도량이 넓었던 모양이다. 소인(小人)이라면 제 밑에 있는 자를 자기와 같은 자리로 올라가게 못한다. 사촌이 땅을 사도 배 아파하는 자가 소인 아닌가.

갖출 선(僎), 함께 여(與), 같이 동(同), 오를 승(升), 어조사 제(諸)

제20장

【문지(聞之)】

자언위령공지무도야(子言衛靈公之無道也)

【원문(原文)】

子言衛靈公之無道也러시니 康子曰 夫如是로대
자 언 위 령 공 지 무 도 야 강 자 왈 부 여 시

奚而不喪이니시꼬
해 이 불 상

孔子曰 仲叔圉治賓客하고 祝鮀治宗廟하고 王孫
공 자 왈 중 숙 어 치 빈 객 축 타 치 종 묘 왕 손

賈治軍旅하니 夫如是니 奚其喪이리오
가 치 군 여 부 여 시 해 기 상

【해독(解讀)】

공자께서 위나라 영공은 무도했다고 말하자[子言衛靈公之無道也], 이에 강자가 말했다[康子曰]. "그러한데[夫如是] 어찌 자리를 잃지 않았습니까[奚而不喪]?"

공자께서 말해주었다[孔子曰]. "중숙어가 외교를 맡고[仲叔圉治賓客] 축타가 종묘를 맡았으며[祝鮀治宗廟], 왕손가가 군사를 맡아 다스

리게 했습니다[王孫賈治軍旅]. 그러한데[夫如是] 어찌 그 자리를 잃겠습니까[奚其喪]?"

【담소(談笑)】

자왈(子曰)

바로 앞 장에서 밝혔던 내용을 더욱 구체적인 사례를 들어 다짐하고 있다. 공자의 말씀을 임금이 무도(無道)해도 신하들이 맡은 일을 현명하게 하면 백성이 참아준다는 말로 들어도 된다.

중숙어치빈객(仲叔圉治賓客) 축타치종묘(祝鮀治宗廟) 왕손가치군여(王孫賈治軍旅) 부여시(夫如是) 해기상(奚其喪)

▶ 중숙어가[仲叔圉] 외교정책을[賓客] 맡아 다스리고[治], 축타가[祝鮀] 종묘의 제사를[宗廟] 맡았으며[治], 왕손가가[王孫賈] 군사를[軍旅] 맡아 다스렸습니다[治]. 무릇[夫] 위와[是] 같이 하는데[如] 어찌[奚] 위(衛)나라를[其] 잃겠습니까[喪]?

빈객(賓客)은 외교사절을 뜻한다. 종묘(宗廟)는 내치(內治)를 뜻한다. 군여(軍旅)는 국방을 맡는 일을 말한다. 부여시(夫如是)의 시(是)는 앞의 내용을 모두 받는다. 상(喪)은 상실(喪失)의 준말로 여기면 된다. 잃는다[喪].

공자가 강자(康子)에게 대놓고 이렇게 말했던 모양이다. "위영공무도야(衛靈公之無道也)." 위나라[衛] 영공은[靈公] 무도했다[無道]. 그러자 강자가 이렇게 되물었다. "부여시(夫如是) 해이불상(奚而不喪)." 무릇[夫] 그와[是] 같은데[如] 어찌[奚] 잃지 않았는가[不喪]? 강자가 이렇게 되묻자 위와 같이 구체적인 사례를 들어 일깨워주어 강자의 간담을 서늘하게 만든 것이다.

강자(康子)는 노나라 대부 계손씨(季孫氏)로 이름은 비(肥), 강(康)은 시호(諡號)이다. 노나라를 휘둘렀던 세도가(勢道家)인 삼환(三桓)

의 한 사람이다. 임금을 제쳐두고 무도한 짓을 행했던 강자에게 대놓고 위와 같이 말했으니 공자가 얼마나 무외(無畏)의 성인(聖人)인지 알 수 있다. 성인은 백성을 두려워하지 무도한 임금이나 신하 따위는 아랑곳하지 않는다. 성인은 백성을 하늘로 보기 때문이다. 그러나 강자 같은 패자(霸者)들은 세상을 제 것인 양 얕보고 백성을 못살게 한다. 그래서 백성을 위해 나랏일을 맡아 현명하게 처신했던 대신(大臣)들을 언급하며 공자가 강자에게 대지르고 있다. 임금이 무도해도 신하들이 현명하면 나라를 잃지 않지만, 신하들마저 무도하면 나라를 잃게 마련임을 무도한 신하 노릇을 자행하는 강자 앞에서 대놓고 말하는 성인의 심정이 바로 여기서 드러난다. "부여시(夫如是) 해기상(奚其喪)." 무릇[夫] 현명한 신하들이 나랏일을 맡아 함이 위와[是] 같은데[如] 어째서[奚] 영공이 위나라를[其] 잃겠는가[喪]? 임금이 바보 같아도 신하들만이라도 현명하면 나라는 건진다. 그러니 조선조(朝鮮朝) 마지막 임금이었던 고종(高宗)만 망국(亡國)의 죄를 뒤집어쓸 것은 없다. 오히려 매국노(賣國奴) 일흔두 놈이 더욱 죄가 많다.

마부 어(圉), 손님 빈(賓), 손님 객(客), 모래무지 타(鮀), 마루 종(宗), 사당 묘(廟), 상인 가(賈), 군사 여(旅), 어찌 해(奚), 잃을 상(喪)

제21장

【문지(聞之)】

기언지부작(其言之不怍)

【원문(原文)】

子曰 其言之不怍이면 則爲之也難하니라
자 왈 기 언 지 부 작 즉 위 지 야 난

【해독(解讀)】

공자께서 말했다[子曰]. "자기의 말이 부끄럽지 않다면[其言之不怍] 곧 그렇게 말한 대로 실천하기란 어렵다[則爲之也難]."

【담소(談笑)】

자왈(子曰)

부작(不怍)하라고 한다. 이 말씀이 신독(愼獨)하라 · 무자기(毋自欺)하라 · 성의(誠意)하라 등으로 들린다. 하는 말마다 정직하면 하나도 부끄러울 게 없다 함이 부작하라는 뜻이겠다. 그러나 그렇게 실천하고 살기란 쉽지 않음을 더불어 공자가 밝혀두고 있으니, 성인은 간절히 우리가 부작하기를 바라고 있는 것이다.

기언지부작(其言之不怍) 즉위지야난(則爲之也難)

▶ **자기가[其] 한 말이[言] 부끄럽지 않다[不怍]. 그렇다면[則] 그 말대로[之] 실천하기가[爲] 어렵다[難].**

작(怍)은 참(慙)과 같다. 부끄럽게 여기다[怍]. 위(爲)는 행(行)과 같다. 실천하다[爲].

이 장은 '난(難)' 이란 한마디 때문에 이러쿵저러쿵 여러 해석이 나오곤 한다. 만약 난(難)이 아니라 이(易)라고 했다면 아마도 설왕설래하지 않을 것이다. 자기가[其] 한 말이[言] 부끄럽지 않기를[不怍] 실천하기란 쉽다[易]고 했다면 이는 성인의 입장에서 하는 말이리라. 그렇지 않고 그렇게 하기란 어렵다[難]고 했으니, 이것은 공자가 우리 같은 보통 사람을 두고 한 말이려니 여기면 편하다. 오죽하면 작심삼일(作心三日)이란 말이 생겼겠는가. 말은 부끄럽지 않게 했지만 그 말대로 행하기는 어렵다는 말씀이 얼마나 현실적으로 인간을 밝히고 있는가. 말이라도 정직하면 얼마나 다행인가. 실천은 못할망정 말이라도 부끄럽지 않게 하고 살아라. 이런 뜻으로 난(難)을 새기면 되겠다. 공자의 말씀은 쉬운 쪽으로 들으면 이해가 안 될 게 없다. 성인은 철인(哲人)이 아니어서 쉽게 말하지 어렵게 말하지 않는다. 공자 같은 성인 앞에선 못 속일 줄 알라.

부끄러워할 작(怍), 실천할 위(爲), 어려울 난(難)

제22장

【문지(聞之)】

진성자시간공(陳成子弑簡公)

【원문(原文)】

陳成子弑簡公이어늘 孔子沐浴而朝하사 告於哀公
진성자시간공 공자목욕이조 고어애공
曰 陳恒이 弑其君하니 請討之하소서
왈 진항 시기군 청토지
公曰 告夫三子하라
공왈 고부삼자
孔子曰 以吾從大夫之後라 不敢不告也하니 君
공자왈 이오종대부지후 불감불고야 군
曰告夫三子者오녀 之三子告한대 不可라 하야늘
왈고부삼자자 지삼자고 불가

孔子曰 以吾從大夫之後라 不敢不告也니라
공 자 왈 이 오 종 대 부 지 후 불 감 불 고 야

【해독(解讀)】

진성자가 간공을 시해했다[陳成子弑簡公]. 공자께서 목욕하고 입조하여[孔子沐浴而朝] 애공에게 고하여 말했다[告於哀公曰]. "진항이 제 임금을 죽였으니[陳恒弑其君] 청컨대 그자를 토벌하십시오[請討之]."

이에 애공이 말했다[公曰]. "그들 세 사람에게 말해주라[告夫三子]."

공자께서 말했다[孔子曰]. "나도 대부의 말석에 있던 몸이라[以吾從大夫之後] 고하지 않을 수 없었다[不敢不告也]. 그런데 임금께서 세 사람에게 말해주라고 했다[君曰告夫三子者]. 그래서 세 사람에게 고했으나[之三子告] 할 수 없다고 했다[不可]."

공자께서 또 말했다[孔子曰]. "나도 대부의 말석에 있는 몸인지라[以吾從大夫之後] 고하지 않을 수 없었다[不敢不告也]."

【담소(談笑)】

자왈(子曰)

정명(正名)을 밝히고 있다. 공자는 무슨 일이 있어도 명분을[名] 바르게 하라[正]고 한다. 정명을 벗어난 정치를 공자는 인정하지 않는다. 신하가 제 임금을 죽이는 짓보다 더 무도(無道)한 일은 없다. 무도함을 징벌하라 한다.

진항시기군(陳恒弑其君) 청토지(請討之)

▶ **진성자가[陳恒] 제[其] 임금을[君] 죽이자[弑], 제 임금을 시해한 진항을[之] 징벌할 것을[討] 청했다[請].**

시(弑)는 시해(弑害)의 준말로 여기면 된다. 아랫사람이 윗사람을 죽이다[弑]. 토(討)는 토벌(討伐)의 준말로 여기면 된다. 징벌한다[討]. 토지(討之)의 지(之)는 진항(陳恒)을 가리키는 지시어이다.

진항(陳恒)은 제(齊)나라 대부(大夫) 진성자(陳成子)이다. 진항이 시해한 간공(簡公)은 제나라 임금으로 이름이 임(壬)이다. 공자 나이 71세 때 진성자가 간공을 죽였다. 그 때가 노(魯)나라 애공(哀公) 14년이라 한다. 진성자의 무도한 짓을 듣고 공자는 목욕재계(沐浴齋戒)한 다음, 71세의 늙은 몸을 이끌고 입조(入朝)하여 애공에게 위와 같이 간청했다. 무도한 짓을 범한 진항을 그냥 두면 안 된다고 간언한 것이다. 애공 밑에서 한때나마 대부의 말석에 있었던 옛 신하였기에 이웃 나라의 무도한 자를 징벌하라고 청했던 것이다.

그러나 애공 역시 무력한 임금이었으니 공자에게 이렇게 말할 따름이었다. "고부삼자(告夫三子)." 저들[夫] 세 대부에게[三子] 알려주라[告]. 여기서 삼자(三子)는 당시 노나라를 농단(弄斷)했던 삼환(三桓)인 계손(季孫)·맹손(孟孫)·숙손(叔孫)을 말한다. 공자가 무력한 애공에게 무엇을 기대했겠는가. 그러나 옛 신하된 도리로써 이웃 나라에서 벌어진 무도함을 고하지 않을 수 없던 것이 바로 공자의 신하로서의 정명(正名)이었다.

펼 진(陳), 늘 항(恒), 죽일 시(弑), 임금 군(君), 청할 청(請), 징벌할 토(討)

이오종대부지후(以吾從大夫之後) 불감불고야(不敢不告也) 군왈고부삼자자(君曰告夫三子者) 지삼자고(之三子告) 불가(不可)

▶ **나로서도[以吾] 대부의[大夫] 말석에 있었던[從] 뒤라[後] 알리지[告] 않을 수 없었다[不敢不]. 임금께서[君] 말하기를[曰] 저들[夫] 세 대부에게[三子] 알려주라고 해서[告] 세 대부에게[三子] 임금께서 한 말을[之] 알려주었더니[告] 진항(陳恒)을 징벌할 수**

없노라 했다[不可].

불감불(不敢不)은 '~하지 않을 수 없다'는 뜻이다. 고(告)는 보(報)와 같다. 알려주다[告]. 고지(告知)의 준말로 여기고 새긴다. 지삼자(之三子)의 지(之)는 바로 앞 내용을 받는 지시어로서 고(告)의 목적어이다.

애공의 분부대로 공자가 위와 같이 삼환, 즉 삼자(三子)에게 알렸다. 그랬더니 삼환은 간공을 시해한 진항을 토벌할 수 없다고 했다. 가재는 게 편인데 무도한 삼환이 무도한 진항을 토벌하자고 하겠는가. 공자가 이를 모를 리 없었겠지만 그렇다고 무도함을 고발하지 않을 수 없었다. 선악을 가려 안민(安民)의 치세(治世)를 이루어야한다는 공자의 정신은 굽힐 줄 모른다. 악(惡)을 모른 척하고 지나친다면 인자(仁者)의 도리가 아니기 때문이다. 공자가 왜 인자라야 악인(惡人)을 미워할 수 있다고 했는지 헤아릴 수 있다. 공자는 진항을 들어 삼환을 함께 고발한 셈이다.

따를 종(從), 이를 고(告)

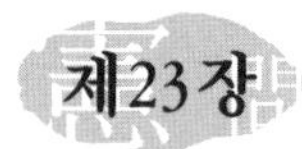

제23장

【문지(聞之)】

자로문사군(子路問事君)

【원문(原文)】

子路問事君한대 子曰 勿欺也요 而犯之니라
자로문사군 자왈 물기야 이범지

【해독(解讀)】

자로가 임금을 섬기는 일에 대해 물었다[子路問事君].

공자께서 말해주었다[子曰]. "속이지 말라[勿欺也]. 그리고 눈 앞에서 간언하라[而犯之]."

【담소(談笑)】

자왈(子曰)

성격이 과감해서 행동이 앞서던 자로(子路)에게 충신(忠信)을 밝히고 있다.

물기야(勿欺也) 이범지(而犯之)

▶ **속이지[欺] 말라[勿]. 그리고[而] 눈 앞에서 바른 말을 하라[犯之].**

물(勿)은 무(毋) 또는 무(無)와 같다. ~하지 말라[勿]. 기(欺)는 만(謾) 또는 사(詐)와 같다. 속인다[欺]. 기만(欺謾)이나 사기(詐欺)의 준말로 여기면 된다. 범(犯)은 여기서 간(干)과 같다. 간여한다[犯].

임금에게 충성하라 함이 곧 사군(事君)이고, 부모에게 효도하라 함이 사친(事親)이다. 성질 급한 자로에게 스승이 속이지 말라[勿欺]고 당부하며 그의 성질머리를 나무라고 있다는 느낌이 든다. 공자는 자로를 자주 면박하곤 한다. 급한 성질머리를 누그러뜨리려는 스승의 애정이라는 것을 자로 역시 알고 있었을 터이다.

물기(勿欺)하라. 그러자면 먼저 무자기(毋自欺)해야 한다. 『대학(大學)』 각론(各論) 첫머리를 보라. "소위성기의자(所謂誠其意者) 무자기야(毋自欺也) …… 고군자필신기독야(故君子必愼其獨也)." 이른바[所謂] 그 뜻을[意] 정성 되게 한다는[誠] 것은[者] 스스로를[自] 속이지 않는 것이다[毋欺]. …… 그러므로[故] 군자는[君子] 반드시[必] 자기[其] 홀로를[獨] 삼간다[愼].

성질 급한 자로에게 어려운 일이라면 아마도 신독(愼獨)일 터이다.

그러나 물기(勿欺)하려면 먼저 삼가 조심해서 살아야 하니[愼獨], 임금을 섬기자면 마음가짐[意]이 정성스럽게 행동으로 이어져야 할 것이다. 이런 마음과 몸가짐으로 임금을 섬기면서 굽실거리지만 말고 임금의 뜻에 간여해야 할 일이면 바로 임금 안전에서 바른 말을 올리라고[犯之] 타일러주는 공자를 보라. 성인은 사람에 따라 알맞게 답해주지 한 가지 답으로만 덮어씌우려는 개념(槪念)이나 이론(理論) 따위를 멀리한다. 성인은 이론가가 아니다. 그래서 성인이 바로 나한테 들려주는 말씀을 체험한다고 여기면 성인은 마치 내 할아버지처럼 다가온다.

~하지 말라 물(勿), 속일 기(欺), 간여할 범(犯)

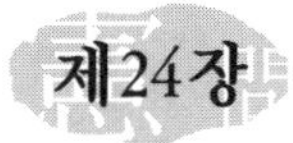

제24장

【문지(聞之)】

군자상달(君子上達)

【원문(原文)】

子曰 君子上達하고 小人下達하니라
자 왈 군 자 상 달 소 인 하 달

【해독(解讀)】

공자께서 말했다[子曰]. "군자는 위로 도달하려 하고[君子上達], 소인은 아래로 도달하려 한다[小人下達]."

【담소(談笑)】

자왈(子曰)

「이인(里仁)」 편 16장을 떠올리게 한다. “군자유어의(君子喩於義) 소인유어리(小人喩於利).” 군자는[君子] 의를[義] 밝히고[喩], 소인은[小人] 이를[利] 밝힌다[喩]. 여기서는 상달(上達)과 하달(下達)을 들어 군자와 소인을 대비하고 있다.

군자상달(君子上達) 소인하달(小人下達)

▶ **군자는〔君子〕 위로〔上〕 통달하려 하고〔達〕, 소인은〔小人〕 아래로〔下〕 통달하려 한다〔達〕.**

달(達)은 통달(通達)의 준말로 여기고 새긴다. 샅샅이 살펴 알려고 한다[達]. 그러니 통달은 탕왕(湯王)의 반명(盤銘)에 새겨진 ‘일신(日新)’ 이란 말을 되새기면서 생각해도 된다.

군자가 향하려는 상달(上達)의 상(上)과 소인이 향하려는 하달(下達)의 하(下)를 어떻게 이해하면 될까? 『주역(周易)』 「계사전(繫辭傳)」에 나오는 다음과 같은 말을 상기하면 도움이 될 것이다. “형이상자위지도(形而上者謂之道) 형이하자위지기(形而下者謂之器).” 형이상자를[形而上者] 도라[道] 하고[謂之], 형이하자를[形而下者] 기라[器] 한다[謂之].

상달(上達)을 도(道)를 통달한다는 뜻으로 보고, 하달(下達)을 기(器)를 통달한다는 뜻으로 새기면 될 것이다. 그러니 공자가 군자는 도(道)를 통달하고자 하고 소인은 기(器)를 통달하고자 한다고 대비한 것으로 보아도 된다. 이미 공자는 군자불기(君子不器)라 하지 않았던가. 군자는 기능인이 아니다[不器]. 군자는 기능을 발휘해 돈벌이에 나서는 사람이 아니라는 말이다. 그러니 기(器)를 재물(財物)로 새기고, 도(道)를 인도(仁道)로 새겨들어도 되리라.

인도(仁道)는 수기(修己)를 거쳐 안인(安人)의 경지로 향상하려 함이다. 따라서 인도를 군자의 상달(上達)로 이해해도 된다. 그러나 소인의 하달(下達)은 자기 혼자 편하게 살려는 마음이므로 날마다 재물을 불리고 이익을 올리는 이재(理財)에 통달하고자 하는 뜻으로 이해하면 된다. 하여튼 군자는 인도를 밝히고 소인은 재물을 밝힌다고 보면 된다. 돈이라면 사족을 못 쓰는 우리야 물어 무얼 하겠나. 우리 모두 소인임을 변명할 여지가 없다.

위 상(上), 다다를 달(達), 아래 하(下)

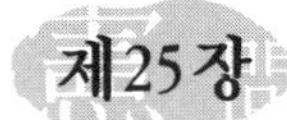

제25장

【문지(聞之)】

금지학자위인(今之學者爲人)

【원문(原文)】

子曰 古之學者爲己러니 今之學者爲人이로다
자 왈 고 지 학 자 위 기 금 지 학 자 위 인

【해독(解讀)】

공자께서 말했다[子曰]. "옛날의 학자는 자기를 알고자 공부했으나[古之學者爲己] 지금의 학자는 남에게 알려지고자 공부한다[今之學者爲人]."

【담소(談笑)】

자왈(子曰)

배움[學]이 어떤 것인지 생각해보게 한다. 공부하는 사람[學者]에게 본말(本末)이 무엇이며 선후(先後)가 무엇인지 살펴두게 한다. 먼저 공부해야 할 까닭은 위기(爲己)이고, 그런 다음에야 위인(爲人)을 위한 공부라고 밝히고 있다. 여기 위인(爲人)을 앞 13장의 위성인(爲成人)과 잘 비교해서 새겨두어야 한다. 위성인(爲成人)은 위기(爲己)와 같은 말씀이기 때문이다.

고지학자위기(古之學者爲己) 금지학자위인(今之學者爲人)

▶ **옛날의[古之] 공부하던 사람들은[學者] 자기를[己] 다스리기 위해 했고[爲], 지금의[今之] 공부하는 사람들은[學者] 남에게[人] 알려지기 위해 한다[爲].**

학(學)은 여기서 효(效)·각(覺)과 같다. 그래서 터득하고[覺] 본받아 배운다[效]는 뜻으로 나누어 생각하면 좋다. 고지학자(古之學者)의 학(學)은 각(覺)과 같고, 금지학자(今之學者)의 학(學)은 효(效)와 같다고 새겨도 된다. 위기(爲己)의 위(爲)는 치(治)와 같다. 나를[己] 다스린다[爲]. 그러니 위기(爲己)는 곧 수기(修己)와 같다. 나를 닦는다 함이 위기(爲己)다. 내 자신이 선자(善者)가 되고자 공부하는 것이 곧 위기(爲己)라 한다. 위인(爲人)의 위(爲) 역시 치(治)와 같다고 본다. 위인(爲人)이 곧 치인(治人)인 셈이다. 남을[人] 다스린다[爲] 함은 남을[人] 가르친다[教] 함과 같다. 그러니 위인(爲人)을 남에게 무엇인가를 가르쳐준다는 말로 새겨들으면 된다.

옛날의 학자(學者)는 자신이 선자(善者)가 된 뒤에야 남을 가르치려고 했다[爲人]는 것이다. 즉 위기(爲己)를 먼저 공부했고, 그 다음에야 위인(爲人)을 위한 공부를 했다는 것이다. 그러나 지금의 학자는 자신이 선자가 되려는 수기(修己)는 아랑곳하지 않고 먼저 남을 가르치려고만 함[爲人]을 공자가 들추어내고 있다. 공자는 학자라면 선자로서 만인의 모범이 되기를 바랐다. 그러나 이미 공자 당대에 학자들마저 한 방면에 전문적인 지식을 갖춘 전문인이 되기를 바랐던 것일까. 요새는 분명 학자라면 모두 저마다 나름대로 전문 지식을 남에게 전달해주려고 공부하지 자신이 선자(善者)가 되고자 공부하지는 않는다.

공자가 지금 우리네 교직풍토(敎職風土)를 꾸중하는 것 같다. 공자가 말한 옛날 학자는 선생(先生)이 될 수 있었지만, 공자 이후의 학자는 전문인이 되고 만 셈이다. 그래서 이제는 선생이 산사(山寺)보다 더 희귀하게 되고 말았다. 전문 지식이 아무리 많다 한들 선생이 될 수 는 없는 일이다. 선생은 자신부터 선자(善者)가 되어 남들을 선자(善者)로 이끌어줄 수 있는 어른[長者]이기 때문이다. 지금은 분명 어른이 없는 세상이다.

옛 고(古), 배울 학(學), 다스릴 위(爲), 이제 금(今)

제26장

【문지(聞之)】

거백옥사인어공자(蘧伯玉使人於孔子)

【원문(原文)】

蘧伯玉使人於孔子어늘 孔子與之坐而問焉曰 夫子는 何爲오

거백옥사인어공자 공자여지좌이문언왈 부자 하위

對曰 夫子欲寡其過나 而未能也니이다
대왈 부자욕과기과 이미능야
使者出커늘 子曰 使乎 使乎여
사자출 자왈 사호 사호

【해독(解讀)】

거백옥이 공자께 사자를 보냈다[蘧伯玉使人於孔子]. 공자께서 사자와 함께 앉아 물었다[孔子與之坐而問焉曰]. "선생께선[夫子] 무엇하며 계시는가[何爲]?"

사자가 여쭈었다[對曰]. "선생께선 허물을 줄이고 싶어하십니다만[夫子欲寡其過], 뜻대로 되지는 않는 듯하십니다[而未能也]."

그리고 사자가 나갔다[使者出]. 공자께서 말했다[子曰]. "훌륭한 사자로다[使乎]. 훌륭한 사자로다[使乎]."

【담소(談笑)】

자왈(子曰)

바로 앞 장의 위기(爲己)를 새겨보게 한다. 선자(善者)가 되려면 먼저 자기 허물부터 줄이려고 애써야 한다. 물론 선자는 곧 인자(仁者)로 통한다. 자신을 스스로 어질고 착한 사람[仁者]이 되게 하려면 먼저 겸손하게 살아야 한다. 그러기 위해서는 허물부터 줄여야 한다고 밝히고 있다.

부자욕과기과(夫子欲寡其過) 이미능야(而未能也)

▸ **선생께서는[夫子] 당신의[其] 허물을[過] 줄이고자 애쓰십니다[欲寡]. 그런데[而] 뜻 같지 않은 듯하십니다[未能].**

과(寡)는 소(少)와 같다. 줄인다[寡]. 기과(其過)의 기(其)는 거백옥(蘧伯玉)을 가리키는 지시어이다. 과(過)는 여기서 건(愆)과 같다. 허물 과(過)를 허물 화(過)로 읽기도 했다. 아마도 허물[過]과 불행[禍]을 같이 보았기 때문인 듯하다.

거백옥(蘧伯玉)은 위(衛)나라 대부(大夫)로, 이름이 원(瑗)이고 백옥(伯玉)은 자(字)이다. 공자가 위나라에 갔을 때 백옥의 집에서 묵었다. 사람을 보내 공자를 찾아뵙게 했던 것으로 보아 백옥이 공자를 모시는 마음이 컸던 모양이다.

공자 역시 백옥을 높이 산 듯하다. "공자여지좌이문언왈부자하위(孔子與之坐而問焉曰夫子何爲)." 공자께서[孔子] 거백옥이 보낸 사자와[之] 함께[與] 앉아[坐] 사자에게[焉] "선생께서는[夫子] 무엇을 하며 지내느냐[何爲]"고 물었다[問曰]. 앉을 좌(坐), 이에 언(焉). 여기서 언(焉)은 어시(於是)의 뜻으로 새기면 된다. 물론 어시(於是)의 시(是)는 거백옥이 보낸 사자(使者)를 가리킨다.

공자가 "부자하위(夫子何爲)"라고 묻자 거백옥이 보낸 사자가 위와 같이 아뢰었다. 거백옥이란 대부가 자기의 허물을 줄이고 싶어한다[欲寡其過]는 말을 노(魯)나라를 농단하던 삼환(三桓)에 빗대어 생각해보라. 그러면 적어도 거백옥이란 위나라 대부는 무도한 짓을 범하지 않으려 애쓰는 치자(治者)였다고 생각할 수 있을 것이다. 치자가 범하는 무도(無道)보다 더한 허물[過]은 없을 터이다. 나아가 거백옥이 자만하지 않고 자신의 허물을 더욱 더 줄여보려고 노력한다는 것을 미능(未能)이란 한마디에서 짐작할 수 있다. 이 미능(未能)이란 한마디가 만족하지 못해 늘 불만스러워한다는 느낌을 풍기기 때문이다.

아마도 거백옥은 허물[過]이 곧 죄(罪)임을 알았던 모양이다. 본래부터 건(愆)은 곧 죄라 하지 않는가. 그래서 허물을 짓지 말자고 극기(克己)하라는 게 아닌가. 극기(克己)·위기(爲己)·수기(修己) 등은 다 같은 말씀으로 복례(復禮)의 삶을 뜻하지 않는가. 예(禮)로 돌아가 살라[復禮] 함이 곧 앞 장에서 밝힌 위기(爲己)임을 여기서 새삼 알 수 있다. 복례(復禮)하라 함은 겸손하게 살라는 말씀이다. 그러면 누구나 훌륭하다. 겸손한 거백옥이 당신께 보낸 사자가 나가자[出] 공자는 이렇듯 반가워했다. "사호사호(使乎使乎)." 거백옥이 보낸 사자마저도 훌륭하구나[使乎]. 성인이 두 번 연거푸 감탄하니 거백옥은 분명 백성으로부터 손가락질받는 대부는 아니었던 게 틀림없다. 백성을 아끼는 치자에게는 남김없이 손뼉을 쳐주는 공자의 뜻을 헤아려보게 한다.

바랄 욕(欲), 줄일 과(寡), 허물 과(過), 아닐 미(未)

제27장

【문지(聞之)】

불모기정(不謀其政)

【원문(原文)】

子曰 不在其位하얀 不謀其政이니라
자 왈 부 재 기 위 불 모 기 정

【해독(解讀)】

공자께서 말했다[子曰]. "그 자리에 있지 않으면[不在其位] 그 자리가 맡는 정사를 논의하지 않는다[不謀其政]."

【담소(談笑)】

자왈(子曰)

이 장은 「태백(泰伯)」 편 14장과 내용이 똑같다. 공자가 아마도 제자들에게 이 장의 뜻을 자주 언급했던 모양이다. 그렇지 않고서야 같은 내용을 그대로 그냥 반복할 리 있겠는가. 그래서 「태백」 편 14장의 내용을 다시 한번 더 되풀이해두려 한다.

제 할 일을 다하면 되지 남의 일에 이래라저래라하지 말라 한다. 남을 간섭하는 것은 결례(缺禮)를 범하게 하고, 심하면 비례(非禮)나 무례(無禮)를 범하게 하고 만다. 저마다 맡은 바를 다하면 순리(順理)는 절로 이루어진다. 그러면 사는 일마다 편안하다. 그러나 시샘을 일삼는 소인은 긁어 부스럼 만들기를 마다하지 않는다. 그러지 말라 한다.

부재기위(不在其位) 불모기정(不謀其政)

▶ 그[其] 자리에[位] 있지 않으면[不在] 그 자리가 맡은[其] 정사를[政] 의논하지 말라[不謀].

위(位)는 직위(職位)의 준말로, 정(政)은 정사(政事)의 준말로 여기고 새기면 된다. 모(謀)는 모의(謀議)의 준말로 여기고 새기면 된다.

불모(不謀)하라. 이는 개의치 말라 함이다. 자기 일에 정성을 다하는 사람은 한눈팔지 않는 법이다. 콩팔칠팔 입질을 일삼는 사람치고 제 앞가림 잘하기 어렵다. 남이 간섭하기는 바라지 않으면서 왜 자기는 남을 간섭하려고 덤비는가? 이렇게 자문(自問)해보라 한다.

있을 재(在), 자리 위(位), 정사를 의논할 모(謀), 바를 정(政)

제28장

【문지(聞之)】

군자사(君子思)

【원문(原文)】

曾子曰 君子思不出其位니라
증 자 왈 군 자 사 불 출 기 위

【해독(解讀)】

증자가 말했다[曾子曰]. "군자의 생각은 자신의 처지를 벗어나지 않게 한다[君子思不出其位]."

【담소(談笑)】

증자왈(曾子曰)

공자의 제자인 증자(曾子)가 앞 장에서 밝힌 스승의 뜻을 따라 군자가 생각하는 바가 어떠한지를 밝히고 있다.

군자사불출기위(君子思不出其位)

▶ 군자는[君子] 생각한 바가[思] 자신의[其] 처지를[位] 벗어나지 않게 한다[不出].

앞 장의 뜻을 더하는 내용이어서 이 28장을 27장에 포함시켜 한 장(章)으로 해야 한다는 설도 있다. 그런데 여기서 증자가 한 말과 같은 내용이 『주역(周易)』「십익(十翼)」「간괘상사(艮卦象辭)」에도 나온다. "겸산간(兼山艮) 군자이사불출기위(君子以思不出其位)." 겹쳐 있는[兼] 산들이[山] 간괘이다[艮]. 군자는[君子] 이 간괘로써[以] 자신의 생각들이[思] 자신의[其] 위치를[位] 벗어나지 않게 한다[不出].

군자는 간괘(艮卦)를 본받아 생각을 깊게 하며 그 처지를 벗어나지 않는다 한다. 마음가짐을 조심하고 몸가짐을 조심하면서 매사를 신중히 한다는 것이다. 이 산 저 산 겹겹으로 이루어진 모습이 간괘이다. 인생도 첩첩산중처럼 험하게 굽이칠 수 있다. 일마다 부딪치고 어긋나 험한 벼랑처럼 될 때가 있다. 군자는 이런 때일수록 경솔하게 살면 안 된다는 지혜를 간괘에서 읽어낼 수 있다 한다.

이런 지혜를 간괘의 경문(經文)에서 읽어낼 수 있다. 그 내용은 이러하다. "간기배(艮其背) 불획기신(不獲其身) 행기정(行其廷) 불견기인(不見其人) 무구(無咎)." 간(艮)은 서로 등지고 있어[其背] 상대의 몸을[其身] 보지 못한다[不獲]. 뜰을[其廷] 거닐면서도[行] 서로를 [其人] 마주보지 못한다[不見]. 허물이[咎] 없다[無].

주역(周易) 64괘 중에서 52번째인 간괘는 위아래가 다 간(艮)으로 돼 있다. 간위산(艮爲山)이므로 여러 산이 겹겹으로 겹쳐 있는 모습이 곧 52번의 간괘이다. 그 겹쳐 있는 모습이 마치 서로 등지고 서 있어 서로를 보지 못하는 모습이라 한다. 사람도 그렇게 있다고 여기면 남의 허물을 두고 이러쿵저러쿵할 게 하나도 없을 것이다. 먼저 자신부터 추슬러 허물 없는 사람이 되고자 하는 군자가 어찌 함부로 생각하겠는가. 군자는 누구인가? 필신기독(必愼其獨)의 삶을 누리는 주인이 아닌가. 반드시[必] 자기가[其] 홀로 있음을[獨] 삼간다[愼]. 이런 모습을 일러 노자(老子)는 자명(自明)한다고 했다. 자기를[自] 밝게 한다[明].

생각할 사(思), 벗어날 출(出), 자리 위(位)

제29장

【문지(聞之)】

군자치기언(君子恥其言)

【원문(原文)】

子曰 君子恥其言 而過其行이니라
자 왈 군 자 치 기 언 이 과 기 행

【해독(解讀)】

공자께서 말했다[子曰]. "군자는 자기의 말이 자기의 행동보다 지나치는 것을 부끄러워한다[君子恥其言而過其行]."

【담소(談笑)】

자왈(子曰)

공자가 28장에서 당신의 제자 증자(曾子)가 한 말을 뒷받침해주듯 밝히고 있다. 군자욕눌어언(君子欲訥於言)의 이유를 새삼 다져두게 한다. 말과 행동이 하나 되지 못한다면 부끄러워하라고 한다. 호언(豪言)하지 말라 한다.

군자치기언(君子恥其言) 이과기행(而過其行)

▶ 군자는[君子] 자신이 한[其] 말이[言] 자신이 취한[其] 행동보다[行] 지나침을[過] 부끄러워한다[恥].

치(恥)는 치욕(恥辱)의 준말로 보면 된다. 과(過)는 여기서 월(越)과 같다. 넘어서다[過]. 과(過)를 과류(過謬)의 준말로 여겨도 무방하다. 어긋나고 잘못되다[過謬].

군자는 충신(忠信)에 어긋나는 짓을 부끄러워한다. 특히 신(信)에 어긋나는 것을 두려워한다. 군자는 「이인(里仁)」편 24장에서 밝힌 공자의 말씀대로 산다. "군자욕눌어언(君子欲訥於言) 이민어행(而敏於行)." 군자는[君子] 차라리 침묵하고자 한다[欲訥於言]. 그러나[而] 행동은 민첩하고자 한다[敏於行].

말을 함부로 하는 군자는 없다. 군자는 침묵하지만 행동은 민첩하다. 그리하여 실천(實踐)으로써 말이 드러나게 하니 군자의 언행(言行)은 둘이 아니라 하나이다. 불가(佛家)의 말을 빌린다면 군자의 언행은 불이(不二)다.

부끄러워할 치(恥), 말씀 언(言), 지나칠 과(過), 행동 행(行)

제30장

【문지(聞之)】

군자도자삼(君子道者三)

【원문(原文)】

子曰 君子道者三에 我無能焉오니 仁者不憂하고
자 왈 군 자 도 자 삼 아 무 능 언 인 자 불 우
知者不惑하고 勇者不懼니라
지 자 불 혹 용 자 불 구
子貢曰 夫子自道也샷다
자 공 왈 부 자 자 도 야

【해독(解讀)】

공자께서 말했다[子曰]. "군자가 가야 할 길이 셋 있는데[君子道者三] 나는 어느 하나도 제대로 못했다[我無能焉]. 어진 사람은 걱정하지 않고[仁者不憂], 지혜로운 사람은 미혹되지 않으며[知者不惑], 용감한 사람은 두려워하지 않는다[勇者不懼]."

이에 자공이 말했다[子貢曰]. "선생께서 당신을 낮추어 말씀하신다

[夫子自道也].”

【담소(談笑)】

자왈(子曰)

군자가 살아가는 길을 세 가지로 나누어 밝히고 있다. 이미 「자한(子罕)」 편 28장에서 같은 말씀을 했었다. 여기에서는 군자의 세 가지 길을 더욱 열심히 넓혀가겠다는 뜻을 드러내고 있다. 그래서 「위령공(衛靈公)」 편 28장에 있는 말씀이 떠오른다. “인능홍도(人能弘道) 비도홍인(非道弘人).” 사람이[仁] 길을[道] 넓힐 수 있지[能弘], 길이[道] 사람을[人] 넓히는 것은[弘] 아니다[非].

인자불우(仁者不憂) 지자불혹(知者不惑) 용자불구(勇者不懼)

▶ **어진[仁] 사람은[者] 걱정하지 않고[不憂], 지혜로운[知] 사람은[者] 미혹되지 않으며[不惑], 용감한[勇] 사람은[者] 두려워하지 않는다[懼].**

우(憂)는 수(愁)와 같다. 걱정하다[憂]. 우고(憂苦)의 준말로 보아도 된다. 근심하고 괴로워한다[憂苦]. 혹(惑)은 미(迷)와 같다. 헷갈린다[惑]. 미혹(迷惑)의 준말로 새기면 된다. 구(懼)는 여기서 공(恐)과 같다. 두려워 무서워하다[懼].

공자가 군자도자삼(君子道者三)을 위와 같이 밝혔다. 군자가[君子] 살아가야 할 길이[道者] 셋 있다[三]. 이러한 군자의 길을 어느 것 하나도 만족스럽게 이루지 못했다고 공자가 스스로를 밝힌다. “아무능언(我無能焉).” 나는[我] 어느 것 하나[焉] 다하지 못했다[無能]. 능언(能焉)의 언(焉)은 어시(於是)의 뜻으로 보면 무방하다. 이 언(焉)이 군자도자삼(君子道者三)의 삼(三)을 대신한다고 보아도 된다.

스승의 이런 말씀을 듣고 자공(子貢)이 이렇게 말했다. “부자자도야(夫子自道也).” 선생께선[夫子] 당신을 낮추어[自] 말씀하셨다[道].

여기서 도(道)는 언(言)과 같다. 말하다[道]. 어찌 공자가 호언(豪言)하겠는가. 당신에 대해 겸손하게 말했음을 자공이 여쭌 셈이다. 사제(師弟)의 정이 물씬 배어나온다.

왜 인자(仁者)는 불우(不憂)할까? 어진 마음은 모든 것을 착하다 여기고 사랑한다. 어진 마음은 길흉(吉凶)을 따져 호오(好惡)를 범하지 않거늘 무엇을 걱정하겠는가.

왜 지자(知者)는 불혹(不惑)할까? 「위정(爲政)」편 17장을 상기하면 되리라. "지지위지지(知之爲知之) 부지위부지(不知爲不知) 시지야(是知也)." 무엇을[之] 안다고 하는 것은[知] 그 무엇을[之] 안다는 것이[知] 되고[爲], 무엇을[之] 모른다 하는 것은[不知] 그 무엇을[之] 모른다는 것이[不知] 된다[爲]. 이러함이[是] 아는 것이다[知也]. 지자는 이런 사람이니 혹(惑)할 리가 없다.

왜 용자(勇者)는 불구(不懼)할까? 이 또한 「위정(爲政)」편 24장에 있는 말씀을 상기하면 좋겠다. "견의불위(見義不爲) 무용야(無勇也)." 옳음을[義] 보고[見] 행하지 않는 것은[不爲] 용맹이[勇] 없는 것이다[無]. 군자는 의(義)를 위해서라면 수명(授命)한다. 의 앞에선 두려울 게 없는 사람이 곧 군자이다.

이제 공자가 칭송하는 군자의 모습을 온전하게 그려볼 수 있겠다. 군자는 인자(仁者)요 지자(知者)요 용자(勇者)이다. 그래서 군자를 일러 불기(不器)라 하지 않는가. 군자는 전문 기능인[器]이 아니라는 말이다.

걱정할 우(憂), 미혹할 혹(惑), 용감할 용(勇), 두려워할 구(懼)

제31장

【문지(聞之)】

부아칙불가(夫我則不暇)

【원문(原文)】

子貢方人하더니 子曰 賜也賢乎哉아 夫我則不暇니라
(자공방인 자왈 사야현호재 부아칙불가)

【해독(解讀)】

자공이 여러 사람을 비교해 논평하자[子貢方人] 공자께서 말했다[子曰]. "사(賜)는 현명하니까 저렇겠지[賜也賢乎哉]. 나한테는 그럴 틈이 없다[夫我則不暇]."

【담소(談笑)】

자왈(子曰)

재치가 앞서고 구변이 좋은 제자 자공(子貢)을 향해 공자가 사람을 함부로 저울질하지 말라고 타이르고 있다. 사람을 비평하려 들지 말고 자신을 돌이켜보는 편이 낫다는 걸 왜 모르느냐고 반문하는 셈이다. 사람을 선불리 품평(品評)하지 말라 한다. 성인의 말씀은 새겨들어야 한다.

사야현호재(賜也賢乎哉) 부아칙불가(夫我則不暇)

▶ 사(賜)는[賜] 현명하니[賢] 저렇겠지[乎哉]. 그런데 말이지[夫] 나는[我] 그럴[則] 틈이 없다[不暇].

사(賜)는 자공의 이름이다. 사야(賜也)의 야(也)는 어조(語調)를 드러내는 말씨로 볼 수 있다. 현호재(賢乎哉)라는 말투에서 반어적(反語的)인 느낌이 풍긴다. 불현(不賢)을 새겨보게 하는 현(賢)이다. 현명하다[賢]고 하는데도 현명하지 않다[不賢]는 말로 들리니 묘하다. 이처럼 성인의 말씀은 속이 깊다. 칙(則)은 여기서 효(效)와 같다. 본받다[則]. 칙(則) 다음에 자공방인(子貢方人)이 있다고 여기면 된다. 자공이[子貢] 사람을[人] 비평하다[方]. 방(方)은 여기서 비(比)와 같다. 견주다[方]. 방인(方人)은 인물평을 한다는 뜻이다.

당신의 제자 자공이 사람을 비평하는 말을 듣고 공자가 위와 같이 말했다. 자공은 스승보다 31세 연하인 위(衛)나라 사람으로 구변이 좋아 외교에 뛰어났다 한다. 이런 자공이 이 사람은 이렇고 저 사람은 저렇다며 비평(批評)하자 공자가 "사야현호재(賜也賢乎哉)"라고 꼬집고 있다. 사(賜)가 저런 짓을 하는 것은 실은 아직 현명하지 못해서라고 직설적으로 말하지 않고 "아칙불가(我則不暇)"라는 말로서 에둘러서 꼬집고 있다. 성인의 말씨는 스스로 새겨보게 하지 지시하지 않는다.

자공처럼 사람을 비평할[則] 틈이 없다[不暇]는 공자의 말씀을 잘 새겨들어야 하리라. 「술이(述而)」편 21장에 있는 말씀을 떠올리면 좋겠다. "삼인행(三人行) 필유아사언(必有我師焉)." 세[三] 사람이[人] 함께 가면[行] 반드시[必] 내[我] 선생이[師] 있다[有]. 둘 중에서 선한 사람을 골라 그를 내 선생으로 모시고, 선하지 않는 사람을 거울 삼아 닮지 말아야 한다고 다짐하면 된다. 그러니 너는 선하고 너는 악하다고 비평할 것 없다. 남을 평하지 말라. 항상 내가 나를 비평하라 함이 내자성(內自省)하라 함이 아닌가. 마음 속을 살펴[內] 자신을[自] 성찰하라[省]. 그러면 현명해진다. 이를 일러 자명(自明)하라 한다. 여러분 자명하거라.

줄 사(賜), 어질 현(賢), ~로다 호(乎), 어조사 부(夫), 본받을 칙(則), 겨를 가(暇)

제32장

【문지(聞之)】

불환인지불기지(不患人之不己知)

【원문(原文)】

子曰 不患人之不己知요 患己無能也니라
자 왈 불 환 인 지 불 기 지 환 기 무 능 야

【해독(解讀)】

공자께서 말했다[子曰]. "남들이 나를 알아주지 않는 것을 걱정하지 말고[不患人之不己知] 나에게 능력이 없음을 걱정하라[患己無能也]."

【담소(談笑)】

자왈(子曰)

애써 군자(君子)를 닮아가라고 한다. 『논어(論語)』 첫머리에서부터 공자는 이렇게 말했다. "인부지이불온(人不知而不慍) 불역군자호(不亦君子乎)." 남들이[人] 알아주지 않아도[不知] 성내지 않으니[不慍] 이 또한[亦] 군자가[君子] 아니겠는가[不乎]? 공자는 여러 번에 걸쳐 이런 말씀을 했다. 공자의 당대에도 인기 스타가 되려는 자들이 많았을 터이다.

불환인지불기지(不患人之不己知) 환기무능야(患己無能也)

▶ 남들이[人] 나를[己] 알아주지 않는 것을[不知] 걱정하지 말고[不患] 나에게[己] 능력이[能] 없음을[無] 걱정하라[患].

환(患)은 우(憂)와 같다. 근심하다[患]. 우환(憂患)의 준말로 여기고 새긴다. 인지불기지(人之不己知)의 지불기지(之不己知)는 영어의 형용사절처럼 보아 지(之)를 주격 관계대명사 'who'와 같다고 여기면 쉽다. 부기지(不己知)의 기(己)는 지(知)의 목적어인데 강조하고자 앞으로 도치했다. 따라서 나를[己] 몰라주는[不知] 사람들을[人] 걱정하지 말라[不患]고 옮겨도 된다. 한문은 여러 갈래로 해석해도 된다. 그래서 고려 초기 한림학사(翰林學士) 최행귀(崔行歸)는 한문을 일러 '제망교라(帝網交羅)'로 비유했다. 제망(帝網)은 일즉다(一則多)를 뜻하는 하늘나라[帝]의 보물로 짠 그물[網]을 뜻하고, 교라(交羅)는 직조한 비단을 말한다. 한자에는 한 가지 뜻만 있는 것이 아니다. 자(字)는 하나[一]이지만 뜻을 여럿[多] 지닌 게 한자임을 제망(帝網)을 들어 비유한 것이다.

인기 스타가 되려고 발버둥치지 말라. 내가 능력이 풍부하면 가만히 숨어 있어도 세상이 모른 척하지 않는다. 또한 세상이 알아주지 않는다 한들 아쉬워할 것 없다. 문제는 내가 나를 선한 사람이 되게 하느냐이다. 그래서 공자는 「학이(學而)」 편 16장에서 "불환인지불기지(不患人之不己知) 환부지인야(患不知人也)"이라고 했고, 「위령공(衛靈公)」 편 18장에서 "군자병무능언(君子病無能焉) 불병인지불기지(不病人之不己知)"이라고 말했다. 나한테[己] 능력이[能] 없음을[無] 걱정하라[患]. 환(患) · 우(憂) · 병(病) 등은 다 속상해한다는 말이다. 그래서 공자가 후생가외(後生可畏)라 하지 않았는가. 미래를[後生] 두려워하라[可畏]. 그러므로 수기(修己)하라, 극기(克己)하라, 위기(爲己)하라 한 것이 아닌가. 하기야 이런 뜻은 공자보다 훨씬 이전에 탕왕(湯王)의 반명(盤銘)에 있었다. 일신(日新)하라. 날마다[日] 나를 새롭게 살라[新].

날마다 그렇게 살지 못함을 걱정하라 함이 곧 공자의 분부이다.

근심할 환(患), 사람(남) 인(人), 나 기(己), 알아줄 지(知)

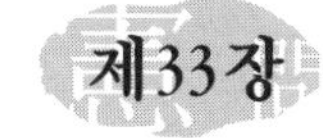

제33장

【문지(聞之)】

억역선각자(抑亦先覺者)

【원문(原文)】

子曰 不逆詐하며 不億不信이나 抑亦先覺者 是賢乎인저
자왈 불역사 불억불신 억역선각자 시현호

【해독(解讀)】

공자께서 말했다[子曰]. "남들이 나를 속이지 않는데 미리 그렇게 짐작하지 말고[不逆詐], 남들이 나를 믿어주지 않는다고 미리 억측하지 말라[不億不信]. 속이는지 아닌지 믿어주는지 아닌지를 미리 아는 사람이라야[抑亦先覺者] 실로 현명하다 하리라[是賢乎]."

【담소(談笑)】

자왈(子曰)

여기서도 애써 군자(君子)를 닮아가라 한다. 남을 의심하지 말라 한다. 먼저 자신이 성의(誠意)를 다해 살면 된다는 것이다. 그렇게 살면 그런 삶이 곧 선(善)임을 터득해 깨우치게 된다고 한다.

불역사(不逆詐) 불억불신(不億不信) 억역선각자(抑亦先覺者) 시현호(是賢乎)

▶ **나를 속일 것이라고[詐] 미리 짐작하지 말고[不逆], 나를 믿지 않는다고[不信] 미리 헤아리지 말라[不億]. 오히려[亦] 그런지 아닌지를[抑] 앞서서[先] 알아채는[覺] 사람이라야[者是] 실로 현명하다[賢乎].**

역(逆)은 여기서 영(迎)과 같다. 미리 짐작하다[逆]. 사(詐)는 기(欺)와 같다. 속인다[詐]. 억(億)은 도(度)와 같다. 헤아리다[億]. 여기서는 지레 생각한다는 뜻으로 역(亦)과 같다. 억(抑)은 앞의 내용을 바꿔 말하는 조사(助辭)이다. 억역(抑亦)은 '오히려 그러지 말고' 정도의 뜻을 지닌 관용어로 보면 무방하다.

남을 의심하지 말라. 오히려 내가 남을 못 믿는 자가 아닌지 내 자신을 의심해보라. 미리 지레짐작하고 자기 억측에 빠져버리면 그보다 더한 어리석음은 없다. 미리 분명히 알아보고 확인하고 확신하라. 그렇게 사는 사람은 공연히 남을 의심하지 않는다. 남을 믿지 못하고 의심하면 남이 나를 도리어 의심하는 꼴이 된다. 그러니 의심하기를 주고받지 말라 한다.

그렇다고 공자가 상대를 무조건 믿어주라고 하는 것은 아니다. 믿어야 할지 말아야 할지 미리 분명히 알아보라 한다. 그런 일깨움[覺]을 하지 않고 미리 앞서서 남을 의심하는 것은 어리석다는 것이다. 그러니 미리 깊이 생각해 알아보라 함이 선각(先覺)하라 함이다. 선각자(先覺者)는 선악(善惡)을 미리 안다. 그래서 현명(賢明)하다 하지 않는가. 현명한 사람은 원통하다는 말을 하지 않는다.

맞이할 역(逆), 속일 사(詐), 미리 헤아릴 억(億), 믿을 신(信), 또한 억(抑), 터득할 각(覺), 이것 시(是)

제34장

【문지(聞之)】

질고(疾固)

【원문(原文)】

微生畝謂孔子曰 丘何爲是栖栖者與오 無乃爲佞乎아
미생무위공자왈 구하위시서서자여 무내위녕호

孔子曰 非敢爲佞也라 疾固也니라
공자왈 비감위녕야 질고야

【해독(解讀)】

미생무가 공자를 평하여 말했다[微生畝謂孔子曰]. "구는 어째서 저리 머뭇머뭇하는 자가 되었느냐[丘何爲是栖栖者與]? 말재주를 피워보려는 게 아니냐[無乃爲佞乎]?"

공자께서 말했다[孔子曰]. "감히 말재주나 팔자는 게 아니다[非敢爲佞也]. 세상의 고루함이 아파 고치려고 하는 것이다[疾固也]."

【담소(談笑)】

자왈(子曰)

공자가 왜 군자의 길을 열고 있는지 절규한다. 안민(安民)의 세상이 멀어져가는 것을 두고 볼 수 없다는 결연한 뜻을 밝히고 있다. 세상을 저만치 두고 빈정대는 자들이여! 세상을 나 몰라라 팽개치지 말라. 안민(安民)의 세상을 열기 위해 몸부림치자고 공자가 절규하고 있다. 질고(疾固)하라. 고인 물처럼 변화를 거부하는 현실을 타파하여 숨통을 트이게 하려고 몸부림쳐라[疾固]. 이렇게 공자가 절규하고 있다.

구하위시서서자여(丘何爲是栖栖者與) 무내위녕호(無乃爲佞乎)

▶ **구는[丘] 어째서[何] 저렇듯[是] 현실에 연연해하는[栖栖] 사람이[者] 되었단[爲] 말인가[與]? 너는[乃] 말재주를[佞] 하자는 것이[爲] 아니냐[無]?**

구(丘)는 공자의 이름이다. 서(栖)는 새가 깃들인 나무이니 서서자(栖栖者)라 하면 훌쩍 떠나지 못하고 현실에 매달리는 사람을 뜻한다. 영(佞)은 첨(諂)과 같다. 아첨한다[佞]. 구급(口給)·구재(口才)·달변(達辯) 등등은 영(佞)으로 통한다. 위녕(爲佞)은 아첨꾼 노릇을 한다는 뜻이다. 내(乃)는 여기서 여(汝)와 같다. 너[乃].

미생무(微生畝)가 공자를 위와 같이 평했다 한다. 공자를 서서자(栖栖者)니 위녕(爲佞)이니 하며 혹평한 것이다. 현실을 버리지 못하는 미련둥이란 말이 서서자(栖栖者)요, 남을 홀리려고 아첨꾼 노릇 한다 함이 위녕(爲佞)이니 말이다.

공자를 이렇듯 비웃는 미생무는 누구인가? 성씨가 미생(微生)이고 이름이 무(畝)라는 것밖에 누구인지 모른다 한다. 혹시 「공야장(公冶長)」편 24장에 나왔던 미생고(微生高)가 아니냐는 설도 있다. 성씨(미생)와 이름(무)으로 봐서는 은자(隱者)인 듯 보인다. 도가(道家) 쪽에서 공자를 비아냥거릴 때 자주 하는 말이 위녕(爲佞)이니 그렇게 여겨도 무방하리라 싶다.

하여튼 미생무가 공자를 비아냥거리고 있다. 제 한 몸 편하면 되었지 왜 번거롭게 구정물 같은 현실에 뛰어들어 헛고생하느냐는 도가 쪽의 빈정거림에 공자가 눈썹 하나 흔들릴 성인이 아니다. 성인은 당신의 뜻에 따라 살고 죽지 다른 것에는 아랑곳하지 않는다. 그러니 미생무가 도가 쪽처럼 비아냥거려도 공자는 끄떡하지 않는다.

언덕 구(丘), 새가 깃들여 살 서(栖), 의문사 여(與), 너 내(乃), 말 잘할 녕(佞)

비감위녕야(非敢爲佞也) 질고야(疾固也)

▶ **감히[敢] 말재간을[佞] 하자는 것이[爲] 아니다[非]. 다만 세상의 고루함을[固] 고치고자 괴로워하는 것이다[疾].**

공자께서 멀리하라는 것이 곧 영(佞)이다. 군자는 무엇보다 먼저 눌어언(訥於言)한다 하지 않는가. 영(佞)의 반대말이 눌(訥)이다. 말을 함부로 낭비해버리면 영(佞)이고 반대로 말을 아껴 소중히 하면 눌(訥)이다. 말을 팔면 영(佞)이고, 말을 사면 눌(訥)인 셈이다. 상대의 말을 살펴 듣되 할 말은 삼가라 함이 눌(訥)이다. 그래야 앞 장에서 보았듯이 불역(不逆)하고 불억(不億)하여 선각자(先覺者)가 된다는 것이다.

공자가 바라는 인능홍도(人能弘道)는 절대 저버릴 수 없는 길이다. 사람이[人] 인도(仁道)를[道] 넓힐 수 있다[能弘]. 그러자면 패도(覇道)를 팽개쳐야 한다. 세상을 힘으로 주무르려고 하는 고루한 인간들을 일깨워 백성을 괴롭히는 세상을 백성을 편안하게 하는 세상으로 변화시키고자 온몸을 던지는 공자를 어느 누구도 비아냥대서는 안 된다. 오죽하면 공자가 질고(疾固)한다고 절규하겠는가. 인도(仁道)를 넓히고자 몸부림친다고[疾固]고 절규하는 공자를 보라. 어느 누구도 고개를 들 수 없을 터이다.

아닐 비(非), 감히 감(敢), 괴로워할 질(疾), 옹색해 궁할 고(固)

제35장

【문지(聞之)】

기불칭기력(驥不稱其力)

【원문(原文)】

孔子曰 驥不稱其力이요 稱其德也니라
공 자 왈 기 불 칭 기 력 칭 기 덕 야

【해독(解讀)】

공자께서 말했다[孔子曰]. "좋은 말은 제 힘 때문에 칭찬받는 것이 아니라[驥不稱其力] 조련이 잘된 덕으로 칭찬받는다[稱其德也]."

【담소(談笑)】

자왈(子曰)

공자가 질고(疾固)를 밝히고 있다. 공자의 질고란 궁즉변(窮則變)을 철저하게 타라 함이다. 삶을 변화시켜라. 공자가 강조하는 호학(好學)이 곧 인능홍도(人能弘道)임을 여기서 더욱 새겨들을 수 있다. 질고(疾固)하라. 호학(好學)하라. 수기(修己)하라. 이는 모두 한길로 통한다. 이 또한 학이시습지(學而時習之)가 아닌가. 배워서[學而] 때때로[時] 배운 것을[之] 익힌다[習].

기불칭기력(驥不稱其力) 칭기덕야(稱其德也)

▶ **천리마도[驥] 체력으로[力] 칭찬받는 것이 아니라[不稱] 조련받은 보람으로[德] 칭찬받는다[稱].**

기(驥)는 기주(驥州)라는 곳에서 난다는 양마(良馬)를 말한다. 천리마[驥]. 기력(其力)의 역(力)은 체력(體力)의 준말로 여기고 새기면 된다. 기덕(其德)의 덕(德)은 덕택(德澤)의 준말로 여기고 천리마[驥]가 조련사로부터 받은 훈련의 결과로 새기면 된다.

도가(道家)는 덕이 만물에 두루 통한다고 여기고, 덕은 닦아 향상되는 것이 아니라 자연(自然) 그대로인 것이라 한다. 그러나 유가(儒家)는 덕을 인간의 선(善)으로 보고 인간이 그 덕을 닦아 향상시킬 수 있다고 여긴다. 그래서 유가는 교육을 긍정하고 도가는 교육을 부정한다.

공자는 지금 유가의 근본을 가꾸어주는 교육을 강조하고 있다. 인덕(人德)이 인덕(仁德)으로 되자면 학습(學習)해야 한다. 아무리 천리마[驥]라도 조련(調練)을 받아야 한다. 여기서 덕에 대한 공자(孔子)와 노자(老子)의 입장이 달라진다. 덕은 자연(自然)이라 함이 노자요 수덕(修德)하라 함은 공자이다. 덕을 그대로 그냥 두라[自然]. 아니다 덕을 닦아라[修德].

공자는 지금 덕을 닦으라고 한다. 이 또한 질고(疾固)하라 함이리라. 지성(知性) 지성(知性) 하지 말고 잃어버린 덕성(德性)을 다시금 닦아가라 한다. 지성은 하달(下達)이요 덕성이 상달(上達)인 것을 이제는 아무도 모른다.

천리마 기(驥), 칭찬 받을 칭(稱), 힘 력(力), 큰 덕(德)

【문지(聞之)】

이직보원(以直報怨) 이덕보덕(以德報德)

【원문(原文)】

或曰 以德報怨이 何如니이꼬
혹 왈 이 덕 보 원 하 여

子曰 何以報德고 以直報怨이오 以德報德이니라
자 왈 하 이 보 덕 이 직 보 원 이 덕 보 덕

【해독(解讀)】

어떤 사람이 말했다[或曰]. "원한을 덕으로 갚는다면[以德報怨] 어떻습니까[何如]?"

공자께서 말했다[子曰]. "그렇다면 무엇으로 덕을 갚겠는가[何以報德]? 원한은 강직으로 갚고[以直報怨] 덕은 덕으로 갚는다[以德報德]."

【담소(談笑)】

자왈(子曰)

공자께서 노자(老子)를 비판하는 듯하다. 보원이덕(報怨以德)을 비판하고 있기 때문이다. 덕으로써[以德] 원한을[怨] 갚는다[報]는 말씀은 노자의 생각이다. 노자는 인생을 초월하라 하고, 공자는 저마다 인생을 책임지라 한다.

하이보덕(何以報德) 이직보원(以直報怨) 이덕보덕(以德報德)

▶ 무엇으로써[何以] 은덕을[德] 갚겠는가[報]? 강직으로써[以直] 원망을[怨] 갚고[報], 은덕으로써[以德] 은덕을[德] 갚는다[報].

보(報)는 여기서 복(復)과 같다. 되갚아준다[報]. 보답(報答)의 준말로 여기고 새기면 된다. 덕(德)은 은덕(恩德)의 준말로 보고 큰 은혜를 입었다는 뜻으로 새긴다. 이직(以直)의 직(直)은 강직(剛直)의 준말로 여기고 새긴다. 시비(是非)를 냉철하고 빈틈없이 가려 한 치의 사감(私憾) 없이 가려서[以直]. 보원(報怨)의 원(怨)은 원망(怨望)이나 원한(怨恨)의 준말로 여기고 새긴다. 원망을 원망으로 앙갚음하지 말고 강직하게[以直] 원망이나 원한의 시비를 가리라 함이 여기서의 보원(報怨)이다. 이덕(以德)의 덕(德)은 베풀 덕을 말하고, 보덕(報德)의 덕(德)은 입은 덕을 말한다. 은덕을 입었으니 잊지 말고 그 은덕을 갚으라 함이 곧 보덕이다. 결초보은(結草報恩)이란 고사(故事)를 생각나게 한다.

어떤 사람이[或] 공자에게 이렇게 말했다[曰]. "이덕보원(以德報怨) 하여(何如)." 은덕으로써[以德] 원한을[怨] 갚는다면[報] 어떻겠습니까[何如]? 이런 물음을 받고 공자가 위와 같이 대답했다는 것이다. 혹왈(或曰)의 혹자(或者)는 아마도 도가(道家) 쪽의 생각을 가진 사람이었을 터이다. 왜냐하면 노자가 『도덕경(道德經)』 63장에서 보원이덕(報怨以德)이라고 말했기 때문이다. 노자는 거기서 이렇게 말하고 있다. "대생어소(大生於小) 다기어소(多起於少) 보원이덕(報怨以德) 도난어이(圖難於易)." 큰 것은[大] 작은 것에서[於小] 생기고[生], 많은 것은[多] 적은 것에서[於小] 일어난다[起]. 덕으로써[以德] 원한을[怨] 갚는다[報]. 어려운 것을[難] 쉬운 것에서[於易] 도모한다[圖]. 원망을 풀기는 어렵고[難] 덕을 베풀기는 쉽다[易].

이렇듯 노자는 원한을 그냥 덕을 베풀어 풀라고 한다. 노공(老孔)이 인생을 달리 보는 까닭이리라. 공자는 인생을 한마디로 직(直)이라 했고, 노자는 정(靜)이라 했다. 직(直)은 인생의 시비를 가리게 한다. 물론 시비를 가려 원한을 풀라는 것이지 원한을 원한으로 갚으라는 뜻은 아니다. 하여튼 원한을 만들지 말라 한다.

갚을 보(報), 큰 덕(德), 곧을 직(直), 원망할 원(怨)

제37장

【문지(聞之)】

불원천(不怨天) 불우인(不尤人)

【원문(原文)】

子曰 莫我知也夫인저
자 왈 막 아 지 야 부

子貢曰 何爲其莫知子也이꼬
자 공 왈 하 위 기 막 지 자 야

子曰 不怨天하며 不尤人이오 下學而上達하노니 知
자 왈 불 원 천 불 우 인 하 학 이 상 달 지

我者其天乎인저
아 자 기 천 호

【해독(解讀)】

공자께서 말했다[子曰]. "나를 알아주지 않는구나[莫我知也夫]!"

자공이 아뢰었다[子貢曰]. "어찌 선생님을 알아주지 않는다 하십니까[何爲其莫知子也]?"

공자께서 말했다[子曰]. "하늘을 원망하지 않고[不怨天] 사람을 탓하지 않으며[不尤人] 아래를 배워 위로 통달했으니[下學而上達], 나를 알아주는 것은 바로 하늘이로다[知我者其天乎]."

【담소(談笑)】

자왈(子曰)

현실이 실망스럽다는 마음을 드러내고 있다. 공자의 충정을 세상이 몰라준다는 말이다. 그렇다고 절망하는 것은 아니다. 성인은 절망하지 않는다. 「팔일(八佾)」편 24장에서 위(衛)나라 어느 국경지기[封

人]가 공자를 이렇게 평해놓았다. “천장이부자위목탁(天將以夫子爲木鐸).” 하늘이[天] 공자로 하여금[以夫子] 목탁이[木鐸] 되게 하리라[將爲]. 평생 안민(安民)의 세상을 위해 일했으니 공자는 하늘이 택한 목탁인 셈이다.

불원천(不怨天) 불우인(不尤人) 하학이상달(下學而上達) 지아자기천호(知我者其天乎)

▶ **하늘도[天] 원망하지 않고[不怨] 세상 사람들도[人] 탓하지 않는다[不尤]. 인간의 것들을[下] 배워[學] 하늘의 뜻을[上] 통달했으니[達] 나를[我] 알아주는[知] 것은[者] 바로[其] 하늘이로다[天乎].**

원(怨)은 여기서 원망(怨望)의 준말로 보면 된다. 우(尤)는 구(咎)와 같다. 허물을 탓하다[尤]. 하학(下學)의 하(下)는 시서예악(詩書禮樂) 등 인간의 문물을 말하고, 상달(上達)의 상(上)은 인도(仁道)를 뜻한다고 할 수 있다. 인도는 바로 하늘의 뜻이다. 밑으로는 인간의 문물을 배우고[下學], 위로는 하늘의 뜻인 인도를 통달했다[上達]. 공자는 세상이 몰라줄 뿐 하늘은 당신을 알아준다는 확신을 내비친다. 참으로 공자의 생(生)은 직(直)이었다. 공자의 질고(疾固)를 어느 누가 의심하겠는가.

원망할 원(怨), 탓할 우(尤), 배울 학(學), 이를 달(達)

제38장

【문지(聞之)】

도지장행야여(道之將行也與) 명야(命也)

【원문(原文)】

公伯寮愬子路於季孫이어늘 子服景伯以(故)曰
공 백 료 소 자 로 어 계 손 자 복 경 백 이 고 왈
夫子惑志於公伯寮하나니 吾力猶能肆諸市朝니이다
부 자 혹 지 어 공 백 료 오 력 유 능 사 제 시 조
子曰 道之將行也與도 命也며 道之將廢也與도 命
자 왈 도 지 장 행 야 여 명 야 도 지 장 폐 야 여 명
也니 公伯寮其如命何리오
야 공 백 료 기 여 명 하

【해독(解讀)】

공백료가 계손에게 자로를 참소했다[公伯寮愬子路於季孫]. 자복경백이 이를 알리며 이렇게 말했다[子服景伯以(故)曰]. "계손이 공백료의 말에 현혹되고 있습니다[夫子惑志於公伯寮]. 내 힘으로 저자나 조정에 그자의 시체를 내걸어둘 수 있습니다[吾力猶能肆諸市朝]."

이에 공자께서 말했다[子曰]. "도가 행해지는 것도[道之將行也與] 천명이요[命也], 도가 폐해지는 것도[道之將廢也與] 천명입니다[命也]. 공백료 같은 자가 천명을 어찌하겠습니까[公伯寮其如命何]?"

【담소(談笑)】

자왈(子曰)

공자가 이직보원(以直報怨)에 대해 말하고 있다. 이직(以直)을 천명(天命)을 들어서 단호하게 밝히고 있다. 천명을 지키는 일을 했다면 떳떳할 것이고, 천명을 어기는 짓을 범했다면 부끄러울 것이다. 소인이 한 짓[愬]을 두고 이렇다저렇다 시비(是非) 걸 것 없노라 말하고 있다.

부자혹지어공백료(夫子惑志於公伯寮) 오력유능사제시조(吾力猶能肆諸市朝)

▶ **계손(季孫)이〔夫子〕 공백료의 말에〔於公伯寮〕 현혹되고 있습니다〔惑志〕. 내〔吾〕 힘도〔力〕 시정이나〔市〕 조정에〔朝〕 그자의 시체를 내걸〔肆〕 수 있습니다〔猶能〕.**

혹(惑)은 미(迷)와 같다. 현혹되다[惑]. 현혹(眩惑)의 준말로 여기고 새기면 된다. 오력(吾力)의 역(力)은 권력(權力)의 준말로 보면 된다. 유(猶)는 가(可)와 같다. 가히[猶]. 유능(猶能)은 할 수 있음을 강조하는 말투이다. 사(肆)는 시체를 거리에 내놓는 형벌을 말한다. 사제시조(肆諸市朝)의 제(諸)는 지어(之於)의 합자(合字)이다. 사지어시조(肆之於市朝)의 지어(之於)를 제(諸)로 합한 것이다. 물론 지어(之於)의 지(之)는 공백료(公伯寮)의 시체를 가리킨다.

자로(子路)가 노(魯)나라 삼환(三桓)의 하나였던 계손(季孫)의 가신(家臣)으로 있을 때 공자는 그 나라의 대사구(大司寇)였다. 대사구란 요새로 치면 검찰총장에 해당한다. 공자가 삼환의 횡포를 막기 위해 자로를 시켜 그자들의 도성(都城)을 파괴하려던 일이 있었다. 아마도 그 일을 공백료란 벼슬아치가 계손에게 일러바쳤던 모양이다. "공백료소자로어계손(公伯寮愬子路於季孫)." 공백료란 벼슬아치가[公伯寮] 계손한테[季孫] 자로를[子路] 참소했다[愬]. 소(愬)는 참(讒)과 같다. 일러바치다[愬].

이를 듣고 자복경백(子服景伯)이란 노나라 대부(大夫)가 공자에게 위와 같이 말한 것이다. 자복경백의 성씨는 자복(子服), 이름은 하(何), 백(伯)은 자(字)이고 경(景)은 시호(諡號)이다. 자복경백이 공자와 그 문도(門徒)를 좋게 여겼음을 짐작할 수 있다. 삼환의 도성을 파괴해 전횡을 막아 안민(安民)의 치세(治世)를 도모하려던 공자의 뜻이 결과적으로는 실패해 공자가 노나라를 떠나게 된 사건을 상기하면 이 장의 대화를 여실하게 살펴들을 수 있다.

미혹할 혹(惑), 뜻 지(志), 맏 백(伯), 벼슬아치 료(寮), 가히 유(猶), 형벌 사(肆)

도지장행야여(道之將行也與) 명야(命也) 도지장폐야여(道之將廢也與) 명야(命也)

▶ 도가[道] 세상에 실행되는 것도[將行] 천명이고[命], 도가[道] 세상에서 폐해지는 것도[將廢] 천명입니다[命].

도(道)는 여기서 정명(正名)으로 새길 수 있다. 맡은 바 직분을 바르게 한다[正名]. 이러한 정치의 본분(本分)을 다함이 도(道)라고 한다. 장행(將行)의 장(將)은 장래(將來)의 준말로 새기면 된다. 앞으로 실행된다[將行]. 여(與)는 어조사이고, 명(命)은 천명(天命)의 준말로 보면 된다. 폐(廢)는 여기서 지(止)와 같다. 폐하다[廢]. 폐지(廢止)의 준말로 여기면 된다.

공자가 이직보원(以直報怨)을 말하고 있다. 이직(以直)의 직(直)은 곧 천명(天命)을 따라 사는 일이기 때문이다. 사천(事天)하여 순명(順命)하는 삶보다 더한 직(直)은 없다. 직(直)은 곧 현(賢)으로 통한다. 현명한 사람의 삶이 곧 직(直)이기 때문이다. 그런데 공백료 같은 소인을 죽이고 그 시체를 내걸어 무엇 하겠느냐고 공자가 자복경백의 제안을 단호히 거절한다. 정명(正名)에 따라 한 일을 두고 소인이 제 잇속을 차리고자 고자질을 했다고 덩달아 앙갚음한다면 원한(怨恨)이 또 다른 원한을 부를 것이다. 그러니 소인배가 짓는 원한 따위에 마음 둘 것 없다. 이런 공자 앞에서 자신의 권세를 과시했던 자복경백은 고개를 숙였을 터이다. 성인은 난세(亂世)도 두려워하지 않거늘 못난 대부 탓으로 빚어지는 난국(亂國)을 두려워할 리 없다. 왜 성인을 무외자(無畏者)라 하는지 알 만하다. 두려워할 것이 없는 사람[無畏者]은 순명(順命)하며 산다. 공자가 그런 성인이다.

장차 장(將), 행할 행(行), 어조사 여(與), 천명 명(命), 폐할 폐(廢)

제39장

【문지(聞之)】

현자피세(賢者辟世)

【원문(原文)】

子曰 賢者辟世하고 其次辟地하고 其次辟色하고 其次辟言이니라
자왈 현자피세 기차피지 기차피색 기차피언

子曰 作者七人矣로다
자왈 작자칠인의

【해독(解讀)】

공자께서 말했다[子曰]. "현명한 사람은 난세를 피하고[賢者辟世], 그 다음 가는 사람은 난국을 피하며[其次辟地], 그 다음 가는 사람은 폭군 앞을 피하고[其次辟色], 그 다음 가는 사람은 폭군의 말을 피한다[其次辟言]."

공자께서 이어 말했다[子曰]. "그렇게 실천한 사람은 일곱 분이다[作者七人矣]."

【담소(談笑)】

자왈(子曰)

공자께서 다시금 이직보원(以直報怨)을 말하고 있다. 이직보원(以直報怨)의 삶이 곧 현자(賢者)의 현실적인 삶이라 한다. 더불어 현명한 삶을 살았던 7인(七人)을 들어 이직보원(以直報怨)의 삶을 구체적으로 말하고 있다. 더러운 세상을 대하는 공자의 모습에서 어쩐지 노자(老子)의 바람이 부는 듯도 하다.

현자피세(賢者辟世) 기차피지(其次辟地) 기차피색(其次辟色) 기차피언(其次辟言)

▶ **현명한[賢] 사람은[者] 어지러운 세상을[世] 피하고[辟], 그[其] 다음 가는 사람은[次] 어지러운 나라를[地] 피하며[辟], 그[其] 다음 가는 사람은[次] 폭군의 면전을[色] 피하고[辟], 그[其] 다음 가는 사람은[次] 폭군의 말을[言] 피한다[辟].**

현자(賢者)는 현인(賢人)과 같은 말이다. 피세(辟世)의 피(辟)는 피(避)와 같고, 세(世)는 난세(亂世)의 준말로 여기고 새긴다. 착한 세상[治世]이라면 왜 현자가 세상을 피하겠는가. 피지(辟地)의 지(地)는 영지(領地)의 준말로 새기면 된다. 나라[地]. 현자가 왜 착한 나라[治國]를 피하겠는가. 그러니 여기서 지(地)는 착하지 않고 악한 나라[亂國]로 보면 된다. 피색(辟色)의 색(色)은 여기선 여색(女色)이 아니라 안색(顔色)의 준말로 새긴다. 현자는 여색을 밝히지 않는다. 그러니 이 안색은 면전(面前)을 말한다. 누구의 면전이란 말인가? 여기서 색(色)은 폭군(暴君)의 면전을 말한다고 보아야 한다. 현자는 성왕(聖王)을 피하지 않는다. 그래서 여기서 폭언(暴言)의 준말로 새긴다. 피언(辟言)의 언(言)을 폭군이 행패를 부리는 말이라고 보면 된다. 현자는 성군의 말씀을 외면하지 않는다. 폭군의 폭언만을 외면할 뿐이다.

피세(辟世) · 피지(辟地) · 피색(辟色) · 피언(辟言)이란 결국 무도

(無道)한 정치를 용납하지 않는 모습이다. 그렇다고 무도한 난세(亂世)를 유도(有道)의 치세(治世)로 고쳐야 한다는 뜻도 없다. 지금껏 공자는 이런 현자를 바라기보다 난세를 치세로 변화시키기 위해 질고(疾固)하는 군자를 외치지 않았던가.

하지만 하도 세상이 더러워 성인도 지쳤을까? 공자는 현자로 이름났던 7인(七人)을 그리워하는 심정을 드러내며 다음처럼 실토한다. "작자칠인의(作者七人矣)." 그렇듯 피세(辟世)·피지(辟地)·피색(辟色)·피언(辟言)을 실천하며 산[作] 사람은[者] 일곱[七] 사람이다[人].

그 7인으로는 다음과 같은 현자들을 떠올리면 된다. 장저(長沮)·걸익(桀溺)·장인(丈人)·석문(石門)·하궤(荷蕢)·봉인(封人)·접여(接輿). 여기서 봉인은 의(儀)나라에 있었다는 국경지기[封人]를 말하고, 접여는 초(楚)나라에서 미친 척하고 살았다는 광인(狂人) 즉 광접여(狂接輿)를 말한다. 물론 7인을 위와 같이만 볼 것은 없다. 백이(伯夷)와 숙제(叔齊)도 피세(辟世)의 현자이니 말이다. 하여튼 더러운 세상 앞에서 성인이 서글퍼하고 있다. 안민(安民)의 세상은 언제나 올까?

현명한 현(賢), 피할 피(辟), 세상 세(世), 나라 지(地), 얼굴 색(色), 말씀 언(言)

제40장

【문지(聞之)】

자공씨(自孔氏)

【원문(原文)】

子路宿於石門이러니 晨門曰 奚自오
자로숙어석문 신문왈 해자

子路曰 自孔氏로다
자로왈 자공씨

曰 是知其不可而爲之者與아
왈 시지기불가이위지자여

【해독(解讀)】

자로가 석문이란 곳에서 묵게 되었다[子路宿於石門]. 문지기가 물었다[晨門曰]. "어디서 왔소[奚自]?"

이에 자로가 대답했다[子路曰]. "공씨 문중에서 왔소[自孔氏]."

문지기가 말했다[曰]. "이 사람이 안 되는 줄 알면서도 해보겠다고 하는 무리이군요[是知其不可而爲之者與]."

【담소(談笑)】

신문왈(晨門曰)

문지기[晨門]가 공자의 문하(門下)를 꼬집고 있다. 아마도 이 신문(晨門)은 도가(道家) 쪽의 생각을 가진 은자(隱者)처럼 보인다. 그런데 문지기 노릇 하는 사람 중에는 현자(賢者)가 많았다고 한다. 앞서 39장에서 왜 공자께서 서글퍼했는지 여기 40장의 문지기가 꼬집어 말하고 있다.

시지기불가이위지자여(是知其不可而爲之者與)

▶ 당신이 바로[是] 그것을[其] 할 수 없는 줄[不可] 알면서도[知] 그런 일을[之] 해보겠다고 하는[爲] 무리란 말이오[者與]?

시(是)는 여기서 자로(子路)를 가리킨다. 이 시(是)가 '바로 당신이란 자'가 바로 정도의 느낌을 낸다고 보면 여기서의 어조(語調)를 느낄 수 있다. 지기불가(知其不可)는 기(其)를 없다 치고 그냥 지불가(知不可)로 여기고 새겨도 된다. 위지(爲之)의 지(之)는 앞의 기불가(其不可)를 받는 지시어이다. 여(與)는 완곡한 물음을 드러내는 어조사이다.

39장에 이어서 여기 40장의 자로와 신문의 대화를 살펴들으면 『논어(論語)』가 바라는 유가(儒家)는 결코 도가(道家)를 부정하거나 무시하지 않았다고 느껴진다. 신문(晨門)은 성문을 지키는 문지기를 말한다. 조선조(朝鮮朝) 유생(儒生)들이 옹색했을 따름임을 여기서 알아챌 수 있다. 편을 가르고 패거리짓을 벌이면 이미 난장(亂場)이다. 난장을 벌이는 성현(聖賢)을 보았는가? 그런 성현은 없다. 자로와 신문 사이의 대화를 들어보면 유가와 도가가 적대하지 않았음을 알 수 있을 것이다.

문지기가 자로에게 말을 걸었다. "해자(奚自)?" 어디서 왔느냐[奚自]? 이에 자로가 대답했다. "자공씨(自孔氏)." 공씨 문중으로부터 왔다[自孔氏]. 자(自)는 여기서 '~로부터'란 뜻이다. 이 같은 말을 듣고 문지기가 위와 같이 공문(孔門)을 싸잡아 꼬집고 나섰다. 성질 급하고 말 잘하는 자로가 왜 성문지기를 그냥 두었을까? 하여튼 40장은 성문지기의 꼬집음으로 끝나고 있다. 이름 모를 그 문지기가 누구인지 알 길이 없지만 웬지 도가를 떠올리게 한다. 현자가 문지기를 하는 경우가 더러 있었던 걸로 미루어 이 성문의 문지기도 현자이려니 싶다.

안될 줄 알면서도 한사코 해보겠다는 일을 어떻게 들으면 될까? 폭군을 설득해 성군으로 변화시켜 안민(安民)의 세상을 만든다는 유가의 치세(治世)로 여기면 될 듯하다. 세상을 다스리겠다는 무리들 탓에 사람 사는 세상이 항상 대란(大亂)으로 들끓는데 유가의 치세란 것도 별것 아니라고 꼬집는 문지기에게 자로가 대응하지 않는 것으로 보아 『논어(論語)』를 펴냈을 때만 해도 유가가 대범했던 모양이다.

그런데 조선조의 유생들은 이 40장을 읽고 무어라고 입을 열었을까? 아마도 끼리끼리 쉬쉬했을 듯싶다.

이 시(是), 알 지(知), 할 위(爲), 어조사 여(與)

제41장

【문지(聞之)】

심즉려(深則厲) 천즉게(淺則揭)

【원문(原文)】

子擊磬於衛러시니 有荷蕢而過孔氏之門者 曰 有心哉라 擊磬乎여 旣而曰 鄙哉라 硜硜乎여 莫己知也어든 斯已而已矣니 深則厲요 淺則揭니라

자격경어위 유하궤이과공씨지문자 왈 유심재 격경호 기이왈 비재 갱갱호 막기지야 사이이이의 심즉려 천즉게

子曰 果哉라 未之難矣니라

자왈 과재 미지난의

【해독(解讀)】

공자께서 위나라에 계셨을 때 경쇠란 악기를 치고 계셨는데[子擊磬於衛] 삼태기를 지고 공자께서 묵고 있는 집 앞을 지나던 어떤 이가 말을 걸었다[有荷蕢而過孔氏之門者曰]. "경(磬)을 치는 게 마음에 맺힌 것이 있구나[有心哉 擊磬乎]!"

그리고 이어서 말했다[旣而曰]. "너절하구나[鄙哉]! 깐깐하구나[硜硜乎]! 자기를 몰라주면[莫己知也] 그걸로 그만인 것을[斯已而已矣].

물이 깊으면 옷 입은 채로 건너고[深則厲] 얕으면 옷을 걷어올리고 건너는 게지[淺則揭].”

이를 듣고 공자께서 말했다[子曰]. “과감한 사람이로구나[果哉]! 그 사람이 말하는 대로 하기란 어렵지 않다[未之難矣].”

【담소(談笑)】

자격경어위(子擊磬於衛)

▶ **공자께서[子] 위(衛)나라에 머물렀을 적에[於衛] 경쇠라는 타악기를[磬] 쳤다[擊].**

격(擊)은 타(打)·박(撲)과 같다. 격(擊)은 여기서 두들겨[撲] 친다[打]는 뜻이다. 경(磬)은 옥이나 돌로 만든 타악기(打樂器)다. 어위(於衛)는 위(衛)나라에 있다는 뜻이어서 앞의 38장을 떠올리게 한다. 조국인 노(魯)나라 백성을 못살게 하는 무도(無道)한 대부(大夫)를 징벌하려다 도리어 조국을 떠나야 했던 일이 공자의 마음을 아프게 했을 것이다. 아무리 성인(聖人)이라 한들 무도한 무리를 놓아두고 몸만 빠져 나왔으니 마음이 편할 리 없었으리라. 이런 서글픈 분위기를 격경(擊磬)의 격(擊)이란 한마디가 잘 드러내고 있다.

공자가 경쇠[磬]를 두들겨 치고 있을 때 한 사람이 공자가 머문 집 앞을 지나갔다 한다. 그 사람은 이렇게 묘사되고 있다. “유하궤이과공씨지문자(有荷蕢而過孔氏之門者).” 삼태기를[蕢] 짊어지고[荷] 공자께서 묵고 있는 집 앞을[孔氏之門] 지나던[過] 한 사람이[者] 있었다[有]. 짊어질 하(荷), 삼태기 궤(蕢), 지나갈 과(過).

그 사람이 공자께서 경쇠[磬]라는 타악기를 치는 소리를 듣고 이렇게 말했다 한다. “유심재(有心哉) 격경호(擊磬乎).” 맺힌 마음이[心] 있구나[有]! 경쇠를[磬] 쳐대는 걸 들으니[擊]! 공자가 쳤던 경쇠 소리만 듣고 공자의 심회(心懷)를 짚어낸 그 사람은 누구였을까? 초(楚)나라에 살았던 접여(接輿)가 위나라까지 찾아올 리는 없을 테고.

공자가 초나라에 머물렀을 때, 미친 척하고 살았던 광접여(狂接輿)가 공자가 묵고 있던 집 앞에서 춤을 추며 공자를 향해 이렇게 노래했다는 대목이 『장자(莊子)』「인간세(人間世)」편에 나온다. "태호태호(殆乎殆乎) 화지이추(畵地而趨) 미양미양(迷陽迷陽) 무상오행(無傷吾行) 오행각곡(吾行卻曲) 무상오족(無傷吾足)." 위태롭네[殆乎] 위태롭다네[殆乎]. 땅에[地] 금 긋고[畵] 버둥대다니[趨]. 가시나무여[迷陽] 가시나무여[迷陽], 내[吾] 가는 길을[行] 아프게 말아다오[無傷]. 내[吾] 가는 길은[行] 구불구불 험하니[卻曲], 내[吾] 발에[足] 상처나게 말아다오[無傷].

미양(迷陽)은 가시가 많은 나무의 이름이다. 각곡(卻曲)은 구불구불 험한 길이다. 물론 여기서 오행(吾行)의 오(吾)는 우리(공자 · 접여)라고 새겨도 되고 공자를 빗댄다고 보아도 될 것이다. 행(行)은 무도(無道)가 아닌 유도(有道)의 길이다. 그런데 공자가 걷는 인도(仁道)라는 유도의 길[行]을 접여는 화지이추(畵地而趨)라고 비유한다. 유도의 길은 험한 길[卻曲]이다. 왜 험하단 말인가? 가시나무[迷陽]가 가로막고 있기 때문이다. 가시나무의 가시를 폭군이 저질러대는 무도(無道)라고 새기면 접여의 노래나 삼태기를 짊어지고 나타난 사람[荷蕢者]의 푸념이나 다를 바 없다고 본다.

칠 격(擊), 경쇠 경(磬), 나라 이름 위(衛)

비재(鄙哉) 갱갱호(硜硜乎) 막기지야(莫己知也) 사이이이의(斯已而已矣) 심즉려(深則厲) 천즉게(淺則揭)

▶ 경쇠를 치는 게 너절하구나[鄙哉]! 소리가 아릿아릿하구나[硜硜乎]! 자기를[己] 몰라준다면[莫知] 그걸로[斯] 그만이지[而已矣]. 물이 깊으면[深] 옷을 입은 채로 건너고[厲] 물이 얕으면[淺] 옷을 걷어올리고 건넌다[揭].

비(鄙)는 누(陋)와 같다. 더럽고 너절하다[鄙]. 비루(鄙陋)의 준말로 여기고 새긴다. 갱(硜)은 돌과 돌을 문질러 내는 소리인데 여기서는 맺힌 것이 있어서 여유가 없는 소리를 뜻한다. 막기지(莫己知)는 막지기(莫知己)로 읽는다. 기(己)는 자기(自己)의 준말로 보면 된다. 사이(斯已)의 사(斯)는 바로 앞 막기지(莫己知)를 가리키는 지시어이다. 이이의(而已矣)는 단언하는 종결어미로 관용어이다.

삼태기를 짊어진 자[荷蕢者]가 공자는 연주하는 경쇠[磬] 소리를 듣고 내뱉은 말이다. 왜 하궤자(荷蕢者)는 공자가 연주하는 경쇠 소리를 비(鄙)라고 했을까? 앞 40장에서 성문지기[晨門]가 말했던 "시지기불가이위지자(是知其不可而爲之者)"를 떠올리면 된다. 안될 줄 알면서 뿌리치지 못하고 매달리니 너절하고[鄙] 여유 없는 소리를 낸다고[硜硜] 비꼰 것이리라. 그까짓 인도(仁道)가 무어란 말인가. 몸에 걸친 옷가지에 불과한 것을 어찌 공자는 모르느냐고 삼태기를 짊어진 사람은 『시경(詩經)』「패풍(邶風)」「포유고엽(匏有苦葉)」이란 변풍(變風)을 인용해 비꼬고 있다. "심즉려(深則厲) 천즉게(淺則揭)."

이 시구(詩句)가 들어 있는 「포유고엽」의 첫 연(聯)은 이러하다. "포유고엽(匏有苦葉) 제유심섭(濟有深涉) 심즉려(深則厲) 천즉게(淺則揭)." 박 덩굴에는 쓰디쓴 잎들이 있고[匏有苦葉] 나루에는 깊고 얕은 나루터 있다네[濟有深涉]. 물이 깊다면 옷 입은 채로 건너고[深則厲] 물이 얕다면 옷 걷고 건너간다네[淺則揭].

옷보다 몸뚱이가 더 중요하다는 말이다. 옷가지에 불과한 인도(仁道)를 펴겠다고 아파하지 말라는 것이다. 공문(孔門)을 향해 던지는 이러한 비꼼은 주로 도가에서 나온다. 40장에서 등장하는 성문지기[晨門]나 41장의 삼태기를 짊어진 자[荷蕢者]나 모두 도가의 은자(隱者)들인 모양이다.

하궤자(荷蕢者)의 푸념을 듣고 공자가 이렇게 말해주었다. "과재(果哉) 미지난의(未之難矣)." 과감하구나[果哉]! 그러기는[之] 어렵지 않다네[未難]! 과(果)는 과감(果敢)의 준말로 새기면 된다. 미지난(未之難)은 미난지(未難之)로 새기면 된다. 물론 지(之)는 하궤자가 인용한 시구의 속뜻을 받는 지시어로 보면 된다. 제 몸 하나 소중하다고 해서 세상의 백성을 버리고 숨어버리기는 어렵지 않다는 말씀이다. 은자(隱者)여! 공자가 포기할 수 없는 안민(安民)의 길을 비꼬지 말라. 아무리 험한 길일지라도 그 안민의 길[仁道]을 벗어날 수 없다는 성인을 비꼬지 말라.

누추할 비(鄙), 돌이 내는 소리 갱(硜), 나 기(己), 이 사(斯), 깊을 심(深), 물 건널 려(厲), 얕을 천(淺), 걷어 올릴 게(揭)

제42장

【문지(聞之)】

양음삼년불언(諒陰三年不言)

【원문(原文)】

子張曰 書云에 高宗諒陰三年不言이라 하니 何謂也이꼬
자 장 왈 서 운 고 종 량 음 삼 년 불 언 하 위 야

子曰 何必高宗이리오 古之人皆然하니 君薨百官總己하야 以聽於冢宰三年하니라
자 왈 하 필 고 종 고 지 인 개 연 군 홍 백 관 총 기 이 청 어 총 재 삼 년

【해독(解讀)】

자장이 여쭈었다[子張曰]. "『서경(書經)』에 말하기를[書云], 고종이 상을 당하여 3년 동안 말하지 않았다는데[高宗諒陰三年不言] 무슨 뜻입니까[何謂也]?"

공자께서 말해주었다[子曰]. "어찌 고종만 그랬겠는가[何必高宗]? 옛 사람은 모두 그렇게 했다[古之人皆然]. 임금이 세상을 떠나면 모든 관리가 저마다 맡은 바 일을 다했고[君薨百官總己] 대재(大宰)의 지시만으로 3년 동안 나라를 다스렸다[以聽於冢宰三年]."

【담소(談笑)】

자왈(子曰)

복상(服喪)의 예법(禮法)을 말하고 있다. 공자의 제자 자장(子張)이 『서경(書經)』「주서(周書)」 제17 「무일(無逸)」에 나오는 '고종량음삼년불언(高宗諒陰三年不言)' 이 무슨 뜻이냐고 묻자, 임금만 3년상(三年喪)을 지내는 것이 아니라 사람이라면 누구나 3년상을 지켜야 한다고 이렇게 밝혀준다. "고지인개연(古之人皆然) 군홍백관총기(君薨百官總己) 이청어총재삼년(以聽於冢宰三年)." 옛날 사람은[古之人] 모두 다[皆] 그렇게 상(喪)을 입었다[然]. 임금이[君] 세상을 뜨면[薨] 모든 관리는[百官] 저마다 맡은 바 일을[己] 다했고[總], 3년 동안[三年] 대재의 말을[於冢宰] 듣고 나라를 다스렸다[聽]. 선왕(先王)만을 생각하며 효(孝)를 다해야 하는 임금은 거상(居喪)에 전념해야 하므로 총재(冢宰)가 임금을 대신해 나라를 다스렸다는 말이다. 총재는 요새로 치면 국무총리에 해당하는 관직이다.

은(殷)나라를 중흥시킨 고종(高宗)의 재위(在位) 기간 55년 동안을 무정(武丁, B.C 1324~1266)이라 한다. 왜 3년상인지는 「양화(陽貨)」 편 21장에 잘 드러나 있다. "자생삼년연후(子生三年然後)에 면어부모지회(免於父母之懷)하나니 부삼년지상(夫三年之喪)은 천하지통상야

(天下之通喪也)니라." 자식은[子] 나서[生] 3년이[三年] 지나야[然後] 부모의[父母] 가슴을[懷] 벗어난다[免]. 그러니 무릇[夫] 3년상이란[三年之喪] 천하에 두루 통하는[天地之通] 상례이다[喪]. 3년상은 너무 길다고 불평하는 제자 재아(宰我)를 나무라면서 3년상의 근거를 공자가 밝혀주는 대목이다. 이 말씀을 살펴 여기 42장을 들으면 된다.

고종량음삼년불언(高宗諒陰三年不言)

▶ **은(殷)나라 임금 고종은[高宗] 거상(居喪)하면서[諒陰] 3년 동안[三年] 말하지 않았다[不言].**

양(諒)은 사(思)와 같다. 생각해주다[諒]. 음(陰)은 여기서 음(蔭)과 같다. 가리다[陰]. 양음(諒陰)은 상례(喪禮)에 쓰이는 용어로, 『서경(書經)』에서는 양음(亮陰), 『예기(禮記)』에서는 양암(諒闇), 『한서(漢書)』「오행지(五行志)」에서는 양음(涼陰) 등으로 표기되어 있어서 설이 구구하다.

자장이 인용해 공자께 물은 내용은 『서경(書經)』「주서(周書)」에 있으며 그 내용은 이러하다. "기재고종시(其在高宗時)엔 …… 내혹양음(乃或亮陰)하니 삼년불언(三年不言)이니이다." 저 고종 때에는[其在高宗時] …… 임금의 자리에 있으면서도[乃] 움막을 짓고 상을 입으면서[亮陰] 3년 동안이나[三年] 말 한마디도 하지 않았다[不言].

그리고 『서경(書經)』「상서(尙書)」「열명(說明)」 상(上)에도 이런 내용이 있다. "왕택우(王宅憂)하사 양음삼사(亮陰三祀)시다가 기면상(旣免喪)이로되 기유불언(其惟弗言)하시니라." 임금은[王] 거상하면서[宅憂] 움막에서[亮陰] 3년간 제사 지내다가[三祀], 이미[旣] 상을 마치고도[免喪] 오로지[惟] 말 한마디 하지 않았다[弗言]. 택우(宅憂)는 빈소(殯所)를 말한다.

양음(亮陰)은 그 뜻을 밝을 양(亮) 어두울 음(陰)으로 새겨, 돌아가신 부모님을 생각하려고 밝은 빛을 피해[亮] 어두운 곳을 택해[陰] 상

(喪)을 입는 움막이라고 이해할 수 있다. 무덤 옆에 움막을 치고 3년 동안 말하지 않고 돌아가신 부모를 생각하는 것이 양음(亮陰) 내지 양음(諒陰)이다. 낳아 길러준 부모님을 잃었다면 적어도 돌아가신 부모를 잊지 말고 생각한다는 뜻에서 불언(不言)한다. 왜 복상(服喪)이 지극한 효의 근본인지 알 수 있을 것이다. 죽은 부모를 그렇게 극진히 모시는데 하물며 살아계셨을 때는 어떻게 모셨을지 물어볼 필요가 없으리라. 옛날 사람은 모두 효자(孝子)였으나 지금 사람은 불효(不孝)를 밥 먹듯이 하니 더 말할 것이 없다.

생각해줄 량(諒), 가릴 음(陰)

제43장

【문지(聞之)】

상호례(上好禮)

【원문(原文)】

子曰 上好禮면 則民易使也니라
자 왈 상 호 례 즉 민 이 사 야

【해독(解讀)】

공자께서 말했다[子曰]. "윗사람들이 예를 좋아하면[上好禮] 곧 백성을 부리기 쉽다[則民易使也]."

【담소(談笑)】

자왈(子曰)

「학이(學而)」 편 9장에서 증자(曾子)가 말한 신종추원(愼終追遠)을 떠올리게 한다. 부모의 상을[終] 신중하게 모시고[愼] 조상의 얼을[遠] 추모한다[追]. 그러면 백성은 저절로 후덕해진다고 증자는 말했다. 호례(好禮)의 예(禮)가 곧 증자가 말한 신종추원(愼終追遠)을 뜻한다고 보아도 된다. 이러한 예는 결국 인(仁)으로 통한다. 윗사람들이 호례(好禮)한다 함은 백성을 사랑한다는 말이기 때문이다.

상호례(上好禮) 즉민이사야(則民易使也)

▶ **윗사람들이[上] 예의를[禮] 좋아하면[好] 곧[則] 백성을[民] 부리기[使] 쉽다[易].**

이(易)는 여기서 어렵지 않다[不難]는 뜻이다. 민이사(民易使)는 이사민(易使民)으로 바꿔 읽으면 쉽다. 백성을 부린다[使民]. 강조하고자 민(民)을 앞에 두었다.

예악(禮樂)을 일러 출치도(出治道)라고 한다. 다스리는[治] 길[道]을 낳는다[出]. 그 치도(治道)를 안인(安人)이니, 치인(治人)이니, 애인(愛人)이라 풀이한다. 인도(仁道)를 넓히자면 예(禮)를 떠날 수 없다는 것이 공자의 호례(好禮)인 셈이다. 윗물이 맑으면 아랫물도 따라 맑아진다 한다. 그러니 윗사람들부터 공손히 살라. 그러면 백성도 공손해진다. 위가 사나우면 아래도 사납고, 위가 탐욕스러우면 아래도 탐욕스럽다. 그러면 상하(上下)가 부끄러워할 줄 모른다. 왜 예를 사양(辭讓)하는 마음이라 했는지 알리라.

윗 상(上), 좋아할 호(好), 곧 즉(則), 쉬울 이(易), 부릴 사(使)

제44장

【문지(聞之)】

수기이경(修己以敬)

【원문(原文)】

子路問君子한대 子曰 修己以敬이니라
자 로 문 군 자　　자 왈　수 기 이 경

曰 如斯而已乎이꼬 曰 修己以安人이니라
왈　여 사 이 이 호　　왈　수 기 이 안 인

曰 如斯而已乎이꼬 曰 修己以安百姓이니 修己
왈　여 사 이 이 호　　왈　수 기 이 안 백 성　　수 기

以安百姓은 堯舜도 其猶病諸니라
이 안 백 성　　요 순　　기 유 병 제

【해독(解讀)】

자로가 군자를 묻자[子路問君子] 공자께서 말해주었다[子曰]. "자기를 닦아 경건하게 살아야 한다[修己以敬]."

이에 다시 여쭈었다[曰]. "그렇게만 하면 되겠습니까[如斯而已乎]?"

공자께서 말했다[曰]. "자기를 닦아 남을 편안하게 해야 한다[修己以安人]."

이에 다시 여쭈었다[曰]. "그렇게만 하면 되겠습니까[如斯而已乎]?"

공자께서 말했다[曰]. "자기를 닦아 백성을 편안하게 해야 한다[修己以安百姓]. 그런데 수기이안백성(修己以安百姓)은[修己以安百姓] 요임금과 순임금도[堯舜] 실현하기 어려워 고생했다[其猶病諸]."

【담소(談笑)】

자왈(子曰)

군자가 된다는 것을 풀이하고 있다. 군자는 수기(修己)로부터 시작한다. 수기(修己)·극기(克己)·위기(爲己)는 다 같은 말이다. 나부터 먼저 어질고 착한 사람이 되려고 갈고 닦아야 군자의 길이 열린다 한다. 위기(爲己)하려는 사람은 대인(大人)이 될 수 있지만, 위인(爲人)하는 자는 소인(小人)밖에 될 수 없다. 군자란 누구인가? 백성을 편안하게 하려고 자신을 희생하는 당사자이다. 그러니 군자가 되기란 요순도 어려워 힘들었다고 한다.

수기이경(修己以敬)

▶ **자신을[己] 바르게 다스려[修] 경건해야 한다[敬].**

수(修)는 여기서 치(治)와 같다. 바르게 닦는다[修]. 그래서 수기(修己)의 수(修)를 정치(正治)로 여기고 새기면 된다. 나를 내가 바르게 닦는다[修己]. 경(敬)은 공(恭)·숙(肅)·경(警)·신(愼) 등과 같다. 공손해야 하고[恭], 엄숙해야 하며[肅], 조심해야 하고[警], 삼간다[愼]는 모든 뜻이 경(敬)에 포함되어 있다.

군자(君子) 됨이 곧 경(敬)이라 한다. 지극히 어질고 착한 삶이 곧 군자의 삶이기 때문이다. 공자는 그런 삶을 일러 경(敬)이란 한마디로 밝히고 있다. 이런 까닭에 유가는 주경(主敬)하여 살라 한다. 그래서 경을 진선폐사(陳善閉邪)라고 풀이하기도 한다. 착함을[善] 넓히고[陳] 악함을[邪] 없앤다[閉]. 남이 아니라 먼저 자신을 바르게 다스려라[修己]. 그렇게 하여[以] 공경히 살고 엄숙히 살면서 미리 조심하고 삼가 살아야 한다[敬].

왜 수기(修己)해야 하는가? 먼저 나 자신이 올바른[正] 사람이 되고자 수기하라는 것이다. 올바른 사람이란 누구인가? 공자는 그런 사람의 삶을 경(敬)이란 한마디로 밝히고 있다. 성인은 길게 말하지 않는다. 왜 지금 세상이 가볍디가벼운가? 이경(離敬)한 탓이라고 보면 틀림없다. 삶을 존경하기를[敬] 버렸다[離]. 그래서 군자가 왜 소중한지 잊고 산 지 오래이다. 소인들만 득실거리니 세상이 아수라장일 수밖에.

다스릴 수(修), 나 기(己), 공경할 경(敬)

수기이안인(修己以安人) 수기이안백성(修己以安百姓) 요순기유병제(堯舜其猶病諸)

▶ 자신을[己] 닦음[修]으로써[以] 남을[人] 편안하게 해야 한다[安]. 수기하여[修己以] 백성을[百姓] 편안하게 해야 한다[安]. 요순임금도[堯舜] 오히려[猶] 백성을 편안하게 하고자[諸] 근심하고 괴로워했다[病].

요순기유병제(堯舜其猶病諸)의 기(其)는 요순(堯舜)임금을 강조하는 것이고, 유(猶) 역시 강조하는 어조(語調)이다. 병제(病諸)의 제(諸)는 지어(之於)의 준말이다. 물론 여기서 지(之)는 안백성(安百姓)을 받는 지시어이다. 그러니 병제(病諸)를 병어안백성(病於安百姓)으로 고쳐 읽으면 쉽다.

자로가 수기이경(修己以敬)을 다시 물으니 공자가 경(敬)해야 하는 까닭을 안인(安人)을 들어 풀이해준다. 다시 자로가 되묻자 공자는 안인(安人)의 인(人)을 더 구체적으로 넓혀 밝혀준다. 안백성(安百姓). 몇몇 사람만[人] 편안하게 한다는 뜻으로 안인(安人)을 받아들이지 말라는 것이다. 몇몇만 끼리끼리 패를 지어 편안하기를 도모한다면 그런 안인(安人)은 소인이 하는 짓에 불과하다. 그러니 모든 사람을 편안하게 함[安人]이 곧 군자 됨이라고 밝혀준 셈이다.

그런데 공자는 안백성(安百姓)을 함부로 말하지 말라고 토를 달아둔다. "요순기유병제(堯舜其猶病諸)." 병(病)이란 한마디를 달아둔 것이다. 이 병(病)은 우(憂) · 고(苦)와 같다. 잘 안 될까 보아 걱정하고[憂] 잘 안 되면 괴로워한다[苦]. 안백성(安百姓)을 달성하기가 이처럼 어려우니 함부로 입에 안백성(安百姓)이란 말을 올리지 말라. 성질 급하고 말 잘하는 자로의 입에 자물쇠를 단 셈이다.

정치한다는 사람들이여 함부로 국민을 팔지 말라. 국민을 위해, 국민의 이름으로 등등 허풍치지 말기 바란다. 안백성(安百姓)은 철저한 수기(修己)를 거치지 않고서는 절대로 걸을 수 없는 인도(仁道)이기 때문이다. 수기하지 않고 치인(治人)하겠다는 무리를 가리켜 정상배(政商輩)라고 한다. 자로야 그런 정상배가 되어선 안 된다고 공자께서 토를 달아놓았다. 어찌 자로한테만이겠는가.

편안하게 할 안(安), 요임금 요(堯), 순임금 순(舜), 오히려 유(猶), 근심할 병(病), 지시어 제(諸)

제45장

【문지(聞之)】

이장고기경(以杖叩其脛)

【원문(原文)】

原壤夷俟러니 子曰 幼而不孫弟하며 長而無述焉이오 老而不死니 是爲賊이라 하시고 以杖叩其脛하시다

(원양이사 자왈 유이불손제 장이무술언 노이불사 시위적 이장고기경)

【해독(解讀)】

원양이 구부리고 앉아 공자를 기다렸다[原壤夷俟].

공자께서 말했다[子曰]. "어려서는 겸손할 줄 모르고 우애가 없었고[幼而不孫弟] 나이 들어서는 착한 일도 못 했으며[長而無述焉] 늙어서는 죽지도 않고 있으니[老而不死], 네가 바로 도둑놈이다[是爲賊]."

그리고 지팡이로 원양의 정강이를 후려쳤다[以杖叩其脛].

【담소(談笑)】

자왈(子曰)

『논어(論語)』에서 딱 한번 공자께서 매를 들었다. 바로 원양(原壤)의 정강이[脛]를 당신이 짚고 있던 지팡이로[以杖] 후려친[叩其脛] 것이다. 수기이경(修己以敬)하지 않고 늙어버린 원양을 벌준 셈이다. 『예기(禮記)』 제4 「단궁(檀弓)」 하(下) 63을 보면 원양은 고우(故友)로 돼 있다. 왜 공자가 고향 친구를 "네 놈이 바로 도둑놈이다[是爲賊]" 하고 호통치며 지팡이로 후려쳤단 말인가? 공자가 보여주는 우정(友情)을 깊이 살펴보게 한다. 성인의 충서(忠恕)가 어떠한지 헤아리게 한다.

원양이사(原壤夷俟)

▶ 원양이[原壤] 버릇없게 걸터앉아서[夷] 공자를 기다리고 있었다[俟].

이사(夷俟)는 버릇없게 걸터앉아 기다린다[夷俟]는 뜻이다. 그래서 이사(夷俟)는 수기이경(修己以敬)의 삶에서 떠나는 것을 비유한다. 사(俟)는 여기서 대(待)와 같다. 기다린다[俟].

『예기』 제4 「단궁」 하(下) 63에 공자와 원양의 이야기가 있다. 그 이야기를 알아야 여기 45장에서 드러나는 성인의 뜻을 헤아릴 수 있다. 그 이야기는 이러하다. "공자의 고향 친구로 원양이란 자가 있었다[孔子之故人曰原壤]. 원양의 어머니가 죽자[其母死] 공자가 그 어머니의 외관을 만드는 것을 도와주었다[夫子助沐槨]. 원양이 나무에 올라가서 말했다[原壤登木曰]. '노래에 흥을 얹지 못한 지도 오래되었다[久矣予之不託於音也].' 노래를 부르며 말했다[歌曰]. '너구리 머리털같이 아름다운 나무여[貍首之斑然] 여인의 손을 잡은 듯 매끈한 나무여[執女手之卷然].' 공자가 못 들은 척하고 그를 지나치자[夫子爲弗聞也者而過之] 공자를 수행했던 자가 말했다[從者曰]. '저 사람의 비례(非禮)가 심하지 않습니까[子未可以已乎]?' 이에 공자가 말했다[夫子曰]. '내 듣기로[丘聞之] 친족은 예를 벗어나더라도 피붙이로서 애정을 잃지 말며[親者毋失其爲親也], 옛 친구가 비례일지라도 그 친구의 옛정을 잃지 말라[故者毋失其爲故也]고 내 들었네[丘聞之].'"

원양등목(原壤登木). 이 말은 여기서 비례(非禮)를 의미하는 비유로 쓰이고 있다. 등목(登木)의 목(木)은 원양 어머니의 목곽(木槨)을 만들기 위해 잘라내고 남은 나무를 말한다. 바로 그 나무에 올라가 노래를 부른다니 얼마나 비례(非禮)냐고 함께 가던 자가 묻자 오랜 친구이니 그냥 묻어주자고 지나쳤다는 이야기를 떠올리면서 원양의 정강이를 후려쳤다[叩其脛]는 공자를 떠올려보라.

걸터앉을 이(夷), 기다릴 사(俟)

유이불손제(幼而不孫弟) 장이무술언(長而無述焉) 노이불사(老而不死) 시위적(是爲賊) 이장고기경(以杖叩其脛)

▶ 어려서는[幼] 건방지고 우애롭지 못했고[不孫弟] 자라서는[長] 너한테[焉] 착한 일이 없었고[無述] 늙어서도[老] 죽지 않으니[不死], 네 놈은[是] 도둑이[賊] 된 것이다[爲]. 그리고는 공자께서 지팡이를 들어[以杖] 원양의[其] 정강이를[脛] 후려쳤다[叩].

손(孫)은 손(遜)과 같다. 겸손하다[孫]. 제(弟)는 여기서 제(悌)와 같다. 위아래를 서로 소중히 하다[弟]. 술(述)은 순(循)과 같다. 모범이 된다[述]. 술언(述焉)의 언(焉)은 어시(於是)의 준말로 보면 된다. 시위적(是爲賊)의 시(是)는 원양(原壤)을 가리키는데 강조하는 어투를 느끼게 한다. 고(叩)는 격(擊)과 같다. 두들겨 패다[叩]. 기경(其脛)의 기(其)는 원양을 가리키는 지시어이다.

늙어버린 고향 친구가 초라한 모습으로 걸터앉아 공자를 기다린다고 상상해보라. 한평생을 수기이경(修己以敬)을 멀리하고 제 멋대로 살아온 고향 친구를 반갑다며 맞이해야 용서하는 마음일까, 아니면 인생을 도둑질한 놈이니 벌을 받아야 한다면서 정강이를 두들겨주어야 진정한 우정일까? 『예기』에서 말하듯 모친상을 당한 뒤 노래를 불렀다는 원양의 하는 양을 보면 아마도 원양은 도가(道家)처럼 살았을 성싶다. 원양의 짓이 고생만 하다 간 아내의 시신(屍身) 옆에서 노래를 불렀다는 장자(莊子)를 떠올리게 하기 때문이다. 제 한 몸 편하자고 안인(安人)의 길을 버렸던 늙은 고향 친구를 사정없이 두들겨준 공자를 매정하다 하는가? 허망하게 산 친구를 질책하지 않는다면 인생(人生)은 직(直)이라고 밝힌 공자의 말씀이 엇나가고 만다. 원양을 미워서 매질했겠는가? 아니다. 제 몸 하나 편하면 된다는 은둔(隱遁)을 공자가 원양을 빌려 요절내고 있다고 보아도 될 터이다. 공자의 일이관지(一以貫之)는 흔들림이 없다. 한 몸을 던져 인도(仁道)를 넓혀라. 그러지 못하고 늙어버린 고향 친구를 매질로써 용서하는 셈이다. 이는 성인의 눈물겨운 우정이다.

어릴 유(幼), 공손할 손(孫), 공경할 제(弟), 나이들 장(長), 좇을 술(述), 이에 언(焉), 도둑 적(賊), 지팡이 장(杖), 두드릴 고(叩), 정강이 경(脛)

제46장

【문지(聞之)】

비구익자야(非求益者也) 욕속성자야(欲速成者也)

【원문(原文)】

闕黨童子將命이어늘 或問之曰 益者與이고
궐 당 동 자 장 명 혹 문 지 왈 익 자 여

子曰 吾見其居於位也하며 見其與先生竝行也하니
자 왈 오 견 기 거 어 위 야 견 기 여 선 생 병 행 야

非求益者也라 欲速成者也니라
비 구 익 자 야 욕 속 성 자 야

【해독(解讀)】

궐당의 동자가 안내역을 맡았다[闕黨童子將命]. 어떤 사람이 그 아이를 물었다[或問之曰]. "학문에 정진하는 아이인지요[益者與]?"

공자께서 말했다[子曰]. "저 아이가 자리를 잡는 것을 내 보건대[吾見其居於位也], 어른들과 같이 나란히 있는 것을 보면[見其與先生竝行也] 학문에 정진하려 하지 않고[非求益者也] 재빨리 성공하고 싶어하는 아이다[欲速成者也]."

【담소(談笑)】

자왈(子曰)

약삭빠른 인간을 밝히고 있다. 학식이 아무리 많은들 예(禮)를 벗어나면 무슨 소용이겠는가? 예를 어긋나며 총명한들 무슨 소용이 있겠는가? 이런 반문을 던지고 있다. 제 이름 하나 내려고 뻔뻔하게 구는 인간들을 힐난하는 중이다. 출세하려는 자들은 세상 사람을 이용

하려 덤비지 도우려 하지 않는다. 출세하고자 하는 인간은 대개 수기(修己)는 팽개쳐두고 성취할 욕심만 앞세운다. 아무도 성인을 속일 순 없다.

오견기거어위야(吾見其居於位也) 견기여선생병행야(見其與先生竝行也) 비구익자야(非求益者也) 욕속성자야(欲速成者也)

▶ 저 아이가[其] 자리를 잡고[於位] 서 있는 것을[居] 내가[吾] 보건대[見], 저 아이가[其] 어른들과[與先生] 나란히 있는 것을[竝行] 본다[見]. 학문에 정진하기를[益] 바라는[求] 아이가[者] 아니라[非] 하루 빨리[速] 성공하기를[成] 바라는[欲] 아이다[者].

거(居)는 처(處)와 같다. 머물러 있다[居]. 구익자(求益者)의 구(求)를 갈구(渴求)의 준말로 새기고, 익(益)은 진(進)과 같다고 본다. 정진하다[益]. 욕속성자(欲速成者)의 욕(欲)은 탐욕(貪欲)의 준말로, 성(成)은 성공(成功)의 준말로 새긴다.

"궐당동자장명(闕黨童子將命)"이란 기술(記述)로 미루어 공자가 궐(闕)이란 마을에 들렀던 모양이다. 당(黨)은 5백호가 사는 마을을 말한다. 그 마을에 손님을 안내하는 아이가 있었다 한다. 장명(將命)은 손님을 안내한다는 뜻이다. 그런데 그 어린 안내자가 당돌했던 모양이다. 이렇게 기술되어 있기 때문이다. "혹문지왈(或問之曰) 익자여(益者與)." 어떤 사람이[或] 그 아이를[之] 물어[問] 말했다[曰]. 학문에 정진하는[益] 아이인가요[者與]? 그러자 공자가 위와 같이 답해준 것이다.

어떤 이가 익자(益者)냐고 물었을 때 공자는 그 익(益)을 정진(精進)의 뜻으로 풀이한 셈이다. 즉 공자는 익(益)을 성공하여 거둘 수 있는 이익(利益)이 아니라 수기이경(修己以敬)에 정진한다는 뜻으로 풀이해준 것이다. 언제 어디서든 거의 다 잿밥에 눈이 팔릴 뿐 염불에는 뜻이 없는 군상들이 아닌가. 공자가 이런 줄 알고서도 인도(仁道)

를 넓히고자 전력을 다했으니 저 하나 편하자 하는 은자(隱者)들의 정강이를 매질할 수 있었다고 본다.

볼 견(見), 있을 거(居), 자리 위(位), 함께 여(與), 먼저 선(先), 아우를 병(竝), 구할 구(求), 나아갈 익(益), 바랄 욕(欲), 빠를 속(速), 이룰 성(成)

후편(後篇) 15

위령공(衛靈公)

입문 이 편에서 맨 처음 나오는 '위령공(衛靈公)'을 따서 편명(篇名)으로 삼았다. 이 「위령공(衛靈公)」 편은 수기(修己)를 말하기도 하고 처세(處世)를 말하기도 한다. 또한 무도(無道)한 세상을 모른 척할 것이 아니라 마주해야 한다고 비분(悲憤)의 속뜻을 드러내기도 한다. 그래서 이 편은 첫 장부터 "군자고궁(君子固窮)"이란 말씀으로 열고 있다. 군자라면[君子] 진실로[固] 쪼들리게 마련이다[窮]. 왜냐하면 군자는 인도(仁道)를 도모하지 잘 먹고 잘 살기를 바라지 않기 때문이다. 그렇지 않고는 인능홍도(人能弘道)라는 큰일을 도모할 수 없다고 여러 번 강조하고 있다.

이 편에서 공자가 당인(當仁)을 주장하고 군자정이불량(君子貞而不諒)을 강조하는 대목에 이르면 왜 공자가 인류의 성인인지 새삼 헤아릴 수 있을 것이다. 군자는[君子] 곧고 바르되[貞], 믿었던 것이라도 옳지 않으면 그 믿음을 버린다[不諒]. 군자에게 이념(理念)이란 인능홍도(人能弘道)밖에 없다는 것이다. '인능홍도(人能弘道) 비도홍인(非道弘人)' 만이 군자의 절대선(絶對善)임을 기억하라 한다. 사람이[人] 도를[道] 넓힐 수 있는 것이지[能弘] 도가[道] 사람을[人] 넓힌다는 것은[弘] 아니다[非]. 여기서 공자의 인본주의(人本主義)가 뚜렷하게 드러난다.

제1장

【문지(聞之)】

군자고궁(君子固窮) 소인궁사람의(小人窮斯濫矣)

【원문(原文)】

衛靈公問陳於孔子한대 孔子對曰 俎豆之事는
위 령 공 문 진 어 공 자 공 자 대 왈 조 두 지 사

則嘗聞之矣어니와 軍旅之事는 未之學也라 하시고
즉 상 문 지 의 군 여 지 사 미 지 학 야

明日遂行하시다
명 일 축 행

在陳絶糧하니 從者病하야 莫能興이러니 子路慍하야
재 진 절 량 종 자 병 막 능 여 자 로 온

見曰 君子亦有窮乎이꼬
견 왈 군 자 역 유 궁 호

子曰 君子固窮이니 小人窮斯濫矣니라
자 왈 군 자 고 궁 소 인 궁 사 람 의

【해독(解讀)】

위나라 영공이 공자께 군사 쓰는 법을 물었다[衛靈公問陳於孔子]. 이에 공자께서 말했다[孔子對曰]. "제사 지내는 일은[俎豆之事] 듣고 있지만[則嘗聞之矣] 군사를 다루는 일은[軍旅之事] 아직 배우지 못했습니다[未之學也]." 공자께서는 서둘러 다음 날 위나라를 떠났다[明日遂行].

진나라에 있을 때 양식이 떨어져[在陳絶糧] 따르던 제자들이 병이 나[從者病] 거동할 수 없게 되자[莫能興] 자로가 화가 치밀어[子路慍] 스승을 뵙고 말했다[見曰]. "군자도 이렇듯 쪼들려야 합니까[君子亦有窮乎]?"

공자께서 말해주었다[子曰]. "군자는 본래 쪼들리고[君子固窮], 소인은 쪼들리면 다른 수를 쓴다[小人窮斯濫矣]."

【담소(談笑)】

자왈(子曰)

이 장의 말씀이 「이인(里仁)」 편 5장과 「술이(述而)」 편 12장, 그리고 「태백(泰伯)」 편 12장을 떠올리게 한다. 「이인」 편 5장에서 공자는 이렇게 말했다. "빈여천(貧與賤) 시인지소오야(是人之所惡也) 불이기도득지(不以其道得之) 불거야(不去也)." 세상이 무도(無道)해 가난하고 천하다면 그 빈천(貧賤)을 피하지 말라는 것이다. 그리고 「술이」 편 12장의 말씀은 이러하다. "자지소신(子之所愼) 재전실(齋戰疾)." 공자께서는 재계(齋戒)와 전쟁(戰爭)과 질병(疾病)을 신중하게 여겼다는 것이다. 공자가 무슨 병법(兵法)을 말하겠는가? 곤궁에 빠졌다고 성질 부리는 제자에게 곤궁을 피하지 말라 한다. 간에 붙고 쓸개에 붙는 짓은 소인이 한다는 것이다.

조두지사(俎豆之事) 즉상문지의(則嘗聞之矣) 군여지사(軍旅之事) 미지학야(未之學也)

▶ **예의로 다스리는[俎豆] 일이라면[事] 일찍이[嘗] 그런 일을[之] 들었지만[聞], 군사를 다스리는[軍旅] 일이라면[事] 그런 일은[之] 아직 배우지 못했습니다[未學].**

조(俎)는 제사에 쓰는 그릇이고, 두(豆)는 제사에 쓰는 접시다. 이 둘을 합친 조두(俎豆)는 문치(文治)를 비유할 때 쓰이는 말이다. 예(禮)로써 다스린다[俎豆]. 군여(軍旅)의 군(軍)은 병사 1만 2천명을 말하고 여(旅)는 병사 5백명으로 이루어진 군제(軍制)이니 곧 군사를 앞세워 힘으로 다스리는 것을 비유한다. 그러므로 조두는 군여의 반대 의견인 셈이다. 또한 조두는 왕도(王道)를 말하고, 군여는 패도(霸道)

를 말한다고 보아도 된다.

공자가 위(衛)나라에 들렀을 때 영공(靈公)이 공자에게[於孔子] 전술법을[陳] 묻자[問] 위와 같이 대응하고, 그 다음 날[明日] 바로 위나라를 떠나버렸다[遂行]고 한다. 위나라 영공한테는 기대할 것이 없다고 판단했기 때문이리라. 진(陳)은 진(陣)과 같다. 병사를 배치한다[陳]. 명일(明日)은 다음날을 말한다. 축행(逐行)은 서둘러[逐] 길을 떠난다[行]는 뜻이다.

제기(祭器) 조(俎), 제기(祭器) 두(豆), 일찍이 상(嘗), 들을 문(聞), 군사 여(旅)

군자고궁(君子固窮) 소인궁사람의(小人窮斯濫矣)

▶ **공자는[君子] 쪼들리게[窮] 마련이다[固]. 소인이[小人] 쪼들리면[窮] 그 쪼들림을[斯] 피해보려고 함부로 한다[濫].**

고(固)는 여기서 이미 ~하게 마련이다는 이연(已然)의 뜻과 같다. 궁(窮)은 곤궁(困窮)의 준말로 본다. 쪼들린다[窮]. 사람(斯濫)을 남사(濫斯)로 고쳐서 새기는데, 사(斯)는 시(是)와 같고 궁(窮)을 대신하는 지시어이다.

공자 일행이 진나라에 있을 때[在陳] 양식이 떨어지고[絶糧] 일행 중에서[從者] 병을 얻어[病] 함께[與] 행동할 수 없게 되었다[莫能]. 이에 자로가[子路] 분통이 터져[慍] 공자를 뵙고[見] 이렇게 말했다[曰]. "군자역유궁호(君子亦有窮乎)?" 군자한테도[君子] 이렇듯[亦] 쪼들림이[窮] 있어야 합니까[有]? 이런 자로를 향해 위와 같이 공자가 답해주었다.

성질 급한 자로야 화내지 마라. 군자는 본래부터 불온(不慍)해야 한다 하지 않았느냐. 자로의 '역(亦)'이란 한마디에 어패가 있음을 공자는 여지없이 꼬집으며 자로를 면박한다. 역(亦)이라니? 자로야 군자가 선택받은 자라고 여기는 모양이구나. 자로가 말한 역(亦)을 고(固)란 말로써 맞받으며 공자는 고궁(固窮)이라고 타일러주었으리라. 군자란 본래부터 곤궁하게 마련이란 말씀을 '고(固)' 한마디로써 일깨워주는 성인을 보라. 자로야 편안히 살자고 군자의 길을 가느냐? 아니다. 더러운 세상에서 군자는 곤궁하게 마련임을 모르느냐? 이렇게 공자께서 질책한다고 들어도 된다.

자로야 너는 소인이 되려고 하느냐? 사람(斯濫)이란 말씀 속에 이런 반문이 숨겨져 있는 셈이다. 함부로 한다[濫]. 여기서 남(濫)은 「헌문(憲問)」 편 24장에서 공자가 말한 바를 상기하면 이해가 쉽다. "군자상달(君子上達) 소인하달(小人下達)." 날마다 재물의 이욕(利慾)이나 명성 따위를 밝히는 짓을 하달(下達)이라 한다. 자로야 너도 다름없는 소인이냐? 이렇게 공자는 반문하고 있다.

가난하다고 청승 떨 것 없다 한다. 정직하게 부지런히 사는데도 가난하다면 그 가난은 내 탓이 아니라 세상이 빚어내는 아픔이기 때문이다. 그런 아픔을 나 하나만 면해보자고 애쓴다면 소인배로 살아야 한다는 말씀이다. 나 하나를 위해 땀 흘리면 된다고 속셈하고 살면서 군자란 말을 함부로 입에 담지 말라. 우리 모두 소인배이니 말이다.

이미 고(固), 빈궁할 궁(窮), 이 사(斯), 함부로 할 람(濫)

제2장

【문지(聞之)】

일이관지(一以貫之)

【원문(原文)】

子曰 賜也아 女以予爲多學而識之者與아
자 왈 사 야 여 이 여 위 다 학 이 식 지 자 여
對曰 然하이다 非與이꼬
대 왈 연 비 여
曰 非也라 予一以貫之니라
왈 비 야 여 일 이 관 지

【해독(解讀)】

공자께서 말했다[子曰]. "사야[賜也] 자네는 내가 많이 배우고 그것을 다 알고 있다고 여기겠지[女以予爲多學而識之者與]?"

자공이 여쭈었다[對曰]. "그렇습니다[然]. 그렇지 않다는 말씀이십니까[非與]?"

공자께서 말했다[曰]. "그렇지 않다[非也]. 나는 오로지 하나로써 관철할 뿐이다[予一以貫之]."

【담소(談笑)】

자왈(子曰)

「이인(里仁)」편 15장에서 증자(曾子)에게 다짐했던 말을 다시 자공(子貢)에게도 다짐해두고 있다. 거기서는 "오도(吾道) 일이관지(一以貫之)"라고 밝혔다. 그 말씀을 듣고 증자는 일이(一以)의 일(一)을 충서(忠恕)로 헤아려 들었다. 그러나 어찌 그 일(一)을 충서라고만 하겠는가. 절대선인 인(仁)일 터이니 애인(愛人)으로 들어도 되고 지인(知人)으로 들어도 될 것이다. 하여튼 공자는 모든 것이 인(仁)으로 통한다는 것을 이재(理財)에 밝은 자공에게 다짐하고 있다.

사야(賜也) 여이여위다학이식지자여(女以予爲多學而識之者與)

▶ 자공아[賜] 너는[女] 나를[以予] 널리 두루 많이[多] 배워서[學] 배운 것을 모조리 다[之] 알고 있는[識] 사람으로[者] 여기겠지[爲與]?

사(賜)는 제자 자공(子貢)의 이름이다. 여(女)는 여(汝)와 같다. 너[女]. 여(予)는 아(我)와 같다. 나[予]. 한자는 인칭은 구분하지만, 격은 정해지지 않고 경우에 따라 달라진다. 물론 헷갈리는 경우가 많아서 지금 중국말은 영어처럼 아예 주어 · 술어 · 목적어 순서로 나열한다. 위(爲)는 여기서 사(思)와 같다. A를 B로 생각한다[爲A以B]. 다학이식지자(多學而識之者)를 A로 보고 이여(以予)의 여(予)를 B라고 보고 새기면 된다. 여(與)는 의문어조사이다.

공자가 이재에 밝았다는 자공에게 위와 같이 묻자 자공이 이렇게 여쭈었다. "연(然). 비여(非與)?" 그렇게 생각합니다[然]. 아니란 말씀이십니까[非與]? 자공의 대답이 이러하자, 공자는 "아니다[非也]"라고 단언한 다음 이렇게 다짐해준다. "여일이관지(予一以貫之)." 나는[予] 오로지 하나로써[以一] 내가 배운 것들을[之] 꿰뚫고 있다[貫]. 관(貫)은 여기서 중(中) · 천(穿)과 같다. 꿰뚫어[穿] 마친다[中]는 뜻이다. 물론 관철(貫徹)의 준말로 여기고 새겨도 된다.

인도(仁道)를 넓히기 위하여 배우려고 했지 부귀영화(富貴榮華)를 바라거나 유식해지기 위하여 배운 바는 없다고 자공에게 잘라 말하는 공자를 보라. 이런 성인이니 제 멋대로 늙어버린 고향 친구 원양(原壤)을 지팡이로 후려칠 수 있었다.

공자의 일이관지(一以貫之)에 대해 하안(何晏)은 이렇게 밝혀두었다. "선유원(善有元) 사유회(事有會) 천하수도이동귀(天下殊途而同歸) 백려이일치(百慮而一致) 지기원(知其元) 즉중선학의(則衆善學矣) 일이지지야(一以知之也)." 선에도[善] 으뜸이[元] 있고[有] 일에도[事] 모아 합침이[會] 있다[有]. 천하에는[天下] 이런저런[殊] 길들이 있지만

[途] 돌아갈 곳은[歸] 하나이고[同], 백 갈래[百] 생각들도[百慮] 하나에 [一] 이른다[致]. 그러한[其] 으뜸을[元] 알면[知] 곧[則] 온갖[衆] 선을[善] 다 배운 것이다[學]. 하나로써[以一] 모든 선을[之] 안 것이다[知].

하안은 얼추 공자의 일이관지(一以貫之)를 해명한 셈이다. 서양에서도 모든 길은 로마로 통한다고 했다. 그러나 서양의 그 길은 힘[力] 때문이지만, 모든 것을 통하게 하는 공자의 한길은 인(仁) 때문이다. 모든 것들을 사랑하라. 사람만 사랑하라는 말씀이 아니다. 『예기(禮記)』「단궁(檀弓)」하(下) 제4에 기르던 개가 죽으면 예(禮)를 다해 묻어주어야 한다고 자공에게 부탁하는 내용이 있다. 이를 보아도 공자의 인(仁)은 모든 것을 사랑하라 함이다. 그런 사랑이 이일(以一)의 일(一)이라 보아도 된다.

베풀 사(賜), 너 여(女), 나 여(予), ~으로 여길 위(爲), 배울 학(學), 알 식(識)

제3장

【문지(聞之)】

지덕자선의(知德者鮮矣)

【원문(原文)】

子曰 由也아 知德者鮮矣니라
자왈 유야 지덕자선의

【해독(解讀)】

공자께서 말했다[子曰]. "유야[由也]! 덕을 아는 사람이 드물구나[知德者鮮矣]."

【담소(談笑)】

자왈(子曰)

성인도 사람이니 실망할 때가 없을 리 없다. 물론 한순간 그럴 뿐이다. 이상을 실현하려는 뜻을 현실은 한사코 마다하니 성인도 때로는 허망함을 느낄 수 있다. 지금 공자가 서글픈 심회를 자로(子路)에게 토로하는 중이다.

지덕자선의(知德者鮮矣)

▶ **덕을[德] 아는[知] 사람이[者] 드물다[鮮].**

덕(德)은 성(性)을 말한다. 선(鮮)은 여기서 희(希)와 같다. 흔치 않다[鮮]. 덕이란 무엇인가? 덕자성지단야(德者性之端也)라 한다. 덕이란[德] 것은[者] 천성을[性] 바로잡는다[端]. 그래서 덕을 삼무사(三無私)라 해도 된다. 셋에는[三] 사사로움[私]이 없다[無]. 삼무사는 이런 것이다. 천무사복(天無私覆) · 지무사재(地無私載) · 일월무사조(日月無私照). 하늘은[天] 사사로이[私] 덮어주지[覆] 않고[無], 땅은[地] 사사로이[私] 실어주지[載] 않으며[無], 해와 달은[日月] 사사로이[私] 비추지[照] 않는다[無].

이처럼 성(性)이란 무사(無私)를 뜻한다. 덕은 곧 그런 무사(無私)를 갖추게 한다. 그러나 무사(無私)한 사람은 거의 없다. 다들 팔이 안으로 굽고 남의 밥에 있는 콩이 더 크다고 아우성친다. 그러니 공자가 실망할 수밖에 없다. 부끄럽고 민망스러울 뿐이다.

큰 덕(德), 놈 자(者), 드물 선(鮮), 종결어미 의(矣)

제4장

【문지(聞之)】

무위이치자(無爲而治者)

【원문(原文)】

子曰 無爲而治者는 其舜也與인저 夫何爲哉시리오
자 왈 무 위 이 치 자 기 순 야 여 부 하 위 재

恭己正而南面而已矣시니라
공 기 정 이 남 면 이 이 의

【해독(解讀)】

공자께서 말했다[子曰]. "애쓰지 않고서도 다스린 사람은[無爲而治者] 순임금이었다[其舜也與]. 어떻게 그랬는가 하면[夫何爲哉], 몸가짐을 공손히 하고 바르게 하며 임금 자리에 있었다[恭己正而南面而已矣]."

【담소(談笑)】

자왈(子曰)

무위(無爲)를 말하니 노자(老子)의 무위(無爲)를 떠올릴 수도 있지만, 여기서 공자는 치세를 버리는 무위가 아니라 덕치(德治)를 일러 무위라고 했을 뿐이다. 「태백(泰伯)」편 20장에서 밝힌 순유신오인(舜有臣五人)을 떠올리게 한다. 순임금께는[舜] 신하가[臣] 다섯이[五人] 있다[有]. 순임금은 이 다섯 신하로 하여금 세상을 다스리게 했지 직접 나서서 이래라저래라한 적이 없었음을 상기하게 한다.

무위이치자(無爲而治者) 기순야여(其舜也與)

▶ **다스리지[爲] 않고[無] 세상을 다스린[治] 사람은[者] 바로 그[其] 순임금이[舜] 아니겠는가[也與].**

무위(無爲)의 위(爲)는 치(治)와 같다. 자신이 앞서서 다스리지 않는다 함이 공자가 말하는 무위다. 그러니 치(治)를 버리라는 노자의 무위(無爲)와는 다른 뜻이다. 기순(其舜)의 기(其)는 '바로 그러한'이란 의미로 어조를 강조한다. 야여(也與)는 감탄하는 분위기와 더불어 단언하는 어조를 만든다.

공자는 지금 누구에게 순임금이 그렇지 않느냐고 묻고 있는 게 아니다. 공자 스스로 왜 그런가 반문하고 자답(自答)하고 있다. 성인이 이런 경우를 보이기는 참으로 드물다. 확신하기에 그리하는 것이다. 공자는 성왕(聖王) 앞에 무릎을 꿇는 겸허한 성인이다. 공자는 요순(堯舜) 앞에 경건하다. 그 두 임금이 안백성(安百姓)의 치세(治世)를 텄기 때문이다.

~하지 않을 무(無), 힘쓸 위(爲), 다스릴 치(治), 순임금 순(舜), 감탄어조사 여(與)

부하위재(夫何爲哉) 공기정이남면이이의(恭己正而南面而已矣)

▶ **어찌[何] 그리[夫]했단 말인가[爲哉]? 몸가짐을[己] 공손히 하고[恭], 몸가짐을 바르게 하며[正], 임금이 할 바를 다했던 것[南面]뿐이다[而已矣].**

부(夫)는 여기서 기(其)와 같다. 이 부(夫)가 앞의 무위이치(無爲而治)를 받는다. 그런 다스림을 어떻게 했느냐[何爲]고 자문하고 있다. 공기정(恭己正)의 기(己)는 궁(躬)과 같다. 몸가짐[己]. 공기(恭己)와 정기(正己)를 한데 묶은 말이 공기정(恭己正)이다. 남면(南面)은 임금이 신하를 보고 앉아 있는 모습을 말하며, 임금이 신하를 잘 다스린다는 뜻이다. 임금이 백성을 편안케 하도록 신하를 잘 등용해 세상을 다스리게 하면 그런 임금 노릇을 비유해 남면이라 하는 것이다. 물론 폭군도 남면하여 조정에서 신하를 마주하기는 한다. 그러나 공자가 감탄하는 남면은 성왕(聖王)이 덕치(德治)를 베푸는 모습을 말하니, 함부로 임금이 남면한다고 말할 수 없다.

저 부(夫), 어찌 하(何), 공손할 공(恭), 자기 기(己), 남녘 남(南), 바라볼 면(面)

제5장

【문지(聞之)】

자장문행(子張問行)

【원문(原文)】

子張問行한대 子曰 言忠信하며 行篤敬이면 雖蠻
자 장 문 행 자 왈 언 충 신 행 독 경 수 만

貊之邦行矣어니와 言不忠信하며 行不篤敬이면 雖
맥 지 방 행 의 언 불 충 신 행 부 독 경 수

州里行乎哉아 立則見其參於前也요 在輿則見
주 리 행 호 재 입 즉 견 기 참 어 전 야 재 여 즉 견

其倚於衡也니 夫然後行이니라
기 의 어 형 야 부 연 후 행

子張書諸紳하니라
자 장 서 제 신

【해독(解讀)】

자장이 뜻을 성취하는 방법을 물었다[子張問行].

공자께서 말해주었다[子曰]. "말이 충성스럽고 신뢰를 다하며[言忠信] 행동이 도탑고 경건하면[行篤敬] 비록 오랑캐의 나라에서도 뜻을 이룬다[雖蠻貊之邦行矣]. 말이 충성스럽지 못하고 신뢰가 없으며[言不忠信] 행동이 돈후하지 않고 경건하지 않다면[行不篤敬] 비록 고향인들 뜻을 이룰 수 있겠는가[雖州里行乎哉]? 서서는 남의 눈앞에서 충신과 독경을 갖추고 있는지 살피고[立則見其參於前也], 수레를 타고서도 수레의 멍에에 충신과 독경을 걸어두었는지 살필 일이다[在輿則見其倚於衡也]. 그런 연후에야 뜻을 이룬다[夫然後行]."

자장이 스승의 말씀을 허리띠에 적었다[子張書諸紳].

【담소(談笑)】

자왈(子曰)

인능홍도(人能弘道)를 실현하는 언행(言行)에 대해 밝히고 있다. 충신(忠信)은 언지(言之)의 예(禮)이고, 독경(篤敬)은 행지(行之)의 예(禮)임을 간곡하게 밝히고 있다.

언충신(言忠信) 행독경(行篤敬) 수만맥지방행의(雖蠻貊之邦行矣)

▶ 충성스럽고[忠] 신뢰를 다해[信] 말하고[言] 도탑고[篤] 경건하게[敬] 행동하면[行], 비록[雖] 오랑캐의 나라에서도[蠻貊之邦] 뜻을 이룬다[行].

충신(忠信)은 성의(誠意)를 다한다는 뜻이다. 앞 장에서 말한 공기정(恭己正)과 같은 말이다. 행독경(行篤敬)의 행(行)은 행기(行己)의 준말로 여기고 새긴다. 몸가짐을 곧게 한다[行己]. 마지막 구절의 행(行)은 실행(實行)의 준말로 보면 된다. 뜻을 구현한다[實行]. 독경(篤

敬)은 돈독공경(敦篤恭敬)의 준말로 여기고 새긴다. 덕을 남김 없이 베푼다는 뜻이 곧 독경(篤敬)이다. 만맥(蠻貊)은 남만(南蠻)과 북적(北狄)의 준말로 남쪽에 있는 오랑캐[蠻]와 북쪽에 있는 오랑캐[貊]를 뜻한다. 예의(禮儀)가 없는 곳, 즉 문화가 없는 곳을 만(蠻)이나 맥(貊)이라고 한다.

공자도 문물(文物)의 우월성을 내비치고 있으니, 이것이 도가(道家)로부터 꼬집힘을 당하는 빌미가 되곤 한다. 도가의 입장에서 보면 문물이란 사람을 묶는 밧줄에 불과하기 때문이다. 그러나 유가의 입장에서 본다면 문물은 근본에 도달하는 방편이고 충신(忠信)과 독경(篤敬)이 그 맨 앞자리를 차지한다. 그런 까닭에 공자는 이렇게 말한다. "언불충신(言不忠信) 행부독경(行不篤敬) 수주리행호재(雖州里行乎哉)?" 말하는 데[言] 정성스럽지 않거나 믿음직스럽지 않고[不忠信] 행동하는 데[行] 도탑지 않거나 경건하지 않다면[不篤敬] 비록[雖] 고향에서라 한들[州里] 뜻을 이루겠는가[行乎哉]? 주리(州里)는 여기서 예의가 갖추어진 고향을 뜻한다. 이 역시 안인(安人) 이전에 반드시 수기(修己)할 것을 강조하는 말씀이다.

말씀 언(言), 충성 충(忠), 믿을 신(信), 행실 행(行), 도타울 독(篤), 공경할 경(敬), 비록 수(雖), 오랑캐 만(蠻), 오랑캐 맥(貊), 나라 방(邦)

입즉견기참어전야(立則見其參於前也) 재여즉견기의어형야(在輿則見其倚於衡也) 부연후행(夫然後行)

▶ 서서도[立] 곧[則] 남들 앞에서[於前] 충신(忠信)과 독경(篤敬)이[其] 함께하는가를[參] 살피고[見], 수레를[輿] 타도[在] 곧[則] 수레의 멍에에[衡] 충신과 독경을[其] 걸어두었는지[倚] 살핀다[見]. 그런[夫] 뒤라야[然後] 뜻을 이룬다[行].

기참(其參)의 기(其)는 충신(忠信)과 독경(篤敬)을 받고, 참(參)은 참여(參與)의 준말로 보고 새긴다. 재여(在輿)는 수레를 끈다는 뜻이다. 많은 사람을 이끌고 간다는 속뜻이 있다고 보아도 된다. 기의(其倚)의 기(其)는 기참(其參)의 기(其)와 같다. 멍에에[於衡] 그것들을[其] 걸어둔다[倚]. 수레를 모는 일에도 온갖 정성을 다해 아무런 사고 없이 목적지까지 도달할 수 있음을 깨닫게 해준다. 건방떨며 수레를 몰면 여러 사람이 다친다. 이처럼 인도(仁道)를 넓히려는 뜻을 펴기 위해서는 반드시 군자(君子)가 되어야 한다는 것이다. 『대학(大學)』에서는 이렇게 말한다. "군자필성기의(君子必誠其意)." 군자는[君子] 반드시[必] 그[其] 뜻을[意] 정성스럽게 해야 한다[誠]. 충신(忠信)과 독경(篤敬)을 한마디로 줄이면 바로 성(誠)이다. 하늘을 두려워하라 함이 곧 성(誠)이 아닌가.

그래서 자장은 스승의 위와 같은 말씀을 사무치게 들었다고 밝힌다. "자장서제신(子張書諸紳)." 자장은[子張] 스승의 말씀을[之] 허리띠에다[於紳] 적어두었다[書]. 글을 써둘 서(書), 허리띠 신(紳). 제신(諸紳)의 제(諸)는 지어(之於)의 준말이다. 이는 자장이 스승의 말씀을 골수에 새겼다는 의미다.

설 립(立), 살필 견(見), 참여할 참(參), 있을 재(在), 수레 여(輿), 기댈 의(倚), 수레의 멍에 형(衡), 그 부(夫)

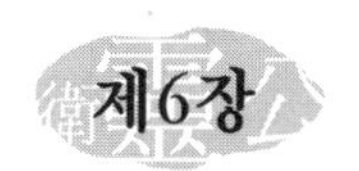

제6장

【문지(聞之)】

직재사어(直哉史魚)

【원문(原文)】

子曰 直哉라 史魚여 邦有道如矢하며 邦無道如矢로다 君子哉로다 蘧伯玉이어 邦有道則仕하고 邦無道則可卷而懷之로다
자왈 직재 사어 방유도여시 방무도여시 군자재 거백옥 방유도즉사 방무도즉가권이회지

【해독(解讀)】

공자께서 말했다[子曰]. "참으로 곧은 사어로다[直哉史魚]! 나라에 도가 있어도 화살 같고[邦有道如矢] 나라에 도가 없어도 화살 같으니[邦無道如矢] 군자로다[君子哉]! 거백옥이여[蘧伯玉] 나라에 도가 있으면 벼슬하고[邦有道則仕], 나라에 도가 없으면 거두어들여 숨길 수 있더라[邦無道則可卷而懷之]."

【담소(談笑)】

자왈(子曰)

『대학(大學)』의 각론(各論) 제5에 있는 수신재정기심(修身在正其心)을 떠올리게 한다. 자신을[身] 닦음은[修] 자기[其] 마음을[心] 바르게 하는 데[正] 있다[在]. 그리고 「술이(述而)」 편 10장을 떠올리게 한다. "용지즉행(用之則行) 사지즉장(舍之則藏) 유아여이유시부(唯我與爾有是夫)." 알아서 써주면[用之] 곧[則] 나아가 뜻을 펴고[行], 버리면[舍之] 곧[則] 들어가 숨는다[藏]. 이런 짓은[是] 오로지[唯] 자네와[與爾] 나한테만[我] 있다네[有]. 이렇게 공자가 안연(顔淵)에게 말한 적이 있다. 인생(人生)을 한마디로 직(直)이라고 한 성인이 바로 공자가 아니던가.

직재(直哉) 사어(史魚) 방유도여시(邦有道如矢) 방무도여시(邦無道如矢)

▶ **위(衛)나라 대부 추(鰌)는[史魚] 강직하구나[直]! 나라에[邦] 도가[道] 있어도[有] 화살[矢] 같고[如], 나라에[邦] 도가[道] 없어도[無] 화살[矢] 같다[如].**

사어(史魚)는 위나라 대부(大夫)로 성씨는 사(史), 이름은 추(鰌), 자는 자어(子魚)이다. 여(如)는 여기서 사(似)와 같다. ~과 같다[如]. 사어의 삶이 강직했음을 칭찬하고 과연 군자라고 칭송한다. "군자재(君子哉)." 사어는 과연 군자[君子]로다[哉]! 백성을 등치는 대부들 중에 이런 강직한 대부가 있었으니 얼마나 반가웠을까? 칭송하는 공자의 심정을 알 만하다.

곧을 직(直), 역사 사(史), 물고기 어(魚), 나라 방(邦), 같을 여(如), 화살 시(矢)

거백옥(蘧伯玉) 방유도즉사(邦有道則仕) 방무도즉가권이회지(邦無道則可卷而懷之)

▶ **위(衛)나라 대부 원(瑗)은[蘧伯玉] 나라에[邦] 도가[道] 있으면[有] 곧[則] 벼슬했고[仕], 나라에[邦] 도가[道] 없으면[無] 벼슬을 거두고[卷] 능히[可] 몸을[之] 숨겼다[懷].**

거백옥(蘧伯玉)은 위나라 대부로 성씨는 거(蘧), 이름은 원(瑗), 자가 백옥(伯玉)이다. 사(仕)는 환(宦)과 같다. 조정에 나아가 벼슬하다[仕]. 권(卷)은 수(收)와 같다. 거두어들여 정리하다[卷]. 회(懷)는 장(藏)과 같다. 숨기다[懷].

「헌문(憲問)」 편 26장에 거백옥의 인품이 잘 드러나 있다. "부자욕과기과(夫子欲寡其過)." 거백옥께서는[夫子] 자신의[其] 허물을[過] 줄이고자[寡] 노력한다[欲]. 이렇게 거백옥이 공자께 보낸 사자(使者)가 아뢰었던 대목에서 거백옥의 인품이 잘 드러난다. 공자가 위나라에 있을 때 백옥의 집에서 머물렀다 한다. 그릇된 대부였다면 그 집에서 공자가 기거(寄居)했겠는가. 군자는 군자 집에서나 머문다. 그렇다고 한 패가 된다는 것은 아니다. 군자는 서로 어울리되 패거리 짓기를 않는 법이니 말이다.

이름 거(蘧), 맏 백(伯), 벼슬할 사(仕), 거둘 권(卷), 숨길 회(懷)

제7장

【문지(聞之)】

지자불실인(智者不失人)

【원문(原文)】

子曰 可與言而不與之言이면 失人이오 不可與言而與之言이면 失言이니 智者不失人하며 亦不失言하니라

(자왈 가여언이불여지언 실인 불가여언이여지언 실언 지자불실인 역불실언)

【해독(解讀)】

공자께서 말했다[子曰]. "더불어 말을 나눌 수 있는 사람과 말을 나누지 않으면[可與言而不與之言] 사람을 잃고[失人], 더불어 말을 나눌 수 없는 사람과 말을 나누면[不可與言而與之言] 말을 잃는다[失言]. 지혜로운 사람은 사람도 잃지 않고[智者不失人] 또한 말도 잃지 않는다[亦不失言]."

【담소(談笑)】

자왈(子曰)

처세(處世)를 말하고 있다. 「술이(述而)」 편 21장을 떠올리게 한다. "삼인행(三人行) 필유아사언(必有我師焉)." 세 사람이[三人] 함께 길을 가면[行] 그 중에[焉] 반드시[必] 내[我] 선생이[師] 있다[有]. 이는 지혜로운 사람이 되라는 뜻이다.

가여언이불여지언(可與言而不與之言) 실인(失人) 불가여언이여지언(不可與言而與之言) 실언(失言)

▶ 더불어[與] 말할 수 있는[可言] 사람과[與之] 말하지 않으면[不言] 사람을[人] 잃어버리고[失], 더불어[與] 말할 수 없는[不可言] 사람과[與之] 말을 나누면[言] 말을[言] 잃어버린다[失].

가여언(可與言)의 여(與) 다음에 목적어 인(人)이 생략된 것으로 본다. 여지(與之)의 지(之)는 앞에서 생략된 인(人)을 대신하는 지시어이다. 실(失)은 상(喪)과 같다. 상실(喪失)의 준말로 여기고 새기면 된다. 잃어버리다[失].

말은 아껴서 소중히 나누어야 한다. 더불어 말할 만한 사람이 있는가 하면 그렇지 못한 사람도 있다. 듬직한 사람과는 말을 나눌수록 좋고, 난 사람하고는 말을 아낄수록 좋다. 된 사람인지 난 사람인지 분간 못하고 입을 열면 어리석을 뿐이다. 어리석은 사람은 말을 해야 할 때와 하지 말아야 할 때를 놓쳐 사람도 잃고 좋은 말[言]도 귀양 보내고 만다. 그러니 어리석은 사람이 되지 말라고 공자가 충고하고 있다. "지자불실인(智者不失人) 역불실언(亦不失言)." 지혜로운[智] 사람은[者] 사람을[人] 잃지 않고[不失], 또한[亦] 말도[言] 잃지 않는다[不失]. 요행을 바라지 말고 정성을 다해 살라는 말씀이다.

더불어 여(與), 그것 지(之), 잃을 실(失)

제8장

【문지(聞之)】

지사인인(志士仁人)

【원문(原文)】

子曰 志士仁人은 無求生以害仁이오 有殺身以成仁이니라
자왈 지사인인 무구생이해인 유살신이성인

【해독(解讀)】

공자께서 말했다[子曰]. "지사와 인자는[志士仁人] 살겠다고 인(仁)을 해치려 하지 않으며[無求生以害仁], 자기를 죽여서라도 인을 이룩하려 한다[有殺身以成仁]."

【담소(談笑)】

자왈(子曰)

인(仁)을 실천하는 일을 자신의 임무로 여기며 살라 한다. 공자가 말하는 지사(志士)와 인자(仁者)는 모두 다 그렇게 사는 당사자이다. 유가(儒家)가 말하는 선비[士]라면 어떻게 살아야 하는지 밝히고 있다.

지사인인(志士仁人) 무구생이해인(無求生以害仁) 유살신이성인(有殺身以成仁)

▶ 뜻있는[志] 선비와[士] 어진[仁] 사람은[人] 살아남자고[生以] 어짊을[仁] 해치려[求害] 하지 않으며[無], 제 몸을[身] 죽여서라도[殺身以] 어짊을[仁] 이룬다[有成].

인인(仁人)은 인자(仁者)와 같은 말이다. 생이해인(生以害仁)은 해인이생(害仁以生)으로 보고 뜻을 새긴다. 이(以)는 앞이든 뒤든 문맥에서 편한 대로 목적어를 받는다. 이생(以生)을 생이(生以)로 고치면 생(生)을 강조하는 어취(語趣)를 자아낸다. 살신이성인(殺身以成仁) 역시 성인이살신(成仁以殺身)으로 고쳐서 새긴다.

「태백(泰伯)」편 7장에서 증자(曾子)가 이렇게 말했다. "인이위기임(仁以爲己任) 불역중호(不亦重乎) 사이후이(死而後已) 불역원호(不亦遠乎)." 인(仁)을[仁] 내[己] 맡은 바 일로[任] 삼고 있으니[爲] 이 또한[亦] 무겁지 않겠는가[不重乎]. 죽은[死] 뒤에야[而後] 그칠 터이니[已] 이 또한[亦] 멀지 않느냐[不遠乎]. 이 말은 곧 여기서 공자가 밝힌 바를 따랐다는 의미이리라.

목숨을 버려서라도 인(仁)을 택하라 한다. 이 얼마나 준엄한 인도(仁道)인가. 나 하나만 잘되어 편하면 그만이라는 짓보다 더 인도를 해치는 짓[害仁]은 없다. 세상에는 위인(爲仁)보다 해인(害仁)이 넘치니 살기가 무섭고 어렵다.

뜻 지(志), 구할 구(求), 해칠 해(害), 죽일 살(殺), 몸 신(身), 이룰 성(成)

제9장

【문지(聞之)】

자공문위인(子貢問爲仁)

【원문(原文)】

子貢問爲仁한대 子曰 工欲善其事인댄 必先利其器니 居是邦也하야 事其大夫之賢者하며 友其士之仁者니라

자공문위인 자왈 공욕선기사 필선리기기 거시방야 사기대부지현자 우기사지인자

【해독(解讀)】

자공이 인(仁)을 이룩하는 일을 묻자[子貢問爲仁] 공자께서 말했다[子曰]. "기술자가 제 일을 잘 하려면[工欲善其事] 반드시 먼저 제가 쓸 연장을 잘 간수한다[必先利其器]. 어떤 나라에 있든지[居是邦也] 그 나라의 현명한 대부를 섬기고[事其大夫之賢者], 그 나라의 어진 선비와 사귀어야 한다[友其士之仁者]."

【담소(談笑)】

자왈(子曰)

나 혼자서는 인도(仁道)를 넓힐 수 없음을 밝히고 있다. 현자를 찾아 섬기고 인자를 찾아 벗으로 삼는 일이 곧 인도를 트는 일[爲仁]이라고 밝혀주고 있다.

공욕선기사(工欲善其事) 필선리기기(必先利其器)

▶ **기술자가[工] 자기의[其] 일을[事] 잘하고자 하면[欲善] 반드시[必] 먼저[先] 자기의[其] 연장을[器] 잘 간수해야 한다[利].**

공(工)은 백공(百工)의 준말로 본다. 기술자들[工]. 이(利)는 섬(銛)과 같다. 예리(銳利)의 준말로 새기면 된다. 날카롭게 하다[利]. 기(器)는 기구(器具)의 준말로 여기고 새긴다.

"자공문위인(子貢問爲仁)." 자공이[子貢] 어진 일을 이룩하는 일을[爲仁] 물었다[問]. 그러자 공자가 위와 같이 대답해주었다. 기술자가 기술을 잘 펴려면 자기가 쓸 연장이 잘 마련돼 있어야 하듯이, 인도(仁道)를 넓히는 일[爲仁]에도 기술자처럼 연장을 잘 마련해두어야 한다. 위인(爲仁)을 위한 연장은 무엇일까? 공자가 이렇게 대답해준다. "거시방야(居是邦也) 사기대부지현자(事其大夫之賢者) 우기사지인자(友其士之仁者)." 어떤[是] 나라에[邦] 있든지[居] 그 나라에서[其] 현명한 대부를[大夫之賢者] 섬기고[事], 그 나라에서[其] 어진 선비를[士之仁者] 벗으로 사귀어라[友]. 인도를 넓히는 연장이 바로 현자(賢者)요 인자(仁者)이다. 그러니 인도를 건설하는 일[爲仁]은 항상 여러 현자들과 인자들과 함께해야 한다고 공자가 자공에게 타일러주고 있다. 인도(仁道)에는 독불장군이란 없다.

기술 공(工), 잘할 선(善), 먼저 선(先), 날카로울 리(利), 연장 기(器)

제10장

【문지(聞之)】

안연문위방(顔淵問爲邦)

【원문(原文)】

顔淵問爲邦한대 子曰 行夏之時하며 乘殷之輅하며 服周之冕하며 樂則韶舞하며 放鄭聲하며 遠佞人이니
안연문위방 자왈 행하지시 승은지로 복주지면 악즉소무 방정성 원녕인

鄭聲淫하고 佞人殆니라
정 성 음 영 인 태

【해독(解讀)】

안연이 나라를 다스리는 일을 묻자[顔淵問爲邦] 공자께서 말했다[子曰]. "하나라의 역법을 쓰고[行夏之時], 은나라의 수레를 타며[乘殷之輅], 주나라의 예관을 쓰고[服周之冕], 악이라면 소무를 쓰고[樂則韶舞], 정나라의 노래를 몰아내며[放鄭聲], 아첨꾼을 멀리하라[遠佞人]. 정나라의 노래는 음탕하고[鄭聲淫] 아첨꾼은 위태롭다[佞人殆]."

【담소(談笑)】

자왈(子曰)

문물제도(文物制度)에는 장단점(長短點)이 있게 마련이니 단점을 버리고 장점을 살려 나라를 다스리는 일이 위방(爲邦)임을 밝히고 있다.

행하지시(行夏之時) 승은지로(乘殷之輅) 복주지면(服周之冕) 악즉소무(樂則韶舞)

▶ 하나라의[夏] 달력을[時] 쓰고[行], 은나라의[殷] 수레를[輅] 타며[乘], 주나라의[周] 면류관을[冕] 쓰고[服], 악곡이라면[樂則] 순임금의 소(韶)를 쓰면 된다[韶舞].

행(行)은 시행(施行)의 준말로 본다. 시(時)는 시령(時令)의 준말로 본다. 농사 짓는 달력[時令]으로는 음력(陰曆)을 쓰라는 말이다. 은나라의 수레인 노(輅)는 가장 검소한 수레인데 나무로 만들어서 목로(木輅)라고 한다. 소(韶)는 순임금의 악곡(樂曲)이다.

안연(顔淵)이 공자께 나라를 다스리는 방법[爲邦]을 묻자 위와 같이 대답해주었다. 농사를 망치지 않게 하라 함이 행하지시(行夏之時)이고, 검소한 생활을 하라 함이 승은지로(乘殷之輅)이며, 예(禮)로써 다르리라 함이 복주지면(服周之冕)이고, 악(樂)으로써 나라를 다스리라 함이 곧 악즉소무(樂則韶舞)이다.

공자는 예악(禮樂)을 치도(治道)의 근간으로 삼았다. 『예기(禮記)』「악기(樂記)」에 이렇게 씌어 있다. "예이도기지(禮以道其志) 악이화기성(樂以和其聲) 정이일기행(政以一其行) 형이방기간(刑以防其姦) 예악형정기극일야(禮樂刑政其極一也) 소이동민심이출치도(所以同民心而出治道)." 예로써[禮以] 백성의[其] 뜻을[志] 이끌고[道], 악으로써[樂以] 백성의[其] 소리를[聲] 화합하게 하며[和], 정치로써[政以] 백성의[其] 행동을[行] 질서있게 하고[一], 형벌로써[刑以] 백성의[其] 간사함을[姦] 막는다[防]. 예악형정의[禮樂刑政] 끝은[極] 다 하나로 통한다[一]. 그래서[所以] 백성의 마음을[民心] 같게 하여[同] 다스리는 길을[治道] 낸다[出]. 공자는 안연에게 위와 같이 하(夏)·은(殷)·주(周)와 순임금의 소(韶)에서 구체적인 사례를 들어 위방(爲邦)의 장점인 예악형정(禮樂刑政)을 말해주고 있다.

이어서 안연에게 위방(爲邦)의 단점을 밝혀준다. "방정성(放鄭聲) 원녕인(遠佞人) 정성음(鄭聲淫) 영인태(佞人殆)." 정나라의[鄭] 노래를[聲] 몰아내고[防], 아첨하는[佞] 인간을[人] 멀리하라[遠]. 정나라의[鄭] 노래는[聲] 음탕하고[淫], 아첨꾼은[佞人] 위태롭게 한다[殆]. 방(防)은 방지(防止)의 준말로 새기면 된다. 영(佞)은 첨(諂)과 같다. 아첨한다[佞]. 음(淫)은 음탕(淫蕩)의 준말로 본다. 음탕은 불경(不敬)이다. 불경이면 불선(不善)이요 불인(不仁)이다. 태(殆)는 위태(危殆)의 준말로 새긴다. 세 치 혀가 난세(亂世)를 몰고 온다. 그러니 아첨꾼은 멀리할수록 좋다. 나라를 잘 다스리는 방법을 이보다 더 쉽게 열거할 수는 없으리라. 요새 정치한다는 사람들이 경청했으면 한다.

시행할 행(行), 나라 이름 하(夏), 역법(曆法) 시(時), 탈 승(乘), 나라 이름 은(殷), 수레 로(輅), 쓸 복(服), 면류관 면(冕), 시가무 악(樂), 순임금 가무 소(韶), 춤출 무(舞)

제11장

【문지(聞之)】

필유근우(必有近憂)

【원문(原文)】

子曰 人無遠慮면 必有近憂니라
자왈 인무원려 필유근우

【해독(解讀)】

공자께서 말했다[子曰]. "사람이 멀리 보고 생각하지 않으면[人無遠慮] 반드시 가까운 근심이 있다[必有近憂]."

【담소(談笑)】

자왈(子曰)

탕왕(湯王)의 반명(盤銘)에 새겨져 있다는 일신(日新)하라는 말씀을 떠올리게 한다. 앞으로 닥칠 일을 깊이 생각하라는 말씀은 다시 말해 날마다 새롭게 살라[日新] 함이다. 성인은 미래를 열어주지 과거로 끌고 가지 않는다. 그래서 어느 성인이든 역(易)을 벗어나지 말라 한다. 여기서도 변화[易]를 가볍게 여기지 말라고 당부한다.

인무원려(人無遠慮) 필유근우(必有近憂)

▶ 사람이[人] 앞을 내다보고[遠] 깊이 생각하지 않으면[無慮] 곧[近] 걱정거리가[憂] 반드시 있게 마련이다[必有].

원(遠)은 요(遙)와 같다. 원(遠)은 거리로 말하면 멀다는 뜻이고, 시간으로 말하면 미래를 뜻한다. 여기서는 앞일이라고 새겨도 된다. 여(慮)는 모(謀)와 같다. 헤아려 꾀한다[慮]. 앞으로 일어날 일을 깊이 생각해 탈이 없도록 도모함을 가리켜 원려(遠慮)라 한다. 근(近)은 거리를 말할 때는 가깝다는 뜻이고, 시간을 말할 때는 '금방 곧' 정도를 뜻한다. 우(憂)는 여기서 환(患)과 같다. 우환(憂患)의 준말로 여기고 새기면 된다.

지나간 일에 얽매이지 말고, 앞으로 일들이 어떻게 변화할지 깊게 생각하여 탈이 없도록 미리 잘 꾀하라 함이 원려(遠慮)이다. 이러한 원려가 없으면 반드시 얼마 못 가서 걱정할 일들이 빚어진다 함이 근우(近憂)이다. 그러니 어떤 일에 얽매여 고집부리지 말고 시중(時中)하라 한다. 때를 어기지 않고 때의 흐름을 따라 함이 시중(時中)이다. 이는 곧 변화를 어기거나 변화에 어긋나지 말라 함이다. 그 변화란 무엇인가? 바로 미래(未來)가 아닌가. 미래를 생각하라 함이 곧 『주역(周易)』의 궁즉변(窮則變)이 아닌가. 그래서 공자는 불고(不固)하라, 질고(疾固)하라 외치는 것이 아닌가. 얽매이지 말라[不固]. 변화하지 않으려 함을 괴로워하라[疾固].

누구든 온고이지신(溫故而知新)이란 말씀을 잘 들먹인다. 그럼에도 불구하고 미래를[知新] 과거에[溫故] 얽어매려는 어리석음을 범하는 경우가 너무나 흔하다. 오죽했으면 임금(탕왕)의 세숫대야[盤]에 일신(日新)하라고 새겨두었겠는가. 날마다 새롭게 살아가라[日新]. 탕왕의 반명(盤銘)에 새겨놓았다는 일신(日新)을 그냥 공자의 말씀으로 들어도 흠이 될 리 없다.

~을 하지 않을 무(無), 멀 원(遠), 생각할 려(慮), 반드시 필(必), 가까울 근(近), 걱정 우(憂)

제12장

【문지(聞之)】

오미견호덕(吾未見好德)

【원문(原文)】

子曰 已矣乎라 吾未見好德을 如好色者也케라
자 왈 이 의 호 오 미 견 호 덕 여 호 색 자 야

【해독(解讀)】

공자께서 말했다[子曰]. "딱하게도[已矣乎] 여색을 좋아하듯 덕을 좋아하는 사람을 내 아직 보지 못했다[吾未見好德如好色者也]."

【담소(談笑)】

자왈(子曰)

「자한(子罕)」편 17장에서도 이와 똑같은 말을 했었다. 안연(顏淵)이 죽고 나니 호학(好學)하는 사람이 없어져버렸다고 했던 공자의 심정을 여기서 다시금 헤아릴 수 있다. 호학이 앞서야 호덕(好德)이 이루어질 수 있지 않겠는가. 성인께서 거듭해 말할 때는 그 심정이 원양(原壤)의 정강이를 후려쳤던 바와 같을 것이다.

이의호(已矣乎) 오미견호덕여호색자야(吾未見好德如好色者也)

▶ 딱한 일이지만[已矣乎], 여색을[色] 좋아하듯이[如好] 덕을[德] 좋아하는[好] 사람을[者] 나는[吾] 아직 보지 못했다[未見].

이의호(已矣乎)를 제외하면 「자한(子罕)」 편 17장과 내용이 똑같다. 이의호(已矣乎)는 딱하다는 심정을 토로하는 관용어이다. 미(未)는 부(不)와 같다. 호색(好色)은 호색한(好色漢)을 떠올리면 된다. 미녀를 탐하는 것도 호색한이고 미남을 탐하는 것도 호색한이다.

미녀를 탐하듯 덕을 탐한다면 이 세상은 덕이 두터운 사람으로 넘쳐날 것이다. 공자가 말하는 호덕(好德)이란 무엇일까? 인도(仁道)를 실천하는 삶이 바로 호덕이리라. 인도(仁道)를 실천하자면 먼저 자비이존인(自卑而尊人)의 삶을 살아야 한다. 나를[自] 낮추고[卑] 남을[人] 높인다[尊]. 이런 삶을 가리켜 후덕(厚德)하다 한다. 그러나 누가 자비(自卑)하고 존인(尊人)하려 하겠는가. 없다. 내 잘난 맛으로 사는 세상에서 누가 자비(自卑)한단 말인가. 세상더러 나를 대접하고 존경하라고 삿대질을 하는 세상이니 호덕(好德)이란 말씀을 자칫 호떡이란 말로 착각할까 두렵다. 이렇게 「자한」 편 17장에서 담소(談笑)했었다. 그러니 이 장에서 달리 더 말할 게 없다는 생각이다.

아니할 미(未), 볼 견(見), 좋아할 호(好), 미녀 색(色)

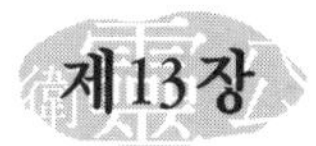

제13장

【문지(聞之)】

장문중기절위자여(臧文仲其竊位者與)

【원문(原文)】

子曰 臧文仲은 其竊位者與인저 知柳下惠之賢을
자 왈 장 문 중 기 절 위 자 여 지 유 하 혜 지 현
而不與立也로다
이 불 여 립 야

【해독(解讀)】

공자께서 말했다[子曰]. "장문중 그자는 자리를 훔치고 있는 자이다[臧文仲其竊位者與]. 유하혜가 현명한 것을 알면서도 유하혜와 함께 어진 정치를 하려 들지 않는다[知柳下惠之賢而不與立也]."

【담소(談笑)】

자왈(子曰)

소인배를 말하고 있다. 소인(小人)이 자리를 차지하면 저보다 나은 사람은 배척하고 저보다 못한 사람들만 골라 패거리를 만든다. 그렇게 하여 제 자리를 보전하려고 잔꾀를 부린다. 대부(大夫)라 하지만 장문중(臧文仲)은 소인배에 불과하다고 밝히고 있다. 능력도 없는 자가 자리를 차지하고 있다면 그 자리를 도둑질한 것이란 말이 섬뜩하지 않은가.

장문중기절위자여(臧文仲其竊位者與) 지유하혜지현(知柳下惠之賢) 이불여립야(而不與立也)

▶ 장문중이란[臧文仲] 그 사람은[其] 벼슬자리를[位] 훔치고 있는[竊] 자이다[者]. 유하혜가[柳下惠] 현명한 사람임을[賢] 알면서도[知] 유하혜와 더불어[與] 어진 정치를 펴려고 하지 않는다[不立].

여기서 기(其)는 어조(語調)를 강하게 한다. 절(竊)은 도(盜)와 같

다. 좀도둑질하다[竊]. 위자여(位者與)의 여(與)는 어조를 드러내는 어조사이다. 불여립(不與立)의 여(與)는 이(以)와 같은데 여(與) 다음에 유하혜를 가리키는 지(之)가 생략돼 있다고 보면 된다. 더불어 함께[與]. 그러니 불여립(不與立)을 불여지립(不與之立) 또는 불립여유하혜(不立與柳下惠)로 고쳐 읽으면 뜻을 새기기 쉽다. 유하혜와 더불어 함께[與] 선다[立] 함은 함께 정치를 한다는 말로 헤아리면 된다.

장문중(臧文仲)은 노(魯)나라 대부이고, 유하혜(柳下惠)는 노나라 사사(士師)이다. 사사는 관명(官名)인데 오늘날로 치면 검사장(檢事長)에 해당한다. 「미자(微子)」 편 2장과 8장에 연달아 언급되는 강직한 관리다. 「미자」 편 8장에서 공자는 유하혜를 이렇게 평하고 있다. “강지욕신의(降志辱身矣) 언중륜(言中倫) 행중려(行中慮).” 뜻을[志] 굽히고[降] 몸을[身] 욕되게 했지만[辱], 말이[言] 조리에[倫] 들어맞고[中] 행동은[行] 깊은 생각과[慮] 맞아들었다[中]. 이로써 공자가 왜 유하혜를 현명(賢明)하다 하는지 알 수 있다. 강직한 유하혜를 통해 장문중이 어떤 자인지 유추할 수 있으리라. 소인배가 높은 자리를 차지하고 있으면 현명한 사람이 벼슬을 얻어 뜻을 펼 수 없음은 예나 지금이나 다를 게 없다.

착할 장(臧), 훔칠 절(竊), 자리 위(位), 어조사 여(與), 버들 류(柳), 은혜 혜(惠), 어질 현(賢), 더불어 여(與)

제14장

【문지(聞之)】

궁자후이박책어인(躬自厚而薄責於人)

【원문(原文)】

子曰 躬自厚하며 而薄責於人이면 則遠怨矣니라
자 왈 궁 자 후 이 박 책 어 인 즉 원 원 의

【해독(解讀)】

공자께서 말했다[子曰]. "몸소 자신을 무섭게 책망하면서도 남을 가볍게 꾸짖는다면[躬自厚而薄責於人] 곧 원망을 멀리하게 된다[則遠怨矣]."

【담소(談笑)】

자왈(子曰)

극기복례(克己復禮)를 말하고, 군자의 신기독(愼其獨)을 본받으면 원망을 살 일이 없음을 밝히고 있다. 앞 장에서 소인(小人)을 밝혔고 여기서는 대인(大人)을 밝힌다. 남한테 왜 원성(怨聲)을 듣는지 곰곰이 생각해보라 한다.

궁자후이박책어인(躬自厚而薄責於人) 즉원원의(則遠怨矣)

▶ **몸소[躬] 자신을[自] 호되게 책망하면서도[厚] 남한테는[於人] 가볍게[薄] 꾸짖는다면[責] 곧 원망을[怨] 멀리하게 된다[遠].**

궁(躬)은 신(身)과 같다. 자기 스스로[躬]. 궁자후(躬自厚)를 궁후자책(躬厚自責)으로 바꿔 새긴다. 책어인(責於人)의 어(於)는 목적어 앞에 그냥 붙는다. 남한테 관대하고 자신에게 엄한 것을 가리켜 신독(愼獨)이라 한다. 그러나 이런 신독은 대인의 버릇이지 소인은 흉내도 못 낸다. 그렇다고 성인은 하기 힘든 말만 골라서 한다고 푸념하지 말라.

몸소 궁(躬), 스스로 자(自), 두터울 후(厚), 엷을 박(薄), 꾸짖을 책(責), 멀리할 원(遠), 원망할 원(怨)

제15장

【문지(聞之)】

오말여지하야이의(吾末如之何也已矣)

【원문(原文)】

子曰 不曰如之何 如之何者난 吾末如之何也已矣니라
자왈 불왈여지하 여지하자 오말여지하야이의

【해독(解讀)】

공자께서 말했다[子曰]. "어떻게 할까 어떻게 할까 밝히지 않는 사람은[不曰如之何如之何者] 나도 어찌해볼 수 없을 따름이다[吾末如之何也已矣]."

【담소(談笑)】

자왈(子曰)

속에 담아두고 꽁하게 살지 말라 한다. 스스로 해결할 수 없을 때는 솔직하게 의논할 상대를 찾아 해결방법을 생각하고 정성을 다해 그 길을 터야 한다. 옳은 일이라면 과감하게 완수하고 그른 일이라면 과감하게 뿌리치는 신중한 사람이 되라 한다.

불왈여지하여지하자(不曰如之何如之何者) 오말여지하야이의(吾末如之何也已矣)

▶ 어찌할까[如之何] 어찌할까[如之何]를 털어놓지 않는[不曰] 사람은[者] 나로서도[吾] 어쩌지[如之何] 못할[末] 따름이다[也已矣].

불왈(不曰)의 왈(曰)은 여기서 위(謂)와 같다. 일러 밝히다[曰]. 생각한 바를 밝히지 않는다[不曰]. 여(如)는 여기서 하(何)와 같다. 여하(如何)라 해도 될 것을 여지하(如之何)라고 했다. 그래서 어떻게 할 것인가를 매우 강조하는 어세(語勢)가 되었다. 야이의(也已矣)는 강하게 단언하는 종결어미다. ~할 따름이다[也已矣].

결코 일을 미루거나 미적거리며 핑계를 일삼는 사람이 되지 말라 한다. 군자는 지인용(智仁勇)을 겸비한다 하지 않는가. 생각은 깊되 행동은 과감하기를 바라는 것이다. 그래서 공자는 미적거리며 속내를 털어놓지 않고 엉거주춤한 사람은 일깨워줄 도리가 없다고 단언한다. 말을 강으로 끌고 갈 수는 있어도 물마저 억지로 먹일 수는 없음을 성인께서 어찌 모르겠는가. 남이 해주기만 바라고 빌붙는 인간을 왜 진드기라고 하는지 알겠다. 진드기 같은 인간이 되지 말라 한다.

이를 왈(曰), 어떠할 여(如), 어떠할 하(何), ~하지 못할 말(末)

제16장

【문지(聞之)】

언불급의(言不及義) 호행소혜(好行小慧)

【원문(原文)】

子曰 群居終日에 言不及義오 好行小慧면 難矣哉라
자왈 군거종일 언불급의 호행소혜 난의 재

【해독(解讀)】

공자께서 말했다[子曰]. "온종일 모여 있으면서[群居終日] 하는 말마다 의롭지 못하고[言不及義] 잔재주나 부리기 좋아한다면[好行小慧] 정말 딱한 일이다[難矣哉]."

【담소(談笑)】

자왈(子曰)

인간 속물(俗物)을 말하고 있다. 이른바 소시민(小市民)이란 인간은 세상을 얕보고 건방떨며 방정맞게 살면서도 도대체 부끄러워할 줄 모른다. 잔꾀나 부리면서 저 잘났다고 큰소리치는 못난 소인배(小人輩)가 되지 말라 한다.

군거종일(群居終日) 언불급의(言不及義) 호행소혜(好行小慧) 난의재(難矣哉)

▶ 온종일[終日] 모여[群] 있으면서[居] 말마다[言] 옳은 일을[義] 멀리하고[不及] 잔꾀나[小慧] 부리기[行] 좋아한다면[好] 참으로 딱하다[難].

군(群)은 군(郡)과 같다. 무리[群]. 소혜(小慧)의 혜(慧)는 여기서 민(敏)과 같다. 영리하다[慧]. 잔재주, 잔꾀 등등이 소혜(小慧)이다. 난(難)은 간(艱)과 같다. 어렵고 딱해 기대할 것이 없다[難]. 난망(難望)의 준말로 여기고 새긴다.

소인(小人)은 잡기(雜技)에 놀아나지만 대인(大人)은 대의(大義)를 걱정한다. 세상이 잘못돼가도 소인은 하늘이 무너져도 솟아날 구멍이 있다면서 겁 없이 까불고, 대인은 하늘이 무너져선 안 된다는 이치를 따라 세상의 잘못을 고치려고 발버둥친다. 소인배는 그저 날마다 패거리를 지어 잔재주나 잔꾀를 부리면서 놀아난다. 그런 소인배한테 무엇을 기대하겠는가? 인생은 놀이판이 아닌 것을 어느 날에나 알까? 드디어 '레져(leisure) 세상'이 됐으니 소인 천하가 되고 만 셈이다. 그래서 오히려 공자의 말씀이 더더욱 절절하게 들린다.

무리 군(群), 끝 종(終), 미칠 급(及), 옳을 의(義), 좋아할 호(好), 행할 행(行), 영리할 혜(慧), 어려울 난(難)

제17장

【문지(聞之)】

군자재(君子哉)

【원문(原文)】

子曰 君子義以爲質이요 禮以行之하며 孫以出之하며 信以成之하나니 君子哉라
자왈 군자의이위질 예이행지 손이출지 신이성지 군자재

【해독(解讀)】

공자께서 말했다[子曰]. "군자는 의를 바탕으로 삼고[君子義以爲質] 예로써 행동하며[禮以行之] 공손히 말하고[孫以出之] 신의로써 이룩하

니[信以成之] 참으로 큰 사람이다[君子哉].”

【담소(談笑)】

자왈(子曰)

앞 장에서 소인배를 말하고 나서 곧 이어 대인(大人)을 말하고 있다. 우리를 깨우치게 하여 대인이 되게 하려는 바람 때문이리라. 어느 성인보다 공자는 모든 인간이 대인이 되기를 바란다. 군자는 대인 중에 대인이 아닌가. 그래서 공자는 군자를 일러 의지여차(義之與此)라 했다. 의와[義] 더불어[與] 좇는다[此].

군자의이위질(君子義以爲質) 예이행지(禮以行之) 손이출지(孫以出之) 신이성지(信以成之)

▶ **군자는[君子] 옳음을[義以] 바탕으로[質] 삼아[爲] 예로써[禮以] 행동하고[行之], 공손하게[孫以] 말하며[出之], 신뢰로써[信以] 일을 되게 한다[成之].**

의(義)는 인도(仁道)를 넓히는 일로 생각하면 된다. 질(質)은 문질빈빈(文質彬彬)의 질(質)을 떠올리면 된다. 바탕[質]. 문질(文質)에서 문(文)은 겉이고, 질(質)은 속이라고 생각해도 된다. 열매의 겉 빛깔이 문(文)이라면 속살이 질(質)인 셈이다.

의이위질(義以爲質)은 질이의(爲質以義)로 고쳐 읽으면 쉽다. 위(爲)A이(以)B로 새기면 된다. B로써[以 B] A를 삼다[爲 A]. 이의(以義)에서 의(義)를 강조하려면 의(義)를 이(以) 앞에 둔다. 따라서 의이(義以)는 이의(以義)에서 의(義)를 강조하는 어투이다. 예이(禮以)·손이(孫以)·신이(信以) 등은 모두 예(禮)·손(孫)·신(信) 등을 강조하는 어투이다. 행지(行之)는 매사에 처신함을 말하고, 출지(出之)는 마음속을 말로 드러냄을 뜻하며, 성지(成之)는 일을 이룩함을 뜻한다.

군자는 오로지 의(義)로써 산다. 이런 의를 다음 28장에 있는 인능홍도(人能弘道)로 여기면 될 것이다. 인도를[仁道] 넓힐 수 있다[能弘]. 왜 그렇게 해야 하는가? 안백성(安百姓) 때문이다. 백성을[百姓] 편안하게 하라[安]. 군자는 이를 정말로 깨우쳐 이행한다. 어떻게 이행한다 하는가? 그 해답을 공자가 위와 같이 밝혔다. 그리고 단언한다. "군자재(君子哉)." 군자로다[君子哉]. 군자를 낡은 인간형이라고 누가 비웃겠는가? 오직 소인이 그럴 것이다. 군자를 부러워만 해도 괜찮은 소인인 셈이다. 괜찮은 소인이라도 좀 있었으면 한다.

~로 삼을 위(爲), 바탕 질(質), 공손할 손(孫), 날 출(出), 믿을 신(信), 이룰 성(成)

제18장

【문지(聞之)】

군자병무능언(君子病無能焉)

【원문(原文)】

子曰 君子病無能焉이오 不病人之不己知也니라
자 왈 군 자 병 무 능 언 불 병 인 지 불 기 지 야

【해독(解讀)】

공자께서 말했다[子曰]. "군자는 자신이 무능할까 걱정할 뿐[君子病無能焉], 남들이 자기를 몰라줄까 봐 걱정하지 않는다[不病人之不己知也]."

【담소(談笑)】

자왈(子曰)

「헌문(憲問)」 편 32장을 새삼 떠올리게 한다. 군자는 결코 과시하지 않는다. 그러니 군자는 안백성(安百姓)을 한답시고 자기를 과시하지 않는다. 공치사를 일삼는다면 무조건 소인이다. 군자는 마땅히 스스로 해야 하므로 기꺼이 할[自謙] 따름이다.

군자병무능언(君子病無能焉) 불병인지불기지야(不病人之不己知也)

▶ 군자는[君子] 자신에게[焉] 능력이[能] 없을까[無] 걱정하지[病], 남들이[人] 자기를[己] 알아주지 않을까 보아[不知] 걱정하지 않는다[不病].

병(病)은 여기서 우(憂)와 같다. 걱정한다[病]. 병(病)·질(疾)·우(憂)·환(患) 등은 다 걱정하고 근심한다는 말로 쓰일 때가 많다. 언(焉)은 어시(於是)의 준말이므로 시(是)를 기(己)로 바꾸어 무능언(無能焉)을 무능어기(無能於己)로 읽고 새긴다. 인지불기지(人之不己知)는 인부지기(人不知己)를 강조하는 어투로 보고 새기면 쉽다.

인기 스타가 얼마나 불쌍한가? 남의 눈길에 따라 울고 웃는다면 소인일 뿐이다. 소인은 남의 눈이 무서워 눈치를 본다. 그러나 군자는 자신을 단속할 뿐이다. 소인은 칭찬받기를 바라고 좋아한다. 그러나 군자는 남을 칭찬하지 결코 자찬(自讚)하지 않는다. 이런 군자가 남이 알아주지 않을까 보아 걱정하겠는가? 남들 눈이 무서워 군자인 척하는 자가 있다면 그런 자야말로 천하에 사기꾼이다. 의로운 길이면 가고 더러운 길이면 쓸어버릴 뿐 남의 눈치 따위로 저울질하지 않는 군자가 우리를 몹시 부끄럽게 한다.

걱정할 병(病), 능할 능(能), 이에 언(焉), 자기 기(己)

제19장

【문지(聞之)】

군자질몰세이명불칭언(君子疾沒世而名不稱焉)

【원문(原文)】

子曰 君子疾沒世而名不稱焉이니라
자 왈 군 자 질 몰 세 이 명 불 칭 언

【해독(解讀)】

공자께서 말했다[子曰]. "군자는 죽을 때까지 자신의 이름이 일컬어지지 않을까 걱정한다[君子疾沒世而名不稱焉]."

【담소(談笑)】

자왈(子曰)

군자는 자신이 죽은 다음을 걱정한다는 말씀이 참으로 우리를 무섭게 한다. 구한말에 매국(賣國)을 주도했던 이완용을 생각해보면 이 말씀이 얼마나 무서운지 알 수 있다. 이완용이 죽을 때까지 제 이름을 걱정했더라면 매국노는 안 되었을 것이다.

군자질몰세이명불칭언(君子疾沒世而名不稱焉)

▶ 군자는[君子] 자신이 죽을 때까지도[沒世] 세상에서[焉] 자기 이름을[名] 일컫지 않을까[不稱] 걱정한다[疾].

질(疾)은 여기서 우(憂)와 같다. 몰(沒)은 진(盡)·사(死)와 같다. 명이 다해 죽다[沒]. 몰세(沒世)는 사망(死亡)과 같은 말이다. 칭(稱)은 언(言)과 같다. 일컫다[稱]. 언(焉)은 어시(於是)의 준말로 여기고 새기면 된다. 그러니 명불칭언(名不稱焉)은 불칭명어시(不稱名於是)에서 명(名)을 강조하기 위해 앞에 두었다고 생각하고 고쳐 읽으면 쉽다.

이 장은 『대학(大學)의 각론(各論) 제2 「지선(至善)」에 나오는 말을 생각나게 한다. "군자현기현이친기친(君子賢其賢而親其親) 소인락기락이리기리(小人樂其樂而利其利) 차이몰세불망야(此以沒世不亡也)." 군자는[君子] 그[其] 어진 것을[賢] 어질다 하고[賢], 그[其] 친한 것을[親] 친하다 한다[親]. 그러나 소인은[小人] 그[其] 즐거움을[樂] 즐긴다 하고[樂], 그[其] 이로움을[利] 이롭다 한다[利]. 그래서 죽어서도[沒世] 이를[此以] 잊지 않는다[不亡].

군자는 혹시라도 소인배로 불려질까 걱정한다는 것이다. 이에 반해 소인은 나 하나 죽으면 그만인데 실컷 즐기다가 죽으면 되지 않느냐고 호언한다는 것이다.

그러나 군자는 사후(死後)를 걱정한다는 공자의 말씀을 듣고 나면 왜 『대학』의 각론 제1 「성의(誠意)」에 다음과 같은 말이 나오는지 알 수 있을 것이다. "군자필신기독(君子必愼其獨)." 군자는[君子] 반드시[必] 자기[己] 홀로를[獨] 삼간다[愼].

군자는 남이 시켜서 어진 삶을 누리려는 것이 아니다. 스스로 기꺼워 남을 사랑하며 살 뿐이다. 군자는 죽은 다음에도 손가락질받지 않기 위해 스스로[自] 기꺼이 산다[謙]는 것이다. 이 얼마나 무서운 말씀인가.

걱정할 질(疾), 명이 다할 몰(沒), 이름 명(名), 일컬을 칭(稱), 이에 언(焉)

제20장

【문지(聞之)】

군자구제기(君子求諸己)

【원문(原文)】

子曰 君子求諸己요 小人求諸人이니라
자 왈 군 자 구 제 기 소 인 구 제 인

【해독(解讀)】

공자께서 말했다[子曰]. "군자는 자신을 책망하고[君子求諸己], 소인은 남을 책망한다[小人求諸人]."

【담소(談笑)】

자왈(子曰)

군자필신기독(君子必愼其獨)을 다시금 밝히고 있다. 모든 사람이 편안하기를 바라기 때문임을 알게 한다. 뒤에 나오는 「자장(子張)」편 8장과 21장에서 다시 언급하는 것으로 보아 공자가 모든 사람이 자신의 허물에 대하여 항상 준엄하기를 바랐음을 알 수 있다.

군자구제기(君子求諸己) 소인구제인(小人求諸人)

▶ 군자는[君子] 자신의[於己] 허물을[之] 책망하고[求], 소인은[小人] 남의[於人] 허물을[之] 책망한다[求].

구(求)는 여기서 구(咎)와 같다. 허물을 책망한다[求]. 제(諸)는 지어(之於)의 준말이다. 그러니 구제기(求諸己)는 구지어기(求之於己)로 고쳐 읽고 지(之)를 비행(非行)의 뜻으로 새기면 된다. 잘못도 비행이요 허물도 비행이다.

지금 공자가 사람이 범하는 허물을 나무라는 게 아니다. 허물이 허물인 줄 모르는 것을 나무란다. 똥 묻은 개가 겨 묻은 개 흉본다는 속담을 생각나게 한다. 제 허물은 감추고 남의 허물만 들추어내 책망하는 소인을 어떻게 생각하는지 자문(自問)해보게 한다. 군자는 남의 허물을 용서하되 자신의 허물을 결코 용서하지 않는다. 그래서 군자는 늘 자기 자신을 삼간다 하지 않는가. 잘못했으면 부끄러워하고 거리낌 없이 개선(改善)하라는 게 공자의 가르침이다. 개선하라. 정기(正己)하라. 극기(克己)하라. 수기(修己)하라. 이러한 말씀은 모두 허물을 부끄러워하라는 말씀이다.

책망할 구(求), 지어(之於) 제(諸)

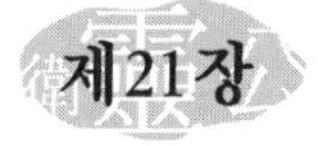

제21장

【문지(聞之)】

군자긍이부쟁(君子矜而不爭)

【원문(原文)】

子曰 君子矜而不爭하며 群而不黨이니라
자 왈 군 자 긍 이 부 쟁 군 이 부 당

【해독(解讀)】

공자께서 말했다[子曰]. "군자는 긍지를 지니고 다투지 않으며[君子矜而不爭], 모여 어울리되 패거리를 짓지 않는다[群而不黨]."

【담소(談笑)】

자왈(子曰)

군자됨을 다시금 밝히고 있다. 「자로(子路)」 편 23장에서 말한 군자화이부동(君子和而不同)과 같은 편 26장에서 말한 군자태이불교(君子泰而不驕)를 새삼 떠올려 헤아리게 한다. 공자가 밝히는 군자의 모습이 마치 노자(老子)가 말한 화기광(和其光)을 닮은 게 아닌가 한다. 눈부신 빛살을[光] 어우른다[和]. 빛나되 눈부시지 않는 분이 곧 군자임을 살펴보게 한다.

군자긍이부쟁(君子矜而不爭) 군이부당(群而不黨)

▶ **군자는[君子] 높은 뜻을 지니되[矜] 남과 다투지 않고[不爭], 무리와 어울리되[群] 패거리를 짓지 않는다[不黨].**

긍(矜)은 여기서 상(尙)과 같다. 뜻을 높이다[矜]. 긍지(矜持)의 준말로 보고 새기면 된다. 군(群)은 붕우(朋友)·배(輩)와 같다. 당(黨)도 붕(朋)·배(輩)와 같다.

긍(矜)은 다양한 뜻이 있다. 높인다[尙]·공경한다[敬]·두려워한다[竦]·불쌍히 여긴다[哀] 등은 대인의 긍지다. 반면 꾸민다[飾]·교만하다[驕] 등은 소인배의 긍지다. 그러니 군자의 긍지와 소인의 긍지가 어떻게 다른지 살필 수 있다. 군자는 긍지를 품되 과시하지 않는다. 그러나 소인은 긍지를 과시하지 않고서는 견디지 못한다. 과시하면 긍지는 너절해진다. 그래서 소인의 긍지는 너절해지고 만다.

군당(群黨)도 군자의 군당이 있고 소인의 군당이 있게 마련이다. 붕당(朋黨)이니 우당(友黨)이니 하는 말들이 있는데, 이는 소인배들이 속임수를 쓰는 용어이기 쉽다. 군자는 부쟁(不爭)하므로 무리를 지어도 다들 서로 벗이 되지만, 소인은 쟁선(爭先)하기 때문에 한 떼[隊]를 만들어 서로 견준다. 그래서 소인의 당(黨)은 대(隊)·편(偏)·비(比)라 한다. 한쪽으로 치우쳐 편벽되고[偏] 견주기 위해[比] 만드는 패거리가 소인의 당(黨)이다. 부쟁(不爭)하는 당(黨)이라면 군자의 붕당이거나 우당인 셈이다. 그러나 시샘하며 앞다투는[爭先] 아우성은 소인배들의 소란이지 인도(仁道)를 넓히려는 높은 뜻을 지닌[矜持] 군자의 외침은 아닐 것이다. 왜 공자가 여러 번에 걸쳐 『논어(論語)』에서 군자와 소인을 견주었을까? 이런 까닭을 곰곰이 살펴보려는 사람들이 거의 없으니 지금 우리가 사는 세상은 소인배의 소굴임에 틀림없다. 공자가 왜 따돌림을 당하는지 알 만하다. 듣기 싫고 거북살스럽다. 공자의 말씀들이 이처럼 들린다면 우리 모두 소인이라 할 수 있다. 면목(面目) 없다.

높일 긍(矜), 다툴 쟁(爭), 벗 군(群), 한 패거리 당(黨)

제22장

【문지(聞之)】

군자불이언거인(君子不以言擧人)

【원문(原文)】

子曰 君子不以言擧人하며 不以人廢言이니라
자 왈 군 자 불 이 언 거 인 불 이 인 폐 언

【해독(解讀)】

공자께서 말했다[子曰]. "군자는 말로만 사람을 높이지 않고[君子不以言擧人], 사람 때문에 그자의 말마저 버리지 않는다[不以人廢言]."

【담소(談笑)】

자왈(子曰)

군자됨을 다시금 밝히고 있다. 「위정(爲政)」 편 14장에서 한 말씀을 떠올리게 한다. "군자주이불비(君子周而不比)." 군자는[君子] 두루 통하지[周] 패를 갈라 겨루지 않는다[不比]. 군자를 왜 덕자(德者)라 하는지 알 만하다. 두루 통하게 함이 바로 덕이요, 그러자면 삼가 정성을 다해 살아야 한다. 공자가 그렇게 살라 한다.

군자불이언거인(君子不以言擧人) 불이인폐언(不以人廢言)

▶ **군자는[君子] 하는 말만 듣고[以言] 사람을[人] 높이지 않는다[不擧]. 그렇다고 사람 때문에[以人] 그의 말까지[言] 버리지 않는다[不廢].**

거(擧)는 칭(稱)과 같다. 등용하다[擧]. 천거(薦擧)의 준말로 여기고 새긴다. 폐(廢)는 방(放)과 같다. 내쳐 버린다[廢].

안연(顔淵)이 앞 10장에서 위방(爲邦)을 물었을 때 공자가 이렇게 말해주었다. "원녕인(遠佞人) …… 영인태(佞人殆)." 말 잘하는 사람을[佞人] 멀리하라[遠]. …… 말 잘하는 사람은[佞人] 위태롭다[殆]. 말만 듣고 사람을 천거하지 않는다는 것이다. 된 사람인지 난 사람이지 따져서 신중하게 천거한다는 말이다.

하지만 말만 앞세우는 사람을 경계할 뿐 그자의 입에서 나오는 말마저 내치지는 않는다. 이는 말 잘하는 이가 말을 이용하려고 할 뿐이니 그 말 자체를 못미더워할 것은 없다는 뜻이다. 살인자도 사랑을 말한다. 그렇다고 사랑이란 말 그 자체를 버리겠는가? 살인은 악이지만 살인자가 말한 사랑은 선이다. 군자야말로 수기이경(修己以敬)의 화신(化身)이 아닌가. 경(敬)으로써 살려고 자신을[己] 닦는[修] 사람이 아니고선 군자가 될 수 없다. 무한대로 선(善)을 넓히려는 군자는 말을 가려 버리지 않는다. 말을 삼갈 뿐이다. 그래서 군자눌언(君子訥言)이라 하지 않는가. 군자는 말을 아끼고[訥言] 소인은 말을 함부로 한다[口給]. 싼 입을 가리켜 구급(口給)이라 한다. 무거운 입을 일러 눌언(訥言)이라 한다. 그러니 군자는 말[言]을 귀양 보내지 않는다.

들 거(擧), 내칠 폐(廢)

제23장

【문지(聞之)】

기서호(其恕乎)

【원문(原文)】

子貢問曰 有一言而可以終身行之者乎이고
자공문왈 유일언이가이종신행지자호
子曰 其恕乎인저 己所不欲을 勿施於人이니라
자왈 기서호 기소불욕 물시어인

【해독(解讀)】

자공이 여쭈었다[子貢問曰]. "한마디 말로 평생토록 지킬 수 있는 말씀이 있겠습니까[有一言而可以終身行之者乎]?"

공자께서 말했다[子曰]. "바로 서(恕)라는 한마디일세[其恕乎]! 자기가 원하지 않는 일을[己所不欲] 남에게 강요하지 말라[勿施於人]."

【담소(談笑)】

자왈(子曰)

「공야장(公冶長)」 편 12장에서 자공에게 해주었던 말씀을 떠올리게 한다. "사야(賜也) 비이소급야(非爾所及也)." 자공아[賜] 네가[爾]

해낼 수 있는 바가[所及] 아니다[非]. 그 소급(所及)이 바로 지금 공자께서 자공에게 말해주는 서(恕)이다. 자공에게 오도일이관지(吾道一以貫之)를 모르느냐고 반문하는 듯하다. 내[吾] 도는[道] 한줄기로[一以] 꿰뚫려 있다[貫之]. 한편 「이인(里仁)」 편 15장에서 증자(曾子)는 일이관지(一以貫之)의 일(一)을 충서(忠恕)라고 풀이했었다.

기서호(其恕乎) 기소불욕(己所不欲) 물시어인(勿施於人)

▶ **바로 그것은[其] 서(恕) 한마디일세[恕乎]! 자기가[己] 바라지 않는[不欲] 바를[所] 남에게[於人] 덮어씌우지[施] 말라[勿].**

서(恕)는 남을 용서해 어질고[仁] 헤아린다[付]는 말이다. 여기서는 이기체인(以己體人)하라는 뜻이다. 나를 생각해[以己] 남을[人] 터득한다[體]. 이는 용서(容恕)한다는 말이다. 어진 마음을[恕] 담아라[容].

내가 하고자 하는 것은 남도 하고자 하고, 내가 하기 싫은 것은 남도 하기 싫어한다. 내가 편안하기 좋아하면 남도 그렇고, 내가 욕심 사나우면 남도 그렇다. 그런데 제 욕심은 사나우면서 남에게 무욕(無慾)하라는 인간들이 너무나 많다. 용서할 줄 모르는 인간들이 너무나 많다. 이는 곧 불인(不仁)을 자행하는 불선자(不善者)들이 득실거린다는 말이다. 공자는 지금 이재(理財)에 밝은 자공에게 따끔한 일침을 가하고 있다. 「공야장(公冶長)」 편 12장의 말씀을 다시 들었으면 한다. "아불욕인지가저아야(我不欲人之加諸我也) 오역욕무가저인(吾亦欲無加諸人)." 나는[我] 남이[人之] 나를[諸我] 업신여기기를[加] 바라지 않고[不欲], 나[吾] 또한[亦] 남을[諸人] 업신여기지 않기[無加] 바랍니다[欲]. 자공의 이 말에 공자께서 내린 결론은 이러하다. "사야(賜也) 비이소급야(非爾所及也)." 여전히 공자는 자공에게 서(恕)를 당부한다. 용서하는 마음가짐으로 살라 함이 곧 서(恕)이다.

용서할 서(恕), 자기 기(己), 바랄 욕(欲), ~하지 말라 물(勿), 더할 시(施)

제24장

【문지(聞之)】

수훼(誰毁) 수예(誰譽)

【원문(原文)】

子曰 吾之於人也에 誰毁 誰譽리오 如有所譽者면 其有所試矣니라 斯民也는 三代之所以直道而行也니라
자왈 오지어인야 수훼 수예 여유소예자 기유소시의 사민야 삼대지소이직도 이행야

【해독(解讀)】

공자께서 말했다[子曰]. “내가 남을 두고[吾之於人也] 누구를 허물하고[誰毁] 누구를 찬양하겠는가[誰譽]? 만일 찬양할 사람이 있다면[如有所譽者] 그럴 만한 증거가 있는 까닭이다[其有所試矣]. 지금 사람들은[斯民也] 3대 이후로 도를 곧게 지켜왔다[三代之所以直道而行也].”

【담소(談笑)】

자왈(子曰)

「계씨(季氏)」 편 10장에서 공자는 “군자에게는 9가지 생각하는 바가 있다[君子有九思]”고 말한 바 있다. 그 구사(九思) 중의 하나가 언사충(言思忠)이다. 말은[言] 성실함을[忠] 생각한다[思]. 공자는 지금 이 언사충(言思忠)을 말하고 있다.

오지어인야(吾之於人也) 수훼(誰毁) 수예(誰譽) 여유소예자(如有所譽者) 기유소시의(其有所試矣)

▶ 내가[吾] 사람들 중에서[於人] 누구를[誰] 허물하고[毁] 누구를[誰] 찬양하겠는가[譽]? 만일[如] 찬양할[譽] 바가[所] 있는[有] 사람이라면[者] 그 사람한테[其] 그럴 증거가 될[試] 것이[所] 있을 터이다[有].

오지어인야(吾之於人也) 수훼(誰毁)가 강한 어조를 드러낸다. 그냥 수오훼(誰吾毁)라고 여기고 새기면 된다. 수(誰)는 숙(孰)과 같다. 누구[誰]. 훼(毁)는 자(呰)와 같다. 헐뜯다[毁]. 예(譽)는 찬(讚)과 같다. 기리다[譽]. 시(試)는 험(驗)과 같다. 실증하다[試].

사람을 함부로 저울질하지 말라 한다. 사람을 평할 때는 신중하지 않으면 안 된다는 것이다. 사람을 헐뜯지 말라는 말씀이고, 칭찬할 사람일지라도 그럴 만한 까닭이 분명치 않다면 함부로 칭찬하지 말라는 말씀이다. 사람을 용서하는 것과 칭찬하는 것은 다른 일이다. 용서는 넉넉할수록 좋고 칭찬은 분명한 까닭이 있어야 한다는 것이다.

공자가 사람을 이렇다저렇다 함부로 평하기를 조심하는 까닭은 다음과 같다. "사민야(斯民也) 삼대지소이직도이행야(三代之所以直道而行也)." 지금[斯] 사람들은[民] 3대 이후[三代] 도를[道] 곧게[直] 행해온[行] 까닭이다[所以]. 이 부분을 독립된 장(章)으로 보자는 경우도 있다. 하여튼 여기서 3대(三代)는 하(夏)·은(殷)·주(周)를 말한다. 그 3대에 걸쳐 이룩한 문물제도를 따라 사는 지금 사람들을 함부로 이렇다저렇다 평가하기란 어렵다는 말씀으로 이해하면 된다. 함부로 사람을 입에 올려 씹지 말라. 비록 남을 헐뜯어야 배앓이가 낫는다고 칭얼대는 경우가 허다하지만 말이다.

어조사 지(之), 누구 수(誰), 험담할 훼(毁), 찬양할 예(譽),
만일 여(如), 실증할 시(試)

제25장

【문지(聞之)】

오유급사지궐문야(吾猶及史之闕文也)

【원문(原文)】

子曰 吾猶及史之闕文也와 有馬者借人乘之하니
자왈 오유급사지궐문야 유마자차인승지
今亡矣夫인저
금망의부

【해독(解讀)】

공자께서 말했다[子曰]. "그래도 옛날에는 사관이 의심쩍은 일을 적지 않았고[吾猶及史之闕文也], 말을 가진 사람이 말을 갖지 못한 사람에게 빌려주어 타고 가게 하는 일을 볼 수 있었다[有馬者借人乘之]. 지금은 그런 풍속이 없어지고 말았다[今亡矣夫]."

【담소(談笑)】

자왈(子曰)

역사 기록의 엄정성을 강조하고, 각박해져가는 세상을 말하고 있다. 역사를 엄격하게 기록하면 세상이 투명해지고, 세상이 각박해지면 사람들이 덕(德)을 멀리한다는 것이다. 공자가 살았던 때도 각박했다 하니 지금은 더 말할 것이 없다.

오유급사지궐문야(吾猶及史之闕文也) 유마자차인승지(有馬者借人乘之)

▶ 사관이[史] 확실하지 않은 일에 관한 글귀를[文] 빼버리고[闕],

말을[馬] 가진[有] 사람이[者] 말이 없는 사람에게[人] 빌려주어[借] 그 말을[之] 타게 했음을[乘] 나는[吾] 알 수 있었다[猶及].

유(猶)는 여기서 가(可)와 같다. ~수 있다[猶]. 급(及)은 체(逮)와 같다. 이르러 미치다[及]. 유급(猶及)은 ~을 알 수 있다는 뜻이다. 궐(闕)은 결(缺)·공(空)과 같다. 빼어 비워두다[闕]. 차(借)는 가(假)와 같다. 빌린다[借]. 차급(借給)의 준말로 여기고 새기면 된다. 어떤 물건을 빌려준다[借給]. 승지(乘之)의 지(之)는 마(馬)를 가리키는 지시어이다.

사관(史官)의 본무(本務)는 단순히 일어난 일을 기록하는 것이 아니라 일어난 일을 엄정하고 공정하게 가려 사초(史草)에 기록하는 것이라고 밝히고 있다. 의심쩍은 것들을 마구 기록해둔다면 그런 사초(私草)는 결국 본말(本末)을 흐리게 하여 세상을 혼란스럽게 하고 말 것이다. 그러니 사관의 엄밀함은 곧 세상을 투명하게 한다. 역사는 정직해야 한다. 역사는 승자의 기록이란 말을 공자는 거부한다.

그리고 있는 사람이 없는 사람을 돕는 것보다 더 어진 일은 없다. 남이 필요로 하는 것을 빌려주는 일은 후덕(厚德)한 사람이라야 할 수 있다. 부덕(不德)한 사람은 베풀 줄 모른다. 베풀 줄 아는 사람이 없으면 세상은 각박해진다. 공자는 넉넉했던 옛날을 말하며 지금은 투명하고 넉넉한 세상이 없어졌다고 밝힌다. “금망의부(今亡矣夫).” 지금은[今] 없어져버리고 말았다[亡矣夫]. 금망(今亡)이란 말과 유급(猶及)이란 말이 옛날을 그리워한다는 느낌을 자아낸다. 사람들이 점점 각박해져가는 사실 앞에 성인인들 어찌 서글퍼하지 않겠는가.

나 오(吾), 가히 유(猶), 미칠 급(及), 비워둘 궐(闕), 빌려줄 차(借), 탈 승(乘)

제26장

【문지(聞之)】

교언란덕(巧言亂德)

【원문(原文)】

子曰 巧言은 亂德이오 小不忍 則亂大謀니라
자 왈 교 언 난 덕 소 불 인 즉 란 대 모

【해독(解讀)】

공자께서 말했다[子曰]. "간교한 말은 덕을 어지럽힌다[巧言亂德]. 작은 것을 참지 못하면 곧 큰 일을 망친다[小不忍則亂大謀]."

【담소(談笑)】

자왈(子曰)

교언(巧言)에 넘어가지 말라 한다. 본래 좋은 약이 입에 쓰듯 좋은 말은 듣기 싫은 말 속에 있다. 작은 것을 탐하다 보면 큰 것을 잃는다. 작은 일은 무엇이고 큰 일은 무엇인지 생각해보라 한다.

교언란덕(巧言亂德) 소불인즉란대모(小不忍則亂大謀)

▶ **거짓을 참인 듯이 하는[巧] 말은[言] 덕을[德] 어지럽힌다[亂]. 작은 것을[小] 참지 못하면[不忍] 곧[則] 큰 일을[大謀] 그르친다[亂].**

교언(巧言)은 거짓말을 참말처럼 꾸미는 짓을 말한다. 난(亂)은 문(紊)과 같다. 어지럽힌다[亂]. 난덕(亂德)은 성덕(成德)을 막는다. 덕을 이루는 일[成德]을 해코지하는 짓들을 난덕(亂德)이라 한다. 소불인(小不忍)은 불인소(不忍小)로 고쳐 읽으면 된다. 소(小)를 강조하고

자 앞으로 끌어냈다. 모(謀)는 여기서 도(圖)와 같다. 일을 도모한다[謀]. 도모(圖謀)의 준말로 여기고 새기면 된다.

무엇이 작은 일이고 무엇이 큰 일일까? 성인은 사(私)는 작고 공(公)은 크다고 한다. 대인은 이 말을 따르지만 소인은 이 말을 비웃고 거스른다. 공(公)은 작고 사(私)가 크다고 고집하는 것을 욕심(慾心)이라고 한다. 우리 모두에게 이로우면 그런 것이 공(公)이고, 나만 이롭게 한다면 그런 짓이 곧 사(私)이다. 소탐대실(小貪大失)이란 말을 누구나 다 알 것이다. 작은 것을[小] 탐하다[貪] 큰 것을[大] 잃는다[失]. 이 말을 알기만 하면 무슨 소용인가? 알면서도 소탐대실하는 짓을 범하니 저마다 스스로 힘들게 산다. 마음 편하게 느긋하게 살고 싶은가? 그러려면 소불인(小不忍)하라는 말씀을 생활화하면 된다. 그러기 어렵다면 할 수 없이 지옥이 늘 따라붙는다.

간교할 교(巧), 어지러울 란(亂), 참을 인(忍), 꾀할 모(謀)

제27장

【문지(聞之)】

중오지필찰언(衆惡之必察焉)

【원문(原文)】

子曰 衆惡之라도 必察焉하며 衆好之라도 必察焉이니라
(자왈 중오지 필찰언 중호지 필찰언)

【해독(解讀)】

공자께서 말했다[子曰]. "민중이 싫어하는 것도[衆惡之] 반드시 잘 살피고[必察焉], 민중이 좋아하는 것도[衆好之] 반드시 잘 살펴라[必察焉]."

【담소(談笑)】

자왈(子曰)

안백성(安百姓)을 이룩하는 방편을 밝히고 있다. 백성을 편안하게 하는[安百姓] 방편은 백성 속에서 찾아야 한다. 이를 반드시 기억하라 한다.

중오지필찰언(衆惡之必察焉) 중호지필찰언(衆好之必察焉)

▸ **민중이[衆] 싫어하는 것도[惡之] 반드시[必] 잘 살피고[察], 민중이[衆] 좋아하는 것도[好之] 반드시[必] 잘 살핀다[察].**

중(衆)은 여기서 민중(民衆) 또는 백성(百姓)으로 새기면 된다. 찰(察)은 관찰(觀察)의 준말로 여기고 새긴다.

백성을 무시하거나 얕보지 말라 한다. 민심(民心)이 곧 천심(天心)인 것을 잊지 말라 한다. 군자는 이를 알고 잘 지킨다. 그렇다고 무턱대고 백성을 편드는 것은 아니다. 군자는 백성이 정도(正道)를 찾아 걷도록 남김없이 돕는다. 그렇다고 군자가 자신을 엘리트로 여기는 것은 아니다. 군자한테는 특권의식이란 없다. 민중 속에서 민중과 함께 숨쉬면서 호오(好惡)를 살펴 백성이 정도를 찾아 걷도록 도우라 한다. 이는 곧 백성 위에 군림하지 말라 함이다. 그런데 어느 날에나 관존민비(官尊民卑)란 말이 없어질까? 벼슬아치들이 상전 노릇 하는 관청에 군자가 있을 리 없다. 이 점을 백성은 잘 알고 있다. 옛날에는 참았지만 지금은 주먹을 쥐고 부릅뜨고 지켜보고 있다. 그러니 공자께서 밝힌 위의 말씀을 새겨듣고 세상을 삼가 두려워해야 하리라.

무리 중(衆), 싫어할 오(惡), 살필 찰(察), 좋아할 호(好)

제28장

【문지(聞之)】

인능홍도(人能弘道)

【원문(原文)】

子曰 人能弘道요 非道弘人이니라
자 왈 인 능 홍 도 비 도 홍 인

【해독(解讀)】

공자께서 말했다[子曰]. "사람이 도를 넓힐 수 있지[人能弘道] 도가 사람을 넓히는 것은 아니다[非道弘人]."

【담소(談笑)】

자왈(子曰)

공자의 일이관지(一以貫之)를 헤아려 듣게 한다. 그리고 공자의 인본주의가 어떤지 갈무리하게 하고, 인간이 위대한 까닭을 살펴보게 한다. 『논어(論語)』를 관류하는 푯대를 인능홍도(人能弘道)로 보아도 된다는 생각이다. 그리고 『중용(中庸)』 3편 2장의 개이지(改而止)란 말을 생각하게 한다. 고쳐져야[改] 그만둔다[止].

인능홍도(人能弘道) 비도홍인(非道弘人)

▶ 사람이[人] 도를[道] 넓힐 수 있는 것이지[能弘] 도가[道] 사람을 [人] 넓힌다는 것이[弘] 아니다[非].

홍(弘)은 대지(大之)와 같다. 크게 한다[弘]. 도를 크게 한다[弘道]. 바로 이 28장이야말로 『논어(論語)』를 관류(貫流)하는 공자의 생각이 드러난다고 볼 수 있다. 그리고 공맹(孔孟)의 도와 노장(老莊)의 도가 어떻게 다른가를 알아보게 한다. 공자는 사람이 본(本)이고 도가 말(末)이라 보고, 노자는 도가 본(本)이고 사람은 말(末)이라고 본다. 다시 말해 공자의 인도(仁道)는 사람을 위해서 있지 그 인도를 위해 사람이 있는 것이 아니라고 말한다. 이 얼마나 철저한 인간주의인가. 공자의 인본(人本)이 인간을 위대하게 한다.

『중용(中庸)』 3편 2장에 있는 공자의 말씀을 생각하게 한다. 그것은 다음과 같다. "도불원인(道不遠人)하니 인지위도이원인(人之爲道而遠人)이면 불가이위도(不可以爲道)니라. 시운(詩云) 벌가벌가(伐柯伐柯)여 기칙불원(其則不遠)이라 집가이벌가(執柯以伐柯)하되 예이시지(睨而視之)하고 유이위원(猶以爲遠)이라. 고(故)로 군자(君子)는 이인치인(以人治人)하다가 개이지(改而止)하니라. 충서(忠恕)는 위도불원(違道不遠)하니 시제기이불순(施諸己而不順)을 역물시어인(亦勿施於人)이니라."

도는[道] 사람한테서[人] 멀리 있지 않다[不遠]. 사람이[人] 도를[道] 하면서[爲] 사람한테서[人] 멀어지게 한다면[遠] 그래서는[以] 도가[道] 될 수 없다[不可爲]. 『시경(詩經)』「빈풍(豳風)」「벌가(伐柯)」의 둘째 장(章) 앞 두 행(行)은 이렇게 말한다[詩云]. "도끼자루[柯] 찍자면[伐] 도끼자루[柯] 찍자면[伐] 자루 치수[其則] 맞춰야 한다[不遠]." 그런데 사람들은 꼼꼼히 살피지 않고 힐끗힐끗 보고[睨] 도끼자룻감을[之] 바라본다[視]. 그렇게 하고서[以] 오히려[猶] 맞지 않는다고 한다[爲遠]. 그런 까닭에[故] 군자는[君子] 사람을[人] 써[以] 사람을[人] 다스리되

[治] 바라는 바대로 고쳐져야[改] 그만둔다[止]. 충과[忠] 서는[恕] 도를[道] 어기기가[違] 멀지 않으니[不遠] 자기한테[諸己] 넘겨지기를[施] 바라지 않으면[不願] 남에게[於人] 넘기지 않는다[勿施].

내용이 좀 길어 번다하지만, 인능홍도(人能弘道)의 참뜻을 짚어보는 데 『중용』의 이 부분이 가장 좋은 길잡이라고 생각된다. 도끼자루를 잡고 도끼자룻감을 자르면서 도끼에 맞는 치수를 찾는데, 멀리서 찾을 게 아니라 바로 손에 쥔 도끼자루에서 바로 그 치수를 찾아보라는 말이다. 그런데 사람들은 그렇게 하지 않고 먼 데서 새 도끼자루의 치수를 찾아보려고 한다는 것이다. 그처럼 사람들은 인도(仁道)란 것이 심원하여 멀리 있는 듯 생각한다는 말이다. 그러나 군자는 필신기독(必愼其獨)할 줄 알므로 도(道)가 가깝게 있음을 안다는 것이다. 그래서 군자는 인능홍도(人能弘道)의 주인이 될 수 있다는 말이다.

인능홍도(人能弘道)라는 공자의 말씀을 인간이 잊지만 않는다면 미래는 인간을 위하여 열릴 수 있다. 공자가 무도(無道)한 세상 앞에서도 절망하거나 좌절하지 않는 까닭은 바로 인능홍도(人能弘道)에 있다. 인도(仁道) 때문에 내가 어진 것이 아니라, 나에게 어진 성품이 있으므로 인도가 열리는 게 아닌가. 맹자(孟子)의 성선설(性善說)은 바로 공자의 인능홍도(人能弘道)에서 발원하는 것임을 알겠다. 이 말씀을 잊지 말라. 인능홍도(人能弘道).

넓힐 홍(弘), 아닐 비(非)

제29장

【문지(聞之)】

과이불개(過而不改)

【원문(原文)】

子曰 過而不改를 是謂過矣니라
자 왈 과이불개 시위과의

【해독(解讀)】

공자께서 말했다[子曰]. "잘못을 범하고서도 고치지 않는 것이[過而不改] 바로 잘못이다[是謂過矣]."

【담소(談笑)】

자왈(子曰)

군자의 중용(中庸)을 헤아리게 한다. 잘못을 꺼릴 줄 알라는 것이다. 잘못을 숨기지 말라. 망설이지 말고 잘못을 스스로 고치라 한다.

과이불개(過而不改) 시위과의(是謂過矣)

▶ **잘못하고서도[過] 고치지 않는 것이[不改] 바로[是謂] 허물이다[過].**

과(過)는 오(誤) · 건(愆) 등과 같다. 그릇되고[誤], 허물을 짓는[愆] 것이 과(過)이다. 과이불개(過而不改)는 불개과(不改過)를 매우 강조한 어투로 보면 무방하다. 허물을 지었다면 반드시 뉘우치고 고치라는 강한 뜻이 담겨 있다.

허물이 무자기(毋自欺)를 한사코 뿌리치는 까닭에 허물을 지었으면 곧 뉘우쳐 고치라고 호통치고 있다. 자신을[自] 속이지 말라[無欺]. 허물을 짓고 그 허물을 뉘우쳐 고치면 누구든 곧 무자기(毋自欺)를 체험한다. 떳떳하고 당당한 사람을 부러워하는가? 이런 무자기(毋自欺)야말로 개과천선(改過遷善)함이다. 허물을[過] 고쳐[改] 선하게[善] 옮겨간다[遷]. 그러면 바로 삶의 중용(中庸)이다.

『중용(中庸)』 2편 1장에서 공자는 이렇게 말했다. "군자중용(君子中庸) 소인반중용(小人反中庸)." 군자는[君子] 중용이고[中庸] 소인은[小人] 중용을[中庸] 거스른다[反]. 중용(中庸)은 시중(時中)으로 새기고, 반중용(反中庸)은 무기탄(無忌憚)으로 새긴다. 군자는 때에 따라 알맞게 하므로[時中] 허물을 멀리할 수 있지만, 소인은 꺼릴 줄 몰라 뻔뻔스러워[無忌憚] 허물을 짓고서도 고칠 모른다 함이 소인의 반중용(反中庸)이다. 뻔뻔스러운 인간들은 부끄러워할 줄 몰라 허물이 허물인 줄 모른다. 오죽하면 철면피(鐵面皮)란 흉한 말이 생겼겠는가.

허물 과(過), 고칠 개(改), 일컬을 위(謂), 어조사 의(矣)

제30장

【문지(聞之)】

불여학야(不如學也)

【원문(原文)】

子曰 吾嘗終日不食하며 終夜不寢하야 以思하니
자 왈 오 상 종 일 불 식 종 야 불 침 이 사

無益이라 不如學也로다
무 익 불 여 학 야

【해독(解讀)】

공자께서 말했다[子曰]. "내가 과거에 온종일 먹지 않고[吾嘗終日不食] 밤새도록 잠들지 않고[終夜不寢] 생각해보았으나 무익했고[以思無益] 배우는 것만 같지 못했다[不如學也]."

【담소(談笑)】

자왈(子曰)

호학(好學)을 강조하고 있다. 사(思) 따로 학(學) 따로 생각하지 말라 한다. 「위정(爲政)」 편 15장을 다시금 새겨보라 한다.

오상종일불식(吾嘗終日不食) 종야불침(終夜不寢) 이사무익(以思無益) 불여학야(不如學也)

▶ 일찍이[嘗] 내가[吾] 온종일[終日] 먹지 않고[不食] 밤새도록[終夜] 자지 않고[不寢] 그렇게끔[以] 생각해보았지만[思] 이로움이[益] 없었고[無], 배우는 것만[學] 못했다[不如].

상(嘗)은 증(曾)과 같다. 일찍이 과거에[嘗]. 사(思)는 여기서 염(念)·유(惟)·의(意) 등과 같다. 생각한다[思]는 뜻의 사유(思惟)의 준말로 새긴다. 학(學)은 효(效)·각(覺) 등과 같다. 본받거나[效] 터득하여[覺] 배운다[學].

공자의 호학(好學)에서 학(學)은 각(覺)보다 효(效)에 더 중심을 둔다. 온고이지신(溫故而知新)이 곧 학(學)의 태도이기 때문이다. 물론 공자의 학(學)이 앵무새같이 흉내를 내라는 효(效)는 아니다. 따져보고 본받되[溫故] 저마다 새롭게 터득하라[知新] 함이 공자의 학(學)이다. 이런 까닭에 공자는 「학이(學而)」 편 8장에서는 학즉불고(學則不固)라 말했고, 「술이(述而)」 편 2장에서는 학이불염(學而不厭)이라 했다. 「위정(爲政)」 편 15장에서는 이렇게까지 말했다. "학이불사즉망(學而不思則罔) 사이불학즉태(思而不學則殆)." 배우되[學] 고루하지 않고[不固], 배우기를[學] 저어하지 않는다[不厭]. 배우기만 하고[學] 생각하지 않으면[不思] 곧[則] 트이지 못하고[罔], 생각만 하고[思] 배우지 않으면[不學] 곧[則] 기초가 없어 위험하다[殆].

명상한다고 배움을 멀리하지 말 일이요 배운다고 명상을 멀리하지 말 일이다. 그런데 이런 말을 불가(佛家)의 선사(禪師)가 들으면 번거롭다고 내칠 것이요 도가(道家)가 들으면 작은 지식[小知]이라고 빈정댈 터이다. 그런들 어떠리. 사람은 배우고 생각하는 목숨인 것을. 공자는 사람을 본(本)으로 삼는 성인이다. 그래서 우리를 더욱 사로잡는다.

일찍이 상(嘗), 끝 종(終), 먹을 식(食), 밤 야(夜), 잘 침(寢), 생각할 사(思), 이로울 익(益), 같을 여(如)

제31장

【문지(聞之)】

군자우도(君子憂道)

【원문(原文)】

子曰 君子謀道요 不謀食이니 耕也餒在其中矣요
자 왈 군 자 모 도 불 모 식 경 야 뇌 재 기 중 의

學也祿在其中矣니 君子憂道요 不憂貧이니라
학 야 록 재 기 중 의 군 자 우 도 불 우 빈

【해독(解讀)】

공자께서 말했다[子曰]. "군자는 도를 도모하지[君子謀道] 밥을 구하지 않는다[不謀食]. 논밭을 갈아도 그런 중에 굶주릴 수 있겠지만[耕也餒在其中矣], 배우면 그런 가운데 국록을 얻는다[學也祿在其中矣]. 군자는 도를 걱정하지만[君子憂道] 가난을 걱정하지 않는다[不憂貧]."

【담소(談笑)】

자왈(子曰)

「헌문(憲問)」 편 24장에서 말한 군자상달(君子上達)을 헤아리게 한다. 군자는[君子] 인도[仁道]를 향해 위로[上] 통달한다[達]. 군자의 본분을 밝히고 있다.

군자모도(君子謀道) 불모식(不謀食) 경야뇌재기중의(耕也餒在其中矣) 학야록재기중의(學也祿在其中矣)

▶ 군자는[君子] 인도(仁道)를[道] 헤아리지[謀] 진수성찬을[食] 구하지 않는다[不謀]. 밭을 갈면[耕] 그런[其] 가운데서도[中] 굶주림이[餒] 있겠으나[在], 배우면[學] 그런[其] 가운데[中] 국록이[祿] 생긴다[在].

모(謀)는 여기서 도(圖)와 같다. 도모한다[謀]. 식(食)은 효찬(殽饌)을 뜻한다. 밥과 반찬을 아울러 뜻하는 식(食)이다. 불모식(不謀食)은 걸게 먹기를 바라지 않는다는 뜻으로 새기면 된다. 즉 소찬(素饌)을 뜻한다. 경(耕)은 경작(耕作)의 준말로 여기고 새긴다. 뇌(餒)는 아(餓)와 같다. 굶주린다[餒]. 기중(其中)의 기(其)는 경(耕)을 받는다. 마치 영어의 정관사(the)처럼 여기면 된다. 학(學)은 여기서 효(效)·각(覺) 등과 같다. 본받아 배워 터득한다[學]. 학도(學道)의 준말로 여기고 새긴다. 도를 배워 터득한다[學]. 녹(祿)은 국록(國祿)의 준말로 보면 된다. 물론 군자가 받는 국록은 안백성(安百姓)의 대가로 받는 봉사료라고 할 수 있다.

"군자상달(君子上達)이요 소인하달(小人下達)"이란 공자의 말씀을 되새겨보라. 군자는 인도(仁道)를 탐하고[上達] 소인은 재물을 탐한다[下達]. 부귀영화를 누리자고 벼슬을 탐하는 자는 소인만도 못하므로 사이비(似而非) 군자이거나 사기꾼에 불과하다.

헤아릴 모(謀), 길 도(道), 밥 식(食), 굶주릴 뇌(餒), 밭갈 경(耕), 있을 재(在), 가운데 중(中), 녹록 록(祿)

군자우도(君子憂道) 불우빈(不憂貧)

▸ **군자는[君子] 도를[道] 걱정하지[憂] 가난을[貧] 걱정하지 않는다[不憂].**

우(憂)는 환(患)과 같다. 걱정한다[憂]. 빈(貧)은 빈곤(貧困)의 준말로 여기고 새기면 된다. 군자는 가난하여 곤궁할까 봐 걱정하지 않는다는 말씀이다. 이 역시 군자상달(君子上達)을 말한다고 할 수 있다.

「학이(學而)」 편 2장에서 유자(有子)가 말한 "군자무본(君子務本) 본립이도생(本立而道生)"도 스승인 공자의 뜻에 따른 것임을 알 수 있다. 군자는[君子] 근본을 위해[本] 애쓴다[務]. 근본이[本] 서야[立] 길이[道] 생긴다[生]. 군자우도(君子憂道)가 곧 군자무본(君子務本)이란 말이다. 군자에게 근본은 곧 인도(仁道)를 넓히고 펴는 데 있다. 이는 곧 「양화(陽貨)」 편 4장에서 말한 군자학도(君子學道)일 것이다. 군자가 도(道)를 배운다 함은 곧 애인(愛人)으로 통한다. 이제 군자의 근본을 알겠다.

걱정할 우(憂), 가난할 빈(貧)

제32장

【문지(聞之)】

동지불이례(動之不以禮) 미선의(未善矣)

【원문(原文)】

子曰 知及之오도 仁不能守之면 雖得之나 必失之니라 知及之하여 仁能守之오도 不莊以涖之면 則民不敬이니라 知及之하며 仁能守之하며 莊以涖之오도 動之不以禮면 未善也니라
자왈 지급지 인불능수지 수득지 필실 지 지급지 인능수지 부장이리지 즉 민불경 지급지 인능수지 장이리지 동지불이례 미선야

【해독(解讀)】

공자께서 말했다[子曰]. "지능으로써 나라를 얻었다 해도[知及之] 인(仁)으로써 나라를 지킬 수 없다면[仁不能守之], 비록 나라를 얻었다 해도[雖得之] 반드시 나라를 잃어버린다[必失之]. 지능으로써 얻어[知及之] 인으로써 지킬 수 있다 해도[仁能守之], 장엄함으로써 나라를 임하지 않으면[不莊以涖之] 곧 백성이 존경하지 않게 된다[則民不敬]. 지능으로써 얻고[知及之] 인으로써 지키고[仁能守之] 장엄으로써 임한다 해도[莊以涖之], 예로써 나라를 운용하지 않는다면[動之不以禮] 완전하지 못하다[未善也]."

【담소(談笑)】

자왈(子曰)

위정(爲政)을 밝히고 있다. 위정(爲政)에서 지(知)는 말단이고 인(仁)이 근본임을 밝힌다. 이러한 정치의 본말(本末)을 합치는 길에서 벗어나지 말라 한다. 「위정(爲政)」 편 3장을 다시금 상기하게 한다. 도지이정(道之以政)보다 도지이덕(道之以德)하라는 말씀을 새삼 깨닫게 한다. 치자(治者)에게 군림하지 말라 한다.

지급지(知及之) 인불능수지(仁不能守之) 수득지(雖得之) 필실지(必失之)

▶ 재주로써[知] 나라를[之] 얻었다 해도[及] 인도(仁道)로써[仁] 나라를[之] 지킬 수 없다면[不能守], 비록[雖] 그것을[之] 얻었다 해도[得] 반드시[必] 그것을[之] 잃게 된다[失].

지(知)는 여기서 식(識)과 같다. 무엇을 많이 아는 것[知]. 지급지(知及之)를 급지이지(及之以知)로 고쳐 생각해보고, 여기서 지(知)를 강조하고자 이(以)를 생략해버리고 앞으로 냈다고 여기고 새기면 된다. 한문은 규정된 문법에 구속받기보다는 문맥(文脈)에 따라 문의(文意)를 살펴 새겨야 한다. 그래서 한문은 절로 생각하게 한다. 인불능수지(仁不能守之) 역시 불능수지이인(不能守之以仁)으로 고쳐 생각하면서 새긴다. 급지(及之)·수지(守之)·득지(得之)·실지(失之) 등의 지(之)는 다음에 이어지는 즉민불경(則民不敬)이란 문의(文意)로 미루어 세상·나라·백성 또는 대권(大權) 등으로 새길 수 있다. 여기서는 나라로 여기고 독해(讀解)했다.

지능(知能)으로만 정치한다고 생각하지 말라 한다. 인(仁)을 떠난 정치는 물거품이기 때문이다. 인을 실현하면 그게 바로 덕(德)이 아닌가. 그래서 덕성(德性)을 후하게 해야 나라든 지위든 민심이든 얻을 수 있다. 그래서 정치(正治)는 성자(誠者)에 달렸다고 한다. 『중용(中庸)』의 각론(各論) 6장에 이런 말씀이 있다. "성자(誠者) 비자성기이이야(非自成己而已也) 소이성물야(所以成物也) 성기인야(成己仁也) 성물지야(成物知也) 성지덕야(性之德也) 합내외지도야(合內外之道也)." 정성됨이란[誠] 것은[者] 스스로[自] 자신을[己] 이루게 할[成] 뿐만[而已也] 아니라[非] 만물을[物] 이루게 하는[成] 까닭이 된다[所以]. 자신을[己] 이룸은[成] 인(仁)이고[仁], 만물을[物] 이룸은[成] 지(知)이다[知]. 이런 인(仁)과 지(知)는 성(性)의[性] 덕(德)이며[德], 안과[內] 밖을[外] 합쳐주는[合] 도(道)이다[道].

이 부분을 잘 새기면 공자가 밝히고 있는 지(知)와 인(仁), 그리고 장(莊)과 예(禮)의 관계를 짚어 헤아릴 수 있을 것이다. 여기서 장(莊)과 예(禮)는 안팎[內外], 즉 인지(仁知)를 합쳐주는 길[道]로 인도하는 방편이 된다. 이를 알면 공자께서 「위정(爲政)」 편 3장에서 밝힌 다음의 말씀을 따라 정치하는[爲政] 지(知)와 인(仁)을 헤아릴 수 있을 것이다. "도지이정(道之以政) 제지이형(齊之以刑) 민면이무치(民免而無恥) 도지이덕(道之以德) 제지이례(齊之以禮) 유치차격(有恥且格)." 법으로써[以政] 이끌고[道之] 형벌로써[以刑] 다지면[齊之] 백성은[民] 모면하려고만 들고[免] 뻔뻔해진다[無恥]. 그러나 덕으로써[以德] 이끌고[道之] 예로써[以禮] 다지면[齊之] 백성한테 부끄러움도[恥] 생기고[有], 나아가[且] 품위도[格] 갖추게 된다[有].

이 말씀을 깨달으면 지급지(知及之)의 지(知)는 형(刑)·정(政)에 치우치려는 지능(知能)이고, 인능수지(仁能守之)의 인(仁)은 덕(德)·예(禮)로써 백성을 이끌어가는 도(道)임을 알 수 있다. 그러면 "부장이리지(不莊以涖之) 즉민불경(則民不敬)"하고 "동지불이례(動之不以禮) 미선야(未善也)"라는 공자의 말씀을 더 잘 헤아릴 수 있을 것이다. 장엄하게[莊以] 나라에[之] 임하지 않는다면[不涖] 곧[則] 백성이[民] 나라를 얕보게 된다[不敬]. 지(知)·인(仁)으로써 나라를 이끌고 장엄하게 이끈다 해도 예를 벗어나서[不以禮] 나라를[之] 움직인다면[動] 완전하지 못하다[未善].

장이(莊以)는 이장(以莊)과 같다. 장(莊)은 장엄(莊嚴)의 준말로 여기고 새긴다. 장중하다는 장(莊)은 「위정(爲政)」 편 20장에서 권세를 부리며 오만했던 대부(大夫) 계강자(季康子)에게 공자께서 밝혀준 다음과 같은 말씀을 떠올리면 된다. "임지이장즉경(臨之以莊則敬)." 장중하게[以莊] 백성 앞에[之] 임하면[臨] 곧[則] 백성은 당신을 존경하리다[敬].

계강자가 백성을 충성스럽게 부리자면 어떻게 해야 하느냐고 물었을 때 공자가 이같이 면박했다. 백성 앞에 장중한 마음가짐으로 임하라 함이 곧 장이리지(莊以涖之)이다. 여기서 이(涖)는 임(臨)과 같다. 만물이 풍성해 씩씩하다는 장(莊)은 하늘이 하는 바를 따라 한다는 속뜻이 있으니, 노자의 말을 빌린다면 공덕지용(孔德之容)을 우러러 보는 마음가짐이다. 하늘 같다는 장(莊) 앞에서는 공맹(孔孟)과 노장(老莊)이 따로 없다. 그러니 백성을 하늘로 여기고 섬겨라. 그러면 백성은 치자(治者)를 존경하고 모실 것이다. 군림하지 말라. 그러면 망한다. 이렇게 공자께서 다짐해두었으니 의심할 것 없다.

재주 지(知), 잡을 급(及), 지킬 수(守), 비록 수(雖), 얻을 득(得), 반드시 필(必), 잃을 실(失)

제33장

【문지(聞之)】

군자불가소지(君子不可小知) 이가대수야(而可大受也)

【원문(原文)】

子曰 君子不可小知 而可大受也요 小人不可大受 而可小受也니라
자왈 군자불가소지 이가대수야 소인불가대수 이가소수야

【해독(解讀)】

공자께서 말했다[子曰]. "군자는 작을 일을 모를 수 있어도 큰 일을 맡을 수 있고[君子不可小知而可大受也], 소인은 큰 일을 맡을 수 없지

만 작은 일을 맡아 할 수 있다[小人不可大受而可小受也]."

【담소(談笑)】

자왈(子曰)

「위정(爲政)」 편 12장에서 밝힌 바 있는 군자불기(君子不器)를 다시금 밝히고 있다. 여기서 대소(大小)는 근본(根本)과 말단(末端)으로 헤아려도 된다. 그런데 본말이 뒤집어져버린 지금은 이런 공자의 말씀을 제대로 받아들일 사람이 드물다. 그러나 여전히 대인(大人)과 소인(小人)의 분별은 유효하다. 그러니 이 장의 말씀을 비웃을 것은 없다.

군자불가소지이가대수야(君子不可小知而可大受也) 소인불가대수이가소수야(小人不可大受而可小受也)

▶ **군자는[君子] 작은 일을[小] 알지 못할 수 있으나[不可知] 큰 일을[大] 맡을 수 있고[可受], 소인은[小人] 큰 일을[大] 맡을 수 없으나[不可受] 작은 일을[小] 맡을 수 있다[可受].**

소지(小知)는 지소(知小)로, 대수(大受)는 수대(受大)로 고쳐서 새기면 쉽다. 대(大)와 소(小)는 군자불기(君子不器)라는 공자의 말씀을 빌려서 여러 가지로 헤아릴 수 있다. 여기서 기(器)는 전문 직종 정도로 볼 수 있다. 그러니 대(大)를 수풀처럼 여기고 소(小)를 나무처럼 여기면 된다. 수풀만 보아도 안 되고 나무만 보아도 안 된다. 수풀을 볼 때는 그 속의 나무까지 알아보아야 할 것이고, 또한 나무가 모이면 수풀이 된다는 이치를 헤아리면서 대수(大受)와 소수(小受)의 뜻을 체험하면 될 것이다.

작을 소(小), 큰 대(大), 받을 수(受)

제34장

【문지(聞之)】

민지어인야(民之於仁也)

【원문(原文)】

子曰 民之於仁也에 甚於水火하니 水火는 吾見
자왈 민지어인야 심어수화 수화 오견
蹈而死者矣어니와 未見蹈仁而死者也케라
도이사자의 미견도인이사자야

【해독(解讀)】

공자께서 말했다[子曰]. "백성에게 인(仁)이란 것은[民之於仁也] 물이나 불보다 더 소중하다[甚於水火]. 물이나 불 속에 들어갔다가 죽는 사람을 보았지만[水火吾見蹈而死者矣], 인(仁)에 뛰어들어 죽었다는 사람을 내 아직 보지 못했다[未見蹈仁而死者也]."

【담소(談笑)】

자왈(子曰)

인간이면 인도(仁道)를 목숨처럼 여기라 한다. 인(仁)은 물이나 불처럼 인간이 살아가는 데 없어서는 안 될 소중한 것임을 상기시킨다.

민지어인야(民之於仁也) 심어수화(甚於水火) 수화오견도이사자의(水火吾見蹈而死者矣) 미견도인이사자야(未見蹈仁而死者也)

▶ 백성한테[於民] 인이란 것은[仁] 물[水] 불[火]보다도[於] 더 소중하다[甚]. 물이나[水] 불로[火] 뛰어들어[蹈] 죽는[死] 사람을

[者] 내가[吾] 보았지만[見], 인에[仁] 뛰어들어[蹈] 죽었다는 [死] 사람은[者] 아직 보지 못했다[未見].

민지어인(民之於仁)을 어민인(於民仁)으로 고쳐 새겨보고, 다시 어민인(於民仁)을 인어민(仁於民)으로 고쳐 새기면 낯익은 말투가 될 것이다. 인어민(仁於民)이라 하면 심심하게 느껴지므로 민(民)을 강조하기 위해서는 어민(於民)의 민(民)을 맨 먼저 말해야 한다. 결국 어민(於民)의 민(民)을 앞에 내기 위해서 민지어(民之於)로 묶은 말솜씨[修辭]임을 알 수 있다. 물론 민지어인(民之於仁)의 어(於)는 '~에'의 뜻으로 처소격이다. 심어수화(甚於水火)의 심(甚)은 승(勝)과 같고, 여기의 어(於)는 비교격으로 '~보다 더'의 뜻이다. 더욱 소중하다[甚]. 수화오견도(水火吾見蹈)는 오견도수화(吾見蹈水火)로 고쳐 새기면 뜻을 쉽게 새길 수 있을 것이다. 물론 수화(水火)를 앞으로 끌어내 강조한 말투이다.

「팔일(八佾)」편 3장을 새삼 떠올리게 한다. "인이불인(仁而不仁) 여례하(如禮何) 인이불인(仁而不仁) 여악하(如樂何)." 사람이면서[人而] 어질지 못하면[不仁] 예가 무슨 소용이고[如禮何] 악이 무슨 소용이란 말인가[如樂何]. 인(仁)에 대해서 공자는 정성을 다해 호소하고 강조한다. 위의 말씀을 귀담아 들어보라. 절절하게 울릴 것이다. 성인의 말솜씨는 물길 같다. 굽이칠 때라면 굽이치고 유유할 때라면 유유한 물길 말이다. 지금 공자가 절절히 굽이치게 호소하여 우리를 꼼짝 못하게 한다. 그래도 불인(不仁)을 범하며 살겠느냐고 공자가 우리를 향해 반문(反問)하고 있다.

두려울 심(甚), ~보다 어(於), 뛰어들 도(蹈)

제35장

【문지(聞之)】
당인(當仁)

【원문(原文)】

子曰 當仁하야 不讓於師니라
자 왈 당 인 불 양 어 사

【해독(解讀)】
공자께서 말했다[子曰]. "인(仁)을 행함에는[當仁] 스승께도 양보하지 않는다[不讓於師]."

【담소(談笑)】
자왈(子曰)
앞서 28장의 말씀을 다시금 헤아리게 한다. "인능홍도(人能弘道)." 인간이[仁] 인도를[道] 넓힐 수 있다[能弘]. 당인(當仁)의 당(當)을 홍도(弘道)를 들어 헤아리게 한다.

당인(當仁) 불양어사(不讓於師)
▶ **인을[仁] 행함에는[當] 스승에게도[於師] 사양하지 않는다[不讓].**
스승보다 더 큰 인자(仁者)가 되려는 뜻을 간직하라 한다. 과거보다 미래를 더 소중히 여기고 확신하는 공자의 뜻이 확연히 드러난다. 본래 성인은 미래주의자라고 할 수 있다. 성인은 결코 복고주의자가 아니다. 그래서 성인을 하늘을 본뜨는 사람이라 한다. 말하자면 서양에서는 'Creator' 라 했고 동양은 '성인(聖人)' 이라 했다.

하지만 Creator를 번역한 창조자란 말 때문에 성인(聖人)을 마치 아주 옛날의 은자(隱者) 정도로 여기는 버릇이 굳어져버렸다. 성인은 결코 화석화된 인물일 수 없다. 유가(儒家)의 성인은 불가(佛家)의 미륵(彌勒)과 닮은 데가 있다. 성인은 미래를 구제하는 까닭이다. 그래서 공자도 「자한(子罕)」 편 22장에서 이렇게 말한 것이다. "후생가외(後生可畏)." 미래에 태어날 후배를[後生] 두려워해야 한다[可畏]. 그러니 「위정(爲政)」 편 11장의 말씀을 상기해보라. "온고이지신(溫故而知新)." 옛것을[故] 살펴[溫] 새것을[新] 알라[知]. 이는 과거로 돌아가라는 말씀이 아니라 미래로 나아가라 함이다. 인도(仁道)를 넓히기 위해 쉬지 말고 전진하라 한다.

행할 당(當), 사양할 양(讓), ~에게 어(於), 스승 사(師)

제36장

【문지(聞之)】

군자정(君子貞)

【원문(原文)】

子曰 君子貞而不諒이니라
자 왈 군 자 정 이 불 량

【해독(解讀)】

공자께서 말했다[子曰]. "군자는 곧고 바르되 무턱대고 고집하지 않는다[君子貞而不諒]."

【담소(談笑)】

자왈(子曰)

군자의 삶이 왜 정(正)하고 명(明)한지 간명하게 밝히고 있다. 정명(正明)을 한마디로 하면 정(貞)일 것이다. 『주역(周易)』에 자주 등장하는 가르침 중에 정길(貞吉)과 정린(貞吝)이 있다. 정(貞)한데 왜 길(吉)하고, 정(貞)한데도 왜 흉(凶)한지 생각해보라 한다.

군자정이불량(君子貞而不諒)

▶ **군자는[君子] 곧고 바르되[貞] 믿었던 것이라도 옳지 않으면 그 믿음을 버린다[不諒].**

정(貞)은 정(正) · 고(固)와 같다. 바르고[正] 굳다[固]는 뜻이다. 정성스러움에 흐트러짐이 없음을 가리켜 정고(貞固)라고 한다. 그래서 정고(貞固)를 한마디로 명(明)이라고 한다. 그러니 정(貞)을 명(明)으로 새겨도 된다. 군자보다 더 현명한 사람은 없을 것이다. 양(諒)은 신(信) · 사(思) · 지(知) 등과 같다. 믿고[信] 생각해주고[思] 알아준다[知] 함이 곧 양(諒)이다. 그러니 불량(不諒)은 믿었다가 그 믿음을 버리고, 생각해주다가 그 생각을 버리고, 알아서 참작하다가 그 참작을 버린다는 말이다. 정(貞)하다면 양(諒)하고, 부정(不貞)하다면 불량(不諒)하는 자가 군자이다.

군자는 고집부리지 않는다. 고집은 궁(窮)이기 때문이다. 군자는 무엇이든 막히면 튼다. 군자만큼 학이불고(學而不固)를 실천하는 사람은 없다. 많이 배우되[學] 어느 하나에 매달려 고집하지 않는다[不固]. 그래서 군자는 항상 삶을 궁즉변(窮則變)으로 이끈다. 막히면[窮] 터라[變]. 숨통이 막히면 죽고 숨통이 열리면 산다. 이처럼 목숨이 궁(窮)한 게 아니라 변(變)이듯, 군자는 어느 하나에 매달려 맹목적으로 정(貞)에 얽매이지 않는다. 정(貞)하다고 믿었다가 부정(不貞)인 것을 알면 믿었던 바를 서슴없이 버린다. 이러함이 군자의 불량(不諒)이다. 그러니 깡패의 의리란 웃기는 것이다. 주먹의 의리는 처음부터 부정(不貞)한 것이니 그런 짓은 정린(貞吝)일 뿐이다. 군자의 정(貞)은 항상 어디서나 정길(貞吉)이다. 군자의 곧고 바름은[貞] 군자를 길하게 하지 흉하게 하지 않는다. 인(吝)이란 흉(凶)이다. 왜 흉한 인간들이 많은가? 군자의 불량(不諒)을 깨우치지 못해서이다.

곧고 바를 정(貞), 믿을 량(諒)

제37장

【문지(聞之)】

경기사(敬其事)

【원문(原文)】

子曰 事君하며 敬其事하고 而後其食케라
자 왈 사 군 경 기 사 이 후 기 식

【해독(解讀)】

공자께서 말했다[子曰]. "임금을 섬기고[事君] 맡은 바를 삼가 처리한다[敬其事]. 그리고 그 국록을 뒤로 한다[而後其食]."

【담소(談笑)】

자왈(子曰)

앞 장에서 말한 군자의 불량(不諒)을 헤아려 살피게 하고, 「학이(學而)」편 2장에서 밝힌 군자무본(君子務本)을 상기하게 한다. 군자는[君子] 근본 되는 일에[本] 전력을 다한다[務]. 단 유도(有道)이어야 봉사(奉仕)한다 한다.

사군(事君) 경기사(敬其事) 이후기식(而後其食)

▶ **임금을[君] 섬기고[事] 맡겨진[其] 일을[事] 삼가 처리한다[敬]. 그리고 그[其] 국록을[食] 뒤로 한다[後].**

사(事)는 봉(奉)과 같다. 받들어 섬기다[事]. 경(敬)은 근(謹)과 같다. 삼가 조심한다[敬]. 경(敬)은 진선(陳善)한다는 뜻으로 새기면 된다. 선을[善] 넓힌다[陳]. 선을 넓힌다는 뜻에서 경(敬)을 공(恭)·숙(肅)·경(警)·근(謹) 등과 같다고 본다. 기사(其事)의 사(事)는 업무(業務)로 보면 된다. 후기식(後其食)의 후(後)는 동사이고 식(食)을 그 목적어로 새긴다. 식(食)은 국록(國祿) 즉 봉급(俸給)을 말한다.

나라와 백성을 위하여 정성을 다해 봉사함을 군자무본(君子務本)이라 한다. 근본을 이루는 일에[本] 전력을 쏟는다[務] 함은 굳건한 군자의 믿음[諒]이리라. 군자에게 그런 본(本)이란 무엇일까? 그것은 바로 수기이안백성(修己以安百姓)이다. 그러나 군자가 임금을 섬긴다[事君]고 약속했다 해서 폭군(暴君)까지 사군(事君)한다는 것은 결코 아니라 한다. 군자는 무도한 치자(治者)에게 빌붙지 않는다. 왜냐하면 안백성(安百姓)을 삼가 실천해야 하기 때문이다. 군자는 불안백성(不安百姓)하면 결연하게 불량(不諒)한다. 독재자에 기생해 아부하는 소인배를 하도 많이 보아서 공자의 말씀이 그림에 떡처럼 겉돌기도 한다. 이는 우리가 못나서이지 공자가 틀린 탓은 아니지 않은가. 성인은 완전하나 우리가 불완전해 너절할 뿐이다.

섬길 사(事), 임금 군(君), 삼갈 경(敬), 뒤 후(後), 먹을 식(食)

제38장

【문지(聞之)】

유교무류(有教無類)

【원문(原文)】

子曰 有教無類니라
자 왈 유 교 무 류

【해독(解讀)】

공자께서 말했다[子曰]. "가르치되 갈래 짓지 말라[有教無類]."

【담소(談笑)】

자왈(子曰)

『논어(論語)』의 첫머리를 생각하라 한다. "학이시습지(學而時習之)." 배우고[學] 때때로[時] 배운 것을[之] 익힌다[習].

또한 「양화(陽貨)」편 2장의 말씀을 되새기게 한다. "성상근야(性相近也) 습상원야(習相遠也)." 사람의 성품은 서로 비슷하여 가르치면 누구나 인덕(仁德)을 쌓을 수 있으니 사람을 차별하지 말라 한다.

유교무류(有教無類)

▶ 가르침이[教] 있되[有] 패를 가르지[類] 말라[無].

유교(有教)의 교(教)를 교육(教育)의 준말로 여기고 새기면 된다. 가르쳐[教] 발전하게 한다[育] 함이 곧 유교(有教)이다. 무(無)는 물(勿)과 같다. ~하지 말라[無]. 유(類)는 패거리를 말한다. 분류(分類)의 준말로 여기면 된다. 패 가름하지 말라 함이 무류(無類)이다. 군자는 본래 화이부동(和而不同)하지 않는가. 만일 패를 가른다면 군자도 곧장 소인이 된다. 불가(佛家)에서 중생도 깨우치면 부처요 부처도 미욱하면 중생이라 하듯 분류(分類)하면 소인이요 무류(無類)하면 대인이요 군자요 성인이다.

공자는 한사코 우리더러 제발 군자가 되라 한다. 쇠귀에 경 읽는 꼴인 줄 공자가 몰랐던 것은 아니다. 알았지만 그리할 수밖에 없었던 것은 인덕(仁德)이 물불[水火]보다 더 소중하다는 믿음을 버릴 수 없었기 때문이었다. 우리는 멀쩡한데도 철없는 청개구리짓을 버리지 못한다.

가르칠 교(教), 무리 류(類)

제39장

【문지(聞之)】

불상위모(不相爲謀)

【원문(原文)】

子曰 道不同이면 不相爲謀니라
자왈 도부동 불상위모

【해독(解讀)】

공자께서 말했다[子曰]. "도가 같지 않으면[道不同] 서로 도모하지 않는다[不相爲謀]."

【담소(談笑)】

자왈(子曰)

앞 장에서 언급한 무류(無類)를 다시 잘 살펴 헤아려보라 한다. 분류하지 말라 했다고 부화뇌동(不和雷同)하라는 것은 아님을 일깨워 주고 있다.

도부동(道不同) 불상위모(不相爲謀)

▶ 이치가[道] 같지 않으면[不同] 서로[相] 도모하지 않는다[不爲謀].

도(道)는 여기서 이(理)와 같다. 그래서 지켜나갈 이치(理致)라는 뜻이다. 동(同)은 일(一)과 같다. 동일하다[同]. 모(謀)는 도(圖)와 같다. 일을 꾀한다[謀].

인도(仁道)라면 한통속이 되라 한다. 그러나 인도가 아니면 가지 말라 한다. 무턱대고 벗 따라 강남 가지 말라는 것이다. 도둑을 따라가면 도둑 패가 될 것이고 어진 사람을 따라가면 어진 이가 될 것이다. 그러니 무류(無類)라고 해서 무조건 한 패가 되라는 뜻은 아니다. 인도(仁道)는 애인(愛人)의 길이다. 그러나 애인을 연인이라고 말하지 말라. 소인은 제 사람만 골라 사랑한다. 군자의 연인은 온 백성이다. 온 백성을[人] 사랑하라[愛]. 애인(愛人)·안인(安人)·안민(安民)·안백성(安百姓) 등은 다 같이 인도(仁道)를 지켜나간다는 말이다. 그러니 인도가 아니거든 가지 말라 한다. 그러니 앞 장의 "무류(無類)하라"는 말씀을 새겨들어야 한다.

이치 도(道), 같을 동(同), 서로 상(相), 할 위(爲), 도모할 모(謀)

제40장

【문지(聞之)】

사달(辭達)

【원문(原文)】

子曰 辭達而已矣니라
자왈 사달이이의

【해독(解讀)】

공자께서 말했다[子曰]. "말이란 뜻이 전달되면 그만이다[辭達而已矣]."

【담소(談笑)】

자왈(子曰)

말을 꾸미지 말라 한다. 교언(巧言)을 멀리하라는 것이다.

사달이이의(辭達而已矣)

▶ **글이나 말은[辭] 뜻을 제대로 전하면[達] 그만이다[而已矣].**

사(辭)는 언(言) · 문(文)과 같다. 말과 글[辭]. 달(達)은 도(到)와 같다. 제대로 잘 전달하다[達]. 전달(傳達)의 준말로 여기면 된다. 이이의(而已矣)는 단언하는 종결어미이고, '~하면 그만일 뿐이다[而已矣]' 라는 뜻이다.

말이든 글이든 뜻하는 바를 온전하게 전달하면 그만이다. 더할 것도 없고 덜 것도 없다는 뜻이다. 그래서 군자는 교언(巧言)을 멀리하고 눌언(訥言)을 가까이하면서 될 수 있는 대로 불언(不言) 쪽을 택한다. 소인은 말이 가볍고 많고 변덕스러워 말을 얼버무리려 덤빈다. 소인은 달면 삼키고 쓰면 뱉기를 마다 않기 때문에 사달(辭達)을 아예 모르고 산다. 또한 알 리도 없다.

공자는 이미 『주역(周易)』「계사전(繫辭傳)」에 사달(辭達)의 어려움을 밝혀두었다. "서부진언(書不盡言) 언부진의(言不盡意) 연즉성인지의(然則聖人之意) 기불가견호(其不可見乎)." 글은[書] 말한 바를[言] 다해주지 못하고[不盡], 말한 바는[言] 뜻하는 바를[意] 다하지 못한다[不盡]. 그렇다면[然則] 성인의[聖人] 뜻한 바[意] 그것은[其] 살펴볼 수 없단 말인가[不可見乎]?

이렇게 자문한 다음 공자는 『주역』을 남긴 성인이 입상(立像)하고 설괘(設卦)한 까닭을 밝히고 있다. "성인립상이진의(聖人立象以盡意) 설괘이진정위(設卦以盡情僞) 계사언(繫辭焉) 이진기언(以盡其言) 변이통지이진리(變而通之以盡利) 고지무지이진신(鼓之舞之以盡神)." 성인이[聖人] 상을[象] 세움[立]으로써[以] 뜻한 바를[意] 다 전하고[盡], 괘를[卦] 베풂[設]으로써[以] 자연의 것과[情] 인간의 것을[僞] 다 전하고자[盡] 말과 글을[辭] 묶었다[繫]. 말과 글을 묶음[繫辭]으로써[以] 뜻한 바를 머물지 않게 하여[變] 그 뜻한 바를[之] 통하게 하게 함[通]으로써[以] 전달의 이로움을[利] 다하게 하고[盡], 그 이로움을[之] 북돋우고[鼓] 그 이로움을[之] 온몸으로 전달하게 함[舞]으로써[以] 정신을[神] 걸림 없게 한다[盡].

공자가 말해놓은 사달(辭達)의 뜻을 잘 파악해 나름대로 터득하여 의사를 전달하거나 표현을 다하고자 한다면 『주역』「계사전」에서 밝힌 공자의 말씀을 자주 만나 탐독(耽讀)해야 한다. 글이든[書] 말이든[言] 서로의 마음을 하나로 통하게 하는 묘(妙)를 다하지 못하면 진신(盡神)은 불가능할 것이다. 진신(盡神)의 신(神)은 정신(精神)의 준말로 새긴다. 정(精)이나 신(神)은 같은 경지다. 그 정(精)이나 신(神)을 하늘의 기운(氣運)이라고 터득하면 된다. 그 기운을 일러 생기(生氣)

라고 한다. 그러니 정(精) · 신(神)은 다 같이 생기를 뜻한다. 따라서 진언(盡言)과 진의(盡意)를 살아가게 하는 힘[生氣]으로 새길 줄 알아야 비로소 황홀한 말씀[言之]을 체험하고 즐길 수 있다. 이런 즐거움으로 이끄는 말씀이 곧 사달(辭達)이다.

말과 글[辭]이 진신(盡神)하면 더할 바 없는 언지(言之)의 황홀(恍惚)함이다. 황홀이란 말은 요샛말로 체험(體驗)이란 말이다. 사실 체험이란 낱말은 명치유신 이후 일본이 만들어낸 말이다. 그러므로 우리가 황홀이란 노자(老子)의 말을 버리고 일본이 억지로 만들어놓은 체험이란 말을 갖다 쓸 까닭이 없다. 사달(辭達) 때문에 그만 곁길로 새고 말았지만, '변이통지이진리(變而通之以盡利) 고지무지이진신(鼓之舞之以盡神)' 이라는 진언(盡言) 진의(盡意)를 체험한다는 말보다 진언(盡言) 진의(盡意)가 황홀하다는 말이 옳지 않겠는가.

말과 글 사(辭), 이를 달(達), 그만일 이(已)

제41장

【문지(聞之)】

고상사지도야(固相師之道也)

【원문(原文)】

師冕見할새 及階어늘 子曰 階也라 하시고 及席이어늘
사 면 견 급 계 자 왈 계 야 급 석

子曰 席也라 하시고 皆座어늘 子告之曰 某在斯요
자 왈 석 야 개 좌 자 고 지 왈 모 재 사

某在斯라 하시다
모 재 사

師冕出커늘 子張問曰 與師言之道與이꼬
사 면 출 자 장 문 왈 여 사 언 지 도 여

子曰 然라 固相師之道也니라
자 왈 연 고 상 사 지 도 야

【해독(解讀)】

악사인 소경 면(冕)이 공자를 찾아와 뵐 때[師冕見] 면이 층계에 이르자[及階] 공자께서 층계라고 알려주었고[子曰 階也], 소경 면이 자리에 이르자[及席] 공자께서 앉을 자리라고 알려주었으며[子曰 席也], 함께 있던 사람들이 모두 자리에 앉자[皆座] 공자께서 소경 면에게 아무개는 여기 있고 아무개는 저기 있다고 알려주었다[子告之曰 某在斯某在斯].

악사 면이 나가고 없을 때[師冕出] 자장이 소경인 악사와 더불어 말하는 길이 이런 것이냐고 공자께 물었다[子張問曰 與師言之道與].

공자께서 말해주었다[子曰]. "그렇다[然]. 바로 그렇게 함이 소경인 악사를 돕는 길이다[固相師之道也]."

【담소(談笑)】

자왈(子曰)

동지이례(動之以禮) 즉 예(禮)를 행하는 바를 몸소 보여주고 있다. 예는 말로 하는 것이 아니다. 상대편의 마음이 편안하도록 실천하지 않는다면 어떤 예이든 아무런 소용이 없음을 밝혀주고 있다.

사면견(師冕見) 급계(及階) 급석(及席)

▶ 악사(樂師)인 면이란 소경이[師冕] 공자를 뵈러 와[見] 층계에

[階] 이르렀고[及], 자리에[席] 이르렀다[及].

견(見) 뒤에 목적어가 있다고 여기면 된다. 급(及)은 여기서 도(到)와 같다. ~까지 왔다[及]. 계(階)는 계단(階段)의 준말로, 석(席)은 좌석(座席)의 준말로 여기면 된다.

앞 못 보는 악사(樂師) 면(冕)이 공자를 뵈러 오자 공자가 손수 면을 맞아들이는 광경을 묘사하고 있다. 모두 자리에 앉았다[皆座]는 표현으로 보아 제자들이 여럿 함께 있었음을 알 수 있다. 제자를 시켜 악사를 맞아들일 수 있었을 텐데 공자가 직접 나아가 악사가 계단에 이르면 층계라고 알려주고[子曰 階也], 앉을 자리에 이르면 직접 자리라고 일러주었다는 것이다[子曰 席也]. 또한 주위에 있던 제자들이 다 자리를 잡자[皆座] "자고지왈(子告之曰) 모재사(某在斯) 모재사(某在斯)"라고 공자께서[子] 아무개는[某] 여기에[斯] 있고[在], 아무개는[某] 저기에[斯] 있다고[在] 악사 면에게[之] 알려주고[告] 말했다[曰] 한다. 소경을 마음 편하게 해주는 공자를 보라. 사람을 맞이하는 일에 공자는 비서 따위를 부리지 않았을 터이다.

면류관 면(冕), 뵐 견(見), ~에 이를 급(及), 층계 계(階), 자리 석(席)

연(然) 고상사지도야(固相師之道也)

▶ 그렇다[然]. 진실로[固] 소경인 악사를[師] 돕는[相] 길이다[道].

연(然)은 여기서 시(是)와 같다. 그렇다[然]. 고(固)는 본연(本然)이란 뜻이다. 진실로, 참으로[固]. 상(相)은 조(助)와 같다. 돕다[相]. 상사지도(相師之道)에서 상사지(相師之)는 도(道)를 꾸며주는 영어의 형용사절처럼 생각하면 된다. 지(之)를 마치 관계대명사(which)처럼 여기고 새기는 것이다.

사면출(師冕出). 악사[師] 면이[冕] 공자를 뵙고 떠났다[出]. 악사 면이 일을 마치고 떠날 때에도 역시 공자가 직접 배웅했을 터이다. 그러자 자장이 공자께 이렇게 물었다. "여사언지도여(與師言之道與)?" 소경인 악사에게[師] 말해주는[言] 길이[道] 이러합니까[與]? 여(與)는 여(如)와 같은 뜻의 동사이고, 끝의 여(與)는 의문조사이다. ~과 같다[與]. ~인가[與]? 자장이 이렇게 묻자 공자가 위와 같이 말해주었다. 스승이 제자들에게 예(禮)가 무엇인가를 몸소 가르친 셈이다.

예를 어렵게 하지 말라. 예는 몸소 행하는 치궁(治躬)이기 때문이다. 몸가짐을[躬] 공손하고 정성스레 삼가 갖추고 살라[治]. 예를 떠나 살지 말라는 것이다. 앞 32장에 있는 공자의 말씀을 잊지 말라. "동지불이례(動之不以禮) 미선야(未善也)." 예로써[以禮] 움직이게 하라[動之].

그럴 연(然), 진실로 고(固), 서로 도울 상(相), 길 도(道)

후편(後篇) 16

계씨(季氏)

입문 이 편 맨 처음에 나오는 '계씨(季氏)'를 따서 편명(篇名)으로 삼았다. 「계씨(季氏)」 편은 14장(章)으로 이루어져 있다. 앞서의 편들에 비해서 이 편은 여러 가지 색다른 면이 있다. 자왈(子曰) 대신에 공자왈(孔子曰)로 되어 있다든지, 우(友)·낙(樂)·건(愆)·계(戒)·외(畏)·사(思) 등을 숫자 삼(三)과 구(九)를 들어 삼우(三友)·삼락(三樂)·삼건(三愆)·삼계(三戒)·삼외(三畏)·구사(九思) 등으로 논하는 것이 다른 편들과 다르게 느껴진다. 그래서 이 편을 『논어(論語)』 삼신(三神) 중에서 제(齊)나라 학자가 전한 『논어』, 즉 제론(齊論)이라고 주장한 사람도 있다. 『논어』 삼신이란 『논어』에는 고문(古文)으로 된 고론(古論), 노(魯)나라 학자가 전한 노론(魯論), 제(齊)나라 학자가 전한 제론(齊論) 등등의 세 가지가 있다는 말이다. 우리가 주로 보는 『논어』는 고문(古文)의 것이다.

물론 삼신 논쟁에 휘말릴 필요는 없다고 본다. 『논어』를 통해 성현의 뜻을 듣고 체험하면 그만이니 말이다. 공자의 말씀을 곧장 듣고 체험하려는 마음가짐이 더욱 소중하다는 생각이다. 예를 들어 반드시 주자(朱子)를 통해서 공자를 뵈어야 하는 것은 아니라는 말이다. 주자가 한 획을 긋는 천재이긴 하지만 성인일 수는 없다. 성인은 시대(時代)를 아랑곳하지 않지만, 주자 같은 천재적인 철인(哲人)은 시대가 바뀌면 낡은 둥지에 머물러 있게 마련이다. 성인의 둥지는 항상 현재요 미래이다. 그러니 「계씨」 편이 좀 색다르다 한들 마음에 걸릴 것은 없다. 특히 이 편 13장은 많은 것을 헤아리게 하는 대화(對話)의 장(章)이다. 공자는 여전히 인능홍도(人能弘道)를 절규하면서 안백성(安百姓)의 길을 트려고 한다.

제1장

【문지(聞之)】

불환과이환불균(不患寡而患不均) 불환빈이환불안(不患貧而患不安)

【원문(原文)】

季氏將伐顓臾하니 冉有季路見於孔子曰 季氏將
계 씨 장 벌 전 유 염 유 계 로 견 어 공 자 왈 계 씨 장

有事於顓臾로소이다
유 사 어 전 유

孔子曰 求야 無乃爾是過與아 夫顓臾는 昔者先
공 자 왈 구 무 내 이 시 과 여 부 전 유 석 자 선

王以爲東蒙主하시고 其在邦域之中矣라 是社稷
왕 이 위 동 몽 주 기 재 방 역 지 중 의 시 사 직

之臣也니 何以伐爲리오
지 신 야 하 이 벌 위

冉有曰 夫子欲之인정 吾二臣者는 皆不欲也로이다
염 유 왈 부 자 욕 지 오 이 신 자 개 불 욕 야

孔子曰 求아 周任有言曰 陳力就列하야 不能者
공 자 왈 구 주 임 유 언 왈 진 력 취 열 불 능 자

止라 하니 危而不持하고 顚而不扶면 則將焉用彼
지 위 이 부 지 전 이 불 부 즉 장 언 용 피

相矣리오 且爾言過矣로다 虎兕出於柙하며 龜玉毁
상 의 차 이 언 과 의 호 시 출 어 합 귀 옥 훼

於櫝中이 是誰之過與오
어 독 중 시 수 지 과 여

冉有曰 今夫顓臾는 固而近於費하니 今不取면 後
염 유 왈 금 부 전 유 고 이 근 어 비 금 불 취 후

世必爲子孫憂하리이다
세 필 위 자 손 우

孔子曰 求야 君子疾夫舍曰欲之요 而必爲之辭
공 자 왈 구 군 자 질 부 사 왈 욕 지 이 필 위 지 사
니라 丘也聞 有國有家者는 不患寡而患不均하며
구 야 문 유 국 유 가 자 불 환 과 이 환 불 균
不患貧而患不安이라 하니 蓋均無貧이요 和無寡요
불 환 빈 이 환 불 안 개 균 무 빈 화 무 과
安無傾이니라 夫如是라 故遠人不服이면 則修文
안 무 경 부 여 시 고 원 인 불 복 즉 수 문
德以來之하고 旣來之則安之니라 今由與求也相
덕 이 래 지 기 래 지 즉 안 지 금 유 여 구 야 상
夫子호대 遠人不服하며 而不能來也하며 邦分崩離
부 자 원 인 불 복 이 불 능 래 야 방 분 붕 리
析하며 而不能守也하고 而謀動干戈於邦內하니 吾
석 이 불 능 수 야 이 모 동 간 과 어 방 내 오
恐季孫之憂는 不在顓臾요 而在蕭牆之內也하노라
공 계 손 지 우 부 재 전 유 이 재 소 장 지 내 야

【해독(解讀)】

계씨가 전유를 치려고 했다[季氏將伐顓臾]. 염유와 계로가 공자를 뵙고 아뢰었다[冉有季路見於孔子曰] "계씨가 전유를 치려고 합니다[季氏將有事於顓臾]."

공자께서 말해주었다[孔子曰]. "구야[求]! 그런 잘못은 바로 너희의 것이 아니냐[無乃爾是過與]? 무릇 전유를[夫顓臾] 옛날 주나라 선왕이 동쪽 몽산의 제주로 삼았고[昔者先王以爲東蒙主], 그 전유라는 나라는 노나라 안에 있으며[其在邦域之中矣] 노나라의 사직을 제사 지내는 신하인 셈인데[是社稷之臣也] 어째서 치려 한단 말이냐[何以伐爲]?"

염유가 아뢰었다[冉有曰]. "계씨가 치려는 것이지[夫子欲之] 저희 둘은 모두 바라지 않는 일입니다[吾二臣者皆不欲也]."

공자께서 타일렀다[孔子曰]. "구야[求]! 주임이란 사람이 이런 말을

했단다[周任有言曰]. '능력을 다 발휘하고 벼슬에 오르되[陳力就列] 능력이 없는 사람은 벼슬을 그만두어야 하고[不能者止], 위태로운데 내버려두고[危而不持] 넘어지는데 붙들어주지 못한다면[顚而不扶] 그런 신하를 어디에 쓰겠는가[則將焉用彼相矣].'

또한 자네 말이 맞지가 않아[且爾言過矣]. 호랑이나 외뿔소가 우리에서 나와[虎兕出於柙] 궤 속에 든 보물을 부숴버린다면[龜玉毁於櫝中] 이런 일은 누구의 잘못이란 말인가[是誰之過與]?"

염유가 아뢰었다[冉有曰]. "지금 전유는 견고하고 비라는 고을에서 가까워[今夫顓臾固而近於費] 지금 쟁취하지 않으면[今不取] 미래에 반드시 후손에게 걱정거리가 될 것입니다[後世必爲子孫憂]."

공자께서 꾸짖었다[孔子曰]. "구야[求]! 군자는 탐하기를 버린다면서 말을 꾸미는 짓을 미워한다[君子疾夫舍曰欲之而必爲之辭]. 내가 듣기로[丘也聞] 나라를 다스리는 사람은[有國有家者] 줄어드는 것을 걱정하지 않고 고르지 않을까를 걱정하고[不患寡而患不均], 가난을 걱정하지 않고 편안하지 않을까를 걱정한다[不患貧而患不安]. 대개 고르면 백성이 가난하지 않을 것이고[蓋均無貧], 화목하면 백성이 줄지 않을 것이며[和無寡], 편안하면 백성이 딴 데로 기울지 않을 것이다[安無傾]. 무릇 세상은 이러하다[夫如是]. 그러니 먼 데 사람이 복종하지 않으면[故遠人不服] 곧 문물과 덕치를 더욱 닦아 돌아오게 하고[則修文德以來之], 돌아오면 마음 편히 해주어야 한다[旣來之則安之]. 지금 유와 구가 계씨를 돕는데[今由與求也相夫子] 먼 데 사람이 복종하지 않는데 돌아오지도 못하게 하고[遠人不服而不能來也], 나라가 분열되어 무너지고 떨어져 나가고 쪼개지는 것을[邦分崩離析] 지키지도 못하면서 나라 안에서 무력을 동원하려고 도모하고 있단 말이다[而不能守也而謀動干戈於邦內]. 내가 두려워하는 바는 계손의 걱정거리가[吾恐季孫之憂] 전유에 있는 것이 아니라[不在顓臾] 바로 계씨의 담장 안에 있다는 것이다[而在蕭牆之內也]."

【담소(談笑)】

자왈(子曰)

절위(竊位)란 말을 깊이 헤아려보게 한다. 「위령공(衛靈公)」 편 13장에서 공자가 이렇게 밝힌 바 있다. "장문중기절위자여(臧文仲其竊位者與)." 장문중이란[臧文仲] 그 작자는[其] 벼슬자리를[位] 도둑질하고 있다[竊].

벼슬자리에 따라 맡은 바 책임을 제대로 완수하지 못하면서 그 자리에 붙어 있는 것이 곧 절위(竊位)라 한다. 무도(無道)한 대부 계씨(季氏) 밑에서 가신(家臣) 노릇을 하고 있는 염유(冉有)와 계로(季路)에게 절위하지 말라고 꾸짖고 있다. 공자가 오신다면 어떤 분야든 철밥통을 박살낼 터이다.

부전유(夫顓臾) 석자선왕이위동몽주(昔者先王以爲東蒙主) 기재방역지중의(其在邦域之中矣) 시사직지신야(是社稷之臣也) 하이벌위(何以伐爲)

▶ **그[夫] 전유를[顓臾] 옛날[昔者] 주나라 임금이[先王] 동쪽의[東] 몽산 아래에 봉하여[蒙] 산제(山祭)를 지내는 제주(祭主)로 삼았고[爲], 그 지방은[其] 노나라 경계[邦域] 안에[中] 있으며[在] 바로 이 노나라의[是] 제사를 올리는[社稷] 신하이다[臣]. 어째자고[何以] 정벌을[伐] 한다는 것인가[爲]?**

부(夫)는 여기서 기(其)와 같다. 영어의 정관사(the)처럼 보면 된다. 전유(顓臾)는 노(魯)나라에 속해 있는 부속국(附屬國)이다. 선왕이위동몽주(先王以爲東蒙主)는 선왕위동몽주이전유(先王爲東蒙主以顓臾)로 고쳐 읽으면 뜻을 풀이하기 쉽다. 전유를 강조하고자 부(夫)를 붙여 앞으로 끌어냈다고 보면 된다. 여기서 위(爲)는 A를 B로 삼는다[爲A以B]는 뜻이다. 기재(其在)의 기(其)는 전유(顓臾)를 가리킨다. 사직(社稷)은 나라의 제사(祭祀)를 뜻한다. 벌(伐)은 정(征)과 같다. 정벌(征伐)의 준말로 여기고 새기면 된다.

노나라에서 임금을 무시하며 권세를 마구 부렸던 대부 계씨의 가신으로 있는 염유와 계로가 스승 공자를 뵙고 이렇게 아뢴다. "계씨장유사어전유(季氏將有事於顓臾)." 계씨가[季氏] 전유라는 고을에서[於顓臾] 일을 내려고 합니다[有事].

계씨가 전유(顓臾)를 정벌하려 한다는 말을 듣고 공자가 먼저 염유를 이렇게 꾸짖는다. "구(求) 무내이시과여(無乃爾是過與)." 구야[求] 이런[是] 잘못이란[過] 다름 아닌 바로 너의 것이[乃爾] 아니냐[無與]? 구(求)는 염유(冉有)의 이름이다. 이렇게 꾸짖은 다음 위와 같이 전유를 정벌하면 안 되는 이유를 알려준다. 그러자 염유가 이렇게 변명한다. "부자욕지(夫子欲之) 오이신자불욕야(吾二臣者皆不欲也)." 계씨가[夫子] 전유를 정벌하고자 하지[欲之] 저희[吾] 두 신하[二臣者] 모두는[皆] 바라지 않습니다[不欲].

변명하는 염유가 스승을 더욱 서글프게 했다. 계씨의 탐욕을 더는 막을 수 없으니 가신 노릇을 그만두겠다고 아뢰기는커녕 변명만 늘어놓는 염유를 팽개치지 않고 간곡하게 타일러주는 공자를 보라. "구(求) 주임유언왈(周任有言曰) 진력취열(陳力就列) 불능자지(不能者止)." 구야[求]! 주임이라는 사람이[周任] 있는데[有] 이렇게 말했다 한다[言曰]. "능력을[力] 발휘하여[陳] 벼슬에[列] 오르되[就], 제 힘으로 감당할 수 없는 자라면[不能者] 벼슬에서 물러난다[止]." 이어서 공자는 호되게 염유를 몰아붙인다.

저 부(夫), 착할 전(顓), 착할 유(臾), 옛날 석(昔), 입을 몽(蒙), 주인 주(主), 나라 방(邦), 경계 역(域), 토지신(土地神) 사(社), 오곡(五穀)의 신 직(稷), 칠 벌(伐)

위이부지(危而不持) 전이불부(顚而不扶) 즉장언용피상의(則將焉用彼相矣) 차이언과의(且爾言過矣) 호시출어합(虎兕出於柙) 귀옥훼어독중(龜玉毁於櫝中) 시수지과여(是誰之過與)

▶ 위태로운데[危] 막아주지 못하고[不持] 엎어지는데[顚] 엎어지지 않게 돕지 못한다면[不扶] 그런[彼] 신하를[相] 어디에[焉] 쓴단 말인가[用]. 그리고 또한[且] 네 말도[爾言] 잘못이다[過]. 호랑이나[虎] 외뿔소가[兕] 우리에서[於柙] 나온다거나[出] 보물이[龜玉] 궤 속에서[於櫝中] 손상을 입는다면[毁] 이러한 사태는[是] 누구의[誰] 잘못이라고 말하겠는가[過]?

위(危)는 태(殆)와 같다. 위태하다[危]. 지(持)는 수(守)와 같다. 안전을 지킨다[持]. 전(顚)은 부(仆)와 같다. 엎어져 뒤집어지다[顚]. 전복(顚覆)의 준말로 보면 된다. 부(扶)는 좌(佐)와 같다. 도와서 보호하다[扶]. 부호(扶護)의 준말로 보고 새긴다. 훼(毁)는 괴(壞)와 같다. 깨뜨려 부수다[毁]. 훼쇄(毁碎)의 준말로 여기고 새긴다. 합(柙)은 울타리를 세운 우리를 말하고, 독(櫝)은 나무로 짠 궤짝을 말한다.

호시출어합(虎兕出於柙)에는 상전이 무도(無道)하면 신하가 횡포를 부리지 못하게 막아야 한다는 속뜻이 담겨 있고, 귀옥훼어독중(龜玉毁於櫝中)에는 상전이 유도(有道)하면 신하는 상전이 해를 입지 않게 잘 보살펴야 한다는 속뜻이 담겨 있다. 상전이 무도할 때는 백성을 괴롭히는 짓을 못하게 막아주는 울타리 노릇을 해야 진정한 신하라는 말이다. 그렇지 못하고 상전의 눈치나 살피며 빌붙어 부귀영화나 누리겠다면 소인배가 아니겠는가. 이런 속뜻을 아마도 염유와 계로는 깨우치지 못했던가? 공자의 말씀이 더욱 격해져가니 말이다. 그리고 성질 급한 계로는 왜 입 다물고 있고 염유만 나서서 스승의 부아를 더하고 있는가? 정사(政事)에 영리한 계로는 입을 열지 않았을 것이다. 계로는 바로 자로(子路)이다. 그 계로의 이름은 유(由)이다.

하여튼 염유는 스승의 참뜻을 헤아리지 못하고 다시 입을 열어 변명한다. "금부전유고이근어비(今夫顓臾固而近於費) 금불취(今不取) 후세필위자손우(後世必爲子孫憂)." 지금[今] 저[夫] 전유는[顓臾] 성이 견고하고[固] 비(費)라는 고을과[於費] 가까이 있어서[近] 지금[今] 전유를 취하지 않으면[不取] 훗날에 이르러[後世] 반드시[必] 후손의[子孫] 걱정거리가[憂] 될 것입니다[爲].

그러자 공자가 사정없이 공박한다. "구(求) 군자질부사왈욕지(君子疾夫舍曰欲之) 이필위지사(而必爲之辭)." 구야[求], 무릇[夫] 탐한다고[欲之] 말하기를[曰] 버리고[舍] 그럴 듯이 꾸미는[必爲] 말을[辭] 군자는[君子] 질색한다[疾].

질(疾)은 오(惡)와 같다. 질색하여 미워한다[疾]. 사왈욕지(舍曰欲之)의 사(舍)는 사(捨)와 같고, 왈(曰)은 설(說)과 같으며, 사욕지왈(舍欲之曰)로 고쳐 읽으면 새기기 쉽다. 군자는 탐욕을 감추어두고 그것을 버렸다고 말하는 자를 미워한다는 말이다. 우리도 마음을 비웠다는 정치인들을 수없이 보아왔다. 그런 말을 들을 때마다 참이려니 믿는 사람이 있었던가. 소인의 짓은 예나 지금이나 달라진 게 없다.

위태할 위(危), 지킬 지(持), 엎어질 전(顚), 도울 부(扶), 어찌 언(焉), 쓸 용(用), 저 피(彼), 신하 상(相), 또 차(且), 너 이(爾), 허물 과(過), 호랑이 호(虎), 외뿔소 시(兕), 우리 합(柙), 거북 귀(龜), 구슬 옥(玉), 부슬 훼(毁), 나무로 짠 궤 독(櫝), 누구 수(誰)

유국유가자(有國有家者) 불환과이환불균(不患寡而患不均) 불환빈이환불안(不患貧而患不安) 개균무빈(蓋均無貧) 화무과(和無寡) 안무경(安無傾)

▶ 국가를[國] 맡아 다스리거나[有] 한 세도가를[家] 맡아 돌보는[有] 사람은[者] 백성이 줄어들까를[寡] 걱정하지 않고[不患] 고르지 못함을[不均] 걱정하고[患], 가난을[貧] 걱정하지 않고[不患] 불안해할까를[不安] 걱정한다[患]. 대개[蓋] 고르면[均] 가난하지 않고

[無貧] 두루 어울리면[和] 백성이 줄어들지 않으며[無寡], 마음 편하게 하면[安] 딴 데로 눈을 팔고 기울어지지 않는다[無傾].

유국(有國)의 유(有)는 보(保)와 같다. 보전하여 갖다[有]. 과(寡)는 소(少)와 같다. 줄어든다[寡]. 균(均)은 등(等)과 같다. 골고루 같다[均]. 빈(貧)은 곤(困)과 같다. 가난해 살기가 어렵다[貧]. 화(和)는 합(合)과 같다. 화합(和合)의 준말로 새기면 된다. 경(傾)은 측(側)과 같다. 한쪽으로 기울어지다[傾]. 경도(傾倒)의 준말로 보면 된다.

공자가 위와 같은 말을 들은 바 있다[丘也聞]는 단서를 달아 염유와 계로를 타이르고 있다. 학정(虐政)을 하지 않고 선정(善政)하는 방편을 다음과 같이 밝혀주는 셈이다. "불환과이환불균(不患寡而患不均) 불환빈이환불안(不患貧而患不安) 개균무빈(蓋均無貧) 화무과(和無寡) 안무경(安無傾)."

불환과이환불균(不患寡而患不均)에서 과(寡)는 학정 탓에 백성이 줄어든다는 말이고, 균(均)은 백성이 다같이 골고루 평등하게 잘 산다는 말이다. 불환빈이환불안(不患貧而患不安)에서 빈(貧)은 학정 탓으로 백성이 빈곤함을 말하고, 불안(不安)은 안백성(安百姓)을 이루지 못함을 말한다. 그러면서 개균무빈(蓋均無貧)·화무과(和無寡)·안무경(安無傾)이 안백성(安百姓)을 이루는 선정(善政)의 기본이라고 말하고 있다. 그래서 공자는 부여시(夫如是)라고 했다. 선정이란 대개[夫] 이와[是] 같다[如].

나라가 한마음으로 동고동락(同苦同樂)하면 된다. 오로지 권력을 남용하는 무도한 패거리 때문에 백성이 도망가거나 빈부(貧富)가 생겨 고통받는다고 공자가 염유와 계로를 질타하고 있다. 이 두 제자가 무도한 계씨의 가신이었기 때문이다. 한 고을이 순종하지 않는다 하여 군사를 일으켜 정벌할 생각을 하지 말라고 질타했지만, 두 제자(염유·계로)가 스승의 말씀을 따랐는지는 모를 일이다. 가신이 없는 나라라야 나라가 투명하고 맑다는 것은 예나 지금이나 같다. 우리도 정권이 바뀔 때마다 쇠고랑 차는 사람들을 늘 보지만 가신 노릇하다 험하게 된 꼴을 매번 손가락질하고 있는 터이니 우리 역시 서글프다.

걱정할 환(患), 적을 과(寡), 고를 균(均), 가난할 빈(貧), 대개 개(蓋), 뒤집힐 경(傾)

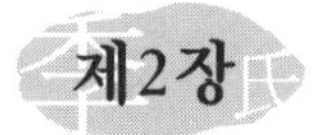

제2장

【문지(聞之)】

천하유도(天下有道) 즉서인불의(則庶人不議)

【원문(原文)】

孔子曰 天下有道則禮樂征伐이 自天子出하고 天下無道則禮樂征伐이 自諸侯出하나니 自諸侯出이면 蓋十世希不失矣요 自大夫出이면 五世希不失矣요 陪臣執國命이면 三世希不失矣니라 天下有道면 則政不在大夫하고 天下有道면 則庶人不議하나니라

공자왈 천하유도즉례악정벌 자천자출 천하무도즉례악정벌 자제후출 자제후출 개십세희불실의 자대부출 오세희불실의 배신집국명 삼세희불실의 천하유도 즉정부재대부 천하유도 즉서인불의

【해독(解讀)】

공자께서 말했다[孔子曰]. "천하에 도가 있으면 예악과 정벌이[天下有道則禮樂征伐] 천자로부터 나오고[自天子出], 천하에 도가 없으면

예악과 정벌이[天下無道則禮樂征伐] 제후로부터 나온다[自諸侯出]. 제후로부터 나오면[自諸侯出] 대략 10대로 망하지 않음이 없고[蓋十世希不失矣], 대부로부터 나오면[自大夫出] 5대로 망하지 않음이 없으며[五世希不失矣], 가신들이 국권을 잡으면[陪臣執國命] 3대로 망하지 않음이 없다[三世希不失矣]. 천하에 도가 있으면[天下有道] 곧 정치에 대부란 것이 없고[則政不在大夫], 천하에 도가 있으면[天下有道] 곧 백성이 아옹다옹하지 않는다[則庶人不議]."

【담소(談笑)】

자왈(子曰)

공자가 신분질서(身分秩序)를 밝히고 있다. 그 신분질서를 상후하박(上厚下薄)의 차별이나 차등으로 파악해서는 안 된다. 천하를 하나의 가정(家庭)으로 변화시키는 것이 신분질서가 추구하는 이상이기 때문이다. 이는 곧 온 인류를 하나의 가족(家族)으로 보았다는 말이다. 반상(班常)의 차별제도는 결코 공자가 바라던 바가 아니었다. 조선조의 양반 상놈[班常]이란 신분제도는 타파되어야 마땅하다. 공자가 구분하는 신분(身分)의 참뜻을 파악하면 상(上)이 하(下)에 군림하고 하(下)는 상(上)에 복종해야 하는 신분질서가 아니라는 것을 알 수 있다. 위는 아래를 사랑해야 하고 아래는 위를 받들어야 한다는 예(禮)를 바탕으로 한 신분질서는 버릴 것이 아니다.

공자는 천자(天子, 왕) · 제후(諸侯, 각 지방의 군주) · 대부(大夫) · 사(士) · 서민(庶民) 등으로 신분질서가 이루어진다고 보았다. 곧 천자를 구심점으로 세상을 한 가정처럼 일구어 인도(仁道)를 구현하기 위하여 모든 노력을 다하자는 게 공자의 신분질서이다. 이러한 질서는 천자가 아니라 백성의 민심에 따라 유지되고 안정된다는 점을 간과하면 안 된다. 천자라고 해도 안백성(安百姓)의 인도(仁道)를 구현하지 못하면 10대(十代)를 버티기가 어렵다고 단언하는 공자를 보라.

공자의 신분질서는 백성을 천지(天地)처럼 여기는 것에 그 바탕을 두고 있음을 알라 한다.

천하유도즉례악정벌(天下有道則禮樂征伐) 자천자출(自天子出) 천하무도즉례악정벌(天下無道則禮樂征伐) 자제후출(自諸侯出)

▶ 세상에〔天下〕 도가〔道〕 있으면〔有〕 곧〔則〕 예악과〔禮樂〕 정벌이〔征伐〕 천자로부터〔自天子〕 나오고〔出〕, 세상에〔天下〕 도가〔道〕 없으면〔無〕 곧〔則〕 예악과〔禮樂〕 정벌이〔征伐〕 제후로부터〔自諸侯〕 나온다〔出〕.

예악(禮樂)은 덕치(德治)의 방법이고, 정벌(征伐)은 패권(霸權)의 방법이다. 공자가 말하는 예악은 문물제도를 따라 나라를 인도(仁道)로써 다스려야 한다는 치세(治世)의 정명(正名)을 어기지 말라는 뜻이 있다. 정벌은 무력(武力)에 의한 치세를 말하며 패도(霸道)를 의미한다. 예악과 정벌을 줄여 그냥 문(文)·무(武)라고 말한다. 따라서 예악은 덕치로 새기고 정벌은 패권으로 새겨도 된다.

천자는 덕치로써 안백성(安百姓)의 치세를 일구려고 예악과 정벌을 운용하지만, 제후는 안백성(安百姓)보다 먼저 저마다 패권을 차지하고자 주로 정벌을 일삼는다 한다. 유도(有道)는 인도가 살아 있음을 뜻하고, 무도(無道)는 인도(仁道)가 부정되는 세상을 뜻한다고 새겨도 된다. 지금 우리가 사는 세상은 예악(禮樂)은 없고 형정(刑政)을 뒷받침하는 정벌의 패권이 법망(法網)을 이루고 있다. 특히 『예기(禮記)』에 나오는 예악형정(禮樂刑政)이란 치세관(治世觀)을 살펴두면 좋다는 생각이다.

『예기(禮記)』 제19 「악기(樂記)」에 보면 이러하다. "예이도기지(禮以道其志) 악이화기성(樂以和其聲) 정이일기행(政以一其行) 형이방기간(刑以防其姦) 예악형정기극일야(禮樂刑政其極一也) 소이동민심이출치도야(所以同民心而出治道也)." 예(禮)로써[禮以] 백성의[其] 뜻을[志] 이끌고[道], 악(樂)으로써[樂以] 백성의[其] 성률(聲律)을[聲] 화합하며[和], 정(政)으로써[政以] 백성의[其] 행동을[行] 질서 있게 하며[一], 형(刑)으로써[刑以] 백성의[其] 못된 짓들을[姦] 방지한다[防]. 그렇게 함으로써[所以] 백성의 마음을[民心] 같게 하고[同], 세상을 다스리는[治] 길을[道] 낸다[出].

동민심(同民心)의 동(同)을 동고동락(同苦同樂)의 동(同)으로 보고, 출치도(出治道)의 출(出)을 「위령공(衛靈公)」편 28장에 있는 인능홍도(人能弘道)의 홍(弘)으로 여기고 새기면 된다. 나라와 백성을 다스리는 길이 치도(治道)이다. 물론 이 치도는 안백성(安百姓)의 길이다. 따라서 동민심(同民心)의 동(同)이란 백성을 획일화(劃一化)하려는 짓이고, 출치도(出治道)의 치도 역시 독재를 위한 방편이 아니냐고 의심할 것 없다. 성인은 처음부터 어떤 유형의 독재든 용서하지 않는다. 『예기』「악기」도 성인이 남긴 말씀이니 안백성(安百姓)의 길을 트고 있다. 그러니 「악기」의 동민심(同民心)과 출치도(出治道)는 곧 천자의 예악(禮樂)·정벌(征伐)과 같다.

예악형정(禮樂刑政)과 예악정벌(禮樂征伐)은 같은 말이다. 예악정벌로써 세상을 다스리는 것을 대권(大權)을 행사한다고 말한다. 옛날에는 임금이 그 대권을 잡았고 지금은 대통령이 그 대권을 한시적으로 잡는다. 그런데 백성이 뽑은 대통령이 안백성(安百姓)의 치도(治道)를 트지 못하는 것은 백성이 못나서일까 아니면 대권을 손에 쥔 대통령이 못나서일까? 옛날 백성은 하늘을 원망할 수 있어도 요새 시민은 대통령이 독재를 해도 하늘을 원망할 수 없다. 뽑아주고 뒤통수 얻어맞는 꼴이니 말이다.

예도 례(禮), 풍류 악(樂), 칠 정(征), 칠 벌(伐), ~로부터 자(自), 모두 제(諸), 임금 후(侯)

천하유도(天下有道) 즉정부재대부(則政不在大夫) 천하유도(天下有道) 즉서인불의(則庶人不議)

▶ 세상에[天下] 치도(治道)가[道] 있다면[有] 곧[則] 다스리는 일이[政] 대부에게[大夫] 있을 리 없고[不在], 세상에[天下] 치도가[道] 있다면[有] 곧[則] 백성이[庶人] 다투지 않는다[不議].

유(有)는 영어의 'there is'와 같은 구실을 하는 경우가 많다. 여기서 A유(有)B는 A에 B가 있다[有]고 새긴다. 재(在)는 어떻게 새길까? A재(在)B라면 A가 B에 있다[在]고 새기면 된다. 정(政)은 정사(政事)의 준말로 여기고, 불의(不議)의 의(議)는 쟁의(爭議)의 준말로 여기고 새긴다. 다투어 꾀한다[議].

다 같이 삶을 즐기고[同樂] 다 같이 삶을 괴로워하는[同苦] 세상이라면 왜 백성이 불안해하겠는가. 불안한 세상을 어느 누가 좋아하겠는가. 백성의 입에서 못 죽어서 산다는 말이 나오면 그 세상은 학정(虐政)에 시달린다는 말이다. 백성이 등을 돌리면 어떠한 권세든 망하고 만다. 그래서 나라를 다스리는 대권(大權)이 흥망(興亡)의 길을 벗어나지 못한다.

그래서 공자가 이렇게 말한 것이다. "자제후출(自諸侯出) 개십세희불실의(蓋十世希不失矣) 자대부출(自大夫出) 오세희불실의(五世希不失矣) 배신집국명(陪臣執國命) 삼세희부실의(三世希不失矣)." 제후로부터[自諸侯] 대권이 나온다면[出] 대개[蓋] 10대로[十世] 그 대권을 잃지 않음이[不失] 없고[希], 대부로부터[自大夫] 나오면[出] 5대로[五世] 잃지 않음이[不失] 없으며[希], 대부가 거느린 가신들이[陪臣] 국권을[國命] 틀어쥐면[執] 3대에[三世] 잃지 않음이[不失] 없다[希].

여기서 자(自)는 ~로부터의 뜻이고, 자제후출(自諸侯出)은 정출자제후(政出自諸侯)로 고쳐 읽으면 새기기 쉽다. 한문은 과감하게 생략하고 문맥(文脈)의 전후에 따라 새기게 한다.

권세가 포악하면 포악할수록 그 수명이 짧다. 그러나 반드시 그 후

유증이 오래 남아 백성을 괴롭히고 오히려 그 뒤탈이 더 무서우니 학정(虐政)은 호랑이보다 더 무섭다고 한다. 하여튼 백성이 등 돌리는 대권은 허망하고 끝이 흉하고 험할 뿐이다. 겁없이 마구 돈을 집어먹었던 전직 대통령들의 꼬락서니를 보면 알고도 남는다.

곧 즉(則), 다스릴 정(政), 많을 서(庶), 꾀할 의(議)

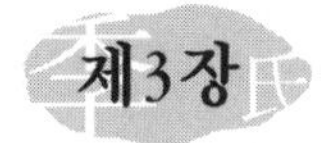

제3장

【문지(聞之)】

녹지거공실오세의(祿之去公室五世矣)

【원문(原文)】

孔子曰 祿之去公室이 五世矣요 政逮於大夫가 四世矣니 故로 夫三桓之子孫이 微矣니라
공자왈 녹지거공실 오세의 정체어대부 사세의 고 부삼환지자손 미손

【해독(解讀)】

공자께서 말했다[孔子曰]. "작록(爵祿)의 권한이 공실에서 떠난 지 5대가 지났고[祿之去公室五世矣], 정권이 대부의 손에 들어간 지 4대이다[政逮於大夫四世矣]. 그러니[故] 무릇 삼환의 후손들이 미미해지는 것이다[夫三桓之子孫微矣]."

【담소(談笑)】

자왈(子曰)

앞 장에서 밝힌 말씀의 실례(實例)를 들고 있다.

녹지거공실오세의(祿之去公室五世矣) 정체어대부사세의(政逮於大夫四世矣)

▶ 벼슬을 주고 녹봉(祿俸)을 내리는 권한이[祿] 노(魯)나라 임금의 손을[公室] 떠난 지[去] 5대가 되었고[五世], 정권이[政] 대부 쪽으로[於大夫] 들어간 지[逮] 4대가 되었다[四世].

녹(祿)은 작록(爵祿)의 준말로 여기면 된다. 벼슬을 주고[爵] 그에 따른 봉급을 준다[祿]. 공실(公室)의 공(公)은 노나라 임금[魯公]을 말하고, 실(室)은 여기서 관장한다는 뜻으로 새긴다. 거공실(去公室)은 임금이 실권(失權)했다는 뜻이다. 정(政)은 정권(政權)의 준말로 권력 행사를 뜻한다. 체(逮)는 여기서 급(及)과 같다. 이르러 미치다[逮]. 수중에 들어갔다[逮]는 뜻으로 보면 된다.

노나라는 첫 임금 문공(文公)이 죽자 양중(襄仲)이 문공의 아들인 적(赤)을 죽이고 의공(宜公)을 임금의 자리에 오르게 했다. 이 때부터 성공(成公) · 양공(襄公) · 소공(昭公)을 거쳐 다섯째 임금인 정공(定公)에 이르러 나라를 다스리는 권한[政]이 삼환(三桓)의 손으로 넘어가고 말았다. 그래서 '거공실오세(去公室五世)'라 한 것이다.

삼환(三桓)이란 맹손(孟孫) · 숙손(叔孫) · 계손(季孫) 등 삼대부(三大夫)를 말한다. 이들 삼환의 권세가 4대에 이르러 쇠할 수밖에 없음을 공자는 이렇게 밝혔다. "삼환지자손미의(三桓之子孫微矣)." 맹손 · 숙손을 거쳐 계손에 이른[三桓] 자손이[子孫] 쇠하였다[微].

미(微)는 여기서 쇠(衰) · 약(弱)과 같다. 쇠약해 미미하다[微]. 어느 것 하나 흥망(興亡)의 길을 벗어날 수 없는 법. 권불십년(權不十年)이라 하는데 4대나 권세를 부렸다니 그 동안 임금은 대부의 꼭두각시였고 백성은 학정에 굶주렸을 터이다.

공자는 삼환의 무도(無道)를 혁파하려다 뜻을 이루지 못했다. 군자와 소인이 부딪치면 군자가 상처를 입는다. 하물며 성인이 소인과 부딪쳤으니 더 깊은 상처를 입었을 터이다. 그래서 공자가 초(楚)나라에 들렀을 때 미친 척하고 숨어살았던 현자(賢者) 접여(接輿)가 이렇게 가슴아파했다. "미양미양(迷陽迷陽) 무상오행(無傷吾行)." 가시나무야[迷陽] 가시나무야[迷陽] 우리네[吾] 발길에[行] 상처를 내지 마라[無傷].

이 얼마나 성인(聖人)에게 보내는 절절한 노래인가. 미양(迷陽)은 가지마다 날카로운 가시들이 나 있는 나무의 이름이다. 미양은 무엇을 빗댄 이미지인가? 소인배(小人輩)이다. 폭군도 소인이요 무도한 대부도 소인배가 아닌가. 공자의 행보(行步)에 상처를 낸 삼환(三桓)이야말로 노나라를 괴롭히는 소인배 패거리가 아닌가. 4대에 걸쳐 그 패거리들의 횡포를 겪었을 노나라를 생각해보라 한다. 물론 이런 지경은 옛날에만 있었던 것은 아니다. 지금도 이곳저곳에 소인배들이 득실거리니 말이다.

녹봉 록(祿), 갈 거(去), 다 공(公), 집 실(室), 이를 체(逮)

제4장

【문지(聞之)】

익자삼우(益者三友) 손자삼우(損者三友)

【원문(原文)】

孔子曰 益者三友요 損者三友니 友直하며 友諒하며 友多聞이면 益矣요 友便辟하며 友善柔하며 友便佞이면 損矣니라
공자왈 익자삼우 손자삼우 우직 우량 우다문 익의 우편벽 우선유 우편녕 손의

【해독(解讀)】

공자께서 말했다[孔子曰]. "이로운 벗이 셋이고[益者三友] 해로운 벗이 셋이다[損者三友]. 정직한 사람을 벗삼고 성실한 사람을 벗삼고 학문이 넓은 사람을 벗삼으면 이롭다[友直友諒友多聞益矣]. 편벽한 사람과 벗하거나 줏대없는 자와 벗하거나 빈말을 일삼는 자와 벗하면 해롭다[友便辟友善柔友便佞損矣]."

【담소(談笑)】

자왈(子曰)

「공야장(公冶長)」 편 26장에서 말씀한 붕우신지(朋友信之)를 떠올리게 한다. 벗이라면[朋友] 서로 신의를 지킨다[信之].

우직우량우다문익의(友直友諒友多聞益矣)

▶ **정직한 이와[直] 사귀고[友] 성실한 이와[諒] 사귀며[友] 학문이 넓고 깊은 이와[多聞] 사귀면[友] 이롭다[益].**

우(友)는 여기서 붕(朋)이 아니라 교(交)와 같다. 서로 사귄다는 뜻의 우(友)이지 벗[朋]이란 뜻의 우(友)가 아니다. 직(直)은 직자(直者)의 준말이다. 정직한 사람[直者]. 양(諒)은 신(信)과 같다. 양자(諒者)의 준말로 보면 된다. 미덥고 너그러운 사람[諒者]. 다문(多聞)은 박학

다식(博學多識)을 뜻한다. 널리 배워[博學] 많이 아는[多識] 사람[多聞者]으로 여기고 새기면 된다. 익(益)은 유익(有益)의 준말로 여기고 새긴다. 이롭다[益].

벗은 서로 마음을 나누고 동료는 서로 잇속을 나눈다. 벗은 마음을 열고 동료는 마음을 닿게 한다. 그래서 벗은 동고동락(同苦同樂)하지만, 동료는 잇속이 있으면 가까워지고 잇속이 없어지면 절로 멀어진다. 그러므로 벗과 동료를 혼동하지 말라. 왜 『논어(論語)』를 "유붕(有朋)이 자원방래(自遠方來)면 불역락호(不亦樂乎)"라는 공자의 말씀으로 열어놓았겠는가? 그 깊은 말씀의 맛은 어느 정도 세파(世波)를 겪은 다음에야 나름대로 느낄 수 있을 것이다. 젊어서 『논어』를 열면 첫머리가 매우 시시하게 들릴지 모른다. 그러나 살아가는 동안 일터에 나가면서 동료는 제법 있지만 마음을 주고받을 벗이 없음을 실감하면 왜 공자가 "벗이[友] 있어서[有] 멀리로부터[自遠] 나한테 찾아오니[方來] 또한[亦] 즐겁지 아니한가[不樂乎]"라고 환호했는지 조금씩 터득하게 되리라.

벗이 하나만 있어도 그대는 행복한 인생을 누린다. 그러니 동료가 배반하더라도 그를 원망하지 말라. 그리고 공자가 직자(直者)·양자(諒者)·다문자(多聞者)를 익자삼우(益者三友)라고 한 말씀을 잊지 않을수록 살기가 편하다. 삼우익자(三友益者)를 강조해 익자(益者)를 앞으로 끌어냈다고 여기고 새기면 된다. 이런 세 사람과[直·諒·多聞] 사귀면[友] 이로운 것이다[益者]. 여기서는 우(友)를 벗으로 사귄다는 뜻으로 새긴다. 이런 벗이라면 강남 따라가라.

벗할 우(友), 성실할 량(諒), 많을 다(多), 들을 문(聞), 이로울 익(益)

우편벽우선유우편녕손의(友便辟友善柔友便佞損矣)

▶ 남의 비위나 맞추려 드는 사람과[便辟] 사귀거나[友], 줏대 없이 잘

흔들리는 사람과[善柔] 사귀거나[友], 비위나 맞추며 빈말을 늘어놓는 사람과[偏佞] 사귀면[友] 해롭다[損].

편벽(便辟)은 족공(足恭)이란 말이다. 소갈머리 없이 남의 비위나 맞추기 좋아하는 짓을 편벽(便辟)이나 족공(足恭)이라고 한다. 그러면 조롱받는 인간이 되고 만다. 선유(善柔)는 참으로 부드럽다[善柔]는 좋은 뜻도 있고, 줏대가 없어서 나약하다[善柔]는 나쁜 뜻도 있다. 여기서는 좋지 않은 뜻으로 새긴다. 이 또한 조롱거리다. 편녕(偏佞)은 교언(巧言)과 같다. 말을 번지르르하게 해서 아첨하는 짓이 편녕(偏佞)이다. 그러면 조롱받는 인간이 되고 만다.

조롱거리 인간들과 사귀지 말라 함이 손자삼우(損者三友)이다. 강조하고자 손자(損者)를 앞으로 끌어냈다고 여기고 새기면 된다. 이런 세 사람과[便辟 · 善柔 · 偏佞] 사귀면[友] 해로운 것이다[損者]. 여기서는 우(友)를 벗으로 사귄다는 뜻보다는 서로 교제한다[相交]는 말로 이해해야 한다. 조롱거리 인간과 사귀면 나도 조롱거리가 된다. 그런 짓은 벗을 사귐이 아니라 패거리와 놀아나는 짓이다. 패거리 따라 강남 가지 말라.

비위 맞출 편(便), 허물 벽(辟), 잘할 선(善), 나약할 유(柔),
빈말 잘하는 녕(佞), 해로울 손(損)

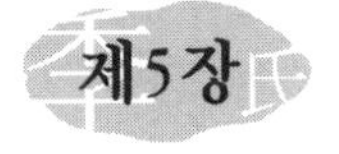

【문지(聞之)】

익자삼요(益者三樂) 손자삼요(損者三樂)

【원문(原文)】

孔子曰 益者三樂요 損者三樂니라 樂節禮樂하며
공 자 왈 익 자 삼 요 손 자 삼 요 요 절 례 악

樂道人之善하며 樂多賢友면 益矣요 樂驕樂하며
요 도 인 지 선 요 다 현 우 익 의 요 교 락

樂佚遊하며 樂宴樂이면 損矣니라
요 일 유 요 연 락 손 의

【해독(解讀)】

공자께서 말했다[孔子曰]. "좋아하는 일에 이로운 것이 셋이고[益者三樂], 좋아하는 일에 해로운 것이 셋 있다[損者三樂]. 예와 악의 절도를 지키기 좋아하거나[樂節禮樂] 남의 선행을 말하기 좋아하거나[樂道人之善] 많은 현명한 벗들을 좋아하면[樂多賢友] 이롭다[益矣]. 교만한 쾌락에 빠지기 좋아하거나[樂驕樂] 빈둥빈둥 게으름 피우기 좋아하거나[樂佚遊] 주색에 놀아나기 좋아한다면[樂宴樂] 해롭다[損矣]."

【담소(談笑)】

자왈(子曰)

군자의 낙(樂)과 소인의 낙(樂)을 각각 대비하여 밝혀주고 있다. 앞서 공자가 「이인(里仁)」 편 11장에서 밝힌 "군자회덕(君子懷德) 소인회토(小人懷土)"란 말씀이 새삼스럽다. 군자는[君子] 덕을[德] 품고[懷], 소인은[小人] 땅을[土] 품는다[懷]. 여기서 덕(德)이 암시하는 바가 무엇이며, 토(土)가 암시하는 바가 무엇인지 삼가 새겨보라 한다.

요절례악(樂節禮樂) 요도인지선(樂道人之善) 요다현우(樂多賢友) 익의(益矣)

▶ 예악을[禮樂] 잘 지키기[節] 좋아하고[樂], 남의[人之] 착한 점을

〔善〕 말하기〔道〕 좋아하며〔樂〕, 많은〔多〕 현명한〔賢〕 벗을〔友〕 좋아하면〔樂〕 이롭다〔益〕.

요(樂)는 호(好)와 같다. 좋아하다[樂]. 절(節)은 검(檢)과 같다. 절제하여 잘 지킨다[節]. 절제(節制)의 준말로 보고 새긴다. 예악(禮樂)의 악(樂)은 팔음(八音)을 의미한다. 이 팔음은 풍류(風流)로 보아도 되고, 풍류는 시가무(詩歌舞)로 새겨도 된다. 도(道)는 여기서 언(言)과 같다. 말하다[道]. 선(善)은 양(良)과 같다. 선량(善良)의 준말로 본다. 착하다[善]. 현(賢)은 명(明)과 같다. 자명(自明)을 일러 현(賢)이라고 한다. 자신을[自] 밝힌다[明]. 자명(自明)·자성(自省)·신독(愼獨) 등은 다 현(賢)으로 통하는 길이다. 내가 나를 탓하면 나는 절로 밝아지고 내가 남을 탓하면 나는 어두워진다 함이 곧 현명(賢明)함이다.

성인(聖人)·군자(君子)·대인(大人) 등은 예악을 무엇보다 좋아한다. 『예기(禮記)』「악기(樂記)」에 보면 예악(禮樂)의 예(禮)는 치궁(治躬)하고 악(樂)은 치심(侈心)한다고 되어 있다. 바른 몸가짐[治躬]을 좋아하고, 항상 마음을 다스리기 좋아한다 함이 절예악(節禮樂)이다. 공자는 예악을 인도(仁道)를 넓히는 데 가장 좋은 방편이라고 여긴다.

예악(禮樂)의 예(禮)가 바라는 바른 몸가짐[治躬]을 장경(莊敬)이라 한다. 장경(莊敬)은 장엄(莊嚴)과 공경(恭敬)의 준말이다. 크기가 천지 같고[莊] 당당하고 의젓하다[嚴]. 몸가짐을 그렇게 하라 함이 예이다. 그러나 오만(傲慢)하지 말라 함이 또한 예이다. 그래서 예는 나를 낮추고[自卑] 남을 높이는[尊人] 몸가짐을 갖추라 한다. 자비존인(自卑尊人)의 마음이 몸으로 드러남을 공경(恭敬)이라 한다.

예악(禮樂)의 악(樂)이 바라는 마음가짐[治心]을 가리켜 이(易)·직(直)·자(子)·양(諒)이라고 한다. 이(易)는 화이(和易)의 준말이고, 직(直)은 정직(正直)의 준말이며, 자(子)는 자애(慈愛)의 다른 말이고, 양(諒)은 성신(誠信)의 다른 말이다. 화목하라[易]·정직하라[直]·사랑하라[子]·정성껏 하라[諒]. 이렇게 마음을 다스리는 일[治心]을 팔음극해(八音極諧)라고도 한다. 팔음(八音)은 쇠[金]·돌[石]·실[絃]·대[竹]·박[匏]·흙[土]·가죽[皮]·나무[木]로 만든 악기의 소리들을 말한다. 이러한 팔음은 삼라만상(森羅萬象)이 하나 같다[一如]는 정신으로 통한다. 그러므로 악(樂)은 서양의 'Music' 과는 너무도 다르다. 하늘과 땅과 사람, 그리고 만물이 하나가 되는 만물일여(萬物一如)의 소리가 팔음이다. 이를 더할 바 없이 어울리게 함이 곧 극해(極諧)이다.

성인·군자·대인은 이러한 예악을 더할 바 없이 좋아한다. 그리고 그 분들은 남을 칭찬하기를 남김없이 좋아하고, 현명한 사람이면 누구든 벗으로 삼는다. 이를 일러 공자께서 '익자삼요(益者三樂)' 라고 한 것이다. 세 가지[三] 좋아함은[樂] 이로운 것이다[益者]. 절예악(節禮樂)·도인지선(道人之善)·다현우(多賢友).

좋아할 요(樂), 절제할 절(節), 예도 례(禮), 풍류 악(樂), 말할 도(道), 좋은 선(善), 현명할 현(賢)

요교락(樂驕樂) 요일유(樂佚遊) 요연락(樂宴樂) 손의(損矣)

▶ 교만하게 즐기기를[驕樂] 좋아하고[樂], 빈둥거리며 놀기를[佚遊] 좋아하고[樂], 주색잡기로 놀아나기를[宴樂] 좋아하면[樂] 해롭다[矣].

교락(驕樂)의 교(驕)는 무례(無禮)하여 버릇없고 저 잘난 체하는 짓을 말한다. 자긍(自矜)·방자(傲姿)함을 묶어 교(驕)라고 한다. 교락(驕樂)의 낙(樂)은 쾌(快)와 같다. 자기만 즐기면 그만이라는 짓이 곧 쾌락(快樂)이다. 그러니 교락은 방자함을 거리낌 없이 즐기는 짓이다. 일(佚)은 불로(不勞)와 같다. 땀 흘려 일할 생각 없이 빈둥거린다[佚]. 일하기 싫어 빈둥거리며 놀기만 꾀하는 짓이 일유(佚遊)이다. 연락(宴樂)의 연(宴)은 주연(酒宴)을 말하고, 낙(樂)은 여기서도 쾌(快)

와 같다. 주색잡기로 놀아나는 짓이 연락(宴樂)이다. 공자는 교락(驕樂)·일유(佚遊)·연락(宴樂)을 가리켜 '손자삼요(損者三樂)'라 했다. 세 가지를[三] 좋아하면[樂] 해로운 것이다[損者]. 이 셋은 소인배가 밝히는 쾌락이다. 쾌락은 욕(欲)을 부풀려 사람을 흉하고 험하게 한다. 이보다 더한 손해(損害)가 어디 있겠는가. 성인의 말씀은 한 치도 틈이 없다.

교만할 교(驕), 즐길 락(樂), 빈둥거릴 일(佚), 놀 유(遊), 잔치 연(宴)

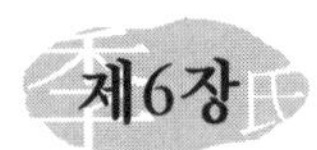

제6장

【문지(聞之)】

시어군자유삼건(侍於君子有三愆)

【원문(原文)】

孔子曰 侍於君子有三愆하니 言未及之而言을 謂之躁요 言及之而不言을 謂之隱이요 未見顔色而言을 謂之瞽니라
(공자왈 시어군자유삼건 언미급지이언 위지조 언급지이불언 위지은 미견안색이언 위지고)

【해독(解讀)】

공자께서 말했다[孔子曰]. "학덕이 높고 존경할 어른을 모시는 데 세 가지 허물이 있다[侍於君子有三愆]. 어른께서 말하지 않는데 말하면[言未及之而言] 조급함이고[謂之躁], 어른께서 말했음에도 입을 닫

고 있으면[言及之而不言] 속을 감추는 짓이며[謂之隱], 어른의 안색을 살피지 않고 떠들면[未見顔色而言] 앞 못 보는 소경이다[謂之瞽]."

【담소(談笑)】

자왈(子曰)

존장자(尊長者)를 모시는 예의를 밝혀주고 있다. 이제는 이런 예의를 실없는 것으로 여기지만, 우리가 밀림의 짐승이 아닌 바에는 이를 지키지 못하고 사는 꼴을 부끄럽게 여겨야 한다.

시어군자유삼건(侍於君子有三愆) 언미급지이언위지조(言未及之而言謂之躁) 언급지이불언위지은(言及之而不言謂之隱) 미견안색이언위지고(未見顔色而言謂之瞽)

▶ 학덕이 높고 존경받는 어른을[於君子] 받들어 모시는 데[侍] 범하지 말아야 할 허물이[愆] 세 가지가[三] 있다[有]. 어른께서 말을[言] 하지 않았음에도[未及之] 입을 열어 말하면[言] 조급한 짓이라[躁] 하고[謂之], 어른께서 말을[言] 했음에도[及之] 답하지 않고 입을 다물고 있으면[不言] 속을 숨기는 짓이라[隱] 하며[謂之], 어른의 얼굴빛을[顔色] 살피지 않고[未見] 입을 열어 떠들면[言] 눈뜬 소경 짓이라[瞽] 한다[謂之].

시(侍)는 배측(陪側)과 같다. 옆에서 모신다[侍]. 건(愆)은 과(過)와 같다. 과실(過失)을 말한다. 급(及)은 체(逮)와 같다. 하게 된다[及]. 언급(言及)을 생각하면 된다. 말을[言] 한다[及]. 조(躁)는 급(急)과 같다. 경망스럽다[躁]. 조급(躁急)의 준말로 여기고 새긴다. 은(隱)은 장(藏)과 같다. 숨기고 감추다[隱]. 견(見)은 관(觀)과 같다. 잘 살펴보다[見]. 안색(顔色)은 표정(表情)과 같은 말이다. 고(瞽)는 맹목(盲目)이란 뜻이다. 눈이 있어도 볼 줄 모르는 짓이 고(瞽)이다. 시어군자(侍於君子)의 군자(君子)는 존장자(尊長者)를 뜻한다. 인품(人品)이 고매

한 어른을 군자라 칭한 것이다.

어른을 모시는 데 범하기 쉬운 세 가지 허물을 지적한 뜻은 어른을 모실 때 예의를 바르게 하라는 데 있다. 이것이 장유유서(長幼有序)를 생각하게 한다. 이제 나이 어린 사람이 나이 많은 이를 존경하고 모시는 질서(有序)는 사라지고 없으니 공자의 당부 앞에 할 말이 없다. 찬물도 위아래가 있다는 속담은 이제 없어진 셈이다. 힘센 놈이 제일이라는 생각이 꽉 찼으니 우리도 이제 적족(狄族)이 된 셈이다. 적족(狄族)은 어디서나 젊고 힘센 자가 어른 노릇 하고 늙은이는 뒷전에 물러나 죽기나 기다리라고 한다는 말이다. 우리도 점점 적족을 닮아가는데 공자가 들어준 삼건(三愆)은 허공에 뜬 말이 되어간다. 그러나 경박한 인간이 잘될 리 없고, 속을 숨기는 응큼한 자가 잘될 리 없으며, 맹목적인 사람치고 잘될 리 없는 이치는 아무리 시대가 변해도 틀리지 않을 것이다. 그러니 삶이 소중한 줄 아는 것이 가장 급하다.

모실 시(侍), 허물 건(愆), 아닐 미(未), 미칠 급(及), 성급할 조(躁), 숨길 은(隱), 살필 견(見), 얼굴 안(顔), 색깔 색(色), 눈멀 고(瞽)

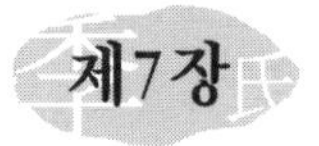

제7장

【문지(聞之)】

군자유삼계(君子有三戒)

【원문(原文)】

孔子曰 君子有三戒하니 少之時에 血氣未定이라
공자왈 군자유삼계 소지시 혈기미정

戒之在色이오 及其壯也하야 血氣方剛이라 戒之在
계 지 재 색　　급 기 장 야　　혈 기 방 강　　계 지 재
鬪요 及其老也하야 血氣旣衰라 戒之在得이니라
투　　급 기 로 야　　혈 기 기 쇠　　계 지 재 득

【해독(解讀)】

공자께서 말했다[孔子曰]. "군자가 경계해야 할 일이 세 가지 있다[君子有三戒]. 소년기에는[少之時] 혈기가 아직 완성되지 않았으니[血氣未定] 여색을 경계해야 하고[戒之在色], 청장년기에 이르러서는[及其壯也] 혈기가 넘치므로[血氣方剛] 싸움을 경계해야 하며[戒之在鬪], 늙어서는[及其老也] 혈기가 쇠진했으니[血氣旣衰] 노욕을 경계해야 한다[戒之在得]."

【담소(談笑)】

자왈(子曰)

사나이가 일생 동안 삼기(三期)를 거치면서 경계해야 할 세 가지를 지적하고 있다. "군자유삼계(君子有三戒)." 사나이한테는[君子] 경계해야 할 것이[戒] 세 가지가[三] 있다[有]. 여기서 군자(君子)를 꼭 학덕이 높은 존장자(尊長者)로만 볼 이유는 없다. 그냥 모든 사내가 '극기복례(克己復禮)' 하기를 바라는 말씀으로 들어도 된다. 「안연(顔淵)」편 1장을 다시 새겨보라 한다.

소지시혈기미정(少之時血氣未定) 계지재색(戒之在色)

▶ 소년기에는[少之時] 혈기가[血氣] 아직 완성되지 않았으니[未定] 경계할 것이[戒之] 미색에[色] 있다[在].

혈기(血氣)는 체구(體軀)를 말한다. 미정(未定)은 다 자라지 않았음을 뜻한다. 계지(戒之)의 지(之)는 계(戒)를 동사로 만든다. 경계한다

[戒之]. 재(在)는 존(存)과 같다. A 재(在)B는 A는 B에 있다[在]고 해석한다.

소년이라면 큰 꿈을 품어야지 여색(女色)이나 밝힌다면 싹이 노랗다는 말을 들어도 싸다. 공자가 왜 15세에 지우학(志于學)이라고 밝혔는지 새겨보게 한다. 배우기에[于學] 뜻을 두라[志]. 그러자면 무엇보다 여자를 밝히지 말라 한다. 젊어서나 늙어서나 여색을 탐하면 망한다. 하물며 미성년(未成年)에 그리하면 더더욱 망한다. 청소년일수록 여자를 밝히지 말고 미래를 꿈꾸라 한다. 이것이 소년의 극기(克己) 중에 제일 급하다 한다. 현명한 부모일수록 자녀가 재색(在色)을 경계하는 극기를 잘 터득하도록 다독거린다.

어릴 소(少), 시절 시(時), 피 혈(血), 기운 기(氣), 정해질 정(定), 있을 재(在), 미녀 색(色)

급기장야혈기방강(及其壯也血氣方剛) 계지재투(戒之在鬪)

▶ **소년이[其] 청년기에[壯] 이르면[及] 혈기가[血氣] 이제 막[方] 씩씩해졌으니[剛] 경계해야 함이[戒之] 싸움질에[鬪] 있다[在].**

장(壯)은 성(盛)과 같다. 왕성하다[壯]. 장년(壯年)의 준말로 보면 된다. 방강(方剛)의 방(方)은 금(今)과 같다. 방금(方今)의 준말로 새긴다. 강(剛)은 역강(力剛)의 준말로 보면 된다. 굳세고 씩씩하다[剛]. 투(鬪)는 여기서 극인(克人)을 말한다. 극인(克人)은 곧 극기(克己)를 버렸다는 뜻이다. 극기(克己)·자승(自勝)은 같은 말로서 수기(修己)로 통하고, 극인(克人)·승인(勝人)은 같은 말로서 망기(亡己)로 통한다.

남을[人] 이긴다[勝] 함은 결국 나를[己] 망하게 하는[亡] 길로 이어짐을 알라 한다. 그래서 노자(老子)도 자승자강(自勝者强)이고 승인자력(勝人者力)이라고 했다. 내가 나를[自] 이기는[勝] 힘을[者] 강(强)이라 하고[强], 내가 남을[人] 이기는[勝] 힘을[者] 역(力)이라 한다[力]. 나를 이겨내는 힘[强]은 본(本)이고, 남을 이겨내려는 힘[力]은 말(末)이다. 그러니 노(老)·공(孔) 두 성인은 강력(强力)을 순(順)으로 보았고, 역강(力强)을 역(逆)으로 보았던 셈이다. 경계하라[戒之] 함은 곧 극기하라 함이다. 지금은 누구든 극기(克己)를 버리고 극인(克人)을 앞세운다. 그래서 강력(强力)이 두 갈래의 힘을 뜻함을 잊어버리고 남과 겨루어 물리쳐 이기는 힘이라고만 알고 있다. 그래서 우리 모두 밀림 속의 야수처럼 사납게 되어간다. 아마도 인간이란 종(種)은 스스로 멸(滅)하는 길을 재촉하는 모양이다.

이를 급(及), 성할 장(壯), 이제 방(方), 싸움 투(鬪)

급기로야혈기기쇠(及其老也血氣旣衰) 계지재득(戒之在得)

▸ **노년기가[老] 되면[及] 정신과 체력이[血氣] 이미[旣] 쇠약해졌으니[衰] 경계해야 함이[戒之] 노욕을 부리는 데[得] 있다[在].**

기(旣)는 기(已)·진(盡)·필(畢) 등과 같다. 이미[已], 다한[盡], 마친[畢] 등의 뜻을 가지고 있는데 여기서는 기(已)와 같다. 쇠(衰)는 약(弱)과 같다. 쇠약(衰弱)의 준말로 여기면 된다. 득(得)은 여기서 탐(貪)과 같다. 탐할 득(得)은 가진 것에 만족하지 못함[不滿足]을 뜻한다. 그러나 득(得)이 덕(德)과 같을 때는 가진 것에 만족함[滿足]을 뜻한다. 이처럼 득(得)에는 두 가지 다른 뜻이 있다. 만족할 득(得), 불만족할 득(得).

늙어갈수록 만족하는 버릇을 들여라. 「위정(爲政)」 편 4장에서 밝힌 공자의 말씀을 기억해보라. "칠십이종심소욕(七十而從心所欲) 불유구(不踰矩)." 일흔에[七十] 마음이[心] 바라는[欲] 바대로[所] 좇아도 되었고[從] 할 바를[矩] 넘어서지 않았다[不踰].

정말 늙어서 경계해야 할 바가 70세부터이겠는가. 공자가 50세에 지명(知命)하고 60세에 이순(耳順)했다 함도 따지고 보면 노욕(老欲)

을 부리지 말라는 말씀이 아닌가. 그러니 경계해야 함이[戒之] 노욕을 부리는 데[得] 있다[在] 함은, 늙은이의 득(得)은 부족해 탐하는 득(得)이 아니라 만족해 후덕(厚德)한 득(得)이 되어야 한다는 말씀으로 새겨들어야 한다. 노인이 후덕하면 참으로 보기 좋다. 그러나 노인이 탐욕스러우면 정말로 추할 따름이다.

늙을 로(老), 이미 기(旣), 쇠할 쇠(衰), 욕심낼 득(得)

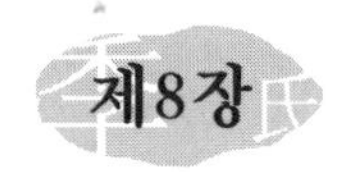

제8장

【문지(聞之)】

외천명(畏天命)

【원문(原文)】

孔子曰 君子有三畏하니 畏天命하며 畏大人하며
공자왈 군자유삼외 외천명 외대인

畏聖人之言이니라 小人은 不知天命而不畏也니
외성인지언 소인 부지천명이불외야

狎大人하며 侮聖人之言이니라
압대인 모성인지언

【해독(解讀)】

공자께서 말했다[孔子曰]. "군자한테는 세 가지 두려워할 일이 있다[君子有三畏]. 천명을 두려워하고[畏天命], 대인을 두려워하며[畏大人], 성인의 말씀을 두려워한다[畏聖人之言]. 소인은 천명을 몰라 두려워하지 않고[小人不知天命而不畏也], 대인을 함부로 대하며[狎大人],

성인의 말씀을 업신여긴다[侮聖人之言].”

【담소(談笑)】

자왈(子曰)

무엇을 두려워해야 하는지를 밝힌다. 두려워하라[畏]. 외경(畏敬)하라 함이다. 두려워하고[畏] 공경하라[敬]. 이는 곧 성지(誠之)하라는 말씀이다. 정성껏 살라[誠之].

외천명(畏天命) 외대인(畏大人) 외성인지언(畏聖人之言)

▶ **하늘이[天] 시키는 바를[命] 두려워하고[畏], 크나큰[大] 사람을[人] 두려워하며[畏], 성인이 남긴[聖人之] 말씀이나 글을[言] 두려워하라[畏].**

외(畏)는 구(懼)와 같다. 온 마음으로 두려워한다[畏]. 천명(天命)은 성(性)이다. 성(性)을 받들어 지키는 것이 곧 성(誠)이다. 하늘이[天] 내려주어[稟] 사람이[人] 받는 것[受]이 성(性)이고, 그 성(性)을 거짓 없이 따르는 것이 곧 성(誠)이다. 성인(聖人)의 성(聖)이 사람[人]을 뜻할 때는 온 인류의 선생(先生)을 말한다. 물론 성(聖)은 예(睿)·통(通)·지(至) 등과도 같다. 깊고 밝아[睿] 걸림 없고[通] 지극해 거룩하다[至]는 뜻을 아울러 지닌 성(聖)은 천(天)을 대신할 수 있는 선생이다. 성인지언(聖人之言)의 언(言)은 성인이 남긴 말씀을 뜻한다.

여기서 공자가 밝히는 군자유삼외(君子有三畏)를 군자유삼외경(君子有三畏敬)이라고 헤아려도 무방하다. 그러면 왜 천명(天命)·대인(大人)·성인지언(聖人之言)을 두려워하라 하는지 알 수 있을 것이다. 공경하라[敬]는 말씀은 진선폐사(陳善廢邪)하며 살라는 말씀이기 때문이다. 선을[善] 넓히고[陳] 악을[邪] 없애라[廢] 함이 곧 경(敬)이다. 그러니 경(敬)은 성지(誠之)를 공경하라 함이다.

『중용(中庸)』 4편 4장에 나오는 성(誠)을 떠올려보면 두려워하라

[畏]는 공자의 말씀을 좀더 잘 체험할 수 있을 것이다. "성자천지도야(誠者天之道也)요 성지자인지도야(誠之者人之道也)라. 성자불면이중(誠者不勉而中)하며 불사이득(不思而得)하여 종용중도(從容中道)하므로 성인야(聖人也)이다." 정성(精誠)이란[誠者] 하늘의 도이고[天之道], 정성됨이란[誠之者] 인간의 도이다[人之道]. 정성이란[誠者] 애쓰지 않아도[不勉] 알맞고[中], 꾀하지 않아도[不思] 이루어지며[得], 자연스러움을[容] 따라[從] 도를[道] 적중하므로[中] 성인이다[聖人].

이 구절을 잘 새기면 천(天)을 어림으로나마 짐작할 수 있을 것이다. 천(天)이 인간에게 삶을 주고 생사(生死)를 누리도록 밝히는[明] 등불과 같음을 체험한다면 이것을 허황하다고는 못할 것이다. 내 목숨을 내 것이라고 여기지 말라. 내 목숨은 물려받았으니[生] 고스란히 간직했다 되돌려주어야 한다[死]고 생각해보라. 이런 생각이 동양의 생사관(生死觀)이다. 그러니 천(天)을 미신이니 신비라고 말하지 말라. 그렇게 말하는 이유는 거의 다 서양 과학(科學)의 영향 탓이다. 서양의 과학은 만물을 물질(物質)로 보지만 동양의 천도(天道)는 만물을 생물(生物)로 본다. 바로 여기서 동서(東西)의 사고(思考)가 달라지고, 생사관(生死觀)이 달라지고, 세계관(世界觀)이 달라진다. 그러니 우리네 사고(思考)를 따르면 공자가 말하는 천명(天命)을 허투루 듣지 않을 터이다.

성자(誠者)의 뜻을 살펴둔다면 공자가 말하는 천명(天命)의 천(天)에 담긴 깊은 뜻을 얼마라도 나름대로 체험해볼 수 있을 것이다. 그래서 『중용(中庸)』을 인용해보았다. 정성(精誠)이란 것[誠者]은 돋보이게 하려고 애쓰지 않고[不勉] 성취해보려고 억지로 꾀하지 않음[不思]을 먼저 터득해야 그[誠者] 실마리를 나름대로 체험하면서 깨달아갈 수 있다. 인간의 욕심이 전혀 끼어들지 않음이 곧 불면(不勉)함이요 불사(不思)함이다. 그러한 불면(不勉)·불사(不思)의 모습을 용(容)이라고 비유한다. 얼굴·모습·그릇 안에 무엇을 담는다는 뜻이 용

(容)이다. 그런데 이 용(容)은 인간의 욕(欲)에서 벗어나 있는 그냥 그대로를 담는 그릇이다. 그래서 이것을 자연(自然)에 비유한다. 이런 용(容)을 노자는 공덕지용(孔德之容)이라 하여 우주 삼라만상을 담는 그릇이라고 하고 이는 오로지 도(道)를 따른다며 황홀해한다. 노자가 말하는 도(道)와 공자가 말하는 천(天)은 말은 다르지만, 만물에 목숨을 부여한다는 뜻에서는 같다.

이제 천명(天命)을 두려워하라[畏] 함은 곧 천명을 공경하며 살라 함이다. 이는 곧 정성을 다하여 살라[誠之者]는 뜻이다. 공자는 천명을 따라 살기를 바란다. 그와 같은 공자의 바람을 만족시켜주는 사람을 대인(大人)이라 한다. 대인은 누구인가? 이에 대해서는 아무래도 장자(莊子)의 대답이 제일 간명한 듯 싶다. "대인무기(大人無己)." 크나큰[大] 사람한테는[人] 자기랄 것이[己] 없다[無].

공자의 극기(克己), 맹자의 수기(守己), 노자의 사기(舍己), 장자의 무기(無己)는 다 대인을 해명하는 말씀들이다. 다만 유가에서는 대인(大人)→군자(君子)→성인(聖人)으로 올려 부르고, 도가는 대인(大人)→성인(聖人)→지인(至人)→진인(眞人)→신인(神人)으로 올려 부를 뿐이다. 신인(神人)은 곧 천인(天人)이다. 무기(無己)·극기(克己) 등을 무사(無私)니 무친(無親)이니 무신(無身)이라 풀이한 셈이다.

사사로움이 없을수록 그만큼 크나큰 사람이다. 말하자면 군자가 대인(大人)이라면 성인은 대대인(大大人)이라고 보면 된다. 무사(無私)를 가장 잘 해석해주는 성인은 아마도 노자이리라. "용내공(容乃公) 공내왕(公乃王)." 용(容)은[容] 곧[乃] 공(公)이요[公], 공(公)은[公] 곧[乃] 왕(王)이다[王].

용(容)은 자연(自然)이고, 공(公)은 무사(無私)·무친(無親)이며, 왕(王)은 왕(往)이다. 내가 너에게 가고[往] 네가 나에게 온다[往]. 이처럼 왕(往)은 왕래(往來)의 준말로 보면 된다. 용(容)·공(公)·왕(王)은 천일(天一)·위일(爲一)·대일(大一)의 정신으로 통한다. 이런 말씀들은 다 내가 내 사심(私心)을 없애버린다는 뜻이다. 그러니 공자가 말하는 대인(大人)은 수기(修己)하여 안백성(安百姓)의 길을 더할 바 없이 걷는 지극한 선생(先生)이라고 할 수 있다.

소인은 대인을 모른다. 대인한테는 하늘[天]이 있지만 소인한테는 그 하늘이 없기 때문이다. 천하가 제 것이 되어야 한다는 탐욕으로 가득해서 소인의 마음에는 조금의 허(虛)도 없다. 사욕(私欲) 덩어리가 곧 소인이란 말이다. 그런 소인에게 무사(無私)하라 하면 죽으란 말이냐고 삿대질한다. 사욕밖에 없기 때문에 자신을 버릴 수 없느냐고 하면 질색하고 원수로 여기려는 게 소인이다. 그래서 대인을 제일 싫어하고 미워한다. 그런 나머지 소인은 대인을 경멸하고 미친놈이라며 욕하기까지 한다.

그런 소인을 공자가 너그럽게 밝혀주고 있다. "소인부지천명이불외야(小人不知天命而不畏也) 압대인(狎大人) 모성인지언(侮聖人之言)." 작디작은[小] 사람은[人] 하늘이[天] 시키는 바를[命] 몰라[不知] 두려워하지 않고[不畏], 크나큰[大] 사람을[人] 함부로 업신여기며[狎], 성인의[聖人之] 말씀을[言] 얕보고 깔본다[侮].

압(狎)은 여기서 경(輕)·홀(忽) 등과 같다. 가볍게 소홀히 하여 업신여기다[狎]. 압모(狎侮)의 준말로 여기고 새기면 된다. 모(侮)는 압(狎)과 같다. 압모(狎侮)는 경멸(輕蔑)과 같은 말이다.

이렇듯 자기밖에 모르는 소인에게 자기를 버리라 말하면 곧 죽으란 말로 들린다. 이런 소인이니 대인을 경멸할 수밖에 없다. 그래도 대인은 소인을 버리지 않는다. 왜 공자는 『논어(論語)』 첫머리에서 '인부지이불온(人不知而不慍)' 하는 군자를 일러 "열호(說乎)"라고 말씀했는가? 남들이[人] 몰라주어도[不知] 성내지 않는다[不慍]. 소인 나부랭이가 제아무리 대인을 경멸한다 한들 대인은 그런 소인과 겨룰 생각을 하지 않는다. 그렇다고 똥이 무서워 피하느냐는 속담을 들어 소인을 피하지도 않는다. 대인은 오히려 그런 소인을 용서(容恕)한다.

이렇게 말하면 소인은 웃기는 소리하지 말라 한다. 참으로 소인배란 어찌할 도리가 없어 보인다. 그렇다고 소인에게 하늘이 무섭지 않느냐고 말해 무엇 하겠느냐고 반문하지 말라. 대인은 소인으로 하여금 하늘을 두려워하도록 만드는 데 끈질기다. 공자의 일이관지(一以貫之)가 곧 그런 끈질김이라고 보면 된다.

그래서 『중용(中庸)』 3편 2장에 이런 말씀이 있다. "군자이인치인(君子以人治人) 개이지(改而止)." 군자는[君子] 사람으로써[以人] 사람을[人] 다스리다가[治], 개선되어야만[改] 그만둔다[止]. 이런 대인의 모습이 곧 공자께서 「이인(里仁)」 편 15장에서 밝힌 '일이관지(一以貫之)' 일 것이다. 그 일(一)을 증자(曾子)는 충서(忠恕)라고 깨우치지 않았는가. 소인은 대인을 멸시하지만, 대인은 소인을 용서하고[恕] 소인을 개선하기 위해 정성을 다한다[忠].

두려워할 외(畏), 시킬 명(命), 성인 성(聖)

제9장

【문지(聞之)】

생이지지자상야(生而知之者上也)

【원문(原文)】

孔子曰 生而知之者는 上也요 學而知之者는 次也요 困而學之는 又其次也니 困而不學이면 民
(공자왈 생이지지자 상야 학이지지자 차야 곤이학지 우기차야 곤이불학 민)

斯爲下矣니라
사 위 하 의

【해독(解讀)】

공자께서 말했다[孔子曰]. "태어나면서 저절로 아는 사람은 으뜸이요[生而知之者上也], 배워서 아는 자는 그 다음이고[學而知之者次也], 막히면 애써 배우는 사람은 그 다음이다[困而學之又其次也]. 그러나 막히면서도 배우지 않으면[困而不學] 그런 사람들이야 누구든 하치다[民斯爲下矣]."

【담소(談笑)】

자왈(子曰)

「술이(述而)」편 19장을 떠올리게 한다. "비아생이지지자(非我生而知之者) 호고민이구지자야(好古敏以求之者也)." 나는[我] 태어나면서[生而] 절로 모든 것들을[之] 아는[知] 사람이[者] 아니다[非]. 옛것을[古] 좋아하여[好] 부지런히[敏] 그것을[之] 찾아 구하는[求] 사람이다[者]. 공자가 호학(好學)을 강조하고 있다.

생이지지자상야(生而知之者上也) 학이지지자차야(學而知之者次也) 곤이학지우기차야(困而學之又其次也)

▶ 태어나면서[生] 절로 아는[知之] 사람은[者] 으뜸이고[上], 배워서[學] 아는[知之] 사람은[者] 그 다음이며[次], 막힐 때[困] 막힌 것을[之] 배워 알면[學] 또한[又] 그[其] 다음이다[次].

학이지지(學而知之)의 지(之)는 배운 것을 가리키고, 곤이학지(困而學之)의 지(之)는 막힌 것(困) 즉 모르는 것을 가리킨다. 곤(困)은 궁(窮)과 같다. 꽉 막히다[困]. 곤궁(困窮)의 준말로 여기고 새기면 된다.

공자가 호학(好學)을 강조하고 있다. 배우기를[學] 좋아하라[乎]. 무엇을 배우라 하는가? 주로 성인지언(聖人之言)이라고 보면 된다. 성인의 말씀이 담겨 있는 전적(典籍)을 경전(經典)이라 한다. 유가(儒家)에서 말하는 오경(五經)이 바로 성인의 말씀을 적어놓은 경전이다. 왜 경전을 배우기를 좋아하라 하는가? 거기에는 수기(修己)와 치인(治人)의 길이 있어서 안백성(安百姓)의 인도(仁道)를 넓힐 수 있기 때문이다. 특히 공자는 곤이학지(困而學之)를 강조한다. 『논어(論語)』 첫머리를 보면 알 수 있다. "학이시습지(學而時習之) 불역열호(不亦說乎)." 배우고[學] 때때로[時] 그 배운 것을[之] 익히니[習] 그 또한[亦] 즐겁지 아니한가[不說乎]! 이는 모르면 모른 대로 그냥 넘기지 않음을 말한 것이다. 온 정성을 다해 모르는 것을 알아 깨우치려는 지극한 마음가짐을 일러 공자는 열(說)이라고 환호한 것이다. 즐겁다[說].

그러나 이러한 즐거움을 외면하고 몰라도 배우려 하지 않는 사람을 가리켜 공자는 하치라고 단언한다. "곤이불학(困而不學) 민사위하의(民斯爲下矣)." 막혔음에도[困] 배우지 않으면[不學] 이런[斯] 사람들은[民] 하치가[下] 된다[爲]. 이런 하치를 일러 소인(小人)이라고 불러도 된다. 성인이 남긴 말씀을 배워 안다면 어찌 소인이 되어 성인을 함부로 대하겠는가? 몰라서 그런 것이 아닌가.

날 생(生), 알 지(知), 윗 상(上), 배울 학(學), 다음 차(次),
막힐 곤(困), 또 우(又)

제10장

【문지(聞之)】

군자유구사(君子有九思)

【원문(原文)】

孔子曰 君子有九思하니 視思明하며 聽思聰하며
공 자 왈 군 자 유 구 사 시 사 명 청 사 총
色思溫하며 貌思恭하며 言思忠하며 事思敬하며 疑
색 사 온 모 사 공 언 사 충 사 사 경 의
思問하며 忿思難하며 見得思義니라
사 문 분 사 난 견 득 사 의

【해독(解讀)】

공자께서 말했다[孔子曰]. "군자한테는 아홉 가지 생각하는 바가 있다[君子有九思]. 볼 때는 밝음을 생각하고[視思明], 들을 때는 총명하기를 생각하며[聽思聰], 안색은 온화하기를 생각하고[色思溫], 몸가짐은 공손하기를 생각하며[貌思恭], 말할 때는 성실하기를 생각하고[言思忠], 일할 때는 정성을 다하기를 생각하며[事思敬], 의심날 때는 묻기를 생각하고[疑思問], 분이 날 때는 어려운 일을 생각하며[忿思難], 이득을 볼 때는 의로움을 생각한다[見得思義]."

【담소(談笑)】

자왈(子曰)

공자가 밝히는 군자유구사(君子有九思)가 『서경(書經)』「주서(周書)」 6장에 나오는 홍범구주(洪範九疇) 중에서 '오사(五事)'를 떠올리게 한다. 그리고 『대학(大學)』의 각론(各論) 제1에 나오는 '군자필신기독(君子必愼其獨)' 을 살펴보게 한다. 군자는[君子] 반드시[必] 그 자신[其] 홀로를[獨] 삼간다[愼]. 공자가 구사(九思)를 들어 군자의 신독(愼獨)을 구체적으로 가르쳐주고 있다고 보아도 된다. 「이인(里仁)」 편 11장의 '군자회덕(君子懷德)' 역시 헤아려보게 한다. 군자는[君子] 덕을[德] 마음에 품는다[懷].

유가(儒家)의 천도(天道)에서 비롯된 윤리관(倫理觀)을 이해하기 위해서는 『서경』 「주서」가 밝히는 홍범구주(洪範九疇)를 눈여겨 살펴야 한다. 이 홍범구주는 상(商)나라 현자(賢者)인 기자(箕子)가 주(周)나라 무왕(武王)에게 밝힌 것으로 알려져 있다. 기자는 후에 고조선(古朝鮮)으로 가서 왕이 되었다는 바로 그 기자이다. 좀 길지만 홍범(洪範)의 앞머리와 두 번째 범주(範疇)인 오사(五事)를 여기서 살펴두려고 한다.

왕내언왈(王乃言曰) "명호(嗚乎)라 기자(箕子)여 유천음즐하민(惟天陰騭下民)하고 상협궐거(相協厥居)하시나 아부지기이륜유서(我不知其彝倫攸敍)하노라."

주나라 무왕이 말했다[王乃言曰]. "슬픈 일이오[嗚乎]! 기자여[箕子]! 생각해보건대[惟] 하늘이[天] 몰래[陰] 백성을[下民] 정하여 사는 길을 터주고[騭] 백성의[厥] 삶을[居] 서로[相] 돕게 하지만[協], 나는[我] 하늘이 정한[其] 인륜이[倫] 베풀어지는[敍] 바를[攸] 알지 못하고 있어요[不知]."

울 명(嗚), 생각할 유(惟), 몰래 할 음(陰), 정해줄 즐(騭), 서로 상(相), 도울 협(協), 그 궐(厥)[기(其)와 같음], 살 거(居),
떳떳할 이(彝)[상(常)과 같음], 인륜 륜(倫), 바 유(攸)[소(所)와 같음], 베풀 서(敍)

기자내언왈(箕子乃言曰) "아문(我聞)하니 재석(在昔)에 곤인홍수(鯀陻洪水)하여 골진기오행(汨陳其五行)하니 제내진노(帝乃震怒)하사 불비홍범구주(不畀洪範九疇)하시니 이륜유도(彝倫攸斁)이니이다. 곤즉극사(鯀則殛死)하고 우내사흥(禹乃嗣興)하니 천내석우홍범구주(天乃錫禹洪範九疇)하사 이륜유서(彝倫攸敍)하니이다."

기자가 아뢰었다[箕子乃言曰]. "제가[我] 들은 바로는[聞] 옛날에[昔] 이런 일이 있었다고 합니다[在]. 곤이란 분이[鯀] 홍수를[洪水] 막아[陻] 오행의[五行] 배열을[陳] 어지럽혀[汨], 이에[乃] 하늘이[帝] 벼락같이[震] 노하여[怒] 아홉 가지[九] 넓은[洪] 범주를[範疇] 주지 않아서 [不畀] 변함없는[彝] 만물 저마다의 이치를[倫] 저버리고 말았습니다[斁]. 곤은[鯀] 곧장[則] 유배를 당해 죽었고[殛死], 곤의 아들 우가[禹] 이를[乃] 이어받아[嗣] 변함없는 윤리를 발흥하니[興], 이에[乃] 하늘이[天] 우에게[禹] 홍범구주를[洪範九疇] 하사해[錫] 변함없는[彝] 윤리가[倫] 베풀어진[敍] 바입니다[攸]."

옛날 석(昔), 사람 이름 곤(鯀), 막을 인(陻), 넓을 홍(洪),
어지러울 골(汨)[란(亂)과 같음], 배열할 진(陳),
하늘 제(帝)[천(天)과 같음], 벼락 진(震), 성낼 노(怒),
줄 비(畀)[여(與)와 같음], 법 범(範), 경계 주(疇),
패할 도(斁)[패(敗)와 같음], 죽일 극(殛), 이을 사(嗣),
일으킬 흥(興), 내려줄 석(錫)

(중략)

"오사(五事)는 일왈모(一曰貌)요 이왈언(二曰言)이요 삼왈시(三曰視)요 사왈청(四曰聽)이요 오왈사(五曰思)니 모왈공(貌曰恭)이요 언왈종(言曰從)이요 시왈명(視曰明)이요 청왈총(聽曰聰)이요 사왈예(思曰睿)니이다. 공작숙(恭作肅)이요 종작예(從作乂)요 명작철(明作哲)이요 총작모(聰作謀)요 예작성(睿作聖)이니이다."

"다섯 가지[五] 일이란[事] 첫째는[一曰] 외모요[貌], 둘째는[二曰] 말이요[言], 셋째는[三曰] 눈으로 보기요[視], 넷째는[四曰] 귀로 듣기요[聽], 다섯째는[五曰] 생각하기이니[思], 외모는[貌] 공손함을[恭] 말하고[曰],

말은[言] 따름을[從] 말하며[曰], 눈으로 봄은[視] 눈 밝기를[明] 말하고[曰], 귀로 들음은[聽] 귀 밝기를[聰] 말하며[曰], 생각함은[思] 슬기롭기를[睿] 말합니다[曰]. 공손은[恭] 엄숙함을[肅] 일구고[作], 따름은[從] 다스림을[乂] 일구며[作], 눈 밝음은[明] 넓은 밝음을[哲] 일구고[作], 귀 밝음은[聰] 도모함을[謀] 일구고[作], 슬기로움은[睿] 성스러움을[聖] 일굽니다[作]."

일 사(事), 외모(몸가짐) 모(貌), 볼 시(視), 들을 청(廳), 생각 사(思), 공손할 공(恭), 따를 종(從), 눈 밝을 명(明), 귀 밝을 총(聰), 슬기로운 예(睿), 만들 작(作), 엄숙할 숙(肅), 다스릴 예(乂), 사리에 밝을 철(哲), 성스러울 성(聖)

위와 같이 기자가 주나라 무왕에게 홍범구주(洪範九疇)의 대강을 밝힌 다음 오사(五事)를 아뢰었다는 것이다. 곤(鯀)은 우(禹)의 아버지라고 한다. 우(禹)는 순(舜)임금의 5대(五大) 신하(臣下) 중 한 사람으로 치수(治水)를 잘하여 대우모(大禹謨)라고도 하는데, 순임금으로부터 왕위를 물려받아 우왕(禹王)이 되었다. 기자가 이 우왕의 고사(故事)를 들어 홍범구주를 밝힌 대목은 이륜(彛倫) 즉 상륜(常倫)을 이해하는 데 가장 중요한 부분이다. 그런 까닭에 좀 길다 싶지만 인용했다.

공자가 말하는 구사(九思)는 간명하다. 그렇다고 속뜻마저 간명하다는 의미는 아니다. 씹을수록 맛이 난다는 말이 들어맞는 경우가 바로 성인(聖人)이 남긴 말씀이다. 성인은 정답을 줄 때 이것은 이것이고 저것은 저것이란 식으로 딱 부러지게 말씀하지 않는다. 갓난애라야 젖을 물리고 이빨이 두 개만 나도 씹어 먹게 가르치는 어머니처럼, 성인은 나름대로 제 마음이 씹어보아 말씀의 뜻을 맛보도록 한다. 그런 말솜씨를 가리켜 입상(立象)이니 설괘(設卦)니 한다. 성인은 무엇을 판결하지 않는다. 성인의 말씀이 알쏭달쏭하다고 비웃지 말고 골고루 깊게 스스로 생각해보면 나름대로 느끼고 체험할 수 있다.

시사명(視思明) 청사총(聽思聰) 색사온(色思溫) 모사공(貌思恭) 언사충(言思忠) 사사경(事思敬) 의사문(疑思問) 분사난(忿思難) 견득사의(見得思義)

▶ 볼 때면[視] 눈 밝기를[明] 생각하고[思], 들을 때면[聽] 귀 밝기를[聰] 생각하며[思], 안색은[色] 온화하기를[溫] 생각하고[思], 몸가짐은[貌] 공손한가를[恭] 생각하며[思], 말할 때면[言] 성실한가를[忠] 생각하고[思], 일할 때면[事] 정성스러운지를[敬] 생각하며[思], 의심날 때면[疑] 물어서 밝히기를[問] 생각하고[思], 분할 때면[忿] 그 뒤탈을[難] 생각하며[思], 이득을[得] 볼 때면[見] 옳은지를[義] 생각한다[思].

시사명(視思明)의 명(明)은 총(聽)과 같고, 조(照)·변(辨)·저(著)·확(確) 등과도 같다. 명(明)은 여기서 눈 밝기를 말한다. 목명통찰(目明通察)을 한마디로 명(明)이라고 했다. 보는 눈이[目] 밝아야[明] 꿰뚫어[通] 살핀다[察] 함이 곧 명[明]이다. 이러한 명(明)을 노자(老子)는 자지자명(自知者明)이라고 밝혔다. 자신을[自] 알아내는[知] 것이[者] 밝음이다[明]. 내가 내 자신을 알아보기 위해서는 먼저 묵조(默照)해야 한다. 눈을 열되 입은 다물고[默] 내가 내 마음 속을 나에게 비추어본다[照]. 그리고 내가 나를 살펴서[辨] 드러내야[著] 내가 먼저 내 자신을 확실하게 한다[確] 함이 곧 명(明)이다. 그러므로 여기서의 시(視)를 사물을 볼 수 있는 시력(視力) 쯤으로 여기지 말기 바란다. 내 마음 속을 살피는 심안(心眼)의 시(視)라고 여기고 상대를 바라본다는 뜻으로 헤아려야 한다. 명시(明視)의 시(視)면 누구든 다 무자기(毋自欺)일 수밖에 없다. 자신을[自] 속이지[欺] 말라[毋]. 그러면 걸림 없이 꿰뚫어 눈으로 살필 수 있으니 확실하게 살 수 있다.

청사총(聽思聰)의 총(聰)은 앞서의 명(明)과 같다. 그러니 총(聰)은

이명통찰(耳明通察)인 셈이다. 듣는 귀가[耳] 밝아야[明] 꿰뚫어[通] 살핀다[察]. 총(聰)은 곧 명(明)인 셈이다. 귀를 열되 입은 다물고[默] 내가 내 마음 속을 나에게 비추어본다[照]. 그리고 나를 내가 살펴서[辨] 드러내야[著] 내가 먼저 내 자신을 확실하게 한다[確] 함이 또한 총(聰)이다. 공자가 예순에 이순(耳順)이라 했는데, 이순이야말로 총명(聰明)의 극치요 절정인 셈이다. 이순의 청(聽)이면 누구든 다 무자기(毋自欺)일 수밖에 없다. 자신을[自] 속이지[欺] 말라[毋]. 그러면 걸림없이 꿰뚫어 귀로 살필 수 있으니 확실하게 살 수 있다.

색사온(色思溫)의 색(色)은 안색(顔色)의 준말로 여기고 새기면 된다. 여기서는 남을 대하는 얼굴 표정을 말한다. 온(溫)은 화(和)·유(柔)와 같다. 그래서 온화(溫和)와 온유(溫柔)의 준말로 여기고 새기면 된다. 온화하라. 온유하라. 그렇게만 하면 날마다 좋은 날이다.

모사공(貌思恭)의 공(恭)은 손(遜)과 같다. 내가 공손하면 상대도 공손해진다. 그러면 서로 엄숙(嚴肅)해지고 절로 서로 존경하게 된다. 이 공(恭)을 자비존인(自卑尊人)의 준말로 여기고 새겨도 된다. 남보고 먼저 낮추라 하지 말고 나부터 먼저 낮추라. 그러면 상대도 따라 자기를 낮춘다. 나를 낮추어 상대를 높이는 게 곧 공(恭)이다. 그러니 예로써[以禮] 갖는 몸가짐이 곧 공(恭)이라 할 수 있다.

언사충(言思忠)의 충(忠)은 직(直)·성(誠)·공(公)을 다한다는 뜻이다. 그래서 충(忠)을 진심불기(盡心不欺)라고 풀이하기도 한다. 더할 바 없이 정직하고, 더할 바 없이 정성껏 하며, 더할 바 없이 사사로움이 없는 마음가짐을 일러 중심(中心) 즉 충(忠)이라 한다. 오사(五事)에서 언왈종(言曰從)이라 했는데, 바로 말[言]은 충(忠)을 따라야 한다는 뜻이다.

사사경(事思敬)의 경(敬)은 공(恭)·숙(肅)·신(愼) 등의 뜻을 두루 간직한다. 공손하고[恭] 엄숙하며[肅] 삼가는[愼] 마음가짐이 곧 경(敬)이다. 예로써[以禮] 갖는 몸가짐이 공(恭)이라면, 예로써[以禮] 갖는 마음가짐이 경(敬)이다. 이런 경(敬)을 진선폐사(陳善廢邪)라고 풀이하기도 한다. 선하고 악의 없이 일하면 되지 성패(成敗)를 따져 바라는 바에 얽매이지 말라 함도 또한 경(敬)이다. 그래서 온 정성을 다해 일하고 그 성패는 하늘의 뜻에 맡기고 따른다 하여 진인사대천명(盡人事待天命)이라 하지 않는가.

의사문(疑思問)의 문(問)은 신(訊)과 같다. 물어서 의견을 나눈다[問]. 문의(問議)의 준말로 여기고 새기면 된다. 덮어놓고 의심하지 말라. 의심보다 더한 벽은 없다. 의심이 놓은 벽은 혼자서는 허물 수 없는 것이니 둘이든 여럿이든 함께 허물어야 한다. 그러니 의심이 난다고 자기 생각만 퍼부으면 자신과 상대편을 갈라놓은 벽만 두꺼워진다. 그러니 상대방의 생각을 물어보라 함이 여기서의 문(問)이다. 의심스러울 때 상대에게 문의해서 상대가 생각하는 바를 헤아려 서로 벽을 허물어라 함이 곧 사문(思問)의 문(問)이다. 공자의 이순(耳順)이 왜 역지사지(易地思之)로 통하는지 알 수 있을 것이다. 상대편의 입장에 돌아가[易地] 생각해보라[思之]. 그러면 인생에서 오해란 터무니없는 것에 불과함을 알리라.

분사난(忿思難)의 난(難)은 환(患)과 같다. 근심 걱정한다[難]. 분(忿)은 노(怒)와 같다. 성내고 화내다[忿]. 분(忿)이란 성정(性情)이 어그러지고 흐트러지는 것이다. 그리하여 정(情)이 성(性)을 압도하여 인간이 마치 본능에 사로잡힌 야수처럼 험해져서 삶의 이치를 저버리게 된다. 분을 삭이지 못하면 싸움이 일어나 겨루게 마련이다. 그러면 분을 낸 사람의 가족들이 걱정하게 된다. 특히 부모의 마음을 불안하게 만든다. 그래서 분노(忿怒)를 불효(不孝)의 실마리라고 하지 않는가. 깡패를 왜 불효의 표본이라고 하는가? 걸핏하면 핏대를 올리며 싸움질로 부모를 불안하게 만들기 때문이다. 부모께 걱정을 끼치지 말라 함이 곧 사난(思難)의 난(難)이다.

견득사의(見得思義)의 득(得)은 이득(利得)의 준말로 여기고 새기면 된다. 이득을 보았다[見得] 함은 내 몫[利]을 따져 갖게 된다는 말이다. 견득(見得)과 견리(見利)는 같은 말이다. 몫을 따질 때는 공평(公平)하여 무사(無私)해야지 서로 다툼이 일어나게 해서는 안 된다 함이 곧 사의(思義)하라는 뜻이다. 의(義)를 일러 유인득의(由仁得宜)라 한다. 어질어서[由仁] 마땅하다[得宜]. 어질고 착하지 않은 의는 없다. 그러니 함부로 의리(義理)라고 말하지 말라. 깡패끼리 의리 타령하는 짓은 말이 안 된다. 어질고 착한 이득이라면 환영하라. 그러나 사악한 이득이라면 멀리 물러서라. 그렇지 않으면 험하고 흉하게 된다. 그러니 어찌 사의(思義)하지 않겠는가.

공자가 밝히는 군자유구사(君子有九思)는 군자필신기독(君子必愼其獨)을 실현하는 방편인 셈이다. 이러한 방편의 근원은 바로 『서경(書經)』「주서(周書)」에서 기자가 밝힌 홍범구주(洪範九疇)의 오사(五事)에 있다고 보아도 된다. 기자가 밝힌 오사(五事)나 공자가 밝힌 구사(九思)나 모두 이륜(彝倫) 즉 변함없는 인륜(人倫 · 常倫)인 셈이다. 하늘[帝天]이 인간에게 사람으로서 반드시 지켜야 할 도리를 부여한 것이 구사(九思)이고, 이를 체험하고 실천하라 함이 곧 공자의 군자유구사(君子有九思)인 셈이다. 이런 구사(九思)가 낡을 리 없다. 인간이 있는 한 구사(九思)는 사람을 당당하고 의젓하게 할 것이다.

볼 시(視), 생각할 사(思), 밝을 명(明), 들을 청(聽), 밝을 총(聰),
표정 색(色), 따뜻할 온(溫), 모양 모(貌), 공경할 공(恭),
정성을 다할 충(忠), 일할 사(事), 공경할 경(敬), 의심할 의(疑),
물을 문(問), 성날 분(忿), 어려울 난(難), 볼 견(見), 얻을 득(得),
옳을 의(義)

제11장

【문지(聞之)】

견선여불급(見善如不及)

【원문(原文)】

孔子曰 見善如不及하며 見不善如探湯을 吾見其人矣요 吾聞其語矣로라 隱居以求其志하며 行義以達其道를 吾聞其語矣요 未見其人也요

공자왈 견선여불급 견불선여탐탕 오견기인의 오문기어의 은거이구기지 행의이달기도 오문기어의 미견기인야

【해독(解讀)】

공자께서 말했다[孔子曰]. "선한 일을 보면 좇아도 따라 이르지 못하는 듯이 좇고[見善如不及], 선하지 않는 일을 보면 뜨겁게 끓는 탕에서 손을 빼듯이 벗어난다[見不善如探湯]. 나는 그런 사람을 보았고[吾見其人矣] 나는 그런 사람의 말도 들었다[吾聞其語矣]. 그러나 물러나 살면서 그런 뜻을 구하고[隱居以求其志] 의를 행해서 그러한 도에 통달한다[行義以達其道]. 나는 그런 말을 들었으나[吾聞其語矣] 그 말을 실천하는 사람을 아직 만나지 못했다[未見其人也]."

【담소(談笑)】

자왈(子曰)

입으로만 선(善) 선(善) 하지 말라 한다. 선행(善行)하라 한다. 세상에 나아가서도 선행하고 세상에 물러나서도 선행하라 한다. 이는 「술이(述而)」편 10장에서 공자가 안연에게 한 말씀을 다시금 헤아리게

한다. "용지즉행(用之則行) 사지즉장(舍之則藏)." 나를 세상 사람들이 알아보고 써주면[用之] 곧[則] 뜻을 실행하고[行], 나를 세상이 버리면[思之] 곧[則] 물러나 숨어 산다[藏]. 세상이 알아주든 말든 뜻한 바를 관철하라 한다.

견선여불급(見善如不及) 견불선여탐탕(見不善如探湯) 오견기인의(吾見其人矣) 오문기어의(吾聞其語矣)

▶ **좋은 일을[善] 보면[見] 아무리 좇아도 좇을 수 없다는 듯이 하고[如不及], 선하지 않은 일을[不善] 보면[見] 끓는 물을[湯] 알아보고자 손을 넣었다 곧장 빼듯이 한다[如探]. 나는[吾] 그렇게 한[其] 사람을[人] 보았고[見], 나는[吾] 바로 그 사람의[其] 말도[語] 들었다[聞].**

여(如)는 사(似)와 같다. ~같이 하다[如]. 급(及)은 체(逮)와 같다. 좇아 미치다[及]. 탐(探)은 시(試)와 같다. 시험삼아 해보다[探]. 탕(湯)은 여기서 열수(熱水)를 뜻한다. 끓는 물[湯].

하는 일이 선하다면 목숨을 걸고 완수하고, 하는 일이 악하다면 그 즉시 손을 떼라 한다. 선(善)이든 불선(不善)이든 미적미적하지 말라. 선하면 더할 바 없이 정성을 다해 일구고, 불선이면 여지없이 혁파함이 곧 지어지선(止於至善)이 아닌가. 더할 바 없는[至] 선에서[於善] 떠나지 말고 머물러라[止]. 공자는 그런 사람을 만나고 그 사람의 말도 들었다 했다. 바로 그런 사람이 누구였을까? 아마도 덕(德)의 화신이라 일컬어지던 안연(顔淵)이 아닐까 싶다. 안연이 죽자 오죽하면 공자는 "천상여(天喪予)"라고 통곡했겠는가. 하늘이[天] 나를[予] 망친다[喪].

볼 견(見), 좋은 일 선(善), ~같을 여(如), 미칠 급(及), 시험해볼 탐(探), 끓을 탕(湯), 말씀 어(語)

은거이구기지(隱居以求其志) 행의이달기도(行義以達其道) 오문기어의(吾聞其語矣) 미견기인야(未見其人也)

▶ **물러나 몸을 숨기고[隱] 살아도[居以] 자신의[其] 뜻을[志] 추구하고[求], 벼슬길에 나아가서는[行義以] 자신의[其] 도를[道] 세상에 펼친다[達]. 나는[吾] 그런 사람의[其] 말을[語] 듣기는 했지만[聞], 그렇게 한[其] 사람을[人] 직접 보지는 못했다[未見].**

은거(隱居)는 벼슬하지 않고 살거나 벼슬에서 물러나 산다는 뜻이다. 행의(行義)는 벼슬길에 나아가 의(義)를 실천한다 함이다.

벼슬을 하든 안 하든 상관없이 지어지선(止於至善)하라 하지 않는가. 다만 지어지선(止於至善)한다는 말은 들었지만 그런 뜻을 실천에 옮긴 사람을 아직 만나지는 못했다고 공자가 토로하고 있다. 성인은 절망하지는 않지만 때때로 실망한다. 성인이 걸어가라는 길이 험하고 멀기 때문에 사람들은 걷겠노라 말하면서도 막상 그 길에 들어 걷기는 저어하기 마련이다. 그 때문에 성인도 때때로 실망할 수밖에 없다. 미견기인(未見其人)에서 성인의 서글픔이 드러나지 않는가.

「헌문(憲問)」편 37장에서도 공자의 심정이 묻어난다. "불원천(不怨天) 불우인(不尤人) 하학이상달(下學而上達) 지아자기천호(知我者其天乎)." 하늘을[天] 원망 않고[不怨] 사람도[人] 탓하지 않는다[不尤]. 아래로 배워[下學] 위로 통달했으니[上達], 나를[我] 알아줄[知] 이는[者] 바로 하늘이야[天乎].

숨길 은(隱), 살 거(居), 구할 구(求), 뜻 지(志), 이를 달(達), 아닐 미(未)

제12장

【문지(聞之)】

제경공유마천사(齊京公有馬千駟)

【원문(原文)】

齊京公有馬千駟호대 死之日에 民無德而稱焉이
제경공유마천사 사지일 민무덕이칭언

오 伯夷叔齊는 餓于首陽之下호대 民到于今稱之
백이숙제 아우수양지하 민도우금칭지

하니라 (誠不以富요 亦祇以異로다) 其斯之謂與
성불이부 역기이이 기사지위여

인저

"성불이부(誠不以富)요 역기이이(亦祇以異)로다"는 여기 「계씨(季氏)」 편 11장에 있어야 하는데 「안연(顔淵)」 편 10장에 잘못 끼어 있게 된 것이라는 설을 따라 이 장(章)으로 옮겨 왔다.

【해독(解讀)】

제나라 경공에게 말 4천필이 있었다[齊京公有馬千駟]. 경공이 죽자[死之日] 백성은 경공을 후덕하다고 칭송하지 않았다[民無德而稱焉]. 백이와 숙제는 수양산 아래서 굶어죽었다지만[伯夷叔齊餓于首陽之下], 백성은 지금에 이르러서도 그들을 칭송한다[民到于今稱之]. (진정코 부유해서가 아니라[誠不以富] 오로지 달라서이다[亦祇以異].) 이런 말씀은 이를 두고 한 것이리라[其斯之謂與]!

【담소(談笑)】

자왈(子曰)

앞서 10장에서 본 구사(九思) 중 견득사의(見得思義)를 헤아리게 한다. 부유한 것[得]이 곧 덕(德)은 아니라 한다. 불의(不義)로 얻었다면 부끄러운 것이다. 백성은 언제나 권세의 축재(蓄財)를 싫어한다.

제경공유마천사(齊京公有馬千駟) 사지일(死之日) 민무덕이칭언(民無德而稱焉)

▶ **제나라[齊] 경공한테는[京公] 말이[馬] 4천 필이나[千駟] 있었다[有]. 그가 죽었을 때[死之日] 백성들에게는[民] 그를[焉] 칭송해 줄[稱] 너그러움이[德] 없었다[無稱].**

마천사(馬千駟)는 말 4천 필을 말한다. 그만큼 경공(京公)이 부를 누렸다는 말이다. 민무덕이칭언(民無德而稱焉)에서 이(而)는 어세(語勢)를 돕는 조사로 보고 민무칭덕언(民無稱德焉)으로 고쳐 읽는다. 목적어인 덕(德)을 칭(稱) 앞으로 끌어내면서 이(而)라는 조사를 더해 어세를 높인 것이다. 이는 곧 백성이 매정했다는 뜻이다.

안백성(安百姓)의 치세(治世)를 팽개쳐두고 저 하나 부귀를 누리려는 임금은 제대로 된 임금이 아니다. 임금이란 백성의 어버이가 되어야 하는데 백성을 팽개치는 임금은 폭군이 아니면 무능한 소인에 불과하다. 안백성(安百姓)의 길을 버린 임금이라면 백성의 원수나 다름없지 않은가. 그러니 경공이 죽었다 해서 백성이 서러워할 리 없다. 안백성(安百姓)을 바라는 임금은 백성이 부유하기를 바라고 자신은 부를 쌓지 않는다. 경공은 말을 4천 필이나 두었다니 알 만하지 않은가. 오히려 백성들은 그런 임금이라면 빨리 죽기를 바란다.

나라이름 제(齊), 네 마리 말 사(駟), 칭송할 칭(稱), 이에 언(焉)

백이숙제아우수양지하(伯夷叔齊餓于首陽之下) 민도우금칭지(民到于今稱之)

▶ **백이와[伯夷] 숙제는[叔齊] 수양산 아래서[首陽之下] 굶주렸다[餓]. 백성은[民] 지금에[于今] 이르기까지[到] 그들을[之] 칭송한다[稱].**

아(餓)는 기(饑)와 같다. 굶주린다[餓]. 도(到)는 지(至)와 같다. 이르다[到]. 칭지(稱之)의 지(之)는 백이(伯夷)와 숙제(叔齊)를 가리키는 지시어이다.

왜 백성이 백이(伯夷)와 숙제(叔齊)를 두고두고 칭송하는가? 불의(不義)를 용서하지 않았기 때문에 백성이 그들을 지금까지도 칭송하는 게 아닌가. 만일 그들이 무도한 임금에게 빌붙어 부귀영화를 누렸더라면 어느 백성이 칭송하겠는가. 백성은 왜 말을 4천 필이나 소유했던 경공은 칭송하지 않으면서도 먼 옛날에 굶어죽은 백이와 숙제는 칭송하는가? 이에 대한 해답을 이렇게 밝히고 있다. "성불이부(誠不以富) 역지이이(亦祇以異)." 이 구절이 『시경(詩經)』「소아(小雅)」에 있다는 설도 있지만, 어느 시편의 시구인지 확인되지는 않는다. 그러니 그럴 필요 없이 이렇게 고쳐 읽고 새겨도 안 될 리는 없다. "성불칭지이부(誠不稱之以富) 역지칭지이이(亦祇稱之以異)." 앞에서 칭지(稱之)를 생략했다고 보는 것이다. 진실로[誠] 부유해서[以富] 백이와 숙제를[之] 칭송하지 않고[不稱], 오로지[祇] 달라서[以異] 그들을[之] 칭송한다[稱之].

무엇이 달랐단 말인가? 남들과 달리 불의를 멀리하려고 굶어죽은 것이 달랐다. 그래서 이런 결론을 내린다. "기사지위여(其斯之謂與)." 그[其] 이러함(경공과 백이 · 숙제의 다름)을[斯] 일러 말함이로다[謂與]! 백성은 의(義)를 칭송하되 그렇지 못하면 매정하게 돌아선다. 이렇게 민심(民心)은 다르다. 그러니 정치한다는 사람들은 함부로 국민의 이름을 팔며 이렇군저렇군 들먹이지 말기 바란다.

맏 백(伯), 온화할 이(夷), 아재비 숙(叔), 같을 제(齊), 굶주릴 아(餓), ~에 우(于), 머리 수(首), 볕 양(陽), 이를 도(到), 이제 금(今), 칭할 칭(稱)

제13장

【문지(聞之)】

불학시(不學詩) 무이언(無以言)

【원문(原文)】

陳亢問於伯魚曰 子亦有異聞乎아
진 강 문 어 백 어 왈 자 역 유 이 문 호

對曰 未也로다 嘗獨立이시어늘 鯉趨而過庭이러니
대 왈 미 야 상 독 립 이 추 이 과 정

曰 學詩乎아 對曰 未也로다 不學詩면 無以言이
왈 학 시 호 대 왈 미 야 불 학 시 무 이 언

라시거늘 鯉退而學詩로다 他日又獨立이시거늘 鯉趨
이 퇴 이 학 시 타 일 우 독 립 이 추

而過庭이러니 曰 學禮乎아 對曰 未也로이다 不學
이 과 정 왈 학 례 호 대 왈 미 야 불 학

禮면 無以立이라 시거늘 鯉退而學禮로다 聞斯二者
례 무 이 립 이 퇴 이 학 례 문 사 이 자

로다

陳亢退而喜曰 問一得三호니 聞詩聞禮하고 又聞
진 강 퇴 이 희 왈 문 일 득 삼 문 시 문 례 우 문

君子之遠其子也호라
군 자 지 원 기 자 야

【해독(解讀)】

진강이 백어에게 물었다[陳亢問於伯魚曰]. "그대는 아버지로부터 남다른 가르침을 받은 것이 있는가[子亦有異聞乎]?"

백어가 말해주었다[對曰]. "아직 없네[未也]. 하루는 홀로 서 계실 때[嘗獨立] 내가 뜰 앞을 지나쳤더니[鯉趨而過庭] 아버지께서 말씀하셨다네[曰]. '시를 공부했느냐[學詩乎]?' 이에 아버지께 여쭈었네[對曰]. '아직 못 배웠습니다[未也].' 시를 배우지 않으면[不學詩] 사람들과 말할 것이 없다고 하셔서[無以言] 나는 그 뒤로 시를 공부했네[鯉退而學詩]. 또 다른 날 홀로 서 계실 적에[他日又獨立] 내가 뜰 앞을 지나쳤더니[鯉趨而過庭]. 아버지께서 말씀하셨다네[曰]. '예를 공부했느냐[學禮乎]?' 이에 여쭈었지[對曰]. '아직 못 배웠습니다[未也].' 예를 배우지 못했으면[不學禮] 나설 수 없다고 하셔서[無以立] 나는 그 뒤로 예를 배웠네[鯉退而學禮]. 이같이 두 가지를 들었다네[聞斯二者]."

진강이 물러나 기뻐 말했다[陳亢退而喜曰]. "하나를 물어 셋을 알았다[問一得三]. 시를 들었고 예를 들었으며[聞詩聞禮], 그리고 또 군자는 자신의 자녀와 가까이하지 않음을 들었다[又聞君子之遠其子也]."

【담소(談笑)】

진강문어백어왈(陳亢問於伯魚曰)

진강(陳亢)은 「학이(學而)」 편 10장에 나왔던 자금(子禽)을 말한다. 공자보다 40세 아래의 제자라고도 하고 또는 자공(子貢)의 제자라고도 한다. 백어(伯魚)는 공자의 아들이고 이름은 이(鯉)다. 진강은 스승께서 당신의 아들한테는 남다른 가르침을 줄 것이라고 여겼던 모양이다. 그래서 진강이 이(鯉)에게 이렇게 물었다. "자역유이문호(子亦有異聞乎)?" 역시[亦] 그대에게는[子] 아버지로부터 남달리[異] 배운 것들이[聞] 있겠지요[有]? 여기서 자(子)는 상대를 부르는 호칭으로 공자의 아들 이(鯉)를 일컫는다.

진강의 물음에서 역(亦)이란 한 글자에 깊은 속뜻이 담겨 있다. 모든 사람들은 다 제 자식을 더 소중히 여기고 더 많은 것을 누리도록 하는 게 상식이다. 그렇듯 공자께서도 당신의 자식에게 각별하게 남달리 가르치려고 했으리라 여겼던 진강의 속셈이 역(亦)이란 한 글자에서 느껴진다. 이문(異聞)은 여기서 남들이 못 들은[異] 가르침[聞]을 의미한다. 진강이 군자는 무친(無親)한다는 사실을 미처 몰랐던 것이다.

진강이 그런 생각을 갖고 묻자 이(鯉)가 한마디로 잘라 말한다. "미야(未也)." 그런 적 없다[未也]. 분명 진강의 물음에 들어 있는 역(亦)을 이(鯉)는 헤아렸을 터이다. 한마디로 말해 대화의 음(音)을 이(鯉)는 알아들었던 셈이다. 음성(音聲) 중에서 음(音)은 마음과 마음이 전해듣는 것[以心傳心]이고 성(聲)은 귀로 듣는 소리다. 대화는 성(聲)이 아니라 음(音)을 잘 헤아려야 마음이 서로 통로를 얻는다. 진강과 이(鯉) 사이에는 대화의 길이 열렸다. 그 열림을 어떻게 짐작할 수 있는가? 진강이 말한 역(亦)에 대해 이(鯉)가 미야(未也)라고 간명히 응대한 데서 그런 낌새를 눈치챌 수 있다.

상독립(嘗獨立) 이추이과정(鯉趨而過庭) 학시호(學詩乎) 미야(未也) 불학시(不學詩) 무이언(無以言) 이퇴이학시(鯉退而學詩) 타일우독립(他日又獨立) 이추이과정(鯉趨而過庭) 학례호(學禮乎) 미야(未也) 불학례(不學禮) 무이립(無以立) 이퇴이학례(鯉退而學禮) 문사이자(聞斯二者)

▶ 어느 날엔가[嘗] 아버지께서 홀로[獨] 서 계셨다[立]. 내가[鯉] 아버지 앞을 종종걸음으로[趨] 뜰을[庭] 지나가자[過] 아버지께서 나에게 『시경(詩經)』을[詩] 공부하느냐고 물었다[學乎]. 이에 아직 못했다고 아뢰었다[未也]. 이에 아버지께서 『시경』을[詩] 공부하지 않으면[不學] 그래서는[以] 남들과 더불어 말할 것이[言] 없다고 하셔서

〔無〕, 나는〔鯉〕 물러난 뒤에〔退〕『시경』을〔詩〕 공부했다〔學〕. 다른 날〔他日〕 또〔又〕 홀로〔獨〕 서 계셨다〔立〕. 나는〔鯉〕 종종걸음으로〔趨〕 뜰을〔庭〕 지나갔다〔過〕. 아버지께서 예를〔禮〕 배웠느냐고 물었다〔學乎〕. 내가 아직 못했다고 여쭈었다〔未也〕. 이에 아버지께서 예를〔禮〕 배우지 않으면〔不學〕 그래서는〔以〕 세상에 나아가 설 수〔立〕 없다고 하셨다〔無〕. 나는〔鯉〕 곧장 물러나〔退〕 예를〔禮〕 배웠다〔學〕. 내가 들어 배운 것은〔聞〕 이〔斯〕 두 가지다〔二者〕.

추(趨)는 주(走)·행(行)과 같다. 곁눈질하지 않고 종종걸음으로 빨리빨리 가다[趨]. 아버지(공자)를 아들(이)이 어떻게 받들어 모시는지 그 모습이 추(趨) 한마디로 곧장 드러난다. 다른 제자들과 하나도 다를 바 없음을 진강에게 알려주는 속뜻도 이 추(趨) 한마디로 충분하다.

이 장(章)은 진강과 이(鯉)가 서로 말을 주고받는 묘미가 있다. 아들이라고 해서 특별대우를 받을 리 없기 때문이다. 공손한 몸가짐으로 어렵사리 지나치는 아들(이)을 아버지(공자)가 불러 세워놓고 한번은 『시경(詩經)』을 공부했느냐[學詩乎]고 묻고, 한번은 예(禮)를 배웠느냐[學禮乎]고 물으니, 아들은 아버지께 간명하게 아직 못했다[未也]고 아뢰었을 뿐이다. 이에 아버지는 아들에게 다른 제자들한테 해주었듯이 『시경』을 배워 터득해야 하는 까닭과 예를 배워 터득해야 하는 까닭을 간명하게 일러주었을 뿐이다. 당신의 아들이라고 해서 미주알고주알 일일이 따져가며 가르치지 않는다. 성인에게 당신의 아들이 따로 있을 리 없기 때문이다. 간명하게 길만 터주고 스스로 찾아가게 하는 부자(父子) 사이의 모습을 보라. 어찌 공자라고 해서 부자의 정이 없겠는가? 다만 그런 정(情)이란 서로 마음 속에 예(禮)로써 간직하면 그만이지 드러내보일 것은 없다 한다.

군자는 담백한 법이고 그 아들도 따라 담백한 법이다. 정을 앞세우는 소인(小人)일수록 자식 농사를 망치고, 정을 멀리 두는 대인(大人)

일수록 자식 농사를 풍년으로 이끈다. 하물며 성인(聖人) 공자라면 더 말할 게 있겠는가. 아들은 더 변명하지 않고 훌쩍 물러나 아버지의 가르침에 따라 열심히 시(詩)와 예(禮)를 공부하고 터득하려고 했을 뿐이다. 그러니 진강이여! 당신(진강)이나 나(이)나 다를 바라곤 하나도 없지 않은가. 참으로 군자무친(君子無親)이요 군자무사(君子無私)란 말이 공자의 아들 이(鯉)를 통해서 선명하게 드러난다. 소인의 팔이 안으로 굽지 대인의 팔은 항상 곧다. 그래서 소인의 그릇[容]은 작고 대인의 그릇[容]은 더없이 크다.

"진강퇴이희왈(陳亢退而喜曰)." 이(鯉)의 말을 듣고 난 다음[退] 진강이[陳亢] 기뻐하며[喜] 이렇게 말했다[曰]. "문일득삼(問一得三) 문시문례(聞詩聞禮) 우문군자지원기자야(又聞君子之遠其子也)." 한 번[一] 물어서[問] 셋을[三] 얻었다[得]. 시를[詩] 들어 배웠고[聞], 예를[禮] 들어 배웠으며[聞], 나아가[又] 군자는[君子] 당신의[其] 아들을[子] 멀리함을[遠] 듣고 배웠다[聞].

진강은 훌륭하다. 듣고[聞] 배워[學] 터득했으니[覺] 말이다. 희왈(喜曰)의 희(喜)는 몰랐던 것을 새삼 새롭게 안 다음에 오는 기쁨[喜]이다. 말하자면 진강은 「태백(泰伯)」 편 8장에서 공자가 밝힌 말씀을 새삼 들어 배운 것이다. "흥어시(興於詩) 입어례(立於禮)." 시로써[於詩] 일으키고[興] 예로써[於禮] 세운다[立]. 무엇을 일으킨단 말인가? 이에 대한 해답은 바로 다음 「양화(陽貨)」 편 9장에 잘 드러나 있다. 입어례(立於禮)의 입(立)은 세상에 나아가 제 구실을 할 수 있음을 말한다. 그러자면 먼저 자신의 몸가짐[貌]을 자비존인(自卑尊人)하라 한다. 자기를[自] 낮추고[卑] 남을[人] 높여라[尊]. 이런 몸가짐[貌]을 일러 공(恭)이라 한다. 진실로 공경(恭敬)하라. 그러면 예로써[以禮] 당당하게 선다[立]. 이러한 것들을 배워 터득하지 않으면 안 된다는 사실을 공자의 아들 이(鯉)를 통해 터득하고, 나아가 공자 같은 성인은 무사(無私)하고 무친(無親)하다는 사실을 깨우쳤으니 진강은 기뻐해도 된다.

일찍 상(嘗), 홀로 독(獨), 설 립(立), 잉어 리(鯉), 종종걸음걸이 추(趨), 지나갈 과(過), 뜰 정(庭), 배울 학(學), 시경 시(詩), 물러갈 퇴(退)

제14장

【문지(聞之)】

방군지처(邦君之妻)

【원문(原文)】

邦君之妻를 君稱之曰夫人이요 夫人自稱曰小童
방군지처 군칭지왈부인 부인자칭왈소동
이요 邦人稱之曰君夫人이요 稱諸異邦曰寡小君이
방인칭지왈군부인 칭제이방왈과소군
오 異邦人稱之에 亦曰君夫人이니라
이방인칭지 역왈군부인

【해독(解讀)】

임금의 아내를[邦君之妻] 임금 자신이 부를 때는 부인이라 하고[君稱之曰夫人], 부인이 스스로를 칭할 때는 소동이라 한다[夫人自稱曰小童]. 그 나라 사람이 임금의 부인을 부를 때는 군부인이라 하고[邦人稱之曰君夫人], 다른 나라 사람에게 임금의 부인을 소개할 때는 과소군이라 하며[稱諸異邦曰寡小君], 다른 나라 사람이 임금의 부인을 부를 때는[異邦人稱之] 역시 군부인이라 부른다[亦曰君夫人].

【담소(談笑)】

방군지처군칭지왈부인(邦君之妻君稱之曰夫人)

▶ 임금이[君] 자신의 아내를[邦君之妻] 부를 때는[稱] 부인이라고[夫人] 부른다[曰].

칭(稱) 뒤에 두는 목적어 방군지처(邦君之妻)를 강조하기 위해 앞으로 끌어내고, 그 자리에 지시어 지(之)를 두었다. 즉 칭지(稱之)의 지(之)는 방군지처(邦君之妻)를 받는 지시어이다. 이렇게 「계씨(季氏)」편 마지막 장에 임금의 처(妻)에 관한 호칭(呼稱)을 다룬 이유는 아마도 정치(政治)의 근본인 정명(正名)의 한 본보기를 보이기 위해서라고 생각된다. 임금도 자신의 아내[妻]를 모든 사람들과 다를 바 없이 부인(夫人)이라고 호칭하고 있다.

그런데 누가 이렇게 말해놓았는지 이 장에는 화자(話者)가 없다. 그래서 묘하게 보인다. 천륜(天倫)의 입장에서 본다면 임금도 한 필부(匹夫)요 임금의 아내도 한 필부(匹婦)란 말이니, 앞 8장에서 공자가 밝힌 외천명(畏天命)을 떠올려 헤아리게 한다.

나라 방(邦), 임금 군(君), 일컬을 칭(稱), 아내 처(妻), 지아비 부(夫)

부인자칭왈소동(夫人自稱曰小童) 방인칭지왈군부인(邦人稱之曰君夫人)

▶ 임금의 아내가[夫人] 자신을[自] 일컬을 때는[稱] 스스로 낮추어 소동이라고[小童] 하고[曰], 백성이[邦人] 임금의 아내를[之] 호칭할 때는[稱] 군부인이라고[君夫人] 부른다[曰].

여기서 소동(小童)은 자비존인(自卑尊人)의 호칭이라 할 수 있다. 임금의 부인이 예(禮)를 떠나서는 안 된다 함이다. 이 또한 정명(正名)이라 하겠다. 그러면 백성은 절로 임금의 부인을 높여 군부인(君夫人)이라고 일컫는다 한다. 참으로 임금의 아내가 인자(仁慈)하면 임금도 후덕(厚德)해질 수 있다. 그렇게만 되면 백성은 임금이 안 보는 데서도 임금을 받들어 모신다. 그러나 부창부수(夫唱婦隨)라고 폭군의 아내는 한술 더 떠서 백성을 아프게 하는 꼴들이 역사에 빈번하지 않은가.

작을 소(小), 어릴 동(童)

칭제이방왈과소군(稱諸異邦曰寡小君) 이방인칭지역왈군부인(異邦人稱之亦曰君夫人)

▶ **외국인에게[於異邦] 자기 아내를[之] 일컬을 때는[稱] 과소군이라[寡小君]이라 부르고[曰], 다른 나라 사람이[異邦人] 임금의 아내를[之] 일컬을 때[稱] 역시[易] 군부인이라고[君夫人] 부른다[曰].**

칭제이방(稱諸異邦)은 칭지어이방(稱之於異邦)의 지어(之於)를 제(諸)로 줄인 것이다. 그러므로 제(諸)를 지어(之於)로 풀어서 읽고 새기면 된다. 과(寡)는 임금이 자기를 낮추어 부르는 일인칭 호칭으로서 임금이 자기를 일컬어 과인(寡人)이라고 할 때의 과(寡)이다. 소군(小君)은 소동(小童)과 상통하는 자비(自卑)의 호칭이고, 군부인(君夫人)은 존인(尊人)의 호칭이다.

따지고 보면 예(禮)의 정명(正名)이란 자비존인(自卑尊人)이 갖추어지면 된다. 이를 어기면 인간은 오만(傲慢)하고 방자(放恣)해 무례(無禮)를 범한다. 임금이 무례하면 안백성(安百姓)은 기대할 수 없다. 그래서 부부 관계를 빌려 본래의 인륜(人倫)을 밝히고 있다.

지어(之於) 제(諸), 나(임금이 자신을 낮추어 겸손하게 부르는) 과(寡)

후편(後篇) 17

양화(陽貨)

입문 이 편에서 맨 처음 나오는 '양화(陽貨)'를 따서 편명(篇名)으로 삼았다. 공자께서 취한 처신(處身)에 관한 것도 있지만, 주로 무도(無道)로 치닫는 세상을 서글퍼하는 내용이다. 「계씨(季氏)」편처럼 일일이 따져 말하는 경우가 많고, 내용이 긴 장(章)들이 많은데다 공자의 화술(話術)이 달라진 데가 보인다 하여 이런저런 말이 있는 장들이 들어 있다. 그러나 학시(學詩)를 강조하고 예악(禮樂)을 강조하며 겉치레를 배격하고 비부(鄙夫)를 질타하는 내용은 주목할 필요가 있다. 「양화(陽貨)」편은 26장으로 이루어져 있다.

제1장

【문지(聞之)】

양화욕현공자(陽貨欲見孔子)

【원문(原文)】

陽貨欲見孔子어늘 孔子不見하신대 歸孔子豚이어늘
양화욕현공자 공자불견 귀공자돈

孔子時其亡也 而往拜之러시니 遇諸塗하시대
공자시기망야 이왕배지 우제도

謂孔子曰 來하라 予與爾言호리다 曰 懷其寶而迷
위공자왈 내 여여이언 왈 회기보이미

其邦을 可謂仁乎아 曰 不可라
기방 가위인호 왈 불가

好從事而亟失時를 可謂知乎아 曰 不可라
호종사이극실시 가위지호 왈 불가

日月逝矣라 歲不我與니라 孔子曰 諾라 吾將仕
일월서의 세불아여 공자왈 낙 오장사

矣호리다
의

【해독(解讀)】

양화가 공자를 만나고자 했지만[陽貨欲見孔子] 공자가 만나주지 않자[孔子不見] 공자께 돼지 한 마리를 선물로 보냈다[歸孔子豚]. 공자께서 그자가 집에 없을 때를 타서[孔子時其亡也] 고맙다는 말을 남기려고 갔다가[而往拜之] 도중에 그자를 만나게 되었다[遇諸塗].

공자께 이렇게 말했다[謂孔子曰]. “어서 오시지요[來]. 내 당신과 더불어 나눌 말이 있습니다[予與爾言].” 그리고 말을 이었다[曰]. “그대의 보물을 가슴에만 품어두고 그대의 나라를 혼란스럽게 내버려둔다면[懷其寶而迷其邦] 인(仁)이라 할 수 있겠습니까[可謂仁乎]?"

이에 공자께서 응해주었다[曰]. "그렇다 할 수 없습니다[不可]."

"일을 하고자 하면서 때를 여러 번에 걸쳐 놓친다면[好從事而亟失時] 지혜롭다 할 수 있겠습니까[可謂知乎]?"

이에 공자께서 응해주었다[曰]. "그렇다 할 수 없습니다[不可]."

그러자 일월은 흘러가고[日月逝矣] 세월은 나를 기다려주지 않습니다[歲不我與]라고 말했다. 공자께서 응해주었다[孔子曰]. "알았습니다[諾]. 장차 내 나아가 일하겠습니다[吾將仕矣]."

【담소(談笑)】

양화욕현공자(陽貨欲見孔子) 공자불견(孔子不見)

▶ 양화가[陽貨] 공자를[孔子] 휘하에 두고 조정에 나타나게 하려 했지만[欲見] 공자께서[孔子] 만나주지 않았다[不見].

욕현(欲見)의 현(見)은 조현(朝見)의 준말로 보고 새긴다. 조정(朝廷)에 나아가 벼슬한다는 뜻으로 쓰였다. 양화(陽貨)가 공자를 등용해 제 패거리로 삼으려 했다 함이 곧 양화욕현공자(陽貨欲見孔子)의 뜻이다. 공자불견(孔子不見)의 견(見)은 회(會)와 같다. 만나주다[見]. 이는 양화의 패거리가 되지 않겠다는 공자의 결심을 말해준다.

양화(陽貨)는 계씨(季氏)의 가신(家臣)이었지만 계환자(季桓子)를 잡아 가두고 국정(國政)을 마음대로 주물렀던 무도(無道)하고 무례(無禮)한 자였다. 이름은 양호(陽虎)이다. 이 양화가 공자를 면회(面會)하고자 했는데 거절당하자 그만 수작을 부렸던 모양이다. "귀공자돈(歸孔子豚)." 공자에게[孔子] 돼지 한 마리를[豚] 보냈다[歸]. 귀(歸)는 여기서 투(投)와 같다. 던져 보내다[歸]. 보낸 자의 달갑지 않은 심사를 느끼게 한다.

이에 어쩔 수 없이 공자가 무례한 양화에게 예(禮)를 갖추고자 했다. "공자시기망야(孔子時其亡也) 이왕배지(而往拜之)." 공자가[孔

子] 양화가[其] 제 집에 없을[亡] 틈을 타[時] 보내준 선물을[之] 사례하려고[拜] 갔었다[往]. 양화가 없을 때를 타서 그 집으로 직접 가서 그냥 예만 갖추고 돌아올 작정이었지만 도중에 양화를 만나게 되었다. "우제도(遇諸塗)." 가는 도중에[於塗] 양화를[之] 조우하고 말았다[遇]. 제(諸)는 지어(之於)의 준말이다. 우지어도(遇之於塗)를 우제도(遇諸塗)로 줄인 꼴이다. 만날 우(遇). 길 도(塗). 도(塗)는 도(途)와 같고 도(道)와도 같다. 가는 길[塗].

상황이 이러하니 양화는 공자가 돼지 한 마리를 선물로 받고 고마워 자기를 찾아온 것으로 알았을 터이다. 그래서 양화는 공자를 불러[謂孔子] 말을 건넸다[曰]. "내(來). 여여이언(予與爾言)." 어서 오시오[來]. 내[予] 그대와[爾] 더불어[與] 이야기를 나누고 싶소[言]. 이것을 뿌리친다면 양화가 분(忿)을 삭이지 못하리라. 그러면 난폭한 양화가 발광하리란 것을 성인께서 어찌 모르겠는가. 공자께서 "분사난(忿思難)"이라 하지 않았던가. 분할 때는[忿] 뒤탈을[難] 생각하라[思]. 어디 똥이 무서워 피하는가. 성인은 적어도 사람의 일[人事]에는 언제 어디서든 무외(無畏)이니 공자를 두고 겁쟁이라고 하지 말라. 무례한 인간의 말을 들어주고 순리를 따르게 하고자 할 따름이다.

별 양(陽), 재물 화(貨), 하고자 할 욕(欲), 보일 현(見), 만날 견(見)

회기보이미기방(懷其寶而迷其邦) 가위인호(可謂仁乎) 호종사이극실시(好從事而亟失時) 가위지호(可謂知乎)

▶ 나라를 잘 다스릴 그런[其] 보물을[寶] 품고 있으면서도[懷] 당신이 사는[其] 나라를[邦] 헤매게 놔두는 것을[迷] 인이라고[仁] 할 수 있겠습니까[可謂乎]? 나라를 다스리는 일을[事] 하기[從] 좋아하면서[好] 여러 번에 걸쳐[亟] 때를[時] 놓치는 것을[失] 지혜라고[知] 할 수 있겠습니까[可謂乎]?

회(懷)는 장(藏)과 같다. 마음 속에 품다[懷]. 기(其)는 그때 그때 문맥에 따라 의미를 더해서 새겨야 한다. 영어의 정관사(the)같이 보아도 무방하다. 미(迷)는 난(亂)과 같다. 헤매게 내버려둔다[迷]. 혼미(昏迷)의 준말로 여기고 새긴다. 위(謂)는 ~을 ~이라고 한다는 뜻이다. 위(謂)AB라면 A를 B라고 한다[謂]고 풀이한다. 여기서는 위(謂)의 A에 해당하는 구절을 강조하고자 앞으로 끌어냈다.

도중에 공자를 만난 양화가 공자에게 위와 같이 두 번에 걸쳐 반문했다. 양화가 반문할 때마다 공자는 간명하게 응대했다. "불가(不可)." 그러면 인(仁)이라 할 수 없고 지혜(知慧)라 할 수 없다고 대응해준 것이다. 양화의 반문에 공자께서 동의한 셈이다. 그러나 양화가 어찌 군자의 도(道)를 알겠는가. 천하에 도가 있다면 군자는 나아가 일하고 천하에 도가 없다면 일하지 않는다. 이를 양화가 알 리 없었을 것이다. 다만 공자를 제 패거리로 끌어들여 나라를 노략질하는 데 명분을 얻을 욕심뿐이었으리라. 이를 공자가 몰랐겠는가. 군자는 무도(無道)한 무례한(無禮漢)과 말다툼하지 않는다. 군자는 부쟁(不爭)한다.

그런 줄 모르고 공자가 제 반문에 다 동의해주니 우쭐해진 양화가 속내를 드러냈다. "일월서의(日月逝矣) 세불아여(歲不我與)." 세월은[日月] 흘러갈 뿐[逝] 세월은[歲] 나를[我] 기다려주지 않는다[不與]. 여(與)는 여기서 대(待)와 같다. 기다려준다[與]. 양화가 공자를 공박하면서 자기를 도우라고 하는 중이다.

이에 공자가 간단히 답한다. "낙(諾)." 그렇게 하겠다[諾]. 양화의 뜻대로 하겠노라[諾]는 것이다. 그 말 다음에 이렇게 말해준다. "오장사의(吾將仕矣)." 내[吾] 장차[將] 나아가 일하겠다[仕]. 여기서 장(將)이란 말의 속뜻을 잘 헤아려야 할 것이다. 안백성(安百姓)의 치세(治世)를 펼칠 수 있게 된다면 기꺼이 나아가 봉사하겠다는 단서가 깔려있음을 짐작하게 해주기 때문이다. 그러니 공자가 계씨의 가신으로 있으면서 계환자를 유폐시키고 국정을 문란하게 한 양화를 위해 봉사하겠는가? 어림없는 일인 줄 양화는 몰랐을 것이다. 군자는 패거리에 끼어들지 않는다. 하물며 성인이 무도하고 무례한 악당의 손을 들어줄 리 없다. 거친 양화를 부드럽게 물리치는 공자를 보라.

품을 회(懷), 보물 보(寶), 헤매게 할 미(迷), 좋아할 호(好), 따를 종(從), 여러 번 극(亟), 잃을 실(失), 때 시(時)

제2장

【문지(聞之)】

성상근야(性相近也)

【원문(原文)】

子曰 性相近也나 習相遠也니라
자 왈 성 상 근 야 습 상 원 야

【해독(解讀)】

공자께서 말했다[子曰]. "사람의 본성은 서로 가깝고[性相近也], 사람의 습성은 서로 멀다[習相遠也]."

【담소(談笑)】

자왈(子曰)

『중용(中庸)』 첫머리에 나오는 천명지위성(天命之謂性)을 생각나게 하고, 학이시습(學而時習)이란 말씀이 왜 『논어(論語)』의 첫머리에 있는지 헤아리게 한다. 하늘이[天] 시킨 바를[命] 성(性)이라고[性] 한다[謂]. 배우고[學而] 때때로[時] 익힌다[習]. 호학(好學)과 유교(有教)를 강조하는 까닭을 밝혀주고 있다. 그리고 「위령공(衛靈公)」편 38장의 유교무류(有教無類)를 생각해보게 한다. 가르치되[有教] 분류하지 말라[無類].

성상근야(性相近也) 습상원야(習相遠也)

▶ **품성은[性] 서로[相] 가깝고[近], 습성은[習] 서로[相] 멀다[遠].**

성(性)은 여기서 품성(稟性)·품성(品性) 등과 같다. 하늘이 내린 목숨을 성(性)이라 하고, 만물이 저마다 간직한 바 본성(本性)을 가리켜 품성(品性)이라고 한다. 성(性)이란 목숨·생명을 말한다. 상(相)은 공(共)·질(質)과 같다. 여기서는 공(共)과 같다고 보아 서로 서로란 뜻으로 새긴다. 그러나 물상(物相)의 상(相)은 바탕[質]을 뜻한다. 따라서 성상(性相)을 성품의[性] 바탕[相]이라고 새겨도 틀리지 않을 것이다. 다만 『논어언해(論語諺解)』를 따라서 여기서는 서로[相]라고 새긴다. 습(習)은 관(慣)과 같다. 여기서는 습관(習慣)의 준말로 여기고 새긴다. 물론 습상(習相)으로 보고 관습의[習] 바탕[相]이라고 새겨도 안 될 것은 없지만, 여기서는 '서로'라는 뜻으로 새기는 편이 낫다.

성(性)에 대한 유가(儒家)와 도가(道家)의 틈새가 엿보인다. 노자(老子)라면 성상일야(性相一也)라고 했을 것이다. 만물이 저마다 하늘로부터 받은[稟] 목숨[性]은 서로[相] 하나이다[一]. 그러나 공자는 성상근야(性相近也)라 했으니 가깝되 같지는 않다[近]고 한 셈이다. 그래서 유가는 인수지변(人獸之辨)이라 하여 사람의 목숨[人]과 짐승의 목숨[獸]은 서로 다르다[辨]고 한다.

습상원야(習相遠也)가 왜 공자가 호학(好學)하고 시습(時習)하라 하는지 살펴보게 한다. 유가는 유교(有教)를 강조하고 도가는 무교

(無敎)를 앞세운다. 사람을 교육시켜라[有敎]. 도가는 사람이 사람을 가르친다는 것[敎]은 곧 인위(人爲)라고 여기므로 견소포박(見素抱樸)하라 한다. 자연을[素] 살펴[見] 그 자연을[樸] 따라 하라[抱]. 그래서 노자는 『도덕경(道德經)』 19장에서 인의(仁義)를 버리라 한다. "절인기의(絶仁棄義) 민복효자(民復孝慈)." 인을[仁] 버리고[絶] 의를[義] 버리면[棄] 백성은[民] 다시[復] 아래는 위를 받들고[孝] 위는 아래를 사랑하게 된다[慈]. 이는 습성(習性)을 가르쳐 고치려고 하지 말라는 뜻이다.

그러나 공자는 다음과 같이 교육(敎育)을 강조한다. "유교무류(有敎無類)." 가르쳐라[有敎]. 그러나 분류하지는 말라[無類]. 습상원(習相遠)의 원(遠)을 최선을 다해 근(近)으로 옮기라는 말씀으로 들어도 된다. 여기서 왜 공자가 예악(禮樂)을 강조하는지 알 수 있을 것이다. 예악이란 동민심(同民心) 출치도(出治道)의 방편이니 말이다. 백성의[民] 마음을[心] 같게 하고[同], 세상을 다스리는[治] 길을[道] 튼다[出]. 그러자면 사람을 가르쳐 서로 습성을 나누고 이해할 수 있게 해야 할 것이다.

성품 성(性), 서로 상(相), 가까울 근(近), 익힐 습(習)

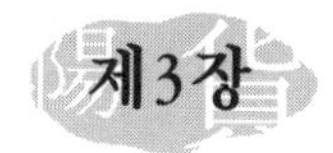

제3장

【문지(聞之)】

불이(不移)

【원문(原文)】

子曰 唯上知與下愚不移니라
자 왈 유 상 지 여 하 우 불 이

【해독(解讀)】

공자께서 말했다[子曰]. "태어나면서 알아보는 슬기로운 사람과 몰라도 배우려 하지 않아 어리석은 사람은 서로 바뀌칠 도리가 없다[唯上知與下愚不移]."

【담소(談笑)】

자왈(子曰)

「계씨(季氏)」편 9장을 환기시킨다. 앞 2장에서 교육을 강조한 바로 뒤에 다시 습상원(習相遠)의 까닭을 헤아려보게 하고 있다. 말하자면 상지(上知)의 버릇과 하우(下愚)의 버릇은 하늘과 땅 차이만큼이나 멀다 한다.

유상지여하우불이(唯上知與下愚不移)

▶ **태어나서부터 절로 아는[上] 슬기로운 사람과[知] 꽉 막혀 모르면서도 배우지 않는[下] 어리석은 사람은[愚] 아무리 해본들[唯] 바뀌치지 못한다[不移].**

유(唯)는 여기서 유(惟)와 같다. 아무리 ~해보아도[唯]. 상지(上知)의 상(上)은 「계씨(季氏)」편 9장의 생이지지자상야(生而知之者上也)의 상(上)을 떠올리면 되고, 하우(下愚)의 하(下)는 곤이불학(困而不學)을 떠올리면 된다. 태어나면서[生] 절로 아는[知之] 사람은[者] 으뜸이고[上], 막혔음에도[困] 배우지 않으면[不學] 하치다[下]. 상지(上知)를 상지자(上知者)로, 하우(下愚)를 하우자(下愚者)로 여기고 새기면 된다. 불이(不移)의 이(移)는 변(變) · 천(遷)과 같다. 변하여 바꾸어진다[移].

상지(上知)의 상(上)을 반드시 생이지지(生而知之)로 한정하고, 하우(下愚)의 하(下)를 곤이불학(困而不學)으로 한정시킬 필요는 없다. 상(上)을 군자상달(君子上達)의 상달(上達)로, 하우(下愚)의 하(下)를 소인하달(小人下達)의 하달(下達)로 보고 새겨도 안 될 것은 없다. 이처럼 성인의 말씀은 어느 누구도 이렇다저렇다 결정을 내려 판결할 수 없다. 무슨 뜻이라고 결정하면 궁(窮)이다. 성인은 궁(窮)을 항상 변(變)으로 이끌어 미래를 향하게 한다. 언어의 과거는 궁(窮)이고 언어의 미래는 항상 변(變)이다. 언어는 재판정에서 판사의 손에 들려 있는 판결문 같은 것이 아니다. 언어는 바람같이 항상 살아서 불고 다닌다고 생각하면 된다. 왜 성인이 입상(立象)하고 설괘(設卦)한다 하는가? 말을 붙들어 한 가지 답으로 묶어둘 수 없기 때문 아닌가. 그러니 과거에 상지(上知)를 생이지지(生而知之)의 상(上)으로 새겼다고 해서 여기서 꼭 그대로 고집할 것은 없다. 상지(上知)를 덕을 추구하는 대인(大人)으로 여기고, 하우(下愚)를 재물을 탐하는 소인(小人)으로 보아도 안 될 것은 없다.

물론 소인도 개과천선(改過遷善)하여 대인이 될 수 있을 것이다. 그렇다. 그 점을 공자가 역으로 강조하고 있다고 새기면 내 자신도 잘하면 대인이 될 수 있으리란 꿈을 가질 수 있다. 그러자면 내가 먼저 내 자신이 얼마나 하우(下愚)인지 인정해야 한다. 나는 소인이라서 부끄럽다고 여기는 소인은 대인이 될 미래가 있다고 보고 공자는 위와 같이 강렬하게 불이(不移)라고 했으리라. 이러한 공자의 생각이 다음 장에서 잘 드러난다는 생각이다.

오직 유(唯), 알 지(知), 어리석을 우(愚), 바뀔 이(移)

제4장

【문지(聞之)】

할계(割鷄) 언용우도(焉用牛刀)

【원문(原文)】

子之武城하사 聞弦歌之聲하시고 夫子莞爾而笑曰
자지무성 문현가지성 부자완이이소왈

割鷄에 焉用牛刀리오
할계 언용우도

子游對曰 昔者偃也 聞諸夫子호니 曰 君子學道
자유대왈 석자언야 문제부자 왈 군자학도

則愛人이오 小人學道 則易使也라호이다
즉애인 소인학도 즉이사야

子曰 二三子아 偃之言이 是也니 前言戱之耳니라
자왈 이삼자 언지언 시야 전언희지이

【해독(解讀)】

공자께서 무성에 가서[子之武城] 예악의 소리를 듣고[聞弦歌之聲] 미소를 짓고 웃으며 말했다[夫子莞爾而笑曰]. "닭을 자르면서[割鷄] 어찌 소 잡는 칼을 쓰는가[焉用牛刀]?"

자유가 이 말씀을 듣고 아뢰었다[子游對曰]. "옛날에 제가 스승께서 하신 말씀을 들었습니다[昔者偃也聞諸夫子]. 그때 말씀해주셨습니다[曰]. '군자가 도를 배우면 곧 사람을 사랑하고[君子學道則愛人], 소인이 도를 배우면 부리기가 쉽다[小人學道則易使也].'"

이 말을 듣고 공자께서 말했다[子曰]. "자네들[二三子] 자유의 말이 맞네[偃之言是也]. 아까 내가 한 말은 농담일 뿐일세[前言戱之耳]."

【담소(談笑)】

자왈(子曰)

자유(子游)는 능력 있는 공자의 제자이다. 공자가 그를 절묘하게 칭찬하고 그런 속뜻을 잘 헤아려 듣는 자유를 믿고 아끼는 마음이 잘 드러난다. 당신의 말을 농담이라고 돌리는 성인의 모습을 보라.

할계(割鷄) 언용우도(焉用牛刀)

▶ **닭을[鷄] 자르면서[割] 어찌[焉] 소 잡는 칼을[牛刀] 쓴단 말인가[用]?**

속뜻이 깊은 말씀이다. 왜 속뜻이 깊다 하는가? 이런 말씀을 하기 직전의 정황을 잘 알아야 할 것이다. "자지무성(子之武城) 문현가지성(聞弦歌之聲) 부자완이이소왈(夫子莞爾而笑曰)." 공자께서[子] 무성에[武城] 가서[之] 예악의[弦歌] 소리를[聲] 듣고[聞], 스승께서[夫子] 미소를 짓다가[莞爾] 웃으며[笑] 말했다[曰]. 이 광경을 잘 새겨들어야 할계(割鷄)의 계(鷄)와 우도(牛刀)의 우(牛)가 지닌 속뜻을 이해할 수 있다.

공자의 제자 자유(子游)가 무성(武城)이란 고을을 맡아 다스리고 있었다. 무성은 노(魯)나라 변경에 있는 작은 고을이었다. 공자는 능력이 뛰어난 자유가 작은 고을의 읍재(邑宰)로 변방에 나와 있는 것을 안타까워했다. 현가지성(弦歌之聲)은 무성(武城)이 다스려지고 있는 모습을 비유한다. 현가(弦歌)는 예악(禮樂)을 상징한다. 예악은 곧 치세(治世)를 말한다. 그러니 현가지성(弦歌之聲)의 성(聲)은 그냥 노랫소리가 아니라 치세의 모습을 상징하고, 문(聞)은 그냥 노랫소리를 듣는다는 것이 아니라 제자 자유에 의해 다스려지는 모습을 눈여겨본다는 뜻으로 새겨들을 수 있다.

무성이 다스려지는 모습을 공자가 확인하고[聞] 흐뭇해했음을 완이소왈(莞爾笑曰)이란 말에서 잘 알 수 있다. 완이(莞爾)의 이(爾)

는 여기서 현가지성(弦歌之聲)을 가리키는 시(是)와 같다. 완(莞)은 빙그레 웃는 모습이다. 소왈(笑曰)은 하염없이 말하는 모습이다. 이로써 자유의 치세에 공자가 만족했음을 알 수 있다. 그리고 공자는 이렇게 말했다. "할계(割鷄) 언용우도(焉用牛刀)." 여기서 닭[鷄]은 작은 고을을 말하는 이미지이고, 소[牛]는 나라를 나타내는 이미지임을 알 수 있을 것이다. 나라를 다스릴 역량이 있는 자유인데 조정이 작은 고을을 다스리게 방치했다는 공자의 속뜻을 헤아릴 수 있으리라. 자유는 좋은 우도(牛刀)이지 계도(鷄刀)가 아니라는 것이다. 그러니 지금 이 광경은 공자가 무성에 들러 능력 있는 제자 자유를 흐뭇해하면서 한편으로 안타까워하는 정황인 것이다. 이에 자유는 스승의 속마음을 읽고 오히려 스승을 더욱 기쁘게 위로한다. "군자학도즉애인(君子學道則愛人) 소인학도즉이사야(小人學道則易使)."

자를 할(割), 닭 계(鷄), 어찌 언(焉), 쓸 용(用), 소 우(牛), 칼 도(刀)

군자학도즉애인(君子學道則愛人) 소인학도즉이사야(小人學道則易使也)

▶ 군자가[君子] 도를[道] 배우면[學] 곧[則] 백성을[人] 사랑하고[愛], 소인이[小人] 도를[道] 배우면[學] 부리기[使] 쉽다[易].

공자가 말한 '할계(割鷄) 불용우도(不用牛刀)'를 듣고 나서 자유(子游)가 스승께서 옛날에 가르쳐주었다면서 위와 같이 사뢰었다. 지금은 비록 소인이지만 열심히 배워 군자가 되는 길을 찾아 걷겠다는 뜻을 스승께 다짐해 드리는 대목으로 들으면 된다.

스승이 들을 수 있는 최상의 노랫소리는 바로 이런 대화의 소통일 것이다. 절묘하면서도 애틋한 사제(師弟)의 애정이 오고가는 모습을 보라. 애인(愛人)은 자유가 무성을 스승의 뜻인 안백성(安百姓)

으로 다스리려 노력하고 있음을 스승께 알리는 말씀이고, 이사(易使)는 큰 고을이든 작은 고을이든 상관하지 않고 스승께서 시킨 바를 널리 펴려고 노력한다는 말씀이니, 스승이 당신의 말을 농담(戲之)이었다고 외치고도 남았을 터이다. "이삼자(二三子) 언지언시야(偃之言是也) 전언희지이(前言戲之耳)." 여보게들[二三子] 자유의[偃] 말이[言] 맞다[是]. 아까[前] 내가 한 말은[言] 농담한 것[戲之]뿐일세[耳].

언(偃)은 자유(子游)의 이름이다. 자유가 스승께 올린 말씀은 자신이 계도(鷄刀)로 쓰이거나 우도(牛刀)로 쓰이거나 아랑곳하지 않고 스승의 가르침을 따라 최선을 다하겠다는 것이니 공자가 어찌 기뻐하지 않겠는가. 이런 기쁨이 곧 '희지이(戲之耳)'에 다 담겨 있는 셈이다. 여기서 이(耳)는 단언하는 종결어미로 쓰인다. ~것뿐이다[耳]. 난세에 서글퍼하던 스승을 제자가 기쁘게 해드리고 있다. 이에 걸맞게 응하는 공자를 보라. 참으로 인간적인 성인이 아닌가.

배울 학(學), 길 도(道), 곧 즉(則), 사랑할 애(愛), 쉽게 할 이(易), 부려 시킬 사(使)

제5장

【문지(聞之)】

여유용아자(如有用我者) 오기위동주호(吾其爲東周乎)

【원문(原文)】

公山弗擾以費畔하야 召커늘 子欲往이러시니
공 산 불 요 이 비 반 소 자 욕 왕

子路不說하야 曰 未之也已니 何必公山氏之之
자 로 불 열 왈 미 지 야 이 하 필 공 산 씨 지 지

也리오
야

子曰 夫召我者는 而豈徒哉리오 如有用我者인댄
자 왈 부 소 아 자 이 개 도 재 여 유 용 아 자

吾其爲東周乎인저
오 기 위 동 주 호

【해독(解讀)】

공산불요가 비재(費宰)로서 반란을 일으키고서[公山弗擾以費畔] 공자를 부르자[召] 공자가 가고자 했다[子欲往].

그러나 자로가 꺼리면서[子路不說] 아뢰었다[曰]. "가지 마십시오[未之也已]. 하필 무도한 공산씨한테 가려고 하십니까[何必公山氏之之也]?"

공자께서 말했다[子曰]. "무릇 나를 불러준 자인데[夫召我者] 어찌 함부로 대한단 말이냐[而豈徒哉]? 만일 나를 써줄 자가 있다면[如有用我者], 나는 그렇게 하여 이 노나라를 주나라처럼 되게 하고자 한다[吾其爲東周乎]."

【담소(談笑)】

자왈(子曰)

인능홍도(人能弘道)를 다시금 환기시킨다. 누구를 위해서 일하는 것이 아니다. 안백성(安百姓)을 위해서 일한다는 강한 신념을 보이고 있다.

공산불요이비반(公山弗擾以費畔) 소(召) 자욕왕(子欲往)

▶ 공산불요가[公山弗擾] 비(費)라는 고을의 읍재(邑宰)로 있으면서[以費] 반란을 일으키고[畔] 공자를 부르자[召] 공자가[子] 그리로 가고자 했다[欲往].

공산불요(公山弗擾)는 계씨(季氏)의 가신(家臣)으로서 비재(費宰)로 있다가 반란을 일으켰다. 공산(公山)은 성이고 불요(弗擾)는 이름이다. 반(畔)은 밭두렁이란 뜻이지만, 여기서는 경계를 넘었다는 뜻으로 보고 반란을 일으켰다는 의미로 풀이한다. 『논어언해(論語諺解)』를 보면 이 부분 '공산불요이비반(公山弗擾以費畔)'을 '공산불요(公山弗擾)가 비(費)로써 반(畔)하야'로 새기고 있다. 여기서 반(畔)을 반란(反亂)을 일으켰다는 뜻으로 새기는 것은 공산불요가 반기를 들었다는 고사(故事)에 따라 의역한 것이다. 밭두렁을 넘었다[畔] 함은 남의 밭으로 들어갔다는 뜻이기 때문이다.

반란을 일으킨 공산불요가 공자를 모시고자 했던 모양이다. 횡포를 일삼던 계씨의 세도에 대항해 반란을 일으킨 공산불요이고 보면 안백성(安百姓)의 인도(仁道)를 부르짖었던 공자를 모셔다 세상에 반란의 당위성을 보이려고 했던 게 아닌가 한다. 공자도 계씨의 무도(無道)함을 물리치고 노나라를 구하고자 했으니 공산불요에게 가겠다고 생각해보았을 법하다. 인능홍도(人能弘道)를 실천하고자 공산불요의 지역으로 가고자 했을 터이지 공자가 벼슬 한 자리를 얻자고 그랬을 리는 없다. 무도한 계씨에게 반기를 든 공산불요를 다시 무도한 무리로 내버려둘 수 없다고 생각하지 않았을까 한다. 그만큼 공자는 안백성(安百姓)의 인도를 넓히는 데 적극적인 성인이었으니 말이다.

공변될 공(公), 세찬 모양 불(弗), 어지러울 요(擾), 고을 이름 비(費), 경계 지을 반(畔), 부를 소(召), 갈 왕(往)

부소아자이개도재(夫召我者而豈徒哉) 여유용아자(如有用我者) 오기위동주호(吾其爲東周乎)

▶ **무릇[夫] 나를[我] 불러준[召] 사람을[者] 어찌[豈] 함부로 하겠느냐[徒]? 만일[如] 나를[我] 써줄[用] 사람이[者] 있다면[有], 나는[吾] 그리하여[其] 이 노(魯)나라를[東] 주(周)나라처럼[周] 되게 하고 싶다[爲乎].**

부소아자(夫召我者)의 부(夫)에는 나를 불러주는 자가 누구든 상관없다는 뜻이 내포돼 있다고 볼 수 있다. 무릇[夫]. 개도(豈徒)의 도(徒)는 여기서 예(隸)와 같다. 하대하다[徒]. 여(如)는 약(若)과 같다. 만약~한다면[如]. 위동주(爲東周)의 위(爲)는 여기서 성(成)과 같다. 이루다[爲]. 노(魯)나라는 옛 주(周)나라의 후예(後裔)로서 동쪽에 있었다. 그러니 동주(東周)에서 동(東)은 노나라를 뜻하고, 주(周)는 왕도(王道)를 이룩했던 문왕(文王)과 무왕(武王) 때의 주나라를 말한다고 볼 수 있다. 공자는 주나라의 문왕과 무왕에 의해서 안백성(安百姓)의 치세(治世)를 이룩할 수 있는 문물제도(文物制度)가 완성되었다고 여겼고 그 때를 이상국가로 보았다.

공자가 반란을 일으킨 공산불요(公山弗擾)에게 가고자 하자 성질 급한 제자 자로(子路)가 불열(不說)하여 아뢰었다. "미이야이(未之也已) 하필공산씨지지야(何必公山氏之之也)." 속이 상한[不說] 자로가 아뢰었다[曰]. 가시면[之] 안 됩니다[未而已]. 하필이면[何必] 공산씨한테로[公山氏] 가신단 말입니까[之]?

열(說)은 열(悅)과 같다. 기뻐하다[說]. 야이(也已)는 강조하는 종결어미다. 하필공산씨지지(何必公山氏之之)는 하필지어공산씨(何必之於公山氏)로 고쳐 읽어도 된다. 강조하기 위해 지(之) 앞으로 공산씨(公山氏)를 내면서 의미 없는 지(之)를 더했다. 맨 끝에 있는 지(之)는 왕(往)과 같다. 가다[之]. 이렇게 자로가 반대하고 나오자 공자가 위와 같이 단호하게 응해준 것이다. "부소아자이개도재(夫

召我者而豈徒哉) 여유용아자(如有用我者) 오기위동주호(吾其爲東周乎)."

공산불요 역시 양화(陽貨)처럼 제 주인을 버리고 반란을 일으켰으니 무도하다고 할 수 있을 것이다. 그러나 무도한 대부의 가신이 무도한 짓을 범한 것이니, 이미 난세(亂世)에서 무도(無道) 타령만 할 일은 아니지 않은가. 그래서 나는 무도하다는 공산불요라도 찾아가서 인도(仁道)를 펼치려는 공자를 편들고 싶다. 『사기(史記)』「공자세가(孔子世家)」에 의하면 이 때 공자의 나이 쉰이었고 처음 출사(出仕)의 제안을 받아 뜻을 펴보고자 했다는 기록이 보이지만, 이 5장에 대해서는 이런저런 말들이 많은 편이다. 그러나 불문곡직(不問曲直)하고 당신의 뜻을 적극적으로 실천하고 실현하고자 했던 공자의 심정을 헤아리고, 사람이[人] 인도를[道] 넓힐 수 있다[能弘]는 말씀을 헤아릴 수 있으면 그만이다. 성인을 두고 이러니저러니해본들 성인은 그냥 그대로 빛을 내는 법이다. 일이관지(一以貫之)의 공자는 안백성(安百姓)의 길을 트려고 할 뿐이다.

어찌 개(豈), 종복 도(徒), 만약 여(如), 이룰 위(爲), 동녘 동(東)

제6장

【문지(聞之)】

공(恭)·관(寬)·신(信)·민(敏)·혜(惠)

【원문(原文)】

子張問仁於孔子한대 子曰 能行五者於天下면 爲仁矣니라
자장문인어공자 자왈 능행오자어천하 위인의

請問之한대 曰 恭寬信敏惠니라 恭則不侮하고 寬則得衆하고 信則人任焉하며 敏則有功하고 惠則足以使人하니라
청문지 왈 공관신민혜 공즉불모 관즉득중 신즉인임언 민즉유공 혜즉족이사인

【해독(解讀)】

자장이 공자께 인(仁)을 물었다[子張問仁於孔子]. 이에 공자께서 말해주었다[子曰]. "세상에서 다섯 가지를 행할 수 있다면[能行五者於天下] 인을 실천하는 것이다[爲仁矣]."

그 다섯 가지를 여쭈어 묻자[請問之] 공자께서 말해주었다[曰]. "공관·신·민·혜이다[恭寬信敏惠]. 공손하면 욕보지 않고[恭則不侮], 관대하면 무리를 얻으며[寬則得衆], 신의가 있으면 남들이 일을 맡기고[信則人任焉], 민활하면 일을 성취하며[敏則有功], 은혜로우면 사람을 잘 부릴 수 있다[惠則足以使人]."

【담소(談笑)】

자왈(子曰)

왜 공자가 인(仁)을 다섯 가지로 세분하여 말하고 있는지 모를 일이다. 인을 물으면 애인(愛人)이니 지인(知人) 정도로 답해주던 모습과 달리 여기서는 조목을 나누어 따져주고 있어서 이상하게 여기게 한다. 하여튼 인의 덕목(德目)을 다섯으로 들어 풀이해주고 있다고

여기면 그만이다.

공관신민혜(恭寬信敏惠) 공즉불모(恭則不侮) 관즉득중(寬則得衆) 신즉인임언(信則人任焉) 민즉유공(敏則有功) 혜즉족이사인(惠則足以使人)

▶ 공손[恭]·관대[寬]·신의[信]·민첩[敏]·은혜이다[惠]. 공손하면[恭] 곧[則] 욕을 보지 않고[不侮], 관대하면[寬] 곧[則] 무리를[衆] 얻으며[得], 신의가 있으면[信] 곧[則] 남들이[人] 일을[焉] 맡기고[任], 민첩하면[敏] 곧[則] 성취함이[功] 있으며[有], 은혜로우면[惠] 곧[則] 만족스럽게[足以] 사람을[人] 부린다[使].

불모(不侮)의 모(侮)는 멸(蔑)과 같다. 업신여기고 얕보다[侮]. 임언(任焉)의 언(焉)은 어시(於是)의 준말로, 유공(有功)의 공(功)은 공로(功勞)의 준말로 여기고 새기면 된다. 족이(足以)는 이족(以足)이라고 여기면 된다. 만족스럽게[足以].

공자의 제자 자장(子張)이 공자께 인(仁)을 묻자 이렇게 타일러 가르쳐준다. "능행오자어천하(能行五者於天下) 위인의(爲仁矣)." 세상에 나아가[於天下] 다섯[五] 가지를[者] 실행할 수 있다면[能行] 인(仁)을[仁] 이룬다[爲]. 위(爲)는 여기서 성(成)과 같다. 이루어 성취한다[爲]. 그러자 자장이 다시 아뢰었다. "청문지(請問之)." 청컨대[請] 그 다섯 가지를[之] 묻고 싶습니다[問]. 이에 공자가 위와 같이 일일이 타일러주었다.

『논어(論語)』에서 공자의 말씀을 두루 살펴보면 일일이 꼬집어 말하지 않았다. 하나만 들어주고 나머지는 스스로 생각하도록 말해주었지 세밀하게 나누어 따져주지 않았던 것이다. 그런데 앞서의 「계씨(季氏)」 편에서처럼 여기 「양화(陽貨)」 편에서도 일일이 꼬집어 말해주고 있어서 공자의 말이 아니지 않느냐는 의문을 낳는다. 그러나 그런 의문을 문제삼을 필요는 없다. 다만 인(仁)의 덕목을 살피면 될 일이다.

공(恭)·관(寬)·신(信)·민(敏)·혜(惠). 공손(恭遜)하라[恭]. 그러면 인을[仁] 행함이다[爲]. 관대(寬大)하라[寬]. 그러면 인을[仁] 행함이다[爲]. 신의(信義)를 간직하라[信]. 그러면 인을[仁] 행함이다[爲]. 민첩하게 일하라[敏]. 그러면 인을[仁] 행함이다[爲]. 은혜를 베풀어라[惠]. 그러면 인을[仁] 행함이다[爲]. 이 다섯 가지를 다 행한다면 성인(聖人)이요 군자(君子)라 하겠다. 그러나 이 다섯이 위인(爲仁)임을 알고 때에 따라 알맞게 한 가지만이라도 실천해도 너나 나나 인자(仁者)의 아류(亞流)쯤은 될 수 있지 않겠는가.

공손할 공(恭), 너그러울 관(寬), 믿을 신(信), 재빠를 민(敏), 은혜 혜(惠), 욕될 모(侮), 얻을 득(得), 무리 중(衆), 맡길 임(任), 공로 공(功), 만족할 족(足), 부릴 사(使)

제7장

【문지(聞之)】

불왈백호(不曰白乎) 날이불치(涅而不緇)

【원문(原文)】

佛肸召어늘 子欲往이러시니
필힐소 자욕왕

子路曰 昔者에 由也聞諸夫子호니 曰 親於其身
자로왈 석자 유야문제부자 왈 친어기신

爲不善者어든 君子不入也라 하시니 佛肸以中牟畔
위불선자 군자불입야 필힐이중모반

이어늘 子之往也는 如之何이꼬
자지왕야 여지하

子曰 然라 有是言也니라 不曰堅乎아 磨而不磷이
자왈 연 유시언야 불왈견호 마이불린

니라 不曰白乎아 涅而不緇니라 吾豈匏瓜也哉라
불왈백호 열이불치 오개포과야재

焉能繫而不食이리오
언능계이불식

【해독(解讀)】

필힐이 공자를 부르거늘[佛肸召] 공자가 가고자 했다[子欲往].

이에 자로가 말했다[子路曰]. "옛날에 제가 스승께 들은 바로[昔者由也聞諸夫子] 스승께서 이렇게 말했습니다[曰]. '자기 스스로[親於其身] 옳지 않은 자들을 위해[爲不善者] 군자는 끼어들지 않는다[君子不入也].' 필힐이 중모에서 반란을 일으켜 무도한데[佛肸以中牟畔] 스승께서 가신다 하니[子之往也] 어쩐 일입니까[如之何]?"

이에 공자께서 말해주었다[子曰]. "맞다[然]. 그런 말을 했었다[有是言也]. 견고하다 말하지 않겠는가[不曰堅乎]! 아무리 갈아도 얇아지지 않느니[磨而不磷]. 희다고 말하지 않겠느냐[不曰白乎]! 아무리 물들여도 검어지지 않느니[涅而不緇]. 내 어찌 조롱박 같겠는가[吾豈匏瓜也哉]. 어찌 줄거리에 매달려 쓸모 없는 것이 되겠는가[焉能繫而不食]?"

【담소(談笑)】

자왈(子曰)

인능홍도(人能弘道)가 곧 적극적인 현실 참여임을 살펴보게 한다. 시류와 타협하지 말고 인도(仁道)를 넓혀 안백성(安百姓)의 치세(治世)를 실현하기 위해 온몸을 던져야 한다는 뜻을 공자가 완강하게 펼치고 있다.

석자유야문저부자(昔者由也聞諸夫子) 왈(曰) 친어기신(親於其身) 위불선자(爲不善者) 군자불입야(君子不入也)

▶ 옛날에[昔者] 제가[由] 스승께[夫子] 들은 바가 있습니다[聞]. 그때 스승께서 이렇게 말씀하셨습니다[曰]. "자신이[於其身] 몸소[親] 선하지 못한[不善] 사람을[者] 위해[爲] 군자는[君子] 끼어들지 않는다[不入]."

유(由)는 여기서 자로(子路)의 이름이다. 문저(聞諸)의 저(諸)는 지어(之於)의 준말로 새기면 된다. 위(爲)는 여기서 조(助)와 같다. 위해 주다[爲].

필힐(佛肸)은 진(晉)나라 대부(大夫) 조간자(趙簡子)의 가신(家臣)이었는데 조간자가 다스렸던 중모(中牟)의 읍재(邑宰)로 있으면서 반란을 일으켰다. 필(佛)은 불로 읽지 않고 필로 읽는다.

『사기(史記)』「공자세가(孔子世家)」에 의하면 이 때가 공자 나이 62세 때로 위(衛)나라를 떠나 인도(仁道)를 널리 펴고자 노력했던 시기였다. 아마도 공자는 무도한 필힐(佛肸)이지만 그로 하여금 안백성(安百姓)의 덕치를 베풀도록 권유하겠다는 의지가 있었던 모양이다. 그래서 필힐소(佛肸召)에 자욕왕(子欲往)한 것이다. 필힐이[佛肸] 공자를 불러[召] 공자께서[子] 가고자 했다[欲往]. 이에 성질 급한 자로가 스승께 감히 위와 같이 면박하고 따졌다. "필힐이중모반(佛肸以中牟畔) 자기왕야(子之往也) 여지하(如之何)?" 필힐이[佛肸] 중모의 읍재로써[以中牟] 반란을 일으켰는데[畔] 스승께서[子] 그리로 가시겠다니[之往] 어찌된 일입니까[如之何]? 자로의 면박을 듣고 공자께서 옛날에 그렇게 말한 적이 있다고 인정하고선 비장하게 당신의 심회를 밝힌다. "오개포과야재(吾豈匏瓜也哉) 언능계이불식(焉能繫而不食)?"

옛날 석(昔), 사람이름 유(由), 지어(之於) 저(諸), 친할 친(親), 들 입(入)

불왈견호(不日堅乎) 마이불린(磨而不磷) 불왈백호(不日白乎) 날이불치(涅而不緇) 오개포과야재(吾豈匏瓜也哉) 언능계이불식(焉能繫而不食)

▶ 날마다 갈고 갈아도[磨] 엷어지지 않는데[不磷] 굳고 굳다고[堅] 말하지 않겠는가[不曰乎]? 아무리 검정물을 들여도[涅] 검게 물들지 않는데[不緇] 희고 희다고[白] 말하지 않겠는가[不曰乎]? 내[吾] 어찌[豈] 박이나[匏] 오이겠는가[瓜也哉]! 어찌[焉] 줄기에 매달린 채[繫] 먹지 못할 박이나 오이가 되겠는가[不食]?

견(堅)은 고(固)와 같다. 굳어 견고하다[堅]. 인(磷)은 여기서 박(薄)과 같다. 엷어지다[磷]. 날(涅)은 염흑(染黑)과 같다. 까맣게 물들이다[涅]. 발음은 열(涅)이 아니라 날(涅)이다.

공자가 절절하고 강렬한 심회를 드러내보인다. 성인이 이렇게 심회를 드러내기란 참 보기 드문 일이다. 이로써 공자가 얼마나 강렬하게 덕치를 이끄는 인도(仁道)를 널리 펴고자 했는지 짐작하고도 남을 것이다. "불왈견호(不日堅乎) 마이불린(磨而不磷) 불왈백호(不日白乎) 날이불치(涅而不緇)"는 말씀이라기보다 차라리 절규에 가깝다. "마이불린(磨而不磷) 불왈견호(不日堅乎) 날이불치(涅而不緇) 불왈백호(不日白乎)"라고 했다면 평범한 말투였을 것이다. 그러나 불왈견호(不日堅乎)와 불왈백호(不日白乎)를 앞으로 끄집어내 이래도 어쩌겠느냐는 심회를 토로하고 절규한다. 이처럼 공자는 당신의 일이관지(一以貫之)로써 제자에게 언제 어디서나 아낌없는 가르침을 행했던 호학(好學)의 성인이었다.

물들 리 없고 닳아 빠질 리 없는 군자라면 지옥에 간들 어떻고 무도한 무리의 소굴에 들어간들 어떠랴. 까마귀 싸우는 골에 백로야 가지 말라 함은 백로가 까마귀로 돌변할 위험이 있기 때문에 하는 말이다. 공자 같은 성인이라면 어떠한 무도한 무리에 들어간다 해도 그 무도한 무리와 한패가 되어 안백성(安百姓)의 길을 막는 데 끼어들 리 없을 것이다.

그러니 자로야 역정내지 말라. 공자 당신께서 필힐(佛肸)을 찾아 간다 해서 무도한 필힐과 한패가 되겠느냐고 공자가 절규한다. 무도한 패거리를 덕치(德治)로 이끌겠다는 용기를 저버린다면 어찌 인능홍도(人能弘道)의 뜻을 널리 펴겠는가? 그래서 공자는 백성이 잘 먹어줄 과일이 되지 줄기에 매달려 쭉정이로 버려질 쓸모없는 자는 되지 않겠다는 강한 참여의사를 절규하고 있다. 공자만큼 현실 참여에 적극적인 성인은 없다.

견고할 견(堅), 갈 마(磨), 엷을 린(磷), 물들일 날(涅), 검을 치(緇), 어찌 개(豈), 박 포(匏), 오이 과(瓜), 매달릴 계(繫)

제8장

【문지(聞之)】

육언육폐(六言六蔽)

【원문(原文)】

子曰 由也아 女聞六言六蔽矣乎아 對曰 未也로이다 居하라 吾語女호리라 好仁不好學이면 其蔽也愚요 好知不好學이면 其蔽也蕩이오 好信不好學이면 其蔽也賊이오 好直不好學이면 其蔽也絞요 好勇不

자왈 유야 여문육언육폐의호 대왈 미야 거 오어여 호인불호학 기폐야우 호지불호학 기폐야탕 호신불호학 기폐야적 호직불호학 기폐야교 호용불

好學이면 其蔽也亂이요 好剛不好學이면 其蔽也狂
호학 기폐야란 호강불호학 기폐야광
이니라

【해독(解讀)】

공자께서 말했다[子曰]. "유야[由也]! 너는 여섯 가지 말 속에 숨어 있는 여섯 가지 폐단을 들어보았느냐[女聞六言六蔽矣乎]?"

대답해 아뢰었다[對曰]. "아직 못 들었습니다[未也]."

"이리 와 앉거라[居]. 내 너에게 말해주마[吾語女]. 어짊을 좋아하면서 배우기를 좋아하지 않으면[好仁不好學] 그 폐단은 어리석음이고[其蔽也愚], 알기를 좋아하면서 배우기를 좋아하지 않으면[好知不好學] 그 폐단은 허황되며[其蔽也蕩], 믿음을 좋아하면서 배우기를 좋아하지 않으면[好信不好學] 남을 해치고[其蔽也賊], 곧기를 좋아하되 배우기를 좋아하지 않으면[好直不好學] 그 폐단은 매정하며[其蔽也絞], 용기를 좋아하면서 배우기를 좋아하지 않으면[好勇不好學] 그 폐단은 난동이고[其蔽也亂], 굳세기를 좋아하되 배우기를 좋아하지 않으면[好剛不好學] 그 폐단은 망발이다[其蔽也狂]."

【담소(談笑)】

자왈(子曰)

호인(好仁) · 호지(好知) · 호신(好信) · 호직(好直) · 호용(好勇) · 호강(好剛) 등등이 호학(好學)을 떠나서는 제 구실을 다하지 못함을 밝히고 있다. 그러나 이 장에서의 말씀이 너무나 단정적이어서 공자가 직접 한 말씀이 아닐지도 모른다는 견해가 없지 않다. 성인은 가르치되 재단하지 않는 까닭에 그런 의심을 받는다.

유야(由也) 여문육언육폐의호(女聞六言六蔽矣乎)

▶ 유야[由]! 너는[女] 여섯 가지 말 속에[六言] 숨어 있는 여섯 가지 폐단을[六蔽] 들어보았는가[聞乎]?

유(由)는 자로(子路)의 이름이고, 여(女)는 여기서 여(汝)와 같다. 너 여(女). 폐(蔽)는 은폐(隱蔽)의 준말로 여기고 새기면 된다. 지금처럼 뜻이 같은 말을 겹쳐 쓰는 말버릇은 일본의 조어(造語) 탓으로 보인다. 본래는 주로 한 자씩 썼다. 그러나 이제는 겹말로 쓰는 버릇이 들어버렸으므로 한 글자는 준말로 보고 새기면 쉽다. 그래서 여기서도 드러나지 않게 한다는 뜻으로 폐(蔽)를 새긴다.

스승의 물음에 자로가 아직 들은 바가 없다고 아뢰자 공자께서 이렇게 말했다. "거(居) 오어여(吾語女)." 이리 와 앉거라[居]. 내[吾] 너에게[女] 말해주마[語]. 거(居)는 좌(坐)와 같다. 옆에 와 앉다[去]. 그리고 제자에게 육언육폐(六言六蔽)를 자세하게 타일러주기 시작한다.

호인불호학(好仁不好學) 기폐야우(其蔽也愚) 호지불호학(好知不好學) 기폐야탕(其蔽也蕩) 호신불호학(好信不好學) 기폐야적(其蔽也賊) 호직불호학(好直不好學) 기폐야교(其蔽也絞) 호용불호학(好勇不好學) 기폐야란(其蔽也亂) 호강불호학(好剛不好學) 기폐야광(其蔽也狂)

▶ 어질기를[仁] 좋아하되[好] 성인의 말씀을 배워 터득하기를[學] 좋아하지 않으면[不好] 그 어짊을[其] 덮어버리게 하여[蔽] 어리석게 되고[愚], 알기를[知] 좋아하되[好] 성인의 말씀을 배워 터득하기를[學] 좋아하지 않으면[不好] 그 앎을[其] 덮어버리게 하여[蔽] 흐트러지게 되고[蕩], 믿기를[信] 좋아하되[好] 성인의 말씀을 배워 터득하기를[學] 좋아하지 않으면[不好] 그 믿음을[其] 덮어버리게 하여[蔽] 남을 해치게 되고[賊], 곧기를[直] 좋아하되[好] 성인의 말씀을 배워 터득하기를[學] 좋아하지 않으면[不好]

그 곧음을[其] 덮어버리게 하여[蔽] 각박하게 되고[絞], 용기를[勇] 좋아하되[好] 성인의 말씀을 배워 터득하기를[學] 좋아하지 않으면[不好] 그 용기를[其] 덮어버리게 하여[蔽] 세상을 어지럽히게 되고[亂], 굳세기를[剛] 좋아하되[好] 성인의 말씀을 배워 터득하기를[學] 좋아하지 않으면[不好] 그 굳셈을[其] 덮어버리게 하여[蔽] 제정신을 못 차리게 된다[狂].

호학(好學)의 학(學)은 효(效)·각(覺)과 같다. 본받아[效] 터득하고자[覺] 배운다[學]. 무엇을 배우란 말인가? 성인이 남긴 말씀[經典]을 배우라 한다. 그러니 호학(好學)의 학(學) 뒤에 성인(聖人)이 있다고 보아 호학성인(好學聖人)으로 새긴다. 우(愚)는 몽(蒙)·매(昧)와 같다. 꽉 막혀[蒙] 어두워[昧] 어리석다[愚]. 우매(愚昧)의 준말로 보고 새기면 된다. 지(知)는 지물(知物)의 준말로 새긴다. 사물을[物] 알게 된다[知]. 지혜롭다[知]. 탕(蕩)은 방(放)과 같다. 제멋대로 해버린다[蕩]. 방탕(放蕩)의 준말로 여기고 새긴다. 신(信)은 진(眞)·명(明)·험(驗)과 같다. 참되고[眞] 밝고[明] 경험이 있어[驗] 믿음직하다[信]. 신뢰(信賴)의 준말로 여기고 새긴다. 신뢰를 얻으려면 검(儉)·척(戚)·애(愛)·경(敬)의 덕목을 두루 지녀야 한다는 말씀이다. 검소하라[儉], 피붙이를 아껴라[戚], 남들을 사랑하라[愛], 선을 넓혀 행하라[敬]. 그러면 신(信)을 활용하게 된다[用]. 신용이란 곧 검척애경(儉戚愛敬)을 삶을 통하여 활용한다는 말씀이다. 적(賊)은 남을 상하게 하고 망치게 한다는 뜻이다. 직(直)은 정직(正直)의 준말로 여기면 된다. 교(絞)는 제 목을 자기가 매는 꼴이란 뜻이니 스스로 각박해짐을 말한다. 즉 맑은 물에는 고기가 못 산다는 말이다. 용(勇)은 용기(勇氣)의 준말로 여기면 된다. 난(亂)은 난동(亂動)의 준말로 여기고 만용(蠻勇)으로 새기면 된다. 강(剛)은 굳음을 말한다. 무쇠는 단단해서 부러진다는 속담을 떠올리면 된다. 광(狂)은 망(妄)·착(錯)과 같다. 경망스럽고[妄] 정신 못 차려[錯] 망신한다[狂]. 제정신이 아니면 미친 것이다[狂].

호인(好仁) · 호지(好知) · 호신(好信) · 호직(好直) · 호용(好勇) · 호강(好剛)이 곧 덕으로 통하는 것은 아니라 한다. 이 덕목(德目)들은 반드시 호학(好學)이 전제되어야 한다는 것이다. 성인의 말씀을 살펴듣고 본받아 육언(六言)의 덕목을 삶을 통해 실천해야지 제멋대로 호인(好仁)이니 호지(好知)니 호강(好剛)이니 하지 말라는 것이다. 공자가 온고이지신(溫故而知新)하라 할 때 온고(溫故)하라 함은 성인의 말씀을 돌이켜 깊이 생각하면서 미래를 알아보라는 말씀이다. 따라서 온고(溫故)는 호학(好學)인 셈이고, 술이부작(述而不作)의 술(述)도 호학(好學)인 셈이며, 신이호고(信而好古)의 고(古) 역시 호학(好學)인 셈이다. 성인의 말씀을 잘 살펴라[溫故]. 성인의 말씀을 본받아 따라라[述]. 그리고 성인의 말씀을[古] 믿고[信] 좋아하라[好]. 그러면 육언(六言)의 폐단을 없앨 수 있다고 공자가 성질 급한 자로에게 타일러준다.

어찌 자로만 성질 급한 사람이겠는가. 우리 모두 다 성질 급하게 숨을 몰아쉬며 살지 않는가. 그러지 말고 제발 호학(好學)하라 한다. 성인의 말씀에 귀를 기울이라 한다. 소귀에 경 읽어주는 일인 줄 알면서도 공자는 줄곧 호학하라 한다. 성인에게 사람을 버리는 일이란 없다.

좋아할 호(好), 배워 터득할 학(學), 어리석을 우(愚), 방탕할 탕(蕩), 도적 적(賊), 곧을 직(直), 목맬 교(絞), 어지러울 란(亂), 굳셀 강(剛), 미칠 광(狂)

제9장

【문지(聞之)】

소자하막학부시(小子何莫學夫詩)

【원문(原文)】

子曰 小子는 何莫學夫詩오 詩는 可以興이며 可以觀이며 可以群이며 可以怨이며 邇之事父며 遠之事君이오 多識於鳥獸草木之名이니라
자왈 소자 하막학부시 시 가이흥 가이관 가이군 가이원 이지사부 원지사군 다식어조수초목지명

【해독(解讀)】

공자께서 말했다[子曰]. "너희는 왜 무릇 시를 배우지 않는가[小子何莫學夫詩]? 시로써 흥할 수 있고[詩可以興] 시로써 살필 수 있으며[可以觀] 시로써 더불어 어울릴 수 있고[可以群] 시로써 비판할 수 있다[可以怨]. 시로써 가까이는 어버이를 섬기고[邇之事父] 멀리는 임금을 섬기며[遠之事君] 시로써 새나 짐승, 풀과 나무 등의 이름을 많이 알게 된다[多識於鳥獸草木之名]."

【담소(談笑)】

자왈(子曰)

왜 시(詩)를 모르면 안 되는가를 밝히고 있다. 시는 예악(禮樂)의 시작이다. 시가무(詩歌舞)로써 예악이 일구어지기 때문이다. 예악은 동민심(同民心)하고 출치도(出治道)하는 장치가 아닌가. 그런 장치의 밑바탕이 곧 시(詩)라고 한다. 동민심(同民心)의 동(同)과 출치도(出治道)의 출(出)을 살펴보게 한다.

시가이흥(詩可以興) 가이관(可以觀) 가이군(可以群) 가이원(可以怨)

▶ 시로써[以詩] 감동을 일으킬 수 있고[可興], 시로써[以] 온갖 사물

을 살필 수 있으며[可觀], 시로써[以] 무리와 어울려 화락할 수 있고[可群], 시로써[以] 세상일을 은근히 비판할 수 있다[可怨].

시가이흥(詩可以興)은 가흥이시(可興以詩)라고 여기고 새기면 된다. 시(詩)를 강조하고자 앞으로 끌어낸 것이다. 가이관(可以觀)은 이(以)의 앞이나 뒤에 시(詩)가 있다 여기고 새긴다. 가이군(可以群), 가이원(可以怨)도 마찬가지다. 흥(興)은 기(起)와 같다. 불러일으킨다[興]. 감어물이동(感於物而動)을 줄여 감동(感動)이라 하고, 한마디로 흥(興)이요 기(起)라 한다. 사물을[物] 느껴[感] 움직인다[動] 함이 곧 흥(興)이다. 관(觀)은 관찰(觀察)의 준말로 여기고 새긴다. 관찰은 낯익은 대로 그냥 보는 게 아니고 낯설게 보아 새로움을 찾아보려는 것이다. 시로써 발견할 수 있다 함이 곧 관(觀)이다. 군(群)은 무리가 서로 어울려 함께 삶을 누린다는 뜻이다. 동민심(同民心)의 동(同)이 군(群)과 같다고 여기면 된다. 원(怨)은 한(恨)·탄(嘆)과 같다. 비판한다[怨]. 무엇을 비판한단 말인가? 시로써 정사(政事)를 은근하게 비판한다는 뜻이다.

또한 시(詩)로써 가깝게는 부모를 섬기고[邇之事父] 멀리는 임금을 섬기며[遠之事君] 시로써 온갖 동식물의 이름을 많이 알게 된다[多識於鳥獸草木之名]고 한다. 여기서 이(邇)는 근(近)과 같다. 사부(事父), 사군(事君)의 사(事)는 봉(奉)과 같다. 받들어 모신다[事]. 다식(多識)은 시로써 수많은 생물을 알아 넓게 체험할 수 있음을 말한다.

공자가 밝힌 시관(詩觀)은 곧 유가(儒家)의 시관으로서 시를 정치의 바탕으로 보는 관점이다. 시는 열지고언지(說之故言之)이기 때문이다. 바라는 바대로 즐겁게 살고 싶어서[說之] 말하지 않을 수 없다[言之] 함이 시이기 때문이다. 치세(治世)는 백성의 열지(說之)를 만족시켜주어야 한다. 안백성(安百姓)이 곧 백성의 열지(說之)를 만족시켜준다는 뜻 아닌가. 안백성(安百姓)의 실마리가 시에 있음을 공자는 흥(興)·군(群)·관(觀)·원(怨)·사(事)·식(識) 등을 들어 밝혀준다.

그런데 이런 시를 젊은이들이 배우려고 하지 않아서 공자께서 질문을 던지고 있다. "소자하막학부시(小子何莫學夫詩)?" 너희는[小子] 왜[何] 무릇[夫] 시를[詩] 배우지 않는가[莫學]? 여기서 부시(夫詩)의 부(夫)를 주목했으면 한다. 부(夫)는 '여러 가지'를 뜻하고, 시(詩)는 『시경(詩經)』에 있는 시라고 여기면 된다. 『시경』에 있는 시들을 풍(風)·아(雅)·송(頌)으로 분류한다. 풍은 백성이 불렀던 민요이고 아는 위정자(爲政者)들이 불렀던 노래이고, 송은 사직(社稷)을 제사 지낼 때 불렀던 노래이다. 이런 세 부류의 시들을 망라하는 뜻으로 부(夫)를 새기면 된다. 치자(治者)라면 시를 몰라서는 안 된다고 공자가 말한다. 그러나 요새 치자는 권모술수(權謀術數)만 능하지 시를 알아야 한다고 생각하기는커녕 시가 무슨 소용이냐고 비웃는다.

일어날 흥(興), 살펴볼 관(觀), 무리 군(群), 비판할 원(怨)

제10장

【문지(聞之)】

여위주남소남의호(女爲周南召南矣乎)

【원문(原文)】

子謂伯魚曰 女爲周南召南矣乎아 人而不爲周南召南이면 其猶正牆面而立也與인저
(자위백어왈 여위주남소남의호 인이불위주남소남 기유정장면이립야여)

【해독(解讀)】

공자께서 백어를 불러 말해주었다[子謂伯魚曰]. "너는 『시경(詩經)』의 주남과 소남을 공부했느냐[女爲周南召南矣乎]? 사람이면서 주남과 소남을 모르면[人而不爲周南召南], 그것은 마치 담을 마주 보고 서 있는 꼴이다[其猶正牆面而立也與]."

【담소(談笑)】

자왈(子曰)

공자가 당신의 아들 백어(伯魚)에게 시(詩)를 배우지 않으면 안 되는 까닭을 말해주고 있다. 앞 장에 이어서 시의 중요성을 다시 한번 강조하고 있다.

인이불위주남소남(人而不爲周南召南) 기유정장면이립야여(其猶正牆面而立也與)

▸ 사람이면서[人而] 주남과[周南] 소남을[召南] 배우지 않아 모르면[不爲], 그런 꼴이란[其] 담벼락을[牆面] 마주하고[正] 서 있는 것과[立] 같다[猶].

인이(人而)의 이(而)는 어세(語勢)를 강조할 뿐 뜻은 없다. '사람이면서' 정도로 해석하면 된다. 위(爲)는 여기서 학(學)과 같다. 배워서 안다[爲]. 유(猶)는 여(如)와 같다. ~과 같다[猶]. 정(正)은 정(定)과 같다. 멈추고 마주하다[正].

『시경(詩經)』의 시들 중에서 국풍(國風)을 가장 중요하게 여긴다. 국풍 중에서도 주남(周南)과 소남(召南)을 가장 중요하게 여긴다. 유가(儒家)는 문왕(文王) · 무왕(武王) · 주공(周公) 등을 성인(聖人)으로 보면서 이 성인들이 이끌었던 주나라 전반기를 태평성대의 본보기로 삼는다. 주남은 이 때 불려졌다는 민요를 말한다. 그리고 소남은 원래 위수(渭水) 북쪽의 땅 이름인데 무왕의 공신이었던 희석

(姬奭)에게 주어 다스리게 하면서 소공(召公)이라 했고, 그 지방에서 불려져 위수 남쪽까지 퍼졌다 하여 노래 이름을 소남이라 했다 한다.

공자도 이 주남(周南)과 소남(召南)이 백성의 열지(說之)를 잘 드러내는 국풍(國風)이라고 보았다. 그래서 당신의 아들 백어(伯魚)를 불러 이렇게 물었다 한다. "여위주남소남의호(女爲周南召南矣乎)?" 너는[女] 주남과[周南] 소남을[召南] 배워 아느냐[爲乎]? 이렇게 묻고 나서 위와 같이 주남과 소남을 배워야 하는 까닭을 말해준 것이다. 만일 주남과 소남을 모른다면 담벼락을[牆面] 마주 대하고[正] 가만히 서 있는[立] 꼴이다[猶]라고 공자께서 아들(백어)에게 비유해 밝혀준다. 이는 궁(窮)하면 안 된다는 당부이다. 궁(窮)은 반드시 변(變)으로 이어져야 통(通)하고, 통(通)해야 오래오래 평안(平安)하다는 것이다. 궁즉변(窮則變) 변즉통(變則通) 통즉구(通則久)를 국풍인 주남과 소남을 통해서 배울 수 있다고 밝혀준 셈이다.

본래 시(詩)는 삶을 묶어두지 않고 활력을 주어 앞으로 더욱 왕성하게 살아갈 길을 터주는 힘을 발휘한다. 그래서 『서경(書經)』「순전(舜典)」에서 순(舜)임금이 시언지(詩言志)라 하지 않았는가? 시는[詩] 뜻하는 바를[志] 말해준다[言]. 이는 곧 미래를 향해 돌파할 수 있는 흥(興)·군(群)·관(觀)·원(怨)·사(事)·식(識)등을 체험하게 한다는 뜻이다. 담벼락이 막혔다고 가만히 서 있기만 한다면 머물러 멈추고만 셈이니 궁(窮)하다. 궁하지 말라. 변화하라. 그래서 공자는 「자한(子罕)」편 22장에서 "후생가외(後生可畏)"라 하지 않았는가. 담벼락이 막혔다고 가만히 서서만 있지 말라. 담벼락을 돌파하라. 그러자면 미래를[後生] 두려워해야 한다[可畏]. 백어야, 담벼락을 허물 수 있는 기운을 주남(周南)과 소남(召南)에서 체험해라. 이렇게 공자께서 아들에게 가르치고 있는 중이다. 성인은 항상 미래를 향해 눈을 뜨라고 하지 과거로 돌아가 멈추라 하지 않는다.

배울 위(爲), 나라 이름 주(周), 땅 이름 소(召), ~과 같을 유(猶), 담 장(牆), 마주 볼 면(面), 설 립(立)

제11장

【문지(聞之)】

예운(禮云) · 악운(樂云)

【원문(原文)】

子曰 禮云禮云이나 玉帛云乎哉아 樂云樂云이나 鐘鼓云乎哉아
자 왈 예 운 예 운 옥 백 운 호 재 악 운 악 운 종 고 운 호 재

【해독(解讀)】

공자께서 말했다[子曰]. "예라 예라 말하는데[禮云禮云] 구슬이나 비단만을 말할 것인가[玉帛云乎哉]! 악이라 악이라 말하는데[樂云樂云] 종이나 북만을 말할 것인가[鐘鼓云乎哉]!"

【담소(談笑)】

자왈(子曰)

예악(禮樂)을 밝히고 있다. 「태백(泰伯)」 편 3장의 "인이불인(仁而不仁)이면 여례하(如禮何)고, 인이불인(人而不仁)이면 여악하(如樂何)"란 말씀을 떠올리게 한다. 예악의 문(文) · 질(質)을 살펴야지 형식[文]을 따지지 말라 한다.

예운예운(禮云禮云) 옥백운호재(玉帛云乎哉) 악운악운(樂云樂云) 종고운호재(鐘鼓云乎哉)

▶ **예라고들[禮] 말하고[云] 예라고들[禮] 말하는데[云] 구슬과[玉] 비단[帛]만이겠는가[乎哉]! 악이라고들[樂] 말하고[云] 악이라고들[樂] 말하는데[云] 종과[鐘] 북[鼓]만이겠는가[乎哉]!**

예악의 문(文) · 질(質)을 두루 소중히 하라 한다. 예악(禮樂)의 예(禮)를 서양의 'moral' 정도로 여기거나, 악(樂)을 서양의 'music' 정도로 생각한다면 얼토당토않다.

『예기(禮記)』「악기(樂記)」에 이런 말이 있다. "악자천지지화야(樂者天地之和也) 예자천지지서야(禮者天地之序也). 화고백물개화(和故百物皆化) 서고군물개별(序故群物個別) 악유천작(樂由天作) 예이지제(禮以地制) 과제즉란(過制則亂) 과작즉폭(過作則暴) 명어천지(明於天地) 연후능흥례악야(然後能興禮樂也)." 악이란[樂者] 천지의[天地之] 화목이고[和], 예란[禮者] 천지의[天地之] 질서이다[序]. 화목하므로[和故] 만물이[百物] 저마다 다같이[皆] 변화하고[化], 질서가 있으므로[序故] 만물이[群物] 저마다 달리[個] 분별된다[別]. 악은[樂] 하늘로부터[由天] 작용되고[作], 예는[禮] 땅으로써[以地] 제도화된다[制]. 제도를[制] 지나치게 하면[過] 어지럽게 되고[亂], 작용을[作] 지나치게 하면[過] 난폭해진다[暴]. 천지에[於天地] 밝은[明] 뒤라야[然後] 예와[禮] 악을[樂] 일으킬 수 있다[能興].

이러한 예(禮)와 악(樂)을 안다면 그것이 'moral' 이나 'music' 처럼 인간만의 문제가 아니란 사실을 알 것이다. 사람만 즐겁다고 악이 아니며, 사람만 질서를 다진다고 예가 아니라는 말이다. 만물이 서로 어울려 함께 같이 저마다 목숨을 누리는 것을 예악(禮樂)이라 한다. 그러니 예악의 형식(型式, 文)만을 따져서 예라느니 악이라느니 하지 말라 한다. 옥백(玉帛)은 예를 꾸미는 도구요, 종고(鐘鼓)는 악을 꾸미는 도구에 불과하다. 그런 것들은 말단이다. 예악의 근본을 알라 한다. 예악의 바탕을 알라 한다. 즉 악이 천지지화(天地之和)임을 알라 함이요, 예가 천지지서(天地之序)임을 알라 함이다.

그러나 지금 우리는 과제즉란(過制則亂) 과작즉폭(過作則暴)을 범하고 있다. 과제(過制)란 무슨 뜻인가? 오로지 인간만을 위한 제도를 말한다. 과작(過作)이란 무슨 뜻인가? 오로지 인간만을 위한 작용을 말한다. 인간이 저질러대는 환경오염(環境汚染) 등을 생각해보면 알 일이다. 인간만 살자는 발상이야말로 비례(非禮)요 비악(非樂)이다. 그러나 인간은 천지(天地)가 마치 인간만을 위하여 존재하는 양 착각하고 인간만 살면 된다는 듯 천지를 어지럽히고 난폭하게 군다. 이는 예악(禮樂)의 근본[質]을 잊어버린 탓이다. 여러분 이래도 예악을 낡았다고 팽개치겠는가? 지금 공자가 이렇듯 절규하고 있다.

예도 례(禮), 일컬을 운(云), 구슬 옥(玉), 비단 백(帛), 쇠북 종(鐘), 북 고(鼓)

제12장

【문지(聞之)】

색려이내임(色厲而內荏)

【원문(原文)】

子曰 色厲而內荏을 譬諸小人컨댄 其猶穿窬之盜也與인저

자왈 색려이내임 비제소인 기유천유지도야여

【해독(解讀)】

공자께서 말했다[子曰]. "표정은 엄하면서 속은 나약한 것을[色厲而內荏] 소인에 비유해 말한다면[譬諸小人] 그런 모습은 담벼락을 뚫고 도둑질하는 것과 같으리라[其猶穿窬之盜也與]."

【담소(談笑)】

자왈(子曰)

겉만 앞세우고 속은 텅 빈 인간이 되지 말라 한다. 대인은 과시하거나 허세를 부리지 않는다. 소인이 그럴 뿐임을 밝히고 있다.

색려이내임(色厲而內荏) 비제소인(譬諸小人) 기유천유지도야여(其猶穿窬之盜也與)

▶ **표정을[色] 거칠게 하면서[厲] 속이[內] 연약함을[荏] 소인에[於小人] 비유해서 말한다면[譬], 그런 짓은[其] 남의 집 담벼락이나 뚫고[穿] 담벽을 넘어 들어가는[窬] 좀도둑과[盜] 같으리라[猶也與].**

원래는 비(譬) 뒤에 있을 색려이내임(色厲而內荏)을 강조하기 위해 앞으로 내놓았다. 비제소인(譬諸小人)의 제(諸)는 지어(之於)의 준말이다. 물론 지(之)는 색려이내임(色厲而內荏)를 받는 지시어이다. 기유(其猶)의 기(其) 역시 색려이내임(色厲而內荏)을 대신한다고 보면 된다. 유(猶)는 여(如)와 같다. ~과 같다[猶]. 천(穿)은 찬(鑽)·혈(穴)과 같다. 뚫어[鑽] 구멍[穴]을 내다[穿]. 유(窬)는 유(踰)와 같다. 담벽을 넘다[窬].

겉모습만 엄숙하게 하고 속은 나약한 사람은 뜻을 이루기 어렵다. 이런 사람은 변덕스러워 제 중심이 잡혀 있기 어렵다. 대인(大人)은 중심을 잡고 부끄러움이 없기를 바라면서 할 바를 향해 꾸준하게 나아간다. 그러나 변덕스러운 소인(小人)은 쓰면 뱉고 달면 삼키는 짓을 저어하지 않는다. 이익이 된다 싶으면 앞뒤 안 가리고 못할 짓을 범한다. 공자는 이런 인간을 좀도둑이라고 직시하고 있다. 벽에 구멍을 내고 양식을 축내는 생쥐 같은 인간들이 세상에는 너무도 많다. 그런 생쥐일수록 의젓한 척 허세를 부리는데 군자나 성인의 눈에는 빤히 드러나는 잔꾀일 뿐이다. 왜 군자는 무자기(毋自欺)한다 하는가? 자기를[自] 속이지 말라[毋欺]. 색려이내임(色厲而內荏)이란 허세가 바로 자기(自欺)가 아닌가. 자기를[自] 속이는[欺] 짓을 하는 인간을 소인배라 한다. 좀도둑 같은 자들이다.

얼굴빛 색(色), 거칠 려(厲), 속 내(內), 나약할 임(荏), 견줄 비(譬), 같을 유(猶), 뚫을 천(穿), 담 유(窬), 훔칠 도(盜)

제13장

【문지(聞之)】

향원(鄕原)

【원문(原文)】

子曰 鄕原은 德之賊也니라
자왈 향원 덕지적야

【해독(解讀)】

공자께서 말했다[子曰]. "고향 사람들에게 후덕하다고 칭송받지만 실은 그렇지 않은 자는 덕을 해치는 도둑이다[鄕原德之賊也]."

【담소(談笑)】

자왈(子曰)

대중과 영합해 인기를 얻으려고 대중의 비위를 맞추는 인간을 맹타하고 있다. 인기에 영합하는 짓을 부끄러워하라 한다.

향원덕지적야(鄉原德之賊也)

▸ 위선자는[鄉原] 덕을[德] 훔치는 도둑이다[賊].

적(賊)은 여기서 잔(殘)·도(盜)와 같다. 해치는 도둑[賊]을 말한다. 여기서 향원(鄉原)은 마을 사람들로부터 후덕하다고 칭송받지만 실제로는 그렇지 않은 자를 말한다. 다시 말해 소인배의 비위를 맞추고 후덕한 척하면서 제 실속만 차리는 위선자를 뜻한다. 탐욕스러운 소인(小人)들의 비위를 맞추고 베푸는 척하면서 더한 탐욕을 부리는 인간이 향원이다. 겉으로는 덕이 많은 척하지만 그 마음에는 덕(德)이 없고 제 욕심만 사나운 사람이라면 향원이다. 그러니 향원은 덕을 팔아 덕을 해치는 인간이다. 이 얼마나 가증스러운 위선자인가. 겉만 믿고 따르다 보면 향원 같은 인간에게 당하게 마련이다. 허례(虛禮)가 예(禮)를 훔치고 해치는 도둑이듯 말이다. 알맹이 없이 겉만 번지르한 인간은 소인을 속여먹는 사기꾼이다. 본래 정직한 사람한테는 사기치지 못한다 하지 않는가. 서로 사기 근성이 맞아떨어져야 사기치는 짓이 가능하다. 그래서 솔깃해서 들어주었다가 당하는 소인배들이 얼마나 많은가. 고을마다 향원이란 자들이 설치면서 못된 짓들을 다하고 지방 유지라며 떵떵거린다. 소인배를 우려먹고 등치는 놈들을 어이하리.

마을 향(鄉), 추구할 원(原), 큰 덕(德), 해칠 적(賊)

제14장

【문지(聞之)】

도청이도설(道聽而塗說)

【원문(原文)】

子曰 道聽而塗說이면 德之棄也니라
자 왈 도 청 이 도 설 덕 지 기 야

【해독(解讀)】

공자께서 말했다[子曰]. "길에서 듣고 그것을 길에서 말하는 것은 [道聽而塗說] 덕을 버리는 짓이다[德之棄也]."

【담소(談笑)】

자왈(子曰)

남의 말 주워듣고 바로 그 말에 놀아나 마치 제 자신이 아는 양 하지 말라 한다. 숭례(崇禮)를 살펴 헤아리게 한다.

도청이도설(道聽而塗說) 덕지기야(德之棄也)

▶ 길가에서[道] 주워듣고[聽] 바로 그 길에서[塗] 말하는 것은[說] 덕을[德] 버리는 짓이다[棄].

도(道)는 여기서 노(路)와 같다. 청(聽)은 영(聆)과 같다. 들어준다[聽]. 도청(道聽)이란 남의 말을 주워듣고 아는 척하는 경망스러운 짓을 말한다. 도(塗)는 도(途)·노(路)와 같다. 도설(塗說)은 남의 것을 주워듣고 마치 제 자신이 알아낸 양 지껄이는 짓을 말한다. 입방정이 바로 도설(塗說)이다. 그래서 합취구구(合取狗口)란 말이 생겼다. 개 주둥이[狗口] 닥쳐라[合取]. 방정맞게 떠들지 말라. 기(棄)는 손(損)과 같다. 손기(損棄)의 준말로 여기고 새기면 된다. 버려 못 쓰게 한다[棄].

덕(德)을 버리면 사람이면서 사람이 아닌 셈이다. 사람의 도리를 버리는 꼴이기 때문이다. 사람은 사람답고 새는 새답고 여치는 여치답고 붕어는 붕어답고 등등, 이처럼 만물이 저마다 지니게 되는 이치(윤리)를 서로 통하게 하는 바가 덕이다. 그래서 이렇게 말한다. "덕야자통윤리자야(德也者通倫理者也)." 덕이란[德] 것은[者] 만물의[倫] 이치에[理] 두루 통하는[通] 것이다[者]. 윤리(倫理)의 윤(倫)은 유(類)와 같다. 만물이란 뜻의 윤(倫)이다. 그래서 소인은 비덕(卑德)하고 군자는 존덕(尊德)한다. 덕을[德] 얕본다[卑]. 덕을[德] 높인다[尊]. 군자처럼 존덕(尊德)하려면 매사에 심사숙고(深思熟考)하고 말을 아껴 자신을 밝게 하려고 애써야 한다. 그래서 군자는 고명(高明)하다 하지 않는가. 도청(道聽)하여 도설(塗說)하는 짓은 소인배의 허세일 뿐이다. 그러니 군자가 왜 존덕(尊德)하는가 알아두라 한다. 덕을 높이는 일[尊德]이야말로 성인(聖人)의 길을 트는 출발이기 때문이다.

『중용(中庸)』 5편 첫 장에 이런 말이 있다. "군자존덕성이도문학(君子尊德性而道問學)이니 치광대이진정미(致廣大而盡精微)하며 극고명이도중용(極高明而道中庸)하며 온고이지신(溫故而知新)하며 돈후이숭례(敦厚以崇禮)니라." 군자는[君子] 덕성을[德性] 높이고[尊] 모르면 묻는 것으로[問] 말미암아[道] 배우며[學], 넓고 큼에[廣大] 이르되[致] 정밀하고 미세함을[精微] 다하며[盡], 높고 밝음을[高明] 더할 바 없이 하되[極] 중용을[中庸] 따라가고[道], 옛것을 살펴[溫故] 새것을 알고[知新] 돈후함으로써[敦厚以] 예를[禮] 높인다[崇].

도문학(道問學)의 도(道)는 유(由)와 같이 말미암을 도(道)이고, 도중용(道中庸)의 도(道)는 종(從)과 같이 따를 도(道)이다. 그러니 제정신을 차리고 깊이 생각하며 삼가 살라 한다. 알지도 못하면서 아는 척 함부로 까불며 가볍게 살지 말라 한다.

길 도(道), 들을 청(聽), 길 도(塗), 말할 설(說), 버릴 기(棄)

제15장

【문지(聞之)】

비부(鄙夫)

【원문(原文)】

子曰 鄙夫는 可與事君也與哉아 其未得之也면
자 왈 비 부 가 여 사 군 야 여 재 기 미 득 지 야
患得之하고 旣得之하얀 患失之하나니 苟患失之면
환 득 지 기 득 지 환 실 지 구 환 실 지
無所不至矣니라
무 소 부 지 의

【해독(解讀)】

공자께서 말했다[子曰]. "천박한 사람과 함께 임금을 섬길 수 있겠느냐[鄙夫可與事君也與哉]? 비천한 인간은 명리나 지위 따위를 얻지 못하면[其未得之也] 얻어보려고 발버둥치며[患得之], 이미 얻었으면[旣得之] 잃을까 보아 버둥댄다[患失之]. 만일 얻은 것을 잃게 될까 걱정하게 되면[苟患失之] 무슨 일이든 하지 못할 게 없다[無所不至矣]."

【담소(談笑)】

자왈(子曰)

저밖에 모르는 비부(鄙夫)를 질타하고 있다. 더럽고 천한 인간은 남들을 모두 적으로 생각하고 아등바등한다. 그런 비부가 되지 말라 한다.

비부가여사군야여재(鄙夫可與事君也與哉)

▶ 사욕밖에 없는 인간과[鄙夫] 더불어[與] 임금을[君] 섬길 수 있겠는가[可事與哉]?

비(鄙)는 천(賤)·누(陋)와 같다. 비부(鄙夫)를 강조하고자 앞으로 끌어냈다. 그래서 가사군여비부야여재(可事君與鄙夫也與哉)라고 고쳐서 새기면 쉽다. 야여재(也與哉)는 완곡한 의문어미다. ~있겠는가[也與哉].

너절하고 더러운 인간을 비부(鄙夫)라 일컫는다. 반대로 넉넉하고 의젓해 당당한 인간을 일러 대부(大夫)라 한다. 그래서 대부로 하여금 임금을 대신해 나라 살림을 맡아보게 한다. 그러나 대부라면서 비부에 불과한 자들이 곧 노(魯)나라 삼환(三桓) 같은 무리들이다. 권력을 남용해 안백성(安百姓)의 길을 허물어버리는 대부라면 가장 더럽고 추한 비부일 터이다. 그런 대부의 탈을 쓰고 비부 짓을 자행하는 삼환을 혼내주려다 오히려 공자 당신이 조국에서 쫓겨나게 된 고사(故事)를 떠올려보라. 그러면 권력을 틀어쥔 삼환의 계씨(季氏) 같은 무리가 왜 환득지(患得之)하는지 알 수 있을 것이다. 더럽고 흉한 비부는 갖고 싶은 것이 있으면 물불을 못 가린다. 그래서 공자는 이렇게 말해준다. "기미득지야(其未得之也) 환득지(患得之)." 비부가[其] 권세나 명성 따위를[之] 아직 갖지 못했다면[未得] 그런 것을[之] 틀어쥐려고[得] 몸살을 한다[患]. 그래서 한번 잡았다 하면 목숨을 버릴지언정 틀어쥔 것을 놓지 않으려 한다. 그런 꼴은 독재자의 말로를 보면 다들 알 것이다.

누추할 비(鄙), 더불어 여(與), 섬길 사(事), 임금 군(君), 어조사 여(與)

기득지(旣得之) 환실지(患失之) 구환실지(苟患失之) 무소부지의(無所不至矣)

▶ 이미[其] 권세나 명성 따위를[之] 틀어쥐었으면[得] 틀어쥔 것을[之] 잃을세라[失] 걱정하다가[患] 틀어쥔 것을[之] 잃어버릴까봐[失] 정말로[苟] 몸살이 나면[患] 하지 못할[不至] 짓이[所] 없다[無].

기득(旣得)이란 이미 틀어쥔 것을 말한다. 기득권(旣得權)이란 말을 떠올리면 된다. 기득(旣得)은 욕망의 이빨을 더욱 날카롭게 한다. 개는 썩은 고깃덩이라도 한번 물면 행여 떨어질세라 입을 벌리지 못한다. 비부(鄙夫) 역시 그렇다. 한번 틀어쥐거나 물면 내놓는 법이 없다. 그런 비부가 잡을 것을 놓치게 된다는 위기감을 느끼면 마치 미친개처럼 물불을 가리지 않고 화약을 짊어지고서라도 불길 속으로 뛰어들기를 마다 않는다. 그래서 비부가 상실(喪失)의 위기를 만나면 못할 바 없다[無所不至] 한다. 놓칠세라 발버둥치는 꼬락서니가 얼마나 흉한지 알고 싶다면 졸부(猝富)나 독재자의 말로를 살펴보면 누구나 다 확인할 수 있으리라. 백성은 양의 탈을 쓴 늑대[鄙夫]를 모른다고 말하지 말라. 알면서도 그냥 참는 것은 소중한 목숨을 그냥 버릴 수 없는 터라 참고 한 순간 견디는 것뿐 절대로 그냥 두지 않는다. 대인은 백성이 무서운 줄 알지만 소인은 모르고 얕보다 다친다. 하물며 소인 중에서도 하치인 비부(鄙夫)나 향원(鄕原) 따위는 하룻강아지 범 무서운 줄 모르고 날뛰기를 마다 않는다. 지금 세상에는 비부들이 지천으로 널려 있어 등치고 코 베어가는 세상이란 욕이 생겼다.

이미 기(旣), 진실로 구(苟), 바 소(所), 이를 지(至)

제16장

【문지(聞之)】

민유삼질(民有三疾) · 광(狂) · 긍(矜) · 우(愚)

【원문(原文)】

子曰 古者 民有三疾이러니 今也 或是之亡也로다
자왈 고자 민유삼질 금야 혹시지망야

古之狂也肆러니 今之狂也蕩이오 古之矜也廉이러니
고지광야사 금지광야탕 고지긍야렴

今之矜也忿戾오 古之愚也直이러니 今之愚也詐
금지긍야분려 고지우야직 금지우야사

而已矣로다
이이의

【해독(解讀)】

공자께서 말했다[子曰]. “옛날 사람들은 세 가지 결점을 간직했었다[古者民有三疾]. 지금은 그런 결점마저 없어진 것 같다[今也或是之亡也]. 옛날에는 무엇에 미쳐도 큼직했으나[古之狂也肆] 지금은 무엇에 미치면 지나쳐 걷잡기 어렵고[今之狂也蕩], 옛날의 긍지는 염치가 있었지만[古之矜也廉] 지금의 긍지는 성내고 싸울 듯이 덤비고[今之矜也忿戾], 옛날의 어수룩함은 솔직했지만[古之愚也直] 지금의 어수룩함은 속여먹는 짓일 뿐이다[今之愚也詐而已矣].”

【담소(談笑)】

자왈(子曰)

인간이 범하는 세 가지 결함(缺陷)을 밝히고 있다. 광(狂)·긍(矜)·우(愚)가 그것이다. 그런데 공자는 그런 결함을 버리라고 말하지 않는다. 그 세 가지 결함이 변질한 것만을 직시할 따름이다. 이 또한 호학(好學)하라는 뜻이리라. 성인의 말씀을 터득하는 자는 결함을 지울 것이고 그렇지 못한 사람은 그 결함에서 헤어나지 못할 터이니 호학하라는 말씀을 새겨듣도록 경고하고 있다.

고지광야사(古之狂也肆) 금지광야탕(今之狂也蕩)

▶ **옛날 사람의[古之] 광기는[狂] 방자했지만[肆], 이제 사람의[今之] 광기는[狂] 걷잡기 어렵게 제멋대로이다[蕩].**

고지(古之)를 고자지(古者之)로 여기고 새기고, 금지(今之) 역시 그렇게 고쳐 새긴다. 사(肆)는 여기서 방(放)과 같다. 방자(放恣)하게 산다 함이 사(肆)이다. 거리낌없이 거침없이 산다[肆]. 방자함은 지나친 자부심일 뿐이다. 탕(蕩) 역시 방(放)과 같다. 방탕(放蕩)의 준말로 여기면 된다. 제멋대로 자신을 버리며 산다[蕩]. 방탕함은 자부심마저 버리고 자신을 흉하게 만든다.

광기(狂氣)란 분명 결함이다. 심신의 균형을 상실하게 하므로 병이다. 마음의 병이란 마음가짐의 균형을 잃어버리는 것이다. 한 가지 일에 빠져 미쳐버리면 다른 일은 나 몰라라 하거나 소홀히 하게 마련이다. 하지만 인생은 한 가지 일로만 되지 않는다. 그러니 광기는 삶을 황폐하게 한다. 이제 왜 광기를 결함이라 하는지 알 것이다.

그런데 옛 사람의 광기는 방자했을 뿐 방탕하지 않았다 한다. 방자한 광기는 흉볼 일은 될지언정 자신을 버리는 일은 아니다. 그러나 광기가 방탕하게 되면 한 가지 일에 미치게 빠져들어 자신을 망치고 만다. 주색잡기(酒色雜技)에 놀아나는 인간을 생각해보라. 방탕한 인간은 스스로를 망쳐놓는다. 그러나 방자한 인간은 설령 오만하더라도 자신을 버리지는 않는다. 그러니 사람으로 거듭날 여지가 있다. 그러나 방탕에 놀아난 인간은 흉하고 험하게 끝마칠 뿐이다. 방자하다면 부끄러워하고 뉘우쳐라. 그러나 방탕하다면 정신병원으로 가 갱생의 치료를 받아라.

옛 고(古), 미칠 광(狂), 방자할 사(肆), 이제 금(今), 방탕할 탕(蕩)

고지긍야렴(古之矜也廉) 금지긍야분려(今之矜也忿戾)

▶ **옛날 사람의[古之] 긍지는[矜] 솔직했지만[廉], 이제 사람의[今之] 긍지는[矜] 자기를 알아주지 않으면 성내고[忿] 사납게 덤빈다[戾].**

여기서 긍(矜)은 자긍(自矜)의 준말이다. 자긍은 자현(自賢)과 같다. 제[自] 자랑한다[矜]. 긍지(矜持)라고 할 때의 긍(矜)은 경(敬)·민(愍)·석(惜)·상(尙) 등과 같지만, 자긍(自矜)의 긍(矜)은 교(驕)·만(慢) 등과 같다. 이렇듯 긍(矜)은 장점일 때도 있고 단점일 때도 있다. 긍지(矜持)를 가져라. 그러면 삶이 의젓하다. 그러나 자긍(自矜)하지 말라. 자긍하면 너절한 사람이 되고 만다. 제 자랑을 일삼다가는 제 손에 든 도끼로 제 발등을 찍기 쉽고, 세상을 얕보다 허방에 빠지기 일쑤이다. 그러니 자긍심을 가지라 할 것이 아니라 긍지를 잊지 말라 하는 것이 옳다. 공경하라[敬]·정중하라[愍]·아껴라[惜]·높여 받들어라[尙]. 이런 마음가짐들을 묶어 긍(矜)이라 하고 그런 긍(矜)을 간직하라[持] 함이 긍지(矜持)다. 이런 긍지란 결점일 리가 없다. 그러나 자긍(自矜)은 자만(自慢)으로 빠져 자신을 가볍게 하고 만다.

자긍(自矜)하되 솔직하면 남을 해치거나 해롭게 하지 않는다. 그래서 검소하고 정직한 자긍심은 따지고 보면 결함이라고 할 것도 없다. 보기에 건방진 정도일 테니 말이다. 그래서 옛날 사람의 자긍을 공자도 그냥 봐 줄 수 있다고 여겼던 모양이다. 그러나 자긍이 남에게 자기과시(自己誇示)하는 쪽으로 치우쳐 자기를 알아주지 않으면 분노하고 싸우려는 투지가 되면 고약하다. 세상이 제 것인 듯 착각하지 않는다면야 자기를 대접해달라고 강요할 수는 없는 일 아닌가. 그래서 공자는 『논어(論語)』 첫머리에서부터 인부지이불온(人不知而不慍)이라 밝히지 않았는가. 남이[人] 나를 알아주지 않아도[不知] 성내지 않는다[不慍]. 자긍(自矜)이 분려(忿戾)로 이어지면 불온(不慍)을 팽개친 꼴이니 사나운 야수처럼 돌변하고 만다. 그러면 인간은 험하고 흉해질 것이니 이 얼마나 고약한 결함이란 말인가. 대접받기 바라는 인간치고 비부(鄙夫)가 아닌 자 없다.

자랑할 긍(矜), 곧을 염(廉), 성낼 분(忿), 사나울 려(戾)

고지우야직(古之愚也直) 금지우야사이이의(今之愚也詐而已矣)

▸ **옛날 사람의[古之] 어수룩함은[愚] 정직했으나[直], 이제 사람의[今之] 어수룩함은[愚] 엉큼하게 남을 속여먹는 수작일[詐] 뿐이다[而已矣].**

우(愚)는 여기서 우직(愚直)의 준말로 여기고 새기면 된다. 우(愚)가 직(直)으로 통하는 경우이다. 마음 속을 못 속이는 어수룩함이 곧 우직(愚直)의 우(愚)이다. 우치(愚癡)의 우(愚)는 참으로 어리석다는 말이다. 이런 어리석음은 옹색하고 딱할 뿐이다. 그러나 우계(愚計)란 말이 있다. 남에게 어수룩하게 보이면서 뒤꽁무니로 호박씨 까는 잔꾀를 두고 우계(愚計)라 한다. 금지우(今之愚)의 우(愚)를 바로 이러한 우계(愚計)의 준말로 보면 된다. 옛날 사람의 우(愚)는 우직(愚直)이었지만, 이제 사람의 우(愚)는 우계(愚計)라는 것이다. 그런 까닭에 공자는 금지우(今之愚)의 우(愚)를 거짓말[詐]이라고 잘라 말했다[而已矣]. 이이의(而已矣)는 단언해 잘라 말하는 끝말[端辭]이다. ~일 뿐이다[而已矣]. 아무리 코 베 가는 세상이라 하지만 어수룩한 체하면서 사기(詐欺)치지 말라. 왜 무자기(毋自欺)하라 하는가? 제 스스로를[自] 속이지[欺] 말라[毋]. 그러면 공자가 직시한 광(狂)·긍(矜)·우(愚) 따위의 결함들이 빌붙을 곳 없어지기 때문이다.

이제 사람들은 이 무자기(毋自欺)란 무서운 계율을 저버렸기 때문에 공자는 이런 말로 시작해 인간의 결함을 꼬집었다. "고자민유삼질(古者民有三疾)." 옛날[古者] 사람들에게도[民] 세 가지 단점이[三疾] 있었다[有]. 물론 유(有)를 보(保)와 같다고 본다면 옛날[古者] 사람들은[民] 세 가지 단점을[三疾] 지녔었다[有]고 새길 수도 있다. ~을 간직한다[有]. 그러나 우리네 말투로 본다면 ~이 있다[有]로 새기는 것이 알맞다.

옛날 사람한테 있었다는 결점[疾]들은 결점을 지녔던 자신에게 폐를 끼치고 끝났다. 그런데 오늘날 사람들이 보여주는 세 가지 결함들은 저 자신만을 위하려고 남을 해롭게 한다는 것이다. 그래서 공자가 이렇게 말해두었다. "금야혹시지망야(今也或是之亡也)." 이제는[今也] 옛날 사람들의 세 가지 단점이[是] 잊혀진[亡] 모양이다[或]. 말하자면 광(狂)의 사(肆)가 탕(蕩)으로 둔갑했고, 긍(矜)의 염(廉)은 분려(忿戾)로 돌변했으며, 우(愚)의 직(直)은 사(詐)로 변질하고 말았다는 것이다.

옛날 사람은 무엇에 미쳐도[狂] 자신을 저버리지 않았다 함이 사(肆)이다. 이러한 사(肆)를 버리고 무엇에 미쳐버리면 이제 사람들은 방탕해져 자신을 버린다 함이 탕(蕩)이다. 옛 사람은 자신을 뽐내되[自矜] 남한테 피해를 주지 않게 솔직했다 함이 염(廉)이다. 이런 염(廉)을 버리고 이제 사람들은 자신을 왜 알아주지 않느냐고 분노하며 싸우자고 덤빈다 함이 분려(忿戾)이다. 그리고 옛날 사람들의 어수룩함[愚]은 곧이 곧대로 정직했다 함이 직(直)이다. 그러니 이런 우

(愚)를 버리고 어수룩한 체 남을 안심시켜놓고 등쳐먹으려고 직(直)을 사(詐)로 둔갑시켰다는 말이다. 성인의 말씀에는 한 치의 틈도 없다. 이제 사람들은 공자가 지적한 광(狂)의 탕(蕩)이나 긍(矜)의 분려(忿戾)를 이른바 개성이라고 추켜세우고, 나아가 우(愚)의 사(詐)를 살아남기 위한 경쟁력의 한 모습이라고 변명하기까지 한다. 오죽하면 등치고 간 내어 먹는 세상이니 눈 뜨고 코 베인다느니 하는 흉한 말들이 생겼겠는가. 공자의 시대에도 그랬다니 지금이야 물어 무얼 하겠는가.

어수룩할 우(愚), 곧을 직(直), 속여먹을 사(詐)

제17장

【문지(聞之)】

교언영색(巧言令色)

【원문(原文)】

子曰 巧言令色이 鮮矣仁이라
자 왈 교 언 영 색 선 의 인

【해독(解讀)】

공자께서 말했다[子曰]. "듣기 좋은 말이나 보기 좋게 꾸민 얼굴은[巧言令色] 분명 어짊이 적다[鮮矣仁]."

【담소(談笑)】

자왈(子曰)

공자는 「학이(學而)」 편 3장에서도 똑같은 말씀을 한 바 있다. 여기서 한 번 더 되풀이한 까닭은 아마도 다음 18장(章)의 내용을 더욱 드러나게 하고자 『논어(論語)』의 편자(編者)가 넣었기 때문은 아닌가 한다. 한 번 더 들어서 안 될 것은 없다.

교언영색(巧言令色) 선의인(鮮矣仁)

▸ 아름답게 꾸며 아부하는[巧] 말솜씨[言]와 곱게 꾸며 아부하려는 [令] 얼굴[色]은 어짊이[仁] 적다[鮮].

이미 「학이(學而)」 편 3장에서 담소(談笑)했지만 여기서 다시 한번 떠올려본다. 번지르르한 말에는 진실이 없고[巧言無實], 꾸민 얼굴에는 질박함이 없다[令色無質]는 것이다. 왜 말을 꾸미는가? 마음 속에 숨기고 감추어둔 속셈이 있기 때문이다. 말이 마음 속 그대로를 실토하지 않으면 그 말은 거짓말[巧言]이다. 왜 얼굴을 꾸미는가? 거짓말은 얼마든지 지어내 말할 수 있지만 얼굴은 마음 속을 그대로 드러내기 때문이다. 그러니 얼굴을 그냥 그대로 둘 수 없어 표정을 만들어 짓는 것이다. 이처럼 속 다르고 겉 다른 얼굴[令色]은 거짓말과 맞물리게 마련이다.

공자가 꾸미지 말라고 한다. 겉을 꾸미는 짓[巧言令色]을 말라. 이는 거짓으로 살지 말라 함이다. 어진 마음가짐은 질박(質朴)이기 때문이다. 이처럼 공자도 소박하라 하고 노자도 소박하라 했으니 노(老)·공(孔)을 대립시켜 시비하지 않아도 된다. 공자가 교언영색(巧言令色)을 질타하는 것은 노자의 견소포박(見素抱樸)을 긍정한다. 소박함을 살펴[見素] 그 소박함을 실천하라[抱樸]하라는 노자의 말과 교언영색을 하지 말라는 공자의 뜻은 서로 다를 바가 없다. 「자로(子路)」 편 27장에서 나오는 강의목눌(剛毅木訥)의 목눌(木訥) 역시 노자의 포박(抱樸)과 서로 통한다. 소박하고[木] 말을 적게 하기[訥]. 이것은 노자의 견소포박(見素抱樸)으로 들린다. 본래 성인(聖人)들은 서로 통하지 등지지 않는다.

그리고 선의인(鮮矣仁)의 선(鮮)은 소(少)와 같다. 어조사 의(矣)를 주목했으면 한다. 교언영색(巧言令色)에는 인(仁)이 적다[鮮]는 것을 공자가 분명히 단정하고 있다는 어감(語感)이 의(矣)로 인해 더욱 두드러지기 때문이다. 물론 보통으로 말한다면 인선의(仁鮮矣)라고 했을 텐데 적어서 드물다[鮮]는 뜻을 강조하려고 앞에 썼다. 적다[鮮] 함은 없다[無]는 말로 바꾸어 새겨들어도 무방하고, 어질기 어렵다고 풀이해도 될 것이다. 어질지 못한 마음씨는 모질고 옹색하게 마련이다. 지금은 모진 마음씨들이 한 치의 양보도 없다는 듯 서로 겨룰 준비를 하고 있는 세상이라고 보아도 과언이 아닐 것이다. 그래서 너도 나도 살기(殺氣)로 등등한 세상을 피해가기 어렵다.

성인은 무엇을 단정해서 말하지 않는다. 성인은 여러 갈래로 새김질하게 말하지 결단을 내는 말을 멀리한다. 그런데 왜 공자가 결단을 내는 수사(修辭)로 어짊이 적다[鮮矣仁]고 단언했을까? 분명 공자는 교언영색(巧言令色) 같은 거짓말로 인(仁)을 팔지 말라고 경고한다. 그런데 우리는 어떠한가? 지금 세상은 성인을 비웃는 빨간 딱지가 덕지덕지 붙어 있는 꼴이다.

아름다운 교(巧), 말씀 언(言), 곱게 꾸밀 령(令), 얼굴 색(色), 적을 선(鮮)

제18장

【문지(聞之)】

오자지탈주야(惡紫之奪朱也)

【원문(原文)】

子曰 惡紫之奪朱也하며 惡鄭聲之亂雅樂也하며
자왈 오자지탈주야 오정성지란아악야
惡利口之覆邦家者하노라
오리구지복방가자

【해독(解讀)】

공자께서 말했다[子曰]. "자주색이 빨간색을 없애버리는 것을 미워하고[惡紫之奪朱也], 정나라의 노래가 전아한 아악을 혼란시키는 것을 미워하며[惡鄭聲之亂雅樂也], 약삭빠른 입이 나라와 가정을 뒤집어놓는 짓을 미워한다[惡利口之覆邦家者]."

【담소(談笑)】

자왈(子曰)

근본을 흐리게 하는 짓을 범하지 말라 한다. 올바르게 해야지 꼼수를 쓰며 살지 말라 한다. 바르지 못한 것이 바른 것을 밀어내는 세태를 부러워하지 말라 한다. 이 또한 교언영색(巧言令色)의 세태(世態)인 셈이다.

오자지탈주야(惡紫之奪朱也)

▶ **자주색이[紫] 빨간색을[朱] 없어지게 하는 것을[奪] 미워한다[惡].**

오(惡)는 증(憎)·치(恥)·욕(辱)을 하나로 묶어놓은 말이라고 보면 된다. 미워하고[憎] 부끄럽고[恥] 욕될[辱] 오(惡)이다. 미워할 것을 미워할 줄 모르면 그 또한 부끄럽고 욕된 일임을 명심하라는 말이 오(惡)이다. 그러니 함부로 오(惡)하라는 것은 아니다. 탈(奪)은 실(失)과 같다. 잃게 하여 없어지게 한다[奪]. 자(紫)는 자색(紫色), 주(朱)는 주색(朱色)의 준말로 여기고 새기면 된다.

주(朱)는 원색(原色)이고 자(紫)는 간색(間色)이다. 그래서 주(朱)는 순수(純粹)를, 자(紫)는 잡것을 떠올리게 한다. 그러나 순수하라는 말은 잘 헤아려 들어야 한다. 순수만 고집한다면 중용(中庸)을 어기기 때문이다. 공자가 중용을 어기라고 할 리 있겠는가. 어디까지나 근본을 속이거나 얼버무리는 짓을 말라는 뜻이다. 즉 자주색 그 자체를 미워하라는 게 아니라 청색(青色)과 주색(朱色)이 만나서 만들어지는 자주색은 그 근본이 청(青)과 주(朱)임을 잊지 말라는 것이다. 물유본말(物有本末)을 얼버무리고 본말을 거두어 없어지게 하지 말라 함이다. 그런 짓을 미워하라 함이다. 무엇이 본(本)이고 무엇이 말(末)인가를 헤아리며 삼가 사는 사람은 울타리 탄다는 욕을 먹을 리 없다. 간색(間色) 노릇을 하지 말라는 말씀이다. 홍정은 붙이되 싸움은 말리라는 속담을 무조건 따르지 말라.

미워할 오(惡), 자줏빛 자(紫), 잃게 할 탈(奪), 붉을 주(朱)

오정성지란아악야(惡鄭聲之亂雅樂也)

▶ **정(鄭)나라의[鄭] 민요가[聲] 바르고 아름다운[雅] 악을[樂] 어지럽히는 것을[亂] 미워한다[吾].**

성(聲)은 여기서 악(樂)과 같다. 풍류(風流)를 뜻하는 성(聲)이다. 시가무(詩歌舞)를 합쳐 그냥 악(樂)이라고 한다. 아악(雅樂)의 악(樂)도 같은 뜻이다. 아악이라고 발음하고 있지만, 내 개인적인 의견으로는 아락(雅樂)이라고 발음했으면 싶다. 그래서 나는 한 글자로 독립해서 쓰는 경우에는 악(惡)이라 발음하지 않고 낙(樂)이라고 발음하기를 고집해왔다. 물론 우긴다고 될 일이 아님을 잘 알고 있다. 낙(樂)을 악(樂)이라고 발음하면 때로는 악(惡)으로 들릴 수도 있다는 생각이 들어서 그냥 악(樂)이라 하지 않고 낙(樂)이나 락(樂)으로 발음하고 있을 뿐이다. 남들도 그렇게 해야 한다는 것은 물론 아니니 시비할 것 없다.

악(樂)보다 더한 지선(至善)은 없을 것이다. 본래 팔음극해(八音極諧)를 일러 악(樂)이라 하는 까닭이다. 풍류(風流)란 말도 바로 팔음극해(八音極諧)를 두고 한 말이 아닌가. 만물이 서로 어울려 삶을 절로 누림을 뜻하는 팔음극해(八音極諧)보다 더한 선(善)이 어디 있겠는가.

물론 정성(鄭聲)과 아악(雅樂)은 『시경(詩經)』의 풍아송(風雅頌)을 말한다. 정성(鄭聲)은 정풍(鄭風)을 말한다. 정나라의 민요를 정성(鄭聲)이라고 한 것이다. 풍(風)이란 민요(民謠)를 말한다. 민요는 바람처럼 일어나 백성 사이에 불려지는 노래이다. 그러나 아(雅)는 궁중에서 악기(樂器)와 더불어 연주된 시가무(詩歌舞)이다. 이 아(雅)는 예악(禮樂) 중에서 예(禮)에 중점을 두고 궁중 악사에 의해서 만들어졌다. 정성(鄭聲)의 성(聲)을 음(音)으로 새겨도 된다. 정풍(鄭風)·정음(鄭音)·정성(鄭聲)은 다 같은 말이다.

『예기(禮記)』 제19「악기(樂記)」에서 자하(子夏)는 정성(鄭聲)을 다음과 같이 비판한다. "정음호람음지(鄭音好濫淫志)." 정나라의[鄭] 민요는[音] 깨끗하지 못하고[濫] 음란한[淫] 마음을 불러일으키기[志] 좋아한다[好].

유가(儒家)는 인간의 본능을 멀리하라 한다. 그러나 도가(道家)는 본능을 숨기려 함은 거짓이라고 말한다. 도가라면 정성(鄭聲)을 미워하라고 하지 않았을 것이다. 남녀가 사랑하는 마음을 왜 배격한단 말인가? 비례(非禮)의 단초가 되기 때문이다. 그래서 아악(雅樂)을 어지럽히는 정성(鄭聲)을 미워한다고 했을 터이다. 지금 사람들이 이 말씀을 옳다고 할 리 없을 것이다. 이른바 오늘날 불려지는 모든 가요니 팝송이니 레게니 재즈는 다 음지(淫志)의 노래들이니 말이다. 오히려 사람들은 이제 아악을 멀리하려고 한다. 그러나 인간의 욕정만 충동질하고 마는 노래를 미워하라는 공자의 말씀을 매도할 것은 없다. 흐

느적거리며 광란하는 인간 군상을 보면 아편쟁이 같다는 생각이 든다. 노래가 인간을 그렇게만 만들어서는 안 된다. 아악처럼 사람을 진정시키는 가락도 있어야 한다. 성인이 어찌 미쳐보라고 하겠는가. 앞 16장으로 되돌아가 "금지광야탕(今之狂也蕩)"이란 말씀을 한번 더 새겨보기 바란다. 방탕해서는 안 된다. 누가 이 말씀을 부정할 수 있겠는가?

나라이름 정(鄭), 풍류 성(聲), 어지럽힐 란(亂), 바른 아(雅), 풍류 악(樂)

오리구지복방가자(惡利口之覆邦家者)

▶ **제멋대로 놀려대는[利] 입이[口] 나라와[邦] 가문을[家] 뒤집어 엎어지게 하는[覆] 짓을[者] 미워한다[惡].**

이(利)는 편(便)·탐(貪)과 같다. 제멋대로 편한 대로[便] 탐한다[貪]는 뜻의 이(利)이다. 복(覆)은 전복(顚覆)의 준말로 여기고 새기면 된다.

이구(利口)란 제멋대로 이랬다저랬다 놀려대는 입을 말한다. 그래서 이 이구를 구구(狗口)라고도 한다. 제 주인도 몰라보고 컹컹 짖어대는 개 주둥이[狗口] 같은 사람의 입을 이구라 한다. 간신의 입도 이구라 한다. 이 이구가 세 치 혀를 잘못 놀려 죄 없는 사람의 목숨이 왔다갔다하는 지경이 일어나니 어찌 미워하지 않겠는가. 이구가 내뱉는 말에 솔깃해 놀아나는 인간이라면 무조건 무시해도 되리라. 그런 자와 어울렸다가는 흉하게 험한 꼴만 덮어쓰고 말 것이기 때문이다. 허다한 간신의 이구 탓으로 나라가 뒤집어지고 가문이 망하는 일이 얼마나 많았는가. 어찌 나라에만 그런 일이 있겠는가. 세 치 혓바닥을 제멋대로 놀리다가 망신당하는 인간들이 얼마든지 있다. 그러니 무엇보다 이구를 멀리하라 한다. 재수 없이 이구를 만나거든 조주(趙州)의 화두를 떠올리기 바란다. "합취구구(合取狗口)." 컹컹대는 개 주둥이[狗口] 닥쳐라[合取].

편할 리(利), 입 구(口), 뒤집어엎을 복(覆), 나라 방(邦)

제19장

【문지(聞之)】

천하언재(天何言哉)

【원문(原文)】

子曰 予欲無言하노라
자 왈 여 욕 무 언

子貢曰 子如不言이시면 則小子何述焉이리이꼬
자 공 왈 자 여 불 언 즉 소 자 하 술 언

子曰 天何言哉시리오 四時行焉하며 百物生焉하나니
자 왈 천 하 언 재 사 시 행 언 백 물 생 언

天何言哉시리오
천 하 언 재

【해독(解讀)】

공자께서 말했다[子曰]. "나는 말이 없기를 바란다[予欲無言]."

자공이 여쭈었다[子貢曰]. "스승께서 말해주지 않으면[子如不言] 저희는 어떻게 배워 전하겠습니까[則小子何述焉]?"

공자께서 말했다[子曰]. "하늘이 무어라고 말하는가[天何言哉]? 네 계절이 제대로 행해지고[四時行焉] 만물이 태어나거늘[百物生焉], 하늘이 무어라고 말하는가[天何言哉]?"

【담소(談笑)】
자왈(子曰)
불언(不言)을 말하고 있다. 군자눌언(君子訥言)이라 하지 않는가.

여욕무언(予欲無言)
▶ **나는[予] 말이[言] 없고자 한다[欲無].**

나한테는[予] 말이[言] 없기를[無] 바란다[欲]고 풀이해도 무방하다. 하여튼 말하고 싶지 않다는 뜻이다. 눌언(訥言)하면 불언(不言)으로, 불언(不言)하면 무언(無言)에 이르는 경지를 일깨워 터득하게 한다. 특히 무언의 가르침을 불가(佛家)에서는 맨 앞자리에 둔다. 염화미소(拈華微笑)·이심전심(以心傳心)·불립문자(不立文字) 모두 선(禪)은 곧 무언이라 말한다. 공자께서 이런 경지를 제자들에게 밝히고 있다.

노자(老子)도 무언(無言)을 택한다. 『도덕경(道德經)』 56장에서 "지자불언(知者不言)이요 언자부지(言者不知)"라고 말해두었으니 말이다. 아는 사람은[知者] 말하지 않고[不言] 말하는 사람은[言者] 모른다[不知]. 이 장에서 공자의 말씀은 노자의 말씀을 떠올리게 한다. 성인들은 두루 통하니 다를 바 없다는 생각이 더욱 확실해진다.

공자께서 무언(無言)을 바란다 하자 자공(子貢)이 이렇게 조아렸다. "자여불언(子如不言) 즉소자하술언(則小子何述焉)?" 스승께서[子] 만일[如] 말씀하지 않으신다면[不言] 곧[則] 저희는[小子] 어떻게[何] 스승의 도를[焉] 배워서 전한단 말입니까[述]?

자(子如)의 여(如)는 약(若)과 같다. 만약에 ~을 한다면[如]. 술(述)은 술이부작(述而不作)의 술(述)이다. 본받아 배워 전한다[述]. 술(述)은 온고(溫故)를 뜻하고, 작(作)은 지신(知新)을 뜻한다. 언(焉)은 어시(於是)의 준말도 되는 단사(端辭)이다.

자공의 말을 듣고 공자께서 이렇게 응한다. "천하언재(天何言哉) 사시행언(四時行焉) 백물생언(百物生焉) 천하언재(天何言哉)." 하늘이[天] 무슨[何] 말을 하던가[言]. 네 계절이[四時] 어김없이 행해지고[行] 만물이[百物] 태어나지만[生] 하늘이[天] 무어라고[何] 말하던가[言]?

네 계절은 제대로 운행되고 만물도 저마다 제대로 생겨난다. 이는 다 하늘이 하는 일이지만 하늘은 공치사를 하지 않는다. 하나를 들어 주면 열을 알라는 말씀으로 무언(無言)을 새겨들으면 어떨까 한다. 이런데도 교언영색(巧言令色)을 하겠다고 생각하는가?

나 여(予), 하고자 할 욕(欲), 없을 무(無), 말할 언(言)

제20장

【문지(聞之)】

유비욕견공자(儒悲欲見孔子)

【원문(原文)】

儒悲欲見孔子(유비욕견공자)어늘 孔子辭以疾(공자사이질)하시고 將命者出戶(장명자출호)어늘 取瑟而歌(취슬이가)하사 使之聞之(사지문지)하시다

【해독(解讀)】

유비가 공자를 뵙고자 했으나[儒悲欲見孔子] 공자께서는 몸이 아프다며 거절했다[孔子辭以疾]. 그런데 공자의 말을 전할 사람이 방문을 나서자[將命者出戶], 공자께서는 거문고를 타며 노래를 불러[取瑟而歌] 유비로 하여금 공자의 노래를 듣게 했다[使之聞之].

【담소(談笑)】

자왈(子曰)

호된 방법으로 무엇인가를 가르치고 있다. 아마도 부끄러움을 뼈저리게 깨우치게 하려는 깊은 배려가 있는 듯하다. 뉘우치게 하려는 가르침이라고 할 수 있다.

유비욕견공자(儒悲欲見孔子) 공자사이질(孔子辭以疾)

▶ 유비가[儒悲] 공자를[孔子] 뵙고자 했지만[欲見] 공자께서[孔子] 몸이 아프다며[以疾] 만나기를 사양했다[辭].

견(見)은 시(視)와 같다. 회견(會見)의 준말로 여기고 새기면 된다. 찾아뵙다[見]. 사(辭)는 각(却)과 같아 불수(不受)한다는 뜻이다. 물리쳐 거절하고[却], 받아들이지 않고[不受] 사양한다[辭]. 질(疾)은 질병(疾病)의 준말로 여기고 새기면 된다.

유비(儒悲)는 노(魯)나라 사람으로 애공(哀公)의 신하였으며 공자로부터 상례(喪禮)를 배웠다고 한다. 유비가 공자를 뵈러 왔는데 왜 공자께선 만나주지 않고 시자(侍者)에게 몸이 아파 만나지 못하겠노라고 전하게 했을까? 그 까닭은 나타나 있지 않지만 유비가 해서는 안 될 짓을 범했을 터임이 분명하게 느껴진다. 그렇지 않고선 공자가 찾아온 사람을 박대할 리 있겠는가. 성인은 일 없이 찾아온 사람을 결코 박대하지 않는다. 공자가 유비를 박대한 것도 다 까닭이 있어서 그럴 것이다. 아마도 유비에게 무엇인가를 뼈저리게 가르쳐주려고 그럴 것이다. 그러니 소인배들이 범하는 문전박대라고 생각해선 안 된다.

성 유(儒), 슬플 비(悲), 만나볼 견(見), 사양할 사(辭), 아플 질(疾)

장명자출호(將命者出戶) 취슬이가(取瑟而歌) 사지문지(使之聞之)

▶ **공자의 명령을[命] 이행할[將] 사람이[者] 방문을[戶] 나서자[出], 공자께서 거문고를[瑟] 타면서[取] 노래를 불러[歌] 찾아온 유비로[之] 하여금[使] 공자께서 부르는 노래를[之] 듣게 했다[聞].**

장(將)은 여기서 행(行)·승(承)과 같이 이어[承] 행한다[行]는 뜻이다. 명(命)은 사(使)와 같다. 시킨다[命]. 취(取)는 거(擧)와 같다. 들다[取]. 가(歌)는 동사로 쓰였는데 가지(歌之)의 준말로 여기고 새기면 된다. 사지(使之)에서 사(使)는 지(之)로 하여금 문지(聞之)하게 한다는 뜻이고, 지(之)는 유비(孺悲)를 받는 지시어이다. 문지(聞之)의 지(之)는 공자가 부르는 노래를 받는 지시어이다. 장명자(將命者)는 안내를 맡은 비서로 여기면 된다.

아마 유비는 공자께서 거처하는 방문 밖에 서 있었을 것이다. 몸이 아파서 못 만나겠다고 일러놓고 비서가 나가자마자[出戶] 거문고를 타며 노래를 불러 유비로 하여금 노래를 듣게 했다는 것은, 왜 공자께서 아프지도 않으면서 자기를 만나주지 않는지 유비 스스로 생각해보게 하려는 의도 때문이었으리라. 아마도 유비가 비부(鄙夫)가 하는 짓을 범했던 것은 아닐까 싶다. 하여튼 앞 18장에서 공자께서 미워한다[惡]고 밝혔던 사례(事例)를 고려하여 유비를 문전에서 박대한 까닭을 헤아려도 될 듯하다. 다시 한번 18장으로 돌아가서 미워해도 되는 일들을 살펴둔다면 저마다 인생을 덜 안타깝게 하리라 믿는다.

유비(孺悲)를 문전에서 박대한 대목을 보면 『맹자(孟子)』「고자장구(告子章句)」 제16에서 맹자(孟子)가 한 말이 떠오른다. "교역다술의(敎亦多術矣) 여불설지교회야자(予不屑之敎誨也者) 시역교회지이이의(是亦敎誨之而已矣)." 교육에도[敎] 역시[亦] 방법들이[術] 많다[多]. 내가[予] 마음이 내키지 않는[不屑] 가르침은[敎] 가르쳐 깨우치게 하는[誨] 것이다[者]. 이[是] 역시[亦] 교육으로[敎] 가르쳐 깨우치게 하는 것일[誨] 뿐이다[而已矣].

이처럼 지금 공자는 유비를 회유(誨諭)하고 있지 미워하는 것은 결코 아니다. 가르쳐 일깨워 깨우치게 하는[誨諭] 교육방법을 맹자도 좋아하지 않는다 했듯이, 마지못하거나 어쩔 수 없을 때 가르치는 교육방법으로 공자는 취슬이가(取瑟而歌)를 했던 셈이다. 유비야 공자를 원망하지 말라. 그러면 너 유비는 비부(鄙夫) 중에서도 못난 비부일 테니 말이다. 성인의 가르침에는 반드시 곡절이 있게 마련이다. 소인 중에서 제일 못난 소인을 비부라 한다. 우리 모두 비부는 되지 말아야 한다.

이을 장(將), 명령할 명(命), 날 출(出), 문 호(户), 들 취(取), 노래를 부를 가(歌), 하여금 ~하게 할 사(使), 들을 문(聞)

제21장

【문지(聞之)】

부삼년지상(夫三年之喪) 천하지통상야(天下之通喪也)

【원문(原文)】

宰我問 三年之喪이 期已久矣로소이다 君子三年不爲禮면 禮必壞하고 三年 不爲樂이면 樂必崩하리니 舊穀旣沒하고 新穀旣升하며 鑽燧改火하니 期可已矣로소이다

재아문 삼년지상 기이구의 군자삼년 불위례 예필괴 삼년 불위악 악필붕 구곡기몰 신곡기승 찬수개화 기가이의

子曰 食夫稻하며 衣夫錦하며 於女安乎아 曰 安하
자 왈 식 부 도 의 부 금 어 여 안 호 왈 안

이다 女安則爲之하라 夫君子之居喪에 食旨不甘
여 안 즉 위 지 부 군 자 지 거 상 식 지 불 감

하며 聞樂不樂하며 居處不安이라 故로 不爲也하나
문 악 불 락 거 처 불 안 고 불 위 야

니 今女安 則爲之하라 宰我出어늘
금 여 안 즉 위 지 재 아 출

子曰 予之不仁也여 子生三年然後에 免於父母
자 왈 여 지 불 인 야 자 생 삼 년 연 후 면 어 부 모

之懷하나니 夫三年之喪은 天下之通喪也니 予也
지 회 부 삼 년 지 상 천 하 지 통 상 야 여 야

有三年之愛於其父母乎아
유 삼 년 지 애 어 기 부 모 호

【해독(解讀)】

재아가 여쭈었다[宰我問]. "3년의 상은 그 기간이 너무 깁니다[三年之喪期已久矣]. 군자가 3년 동안이나[君子三年] 예를 행하지 못하면[不爲禮] 예는 반드시 무너지고[禮必壞], 3년 동안이나 악을 행하지 않으면[三年不爲樂] 악도 반드시 무너집니다[樂必崩]. 묵은 곡식은 이미 없어지고[舊穀旣沒] 새 곡식이 이미 나오며[新穀旣升], 구멍을 파 불씨를 얻는 나무를 바꾸어 불씨를 받습니다[鑽燧改火]. 1년이면 족할 것입니다[期可已矣]."

공자께서 타일렀다[子曰]. "쌀밥을 먹고[食夫稻] 비단옷을 입어서[衣夫錦] 네가 편안하더냐[於女安乎]?"

이에 재아가 아뢰었다[曰]. "편했습니다[安]."

"네가 편안했다면 네 뜻대로 해라[女安則爲之]. 무릇 군자가 상을 당하면[夫君子之居喪] 맛있는 음식을 먹어도 달지 않고[食旨不甘], 풍류를 들어도 즐겁지 않으며[聞樂不樂], 사는 일들이 불안하다[居處不

安]. 그래서 한 해로 상을 마치지 않는 것이다[故不爲也]. 그런데 지금 네가 마음이 편안하다면 곧 네 뜻대로 해라[今女安則爲之]."

재아가 나가자[宰我出] 공자께서 말했다[子曰]. "재아는 어질지 못하구나[予之不仁也]. 아이는 태어나 3년이 지난 뒤에야[子生三年然後] 부모의 품안을 벗어난다[免於父母之懷]. 그러니 무릇 3년상이란 천하에 두루 통하는 상례이다[夫三年之喪天下之通喪也]. 재아에게도 부모로부터 받은 3년 동안의 사랑이 있을 게 아닌가[予也有三年之愛於其父母乎]?"

【담소(談笑)】

자왈(子曰)

인생이란 내리받이임을 밝혀주고 있다. 품앗이라고 여기면 공자께서 왜 3년의 상례(喪禮)가 천하에 두루 통하는 예법(禮法)이라고 했는지 알 수 있을 것이다.

삼년지상기이구의(三年之喪期已久矣) 군자삼년불위례(君子三年不爲禮) 예필괴(禮必壞) 삼년불위악(三年不爲樂) 악필붕(樂必崩) 구곡기몰(舊穀旣沒) 신곡기승(新穀旣升) 찬수개화(鑽燧改火) 기가이의(期可已矣)

▸ 3년의[三年] 상은[喪] 그 기간이[期] 이미[已] 깁니다[久]. 군자가[君子] 3년이나[三年] 예를[禮] 행하지 못하면[不爲] 예의가[禮] 반드시[必] 무너지고[壞], 3년이나[三年] 풍류를[樂] 행하지 않으면[不爲] 풍류도[樂] 반드시[必] 무너집니다[崩]. 묵은 곡식은[舊穀] 이미[旣] 없어지고[沒] 햇곡식이[新穀] 이미[旣] 여물어 나오고[升], 구멍을 파[鑽] 불씨 얻는 나무로[燧] 불씨를[火] 새로 바꿉니다[改]. 상례의 기간은[期] 1년이면 충분합니다[可已矣].

상(喪)은 복상(服喪)의 준말로 여기고 새기면 된다. 상복을 입고 산다는 거상(居喪)의 준말로 새겨도 된다. 불위(不爲)의 위(爲)는 여기서 행(行)과 같다. 괴(壞)는 붕(崩)과 같다. 붕괴(崩壞)의 준말로 여기고 새기면 된다. 무너진다[壞]. 몰(沒)은 진(盡)과 같다. 다하다[沒]. 승(升)은 여기서 숙(熟)과 같다. 여물어 익다[升]. 찬(鑽)은 천(穿)과 같다. 구멍을 파내다[鑽]. 수(燧)는 취화어목(取火於木)이라는 말이다. 나무를 문질러 불씨를 얻다[燧]. 개화(改火)는 새 불씨로 바꾼다는 말이다.

공자의 제자인 재아(宰我)가 위와 같이 묻고 자기 나름대로 1년상이 당연함을 아뢰었다. 재아의 이름은 여(予)이다. 이런 말을 듣고 공자는 그러면 안 된다고 말하지 않는다. 성인의 가르침이란 억지스러운 데가 없는 법이다. 말이 강으로 끌어다 달라면 순순히 끌어다줄 뿐, 물이야 먹든 말든 말한테 맡기듯 가르치는 것이 성인의 가르침이다.

공자가 재아에게 다시 이렇게 반문했다. "식부도(食夫稻) 의부금(衣夫錦) 어여안호(於女安乎)?" 무릇[夫] 쌀밥을[稻] 먹고[食] 무릇[夫] 비단옷을[錦] 입어도[衣] 자네는[女] 마음이 편안한가[安乎]? 여(女)는 너 여(汝)와 같다. 이렇게 반문하자 재아가 마음이 편안하다 아뢰었다. 그러자 공자가 이렇게 말해준다. "여안즉위지(女安則爲之)." 네가[女] 마음이 편하다면[安] 곧[則] 1년상으로[之] 해라[爲]. 위지(爲之)의 지(之)는 일년지상(一年之喪)을 받는 지시어이다. 이렇게 말해준 다음 공자는 왜 복상을 3년으로 하는지 그 까닭을 다음과 같이 그냥 가르쳐주기만 한다.

잃을 상(喪), 정할 기(期), 이미 이(已), 오래 구(久), 행할 위(爲), 예도 례(禮), 무너질 괴(壞), 풍류 악(樂), 무너질 붕(崩), 예 구(舊), 곡식 곡(穀), 이미 기(旣), 다할 몰(沒), 새 신(新), 익을 승(升), 뚫을 찬(鑽), 부싯돌 수(燧), 고칠 개(改)

부군자지거상(夫君子之居喪) 식지불감(食旨不甘) 문악불악(聞樂不樂) 거처불안(居處不安) 고불위야(故不爲也) 금여안즉위지(今女安則爲之)

▶ 무릇[夫] 군자가[君子] 상복을 입고 살 때는[居喪] 맛있는 음식을[旨] 먹어도[食] 달지 않고[不甘], 풍류가락을[樂] 들어도[聞] 즐겁지 않으며[不樂], 살기가[居處] 편하지 못하다[不安]. 그래서[故] 1년상을 하지 않는다[不爲]. 그런데[今] 너는[女] 마음이 편하다니[安] 곧[則] 네 뜻대로 1년상으로[之] 해라[爲].

거상(居喪)은 상례(喪禮)를 지킨다는 말이다. 식지(食旨)의 지(旨)는 미(味)·미(美)와 같다. 맛있는 음식[旨]. 문악(聞樂)의 악(樂)은 풍류를 뜻하는 악(樂)이고, 불락(不樂)의 낙(樂)은 열(說)과 같다. 즐거워하다[樂].

군자가 행하지 않는다 해서 예악(禮樂)이 붕괴될 리 없다. 군자가 없어도 예악은 있게 마련이다. 악유천작(樂由天作) 예이지제(禮以地制)라 하지 않는가. 악이란[樂] 하늘로부터[由天] 만들어지고[作], 예란[禮] 땅으로써[以地] 이루어진다[制]. 그러니 군자가 예악을 일구어내는 것이 아니라 천지가 예악을 이루어낸다.

재아(宰我)는 이런 이치를 모르고 스승 앞에서 함부로 입을 놀린 셈이다. 그러나 그러지 말라고 하지 않는 성인을 보라. 억지로 하라 하면 즐겁게 할 리 없음을 성인이 모를 리 없다. 네 마음이 편하다면 네 마음대로 해라 하는 말씀을 재아는 어떻게 새겨들었을까? 그냥 재아가 물러났다[宰我出]고만 돼 있다. 재아가 물러가자 공자가 재아를 나무라면서 3년상의 까닭을 밝힌다.

"여지불인야(予之不仁也) 자생삼년연후(子生三年然後) 면어부모지회(免於父母之懷) 부삼년지상(夫三年之喪) 천하지통상야(天下之通喪也) 여야유삼년지애어기부모호(予也有三年之愛於其父母乎)?" 바로 저 재아는[予之] 어질지 못하구나[不仁]. 자식이[子] 태어나[生] 3년이

지난[三年] 뒤에야[然後] 부모의[父母] 품안을[於懷] 벗어나듯[免], 무릇[夫] 3년[三年] 상이란[喪] 천하에[天下] 두루 통하는[通] 상례이다[喪]. 저 재아에게도[予也] 부모의[父母] 품안에서 받은[於其] 3년간의 사랑이[三年之愛] 있었을 터인데 말이다[有].

여불인(予不仁)이라 않고 여지불인(予之不仁)이라 한 것은 지(之)를 중간에 넣어 여(予)를 강조하기 위해서이다. 여유(予有)라 하지 않고 여야유(予也有)라 하여 야(也)를 삽입한 것 역시 여(予) 재아(宰我)를 강하게 언급하려는 어감(語感) 때문이다.

공자가 제자 재아를 나무라는 심정이 참으로 절절하게 느껴진다. 부모의 품에서 3년 동안 사랑을 받았으니 돌아가신 부모를 향해 3년 동안 예를 다하여 정성을 다하는 일을 두고 귀찮고 힘들게 생각한다면 억지로 그럴 것 없다고 잘라 말하는 성인의 뜻을 잘 살펴보라. 은혜를 더 갚지는 못할망정 덜려고 하지 말라. 인생이란 철저하게 내리받이란 이치를 잊지 말라. 하늘이 무섭지 않느냐는 말을 잊지 말라. 하기야 이제는 재아의 말도 일리가 있다 싶다. 지금 어느 어미가 젖을 먹이며 품에 안아 키운단 말인가. 처녀 적 체형(體形)을 잃을까 소젖 말린 분유(粉乳)를 타서 어린애 입에다 물려놓고 마는 어미들이 절대다수이니 3년상이란 말은 끄집어내기도 어렵게 돼버렸다. 그러니 공자도 이제는 3년상이란 말을 아무리 주창해보았자 메아리칠 리 없음을 알고 있을 듯싶다.

살 거(居), 먹을 식(食), 맛있는 음식 지(旨), 달 감(甘), 풍류 악(樂), 곳 처(處), 그러므로 고(故)

제22장

【문지(聞之)】

불유박혁자호(不有博奕者乎)

【원문(原文)】

子曰 飽食終日하야 無所用心이면 難矣哉라 不有博奕者乎아 爲之猶賢乎已니라
자왈 포식종일 무소용심 난의재 불유 박혁자호 위지유현호이

【해독(解讀)】

자왈[子曰]. "온종일 배불리 먹기만 하고[飽食終日] 마음 쓰는 바가 없다면[無所用心] 정말로 큰 일이다[難矣哉]. 장기라든가 바둑이라는 것도 있지 않은가[不有博奕者乎]? 장기를 두거나 바둑을 두는 것이 안 하는 것보다 더 현명하지 싶다[爲之猶賢乎已]."

【담소(談笑)】

자왈(子曰)

하는 일 없이 밥만 축내지 말라 한다. 기생하지 말라 한다. 공자께서 왜 한사코 호학(好學)하라 하는지 알겠다.

포식종일(飽食終日) 무소용심(無所用心) 난의재(難矣哉)

▶ 하루 내내[終日] 물리도록[飽] 먹기만 하고[食] 마음을[心] 쓸[用] 데가[所] 없다면[無] 참으로 딱한 일이다[難矣哉].

인간이면서 식충(食蟲) 노릇을 해서야 되겠는가. 어느 짐승이든 나름대로 밥값을 다하려고 하지 빈둥거리지 않는다. 날마다 밥이나 축

내며 하는 일 없이 빈둥거린다면 그런 인간은 아무 짝에도 쓸 데 없는 천덕꾸러기가 되고 만다. 『맹자(孟子)』「진심장구(盡心章句)」상(上) 3에서 맹자(孟子)도 이렇게 말했다. "구즉득지(求則得之) 사즉실지(舍則失之)." 구하면[求] 곧[則] 구하는 것을[之] 얻고[得], 내버려두면[舍] 곧[則] 내버린 것을[之] 잃는다[失].

일을 하다 딱한 사람을 만나면 제발 머리 좀 써보라고 말하는 경우가 얼마든지 있다. 머리를 써서 새롭게 살 생각은 접어두고 날마다 먹는 것만 밝히는 인간은 살아 있는 살덩어리에 불과할 뿐이다. 그런 인간이라면 참으로 딱하지 않는가. 난(難)은 간(艱)과 같다. 간난(艱難)의 준말로 여기고 새기면 된다. 간난(艱難) · 곤궁(困窮)은 다 같이 딱하고 막막하다는 말이다.

먹는 것만 밝히고 빈둥거리는 인간이 되지 말라는 바람으로 공자는 이렇게까지 말해준다. "불유박혁자호(不有博奕者乎)? 위지유현호이(爲之猶賢乎已)." 주사위나[博] 바둑이[奕] 있지 않은가[不有乎]? 그런 짓이라도[之] 하는 것이[爲] 아니하는 것보다[乎已] 더 현명한 것[賢] 같다[猶].

호이(乎已)의 호(乎)는 비교를 나타내는 어(於)와 같고, 이(已)는 여기서 지(止)와 같다. 그만두다[已]. 주사위 놀이나 바둑 두기를 그만둔다는 뜻의 이(已)다. 유(猶) B 호(乎) A는 하나의 관용어로 보면 된다. A보다[乎] 더 B 같다[猶]고 새긴다.

공자가 오죽하면 위와 같이 말했겠는가. 참으로 왜 호학(好學)하라 하는지 알 만하다. 하기야 썩어빠진 인간한테 성현(聖賢)을 만나보라 했다간 도리어 망신만 당하게 마련이다. 쇠귀에 경(經) 읽어주기란 속담이 왜 생겼겠는가.

물릴 포(飽), 마칠 종(終), 바 소(所), 쓸 용(用), 딱할 난(難)

제23장

【문지(聞之)】

군자의이위상(君子義以爲上)

【원문(原文)】

子路曰 君子尙勇乎이꼬
자로왈 군자상용호

子曰 君子義以爲上이니 君子有勇而無義이면 爲亂이오 小人有勇而無義면 爲盜니라
자왈 군자의이위상 군자유용이무의 위란 소인유용이무의 위도

【해독(解讀)】

자로가 여쭈었다[子路曰]. "군자는 용기를 숭상합니까[君子尙勇乎]?"

공자께서 말해주었다[子曰]. "군자는 의로움을 으뜸으로 여긴다[君子義以爲上]. 군자에게 용기만 있고 의로움이 없다면[君子有勇而無義] 세상을 어지럽히고[爲亂], 소인한테 용기만 있고 의로움이 없다면[小人有勇而無義] 도둑질을 하게 된다[爲盜]."

【담소(談笑)】

자왈(子曰)

진정한 용기가 무엇인지 밝히고 있다. 정의(正義)를 떠난 용기는 만용(蠻勇)일 뿐임을 밝히고 있다. 「위정(爲政)」 편 24장의 "견의불위(見義不爲) 무용야(無勇也)"란 말씀을 떠올리게 한다.

군자의이위상(君子義以爲上) 군자유용이무의(君子有勇而無義) 위란(爲亂) 소인유용이무의(小人有勇而無義) 위도(爲盜)

▸ 군자는〔君子〕 의로움을〔義以〕 으뜸으로〔上〕 여긴다〔爲〕. 군자에게〔君子〕 용기만〔勇〕 있고〔有〕 의로움이〔義〕 없다면〔無〕 세상을 어지럽히게 되고〔爲亂〕, 소인에게〔小人〕 용기만〔勇〕 있고〔有〕 의로움이〔義〕 없다면〔無〕 도둑질을 하게 된다〔爲盜〕.

위(爲) A 이(以) B는 A를 B로[以] 삼는다[爲], 또는 A를 B로[以] 여긴다[爲]는 뜻의 관용어이다. 의(義)는 여기서 정의(正義)의 준말로 새기면 된다.

「위정(爲政)」 편 24장의 "정의를[義] 보고서도[見] 실천하지 않으면[無爲] 용기란[勇] 없다[無]"는 말씀을 떠올리면 왜 군자의이위상(君子義以爲上)인지 헤아릴 수 있을 것이다. 인의(仁義)를 실천하고 나아가 인능홍도(人能弘道)를 실천함이 곧 의(義)이다. 견리사의(見利思義)하라 하지 않는가. 이로움을[利] 보거든[見] 의로움을[義] 생각하라[思]. 무의(無義)란 곧 사리(私利) · 사욕(私欲) · 사친(私親)을 뜻한다. 그러니 의는 무사(無私)요 무친(無親)이요 무욕(無慾)인 셈이다.

그런 의(義)가 없다면 용기란 없다고 잘라 말하는 공자를 보라. 군자의 용기라도 의가 없다면 저 하나 잘 되자고 세상을 어지럽히고[爲亂], 소인에게 의로움이 없는 용기는 남이야 죽든 말든 저 하나 잘 살면 된다며 도둑질하는 짓[爲盜]일 뿐이라고 단언하는 공자를 보라. 당신은 용맹(勇猛)한가? 그렇다면 당신은 정의(正義)로운가? 이렇게 자문(自問)해보라 한다.

의로울 의(義), 용맹 용(勇), 어지럽힐 란(亂), 도둑질할 도(盜)

제24장

【문지(聞之)】

군자역유오호(君子亦有惡乎)

【원문(原文)】

子貢曰 君子亦有惡乎이꼬
자 공 왈 군 자 역 유 오 호

子曰 有惡하니 惡稱人之惡者하며 惡居下流而訕上者하며 惡勇而無禮者하며 惡果敢而窒者니라
자 왈 유 오 오 칭 인 지 악 자 오 거 하 류 이 산 상 자 오 용 이 무 례 자 오 과 감 이 질 자

曰 賜也 亦有惡乎아
왈 사 야 역 유 오 호

惡徼以爲知者하며 惡不孫以爲勇者하며 惡訐以爲直者하노이다
오 요 이 위 지 자 오 불 손 이 위 용 자 오 알 이 위 직 자

【해독(解讀)】

자공이 여쭈었다[子貢曰]. "군자에게도 역시 미워하는 것이 있습니까[君子亦有惡乎]?"

공자께서 말해주었다[子曰]. "미워하는 것이 있다[有惡]. 남의 잘못을 들추어내는 자를 미워하고[惡稱人之惡者], 아랫사람이 윗사람을 훼방하는 것을 미워하며[惡居下流而訕上者], 용맹스럽되 예가 없는 것을 미워하고[惡勇而無禮者], 과감하면서 꽉 막힌 것을 미워한다[惡果敢而窒者]."

공자께서 말했다[曰]. "자공아[賜也]! 너한테도 역시 미워하는 것이 있느냐[亦有惡乎]?"

"엿보고 아는 척하는 것을 미워하고[惡徼以爲知者], 불손한 것을 용기로 여기는 것을 미워하고[惡不孫以爲勇者], 남의 약점을 폭로하는 것을 정직이라고 여기는 것을 미워합니다[惡訐以爲直者]."

【담소(談笑)】

자왈(子曰)

선(善)을 사랑하고 불선(不善)을 미워하라 한다. 물론 호오(好惡)할 수 있는 사람은 오로지 인자(仁者)뿐임을 잊어서는 안 된다.

유오(有惡) 오칭인지악자(惡稱人之惡者) 오거하류이산상자(惡居下流而訕上者) 오용이무례자(惡勇而無禮者) 오과감이질자(惡果敢而窒者)

▶ 미워하는 것이[惡] 있다[有]. 남의[人] 잘못을[惡] 입에 올리는[稱] 것을[者] 미워하고[惡], 아랫자리에[下流] 있으면서[居] 윗사람을[上] 헐뜯는[訕] 것을[者] 미워하며[惡], 용맹스럽지만[勇] 예가[禮] 없는[無] 것을[者] 미워하고[惡], 과감하지만[果敢] 꽉 막힌[窒] 것을[者] 미워한다[惡].

유오(有惡)의 오(惡)는 증(憎)·치(恥)·욕(辱) 등과 같다. 미워하고[憎] 부끄럽고[恥] 욕되다[辱]는 뜻의 오(惡)이다. 칭(稱)은 지칭(指稱)의 준말로 여기고 새긴다. 들춰내[指] 입에 올리다[稱]. 인지악(人之惡)의 악(惡)은 불선(不善)·불량(不良)·누추(陋醜) 등의 뜻을 지닌 악(惡)이다. 자(者)는 사람으로 해석하지 않고 짓이나 것으로 해석한다. 군자는 사람 자체는 미워하지 않기 때문이다. 거하류(居下流)는 아랫사람이다. 산(訕)은 비(誹)·방(謗)·훼(毁) 등과 같다. 여기서는 산방(訕謗)의 준말로 여기고 새기면 된다. 훼방하며 헐뜯는다[訕]. 질(窒)은 색(塞)과 같다. 질색(窒塞)·질식(窒息)·질애(窒礙) 등의 준말로 여기고 새기면 된다. 숨 막히고[窒息] 가로막혀[窒礙] 꽉 막히다[窒塞].

자공(子貢)이 공자께 "군자역유오호(君子亦有惡乎)"냐고 묻자 공자께서 답해준다. "유오(有惡)." 군자에게도[君子] 역시[亦] 미워하는 것이[惡] 있습니까[有乎]? 군자한테도 미워하는 것들이[惡] 있다[有]. 공자는 이처럼 단언하고, 위와 같이 네 가지를 들어 군자한테도 미워하는 것[惡]들이 있음을 가르쳐준다.

남의 허물이나 치욕을 들추어내 입에 올리는 짓을 군자는 미워한다. 앞에서 이구(利口)를 얼마나 꾸짖었는지 상기하면 될 것이다. 입을 가볍게 놀려대는 인간은 남의 코가 세 치라면 제 코는 석 자나 되는 줄을 모른다. 남의 약점을 노리고 들추어내는 입질을 미워하라.

아랫사람이 윗사람을 헐뜯는 짓은 무능한 자신을 변명하려는 잔머리에 불과하다. 소인이 시샘하면 바로 비부(鄙夫) 꼴이 된다. 윗사람의 뜻을 잘 헤아려 서로 향상(向上)하려고 해야지 자신의 무능함을 감추려고 윗사람의 발목을 잡고 비방한다면 천하에 못난 인간이라 할 만하다.

예(禮)를 떠났거나 예에서 벗어난 용기는 힘자랑에 불과하다. 왜 그렇단 말인가? 공자께서 강조하는 극기복례(克己復禮)를 떠올리면 알 수 있다. 남을 이기려 들지 말고 먼저 내가 나를 이겨내라[克己] 함이 진정한 용기라는 것이다. 그러기 위해서는 예로 돌아가야 한다[復禮]. 남을 앞으로 하고 나를 뒤로 하라. 그러면 예(禮)이다. 나를 낮추고 남을 높여라. 그러면 예(禮)이다. 그러지 않고 힘을 앞세워 남을 제압하려 한다면 그런 힘자랑은 만용이라 할 수 있다. 만용을 부리지 말라. 그러면 수레에 덤볐다가 깔려 죽은 사마귀 꼴이 될 터이다.

과감하되 융통성이 없다면 무례한(無禮漢)이 되기 십상이다. 남의 생각을 밀쳐버리고 독불장군 식으로 저 혼자 옳다며 몰아가려는 사람치고 외곬수 아닌 인간이 없다. 나 아니면 안 된다고 우기는 인간도 바로 그런 부류이다. 그런 인간 하나 때문에 여러 사람들이 골탕을 먹는다. 궁하기만 하고 변할 줄 모르는 인간의 심술이야말로 질(窒)이다. 벽창호 같아 사람을 답답하게 하는 딱한 인간들이 많다. 고집부리지 말라[不固]는 공자의 말씀을 잊지 말라.

미워할 오(吾), 일컬을 칭(稱), 나쁜 짓 악(惡), 있을 거(居), 흐를 류(流), 헐뜯는 산(訕), 용맹할 용(勇), 굳셀 과(果), 감행할 감(敢), 막힐 질(窒)

오요이위지자(惡徼以爲知者) 오불손이위용자(惡不孫以爲勇者) 오알이위직자(惡訐以爲直者)

▶ 남의 말을 엿듣고[徼以] 안다고[知] 여기는[爲] 짓을[者] 미워하고[惡], 불손하면서[不孫以] 용감하다고[勇] 여기는[爲] 짓을[者] 미워하며[惡], 폭로하고서[訐以] 정직이라고[直] 여기는[爲] 짓을[者] 미워한다[惡].

오요이위지자(惡徼以爲知者)의 요이위지자(徼以爲知者)를 위지이요자(爲知以徼者)로 고쳐서 새기면 쉽다. '위(爲)A이(以)B'라는 관용어를 떠올리면 된다. B를 A로 삼는다(여긴다)고 새긴다. 나머지도 다 그렇게 고쳐서 새겨보면 쉽다. 자(者)를 사람으로 새겨도 무방하다. 자공은 공자의 제자이지 자공이 곧 군자인 것은 아니기 때문이다.

공자께서 군자가 미워하는 바를 가르쳐준 다음 자공에게 다정히 반문했다. "사야(賜也)! 역유오호(亦有惡乎)?" 자공아[賜也]! 너한테도 역시[亦] 미워하는 것이[惡] 있겠지[有乎]? 이에 자공이 스승께 위와 같이 아뢴 것이다.

자공은 요(徼)·불손(不孫)·알(訐)을 강조하여 스승께 아뢰었다. 남의 말을 훔쳐 듣고 자기가 아는 양 행세하는 짓이 요(徼)이고, 겸손하지 못하고 자신을 과시하려는 짓이 불손(不孫)이고, 남의 약점을 폭로하고 자기가 이익을 챙기려는 짓이 알(訐)이다. 그러니 자공은 스승 앞에서 소인배를 미워한다고 밝히는 중이다.

제자(자공)의 이런 말을 듣고 스승(공자)이 어떻게 내색했는지는 한마디도 언급되어 있지 않다. 왜 공자는 자공의 말을 듣고 감탄하지 않았을까? 이런 의문을 잘 새겨 짚어보아야 할 것이다. 자공아 좋은 말이다. 말로만 하지 말고 행동으로 옮겨주기 바란다는 스승의 간절한 바람이 숨어 있는 것이 아닌가 싶어 여운으로 남는다.

흠칠 요(徼), 공손할 손(孫), 들추어낼 알(訐)

제25장

【문지(聞之)】

유녀자여소인(唯女子與小人)

【원문(原文)】

子曰 唯女子與小人이 爲難養也니 近之則不孫하고 遠之則怨이니라
(자왈 유녀자여소인 위난양야 근지즉불손 원지즉원)

【해독(解讀)】

공자께서 말해주었다[子曰]. "참으로 여자와 소인은[唯女子與小人] 대하기가 어렵다[爲難養也]. 그들을 가까이해주면 곧 버릇없고[近之則不孫], 멀리하면 곧장 원망한다[遠之則怨]."

【담소(談笑)】

자왈(子曰)

성인께서 혼나실 말씀을 하고 있다. 지금 같은 양성시대에 이런 말씀을 했다가는 공자야 물러가라 하고 머리띠를 맬 터이니 말이다. 그러나 덕 없는 인간을 나무라고 있다고 들어두면 성인의 말씀을 비난할 까닭이란 없다. 우리 모두 소인이니 공자에게 삿대질할 것 없다.

유녀자여소인(唯女子與小人) 위난양야(爲難養也) 근지즉불손(近之則不孫) 원지즉원(遠之則怨)

▶ 참으로[唯] 소인과[與小人] 여인은[女子] 대하기를[養] 어렵게[難] 한다[爲]. 그들을[之] 가까이해주면[近] 곧장[則] 버릇없고[不孫], 그들을[之] 멀리하면[遠] 곧장[則] 원망한다[怨].

유(唯)는 여기서 어감(語感)을 돕는 어조사 구실을 한다. '정말로, 참으로, 유독' 정도의 어감을 드러내 어조를 높인다고 보면 된다. 위(爲)는 여기서 사(使)와 같다. 사(使) A B에서 A로 하여금 B하게 한다는 사(使)와 같은 위(爲)이다. 위난양야(爲難養也)는 위양난야(爲養難也)로 고쳐 새기면 쉽다. 한문은 문맥(文脈)이나 문의(文意)에 따라 새기게 하지 정해진 문법에 따른 어순(語順)을 반드시 지키는 것은 아니다. 한문에는 영어 5형식 문장처럼 동사·목적어·목적보어 식으로 정해진 틀이 없다고 보면 된다. 위난양(爲難養)의 양(養)은 취(取)와 같다고 보면 된다. 대한다[養]. 근지(近之)와 원지(遠之)의 지(之)는 여자여소인(女子與小人)을 받는 지시어이다. 불손(不孫)은 결례(缺禮) 즉 버릇없다는 말이고, 원(怨)은 원망(怨望)의 준말로 여기고 새기면 된다.

남을 탓하기 전에 성찰(省察)하는 사람이라면 이런 말씀을 남의 것으로 돌려도 된다. 내 자신을 날마다 살펴 살라는 것이 신독(愼獨)이 아닌가. 그래서 자명(自明)하라는 것이다. 자신을[自] 밝게 하라[明].

그러자면 먼저 자신을 알아보고자 노력해야 한다. 노자(老子)도 자지자명(自知者明)이라고 했다. 자신을[自] 아는[知] 것이[者] 밝음이다[明]. 그러면 위난양(爲難養)이란 말을 듣지 않을 게 아닌가. 이는 다루기 힘들다는 말이다. 변덕스러운 사람일수록 다루기 힘들다. 소인은 충(忠)을 얕보고 멀리하려 한다. 이는 곧 이랬다저랬다 변덕스럽게 처신한다는 말이다. 그러니 어찌 다루기가 쉽겠는가? 그러니 공자께서 여성을 비하한다고 비난하지 말고 여성에게 변덕스러운 면이 있다고 반성(反省)하는 편이 더 의젓하다는 생각이다. 소인이야 더 말할 것이 없다.

어조사 유(唯), 더불어 여(與), 하여금 위(爲), 어려울 난(難),
취할 양(養), 가까울 근(近), 공손할 손(孫), 멀 원(遠), 원망할 원(怨)

제26장

【문지(聞之)】

연사십이견오언(年四十而見惡焉)

【원문(原文)】

子曰 年四十而見惡焉이면 其終也已니라
자 왈 연 사 십 이 견 오 언 기 종 야 이

【해독(解讀)】

공자께서 말해주었다[子曰]. "마흔이 되어서도 미움을 산다면[年四十而見惡焉] 그 인생은 끝장이다[其終也已]."

【담소(談笑)】

자왈(子曰)

마흔을 왜 불혹(不惑)이라 하는지 그 까닭을 헤아리게 한다. 세상이 좋아할지 싫어할지 분명히 깨우치고 남에게 손가락질받지 말라 한다.

연사십이견오언(年四十而見惡焉) 기종야이(其終也已)

▸ **나이[年] 마흔이 되어서도[四十] 남들로부터 미움을[惡] 받는다면[見] 그런 인생은[其] 끝장일[終] 뿐이다[也已].**

견(見)은 여기서 당(當)과 같다. 당하다[見]. 견오(見惡)는 남들로부터 그리고 세상으로부터 욕먹고 손가락질당한다는 말이다. 기종(其終)의 기(其)는 앞의 내용을 받는다고 보면 된다. 나이 사십에 남에게 미움을 사는 그런 인생[其]. 야이(也已)는 단언해두는 끝말이다.

「위정(爲政)」편 4장을 보면 공자께서 당신의 인생을 밝힌 내용이 나온다. 열다섯에 '지우학(志于學)', 서른에 '입(立)', 마흔에 '불혹(不惑)', 쉰에 '지명(知命)', 예순에 '이순(耳順)' 일흔에 '종심소욕(從心所欲) 불유구(不踰矩)'라 했다. 나이 열다섯에 이미 학문에[于學] 뜻을 두었고[志], 서른에 이미 독립하여[立], 마흔에는 망설이지 않았고[不惑], 쉰에 천명을 알았으며[知命], 예순에 남의 말을 그냥 그대로 들어주게 되었고[耳順], 일흔이 되어서는 마음 내키는 대로 해도[從心所欲] 법도를[矩] 넘어서지 않았다[不踰].

여기서 불혹(不惑)이란 말씀을 잘 들어두어야 한다. 인생 사십이 되도록 사람들로부터 신임받지 못한다면 그런 인생은 쭉정이와 같다. 다시 씨를 심어 열매를 맺을 시간이 없다. 하물며 남들로부터 미운 털까지 박힌다면 볼 장 다본 인생이라 할 수 있다. 마흔 살이나 먹고도 저 사람 못 쓴다는 욕을 먹어서야 되겠는가? 제 정신 차리고 똑똑히 살라 한다. 입으로만 인생에는 재수(再修)가 없다고 말할 것이 아니다. 인생은 단 한 번 주어지는 순간 순간이 아닌가. 그런 순간을 함부로 보내면 인생을 낭비하는 셈이다. 공자가 그렇게는 살지 말라 한다.

당할 견(見), 끝날 종(終)

후편(後篇) 18

미자(微子)

입문 이 편에서 맨 처음 나오는 '미자(微子)'를 따서 편명(篇名)으로 삼았다. 성인(聖人)의 이야기가 많고, 현인(賢人)의 출사(出仕)에 관한 이야기도 많다. 여기 「미자(微子)」 편에서는 '자왈(子曰)'이란 표현이 다른 편에 비해서 자주 나오지 않고 대신 '공자왈(孔子曰)'이 가끔 나오는데, 이는 공자의 말씀을 제3자가 전하는 쪽으로 여기게 하려는 의도 때문인 듯하다.

특히 여러 은자(隱者)들을 통하여 공자의 면모를 알리고 성인의 뜻을 헤아리게 하려는 의도가 두드러진다. 그리고 공자가 긍정했던 사람들에 관한 이야기도 있고, 공자를 비웃는 은자들도 등장한다. 공자는 은자를 존경했지 경원(敬遠)하지 않았음을 잘 보여준다고 여겨도 된다. 그래서 이 편은 유가(儒家)와 도가(道家)가 마주치는 장면이 자주 나온다고 말해도 틀리지 않을 것이다. 『논어(論語)』는 유가의 경서(經書)이지만 유가의 이념(理念)만을 고집하는 범전(範典)이 아님을 보여주는 편(篇)이라고 볼 수 있다.

본래부터 공자의 도(道)가 옹색할 리 없다. 공자는 학즉불고(學則不固)하라 했고, 이 편 8장의 '무가무불가(無可無不可)' 또한 매우 소중한 말씀이라고 생각된다. 가할 것도 없고[無可] 불가할 것도 없다[無不可]. 조선조(朝鮮朝)의 유생(儒生)들이 왜 이 무가무불가(無可無不可)란 말씀을 소중히 여기지 않고 유가를 유일사상(唯一思想)처럼 엮어버렸는지 모를 일이다. 유가의 무가무불가(無可無不可)와 도가의 도추(道樞), 그리고 불가의 무주

(無主)를 살핀다면 이들 삼가(三家)의 생각하기[思之]가 서로 통하고 있음을 알 수 있을 것이다. 신라(新羅) 원효선사(元曉禪師)의 '무파이무불파(無破而無不破)', '무립이무불립(無立而無不立)'의 화쟁(和諍)과 같은 뜻이어서 더욱 더 소중한 말씀이다. 깰 것도 없고[無破] 못 깰 것도 없다[無不破]. 세울 것도 없고[無立] 못 세울 것도 없다[無不立]. 이렇듯 여기 「미자」 편은 이런저런 인간형을 들어 공자가 밝힌 뜻을 살펴보게 하려는 의도가 보이므로 불고(不固) 또는 중용(中庸 · 無可無不可)을 강조하고 있다고 보아도 무방하다. 이 편은 11장(章)으로 이루어져 있다.

제1장

【문지(聞之)】

은유삼인언(殷有三人焉)

【원문(原文)】

微子去之하고 箕子爲之奴하고 比干諫而死하니라
미 자 거 지 기 자 위 지 노 비 간 간 이 사

孔子曰 殷有三仁焉하니라
공 자 왈 은 유 삼 인 언

【해독(解讀)】

미자는 떠났고[微子去之], 기자는 종이 되었으며[箕子爲之奴], 비간은 간하다 죽임을 당했다[比干諫而死].

이를 두고 공자께서 말했다[孔子曰]. "은나라에는 세 사람의 인자가 있다[殷有三仁焉]."

【담소(談笑)】

미자거지(微子去之) 기자위지노(箕子爲之奴) 비간간이사(比干諫而死)

▶ **미자는[微子] 은나라를[之] 떠났고[去], 기자는[箕子] 종이[奴] 되었으며[爲之], 비간은[比干] 간하다가[諫] 찢겨 죽었다[死].**

거지(去之)의 지(之)와 위지(爲之)의 지(之)는 별 의미 없이 어세(語勢)나 어조(語調)를 띄워 어감을 살리는 구실을 한다. ~이 되다[爲之]. 영어의 'become' 처럼 여기면 된다. 간(諫)은 쟁(諍)과 같다. 간(諫)을 직언이오인(直言以悟人)이라 한다. 옳음과 그름을 곧게 가려줌으로써[直言以 또는 以直言] 미처 몰랐던 사람을[人] 깨우쳐주려고 함[悟]이 간(諫)이다. 그러니 간(諫)은 직언(直言)과 같다고 여기면 된다. 바른 대로 말하다[諫].

미자(微子)의 미(微)는 나라 이름이고, 자(子)는 높은 신분이란 뜻의 작(爵)과 같은 말이다. 미자의 이름은 계(啓)이고, 은(殷)나라 마지막 왕인 무도(無道)한 폭군 주왕(紂王)의 서형(庶兄)이다. 기자(箕子)의 기(箕)는 나라 이름이고, 자(子)는 작(爵)과 같은 말이다. 기자의 이름은 서여(胥餘)이고, 주왕의 백부(伯父)이다. 비간(比干)은 주왕의 숙부(叔父)이다.

은나라는 B. C. 1100년경 무도한 횡포(橫暴)를 자행했던 주왕 때문에 주(周)나라에 의해 멸망당했다. 공자가 태어나기 600여 년 전의 일이었다. 주왕은 폭군의 대명사처럼 알려져 있다. 미자가 주왕에게 폭군 노릇을 그만두라고 간했지만, 말을 들어주지 않자 사직(社稷)의 제기(祭器)를 챙겨 미(微)나라로 가서 은나라의 종사(宗祀)를 지켰다. 기자도 주왕에게 음란(淫亂)한 짓을 그만두라고 간했지만, 듣지 않자 미친 사람인 척하고 종복(從僕)들 틈에 끼여 살다가 잡혀 옥살이를 했다. 비간 역시 주왕에게 무도한 횡포를 그만두라고 간했는데, 그만 주왕이 분노하여 비간의 가슴을 찢어 심장을 도려내 강물에 던져 고기밥이 되게 했다 한다. 이렇듯 미자는 은나라를 떠났고, 비간은 육시(戮屍)를 당했으며, 기자는 감옥살이를 했다.

무도한 주왕을 주나라 무왕(武王)이 멸망시키고 자신의 아들 무경(武庚)을 봉하여 나라 이름을 은(殷)에서 상(商)으로 바꾸었다. 또한 주나라 무왕은 기자를 모셔와 치세(治世)의 방책(方策)을 물었고 이에 기자가 홍범구주(洪範九疇)를 말해주었다는 고사(故事)가 『서경(書經)』「주서(周書)」 6장에 자세하게 기록되어 있다. 중국 역사는 이 기자를 조선 땅에 봉했다고 하여 기자조선(箕子朝鮮)이란 말을 생기게 했다. 물론 우리는 이 말을 받아들이지 않는다.

폭군(暴君)에게 성군(聖君)이 되라고 간했던 미자 · 기자 · 비간 이

세 분은 공자의 입장에서 본다면 안백성(安百姓)의 길을 트려고 몸을 던졌던 인자(仁者)들이다. 안백성(安百姓)의 길을 넓히고 트는 분을 인자라 부른다. 공자가 인능홍도(人能弘道)하라 한 것은 안백성(安百姓)의 길을 넓히라 함이요 애인(愛人)하라 함이다. 애인(愛人)·친민(親民)·안백성(安百姓)은 다 같은 말씀이 아닌가. 세 사람의 행동은 달랐지만 인도(仁道)를 넓히려는 뜻은 모두 인(仁)으로 모아진다. 그래서 공자가 이렇게 말한 것이다. "은유삼인언(殷有三仁焉)." 은나라에는[殷] 세 분의[三] 인자가[仁] 있다[有]. 여기서 인(仁)은 인자(仁者)의 준말로 여기고 새기면 된다. 언(焉)은 단언하는 끝말인 단사(端辭)이다.

작을 미(微), 갈 거(去), 키 기(箕), 종 노(奴), 견줄 비(比), 방패 간(干), 간할 간, (諫), 죽을 사(死)

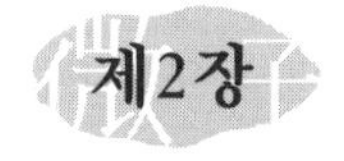

제2장

【문지(聞之)】

유하혜위사사(柳下惠爲士師) 삼출(三黜)

【원문(原文)】

柳下惠爲士師하야 三黜이어늘 人曰 子未可以去乎아
유하혜위사사 삼출 인왈 자미가이거호

曰 直道而事人이면 焉往而不三黜이며 枉道而事
왈 직도이사인 언왕이불삼출 왕도이사

人이면 何必去父母之邦이리오
인　하필거부모지방

【해독(解讀)】

유하혜가 사사를 지냈는데[柳下惠爲士師] 세 번이나 그 자리에서 쫓겨났다[三黜]. 이를 두고 어떤 사람이 말했다[人曰]. "당신은 아직도 노나라를 떠나지 않는가[子未可以去乎]?"

이에 유하혜가 말해주었다[曰]. "도를 곧게 지키고 백성을 다스린다면[直道而事人] 어디를 간다 해서 세 번이나 쫓겨나지 않겠는가[焉往而不三黜]? 그렇지 않고 도를 굽히고 백성을 다스린다면[枉道而事人] 부모님의 나라를 떠날 필요가 있겠는가[何必去父母之邦]?"

【담소(談笑)】

직도이사인(直道而事人) 언왕이불삼출(焉往而不三黜) 왕도이사인(枉道而事人) 하필거부모지방(何必去父母之邦)

▶ **도를[道] 곧게 지키면서[直] 백성을[人] 다스리려 한다면[事] 어찌[焉] 어디로 간다 해서[往] 세 번[三] 쫓겨나지 않겠는가[黜]. 도를[道] 굽히면서[枉] 백성을[人] 다스릴 바에야[事] 반드시[必] 왜[何] 부모님의[父母] 나라를[邦] 떠나야 하는가[去]?**

사인(事人)의 사(事)는 봉(奉)·치(治)와 같다. 받들어 다스린다[事]. 인(人)을 백성이라고 새기면 된다. 왕(往)은 거(去)와 같다. 가버리다[往]. 출(黜)은 척(斥)·퇴(退)와 같다. 내치다[黜]. 왕(枉)은 곡(曲)과 같다. 굽히다[枉].

유하혜(柳下惠)는 노(魯)나라 사람으로 세 번에 걸쳐 사사(士師)의 지위에 올랐다. 이름은 전금(展禽)이다. 사사는 오늘날로 치면 검사장(檢查長)에 해당하는 벼슬이다. 그런데 그 자리에서 세 번이나 쫓겨났다고 한다. 썩은 것들 사이에 싱싱한 것이 하나 섞여 있으면 그 싱싱한 것은 같이 썩거나 아니면 쫓겨나야 한다. 공자는 「위령공(衛靈公)」 편 13장에서 유하혜를 현명한 사람이라고 칭찬한 바 있다. 현명한 사람은 정직하기를 잊지도 않고 버리지도 않는다. 그런 유하혜가 세 번에 걸쳐 쫓겨나자 어떤 사람이 입질을 했던 모양이다. "자미가이거호(子未可以去乎)?" 당신은[子] 세 번이나 쫓겨나고도[以] 아직도[未] 떠나지 않는가[可去乎]? 그러자 유하혜가 위와 같이 맞받아주었다고 한다.

유하혜의 말을 잘 새겨보라. 그러면 사람 사는 세상이 어딘들 다르겠느냐는 말이 메아리쳐 올 것이다. 정도(正道)가 살아 있는 세상이라면 어디든 화평할 것이다. 그러나 그런 세상은 말로만 있지 실제로는 없다는 것을 누구든 다 안다. 그래서 유하혜가 입질하는 어떤 이에게 노나라만 썩은 나라라고 여기지 말라 대답한 것이다. 다른 나라도 썩기는 마찬가지란 말이다. 그러니 어디 간들 직도(直道)하여 안백성(安百姓)할 나라가 있겠는가. 어디에 가도 직도(直道)로써 사인(事人)하려고 하면 왕도(枉道)에 의해서 쫓겨나게 마련임을 내비치고 있다.

이 왕도(枉道)를 곡도(曲道)라고 말해두고 싶다. 인도(仁道)를 버리고 패도(覇道)로 나서는 것을 왕도(枉道)라고 새기면 된다. 힘을 앞세워 백성을 못 살게 군림하는 무리들이야말로 왕도(枉道)의 무리들이다. 왕도(王道)를 바라지만 바라는 대로 될 리 없음을 알고 '왕도이사인(枉道而事人)' 하겠다는 유하혜를 보라. 인도(仁道)를 속여먹는 왕도(枉道)를 백성이 범하는 것은 아니라 한다. 권세를 누리는 무리들이 왕도(枉道)를 범할 뿐이니 죄 없는 백성을 두고 어디로 간단 말이냐고 반문하는 유하혜를 보라. 권세의 무리들이 썩은 줄 알지만 백성을 두고 나는 타국으로 갈 수 없다는 심회(心懷)를 "하필거부모지방(何必去父母之邦)"이란 말로 드러낸 것이 아닌가. 유하혜는 백성을 사랑한 현자(賢者)였다 하겠다.

곧게 지킬 직(直), 다스릴 사(事), 어찌 언(焉), 갈 왕(往), 내칠 출(黜), 굽을 왕(枉), 어찌 하(何), 반드시 필(必), 나라 방(邦)

【문지(聞之)】

제경공대공자(齊景公待孔子)

【원문(原文)】

齊景公이 待孔子曰 若季氏 則吾不能이어니라 以季孟之間으로 待之호리라
(제경공 대공자왈 약계씨 즉오불능 이 계맹지간 대지)

曰 吾老矣라 不能用라 한대 孔子行하시다
(왈 오로의 불능용 공자행)

【해독(解讀)】

제나라 경공이 공자를 대우하는 일로 말했다[齊景公待孔子曰]. "계씨같이 대우해 달라면 나는 그렇게 할 수 없다[若季氏則吾不能]. 계씨와 맹씨의 중간으로 대우하겠다[以季孟之間待之]."

이어 경공이 말했다[曰]. "나는 늙어버렸다[吾老矣]. 공자를 등용해 크게 쓸 수 없다[不能用]." 공자께서 제나라를 떠났다[孔子行].

【담소(談笑)】

제경공대공자왈(齊景公待孔子曰) 약계씨즉오불능(若季氏則吾不能) 이계맹지간대지(以季孟之間待之)

▶ 제나라[齊] 경공이[景公] 공자에 대한[孔子] 대우를 두고[待] 말했다[曰]. "노(魯)나라 계씨[季氏]같이[若] 대우하라면 곧[則] 나는[吾] 그렇게 할 수 없다[不能]. 계씨와[季] 맹씨의[孟] 중간[間]으로[以] 그대를[之] 대우하겠다[待]."

대(待)는 대우(待遇)의 준말로 여기고 새긴다. 약계씨(若季氏)는 뒤에 대공자(待孔子)가 있다고 여기고 새긴다. 약(若)은 여(如)와 같다. 같다[若]. 오불능(吾不能)은 뒤에 대공자(待孔子)가 생략됐다고 본다. 간(間)은 여기서 중간(中間)의 준말로 여기고 새긴다. 대지(待之)의 지(之)는 공자(孔子)를 가리키는 지시어이다.

공자가 노(魯)나라의 내분을 피해 제(齊)나라로 갔던 때가 나이 서른이었다고 한다. 이미 삼십대에 학문(學文)으로써 독립했으니 치세(治世)의 뜻을 드높일 수 있었다. 그러나 막상 제나라로 와 경공을 만났더니 처음에는 공자를 위와 같이 대우하겠노라고 말하고는 뒤이어 이렇게 말했다 한다. "오로의(吾老矣) 불능용(不能用)." 나는[吾] 늙어버렸다[老]. 공자 같은 큰 정치가를 등용해 쓸[用] 수 없다[不能]. 그때 경공의 나이가 예순이었다 한다. 경공의 뜻을 알고 공자는 제나라를 떠났다. 공자가 안백성(安百姓)의 뜻을 펴려던 첫 번째 시도가 좌절되었던 셈이다. 그렇지만 인능홍도(人能弘道)의 뜻을 저버리지 않고 일생을 일이관지(一以貫之)로 살았으니 공자가 절망했다고 할 것은 없다. 성인은 절망하지 않는다.

나라 이름 제(齊), 볕 경(景), 대우할 대(待), 같을 약(若), 막내 계(季), 맏 맹(孟), 사이 간(間)

제4장

【문지(聞之)】

제인귀녀악(齊人歸女樂)

【원문(原文)】

齊人歸女樂이어늘 季桓子受之하고 三日不朝한대
제 인 귀 녀 악 계 환 자 수 지 삼 일 부 조
孔子行하시다
공 자 행

【해독(解讀)】

제나라 사람이 미녀와 풍류를 보내왔다[齊人歸女樂]. 노나라 대부 계환자가 받고서[季桓子受之] 사흘 동안이나 조례를 하지 않았다[三日不朝]. 공자께서는 벼슬을 버리고 노나라를 떠났다[孔子行].

【담소(談笑)】

제인귀녀악(齊人歸女樂) 계환자수지(季桓子受之) 삼일부조(三日不朝)

▶ 제나라 사람이[齊人] 미녀와[女] 풍류를[樂] 선사했다[歸]. 노(魯)나라 대부 계환자가[季桓子] 그 선물을[之] 받고 나서[受] 사흘 동안이나[三日] 조례(朝禮)를 열지 않았다[不朝].

귀(歸)는 궤(饋)와 같다. 물건을 보내다[歸]. 여악(女樂)은 미녀(美女)와 풍류(風流)를 말한다. 수지(受之)의 지(之)는 여악(女樂)을 받는 지시어이다. 조(朝)는 조례(朝禮)의 준말로 여기고 새기면 된다. 조례는 정사(政事)를 돌본다는 뜻이다. 요샛말로 하면 등청(登廳)해서 정책(政策)을 수행한다는 말이다.

이 고사(故事)는『사기(史記)』「공자세가(孔子世家)」에 자세히 나와 있다. 정공(定公) 14년 공자 나이 56세 때 대사구(大司寇)로 있을 때의 일이다. 대사구는 검찰총장에 해당하는 벼슬이다. 공자가 재상(宰相)의 일을 맡아보아 노나라가 융성해졌다. 그러자 겁을 낸 제(齊)나라가 노(魯)나라의 내정을 문란(紊亂)하게 만들 속셈으로 가장 권세를 부렸던 계환자(季桓子)에게 미녀 80명을 보내 강락무(康樂舞)를 추게 하여 주색에 놀아나게 했다는 것이다. 백성을 위한 정사(政事)는 내팽개친 채 유흥에 놀아나는 꼴을 보고 공자가 벼슬을 그만두고 노나라를 뜨고 말았으니 제나라의 공작이 맞아떨어진 셈이다. 언제나 왕도(枉道)가 정도(正道)를 밀어내는 세상이려니 싶다.

선사할 귀(歸), 풍류 악(樂), 푯말 환(桓), 받을 수(受), 조례 조(朝)

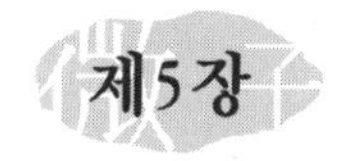

제5장

【문지(聞之)】

초광접여가이과공자(楚狂接輿歌而過孔子)

【원문(原文)】

楚狂接輿 歌而過孔子 曰 鳳兮 鳳兮여 何德之
초광접여 가이과공자 왈 봉혜 봉혜 하덕지

衰오 往者는 不可諫어니와 來者는 猶可追니 已而
쇠 왕자 불가간 내자 유가추 이이

已어다 今之從政者殆而니라
이 금지종정자태이

孔子下하사 欲與之言이시러니 趨而辟之하니 不得與
공자하 욕여지언 추이피지 부득여

之言하시다
지 언

【해독(解讀)】

미친 척하고 사는 초나라 접여가 노래 부르며 공자를 지나면서[楚狂接輿歌而過孔子] 말을 걸었다[曰]. "봉황새여[鳳兮] 봉황새여[鳳兮] 네 덕이 엄청 쇠했구나[何德之衰]! 지난 일을 탓하지 말아라[往者不可諫]. 앞일을 좇을 수 있으려니[來者猶可追]. 제발 그만두어라[已而已]. 지금 정치하는 자는 위태롭기만 하니 말이야[今之從政者殆而]!"

공자께서 수레에서 내려[孔子下] 접여와 말을 나누고자 했지만[欲與之言], 종종걸음으로 공자를 피하고 말아[趨而辟之] 접여와 함께 말을 나누지 못했다[不得與之言].

【담소(談笑)】

봉혜(鳳兮) 봉혜(鳳兮) 하덕지쇠(何德之衰) 왕자불가간(往者不可諫) 내자유가추(來者猶可追) 이이이(已而已) 금지종정자태이(今之從政者殆而)

▶ 봉황새야[鳳兮] 봉황새야[鳳兮] 네 덕이[德] 심히[何] 쇠하였구나[衰]! 지나간[往] 것을[者] 다툴[諫] 수 없지[不可]. 다가올[來] 것을[者] 좇을[追] 수는 있을 거야[猶可]. 그만두지[已] 그만둬[已]. 지금[今之] 정치를[政] 따라한다는[從] 것은[者] 위태롭다네[殆而]!

봉(鳳)은 봉황(鳳凰)이란 새를 말한다. 여기서는 공자(孔子)를 비유한다고 볼 수 있다. 쇠(衰)는 약(弱)과 같다. 쇠약(衰弱)의 준말로 여기고 새기면 된다. 약해지다[衰]. 왕(往)은 거(去)와 같다. 지난 일[往者]. 내자(來者)는 다가올 일이다. 간(諫)은 쟁(諍)과 같다. 직언하여 알리다[諫]. 추(追)는 여기서 축(逐)과 같다. 뜻한 바를 좇다[追]. 추구(追求)의 준말로 여기고 새기면 된다. 이(已)는 지(止)와 같다. 그만두다[已]. 종정(從政)은 정치 참여를 말한다. 태(殆)는 위(危)와 같다. 위태롭다[殆].

이 고사(故事)는 『사기(史記)』「공자세가(孔子世家)」에도 언급되어 있다. 공자 나이 63세 때 초(楚)나라 소왕(昭王)이 공자를 등용하고자 했으나 영윤(令尹) 자서(子西)의 반대로 이루어지지 못하고 소왕이 죽었다 한다. 그래서 금지종정자태이(今之從政者殆而)의 종정자(從政者)를 그 소왕이라고 보는 것이 일반적이다. 그러나 종정자(從政者)를 꼭 그렇게 소공 한 사람으로 못박아 말할 것은 아니다. 무도(無道)한 난세(亂世)에 정치하자면 잘하면 잘한 대로 위태롭고, 못하면 못한 대로 다 위태롭다. 난세에 인도(仁道)를 넓히려고 했던 공자를 포함시켜 종정자(從政者)를 넓게 새겨도 안 될 것은 없다. 그래서 여기서는 넓게 해석했다.

공자가 초나라에 갔을 때 접여(接輿)라는 은자(隱者)가 위와 같은 노래를 부르면서 공자를 지나쳤다 한다. "초광접여가이과공자(楚狂接輿歌而過孔子)." 초나라에서[楚] 미친 척하고 살았던[狂] 접여가[接輿] 노래를 부르면서[歌] 공자를[孔子] 지나쳤다[過]. 그래서 '공자하(孔子下) 욕여지언(欲與之言) 추이피지(趨而辟之) 부득여지언(不得與之言)' 했다는 것이다. 공자가[孔子] 수레에서 내려[下] 접여와[之] 함께[與] 말을 나누고 싶었지만[欲言], 성큼성큼 걸어 달아나서[趨] 공자를[之] 피해버리는 바람에[辟] 접여와[之] 더불어[與] 말을[言] 나누지 못했다[不得].

추(趨)는 성큼성큼 달린다는 뜻이고, 피(辟)는 피(避)와 같다. 피해버리다[辟]. 여(與)는 함께한다는 뜻이다. 접여(接輿)의 성씨는 육(陸), 이름은 통(通)이고, 접여(接輿)는 자(字)이다. 권력의 무도함을 질타하면서 광인(狂人)처럼 행세하며 살았던 까닭에 광접여(狂接輿)

라고 불리게 된 은자(隱者)이다. 광접여는 『장자(莊子)』「인간세(人間世)」 편에도 나온다. 물론 접여가 불렀다는 노래 가사는 여기에 실린 것과 많이 다르다. 물론 공자를 낮추어 보려 했던 도가(道家)의 의도가 끼어들었기 때문일 것이다. 『장자』「인간세」 편에 나오는 광접여의 노래가 더 유명하고 절절하다.

"봉혜봉혜(鳳兮鳳兮) 하여덕지쇠야(何如德之衰也) 내세불가대(來世不可待) 왕세불가추야(往世不可追也) 천하유도(天下有道) 성인성언(聖人成焉) 천하무도(天下無道) 성인생언(聖人生焉) 방금지시(方今之時) 근면형언(僅免刑焉) 복경호우(福輕乎羽) 막지지재(莫之知載) 화중호지(禍重乎地) 막지지피(莫之知避) 이호이호(已乎已乎) 임인이덕(臨人以德) 태호태호(殆乎殆乎) 화지이추(畵地而趨) 미양미양(迷陽迷陽) 무상오행(無傷吾行) 오행각곡(吾行卻曲) 무상오족(無傷吾足)."

봉황새야[鳳兮] 봉황새야[鳳兮], 어찌하여[何] 네[如] 덕이[德] 쇠하였느냐[衰]? 다가올[來] 세상을[世] 기다릴 수 없고[不可待], 지나간[往] 세상을[世] 좇을 수 없다네[不可追]. 세상에[天下] 도가[道] 있다면[有] 성인이[聖人] 일을 성사시키겠지만[成], 세상에[天下] 도가[道] 없다면[無] 성인은[聖人] 숨어산다네[生]. 바로 지금[方今] 시류에선[時] 겨우겨우[僅] 형벌이나[刑] 면하면 고작일세[免]. 행복은[福] 깃털[羽]보다도 더[乎] 가벼우나[輕] 그 행복을[之] 담아 실을 줄[載] 모르고[莫知], 불행은[禍] 땅[地]보다도 더[乎] 무거우나[重] 그 불행을[之] 피할 줄[避] 모른다네[莫知]. 그만두게[已乎] 그만두게[已乎]. 덕으로[以德] 사람을[人] 임한다니[臨] 위태롭네[殆乎] 위태로워[殆乎]. 땅에다[地] 멋대로 금을 그어놓고[畵] 종종걸음으로 달리는 꼴일세[趨]. 가시나무야[迷陽] 가시나무야[迷陽], 내[吾] 가는 길을[行] 상처내지 말게나[無傷]. 내[吾] 갈 길은[行] 좁고 좁아[卻] 꼬불꼬불하다네[曲]. 내[吾] 발에[足] 상처내지 말게나[無傷].

복경호우(福輕乎羽) 막지지재(莫之知載) 화중호지(禍重乎地) 막지지피(莫之知避)란 대목과 화지이추(畵地而趨)란 대목은 자주 입에 오르내리는 유명한 구절이다. 미양(迷陽)은 온통 험한 가시가 돋쳐 가까이하면 찔리고 마는 나무의 이름이다. 광접여가 지금 공자를 미양(迷陽)이란 가시나무에 비유해 꼬집고 있다. 공자는 미래를 확신하고 긍정하는 적극적인 성인이다. 그런데 은자로 사는 접여가 내세불가대(來世不可待)라며 공자에게 미래에 대해 떠들지 말라 한다. 사람이 인도(仁道)를 넓힐 수 있다[人能弘道]는 공자의 뜻을 비꼬는 중이다. 화지이추(畵地而趨). 땅바닥에[地] 제멋대로 금을 그어놓고[畵] 종종걸음으로 달리는[趨] 꼴이라며 광접여가 『장자(莊子)』에서 공자를 비웃고 있다. 그러니 『논어(論語)』에 나오는 광접여의 노래와 『장자』에 나오는 그것을 서로 견주어 들어보면 유가(儒家)와 도가(道家)가 세상을 보는 관점이 어떻게 다른지 헤아릴 수 있다. 그러나 접여(接輿)여! 공자를 비웃지 말라. 똥이 무서워 피하느냐고 말하지 말라. 똥이 더러운 줄 안다면 삽이나 가래를 들고 나와 치워야 하는 까닭이다. 공자는 서슴없이 삽과 가래를 들고 난세를 마주하는 성인이 아닌가. 그러니 은자(隱者)들이여! 공자를 비웃지 말라. 자애(自愛)하는 은자보다 애인(愛人)하는 성인이 크고도 크다.

새 봉(鳳), 쇠할 쇠(衰), 지날 왕(往), 간할 간(諫), 앞으로 래(來), 같을 유(猶), 쫓을 추(追), 그칠 이(已), 이제 금(今), 따를 종(從), 정사 정(政), 위태로울 태(殆)

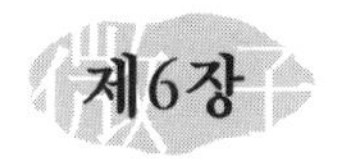

제6장

【문지(聞之)】

장저걸익우이경(長沮桀溺耦而耕)

【원문(原文)】

長沮桀溺耦而耕이어늘 孔子過之하실새 使子路問
장저걸익우이경 공자과지 사자로문
津焉하신대
진언
長沮曰 夫執輿者爲誰오는 子路曰 爲孔丘시니라
장저왈 부집여자위수 자로왈 위공구
曰 是 魯孔丘與아 曰 是也시니라 曰 是 知津矣니라
왈 시 노공구여 왈 시야 왈 시 지진의
問於桀溺한대 桀溺曰 子爲誰오 曰 爲仲由로라
문어걸익 걸익왈 자위수 왈 위중유
曰 是 魯孔丘之徒與아 對曰 然하다
왈 시 노공구지도여 대왈 연
曰 滔滔者天下皆是也니 而誰以易之리오 且而
왈 도도자천하개시야 이수이역지 차이
與其從辟人之士也은 豈若從辟世之士哉리요 하고
여기종피인지사야 개약종피세지사재
耰而不輟하더라
우이불철
子路行以告한대 夫子憮然曰 鳥獸 不可與同群이니
자로행이고 부자무연왈 조수 불가여동군
吾非斯人之徒與요 而誰與리오 天下有道면 丘不
오비사인지도여 이수여 천하유도 구불
與易也니라
여역야

【해독(解讀)】

장저와 걸익이 나란히 짝을 지어 밭을 가는데[長沮桀溺耦而耕], 공자가 그들을 지나가다가[孔子過之] 자로를 시켜 강을 건널 나루터를 물어보게 했다[使子路問津焉].

장저가 말했다[長沮曰]. “저 고삐를 잡고 있는 자가 누구요[夫執輿者爲誰]?”

이에 자로가 말해주었다[子路曰]. "공구이시오[爲孔丘]."

장저가 말했다[曰]. "바로 저 사람이 노나라 공구란 말이오[是魯孔丘與]?"

자로가 말했다[曰]. "그렇소[是也]."

장저가 말했다[曰]. "이 사람이 나루터를 알 것이오[是知津矣]." 그래서 걸익에게 나루터를 물었다[問於桀溺].

걸익이 말했다[桀溺曰]. "당신은 누구시오[子爲誰]?"

자로가 말했다[曰]. "중유라 하오[爲仲由]."

걸익이 말했다[曰]. "당신이 노나라 공구와 한패란 말이오[是魯孔丘之徒與]?"

이에 자로가 대꾸해주었다[對曰]. "그렇소[然]."

걸익이 말했다[曰]. "세상 모든 것이 온통 도도히 넘치는 물길이오[滔滔者天下皆是也]. 그런데 어느 누가 이를 바꾸겠소[而誰以易之]? 그러니 사람을 피해서 이 나라 저 나라 떠도는 공구를 따라다니느니[且而與其從辟人之士也] 차라리 당신도 세상을 피해 사는 선비와 함께하면 어떻겠소[豈若從辟世之士哉]?" 걸익은 써레질을 계속할 뿐이었다[耰而不輟].

자로가 돌아와 고하자[子路行以告] 공자께서 한탄하며 말했다[夫子憮然曰]. "새와 짐승과 더불어 함께 같이 살 수는 없다[鳥獸不可與同群]. 내가 세상 사람들과 더불어 살지 않고[吾非斯人之徒與] 누구와 더불어 살겠는가[而誰與]? 천하에 도가 있다면[天下有道] 내가 세상을 고쳐보려고 하겠는가[丘不與易也]?"

【담소(談笑)】

장저걸익우이경(長沮桀溺耦而耕) 공자과지(孔子過之) 사자로문진언(使子路問津焉)

▶ 장저와[長沮] 걸익이[桀溺] 한 짝이 되어 같이 쟁기를 끌어[耦] 발

을 갈았다[耕]. 공자가[孔子] 그들을[之] 지나치면서[過] 자로로[子路] 하여금[使] 그들에게[焉] 물을 건널 나루를[津] 물어보게 했다[問].

우(耦)는 배(配)·뇌(耒)를 하나로 묶은 말이다. 소 두 마리가 한 짝이 되어 끄는 쟁기를 우(耦)라 한다. 문진언(問津焉)의 언(焉)은 어시(於是)의 준말로 여기면 된다. 물론 어시(於是)의 시(是)는 장저(長沮)와 걸익(桀溺)을 가리킨다.

여기의 장면 묘사는 그냥 우연한 만남을 나타내는 게 아니라 의미하는 바가 크다. 소나 말 대신에 장저와 걸익이 한 짝이 되어 밭을 갈고 있었다는 것부터 은유적이다. 이를 도가적(道家的)이라고 보아도 되리라. 유가(儒家)는 인수지변(人獸之辨)의 입장이지만 도가(道家)는 인수지일(人獸之一)의 입장이기 때문이다. 소나 말이 하는 일을 장저와 걸익이 하고 있었다, 그 곳을 공자가 지나갔고, 또한 자로(子路)를 시켜 그들에게 물길을 건너갈 나루[津]를 물어오라고 했다는 것을 잘 생각해야 한다. 이들은 그냥 우연히 마주친 것이 아니다. 즉 이 장면은 우연한 장면이 아니라는 말이다. 의미 없이 제시된 광경이 아니라 숨은 뜻을 헤아려보도록 구성된 장면이라고 생각해도 된다는 말이다. 왜 소나 말이 할 일을 장저와 걸익이 하고 있으며, 또한 그 둘에게 물을 건너갈 나루를 물어오라고 설정해놓았단 말인가. 장저와 걸익이란 은자(隱者)의 이름이 심상찮고, 거기다 진(津)을 물어보라는 공자의 부탁도 심상찮다. 『주역(周易)』의 경문(經文)을 보면 섭대천(涉大川)이란 말이 자주 나온다. 큰 물길을[大川] 건넌다[涉]. 잘못하면 깊은 물에 익사(溺死)할 수도 있으니 위험하지만 건너지 않을 수 없는 큰 일을 앞두었을 때를 섭대천(涉大川)이라 한다. 여기 문진(問津)의 진(津)이 그런 뜻을 헤아려보게 한다.

장저(長沮)의 저(沮)는 지(止)·거(拒)·여(洳) 등을 생각하게 하는 자(字)이다. 갈 길을 그치게 하고[止], 갈 길을 가로막고[拒], 물이 번져 있다[洳]. 그러니 장저(長沮)를 무섭게 넘실대는 큰 물길로 상상해보라. 걸익(桀溺)의 걸(桀)은 횃대를 말한다. 닭이 높이 올라가 잠자는 횃대[桀]와 물이 깊어 빠지면 죽는다는 익(溺)을 함께 엮어 상상해보라. 난세(亂世)란 따지고 보면 발 아래 있는 깊은 물 속에 빠지지 않으려고 횃대에 매달려 발버둥치게 하는 처지(處地)라고 상상해보라. 그러면 장저와 걸익을 실존했던 은자로 여기기보다 이야기 속에 등장하는 인물로 상상해도 될 듯하다. 누가 이런 이야기를 『논어(論語)』에 넣어두었을까? 아마도 공자의 위대함을 표현하여 체험하게 하려고 장저와 걸익이란 은자를 등장시켰을 것이다.

길 장(長), 막을 저(沮), 홰 걸(桀), 빠질 익(溺), 짝 우(耦),
발갈 경(耕), 지날 과(過), 나루 진(津)

부집여자위수(夫執輿者爲誰) 위공구(爲孔丘)

▶ "수레를[輿] 붙들고 있는[執] 저[夫] 자는[者] 누구라[誰] 하오[爲]?" "공구라고[孔丘] 합니다[爲]."

집여(執輿)의 여(輿)는 수레이다. 수레를 붙들어 잡고 있다[執輿]. 자로가 스승이 탄 수레를 끌었겠지만, 자로가 나루터를 물으러 간 사이에 공자가 직접 수레에 매인 말고삐를 잡고 있었다는 말로 집여(執輿)를 새기면 된다.

위는 장저(長沮)와 자로(子路) 사이에 오간 대화이다. 이어서 장저가 이렇게 다시 묻는다. "시로공구여(是魯孔丘與)?" 바로 저 사람이[是] 노나라 사람[魯] 공구란[孔丘] 말이오[與]? 퉁명스럽게 물었으니 자로 역시 그렇게 대답했다. "시야(是也)." 그렇소[是]. 그러자 장저가 다시 자로에게 이렇게 되받았다. "시지진의(是知津矣)." 저 사람이[是] 나루터를[津] 아오[知]. 장저가 걸익을 가리키며 퉁명스럽게 떠넘겼던 모양이다.

장저는 물 건너갈 나루터[津]를 안다고 말하지 않는다. 이 또한 깊은 뜻을 헤아리게 하는 대목이다. 누가 누구에게 무엇을 가르친단 말인가? 저마다 제 인생을 자도(自渡)할 따름이다. 불가(佛家)에서 자주 쓰는 말 중에 자도(自度)니 자도(自渡)니 하는 말이 있다. 스스로를[自] 제도한다[度]. 스스로[自] 건너간다[渡]. 그러나 유가(儒家)는 인도(引導)란 말을 좋아한다. 어리석은 백성을 이끌어간다 함이 곧 인도(引導)이다. 장저가 그런 인도를 좋아할 리 없었을 터이다. 그러니 자로에게 나루터를 가르쳐주었겠는가? 그냥 걸익에게나 물어보라고 했을 것이다. 하여튼 장저와 자로 사이에는 대화가 통하지 않는다. 이 둘 사이를 그냥 장저(長沮)라고 새겨도 된다. 길고 길게[長] 막혀 있다[沮]고 상상해도 틀리지 않을 것이다.

저 부(夫), 잡을 집(執), 수레 여(輿), 누구 수(誰), 언덕 구(丘)

자위수(子爲誰) 위중유(爲仲由) 시로공구지도여(是魯孔丘之徒與) 연(然) 도도자천하개시야(滔滔者天下皆是也) 이수이역지(而誰以易之) 차이여기종피인지사야(且而與其從辟人之士也) 개약종피세지사재(豈若從辟世之士哉) 우이불철(耰而不輟)

▶ "당신은[子] 누구요[爲誰]?" "중유라[仲由] 하오[爲]." "바로 저[是] 노나라 사람[魯] 공구의[孔丘] 무리란[徒] 말이오[與]?" "그렇소[然]." "물이 흘러 넘쳐나듯이[滔滔者] 세상[天下] 모든 게 다[皆] 그렇소[是]. 그런데 어느 누가[誰] 그런 세상을[之] 고칠 수 있겠소[易]? 그리고 또[且] 당신도[而] 사람을[人] 피해 다니는[辟] 선비를[士] 따라다니느니[從], 차라리[與其] 세상을[世] 피해 숨어사는[辟] 선비를[士] 따르면[從] 어떻겠소[豈若哉]?" 그리고 뿌린 씨에 흙을 덮기를[耰] 그치지 않았다[不輟].

도(滔)는 물이 질펀하게 흘러 넘쳐 망망한 모습을 말한다. 그래서 딱히 어디가 나루터고 어디가 물길인지 알 수 없을 지경이란 표현이 곧 도도자(滔滔者)이다. 차이(且而)의 이(而)는 여(汝)와 같다. 당신[而]. 여기(與其) A 개약(豈若) B 재(哉)는 'A보다 차라리 B라면 어떤가' 라는 뜻의 관용어구이다.

걸익(桀溺)과 자로(子路) 사이의 대화이다. 역시 서로 통명스럽게 대화가 오고간다는 느낌이 묻어난다. 걸익이 비유하는 도도자(滔滔者)가 폭군이 횡포를 부리는 난세(亂世)의 모습을 떠올리게 한다. 온 세상이 다 난세의 물결이 범람해 도도한데 어찌 나루터가 어디냐고 묻는단 말인가? 이런 저의를 깔고 지금 걸익이 공자와 자로를 싸잡아 비웃고 있다. 그런 걸익이 어찌 나루터가 어디라고 가르쳐주겠는가. 묻고 서 있을 자로를 무시하고 뿌려놓은 씨에 흙 덮는 일을[耰] 그치지[輟] 않았다 하니 성질 급한 자로가 어떠했을지 상상이 간다. 분이 나서 씩씩거렸을 터이다.

당신 자(子), 무리 도(徒), 의문사 여(與), 그럴 연(然), 물 넘칠 도(滔), 모두 개(皆), 바꿀 역(易), 따를 종(從), 피할 피(辟), 어찌 개(豈), 써레질할 우(耰), 그칠 철(輟)

조수불가여동군(鳥獸不可與同群) 오비사인지도여(吾非斯人之徒與) 이수여(而誰與) 천하유도(天下有道) 구불여역야(丘不與易也)

▶ 새 짐승과[鳥獸] 더불어[與] 같이[同] 무리지어 살 수는 없다[不可群]. 내가[吾] 이 세상[斯] 사람 무리와[人之徒] 더불어[與] 살지 못한다면[非] 누구와[誰] 더불어서란 말인가[與]? 세상에[天下] 도가[道] 있다면[有] 나도[丘] 더불어[與] 변혁하려 하지 않으리라[不易].

조수불가여동군(鳥獸不可與同群)을 불가동군여조수(不可同群與鳥獸)로 고쳐 새기면 쉽다. 조수(鳥獸)를 강조하고자 앞으로 끌어냈다.

오비사인지도여(吾非斯人之徒與)는 생략된 부분을 보충해 오비동군여사인지도(吾非同群與斯人之徒)로 바꾸어 새기면 쉽다. 한문은 같은 말이면 되풀이하지 않고 과감하게 생략한다. 그래서 문의(文意)와 문맥(文脈)에 따라 새겨야 한다. 이수여(而誰與) 역시 이오가동군여수(而吾同群與誰)라고 고쳐서 새기면 쉽다.

"자로행이고(子路行以告) 부자무연왈(夫子憮然曰)." 자로가[子路] 돌아와서[行] 장저와 걸익과 나눈 내용을[以] 아뢰었더니[告], 공자께서[夫子] 실의에 차 한탄하며[憮然] 위와 같이 말했다. 무연(憮然)의 무(憮)는 마음 속이 멍해졌다는 말이다. 기가 막힌 모습을 무연(憮然)이라고 한다. 폭군을 피하는 선비[辟人之士]가 세상을 피해 숨어사는 선비[辟世之士]보다 못하다고 비웃는 장저와 걸익을 공자는 딱하게 여기지 않을 수 없었을 것이다. 현자(賢者)라 하는 자들이 모두 피세(辟世)한다면 세상에 내버려진 백성은 폭군의 수중에 내동댕이쳐진 꼴이 아닌가. 내 한 몸 숨겨서 자연 속에서 편안히 사느니 무도한 폭군 때문에 백성이 신음하는 세상을 안백성(安百姓)의 세상으로 고치고자 발버둥치는 삶이 곧 군자가 갈 길이 아니겠는가. 공자는 그 길이 아무리 가시밭길이라도 걷기를 멈출 수 없는 성인이니 어찌 장저와 걸익을 부러워하겠는가. 백성은 자애(自愛)만 하는 은자(隱者)보다 애인(愛人), 즉 친민(親民)하려는 군자를 바란다는 사실을 공자는 외면하지 않았다. 그래서 단호하게 절규한다. "천하유도(天下有道) 구불여역야(丘不與易也)." 세상에 인도(仁道)가 열려 있다면 내가[孔子] 구태여 인도를 주창할 필요가 있겠느냐고 절규하는 공자를 보라. 민초의 입장에서 본다면 세상이 무도(無道)하다고 더러운 세상을 피해 저 홀로 마음 편히 사는 은자보다 공자가 더 성스럽게 보인다.

새 조(鳥), 짐승 수(獸), 한 가지 동(同), 무리 군(群), 이 사(斯), 고칠 역(易)

제7장

【문지(聞之)】

군자지사야(君子之仕也) 행기의야(行其義也)

【원문(原文)】

子路從而後러니 遇丈人以杖荷蓧라야 子路問曰
자 로 종 이 후 우 장 인 이 장 하 조 자 로 문 왈

子見夫子乎아
자 견 부 자 호

丈人曰 四體不勤하고 五穀不分하나니 孰爲夫子
장 인 왈 사 체 불 근 오 곡 불 분 숙 위 부 자

리오 하고 植其杖而芸하더라 子路拱而立한대 止子
식 기 장 이 운 자 로 공 이 립 지 자

路而宿하야 殺鷄爲黍而食之하고 見其二子이어늘
로 이 숙 살 계 위 서 이 사 지 견 기 이 자

明日子路行以告한대 子曰 隱者也로다 使子路反
명 일 자 로 행 이 고 자 왈 은 자 야 사 자 로 반

見之하시니 至則行矣라
견 지 지 즉 행 의

子路曰 不仕無義하니 長幼之節을 不可廢也니
자 로 왈 불 사 무 의 장 유 지 절 불 가 폐 야

君臣之義를 如之何其廢之리오 欲潔其身하고 而
군 신 지 의 여 지 하 기 폐 지 욕 결 기 신 이

亂大倫이로다 君子之仕也는 行其義也니 道之不
란 대 륜 군 자 지 사 야 행 기 의 야 도 지 불

行은 已知之矣니라
행 이 지 지 의

【해독(解讀)】

자로가 공자를 따르다 뒤처졌다[子路從而後]. 지팡이를 짚고 삼태

기를 짊어진 한 노인을 우연히 만나자[遇丈人以杖荷蓧] 자로가 물었다[子路問曰]. "노인장께서 선생을 보셨는지요[子見夫子乎]?"

노인이 말했다[丈人曰]. "팔다리를 움직이지도 않고[四體不勤] 오곡을 나누어 먹지도 않는데[五穀不分] 누구를 두고 선생이라 하오[孰爲夫子]?"

노인은 지팡이를 땅에 꽂아둔 채 풀을 맸고[植其杖而芸], 자로는 두 손을 모으고 서 있었다[子路拱而立]. 노인은 자로를 머물게 하고[止子路而宿] 닭을 잡고 기장밥을 해 먹이고[殺鷄爲黍而食之] 자신의 두 아들을 소개시켰다[見其二子].

다음날 자로가 돌아와서 있었던 일을 아뢰었더니[明日子路行以告] 공자께서 말했다[子曰]. "은자로구나[隱者也]." 자로를 되돌려 보내 그 노인을 만나보게 했지만[使子路反見之], 그 집에 이르고 보니 노인은 집에 없었다[至則行矣].

자로가 말했다[子路曰]. "나라에 출사하지 않으면 의가 없고[不仕無義] 장유의 차례도 없앨 수 없다[長幼之節不可廢也]. 군신의 의를[君臣之義] 그리하거늘 어찌 없애버릴 수 있겠는가[如之何其廢之]? 제 한 몸 깨끗이 하고자 크나큰 이치를 어지럽히게 된다[欲潔其身而亂大倫]. 군자의 출사란[君子之仕也] 그러한 의를 지키기 위해서이니[行其義也], 도가 행해지지 않음을[道之不行] 이미 알고 있다[已知之矣]."

【담소(談笑)】

사체불근(四體不勤) 오곡불분(五穀不分) 숙위부자(孰爲夫子) 식기장이운(植其杖而芸) 자로공이립(子路拱而立) 지자로이숙(止子路而宿) 살계위서이사지(殺鷄爲黍而食之)

▶ "몸뚱이는[四體] 수고하지도 않고[不勤] 농사를 지어 곡식을[五穀] 나누지도 않으면서[不分] 누가[孰] 선생이[夫子] 된단 말이오[爲]?" 지팡이를[杖] 꽂아두고[植] 노인은 김매기를 계속했고

[芸], 자로는[子路] 두 손을 모으고[拱] 서 있었다[立]. 그러나 노인은 자로를[子路] 머물게 하고[止] 묵어가게 하면서[宿] 닭을[鷄] 잡고[殺] 기장밥을[黍] 지어[爲] 들게 하였다[食之].

근(勤)은 여기서 노(勞)와 같다. 수고하다[勤]. 숙(孰)은 수(誰)와 같다. 누구[孰]. 운(芸)은 여기서 김매기란 뜻으로 새기면 된다. 공(供)은 두 손을 모으고 있는 공손한 몸가짐을 말한다. 사지(食之)의 사(食)는 먹여준다는 말이다. 먹여준다고 할 때는 식(食)으로 발음하지 않고 사(食)로 발음한다.

노인이 공자와 더불어 그 문하(門下)를 싸잡아 꼬집고 있다. 『논어(論語)』에 이런 노인이 등장하는 것만 보아도 『논어』가 공문(孔門)만을 앞세운다고는 말할 수 없을 것이다. 물론 여기 등장하는 노인을 두고 도가(道家)의 인물이라고 단정할 이유도 없다. 도가는 노동을 앞세워 유가를 비판하지 않는다. 그러나 여기 노인은 손수 농사를 지어 서로 나누어 먹기를 멀리하면서 입으로만 안민(安民)이니 안인(安人)이니 주장해서야 되겠느냐고 은근히 자로(子路)를 나무란다.

여기서 노인이 자로를 매정하게 나무라면서도 귀한 손님으로 대접해 하룻밤 묵어가게 한 대목을 주목했으면 한다. 인(仁)을 무슨 철학(哲學)의 이념(理念)만으로 볼 것은 없다. 그저 사람이 살아가면서 서로 사랑하고 믿고 의지하면서 콩 한쪽이라도 나누어 먹겠다는 마음가짐을 행동으로 옮기면 그게 바로 인(仁)이다. 그런 어진 삶이 곧 참다운 인(仁)임을 체험하고 깨닫게 하는 인물로 여기의 노인을 마주하면 좋겠다. 아는 것 그 자체보다 아는 것을 행하는 것이 참으로 공자가 바라는 바가 아닌가. 여기 노인이야말로 공자의 뜻을 함께하며 사는 초야(草野)의 한 사람이라고 여겨도 무방하다. 성인은 서양의 인식학(認識學, the cognitive science) 같은 것하고는 씨름하거나 겨루지 않는다. 다만 사람이 되라고 이런저런 이야기를 해주면서 막살지 못하게 힘을 실어주려 할 뿐이다. 여기 노인이 그런 모범이 아닌가.

그러니 공자가 자로로부터 그동안의 이야기를 전해듣고 이렇게 말한다. "은자야(隱者也)." 은자(隱者)로다. 그리고 자로에게 다시 당부했다. "사자로반견지(使子路反見之)." 자로로[子路] 하여금[使] 되돌려 보내[反] 그 노인을[之] 만나보게 했다[見].

사(使)는 '~으로 하여금 ~하게 한다'는 뜻이다. 영어의 사역동사(使役動詞) 'make'를 생각해보면 좋겠다. 반(反)은 여기서 환(還)과 같다. 견지(見之)의 지(之)는 앞서 나왔던 노인[丈人]을 가리키는 지시어이다. 스승의 분부를 받고 자로가 그 노인의 집으로 다시 갔던 모양이다. "지즉행의(至則行矣)." 자로가 그 노인의 집에 이르렀으나[至] 그 노인은 어디론지 가고 없었다[行]. 그래서 자로가 어제 만났던 노인의 두 아들에게 자신의 뜻을 전한다. 물론 그 노인에게 전달되었는지는 모를 일이지만 아마도 자로가 부질없는 말을 남긴 듯하다. 왜냐하면 공자가 자로를 다시 보낸 것은 그 노인의 뜻을 더 듣고 오게 하려는 것이었지 그 노인을 만나 공박하라는 것은 아니었을 테니 말이다. 하여튼 자로가 출사(出仕)의 뜻을 역설한다.

수고할 근(勤), 곡식 곡(穀), 나눌 분(分), 누구 숙(孰), 간주할 위(爲), 심을 식(植), 지팡이 장(杖), 풀 운(芸), 두 손을 맞잡을 공(拱), 멈출 지(止), 잘 숙(宿), 죽일 살(殺), 닭 계(鷄), 기장 서(黍), 먹여줄 사(食)

불사무의(不仕無義) 장유지절불가폐야(長幼之節不可廢也) 군신지의여지하기폐지(君臣之義如之何其廢之) 욕결기신(欲潔其身) 이란대륜(而亂大倫) 군자지사야(君子之仕也) 행기의야(行其義也) 도지불행(道之不行) 이지지의(已知之矣)

▶ 군자가 나라에 나아가 벼슬하지 않는다면[不仕] 의가[義] 없어진다[無]. 나이 많은 사람과[長] 나이 어린 사람[幼] 사이의 차례를[節] 없애버릴 수 없고[不可廢], 임금과[君] 신하[臣] 사이의 의리를

[義] 어떻게[如之何] 없애버릴 수 있겠는가[廢之]? 제[其] 한 몸만 [身] 깨끗하기를[潔] 바란다면[欲] 사람이 마땅히 해야 할 도리를 [大倫] 어지럽힌다[亂]. 군자가[君子] 나아가 벼슬하는 것은[仕] 그러한[其] 의리를[義] 실천하려는 것이다[行]. 이 세상에 도가[道] 행해지지 않고 있음을[不行] 이미 다[已] 알고 있다[知之].

사(仕)는 여기서 출사(出仕)의 준말로 여기고 새기면 된다. 나아가 벼슬한다[仕]. 여지하(如之何)·여하(如何)·하여(何如)는 모두 '어떻게' 란 뜻으로 의문문을 이끈다. 폐(廢)는 여기서 기(棄)와 같다. 폐기(廢棄)의 준말로 여기고 새기면 된다. 없애버린다[廢]. 대륜(大倫)은 인륜(人倫)을 말한다. 사람이 반드시 해야 할 도리를 가리켜 대륜(大倫)이라 한다. 결(潔)은 여기서 청(淸)과 같다. 맑고 깨끗하다[潔]. 이(已)는 여기서 기(旣)와 같다. 이미[已].

사제(師弟) 사이의 뜻이 어긋나 있다고 볼 수 있다. 만일 자로가 노인을 만나 위와 같이 역설했다면 노인이 어떻게 나왔을까? 상대하지 않았을 것이다. 이미 그럴 줄 알고 노인이 어디론가 가버린 게 아닌가. 그러니 시비(是非) 가림을 결코 하지 않는 은자(隱者)를 자로는 몰라보았던 것이고, 공자는 알아차렸던 것이다.

노인이 없으니 그 노인의 아들 둘에게 위와 같이 자로가 역설했다. 강하게 주장했다는 것을 무엇으로 알 수 있는가? 자로의 말투에 잘 드러나 있다. "장유지절불가폐야(長幼之節不可廢也) 군신지의여지하기폐지(君臣之義如之何其廢之) 욕결기신(欲潔其身) 이란대륜(而亂大倫)." 그냥 평범하게 말하면 불가폐장유지절야(不可廢長幼之節也)일텐데 강조하기 위해 장유지절(長幼之節)을 앞으로 보내고, 다음의 군신지의(君臣之義) 역시 앞으로 끌어내 어세를 높이고 있지 않은가. 지금 자로가 노인의 아들 앞에서 시비를 걸고 있다. 공자가 이런 꼴을 원했을 리는 결코 없었을 것이다. 시비 걸어 따지기를 바라고 자로를 다시 보냈을 리 없다. 성인은 시비 걸지 않는다. 또한 성인이 제자를 시켜 시비 걸고 말싸움을 하게 할 턱이 없다. 자로는 지금 어긋나고 있다 하겠다.

"도지불행(道之不行) 이지지의(已知之矣)"이라고 설파하는 자로를 보라. 강하게 시비 걸고 있지 않은가. 도지불행(道之不行)은 불행도(不行道)를 강조하는 표현이다. 이지지(已知之)의 지(之)는 앞의 도지불행(道之不行)을 가리킨다고 보면 된다. 이처럼 한문에서는 앞에 있는 내용이 강조된다고 생각되면 어세(語勢)의 말투를 짐작해보기 쉽다. 이미 이 세상에 도(道)가 행해지지 않음을 다 알고 있기 때문에 오히려 군자는 나라에 나아가 벼슬을 해 안민(安民)의 길을 터야 한다고 자로가 노인의 두 아들 앞에서 열변을 토하고 있다.

자로는 바로 다음 장에서 스승이 밝히는 무가무불가(無可無不可)를 왜 모르고 있는가? 이는 시비 걸어 자기 주장만을 앞세우지 말라는 말씀이 아닌가. 자로의 이 같은 열변을 노인이 들었더라면 밭에 나가 잡초나 뽑겠다며 자리를 떴을 터이고, 공자가 이런 사정을 알았다면 성질 급하고 말하기 좋아하는 자로를 다시 한번 혼냈을 터이다. 자로여, 시비를 걸며 공자의 길을 역설(力說)하라고 보낸 것이 아니었음을 알고도 그랬다면 공자께서는 호랑이 새끼를 키우는 꼴이 되고만 셈이 아닌가. 스승의 뜻을 저버리면 되겠는가. 예나 지금이나 제 멋에 산다는 인간들이 많아 세상 돌아가는 톱니가 빠지기 쉽다.

벼슬할 사(仕), 어른 장(長), 어릴 유(幼), 차례 절(節), 버릴 폐(廢), 바랄 욕(欲), 깨끗할 결(潔), 어지럽힐 란(亂), 질서 륜(倫), 이미 이(已)

제8장

【문지(聞之)】

무가무불가(無可無不可)

【원문(原文)】

逸民, 伯夷, 叔齊, 虞仲, 夷逸, 朱張, 柳下惠, 少連
일민 백이 숙제 우중 이일 주장 유하혜 소련
이니라
子曰 不降其志며 不辱其身은 伯夷 叔齊與인저
자왈 불항기지 불욕기신 백이 숙제여
謂柳下惠 少連하사대 降志辱身矣나 言中倫하며
위유하혜 소련 항지욕신의 언중륜
行中慮하니 其斯而已矣니라 謂虞仲 夷逸하사대
행중려 기사이이의 위우중 이일
隱居放言하나 身中淸하며 廢中權이니라 我則異於
은거방언 신중청 폐중권 아즉이어
是하야 無可無不可호라
시 무가무불가

【해독(解讀)】

세상에서 뛰어난 사람으로는[逸民] 백이[伯夷] · 숙제[叔齊] · 우중[虞仲] · 이일[夷逸] · 주장[朱張] · 유하혜[柳下惠] · 소련[少連]일 터이다.

공자께서 말했다[子曰]. "자신의 뜻을 굽히지 않고[不降其志] 자신을 더럽히지 않은 사람이라면[不辱其身] 백이와 숙제일 것이다[伯夷 叔齊與]. 유하혜와 소련을 말하자면[謂柳下惠 少連], 뜻을 굽히고 몸을 더럽히면서도[降志辱身矣] 말이 조리에 맞고[言中倫] 행동이 깊은 사려에 맞아[行中慮] 그런 점만은 옳았다고 본다[其斯而已矣]. 우중과 이일을 들어 말하자면[謂虞仲 夷逸], 은거하면서 큰소리쳤지만[隱居放

言] 처세는 깨끗했고[身中淸] 세상을 버리는 짓이 알맞았다[廢中權]. 그런데 나는 이들과 생각이 다르다[我則異於是]. 나에게는 해야 한다 함도 없고 하면 안 된다 함도 없다[無可無不可]."

【담소(談笑)】

일민(逸民) 백이(伯夷) 숙제(叔齊) 우중(虞仲) 이일(夷逸) 주장(朱張) 유하혜(柳下惠) 소련(少連)

▶ 마음가짐과 몸가짐이 뛰어나면서도 세상에 나서지 않았던 현자를 들라면[逸民] 백이[伯夷] · 숙제[叔齊]와, 우중[虞仲] · 이일[夷逸]과, 주장[朱張] · 유하혜[柳下惠] · 소련[少連]이리라.

일민(逸民)에서 일(逸)을 유민(遺民)으로 새기고 민(民)을 벼슬을 버린 사람으로 새기는 경우가 있고, 일(逸)을 마음가짐과 행동이 다른 사람들과 달리 맑고 깨끗함을 뜻한다고 새기기도 한다. 하여튼 일민(逸民)은 더러운 세상과 거리를 두는 사람이라고 여기면 된다. 그런 사람을 일러 은자(隱者)나 현자(賢者)라고 불렀다. 그러니 일민(逸民)은 출사(出仕)를 마다한 사람이라 할 수 있다.

바로 앞 장에서 자로(子路)가 설파했던 주장을 떠올렸으면 한다. 이 세상에 도가[道] 행해지지 않고 있음을[不行] 이미 다[已] 알고 있지만[知之], 그렇기 때문에 군자는 숨어살 것[隱居]이 아니라 의(義)를 살려내기 위하여 나라에 나아가 벼슬해야 한다고 역설(力說)했던 자로를 떠올렸으면 한다.

빼어날 일(逸), 사람 민(民), 맏 백(伯), 온화할 이(夷), 아재비 숙(叔), 집 제(齊), 헤아릴 우(虞), 버금 중(仲), 붉을 주(朱), 베플 장(張), 버들 류(柳), 은혜 혜(惠), 적을 소(少), 이어질 련(連)

불항기지(不降其志) 불욕기신(不辱其身) 백이(伯夷) 숙제여(叔齊與)

▶ **자신의[其] 뜻을[志] 굽히지 않고[不降] 자신의[其] 몸을[身] 더럽히지 않은 사람을 대라면[不辱] 백이와[伯夷] 숙제일[叔齊] 것이다[與].**

항(降)은 여기서 복(服)과 같다. 항복(降服)의 준말로 여기고 새기면 된다. 굴복한다는 뜻일 때는 강(降)이 아니라 항(降)으로 발음한다. 지(志)는 심지(心之)의 준말이다. 마음이 가는 바 즉 뜻을 지(志)라 한다. 욕(辱)은 치(恥)와 한(汗)과 같다. 부끄럽고[恥] 더럽다[汗]는 뜻의 욕(辱)이다. 신(身)은 처신(處身)으로 여기고 새기면 된다. 여기서 신(身)은 몸가짐이란 말로 들어도 된다.

공자가 백이(伯夷)와 숙제(叔齊)를 어떻게 생각하는지는 이미 「술이(述而)」편 14장에서 잘 드러났었다. "고지현인야(古之賢人也)." 옛날의[古之] 현인이다[賢人].

백이와 숙제라면 누구나 들어봐서 알 만큼은 알 것이다. 백이와 숙제는 B. C. 1100년 고대 상(商)나라의 두 현자(賢者)였다. 그들은 고죽국(孤竹國) 사람이었는데 고죽국은 상나라의 제후국(諸侯國)이었다. 고죽군(孤竹君)이 임종하면서 숙제에게 임금의 자리를 이으라고 했으나 숙제는 형 백이에게 양보했고, 백이는 아버지의 명을 따라야 한다면서 도망가고 말았다. 숙제도 임금의 자리를 마다하고 도망하여, 주(周)나라 문왕(文王)이 노인을 공경한다는 말을 듣고 둘이 함께 문왕을 찾아갔다. 도착해 보니 문왕은 죽었고, 그의 아들 무왕(武王)이 폭군 노릇을 하던 상나라 주(紂)를 토벌하려고 했다. 그런 무왕의 말고삐를 잡고 말렸지만 결국 주(紂)를 몰아내기에 이른다. 백이와 숙제는 주나라 곡식을 먹는 짓이 수치스럽다 여기고 수양산(首陽山)으로 들어가서 고사리를 캐어 먹고 살다가 굶어 죽었다. 말하자면 백이와 숙제는 맡겨진 치세(治世)를 마다하고 스스로 은자(隱者)를 자

청했던 것인데, 공자는 「술이」 편 14장에서 이렇게 평했었다. "구인이득인(求仁而得仁) 우하원(又何怨)." 인(仁)을[仁] 얻고자 하다가[求] 그 인을[仁] 얻었거늘[得], 또[又] 무엇을[何] 원망했겠는가[怨]?

이제 불항기지(不降其志) 불욕기신(不辱其身)의 기(其)가 구체적으로 무엇을 뜻하는지 헤아릴 수 있을 것이다. 그 뜻[其志]이란 곧 구인(求仁)일 것이다. 어짊을[仁] 찾아 구하겠다[求]는 뜻 말이다. 그리하여 그 인(仁)을 얻었는데[得] 어찌 그 몸가짐을 더럽히겠는가. 치세를 한답시고 벼슬자리를 붙들기 위해 더러운 짓들을 마다하지 않는 패거리를 향해 공자가 일침을 가하고 있다.

굽힐 항(降), 뜻 지(志), 더럽힐 욕(辱), 어조사 여(與)

항지욕신의(降志辱身矣) 언중륜(言中倫) 행중려(行中慮) 기사이이의(其斯而已矣)

▶ **뜻을[志] 굽히고[降] 처신을[身] 욕되게 하면서도[辱] 말은[言] 조리에[倫] 맞았고[中] 행동이[行] 깊은 생각과[慮] 맞아들었으니[中], 바로 그런[其] 것들만으로도[斯] 족하다[而已矣].**

중(中)은 여기서 당(當)과 같다. 마땅해 맞는다[中]. 적중(的中)의 준말로 여기고 새기면 된다. 윤(倫)은 조리(條理), 순서(順序)라는 말이고 어긋남이 없다는 뜻이다. 사(斯)는 여기서 대명사 구실을 하여 앞의 내용(降志辱身矣 · 言中倫 · 行中慮)을 받는다. 이이의(而已矣)는 강조해서 단언하는 끝말이다. ~으로 족하다, ~일 뿐이다[而已矣].

공자가 유하혜(柳下惠)와 소련(少連)을 위와 같이 평했다. 소련은 동이(東夷) 사람으로만 알려져 있고, 유하혜는 앞서 2장에서 언급되었던 인물이다. 2장에서 그가 했던 말을 상기한다면 공자가 "항지욕신의언중륜행중려(降志辱身矣言中倫行中慮)"라고 말한 뜻을 이해할 수 있을 터이다. "도를[道] 곧게 지키면서[直] 백성을[人] 다스리려 한다면[事] 어찌[焉] 어디로 간다 해서[往] 세 번[三] 쫓겨나지 않을 것인가[黜]. 도를[道] 굽히면서[枉] 백성을[人] 다스릴 바에야[事] 반드시[必] 왜[何] 부모님의[父母] 나라를[邦] 떠나야 하는가[去]?"

세 번에 걸쳐 쫓겨나는 수모를 견디면서까지 벼슬자리를 떠나지 않았던 유하혜를 공자는 왜 훌륭하다 하는가? 직도이사인(直道而事人)을 실천하기 위해서 수모를 당하면서도 벼슬자리를 버리지 않았기에 훌륭하다 한 것이다. 도둑의 소굴에 들어가서도 도둑이 되지 않는다면 도둑의 소굴 밖에서 청렴하다고 과시하는 무리보다 훨씬 더 윗길이 아니겠는가. 이렇게 공자가 자문하는 듯하다.

맞을 중(中), 조리 륜(倫), 깊이 생각할 여(慮), 이것 사(斯)

은거방언(隱居放言) 신중청(身中淸) 폐중권(廢中權)

▶ **숨어[隱] 살면서도[居] 말을[言] 거침없이 하고[放], 처신이[身] 맑고 깨끗했으며[中淸], 세상을 버리는 짓이[廢] 어긋남이 없었다[中權].**

방(放)은 여기서 기(棄)와 같다. 함부로 버린다[放]. 중청(中淸)은 겉으로만 맑고 깨끗한 척하는 게 아니라 속마음까지 맑고 깨끗하다는 뜻이다. 폐(廢)는 여기서 방(放)과 같다. 내쳐버리다[廢]. 세상살이에 연연하지 않고 초연하다는 뜻으로 폐(廢)를 새기면 된다. 중권(中權)은 임기응변(臨機應變)을 잘한다는 뜻이다. 물론 권모술수(權謀術數)를 앞세워 그렇게 하는 것이 아니라 시중(時中)한다 함이다. 시중(時中)과 중권(中權)은 같은 말로 여기면 된다. 앉을 자리 설 자리를 알아서 처신한다 함이 중권(中權)이다.

공자가 우중(虞仲)과 이일(夷逸)을 위와 같이 평했다. 이 두 사람에 대해서는 별로 알려진 것이 없다. 문자 그대로 은자(隱者)였으며, 숨어살면서도 할 말은 하고 살았던 듯하다. 진실로 깨끗했고 진실로 처신을 잘하면서 더러운 세상을 멀리하고 살았던 모양이다. 그래서 공자가 "신중청(身中淸) 폐중권(廢中權)" 이라고 평한 것이 아니겠는가.

숨어살 은(隱), 살 거(居), 버릴 방(放), 맑을 청(淸), 잘 맞추어 할 권(權)

아즉이어시(我則異於是) 무가무불가(無可無不可)

▶ **나는[我] 곧[則] 이 현자들과는[於是] 다르다[異]. 나한테는 할 수 있다는 것도[可] 없고[無], 할 수 없다는 것도[不可] 없다[無].**

성인은 항상 자재(自在)한다. 그리고 항상 자화(自化)한다. 성인은 무엇이든 스스로 한다. 인자(仁者)라야 사람을 사랑할 수도 있고 미워할 수도 있다는 공자의 말씀을 기억하는가? 공자가 실토한 "종심소욕(從心所欲) 불유구(不踰矩)" 란 말씀을 기억하는가? 마음이[心] 하자는 대로[所欲] 따라 해도[從] 어긋남이 없었다[不踰矩]. 무가무불가(無可無不可)한다. 자유자재로 산다 함이다. 가질 것도 따로 없고 버릴 것도 따로 없다는 것이다. 긍정할 것도 따로 없고 부정할 것도 따로 없다 한다. 시(是)도 없고 비(非)도 없다는 것이다. 이 얼마나 궁즉변(窮則變)인가? 무가무불가(無可無不可)야말로 도추(道樞), 즉 도(道)의 추(樞)이다. 추는 지도리가 아닌가. 문이 열리고 닫힐 수 있음은 회전축(回轉軸)을 돌게 하는 지도리의 빈 구멍 때문이 아닌가.

『장자(莊子)』「제물론(齊物論)」에 이런 말이 나온다. "방생방사(方生方死) 방사방생(方死方生) 방가방불가(方可方不可) 방불가방가(方不可方可) 인시인비(因是因非) 인비인시(因非因是) 시이성인불유이조지우천(是以聖人不由而照之于天) 역인시야(亦因是也) 시역피야(是亦彼也) 피역시야(彼亦是也) 피역일시비야(彼亦一是非也) 차역일시비야(此亦一是非也) 과차유피시호(果且有彼是乎) 과차무피시호(果且無彼是乎) 피시막득기우(彼是莫得其偶) 위지도추(謂之道樞) 추시득기환중(樞始得其環中) 이응무궁(以應無窮) 시역일무궁(是亦一無窮)

비역일무궁야(非亦一無窮也) 고왈(故曰) 막약이명(莫若以明).”

삶이 있으므로 죽음이 있고[方生方死] 죽음이 있으므로 삶이 있으며[方死方生], 가함이 있으므로 불가함이 있고[方可方不可] 불가함이 있으므로 가함이 있으며[方不可方可], 옳음에 말미암으면 그름에 말미암고[因是因非] 그름에 말미암으면 옳음에 말미암는다[因非因是]. 성인은 이런 것에 의지하지 않고 하늘에 비추어 따른다[是以聖人不由而照之于天]. 역시 하늘에 말미암음이다[亦因是也]. 이것은 또 저것이고[是亦彼也] 저것은 또 이것이다[彼亦是也]. 저것도 하나의 시비요[彼亦一是非也] 이것도 하나의 시비다[此亦一是非也]. 과연 이것과 저것이란 있다는 말인가[果且有彼是乎]? 과연 저것과 이것이란 없다는 말인가[果且無彼是乎]? 저것과 이것이 편가르지 않음을[彼是莫得其偶] 일러 도추라 한다[謂之道樞]. 지도리는 처음부터 원의 중심을 얻어[樞始得其環中] 그리하여 끝없는 변전에 응한다[以應無窮]. 옳음도 또한 하나의 끝없는 변전이요[是亦一無窮] 그름도 또한 하나의 끝없는 변전이다[非亦一無窮也]. 그러므로 이렇게 말한다[故曰]. “시비를 벗어나는 것만 못하다[莫若以明].”

좀 길지만 여기에 실어두었다. 본래부터 동양은 시비(是非)의 사고(思考)를 멀리하고 무궁(無窮)의 사고를 하라 했다. 동양의 성인들은 시비란 결판이 날 수 없는 부질없는 마음쓰기에 불과함을 알았기 때문이다. 특히 동양의 사고가 서양의 것과 왜 다른지 이해하려면 다음과 같은 말을 잊으면 안 되리라. “성인은 이런 것에 의지하지 않고 하늘에 비추어 따른다[是以聖人不由而照之于天]. 역시 하늘에 말미암음이다[亦因是也].”

무엇보다 성인불유이시(聖人不由以是)란 말을 잊지 말아야 한다. 불유이시(不由以是)의 시(是)는 여기서 시비(是非)의 시(是)가 아니라 앞의 내용을 가리키는 지시어로 쓰이고 있다. 그래서 이것[是] 저것[彼]을 편 가르고 옳으니[是] 그르니[非] 편을 갈라 궁(窮)하게 되는 경우를 가리킨다고 보면 뜻을 새기기 쉽다. 성인은 무궁(無窮)으로써 사고(思考)하고 행동한다고 말하고 있다. 무궁이란 무슨 말인가? 끝없이 변전(變轉)한다 함이다. 한마디로 말한다면 역(易)이요 세 마디로 말한다면 궁즉변(窮則變)이다. 역(易)하라. 궁즉변(窮則變)하라. 무궁(無窮)하라. 이는 다 시비를 떠나 걸림 없이 사고하고 행동하며 살라는 말씀이다.

이제 공자가 밝힌 무가무불가(無可無不可)를 나름대로 새겨 체험할 수 있을 것이다. 원효선사(元曉禪師)가 말한 입파(立破)의 삶 역시 공자의 무가무불가(無可無不可)와 같은 맥이 아닌가. "세웠으면[立] 깨버린다[破]." 뒤집어 깼으면[破] 세운다[立]. 그래서 무파이무불파(無破而無不破)요 무립이무불립(無立而無不立)이라 하지 않았던가. 깰 것도 따로 없고 안 깰 것도 따로 없다[無破而無不破]나, 세울 것이 따로 없고 안 세울 것도 따로 없다[無立而無不立] 함이나, 공자의 무가무불가(無可無不可)나 서로 다를 바 없다는 것이다. 이렇듯 성인은 삼가(三家)를 따로 보지 않으니 한 지붕 아래 함께 하나같이 살라 한다. 이 또한 하나의 무궁(無窮)이 아닌가. 공자가 무궁하게 살라 한다. 『장자』「제물론」에 쓰여 있는 문을 열고 닫게 하는 지도리[樞]를 잊지 말라는 것과 다를 게 없다.

나 아(我), 곧 즉(則), 다를 이(異), 이것 시(是), 가할 가(可)

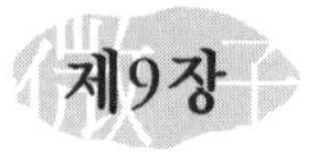

제9장

【문지(聞之)】

태사지적제(太師摯適齊)

【원문(原文)】

太師摯適齊하고 亞飯干適楚하고 三飯繚適蔡하고
태 사 지 적 제 　 아 반 간 적 초 　 삼 반 료 적 채

四飯缺適秦하고 鼓方叔入於河하고 播鼗武入漢
사 반 결 적 진 　 고 방 숙 입 어 하 　 파 도 무 입 한

하고 少師陽과 擊磬襄은 入於海하나니라
소 사 양 　 격 경 양 　 입 어 해

【해독(解讀)】

태사 지는 제나라로 갔고[太師摯適齊], 아반 간은 초나라로 갔으며[亞飯干適楚], 삼반 요는 채나라로 갔고[三飯繚適蔡], 사반 결은 진나라로 갔으며[四飯缺適秦], 북을 치는 방숙은 하내로 들어갔고[鼓方叔入於河], 작은북을 치는 무는 한나라로 들어갔으며[播鼗武入漢], 소사 양과[少師陽] 경쇠를 치는 양은[擊磬襄] 바다 건너 섬으로 갔다[入於海].

【담소(談笑)】

태사지적제(太師摯適齊) 아반간적초(亞飯干適楚) 삼반료적채(三飯繚適蔡) 사반결적진(四飯缺適秦) 고방숙입어하(鼓方叔入於河) 파도무입한(播鼗武入漢) 소사양격경양입어해(少師陽擊磬襄入於海)

▶ 노나라 악관(樂官)의 장(長)인 태사[太師] 지는[摯] 제나라로[齊] 갔고[適], 악관의 차장인[亞飯] 간은[干] 초나라로[楚] 갔으며[適], 삼반인[三飯] 요는[繚] 채나라로[蔡] 갔고[適], 사반인[四飯] 결은[缺] 진나라로[秦] 갔으며[適], 북을 치는[鼓] 방숙은[方叔] 하내로[於河] 들어갔고[入], 작은북을[鼗] 흔들어 치는[播] 무는[武] 한나라로[漢] 들어갔으며[入], 소사인[少師] 양과[陽] 경쇠를[磬] 잡는[摯] 양은[襄] 바다 건너 섬으로[於海] 들어

갔다[入].

태사(太師)는 노(魯)나라 악관(樂官) 중에서 수장(首長)의 관직 이름이다. 적(適)은 여기서 왕(往)과 같다. ~로 가다[適]. 아반(亞飯)의 아(亞)는 다음 차(次)와 같다. 수장 바로 밑의 관직을 뜻한다. 삼반(三飯)과 사반(四飯)에서 삼(三)은 세 번째 악장을 맡은 책임자이고, 사(四)는 네 번째 악장을 맡은 책임자이다. 반(飯)은 여기서 사(飼)와 같다. 악장(樂章)을 잘 다스리고 잘 다듬게 한다는 뜻의 반(飯)이다. 악장을 잘 길러낸다고 비유하고 있는데 참 재미있는 말이다. 우리 국악(國樂)에서도 작품을 엽(葉)으로 비유해 말한다. 작품 하나를 한 잎[葉]이라고 표현하는 것이 참으로 재미있는 비유법이다. 고(鼓)는 큰 북을 말하고, 도(鼗)는 땡땡 소리가 나는 작은북을 말한다. 고(鼓)는 북채로 쳐야 소리가 나고, 도(鼗)는 흔들면서 치는 우리네 버꾸와 비슷한 작은북이다. 파(播)는 요(搖)와 같다. 흔들어댄다[播]. 입어하(入於河)의 하(河)는 하내(河內)를 말하고, 입어해(入於海)의 해(海)는 도(島)와 같다.

이 9장은 공자의 말씀인지 아닌지 알 수 없다고 말들이 많다. 그리고 노나라 애공(哀公) 때 일이라고도 하고, 평왕(平王) 때의 일이라고도 한다. 그러나 이런 것에 신경 쓰고 매달릴 필요는 없다고 본다. 노나라의 정치가 문란해져 백성이 신음했다는 사실만 알면 된다. 노나라의 예악(禮樂)이 무너졌음을 말하고 있기 때문이다. 모든 악사(樂師)들이 뿔뿔이 흩어져 떠나버렸다는 말은 곧 노나라에 덕치(德治)가 사라졌음을 뜻하기 때문이다. 그래서 안민(安民)의 치세(治世)가 쇠미해졌음을 밝혀주는 대목이라고 할 수 있다.

오늘날은 법만 믿고 민심의 심성을 무시하며 시민을 법치(法治)로 이끌려 한다. 그래서 백성들 사이에 법만 피하면 된다는 생각이 퍼져나가고 말았다. 그러나 덕치(德治)는 인간의 심성을 선하고 착하게 하여 모두 함께 편안히 살게 하려는 치도(治道)이다. 이런 치도는 예악(禮樂)을 떠날 수 없다. 그러니 오늘날에도 덕치를 펴기 위해서는 역시 예악이 앞서야 한다. 그러나 서구의 정치제도를 본받은 탓에 예악의 참뜻을 잊어버리고 법치로 다스리면 그만이라는 세상이 되고 말았다. 그리하여 지금은 세상을 힘으로만 다스리려 한다.

큰 태(太), 스승 사(師), 잡을 지(摯), 갈 적(適), 나라 이름 제(齊), 버금 아(亞), 기를 반(飯), 감길 료(繚), 나라 이름 채(蔡), 모자랄 결(缺), 나라 이름 진(秦), 북칠 고(鼓), 모 방(方), 아재비 숙(叔), 물 하(河), 칠 파(播), 작은북 도(鼗), 굳셀 무(武), 부딪칠 격(擊), 쇠 경(磬)

제10장

【문지(聞之)】

무구비어일인(無求備於一人)

【원문(原文)】

周公謂魯公曰 君子不施其親하야 不使大臣으로 怨乎不以하며 故舊無大故 則不棄也하며 無求備於一人이니라

주공위로공왈 군자불이기친 불사대신 원호불이 고구무대고 즉불기야 무구비어일인

【해독(解讀)】

주공이 그의 아들 노공을 불러 말했다[周公謂魯公曰]. "군자는 일가 친척을 소홀히 하지 않고[君子不施其親], 대신들로 하여금 왜 자기를 써주지 않는지 몰라 원망하게 하지 않으며[不使大臣怨乎不以], 원로

공신한테는 큰 죄가 없다면 버리지 말고[故舊無大故則不棄也], 한 사람한테 모든 것이 다 갖추어지기를 바라지 말라[無求備於一人]."

【담소(談笑)】

군자불이기친(君子不施其親) 불사대신원호불이(不使大臣怨乎不以) 고구무대고(故舊無大故) 즉불기야(則不棄也) 무구비어일인(無求備於一人)

▶ 군자는[君子] 제[其] 친척을[親] 홀대하지 않고[不施], 대신들로[大臣] 하여금[使] 어찌[乎] 자기를 써주지 않느냐고[不以] 원망하지 않게 하며[不怨], 원로공신한테[故舊] 큰 과실이[大故] 없다면[無] 곧[則] 버리지 않고[不棄], 한 사람한테[於一人] 두루 다 갖추어지기를[備] 바라지 말라[無求].

이(施)는 여기서 자득(自得)이란 뜻이다. 잘난 체한다[自得]는 뜻의 이(施)다. 이 자(字)는 발음에 주의해야 한다. 베풀 시(施)처럼 주로 시(施)라고 발음하지만, 비뚤어지거나[斜] 옮긴다[移]는 뜻일 때는 이(施)로 발음하기 때문이다. 불이(不以)의 이(以)는 여기서 용(用)과 같다. 쓴다[以]. 그런데 이(以)는 마치 영어의 전치사처럼 풀이하는 것이 더 쉬울 때가 많다. 이(以)가 ~과 함께[與], ~까닭[因], ~으로써 등으로 새겨지는 경우가 가장 많기 때문이다. 이(以)는 갑이(甲以)나 이갑(以甲)처럼 앞뒤 자유롭게 갑(甲)을 받는 경우가 흔하여 아주 자유롭고 편하게 쓰인다. 그래서 마치 전치사 같다는 느낌을 주지만, 사실 이(以)는 전치사가 아니라 여러 가지 뜻(爲·用·因·與·思)을 두루 지닌 동사 노릇을 한다고 보아야 한다. 고구(故舊)의 고(故)는 인연이 오래되었다는 뜻인 예 고(故)이고, 대고(大故)의 고(故)는 과실(過失)을 뜻하는 고(故)이다. 잘못하다[故]. 기(棄)는 폐(廢)와 같다. 버린다[棄]. 비(備)는 여기서 구(具)와 같다. 두루 다 갖추다[備].

유가(儒家)는 주공(周公)을 성인(聖人)으로 여긴다. 주공은 주(周)

나라를 세운 문왕(文王)의 아들이고, 주나라의 두 번째 임금인 무왕(武王)의 동생이다. 주공의 이름은 단(旦)이다. 주왕조(周王朝)를 여는 데 헌신했던 공신(功臣)이었다. 이 주공이 노(魯)나라 첫 번째 임금이다.

그러나 주공은 주나라 국사(國事)로 너무나 바빠 노나라에 직접 가지 못하고 아들인 노공(魯公)을 대신 보내 다스리게 했다. 노공의 이름은 백금(伯禽)이다. 아버지 주공이 자기 대신 아들 노공을 주나라의 속국(屬國)인 노나라로 보내면서 군자(君子)가 해야 할 일을 위와 같이 타일러주었다는 것이다. 주공이 아들 노공에게 내린 훈계(訓戒)를 노나라 백성이 전해 듣고서 모두들 암송했다 하니, 적어도 노공이 임금의 자리에 있었을 동안은 마음 편히 살 수 있는 세상을 누렸으리라 짐작된다.

안민(安民)의 세상을 열어주는 임금이 곧 성왕(聖王)이다. 성인(聖人)의 아들이 성왕이 되는 것은 어쩌면 당연하리라. 콩 심은 데 콩 나고 팥 심은 데 팥 난다 하지 않는가. 아비가 제대로 바르게 살면 그 자식도 바르게 사는 법이다. 이쯤 되면 여기 10장이 가르쳐주는 바가 왜 소중한지 알 터이다.

잘난 체할 이(施), 친할 친(親), 하여금 사(使), 원망할 원(怨), 쓸 이(以), 옛 고(故), 옛 구(舊), 과실 고(故), 버릴 기(棄), 구할 구(求), 갖출 비(備)

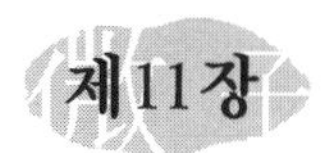

【문지(聞之)】

주유팔사(周有八士)

【원문(原文)】

周有八士하니 伯達 伯适와 仲突 仲忽와 叔夜 叔夏와 季隨 季騧니라
주유팔사 백달 백괄 중돌 중홀 숙야 숙하 계수 계와

【해독(解讀)】

주나라에 여덟 명의 선비가 있었다[周有八士]. 백달[伯達]과 백괄[伯适], 중돌[仲突]과 중홀[仲忽], 숙야[叔夜]와 숙하[叔夏], 그리고 계수[季隨]와 계와[季騧]가 그 여덟이다.

【담소(談笑)】

주유팔사(周有八士) 백달(伯達) 백괄(伯适), 중돌(仲突) 중홀(仲忽), 숙야(叔夜) 숙하(叔夏), 계수(季隨) 계와(季騧)

▶ 주나라에[周] 여덟 명의 선비가[八士] 있었다[有]. 백달[伯達]과 백괄[伯适], 중돌[仲突]과 중홀[仲忽], 숙야[叔夜]와 숙하[叔夏], 계수[季隨]와 계와[季騧]가 그 여덟이다.

이름의 첫 자(字)가 쌍마다 서로 같은 것으로 보아 분명 쌍둥이로 태어났음이 분명하다. 앞에 열거한 팔사(八士)는 네 쌍둥이란 말이니 상서로운 일치고는 묘하다. 한 어머니가 네 쌍둥이를 네 번에 걸쳐 분만했다느니, 네 어머니가 각각 쌍둥이를 분만했다느니 말들이 많은 장(章)이다. 계와(季)의 와(騧)는 원래 왜(騧) 또는 과(騧)로 발음하지만, 여기서만은 와(騧)로 발음하여 계왜(季騧)로 읽지 않고 계와(季騧)로 읽는다.

나라가 홍성하면 훌륭한 선비가 드러나는 법이다. 그러나 본래 훌륭한 선비는 세상이 더러우면 숨기를 좋아하는 까닭에 나라가 쇠미(衰迷)해지면 간신만 득실거리므로 훌륭한 선비가 드러나기 어렵다.

네 쌍둥이로 태어난 이 팔사(八士)에 대해서는 잘 알려진 것이 없다고 한다. 이 여덟의 선비가 안민(安民)의 치세(治世)를 폈을 것이라고 여기고, 그런 훌륭한 선비를 흠모하고 그리워하면 그만이다.

나라 이름 주(周), 선비 사(士), 맏 백(伯), 통달할 달(達), 빠를 괄(适), 버금 중(仲), 갑자기 돌(突), 갑자기 홀(忽), 아재비 숙(叔), 밤 야(夜), 여름 하(夏), 막내 계(季), 따를 수(隨), 공골말 왜(騧)

후편(後篇) 19

자장(子張)

입문 이 편에서 맨 처음 나오는 '자장(子張)'을 따서 편명(篇名)으로 삼았다. 「자장(子張)」편은 25장(章)으로 이루어져 있다. 이 편에는 공자(孔子)의 제자들이 많이 나온다. 그 중에서도 자하(子夏)가 가장 자주 등장하고, 자공(子貢)과 증자(曾子), 자유(子游)가 그 다음을 잇는다.

공자의 가르침이 어떻게 드러나는지 살필 수 있는 편(篇)이기도 하다. 특히 자공이 공자를 밝히는 마지막 대목에 이르면 제자들이 공자를 어떻게 받들어 모셨는지 알 수 있다. 공자가 왜 성인(聖人)인지 거듭 살펴둘 수 있는 장(章)이다.

제1장

【문지(聞之)】

사견위치명(士見危致命)

【원문(原文)】

子張曰 士見危致命하며 見得思義하며 祭思敬하며 喪思哀면 其可已矣니라
자장왈 사견위치명 견득사의 제사경 상사애 기가이의

【해독(解讀)】

자장이 말했다[子張曰]. "선비가 위험한 일을 보면 생명을 걸고[士見危致命] 이득을 보면 의로운지를 생각하며[見得思義] 제사 때는 경건함을 생각하고[祭思敬] 장사 지낼 때는 애통해하면[喪思哀] 비로소 족하다 하겠다[其可已矣]."

【담소(談笑)】

사견위치명(士見危致命) 견득사의(見得思義) 제사경(祭思敬) 상사애(喪思哀) 기가이의(其可已矣)

▶ 선비가[士] 위급한 일을[危] 보면[見] 목숨을[命] 걸고[致], 이득을[得] 보면[見] 부끄러울 게 없는지를[義] 생각하며[思], 제사를 올릴 때는[祭] 경건함을[敬] 생각하고[思], 상을 치를 때는[喪] 슬픔을[哀] 생각하면[思] 그것으로[其] 충분할 뿐이다[可已].

견(見)은 여기서 시(視)·당(當)과 같다. 보거나 당한다[見]. 치(致)는 위(委)와 같다. 맡기고 버린다[致]. 「학이(學而)」 편 7장에서 자하(子夏)가 이렇게 말했다. "사군능치기신(事君能致其身)." 임금을[君]

섬김에는[事] 제[其] 몸을[身] 바칠 수 있어야 한다[能致]. 여기서의 치(致)도 바로 그런 목숨을 버려라[致命], 벼슬자리를 버려라[致仕] 등의 뜻이다.

견득(見得)의 득(得)은 이(利)와 같다. 여기서는 이득(利得)의 준말로 여기고 새긴다. 득(得)은 덕(德)과 같을 때도 있다. 사의(思義)에서 의(義)는 의리(義利)의 준말로 여기고 새긴다. 「이인(里仁)」 편 16장으로 돌아가 공자의 말씀을 다시금 새겨보라. "군자유어의(君子喩於義) 소인유어리(小人喩於利)." 군자는 의(義)를 밝히고[喩] 소인은 이(利)를 밝힌다. 남을 이롭게 하면 의(義)이고 나를 이롭게 하면 이(利)이다. 견득사의(見得思義)는 공자가 군자구사(君子九思)를 말해주면서 마무리했던 말씀이다. 「계씨(季氏)」 편 10장으로 되돌아가 다시금 살펴보았으면 한다.

사경(思敬)의 경(敬)은 군자구사(君子九思)의 사사경(事思敬)에서 이미 밝혀놓았다. 경(敬)은 성(誠)을 다함을 말한다. 온 정성을 다하라 함이 경(敬)이다. 이의(已矣)의 이(已)는 말을 강조하는 어조(語調)를 띤다. ~할 뿐이다[已矣]. 그러므로 가이의(可已矣)는 '충분할 뿐'이라고 새긴다.

선비라면 치명(致命) · 사의(思義) · 사경(思敬)을 떠나서는 안 된다. 그래서 선비의 정신은 낡을 수 없다 한다. 선비를 단순히 관리로 여겨선 안 된다. 오히려 올곧은 선비 중에는 벼슬길에 나가는 쪽보다 향리에 머물러 고을 사람들과 함께 고락(苦樂)을 함께한 처사(處士)들이 더 많았다고 보아도 틀리지 않다. 사람이 사는 곳이라면 어디든 선비정신은 가장 바람직한 소금 구실을 한다. 그러나 지금은 선비정신을 잊어버린 탓에 저만 알고 남을 모른 척하는 꼴이 되었다. 그러니 선비를 옛날 인간형이라고 타박하지 말라.

선비 사(士), 볼 견(見), 위험할 위(危), 버릴 치(致), 목숨 명(命),

얻을 득(得), 제사 올릴 제(祭), 생각할 사(思), 경건할 경(敬), 잃을 상(喪), 슬플 애(哀), ~할 따름 이(已)

제2장

【문지(聞之)】

집덕불홍(執德不弘)

【원문(原文)】

子張曰 執德不弘하며 信道不篤이면 焉能爲有며 焉能爲亡이리오
자장왈 집덕불홍 신도부독 언능위유 언능위망

【해독(解讀)】

자장이 말했다[子張曰]. "덕을 실천하는 데 넓지 못하고[執德不弘] 도를 믿는 데 독실하지 않다면[信道不篤], 어찌 덕이나 도를 가졌다느니[焉能爲有] 못 가졌다느니 하겠는가[焉能爲亡]?"

【담소(談笑)】

집덕불홍(執德不弘) 신도부독(信道不篤) 언능위유(焉能爲有) 언능위망(焉能爲亡)

▶ 덕을[德] 행함이[執] 넓지 않고[不弘] 도를[道] 믿음이[信] 도탑지 않다면[不篤] 어찌[焉] 덕과 도가 있느니[爲有] 없느니[爲亡] 할 수 있겠는가[能]?

집(執)은 여기서 수(守)와 같다. 지킨다[執]. 덕을 지킨다 함은 덕을 실천에 옮긴다는 말이다. 독(篤)은 돈(敦)과 같다. 착실하고 성실하다[篤]. 언(焉)은 여기서 하(何)와 같다. 어찌 ~하겠는가[焉]. 위유(爲有)는 있게 된다는 말이고, 위망(爲亡)은 없어진다는 말이다.

집덕불홍(執德不弘)의 불홍(不弘)을 잘 새겨야 한다. 덕을 행함[執德]에 친소(親疎)를 따져 내 편 네 편을 가르면 덕은 엷어지거나 사라지고 만다. 불홍(不弘)을 무사(無私)나 무친(無親)으로 바꾸어 새겨도 된다. 골고루 도와주고 사랑하는 것이 덕(德)이기 때문이다. 그래서 덕을 크다[大] 한다. 대(大)는 하늘을 비유한다. 하늘이 만물을 차별하지 않음을 일러 대(大)라 한다. 덕은 그러하다. 이렇듯 본래부터 넓은 덕을 좁게 하는 것은 사람(소인)의 짓이다. 무친(無親)하라, 무사(無私)하라, 사기(舍己)하라 등등은 모두 덕을 행하라는 말씀이다. 가장 큰 덕은 나를 버리는 데[舍己] 있다고 한다. 그래서 군자무친(君子無親)이라 한다. 군자에게는 미운 놈 고운 놈이 따로 없다[君子無親]는 것이다. 그래서 군자는 크다.

신도부독(信道不篤)의 부독(不篤)은 정성(精誠)을 다하지 않음을 뜻한다. 물론 유가(儒家)의 도(道)는 인의(仁義)를 넓히는 길을 말한다. 공자가 "인능홍도(人能弘道)"라 하지 않았던가. 사람이[人] 도를[道] 넓힐 수 있다[能弘]는 사실을 의심하지 말라. 몸과 마음을 다해 진실로 인의를 행하라는 게 곧 독(篤)의 뜻이리라. 말로만 도(道)니 덕(德)이니 인(仁)이니 의(義)니 떠들지 말라. 오로지 행동으로 실천하라. 입으로만 떠들지 말라. 그래서 공자가 구급(口給)을 멀리하라 했다. 입만 살아 말만 앞세우는 인간을 일러 구급(口給)이라 한다. 자장은 스승의 뜻을 따라 말하고 있는 중이다.

잡을 집(執), 큰 덕(德), 넓을 홍(弘), 믿을 신(信), 도타울 독(篤),
어찌 언(焉), 될 위(爲), 있을 유(有), 없을 망(亡)

제3장

【문지(聞之)】

군자존현이용중(君子尊賢而容衆)

【원문(原文)】

子夏之門人이 問交於子張한대
자하지문인 문교어자장

子張曰 子夏云何오
자장왈 자하운하

對曰 子夏曰 可者與之하고 其不可者拒之라 하더이다
대왈 자하왈 가자여지 기불가자거지

子張曰 異乎吾所聞이로다 君子는 尊賢而容衆하며
자장왈 이호오소문 군자 존현이용중

嘉善而矜不能이니 我之大賢與인댄 於人何所不
가선이긍불능 아지대현여 어인하소불

容이며 我之不賢與인댄 人將拒我니 如之何其拒
용 아지불현여 인장거아 여지하기거

人也리오
인야

【해독(解讀)】

자하의 제자가[子夏之門人] 자장에게 벗을 사귀는 이치를 물었다[問交於子張].

자장이 말했다[子張曰]. "자하는 무어라 했는가[子夏云何]?"

이에 대답했다[對曰]. "자하께서는 말씀하기를[子夏曰], '훌륭한 사람이면 함께하고[可者與之] 그렇지 않은 자이면 멀리하라' 고 했습니다[其不可者拒之]."

이에 자장이 말해주었다[子張曰]. " 내가 들은 바는 다르다[異乎吾

所聞]. 군자는 현명한 사람을 존경하면서 대중도 받아들이고[君子尊賢而容衆], 재주가 있는 사람을 칭찬하면서 그렇지 못한 사람의 자존심도 높여준다[嘉善而矜不能]. 내가 크게 현명하다면[我之大賢與] 어찌 남들을 받아들이지 못하겠는가[於人何所不容]? 내가 현명하지 못하면[我之不賢與] 남들이 나를 멀리하지 않겠는가[人將拒我]? 그런데 어찌 사람을 거절한단 말인가[如之何其拒人也]?"

【담소(談笑)】

자하지문인(子夏之門人) 문교어자장(問交於子張)

▶ 자하의[子夏之] 한 제자가[門人] 자장에게[於子張] 교우에 관한 것을[交] 물었다[問].

문인(門人)은 제자(弟子)를 말한다. 문교(問交)의 교(交)는 교우(交友)의 준말이나 교제(交際)의 준말로 여기고 새기면 된다. 공자는 교우를 매우 중요하게 여겼으니 벗을 사귄다[交友]는 뜻으로 새기면 된다.

자하(子夏)의 한 제자가 자장(子張)을 만나 교우(交友)에 관한 것을 물어왔다. 이에 자장이 대뜸 응해주지 않고 자네의 스승께서는 어떻게 하라 했느냐고 먼저 물어보는 모습을 눈여겨보아야 한다. 먼저 자하의 제자가 스승(자하)으로부터 어떤 가르침을 받았는지 알아보는 것에서 자장이 자하의 제자를 신중하게 대하고 있음을 알 수 있다. 자장이 이렇게 물었다. "자하운하(子夏云何)?" 자네의 스승께서는[子夏] 교우에 관해서 어떻게[何] 말해주던가[云]?

그러자 자하의 제자가 이렇게 여쭈었다. "가자여지(可者與之) 기불가자거(其不可者拒)." 좋은 사람이면[可者] 그와[之] 함께 사귀고[與], 좋지 않은 사람이면[不可者] 그와[之] 사귀지 말라[拒]. 가자(可者)의 가(可)를 선(善)과 같다고 보고 선하고 착한 사람[可者]으로 새긴다. 여지(與之)의 지(之)는 앞의 가자(可者)를 가리키는 지시어이다.

자하의 제자가 한 말을 듣고 자장이 이렇게 말문을 연다. "이호오소문(異乎吾所聞)." 내가[吾] 들은[聞] 바는[所] 다르다[異]. 호(乎)는 뜻이 없는 어조사(語助辭)이다. 여기서 자장이 다르다[異]고 하는 까닭을 이해하려면 「학이(學而)」 편 6장과 8장을 떠올려야 한다. 먼저 6장에서 공자는 이렇게 말한다. "범애중(凡愛衆) 이친인(而親仁)." 많은 사람들을[衆] 널리 두루[凡] 사랑하되[愛] 어진 사람과[仁] 더욱 가까이 하라[親]. 여기서 인(仁)은 인자(仁者)로 여기고 새기면 좋다. 그리고 8장에서 공자는 이렇게 말한다. "무우불여기자(無友不如己者)." 자기와[己] 같지 않은[不如] 사람과[者] 벗으로 사귀지[友] 말라[無].

아마도 자하는 제자에게 8장을 들어 교우(交友)를 가르쳤고, 자장은 6장의 가르침을 바탕으로 교우를 생각했던 모양이다. 이제 왜 자장이 들은 바가[所聞] 다르다[異] 하는지 알 수 있을 것이다. 벗을 가려서 잘 사귀라는 말도 틀림이 없고, 모든 사람을 다 소중히 하되 특히 어진 사람과 사귀라는 말도 틀림이 없다. 그중에서 자장은 벗을 사귐은 자신의 문제이지 남이 결정할 문제가 아니라는 점을 강조하고 있다.

문 문(門), 물어볼 문(問), 사귈 교(交), ~에게 어(於)

군자존현이용중(君子尊賢而容衆) 가선이긍불능(嘉善而矜不能) 아지대현여(我之大賢與) 어인하소불용(於人何所不容) 아지불현여(我之不賢與) 인장거아(人將拒我) 여지하기거인야(如之何其拒人也)

▶ 군자는[君子] 현자를[賢] 우러러 받들지만[尊] 평범한 사람들도[衆] 끌어안으며[容], 재능이 있어 잘하는 사람을[善] 기뻐하면서도[嘉] 능력이 부족한 사람 역시[不能] 아낀다[矜]. 내가[我] 크게[大] 현명하다면[賢] 어찌[何] 남으로부터[於人] 따돌림을 당하겠

는가[不容]? 내가[我] 현명하지 못하다면[不賢] 남들이[人] 나를[我] 멀리하려고 할 것이다[將拒]. 그런데 어찌[如之何] 그러한데[其] 남을[人] 거절한단 말인가[拒]?

존현(尊賢)의 존(尊)은 존경(尊敬)의 준말로, 현(賢)은 현자(賢者)의 준말로 여기고 새기면 된다. 우러러 받들고 모신다[尊敬]. 현명한 사람[賢者]. 한문은 많은 뜻을 함축하는 문장을 이루기 때문에 문의(文意)를 살려 알맞게 새겨 나가야 한다. 용중(容衆)의 용(容)은 수(受)·유(宥)·용(用)·안(安) 등과 같다. 용납하고[受] 너그럽고[宥] 쓰고[用] 편안하게 한다[安]는 뜻으로 용(容)을 새기면 된다. 그러니 용중(容衆)이란 애중(愛衆)과 같아서 애(愛)와 용(容)은 같다고 할 수 있다. 대중도 꺼리지 않고 좋아한다 함이 곧 용중(容衆)이다. 용중(容衆)은 곧 애인(愛人)인 셈이다.

가선(嘉善)의 가(嘉)는 가상(嘉賞)의 준말로, 선(善)은 선능자(善能者)의 준말로 여기고 새기면 된다. 기뻐하며 좋아하다[嘉]. 우수한 사람[善能者]. 긍불능(矜不能)의 불능(不能)은 불능자(不能者)의 준말로 여기고 새기면 된다. 능력이 모자라 처지는 사람[不能者]. 긍(矜)은 석(惜)·상(尙)·식(飾) 등과 같다. 아끼고[惜] 높여주고[尙] 꾸며준다[飾]. 모자란다고 구박하지 말라 함이 긍불능(矜不能)의 긍(矜)인 셈이니 이러한 긍(矜) 또한 사랑한다[愛]는 뜻으로 새길 수 있다.

자장은 스승(공자)의 가르침인 범애중(凡愛衆)을 용중(容衆)과 긍불능(矜不能)이라고 풀이해서 자하의 제자에게 가르쳐준 다음, 교우(交友)는 남에게 달린 문제가 아니라 바로 내 자신에게 달린 문제임을 가르쳐준다. 아지대현여(我之大賢與)는 어조(語調)를 강하게 드러내는 말투이다. 여기서 지(之)와 여(與)는 어조를 강조할 뿐 아무 뜻 없다고 보고 그냥 아대현(我大賢)이라 여기고 풀이하면 된다. 내가[我] 크게[大] 현명하다[賢]. 어인하소불용(於人何所不容)은 하아소불용어인(何我所不容於人)으로 고쳐 새기면 쉬울 것이다. 아(我)가 생략되었고, 어인(於人)을 강조하고자 앞으로 끌어냈다. 어인(於人)은 영어로 'by others' 이고, 소불용(所不容)은 영어의 수동태 형태로 보면 된다. 어찌[何] 내가[我] 남들에 의해서[於人] 용납되지 않겠는가[所不容]로 새긴다.

내가 현명하지 못하면 남들이 나를 거절할 것이다[我之不賢與 人將拒我]라는 자장의 말을 경청해야 할 것이다. 왜 덕불고(德不孤)라 하는가? 후덕하면[德] 외롭지 않다[不孤]. 불현(不賢)은 부덕(不德)과 같은 말이다. 벗이 있고 없고는 나한테 달려 있지 남의 탓이 아님을 알라는 것이다. 내가 못났으면 남들이 나를 거절하는데 내가 어찌 벗을 골라 사귄다는 말인가? 이렇게 자장이 설파하고 있다. 인자(仁者)는 본래 바다 같다. 강물을 선별해서 받아들이는 바다를 보았는가? 그런 바다는 없다. 그러니 벗과 사귀기 위해서는 먼저 내가 현자(賢者)가 되어야 한다는 것이다. 그러니 나에게 벗이 없다면 내가 부덕(不德)한 까닭이다.

우러러볼 존(尊), 현명할 현(賢), 안을 용(容), 무리 중(衆),
기뻐할 가(嘉), 착할 선(善), 아낄 긍(矜), 어조사 여(與), 거부할 거(拒)

제4장

【문지(聞之)】

수소도필유가관자언(雖小道必有可觀者焉)

【원문(原文)】

子夏曰 雖小道나 必有可觀者焉이어니와 致遠恐
자 하 왈 수 소 도 필 유 가 관 자 언 치 원 공
泥라 是以로 君子不爲也니라
니 시 이 군 자 불 위 야

【해독(解讀)】

자하가 말했다[子夏曰]. "비록 작은 길이라도[雖小道] 반드시 볼 만한 점들이 있다[必有可觀者焉]. 그러나 원대한 뜻을 이룩하는 데 장애가 될까 두려워한다[致遠恐泥]. 이러한 까닭으로[是以] 군자는 작은 길을 마다한다[君子不爲也]."

【담소(談笑)】

수소도(雖小道) 필유가관자언(必有可觀者焉) 치원공니(致遠恐泥) 시이(是以) 군자불위야(君子不爲也)

▶ 비록[雖] 작은[小] 길일지라도[道] 반드시[必] 살펴 살 수 있는[可觀] 점들이[者] 있게 마련이다[有]. 그러나 그 작은 길이 멀고먼 큰 뜻을[遠] 이루는 데[致] 걸림돌이 될까[泥] 군자는 두려워한다[恐]. 이런[是] 까닭으로 말미암아[以] 군자는[君子] 그 작은 길을[小道] 취하지 않는다[不爲].

소도(小道)는 기(器)를 뜻한다고 보면 된다. 이 기(器)는 기능적(技能的)인 일들을 의미한다. 언(焉)은 확실히 잘라 말하는 어미사(語尾詞)이다. 치(致)는 지(至)와 같다. 이르다[致]. 치원(致遠)은 먼 곳에 이른다는 뜻이지만, 여기서는 원대한 꿈을 이룬다고 새긴다. 이(泥)는 체(滯)와 같다. 수렁 같아 막히다[泥]. 이(泥) 뒤에 소도(小道)가 생략됐다고 보면 된다. 시이(是以)의 시(是)는 앞의 치원공니(致遠恐泥)를 가리키는 지시어이고, 이(以)는 '~까닭'이라는 뜻으로 인(因)과 같다. 이로 말미암아[是以]. 불위(不爲) 다음에 소도(小道)를 가리키는 지(之)가 생략됐다고 보면 새기기 쉽다. 그래서 군자는 기능직을 맡지 않는다고 풀이하면 된다.

지금 자하(子夏)는 각각 「위정(爲政)」 편 12장과 「위령공(衛靈公)」 편 28장에 있는 공자의 말씀을 풀이하고 있다고 보아도 된다. 「위정」 편 12장에서 공자는 이렇게 말해두었다. "군자불기(君子不器)." 군자는[君子] 기능인(技能人)이 아니다[不器]. 그리고 「위령공」 편 28장에서는 이렇게 말해두었다. "인능홍도(人能弘道)." 사람이[人] 인도를[道] 넓힐 수 있다[能弘]. 스승 공자의 뜻에 따라 자하가 지금 도(道)와 기(器)를 풀이하고 있다. 도기(道器)의 도(道)는 대도(大道) 즉 인도(仁道)를 일컫고, 기(器)는 소도(小道)라고 하여 기능적인 일을 말한다. 그러니 여기서 소도(小道)는 기능인이 걸어갈 길이라고 새기면 될 것이다.

치원(致遠)에서 원(遠)은 대도(大道)로 해석하면 된다. 그리고 치(致)는 인능홍도(人能弘道)의 뜻을 더할 바 없이 이룩한다는 뜻으로 새길 수 있다. 이러한 치원(致遠)은 지어대도(至於大道)라 여기고 새긴다. 큰 도에[於大道] 이른다[至]. 『대학(大學)』은 이러한 경지의 치(致)를 지어지선(止於至善)이라고 했다. 물론 대도(大道)는 인도(仁道)를 말한다.

이제 왜 군자가 소도(小道)를 두려워하는지[恐泥] 알 수 있을 것이다. 공니(恐泥)의 이(泥)는 본래 온통 진흙탕 수렁을 말한다. 따라서 앞으로 나아가는 데 걸림돌이 된다는 뜻으로 이(泥)를 새기면 될 것이다. 군자는 왜 소도(小道)를 장애물로 여기는가? 기능적인 것은 사람의 필요에 따라 생겨나고 이루어진다. 그러나 군자에게 인능홍도(人能弘道)는 필요에 따른 소망이 아니라 절대적인 소명이다. 이런 이유 때문 군자가 소도(小道) 즉 기능인이 밟아가야 할 길을 무시하거나 천대해서가 아니란 점을 자하는 강조하고 있다. 그러면서도 대도(大道)를 실현하라는 인능홍도(人能弘道)의 원대한 뜻을 실현하는 것이 군자의 길이라고 밝히고 있다. 지금 시대에 왜 군자가 없는지 알 만하리라. 저마다 기능인이 되어 자신의 욕망을 충족시키려고 발버둥치는 시대에 군자는 생겨나기 어렵다. 우리는 이제 대도(大道)는 잊었고 소도(小道)에서 박이 터져라 아옹다옹하며 산다. 우리네 인생이 왜 빡빡하고 옹색한지 그 까닭을 알 것 같다.

비록 수(雖), 반드시 필(必), 볼 관(觀), 어조사 언(焉), 이를 치(致), 멀 원(遠), 두려워할 공(恐), 막힐 니(泥), 까닭 이(以), 할 위(爲)

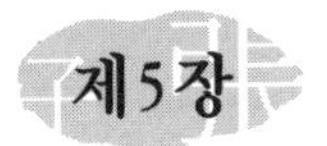

제5장

【문지(聞之)】

가위호학(可謂好學)

【원문(原文)】

子夏曰 日知其所亡하며 月無忘其所能이면 可謂好學也已矣니라
자하왈 일지기소망 월무망기소능 가위호학야이의

【해독(解讀)】

자하가 말했다[子夏曰]. "날마다 몰랐던 바 그것을 알고[日知其所亡] 달마다 잘 알았던 바 그것을 잊지 않으면[月無忘其所能] 가히 배우기를 좋아한다고 말할 수 있다[可謂好學也已矣]."

【담소(談笑)】

일지기소망(日知其所亡) 월무망기소능(月無忘其所能) 가위호학야이의(可謂好學也已矣)

▶ **날마다[日] 미처 몰랐던[亡] 바[所] 그것을[其] 알고[知], 달마다[月] 잘 알았던[能] 바[所] 그것을[其] 잊어버리지 않는다면[無忘], 배우기를[學] 좋아한다고[好] 말할 수 있을[可謂] 뿐이다[也已矣].**

망(亡)은 여기서 무(無)와 같다. 미지(未知)로 여기고 새기면 된다. 미처 몰랐다[亡]. 망(忘)은 지부재(志不在)를 뜻한다. 마음에 두지 않음[志不在]이 망(忘)이다. 야이의(也已矣)는 단언하는 어미사(語尾詞)이다.

자하(子夏)가 「위정(爲政)」 편 11장에 있는 스승 공자(孔子)의 가르침을 풀이하고 있다. 거기서 공자는 이렇게 말했다. "온고이지신(溫故而知新)." 옛것을[故] 살펴[溫] 새것을[新] 안다[知].

호학(好學)은 배우기를 좋아한다고 해서 다 되는 것이 아니다. 배우기를 어떻게 좋아하느냐부터 잘 터득해야 한다. 배울 때는 항상 이미 알고 있는 것을 바탕으로 미처 몰랐던 것을 받아들여야 무엇이 새롭고 무엇이 낡은 것인지 알 수 있다. 낡은 것은 곧 버릴 것이란 생각은 호학(好學)을 망쳐버린다. 낡은 것이 있어야 새것이 돋아나는 법이다. 발견은 항상 낡은 것에서 비롯된다. 그러므로 새것만을 강조해도 안 되고 옛것만을 고집해도 안 된다. 그래서 공자가 "학즉불고(學則不固)"라 했다. 배워라[學]. 그렇다면 하나만을 고집하지 말라[不固]. 고루하지 말라[不固]. 이 가르침은 「학이(學而)」 편 8장에 있다.

그리고 「미자(微子)」 편 8장을 다시 한번 살펴보라. "무가무불가(無可無不可)." 반드시 해야 할 것도 없거니와[無可] 반드시 해서는 안 될 것도 없다[無不可]. 그러니 호학(好學)에는 걸림이 없어야 한다. 두루 살피되 인능홍도(人能弘道)라는 뜻에서 벗어나지 말아야 한다. 그러자면 호학(好學)의 학(學)이 구체적으로 무엇을 배우라 하는지 새겨보아야 한다.

「학이(學而)」 편 6장을 다시 찾아가 보면 온고(溫故)를 더욱 구체적으로 알 수 있을 것이다. 거기서 공자가 밝히는 온고(溫故)는 바로 효(孝)·제(弟)·신(信)·애중(愛衆)·친인(親仁)의 정신이다. 그러니 무슨 지식(知識)을 두고 온고(溫故)를 따질 일이 아니니다. 온고를 잊어버리고[忘] 학문(學文)을 해서 무슨 소용이 있단 말인가? 이런 뜻을 헤아린 다음에 자하가 말한 '가위호학(可謂好學)' 을 새겼으면 한다.

아무리 박학(博學)하다 한들 먼저 사람이 되지 않으면 호학(好學)하는 것이 아니라 한다. 그러니 사람이 되게 하는 온고(溫故)를 멀리하는 지신(知新)은 뜬구름과 같다. 자하가 사람이 되는 길을 "무망기소능(無忘其所能)"이라고 말했다고 여겨도 틀리지 않을 것이다. 그래서 소능(所能)을 사람이 되는 길로 여겨도 안 될 리 없다. 사람이 되는 길은 어디인가? 그 길이란 바로 효(孝)·제(弟)·신(信)·애중(愛衆)·친인(親仁)일 것이다. 먼저 자신부터 사람이 되려고 하면서 호학(好學)하라. 오늘날 학인(學人)들이 이 말을 들으면 찔끔할 터이다.

없을 망(亡), ~하지 않을 무(無), 잊을 망(忘), 능할 능(能)

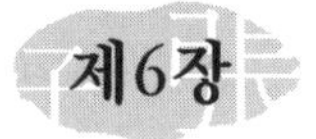

【문지(聞之)】

박학이독지(博學而篤志)

【원문(原文)】

子夏曰 博學而篤志하며 切問而近思하면 仁在其中矣니라
자하왈 박학이독지 절문이근사 인재기중의

【해독(解讀)】

자하가 말했다[子夏曰]. "널리 배우고 뜻을 두텁게 하면서[博學而篤志] 깊이 묻되 가까운 것부터 생각하면[切問而近思], 그러는 사이에 인(仁)은 절로 있게 된다[仁在其中矣]."

【담소(談笑)】

박학이독지(博學而篤志) 절문이근사(切問而近思) 인재기중의(仁在其中矣)

▶ **널리 두루[博] 배우고[學] 뜻을[志] 두텁게 하며[篤], 자기가 배운 바를 꼼꼼히 살펴 묻되[問] 가까운 것에서부터[近] 생각해가면[思], 그러는[其] 가운데[中] 인은[仁] 절로 있게 된다[在].**

박(博)은 여기서 광(廣)과 같다. 학즉불고(學則不固)의 불고(不固)가 곧 박(博)이다. 그리고 학(學)은 효(效)·각(覺)을 말한다. 본받아 배우고[效] 터득해 깨우친다[覺]고 새긴다. 독(篤)은 돈(敦)과 같다. 독실(篤實)의 준말로 여기고 새기면 된다. 두텁고 착실하다[篤]. 지(志)는 심지(心之)를 말한다. 마음이 가는 바[心之]가 곧 뜻[志]이다. 절문(切問)의 절(切)은 각(慤)과 같다. 간절(懇切)의 준말로 여기고 새기면 된다. 성실하다[切]. 근사(近思)의 근(近)은 자신이 할 수 있는 것을 말한다. 그러니 근사(近思)는 몸소 자신이 할 수 있는 일을 생각하라는 말이다. 허황되지 말라 함이 곧 근사(近思)이다.

자하(子夏)가 유가(儒家)의 학문(學文)정신을 밝히고 있다. 인도(仁

道)를 벗어난 학문이란 유가에서는 성립되지 않는다. 박학(博學)은 성현의 가르침과 더불어 문물제도를 널리 두루 배워야 한다는 말이다. 도가(道家)가 주로 비웃는 대상이 바로 이 박학(博學)이다. 유가는 사람이면 무엇보다 널리 배워 유식(有識)해야 한다고 주장하고, 도가는 견소(見素)하면 된다고 주장한다. 자연이 허락하는 대로 살라 함이 견소(見素)이다. 그러나 유가는 박학(博學)을 착실히 하라 한다. 박학(博學)의 학(學)은 애인(愛人)의 뜻과 지인(知人)의 뜻을 철저하게 배우라는 말이다. 그래서 독지(篤志)라고 한다.

뜻을 두텁게 하라[篤志]. 이는 인능홍도(人能弘道)의 뜻을 착실하게 펴가라는 말이다. 성실하게 인도(仁道)를 넓혀가는 뜻을 두텁게 하라는 게 곧 자하가 밝히는 독지(篤志)다. 그러기 위해서는 곧 절문(切問)해야 한다. 이런 절문(切問)을 불가(佛家)에서는 부질없는 짓으로 본다. 불가는 아예 제의(除疑)하라 한다. 의심 따위를 모조리 버려라[除疑]. 그러나 유가는 배운 것이 의심나거든 끝까지 살펴 알아보라고 한다. 이러하므로 절문(切問)은 곧 독지(篤志)를 이어받은 것이다.

그런데 무엇을 절문(切問)하라 하는가? 바로 근사(近思)이다. 말하자면 근(近)을 절문(切問)하라는 것이다. 근(近)을 공자의 말씀으로 한다면 수기(修己)요 극기(克己)이리라. 수기를 생각하라 함이 곧 근사(近思)이고, 극기를 생각하라 함이 또한 자하가 말하는 근사(近思)이다. 남에게 선하라고 요구하지 말고 자신부터 선하려고 하면 바로 그런 삶이 근사(近思)의 삶이다. 그러니 근사(近思)란 우선 나부터 선하고 어진 사람이 되겠다고 생각하라는 말씀이다.

나는 어진 사람인가? 어진 사람이 될 수 있는가? 나는 착한가? 이런 자문(自問)이 간절하다면 바로 절문(切問)이요 동시에 근사(近思)일 터이다. 이러하므로 근사(近思)하면 절로 인도(仁道)가 트인다 함이 곧 '인재기중(仁在其中)' 이다. 인도가 절로 열린다는 말이다. 인도는 남이 트지 못한다. 바로 내가 직접 터가야 한다 함이 '인재기중(仁在

其中)' 이다. 그러니 남에게 어진 사람이 되라고 하지 말라. 내가 어진 사람인지 자문하면서 살아가면 절로 어진 삶이 열린다 한다.

넓을 박(博), 도타울 독(篤), 뜻 지(志), 정성스러울 절(切), 생각할 사(思), 가운데 중(中)

제7장

【문지(聞之)】

백공거사(百工居肆) · 군자학(君子學)

【원문(原文)】

子夏曰 百工居肆하야 以成其事하고 君子學하야 以致其道니라
자하왈 백공거사 이성기사 군자학 이치기도

【해독(解讀)】

자하가 말했다[子夏曰]. "온갖 기능인은 작업장에 있으면서[百工居肆] 자기들의 일을 이루고[以成其事], 군자는 학문을 하여[君子學] 자신의 도를 일구어낸다[以致其道]."

【담소(談笑)】

백공거사(百工居肆) 이성기사(以成其事) 군자학(君子學) 이치기도(以致其道)

▶ 온갖[百] 기술자는[工] 일터에서[肆] 일한다[居]. 그렇게 하여

[以] 자신들의[其] 일을[事] 이룩한다[成]. 군자는[君子] 학문을 한다[學]. 그렇게 하여[以] 자신의[其] 도를[道] 달성한다[致].

백공(百工)은 온갖 직종의 기능을 통틀어 말한다. 온갖 직장인[百工]. 거사(居肆)의 거(居)는 작업한다는 뜻으로, 사(肆)는 일터 즉 직장이라고 여기면 된다. 저마다 일터에서 일한다[居肆]. 이성기사(以成其事)는 이(以) 앞에 시(是)가 생략되었다고 보고 시이(是以)로 새긴다. 물론 시이(是以)의 시(是)는 앞의 내용을 받는 지시어이다. 그렇게 하여[以]. 기사(其事)의 기(其)는 백공(百工)을 가리키는 대명사이다. 군자학(君子學)의 학(學)은 학문(學文)의 준말로 여기고 새긴다. 물론 학(學)을 학덕(學德)의 준말로 새겨도 된다. 덕을 닦아 배운다[學德]. 학문(學文)의 문(文)은 성현들이 밝혀놓은 애인(愛人)과 지인(知人)의 세계를 의미한다. 치(致)는 여기서 극치(極致)의 준말로 여기고 새기면 된다.

군자(君子)는 어떤 일을 전문으로 하는 전문가가 아니다. 군자는 부모(父母)와 같은 역할을 한다. 부모가 자녀를 생각하듯 군자는 온 사람들을 그렇게 여기는 큰마음을 갖추어야 한다. 큰마음이란 무친(無親)의 마음가짐이요 무사(無私)의 마음가짐이 아닌가. 그래서 군자는 애인(愛人)의 길을 탐구하고 지인(知人)의 길을 탐구하는 대인(大人)이다. 왜 군자를 일러 무심(無心)한 사람이라고 하는가? 사(私)를 버리고 공(公)을 택하기 때문이다. 공직자(公職者)가 왜 군자를 닮아야 하는지 알 것이다. 부패가 왜 일어나는가? 부패는 사사롭기 때문에 일어난다. 만일 군자처럼 모든 관료가 무친(無親)하고 무사(無私)하면 부정부패란 있을 리가 없다. 우리 모두 제 욕심만 챙기려는 소인배들이어서 세상이 더럽고 추할 뿐이다. 법이 없어서 이 세상이 혼탁하다고 여길 것 없다.

장인 공(工), 있을 거(居), 일자리 사(肆), 이를 치(致)

제8장

【문지(聞之)】

소인지과야(小人之過也)

【원문(原文)】

子夏曰 小人之過也는 必文이니라
자 하 왈 소 인 지 과 야 필 문

【해독(解讀)】

자하가 말했다[子夏曰]. "소인이 잘못을 범하면[小人之過也] 반드시 핑계를 대고 얼버무리려 한다[必文]."

【담소(談笑)】

소인지과야(小人之過也) 필문(必文)

▶ **소인이[小人] 잘못을 범하면[過] 반드시[必] 핑계를 대고 얼버무려 덮으려 한다[文].**

과(過)는 건(愆)·오(誤)와 같다. 그릇되고[誤] 허물을 만든다[愆]는 뜻의 과(過)이다. 문(文)은 여기서 식(飾)과 같다. 핑계를 대고 꾸민다[文].

군자는 허물을 범했으면 금세 뉘우치고 고친다. 그러나 소인은 감추어 없었던 듯 피해보려고 수작을 부린다. 그래서 공자가 이렇게 말해두었다. "과즉물탄개(過則勿憚改)." 허물을 지었으면[過] 곧[則] 허물을 고치는 데[改] 꺼리지 않는다[勿憚]. 이 말씀은 「학이(學而)」 편 8장에 있다. 물탄개(勿憚改)는 큰사람[大人]이라야 실천한다. 그래서 큰사람한테는 허물이 붙지 않는다. 그러나 소인은 허물을 벗어나지 못한다. 허물이 허물인 줄 알면서도 그런 자신을 부끄러워하지 않기 때문이다. 그래서 제가 범한 허물을 두고 이러쿵저러쿵 변명하고 핑계를 대며 빠져나갈 구멍을 찾기 바쁘다. 허물을 감추거나 숨기는 짓보다 더한 허물은 없다. 그래서 공자가 「위령공(衛靈公)」 편 22장에서 이렇게 당부해두었다. "과이불개(過而不改) 시위과야(是謂過也)." 허물을 범하고도[過] 고치지 않으면[不改] 바로 그런 짓을[是] 허물이라[過] 한다[謂]. 자하가 말하는 필문(必文)의 문(文)을 과이불개(過而不改)란 공자의 말씀과 함께 새기면 이해가 쉽다.

나아가 공자는 『중용(中庸)』 제2편에서 "소인반중용(小人反中庸)"이라고 밝혔다. 소인은[小人] 중용에[中庸] 어긋나는 짓을 한다[反]. 주자(朱子)는 공자의 반중용(反中庸)을 "소인무기탄(小人無忌憚)"이라고 풀이했다. 소인은[小人] 반중용을 피하거나[忌] 꺼리지[憚] 않는다[無]. 반중용(反中庸)은 부덕(不德)과 같은 뜻이다. 공자가 「옹야(雍也)」 편 27장에서 중용은 곧 덕이 된다고 했기 때문이다. "중용지위덕(中庸之爲德)." 그러니 자하가 말하는 필문(必文)의 문(文)을 부덕(不德)으로 새겨들어도 된다. 어떻게든 핑계를 대 모면하려 들지 말라 한다. 자신을 변명하지 말라. 그러면 자신을 스스로 초라하게 하고 만다. 이 얼마나 비참한 꼴인가. 그러니 필문(必文)하지 말고 불탄개(不憚改)하라.

허물 과(過), 꾸밀 문(文)

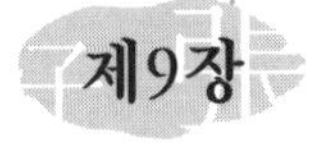

제9장

【문지(聞之)】

군자유삼변(君子有三變)

【원문(原文)】

子夏曰 君子有三變하나니 望之儼然하고 卽之也溫하고 聽其言也厲니라
자하왈 군자유삼변 망지엄연 즉지야 온 청기언야려

【해독(解讀)】

자하가 말했다[子夏曰]. "군자의 모습은 세 번 변한다[君子有三變]. 군자를 멀리서 보면 엄숙하게 보이고[望之儼然], 가까이서 보면 온화하며[卽之也溫], 말을 들어보면 바르고 엄숙하다[聽其言也厲]."

【담소(談笑)】

군자유삼변(君子有三變) 망지엄연(望之儼然) 즉지야온(卽之也溫) 청기언야려(聽其言也厲)

▶ 군자에게는[君子] 세 번[三] 달라지는 것이[變] 있다. 군자를[之] 멀리서 보면[望] 의젓하고 당당한[儼] 모습이고[然], 군자를[之] 가까이서 보면[卽] 온화하며[溫], 군자가[其] 하는 말을[言] 들어보면[聽] 엄숙하다[厲].

엄연(儼然)은 의젓하고 당당한 모습이다. 망지(望之)의 지(之)는 군자를 받는 지시어이고 망(望)은 멀리서 바라본다는 뜻이다. 엄연(儼然)은 의연(毅然)과 같은 모습이라고 보아도 된다. 즉지(卽之)의 즉(卽)은 가까이에서 바라본다는 뜻이다. 여(厲)는 엄(嚴)과 같다. 엄숙하고 바르다[厲]. 여(厲)를 엄정(嚴正)의 뜻으로 새겨도 된다.

자하(子夏)의 말이 「술이(述而)」 편 37장에 나오는 스승 공자의 모습을 떠올리게 한다. 거기에서 공자는 이렇게 묘사되어 있다. "자온이려(子溫而厲) 위이불맹(威而不猛) 공이안(恭而安)." 공자께서는[子] 온화하되[溫] 엄정하고[厲], 위엄이 있되[威] 사나워 보이지 않으며[不

猛], 공경스럽되[恭] 남을 편안하게 한다[安].

자하가 말하는 삼변(三變)을 변덕스럽다고 새기지 말라. 엄(儼)·온(溫)·여(厲)는 겉모습이 그렇게 보일 뿐, 군자의 마음가짐은 변함없이 청정(淸正)하고 엄정(嚴正)하므로 이러나저러나 후덕한 모습이다. 군자는 한결같고 소인이 변덕스럽다. 달면 삼키고 쓰면 뱉는 짓은 소인이 범할 뿐이다. 그러니 삼변(三變)을 변덕스럽다고 새기면 안 된다. 항심(恒心)이란 말을 떠올려보라. 군자는 항상 안인(安人)한다. 군자는 이러나저러나 사람을 편안하게 한다[安人] 함이 삼변(三變)이라고 여기면 된다.

달라질 변(變), 바라볼 망(望), 의젓할 엄(儼), 그럴 연(然),
가까울 즉(卽), 따뜻할 온(溫), 들을 청(聽), 엄할 려(厲)

제10장

【문지(聞之)】

신이후간(信而後諫)

【원문(原文)】

子夏曰 君子信而後勞其民이니 未信則以爲厲己也니라 信而後諫이니 未信則以爲謗己也니라
(자하왈 군자신이후로기민 미신즉이위려기야 신이후간 미신즉이위방기야)

【해독(解讀)】

자하가 말했다[子夏曰]. "군자는 신뢰를 얻은 다음에 백성을 부려야

한다[君子信而後勞其民]. 신뢰를 얻지 못한 채 그렇게 하면 자기들을 힘들게 한다고 여기게 된다[未信則以爲厲己也]. 신뢰를 쌓은 다음에야 할 말을 해야 한다[信而後諫]. 신뢰를 얻지 못하고 그렇게 하면 자기들을 비방한다고 여기게 된다[未信則以爲謗己也]."

【담소(談笑)】

군자신이후로기민(君子信而後勞其民) 미신즉이위려기야(未信則以爲厲己也) 신이후간(信而後諫) 미신즉이위방기야(未信則以爲謗己也)

▶ 군자는[君子] 백성한테 믿음을 얻은[信] 뒤에야[而後] 자신의[己] 백성을[民] 부려야 한다[勞]. 신뢰를 얻지 못한 채[未信] 곧[則] 백성을 부리면[以] 백성은 자기들을[己] 위태롭게 한다고[厲] 여기게 된다[爲]. 신뢰를 쌓은[信] 뒤에야[而後] 백성에게 해야 할 말을 한다[諫]. 신뢰를 얻지 못한 채[未信] 곧[則] 백성한테 간하면[以] 백성은 자기들을[己] 헐뜯는다고[謗] 여기게 된다[爲].

치자(治者)로서 군자는 신(信)에서 떠날 수 없음을 밝히고 있다. 신(信)을 충신(忠信)의 준말로 여기고 새겨도 된다. 신(信)은 곧 직내(直內)이다. 정직한 마음가짐[直內]을 떠난 믿음[信]은 없다. 이위려기(以爲厲己)에서 앞에 민(民)이 생략되어 있고, 이(以)는 시이(是以)의 준말이라고 보아 민이위려기(民以爲厲己)로 고쳐 새기면 이해하기 쉬울 것이다. 위(爲)는 사(思)와 같다. 생각하게 된다[爲]. 여(厲)는 여기서 위(危)와 같다. 위태롭게 한다[厲]. 그리고 기(己)는 민(民)을 받으며 자기들[己]이란 뜻이다. 한문에는 단수 · 복수가 없다고 생각하면 된다. 믿음도 얻지 못하면서 백성을 부리려고 하면[以] 백성은[民] 자기들을[己] 위태롭게 한다고[厲] 생각하게 된다[爲]고 이위려기(以爲厲己)에서 생략된 내용을 보충해 새긴다.

백성을 결코 속이지 않는 사람이라면 백성은 그를 믿는다. 군자는 이를 잘 아는 치자(治者)이다. 동고동락(同苦同樂)한다면 백성은 믿고 따른다. 군자는 이를 잘 아는 치자이다. 그래서 백성은 군자가 자신들에게 아무리 힘든 일을 시켜도 달게 받아들이고 살 길을 트려고 한다. 이렇게 백성으로 하여금 마음을 트게 하는 군자의 마음이 바로 충신(忠信)이다. 군자가 갖추어야 할 신(信)이란 친민(親民)을 다하는 마음가짐일 것이다.

이런 마음가짐을 가지고 백성이나 통치자에게 해야 할 말을 한다면 어느 누가 군자의 간언(諫言)을 소홀히 대하겠는가. 모두들 군자의 간언을 귀담아 듣고 군자를 따를 것이다. 그렇지 않고 백성으로부터 신뢰를 얻지 못하면서 아무리 할 말을 해봤자 백성은 딴 소리로 듣고 오히려 외면할 것이다. 그러한 뜻을 자하가 이렇게 말한 셈이다. "미신즉이위방기야(未信則以爲謗已也)." 여기서 미신(未信)은 군자가 백성으로부터 신뢰를 얻지 못함을 뜻한다. 이(以)를 시이(是以)의 준말로 여기고, 위(爲) 앞에 민(民)이 생략됐다고 보면 된다. 그래서 백성으로부터 신뢰를 얻지 못한 채 간언한다는 뜻으로 이(以)를 새긴다. 아무리 바른 말이라도 서로의 믿음을 떠나면 엉뚱한 소리가 되고 만다. 좋은 말[言] 귀양 보낸다는 속담이 왜 생겼는지 알 만하다.

믿을 신(信), 뒤 후(後), 부릴 로(勞), 아닐 미(未), 생각할 위(爲), 위태로울 려(厲), 자기 기(己), 간할 간(諫), 헐뜯을 방(謗)

제11장

【문지(聞之)】

대덕불유한(大德不踰閑)

【원문(原文)】

子夏曰 大德不踰閑이면 小德出入可也니라
자 하 왈 대 덕 불 유 한 소 덕 출 입 가 야

【해독(解讀)】

자하가 말했다[子夏曰]. "큰 덕을 어기지 않는다면[大德不踰閑] 작은 덕은 융통성을 지닐 수도 있다[小德出入可也]."

【담소(談笑)】

대덕불유한(大德不踰閑) 소덕출입가야(小德出入可也)

▶ 오륜(五倫) 같은 큰 덕이[大德] 울타리를[閑] 넘어서지만 않으면[不踰], 예절 같은 작은 덕은[小德] 들고[入] 날[出] 수 있다[可].

유(踰)는 월(越)과 같다. 경계를 넘어서다[踰]. 한(閑)은 난(闌)과 같다. 가로막는다[閑]. 유한(踰閑)은 경계를 벗어난다는 뜻이다. 곧 어긋나거나 어긴다는 말이다. 출입(出入)은 앞의 유한(踰閑)과 같은 의미로 새기면 된다. 대덕(大德)은 울타리를 벗어나지만 않으면 좀 어긋나도 용서받을 수 있다는 말로 헤아리면 된다.

대덕(大德)이라 하면 유가(儒家)에서는 주로 오륜(五倫)을 말한다. 물론 도가(道家)에서는 상덕(常德)이라 하여 자연의 모습을 말한다. 도가는 오륜을 거추장스러운 것에 불과하다고 한다. 한편 소덕(小德)은 예의범절(禮儀凡節) 등을 말한다. 미풍양속(美風良俗)이 바로 소덕이다. 그러므로 유가의 예(禮)가 융통성 없게 인간을 조여 맨다고 비난할 수만은 없다. 다섯 가지 큰 도리[五倫]만 엄격히 지킨다면 살아가면서 약간의 잘못을 범해도 용서받을 수 있다는 것이다. 줄기만 튼튼하다면 곁가지에 붙은 몇 잎이 누렇게 뜬다 한들 별 탈이 없다 한다.

대덕(大德)은 겉치레가 아니며 낡지도 않는다. 대덕인 오륜(五倫)을 낡았다고 팽개칠 수는 없다. 부자유친(父子有親)·군신유의(君臣有義)·부부유별(夫婦有別)·장유유서(長幼有序)·붕우유신(朋友有信) 등을 일러 오륜이라 한다. 물론 공자 당대에 오륜이란 말이 있었다고 보기는 어렵다. 오륜이라고 정리된 것은 맹자(孟子)에 의해서니 말이다. 『서경(書經)』「순전(舜典)」에 오전(五典)이란 말이 있는데, 이것을 보아도 당시 오륜에 해당하는 규범이 있었음을 짐작할 수 있다.

아버지와 아들한테는[父子] 서로 사랑함이 있다[有親]. 이러한 유친(有親)은 낡을 리가 없다. 임금과 신하한테는[君臣] 서로 의로움이 있다[有義]. 임금이 없는 시대라 하여 유의(有義)마저 버려질 리 없다. 임금을 대통령으로 바꾸어 생각하면 된다. 남편과 아내에게는[夫婦] 서로 달리 지켜야 할 것이 있다[有別]. 아무리 양성(兩性)시대라 한다지만 남자가 애를 낳을 수 없는 일이다. 그러니 유별(有別)을 차별(差別)로 읽어서는 안 된다. 어른과 아이들에게는[長幼] 순서가 있다[有序]. 젊은이가 늙은이를 대접하고 늙은이는 젊은이에게 고마워하는 마음가짐에서 우러나는 질서가 바로 유서(有序) 아닌가. 이 또한 낡을 리 없다. 벗한테는[朋友] 서로 믿음이 있다[有信]. 서로의 믿음이 있다[有信]는 것을 낡았다고 할 수 있는가. 결코 그럴 수 없다. 그러니 사람답게 살려면 오륜을 낡았다고 할 수 없다. 그러므로 자하가 말한 대덕(大德)은 여전히 우리가 걸어가야 할 길이다.

넘어설 유(踰), 가로막을 한(閑), 날 출(出), 들 입(入)

제12장

【문지(聞之)】

유시유졸자(有始有卒者) 기유성인호(其惟聖人乎)

【원문(原文)】

子游曰 子夏之門人小子는 當洒掃應對進退則可矣라 本之則無하니 如之何오
자유왈 자하지문인소자 당쇄소응대진퇴즉 가의 본지즉무 여지하

子夏聞之曰 噫라 言游過矣로다 君子之道를 孰先傳焉이며 孰後倦焉이리오 譬諸草木컨댄 區以別矣니 君子之道를 焉可誣也리오 有始有卒者는 其惟聖人乎인저
자하문지왈 희 언유과의 군자지도 숙선전언 숙후권언 비제초목 구이별의 군자지도 언가무야 유시유졸자 기유성인호

【해독(解讀)】

자유가 말했다[子游曰]. “자하한테서 가르침을 받는 젊은이들은[子夏之門人小子] 물 뿌리고 비로 쓸거나 손님을 접대하고 드나드는 일을 맡으면 잘하지만[當洒掃應對進退則可矣], 근본을 배우는 일이라면 하나도 없으니[本之則無] 어쩐 일인지 모르겠다[如之何].”

자하가 자유의 말을 전해듣고 말했다[子夏聞之曰]. “유감이로다[噫]! 그렇게 말한 자유가 지나쳤다[言游過矣]. 군자의 도를[君子之道] 어느 것이 먼저라 하여 전하고[孰先傳焉] 어느 것이 뒤라 하여 물리겠는가[孰後倦焉]? 이를 초목에 비유해보건대[譬諸草木] 이리저리 구분하여 나누어 기른다[區以別矣]. 군자의 도를[君子之道] 어찌 깔본단 말

인가[焉可誣也]. 먼저 하기와 뒤에 하기를 정하는 일[有始有卒者], 그것은 성인만이 할 수 있다[其惟聖人乎]."

【담소(談笑)】

자하지문인소자(子夏之門人小子) 당쇄소응대진퇴즉가의(當洒掃應對進退則可矣) 본지즉무(本之則無) 여지하(如之何)

▶ 자하한테서 가르침을 받는[子夏之門人] 아이들은[小子] 물 뿌리고[洒] 비질하는 일이나[掃] 손님을 맞이하는 일이나[應對] 잔심부름하는 일을[進退] 맡기면[當] 곧[則] 잘한다[可]. 그런데 근본을 배우는 일이라면[本之] 곧[則] 없으니[無] 어찌된 일인가[如之何].

문인(門人)은 동문(同門)·문도(門徒) 등과 같은 말이다. 한 선생 아래서 함께 배우는 무리[門人]란 뜻이다. 당(當)은 당사(當事)의 준말로 여기고 새기면 된다. 일을 맡기기에 알맞다[當]. 쇄소(洒掃)는 먼지가 일지 않게 물을 뿌리고 비질하는 것이다. 응대(應對)는 손님을 맞이하는 일로, 응대면(應對面)을 생각하면 된다. 본지(本之)에서 지(之)는 본(本)을 동사처럼 만든다. ~을 근본으로 삼아 한다[本之]. 그러므로 본지(本之)는 근본을 배운다는 뜻이다. 여기서는 본지(本之)를 '큰 것을 배워 터득하는 길[大學之道]을 배운다' 라고 풀이하면 무방할 것이다. 여지하(如之何)는 의문을 나타내는 관용어(慣用語)이다.

여기서 자유(自遊)가 하는 말이 『대학(大學)』의 대학지도(大學之道)에 나오는 다음과 같은 말을 떠올리게 한다. "물유본말(物有本末) 사유종시(事有終始) 지소선후(知所先後) 즉근도의(則近道矣)." 물건에는[物] 근본과[本] 말단이[末] 있고[有], 일에는[事] 뒤와[終] 처음이[始] 있다[有]. 앞이 되고[先] 뒤가 되는[後] 바를[所] 안다면[知] 곧[則] 대학의 도에[道] 가깝다[近]. 선후(先後)와 시종(始終)은 같은 말이다. 근본을 앞으로 하고 말단을 뒤로 한다는 것이 이 말을 해석하는 실마리다.

무엇을 근본으로 삼아야 하는가에 대해 『대학』은 이렇게 밝힌다. "대학지도(大學之道) 재명명덕(在明明德) 재친민(在親民) 재지어지선(在止於至善)." 대학의 도는[大學之道] 밝은 덕을[明德] 밝힘에[明] 있고[在], 백성과[民] 친함에[親] 있으며[在], 더할 바 없는[至] 선(善)에[於] 머묾에[止] 있다[在].

여기서는 명명덕(明明德)이 온갖 사물에 두루 있는 근본임을 밝히고 있다. 대학지도(大學之道)를 세 가지로 나누고 있다고 볼 것은 없다. 친민(親民)도 명명덕(明明德)이며 지어지선(止於至善)도 명명덕(明明德)이기 때문이다. 그러니 친민(親民)과 지어지선(止於至善) 모두 명명덕(明明德)을 구현하는 길이라고 볼 수 있다. 대학지도(大學之道)를 실천하고 싶은가? 그렇다면 먼저 친민(親民)하라. 바로 앞 11장에서 자하가 말한 대덕(大德)이 바로 대학지도(大學之道)인 셈이다.

그런데 자하가 대덕(大德)을 말하고 있지만, 그 문하(門下)의 제자들을 보면 대덕을 본지(本之)로 하지 않고 소덕(小德)에 불과한 쇄소(洒掃)·응대(應對)·진퇴(進退) 등만 잘한다고 자유가 꼬집고 있다. 근본을 무시하고 말단을 가르친다고 자하의 교육방법을 비판하는 것이다. 이 같은 자유의 비판을 전해들은 자하가 이렇게 말하고 있다. "희(噫) 언유과의(言游過矣)." 아[噫]! 그렇게 말했다면[言] 자유는[游] 잘못했다[過]. 희(噫)는 한숨을 쉬며 탄식함이다. 과(過)는 과오(過誤)의 준말로 여기고 새기면 된다.

집안 문(門), 알맞을 당(當), 물 뿌릴 쇄(洒), 비질할 소(掃),
응할 응(應), 대할 대(對), 나아갈 진(進), 물러갈 퇴(退), 근본 본(本)

군자지도(君子之道) 숙선전언(孰先傳焉) 숙후권언(孰後倦焉) 비제초목(譬諸草木) 구이별의(區以別矣) 군자지도(君子之道) 언가무야(焉可誣也) 유시유졸자(有始有卒者) 기유성인호(其惟聖人乎)

▶ 군자의 도에서[君子之道] 어느 것을[孰] 먼저 해[先] 전해야 하고[傳], 어느 것을[孰] 뒤로 해[後] 게을리한다는[倦] 말인가[焉]? 풀과[草] 나무[木]에[於] 군자의 도를[是] 비유해서 말한다면[譬] 그렇게 하여[以] 구분해[區] 나눌 수 있을 것이다[別]. 그런데 어찌[焉] 군자의 도를[君子之道] 깔보고 속여먹을 수 있겠는가[可誣]. 처음을[始] 정하고[有] 끝을[卒] 정하는[有] 일이란[者] 오로지[惟] 성인만이[聖人] 그럴 수 있을 것이다[其].

숙(孰)은 여기서 '어느 것' 이란 뜻이다. 영어의 'which' 와 같다. 선전(先傳)은 중요하다고 여기고 먼저 전한다는 뜻이고, 후권(後倦)은 중요하지 않으니 뒤로 돌려 전하는 일을 게을리한다는 뜻이다. 비제초목(譬諸草木)의 비(譬)는 여기서 유(喩)·유(諭)와 같다. 비유(譬喩)의 준말로 여기고 새기면 된다. 비슷한 것을 예로 들어 말해준다[譬]. 비제초목(譬諸草木)의 제(諸)는 시어(是於)의 준말이다. 물론 시어(是於)의 시(是)는 군자지도(君子之道)를 받는 지시어인데, 제(諸)에 시(是)가 포함되어 있다. 언가무야(焉可誣也)의 언(焉)은 여기선 하(何)와 같다. 어찌[焉]. 그리고 무(誣)는 기(欺)와 같다. 무기(誣欺)의 준말로 여기고 새긴다. 얕보고 속인다[誣].

자하의 말 역시 이미 앞에서 보았던 대학지도(大學之道)에 있는 "물유본말(物有本末) 사유종시(事有終始) 지소선후(知所先後) 즉근도의(則近道矣)"를 생각하게 한다. 자유는 본말(本末)을 나누어 근본(根本)을 먼저 하고[先] 말단(末端)을 뒤로 해야 한다[後]고 말한다. 그러나 자하는 어느 것이 먼저 할 것이고 뒤에 할 것인지 정하는 일은 오로지 성인(공자)이 할 수 있지 우리(자유와 자하)가 본말을 정할 수는 없다며 자유를 비판한다. 그러니 자하는 배우는 자의 능력에 따라 대학지도(大學之道) 즉 군자지도(君子之道)를 알맞게 가르쳐 명명덕(明明德)에 이르도록 해야 한다고 주장하는 셈이다. 아무래도 이 12장은 자하의 교육관(敎育觀)을 앞세우려는 속셈이 보인다. 불가(佛家)에서 단박에 깨우치게 한다는 돈오(頓悟)와 점차적으로 깨우치게 한다는 점수(漸修)가 부딪치듯 자유와 자하가 서로 다른 교육관을 내비치고 있다. 유가(儒家)의 입장에서 본다면 자하가 중용(中庸)을 얻고 있다 하겠다.

무엇 숙(孰), 먼저 선(先), 전할 전(傳), 뒤 후(後), 게으를 권(倦), 견줄 비(譬), 시어(是於) 제(諸), 풀 초(草), 구분할 구(區), 나눌 별(別), 어찌 언(焉), 업신여길 무(誣), 처음 시(始), 끝 졸(卒), 오직 유(惟)

제13장

【문지(聞之)】

사이우즉학(仕而優則學)

【원문(原文)】

子夏曰 仕而優則學하고 學而優則仕니라
자하왈 사이우즉학 학이우즉사

【해독(解讀)】

자하가 말했다[子夏曰]. "일하면서도 여력이 있으면 배우고[仕而優則學], 배우면서도 여력이 있으면 일한다[學而優則仕]."

【담소(談笑)】

사이우즉학(仕而優則學) 학이우즉사(學而優則仕)

▶ 일하면서[仕] 여력이 있다면[優] 곧[則] 탐구하고[學], 탐구하면서[學] 여력이 있으면[優] 곧[則] 일한다[仕].

사(仕)는 여기서 사(事)와 같다. 일거리를 잡아 열심히 한다[仕]. 탐구한 것을 실천한다는 말로 새기면 된다. 우(優)는 요(饒)와 같다. 넉넉해 남아돈다[優]. 학(學)은 본받아 배우고 터득하며 탐구한다는 뜻이다. 여기서는 학문(學文)의 준말로 보면 된다.

자하(子夏)의 말이 「학이(學而)」 편 6장에 있는 공자의 말씀을 생각하게 한다. 거기서 공자는 다음과 같이 말한다. "행유여력(行有餘力) 즉이학문(則以學文)." 살면서 실행하다가[行] 남는[餘] 힘이[力] 있으면[有], 곧[則] 그렇게 하면서[以] 성현의 말씀을[文] 본받아 배워 터득해라[學].

사이우(仕而優)의 우(優)는 유여력(有餘力)을 생각하면 이해하기 쉽다. 열심히 일하되 그래도 여력(餘力)이 있다면 빈둥거리지 말고 학문(學文)하라 함이다. 일을 등한히 하면서 학문하라는 것이 아니다. 학문하는 일과 학문한 바를 실천으로 옮기는 일[仕] 역시 다를 바 없다. 학문하다 말고 일할 게 아니라 학문을 할 만큼 다한 후에야 일하겠다 마음먹어야 한다는 것이다. 이는 곧 적당히 살지 말라는 말이다. 공자가 왜 일이관지(一以貫之)로 산다고 했는지 알겠다. 빈둥거리지 말라. 핑계 대며 살지 말라. 절실하게 탐구하고 일하라. 이 얼마나 치열한 삶인가.

일로 삼을 사(仕), 넉넉할 우(優)

제14장

【문지(聞之)】

애이지(哀而止)

【원문(原文)】

子游曰 喪致乎哀而止니라
자 유 왈 상 치 호 애 이 지

【해독(解讀)】

자유가 말했다[子游曰]. "상(喪)을 치름에는 슬픔을 극진히 하면 그만이다[喪致乎哀而止]."

【담소(談笑)】

상치호애이지(喪致乎哀而止)

▶ 장사(葬事)를 치름에[喪] 슬픔을[哀] 극진히 하면[致] 그만이다[止].

상(喪)은 거상(居喪)의 준말로 여기고 새긴다. 사람의 죽음에 임한다 함이 거상(居喪)이다. 물론 상(喪)을 상례(喪禮)의 준말로 보고 새겨도 된다. 치호애(致乎哀)의 치(致)는 지(至)·극(極)과 같이 더할 바 없이[至] 극진하다[極]는 뜻이다. 호(乎)는 목적어 앞에 써서 어조를 높이는 어조사(語助辭)이다. 애(哀)는 척(戚)과 같이 보면 된다. 애통해한다[哀]. 지(止) 다음에는 어애(於哀)가 생략됐다고 본다. 슬퍼하는 것으로 그친다[止於哀].

자유(子游)가 「팔일(八佾)」 편 4장에서 밝힌 스승의 가르침을 확인시켜주고 있다. 거기서 공자는 이렇게 말했다. "예여기사야녕검(禮與

其奢也寧儉) 상여기이야녕척(喪與其易也寧戚).” 예란[禮] 그것은[其] 사치스럽기[奢]보다는[與] 오히려[寧] 검소하고[儉], 거상이란[喪] 그것은[其] 이만하기[易]보다는[與] 오히려[寧] 진정코 애통해하는 것이다[戚].

상례는 진심으로 슬퍼하면 그만이다[止]고 단언하는 자유가 스승의 가르침을 철저하게 드러내고 있다. 자유는 지(止)라는 말로써 거상(居喪)을 이만(易慢)하게 치른다면 그보다 더한 허례(虛禮)는 없다고 비판한다. 결례(缺禮)·무례(無禮)·비례(非禮) 등은 바로 오만스럽고 방자해 제멋대로 하려는 마음가짐[易慢]에서 비롯된다. 또한 이만(易慢)은 허례를 불러오게 마련이다. 허세(虛勢)부리지 말라.

상례를 치를 상(喪), 극진할 치(致), 슬퍼할 애(哀), 그칠 지(止)

제15장

【문지(聞之)】

오우장야(吾友張也)

【원문(原文)】

子游曰 吾友張也는 爲難能也나 然而未仁이니라
자 유 왈 오 우 장 야 위 난 능 야 연 이 미 인

【해독(解讀)】

자유가 말했다[子游曰]. “나의 벗인 자장은[吾友張也] 어려운 일을 하는 데 능하다[爲難能也]. 그러나 아직 어질지는 못하다[然而未仁].”

【담소(談笑)】

오우장야(吾友張也) 위난능야(爲難能也) 연이미인(然而未仁)

▶ **내[吾] 벗인[友] 자장은[張] 어려운 일을[難] 해내는 데[爲] 능하다[能]. 그러나[然而] 아직 어질지는[仁] 못하다[未].**

장(張)은 여기서 자장(子張)을 말한다. 위난능야(爲難能也)에서 위난(爲難)은 강조하고자 앞으로 끌어냈다. 평범하게 말하면 능위난야(能爲難也)이다. 연이(然而)는 영어의 'but' 처럼 보면 된다. 미(未)는 아직 ~못한다는 뜻이다.

자장이 유능해서 어려운 일을 잘 처리하지만 어질지는 못하다고 자유가 평하고 있다. 벗의 충고를 아니꼽게 듣는다면 소인일 터이다. 유능한 사람이 인자(仁者)가 되기는 어려운 듯 보인다. 어려운 일을 잘 처리한다 해도 애인(愛人)하고 지인(知人)하기를 소홀히 한다면 매정한 사람일 따름이다. 차가운 사람들이 그렇다. 현대인은 지성인(知性人)이 되기만 강조하다가 덕성(德性)을 잃고 매정해지는 경우가 많다. 차가운 사람 이전에 따뜻한 사람이 그리운 것은 예나 지금이 다르지 않다.

> 벗 우(友), 베플 장(張), 할 위(爲), 어려울 난(難), 잘할 능(能), 그럴 연(然), 아닐 미(未)

제16장

【문지(聞之)】

당당호장야(堂堂乎張也)

【원문(原文)】

曾子曰 堂堂乎라 張也여 難與竝爲仁矣로다
증자왈 당당호 장야 난여병위인의

【해독(解讀)】

증자가 말했다[曾子曰]. "당당하구나[堂堂乎]! 자장의 모습은[張也]. 그러나 그와 더불어 인(仁)을 실천하기는 어렵다[難與竝爲仁矣]."

【담소(談笑)】

당당호(堂堂乎) 장야(張也) 난여병위인의(難與竝爲仁矣)

▸ **풍채는 훌륭하구나[堂堂乎] 자장이여[張也]! 그러나 그대와 함께[竝] 더불어[與] 인도(仁道)를[仁] 일구어가기는[爲] 어렵다[難].**

당당호(堂堂乎)에서 당당(堂堂)은 위풍당당(威風堂堂)이란 말을 떠올리면 된다. 풍채가 의젓해 훌륭한 모습을 당당(堂堂)하다 한다. 호(乎)는 감탄을 나타내는 어미사(語尾詞)이다. 여병(與竝)은 더불어[與] 함께 같이[竝]란 뜻으로 여(與)를 강조한 꼴이다. 위인(爲仁)은 인(仁)을 실천한다는 뜻이다.

앞서 자장(子張)에 대한 자유(子游)의 평과 여기 증자(曾子)가 내린 자장에 대한 평이 다를 바 없는 점을 보아 자장은 어질지는 못한 제자였던가 보다. 어질지 못하다면 공문(孔門)에서는 비판받아 마땅할 터이다. 그래서 연거푸 자장의 불인(不仁)을 비판하는 것인지 모르겠다.

증자가 자장을 평하며 말한 당당호(堂堂乎)의 속뜻을 헤아리기 위해서는 「양화(陽貨)」 편 6장을 다시 살펴봐야 한다. 거기서 자장이 공자께 인(仁)이란 무엇이냐고 묻자 공자가 대답해준 내용이 이렇게 나와 있다. "능행오자어천하(能行五者於天下) 위인의(爲仁矣)." 세상에 나아가[於天下] 다섯 가지를[五者] 실천할 수 있다면[能行] 인을(仁) 구현한다 하겠다[爲]. 자장이 그 오자(五者)가 무엇이냐고 묻자 공자가 이렇게 타일러준다. "공(恭) · 관(寬) · 신(信) · 민(敏) · 혜(惠)." 공손[恭] · 관대[寬] · 신의[信] · 민활[敏] · 은혜[惠] 등이 오자(五者)라는 것이다. 그리고 공자는 그 오자(五者)를 자장에게 다음과 같이 풀이해준다. "공손하면 욕보지 않고, 관대하면 여러 사람들이 따르며, 신의가 있으면 남들이 일을 부탁하고, 민활하면 일을 다할 수 있으며, 은혜로우면 능히 사람을 부릴 수 있다."

공자에게 무엇인가를 물으면 묻는 당사자에게 알맞은 내용을 들어 대답해준다. 자장에게 이렇게 인(仁)을 가르쳐주는 것을 보아 자장한테는 오자(五者)가 부족했던 모양이다. 풍채만 당당했지 오자(五者)가 부족한 자장을 증자가 비판하고 있다. 벗이 벗을 비판하는 것은 흉이 아닐 터이다. 하여튼 우리는 모두 오자(五者)를 무시하고 살아가고 있으니 다시금 공자께서 자장에게 타일러준 오자(五者)를 상기(想起)해보고 다들 부끄러워할 줄 안다면 인도(仁道)는 절로 넓혀지리라. 명성을 좇던 자장이여! 그대는 마치 지금 우리들의 자화상 같다. 그래서 벗들의 입질에 오르내리는 것이 아닌가.

훌륭한 태도 당(堂), 어려울 난(難), 더불어 여(與), 함께 같이 병(竝), 할 위(爲)

제17장

【문지(聞之)】

필야친상호(必也親喪乎)

【원문(原文)】

曾子曰 吾聞諸夫子호니 人未有自致者也나 必也親喪乎인저
증자왈 오문제부자 인미유자치자야 필 야친상호

【해독(解讀)】

증자가 말했다[曾子曰]. "나는 선생님으로부터 다음과 같은 말을 들었다[吾聞諸夫子]. '사람에게는 자발적으로 정성을 다하는 일이 아직은 없지만[人未有自致者也] 친상에는 반드시 정성을 다할 수 있다[必也親喪乎].'"

【담소(談笑)】

오문제부자(吾聞諸夫子) 인미유자치자야(人未有自致者也) 필야친상호(必也親喪乎)

▶ **나는[吾] 스승으로부터[夫子] 다음과 같은 말씀을[諸] 들었다[聞]. "사람에게는[人] 자발적으로[自] 정성을 다하는[致] 일이란[者] 아직 없다[未有]. 그러나 친상을 당하면[親喪] 반드시 진실로 슬퍼한다[必]."**

제부자(諸夫子)의 제(諸)는 시어(是於)의 준말이므로 시어부자(是於夫子)로 고쳐 새기면 된다. 시어(是於)의 시(是)는 다음에 이어지는 내용을 받는 지시어이다. 부자(夫子)는 공자(孔子)를 말한다. 자치(自致)의 치(致)는 지(至)·극(極)과 같은 뜻이다. 더할 바 없이[至] 극진하다[極]는 뜻이다. 남이 시켜서가 아니라 스스로 더 바랄 바 없이 극진히 함을 자치(自致)라 한다. 필야(必也)는 필(必) 다음에 유자치자(有自致者)가 생략됐다고 보고 필유자치자야(必有自致者也)라고 고쳐 새기면 속뜻을 짚어내기 쉽다. 한문은 될 수 있으면 생략하려고 한다. 그래서 문의(文意)나 문맥을 놓쳐서는 안 된다. 한문은 스스로 생각하며 새기기를 요구한다.

세상에는 진실로 정성을 다해 인자(仁者)가 되고자 정성을 쏟는 사람이 아직 없다는 공자의 말씀을 들었다고 증자(曾子)가 밝힌다. 마치 불가(佛家)에서 여시아문(如是我聞)하듯 증자도 스승의 말을 빌려 상례(喪禮)를 강조하고 있다. 증자의 말 역시 앞 14장에서 자유(子游)가 했던 말과 다를 바 없다. 애통해하면 그만이라고 한 자유의 말 역시 스승(공자)의 뜻에서 비롯된 상례이기 때문이다.

부모를 여의고 슬퍼하지 않을 자식이란 없다고 단언한 공자를 빌려 증자가 다시금 상례(喪禮)를 강조하고 있다. 친상(親喪)에 대한 공자의 생각은 「양화(陽貨)」편 21장에 절절하게 드러나 있다. 아마도 증자는 거기서 하신 말씀을 떠올린 것은 아닌가 한다. 21장으로 돌아가 공자가 재아(宰我)에게 밝혀주는 절절한 3년상(三年喪)을 되새겨보기 바란다. 목숨을 물려준 부모를 여의면서 슬퍼할 줄 모르는 인간이 있다면 그런 인간은 천벌을 받게 마련이다.

들을 문(聞), 시어(是於) 제(諸), 지극할 치(致), 친할 친(親), 잃을 상(喪)

제18장

【문지(聞之)】

맹장자지효야(孟莊子之孝也)

【원문(原文)】

曾子曰 吾聞諸夫子호니 孟莊子之孝也는 其他
증자왈 오문제부자 맹장자지효야 기타
可能也어니와 其不改父之臣與父之政이 是難
가능야 기불개부지신여부지정 시난
能라 하시니라
능

【해독(解讀)】

증자가 말했다[曾子曰]. "나는 선생님으로부터 다음과 같은 말을 들었다[吾聞諸夫子]. '맹장자는 효도했다[孟莊子之孝也]. 그 외 다른 일이야 남들도 다 할 수 있겠지만[其他可能也], 아버지의 다스림을 함께했던 아버지의 신하를 그대로 물려받아 쓴 일은[其不改父之臣與父之政] 남들이 따라하기 어려운 일이다[是難能].'"

【담소(談笑)】

맹장자지효야(孟莊子之孝也) 기타가능야(其他可能也) 기불개부지신여부지정(其不改父之臣與父之政) 시난능(是難能)

▶ 맹장자는[孟莊子] 효도했다[孝]. 다른 일들이야[其他] 따라할 수 있겠지만[可能], 아버지의 정사를[政] 함께했던[與] 아버지의 신하를[父之臣] 바꾸지 않고 그대로 물려받아 썼던[不改] 바로 그런[其] 일은[是] 따라하기[能] 어렵다[難].

맹장자(孟莊子)는 노(魯)나라 대부(大夫) 중손(仲孫) 속(速)이다. 맹장자의 아버지 헌자(獻子)는 후덕(厚德)하고 현명했는데, 맹장자는 아버지가 등용해 썼던 신하들을 그대로 물려받아 아버지가 펼쳤던 정사(政事)를 그대로 펼쳤다 한다. 부친의 후광을 업고 오만해하거나 부친의 후광을 시샘해 아버지의 옛 부하를 물러나게 했더라면 맹장자는 불효자가 되었으리란 말이다. 그러니 선친(先親)이 남긴 뜻을 저버리는 짓은 곧 불효(不孝)라 할 수 있다.

맹장자는 효자(孝子)였다 한다. 부모가 살아 있을 때 효도(孝道)는 누구나 다 한다 하겠지만, 별세한 다음에도 변함없이 효성을 바치기란 어려운 일이다. 유명을 달리한 선친께 어떻게 효도한단 말인가? 선친의 유지(遺志)를 받들어 더욱 더 잘 이어가면 바로 그런 삶이 효도이다. 맹장자는 아버지의 신하들과 함께 선친께서 현명하게 펼쳤던 정사(政事)를 그대로 이어받아 펼쳤기 때문에 남들이 하기 어려운 효도를 했다고 칭송받는 것이다. 진정한 효도란 이렇다 하겠다.

「양화(陽貨)」 편 21장으로 돌아가 공자와 재아(宰我)가 나누는 대화를 다시 살펴보기 바란다. 왜 3년상(三年喪)을 치러야 하는지 그 까닭을 새겨볼 수 있을 것이다. 공자께서 재아에게 이렇게 말해준다. "안즉위지(安則爲之)." 네 마음이 편하다면[安] 네 마음대로 해라[爲之]. 3년상은 너무 길다고 투정하는 재아에게 던지는 질문을 곰곰이 살펴 새겨보기 바란다. 그러면 우리가 마치 기생충처럼 붙어 부모님의 단물만 빼먹는 꼴이란 걸 다들 얼마쯤 뉘우치게 되리라. 「양화」 편 21장으로 돌아가 꼭 한번 다시 공자의 말씀을 들어보기 바란다.

맏 맹(孟), 효도 효(孝), 다를 타(他), 고칠 개(改), 정사 정(政), 잘할 능(能)

제19장

【문지(聞之)】

상실기도(上失其道) 민산구의(民散久矣)

【원문(原文)】

孟氏使陽膚로 爲士師라 問於曾子한대
맹씨사양부 위사사 문어증자
曾子曰 上失其道하야 民散久矣니 如得其情면
증자왈 상실기도 민산구의 여득기정
則哀矜而勿喜니라
즉애긍이물희

【해독(解讀)】

맹씨가 양부를 사사로 삼자[孟氏使陽膚爲士師] 양부가 어떻게 하면 되느냐고 증자에게 물었다[問於曾子].

증자가 말해주었다[曾子曰]. "위는 정도를 잃었고[上失其道] 백성은 갈피를 잡지 못한 지 오래되었다[民散久矣]. 만일 백성으로부터 자백을 얻어낸다면[如得其情], 곧 불쌍히 여기고 괴로워하되 기뻐하지 말라[則哀矜而勿喜]."

【담소(談笑)】

상실기도(上失其道) 민산구의(民散久矣) 여득기정(如得其情) 즉애긍이물희(則哀矜而勿喜)

▶ 위는[上] 지켜야 할[其] 도를[道] 잃었고[失], 백성은[民] 흐트러진 지[散] 오래되었다[久]. 만약[如] 백성으로부터[其] 자백을[情] 받아내더라도[得] 곧[則] 불쌍히 여기고[哀] 민망해해야지[矜] 기뻐하지[喜] 말아라[勿].

상(上)은 군신(君臣)을 뜻한다. 기도(其道)의 기(其)는 상지도(上之道)의 상지(上之)를 줄인 것으로 마치 영어의 정관사 'the' 와 같다고 보면 된다. 기정(其情)의 기(其)도 민지정(民之情)의 민지(民之)를 줄인 것으로 보면 된다. 애(哀)는 여기서 연(憐)과 같다. 애련(哀憐)의 준말로 여기고 새기면 된다. 불쌍히 여긴다[哀]. 긍(矜)은 민(愍)과 같다. 긍민(矜愍)의 준말로 여기고 새긴다. 민망해하다[矜]. 물론 긍(矜)과 애(哀)를 같은 뜻으로 보고 불쌍히 여김을 강조하려고 애긍(哀矜)이라고 했다고 여겨도 된다. 희(喜)는 다음에 기정(其情)이 생략됐다고 여기고 새긴다. 물희(勿喜)는 백성 중에서 죄 지은 사람을 찾아내 죄를 범했다는 자백을 받아냈다고 해서 기뻐하지 말라는 뜻으로 풀이하면 된다.

양부(陽膚)는 증자(曾子)의 제자 중 하나라고 한다. "맹씨사양부위사사(孟氏使陽膚爲士師)"라 했으니, 맹씨가[孟氏] 양부로[陽膚] 하여금[使] 사사가[士師] 되게 했다[爲] 즉 맹씨가 양부를 사사(士師)로 삼았음을 알 수 있다. 이에 양부가 스승인 증자를 찾아가 사사의 직책을 어떻게 해야 되느냐고 묻자 위와 같이 말해준 것이다. 사사(士師)란 법을 다스리는 관직으로서 말하자면 사법관(司法官)이라고 할 수 있다. 이런 직책을 두고 한 말이므로 여득기정(如得其情)의 정(情)을 자백(自白)이라고 새기는 것이다. 본래 정(情)이란 참모습을 말한다. 그래서 정(情)은 마음과 사물(事物)이 만나는 순간의 참모습을 뜻한다. 그러나 여기서는 법을 어긴 사실을 실토하는 모습이라고 여기고 새겨야 한다.

증자는 지금 백성을 법으로 다스린다면서 친민(親民)의 인도(仁道)를 잊어버리면 안 된다고 말해주고 있다. 위(上)가 인도(仁道)를 잃지 않았다면 왜 백성이 법을 어기겠는지를 먼저 생각하고, 죄 지은 백성을 아끼고 불쌍히 여기라고 당부한다. 윗물이 맑아야 아랫물도 맑다. 윗물이 더러운데 어찌 백성만 깨끗해야 한다 주장하는가. 지금 우리네 현실을 보라. 위가 썩었으니 아래가 썩어가는 것을 막기 어렵지 않은가. 백성이 왜 치자(治者)를 우습게 여기는가? 정도(正道)를 잃어버린 지배자를 백성은 존경하지 않는다. 증자는 지금 양부에게 권력의 앞잡이 노릇을 하지 말라고 충고하는 중이다. 권력이

나 권세의 앞잡이 노릇을 하다 보면 그 끝이 항상 흉해서 추하다는 사실을 일깨워주는 중이다. 우리네 법조계(法曹界)가 들어야 할 말일 터이다.

잃을 실(失), 흩어질 산(散), 오래 구(久), 만약 여(如), 얻을 득(得), 참모습 정(情), 불쌍히 여길 애(哀), 괴로워할 긍(矜), 말아야 할 물(勿), 기쁠 희(喜)

제20장

【문지(聞之)】

군자오거하류(君子惡居下流)

【원문(原文)】

子貢曰 紂之不善이 不如是之甚也니 是以로 君子惡居下流하나니 天下之惡이 皆歸焉이니라
자공왈 주지불선 불여시지심야 시이 군자오거하류 천하지악 개귀언

【해독(解讀)】

자공이 말했다[子貢曰]. "주(紂)임금의 포악함이[紂之不善] 알려진 것처럼 심하지는 않았다[不如是之甚也]. 이런 까닭으로[是以] 군자는 하류에 살기를 싫어한다[君子惡居下流]. 천하의 악이 모두 거기로 모여들기 때문이다[天下之惡皆歸焉]."

【담소(談笑)】

주지불선(紂之不善) 불여시지심야(不如是之甚也) 시이(是以) 군자오거하류(君子惡居下流) 천하지악개귀언(天下之惡皆歸焉)

▶ 상(商)나라 마지막 임금이었던 주왕(紂王)의[紂] 포악함이[不善] 이렇게까지[是] 심하지는[甚] 않았을 것이다[不如]. 이런[是] 까닭으로[以] 군자는[君子] 하류에서[下流] 살기를[居] 부끄러워하고 싫어한다[惡]. 천하의[天下] 악이란 악이[惡] 모두[皆] 하류로[焉] 모이기 때문이다[歸].

불선(不善) · 불인(不仁) · 부덕(不德)은 다 모진 짓을 말한다. 시지심(是之心)의 시(是)는 기록 등으로 남아 알려진 것을 뜻한다. 알려진 대로 그렇게[是]. 시이(是以)의 이(以)는 인(因)과 같다. ~까닭에[以]. 오거(惡居)의 오(惡)는 증(憎) · 치(恥)와 같다. 미워하고[憎] 부끄러워한다[恥]는 뜻으로 새긴다. 귀언(歸焉)의 언(焉)은 어시(於是)의 준말이다.

포악하고 무도한 인간상을 대자면 걸주(桀紂)를 말한다. 걸(桀)은 하(夏)나라 마지막 임금이고, 주(紂)는 상(商)나라 마지막 임금이다 (은나라가 곧 상나라이다). 둘 다 포악(暴惡)하고 무도(無道)한 폭군의 대명사로 통한다. 그렇다고는 해도 그들도 인간인데 알려진 것처럼 그렇게까지 포악했겠느냐고 자공(子貢)이 말하고 있다. 물론 자공이 주(紂)를 두둔하려고 그렇게 말하는 것은 결코 아니다. 사람이 한번 못된 짓을 범하면 다른 못된 짓까지 다 뒤집어쓰게 되는 세상 이치를 잊지 말라는 뜻으로 "불여시지심(不如是之甚)"이라 한 것이다. 한번 악하다는 평을 들으면 그 평판에서 벗어나기 어렵다는 것이다. 세상 사람들로부터 한번 못된 놈으로 낙인 찍히면 벗어나기가 어렵다 한다. 군자는 이런 까닭을 알기 때문에 하류(下流)에 머물기를 한사코 두려워하고 마다한다는 것이다.

하류(下流)란 무엇을 말하는가? 상선(上善)을 생각하면 된다. 선

(善)은 윗길이고 악(惡)은 아랫길이다. 그러니 하류는 여기서 악의 소굴을 뜻한다고 여기면 무방하다. 악을 한데 묶어 말한다면 천명(天命)을 어기는 짓이라고 할 수 있다. 그래서 「팔일(八佾)」 편 13장에서 공자는 이렇게 말해두었다. "획죄어천(獲罪於天) 무소도야(無所禱也)." 하늘에[於天] 죄를[罪] 지으면[獲] 빌[禱] 곳도[所] 없다[無]. 이는 곧 무슨 일이 있어도 악을 범하지 말라는 말씀이다. 그러자면 먼저 사욕(私欲)을 두려워해야 한다. 악이 내 바깥에 있다고 여기지 말라. 악은 내 안에 있다. 사욕이 바로 그런 악의 하류(下流)가 아닌가. 따지고 보면 포악한 폭군도 제 사욕에 미쳐 놀아난 망나니가 아닌가. 한번 망나니가 되면 벗어날 수 없는 것. 한번밖에 없는 인생을 망쳐버리고 말겠는가? 이렇게 자공이 자문(自問)해보라 한다. 군자는 사욕이 악의 하류인 줄 알지만 소인은 그런 줄 모른다. 그래서 소인은 하류에 머물러 제 인생을 악의 수렁으로 끌고 간다. 나는 그 수렁을 미워하고 싫어하는가? 나 먼저 자문해볼 일이다.

말고삐 주(紂), 착할 선(善), 심할 심(甚), 까닭 이(以), 싫어할 오(惡), 살 거(居), 흐를 류(流), 악할 악(惡), 모두 개(皆), 모여들 귀(歸), 이에 언(焉)

제21장

【문지(聞之)】

군자지과야(君子之過也)

【원문(原文)】

子貢曰 君子之過也는 如日月之食焉이니라 過也에 人皆見之하고 更也에 人皆仰之니라
자공왈 군자지과야 여일월지식언 과야 인개견지 경야 인개앙지

【해독(解讀)】

자공이 말했다[子貢曰]. "군자의 허물은[君子之過也] 일식과 월식과 같다[如日月之食焉]. 잘못하면[過也] 온 사람들이 모두 군자의 잘못을 바라보고[人皆見之], 잘못을 고치면[更也] 온 사람들이 모두 잘못을 고친 군자를 우러러본다[人皆仰之]."

【담소(談笑)】

군자지과야(君子之過也) 여일월지식언(如日月之食焉) 과야인개견지(過也人皆見之) 경야인개앙지(更也人皆仰之)

▶ **군자의[君子] 잘못은[過] 일식과 월식과[日月之食] 같다[如]. 잘못하면[過] 모든[皆] 사람들이[人] 그 잘못을[之] 바라보고[見], 잘못을 고치면[更] 모든[皆] 사람들이[人] 그것을[之] 우러러본다[仰].**

과(過)는 여기서 오(誤)·건(愆)과 같다. 잘못하고[誤] 허물을 범한다[愆]는 뜻의 과(過)이다. 여(如)는 사(似)와 같다. ~과 같다[如]. 경(更)은 개(改)와 같다. 고쳐 좋게 한다[更]. 앙(仰)은 여기서 경(敬)·모(慕)와 같다. 존경하고[敬] 사모한다[慕]는 뜻의 앙(仰)이다. 우러러 받든다[仰].

군자(君子)는 공인(公人)이다. 그러니 사람들 앞에서 감추거나 숨기려 해서는 안 된다. 지금 자공(子貢)이 「위령공(衛靈公)」 편 29장에서 스승(공자)이 가르쳐준 바를 상기하게 해준다. 공자는 잘못을 범하고도 고치지 않으면 바로 그런 짓이 잘못[過]이라고 단언했었다. 그

런 까닭에 공자는「학이(學而)」편 8장에서 이렇게 밝혔다. "과즉물탄개(過則勿憚改)." 잘못을 저질렀으면[過] 곧[則] 고치기를[改] 거리끼지[憚] 말라[勿].

만인 앞에서 떳떳하지 못하고서야 어찌 군자라 하겠는가. 물론 군자가 요새 말하는 인기(人氣)를 탐해서 그러는 것은 아니다. 몸뚱이 하나 잘 다듬어 대중의 인기를 받아보려고 탐하는 짓 따위는 군자와 아무런 상관이 없다. 오로지 정성을 다해 친민(親民)하려는 군자이므로 불인(不仁)이나 불의(不義)를 범하지 않았는지 항상 자신을 돌이켜 살피면서 삼가 산다. 그래서 백성은 군자라면 믿고 따르며 받든다. 자공이 그런 까닭을 잘 풀이해주고 있다. 오늘날 정치가 중에 군자가 하나만 있어도 정치판이 난장처럼 되지는 않을 것이다.

잘못할 과(過), 같을 여(如), 먹을 식(食), 모두 개(皆), 바라볼 견(見), 고칠 경(更), 우러러볼 앙(仰)

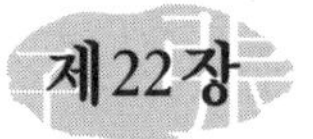

제22장

【문지(聞之)】

중니언학(仲尼焉學)

【원문(原文)】

衛公孫朝問於子貢曰 仲尼焉學고
위 공 손 조 문 어 자 공 왈 중 니 언 학

子貢曰 文武之道 未墜於地하야 在人이라 賢者
자 공 왈 문 무 지 도 미 추 어 지 재 인 현 자

識其大者하고 不賢者識其小者하야 莫不有文武之道焉하니 夫子焉不學이시며 而亦何常師之有이리오
식기대자 불현자식기소자 막불유문무 지도언 부자언불학 이역하상사지유

【해독(解讀)】

위나라 공손조가 자공에게 물었다[衛公孫朝問於子貢曰]. "공자는 어디서 배웠는가[仲尼焉學]?"

이에 자공이 말해주었다[子貢曰]. "문왕과 무왕의 도가 아직 땅에 떨어지지 않았고[文武之道未墜於地] 사람에게 있습니다[在人]. 현명한 사람은 그것에서 큰 것을 배워 알고[賢者識其大者], 현명하지 못한 사람은 그것에서 작은 것을 배워 압니다[不賢者識其小者]. 문왕과 무왕의 도가 아닌 것은 없습니다[莫不有文武之道焉]. 그러니 공자께서 어디서든지 배우지 않겠으며[夫子焉不學], 또한 어찌 누구에게나 배우지 않겠습니까[而亦何常師之有]?"

【담소(談笑)】

문무지도미추어지(文武之道未墜於地) 재인(在人) 현자식기대자(賢者識其大者) 불현자식기소자(不賢者識其小者) 막불유문무지도언(莫不有文武之道焉) 부자언불학(夫子焉不學) 이역하상사지유(而亦何常師之有)

▶ 주(周)나라 문왕과[文] 무왕의[武] 문물제도가[道] 땅바닥에[於地] 아직은 떨어지지 않고[未墜] 사람에게[人] 남아 있습니다[在]. 그래서 현명한 사람은[賢者] 주나라 문물제도에서[其] 큰 것을[大者] 배워 알지만[識], 현명하지 못한 사람은[不賢者] 거기서[其] 작은 것을[小者] 배워 압니다[識]. 그러니 어디든[焉] 문왕과 무왕의

문물제도[文武之道]가 없는 데가 없습니다[莫不有]. 스승께서[夫子] 어디라고[焉] 아니 배우시겠습니까[不學]? 그리고[而] 또한[亦] 어디에나[何] 항상[常] 선생이[師] 있답니다[有].

문무(文武)는 여기서 주(周)나라 문왕(文王)과 무왕(武王)을 말한다. 이들이 나라의 기틀을 이루고자 만든 모든 문물제도를 여기서 문주지도(文武之道)라 한 것이다. 기대자(其大者)와 기소자(其小者)에서 기(其)는 어문무지도(於文武之道)를 줄인 것으로 보면 된다. 문왕과 무왕의 문물제도에서[其]. 언(焉)은 여기서 하(何)와 같다. 어디서[焉].

"위공손조문어자공왈(衛公孫朝問於子貢曰) 중니언학(仲尼焉學)." 위(衛)나라 대부(大夫) 공손조가[公孫朝] 자공에게[於子貢] 물어[問] 말했다[曰]. "중니는[仲尼] 어디서[焉] 배웠는가[學]?" 여기서 언(焉)을 잘 새겨야 한다. 언(焉) 이 한마디가 어디에 있는 어떤 선생한테서 배웠느냐고 얕보는 느낌을 주기 때문이다. 이런 말을 듣고 자공이 건방진 공손조(公孫朝)를 계면쩍게 해주고 있다. 공손조는 공자가 성인(聖人)인 줄 몰랐던 모양이다. 성인은 어느 한 사람을 선생으로 여기지 않는다. 천지 삼라만상이 다 성인의 선생이요, 천치 바보마저도 성인께 선생 구실을 한다. 그래서 공자가 「술이(述而)」 편 21장에서 "삼인행(三人行) 필유아사(必有我師)"라 한 것이 아닌가. 세 사람이[三人] 함께 길을 가도[行] 반드시[必] 나를[我] 일깨워주는 스승이[師] 있게 마련이다[有]. 세상 천지 어디에나 선(善)과 불선(不善)을 가르쳐주는 선생이 있다는 말씀이다.

지금 자공을 보면 「팔일(八佾)」 편 14장에서 스승이 밝힌 말씀을 떠올려 공손조를 면박하고 있다는 생각이다. 그 14장에서 공자가 밝혔다. "오종주(吾從周)." 나는[吾] 주나라를[周] 따른다[從]. 그러니 지금 자공은 공자께 선생님이라면 주나라가 마련해놓은 문물제도(文物制度)라고 할 수 있다고 말하는 셈이다. 다만 현명한 사람은 주나라의 문물제도에서 큰것[大者]을 배워 알고, 현명하지 못한 사람은 거기서 작은것[小者]을 배워 안다는 차이점이 있다고 밝혀주고 있다. 대자(大者)란 무엇이고 소자(小者)란 무엇일까? 여러 가지로 새겨볼 수 있겠지만 군자불기(君子不器)란 말을 곁들여 대자와 소자를 가려 생각해 보면 좋겠다. 공손조여, 공자는 지식 따위를 전파하고 다니는 선생이 아니다. 인능홍도(人能弘道)를 일깨워 친민(親民)의 세상을 열고자 하는 적극적인 성인임을 대부 나부랭이가 어찌 알겠는가. 언제 어디서든 치자(治者)라는 자들이 무식하기 짝이 없다.

글 문(文), 굳셀 무(武), 떨어질 추(墜), 현명할 현(賢), 알 식(識), 아닐 막(莫), 어디 언(焉), 항상 상(常), 스승 사(師)

제23장

【문지(聞之)】

부자지장수인(夫子之牆數仞) 부득기문이입(不得其門而入)

【원문(原文)】

叔孫武叔語大夫於朝曰 子貢賢於仲尼하니라
숙손무숙어대부어조왈 자공현어중니

子服景伯以告子貢한대 子貢曰 譬之宮牆컨댄 賜之牆也及肩이라 窺見室家之好어니와 夫子之牆數仞이라 不得其門而入이면 不見宗廟之美와 百
자복경백이고자공 자공왈 비지궁장 사지장야급견 규견실가지호 부자지장수인 부득기문이입 불견종묘지미 백

官之富니 得其門者或寡矣라 夫子之云이 不亦宜乎아
관지부 득기문자혹과의 부자지운 불역의호

【해독(解讀)】

숙손무숙이 조정에서 여러 대부들에게 말했다[叔孫武叔語大夫於朝曰]. "자공이 중니보다 현명하다[子貢賢於仲尼]."

자복경백이 이 말을 자공에게 알려주었다[子服景伯以告子貢]. 그러자 자공이 말했다[子貢曰]. "궁궐의 담을 비유해 말하자면[譬之宮牆], 내 담의 높이는 어깨에 미쳐[賜之牆也及肩] 궁궐 안의 집들이 호사스러운 것을 고개를 들어 엿볼 수 있겠지만[窺見室家之好], 스승의 담은 높이가 수 척이라[夫子之牆數仞] 출입하는 문을 찾아 들어가지 못하면[不得其門而入] 종묘의 아름다움을 볼 수 없고[不見宗廟之美] 백관의 부유함을 볼 수도 없답니다[百官之富]. 그런데 스승께서 마련해둔 문을 찾은 사람이 항상 없는 편이니[得其門者或寡矣], 숙손무숙이 한 말이[夫子之云] 무리는 아닐 것입니다[不亦宜乎]."

【담소(談笑)】

비지궁장(譬之宮牆) 사지장야급견(賜之牆也及肩) 규견실가지호(窺見室家之好) 부자지장수인(夫子之牆數仞) 부득기문이입(不得其門而入) 불견종묘지미(不見宗廟之美) 백과지부(百官之富) 득기문자혹과의(得其門者或寡矣) 부자지운(夫子之云) 불역의호(不亦宜乎)

▶ 궁궐의[宮] 담을[牆] 비유해 말하자면[譬], 내가 쌓아올린[賜] 담은[牆] 어깨에[肩] 미쳐[及] 궁궐의 집무실이나[室] 건물들을[家] 기웃거려[窺] 엿볼 수 있습니다[見]. 그러나 스승(孔子)께서

쌓아올린[夫子] 담은[牆] 높이가 여러[數] 길이기 때문에[仞] 그 담의[其] 문을[門] 찾아[得] 들어가지 못하면[不入] 종묘의[宗廟] 장엄함과[美] 여러 조정 신하들의[百官] 장관을[富] 볼 수 없습니다[不見]. 하기야 스승께서 터놓은[其] 출입문을[門] 찾은[得] 사람이란[者] 언제나[或] 드무니까[寡] 숙손무숙이란 대부가[夫子] 했다는 말[云] 또한[亦] 무리가 아닙니다[宜].

비(譬)는 비유(譬喩)의 준말로 여기고 새기면 된다. 사(賜)는 자공(子貢)의 이름이다. 급(及)은 여기서 지(至)와 같다. ~높이까지 이르다[及]. 규견(窺見)은 몰래 살짝 엿본다는 말이다. 인(仞)은 여기서 척(尺)과 같다. 열 길 물 속은 알아도 한 길 사람 속은 모른다고 할 때 그 길을 연상하면 된다. 득(得)은 여기서 찾는다는 뜻이다. 불역(不亦) 호(乎)는 '또한 ~않겠는가'라는 뜻의 관용구이다. 의(宜)는 여기서 당(當)과 같다. 마땅하다[宜].

"숙손무숙어대부어조왈(叔孫武叔語大夫於朝曰) 자공현어중니(子貢賢於仲尼)." 노(魯)나라 대부(大夫) 숙손무숙이[叔孫武叔] 조정에서[於朝] 여러 대부들에게[大夫] 일러[語] 이렇게 말했다[曰]. "자공이[子貢] 공자보다[於仲尼] 더 현명하다[賢]." 숙손무숙(叔孫武叔)은 노나라 대부로 이름은 주구(州仇)이고 시호는 무(武), 자(字)는 숙(叔)이다. 이자가 조례(朝禮)에서 여러 대부들 앞에서 자공(子貢)과 공자(孔子)를 비교해 자공을 추켜세우고 공자를 깎아내렸던 모양이다.

"자복경백이고자공(子服景伯以告子貢)." 자복경백이[子服景伯] 숙손무숙의 말을 듣고[以] 자공에게[子貢] 알려주었다[告]. 자복경백(子服景伯)은 노나라 대부로 이름은 하(何)이다. 이(以)는 시이(是以)의 준말로 여기고 새기면 된다. 물론 여기서 시이(是以)의 시(是)는 숙손무숙이 했던 말을 가리킨다. 이런 시(是)는 문의(文意)를 보고 얼마든지 넣어 생각할 수 있으므로 생략해버린 것이다. 한문(漢文)은 문의(文意)를 따라가게 하되 계속 되풀이하지 않고 생략하는 버릇이 있다.

자공이 그와 같은 어이없는 말을 전해 듣고서 위와 같이 궁궐의 담을 비유하며 숙손무숙을 무시해버린 것이다. 자공의 언변이 얼마나 매끄러운지 알 만하다. 하기야 이미 공자가 「선진(先進)」편 2장에서 말솜씨[言語]라면 재아(宰我)와 자공이라고 말해둔 바 있다. 점잖게 무식한 숙손무숙을 깔아뭉개는 자공의 말솜씨이니 시비 걸 여지가 없다. 자공이 지금 권세를 누리는 무식한 치자(治者)를 나무라고 있는 셈이다.

견줄 비(譬), 궁궐 궁(宮), 담벼락 장(牆), 베풀 사(賜), 미칠 급(及), 어깨 견(肩), 엿볼 규(窺), 방 실(室), 집 가(家), 좋을 호(好), 잴 인(仞), 찾을 득(得), 언제나 혹(或)

제24장

【문지(聞之)】

중니일월야(仲尼日月也)

【원문(原文)】

叔孫武叔毁仲尼어늘 子貢曰 無以爲也하라 仲尼
숙 손 무 숙 훼 중 니 자 공 왈 무 이 위 야 중 니

不可毁也니 他人之賢者는 丘陵也라 猶可踰어니
불 가 훼 야 타 인 지 현 자 구 릉 야 유 가 유

와 仲尼는 日月也라 無得而踰焉이니라 人雖欲自
중 니 일 월 야 무 득 이 유 언 인 수 욕 자

絶이나 其何傷於日月乎리오 多見不知量也로다
절 기하상어일월호 다현부지량야

【해독(解讀)】

숙손무숙이 공자를 헐뜯자[叔孫武叔毁仲尼] 자공이 되받아쳤다[子貢曰]. "그러지 마십시오[無以爲也]. 공자님은 비방할 수 없는 분입니다[仲尼不可毁也]. 다른 사람들이 현명하다는 것은[他人之賢者] 언덕 같아서 누구나 넘어갈 수 있습니다[丘陵也猶可踰]. 그러나 공자님은 해와 달 같아[仲尼日月也] 도달할 수도 없거니와 넘을 수도 없습니다[無得而踰焉]. 사람들이 비록 스스로 공자님과 관계를 끊고 싶다 하더라도[人雖欲自絶] 어찌 해와 달에 흠집을 낸단 말입니까[其何傷於日月乎]? 좁은 소견머리만 다 드러내고 말 것입니다[多見不知量也]."

【담소(談笑)】

무이위야(無以爲也) 중니불가훼야(仲尼不可毁也) 타인지현자(他人之賢者) 구릉야유가유(丘陵也猶可踰) 중니일월야(仲尼日月也) 무득이유언(無得而踰焉) 인수욕자절(人雖欲自絶) 기하상어일월호(其何傷於日月乎) 다현부지량야(多見不知量也)

▶ 그런 말은[以] 하지 마십시오[無爲]. 공자님을[仲尼] 헐뜯을[毁] 수는 없습니다[不可]. 다른[他] 사람들이[人] 현명하다는[賢] 것은[者] 언덕[丘陵] 같아서[猶] 넘어갈[踰] 수 있습니다[可]. 그러나 공자님은[仲尼] 해와 달입니다[日月]. 그래서 다다르거나[得] 넘어가지[踰] 못합니다[無]. 사람들이[人] 비록[雖] 스스로[自] 공자님과 관계를 끊고자 해도[欲絶] 어찌[何] 해와 달을[於日月] 헐뜯어[其] 상처를 낸단 말입니까[傷乎]? 그래 보았자 좁은 소견머리만[不知量] 있는 대로 다[多] 드러내고 맙니다[見].

무이(無以)의 이(以)는 시이(是以)의 준말로 여기고 새기면 된다. 시이무위(是以無爲)라고 여기고 새긴다. 물론 시이(是以)의 시(是)는 숙손무숙훼중니(叔孫武叔毁仲尼)를 가리키는 지시어이다. 무위이(無爲以)A는 A 같은 것을[以] 하지[爲] 말라[無]는 뜻이다. 유(猶)는 사(似)와 같다. ~과 같다[猶]. 여기서 유(踰)는 월(越)과 같다. 넘어가다[踰]. 현(見)은 현(顯)과 같다. 살필 견(見)이지만 여기서는 드러낼 현(見)으로 새긴다. 부지량(不知量)은 이치를 잘 모르는 좁은 소견머리를 말한다. 양(量)은 도량(度量)이나 분량(分量)의 준말로 여기고 새기면 된다.

언어(言語)하면 자공(子貢)이라는 공자의 말씀이 틀리지 않다. 상대를 꼼짝 못하게 면박하는 자공을 보라. 공자를 헐뜯었다가 무숙(武叔)이 망신을 당하고 고개를 들지 못하게 되었다. 시비할 겨를을 주지 않고 무숙을 보잘 것 없는 소인(小人) 쯤으로 몰아버리고 만다. 공자(孔子)는 일월(日月)이라고 밝히는 자공을 두고 아부한다고 말하지 말라. 힘 있는 자의 비위를 맞추려고 온갖 찬사를 늘어놓는 짓이 아부이지 선생을 흠모하는 일이 어찌 아부이겠는가. 선생한테는 본래 힘[權力]이란 없다. 하물며 성인일 때는 더 말할 게 없다. 공자는 분명 사람의 길을 밝히는 성인(聖人)이다. 성인을 비유하자면 일월(日月)이 딱 맞다. 사람이 되고 싶은가? 그렇다면 공자의 빛을 받아 자명(自明)하면 된다. 공자가 밝히는 길보다 더 현명한 사람의 길은 없을 테니 말이다. 자공이 이 점을 확실하게 못박아 말한다.

비방할 훼(毁), 언덕 구(丘), 언덕 릉(陵), 같을 유(猶), 넘을 유(踰), 이를 득(得), 이에 언(焉), 비록 수(雖), 하고자 할 욕(欲), 끊을 절(絶), 상처 낼 상(傷), 드러날 현(見), 도량 량(量)

제25장

【문지(聞之)】

언불가불신야(言不可不愼也)

【원문(原文)】

陳子禽謂子貢曰 子爲恭也인정 仲尼豈賢於子乎리오
진 자 금 위 자 공 왈 자 위 공 야 중 니 기 현 어 자 호

子貢曰 君子一言以爲知하며 一言以爲不知니
자 공 왈 군 자 일 언 이 위 지 일 언 이 위 부 지

言不可不愼也니라 夫子之不可及는 猶天之不可
언 불 가 불 신 야 부 자 지 불 가 급 유 천 지 불 가

階而升也니라 夫子之得邦家者인댄 所謂立之斯
계 이 승 야 부 자 지 득 방 가 자 소 위 립 지 사

立하며 道之斯行하며 綏之斯來하며 動之斯和하며
립 도 지 사 행 완 지 사 래 동 지 사 화

其生也榮하고 其死也哀니 如之何其可及也리오
기 생 야 영 기 사 야 애 여 지 하 기 가 급 야

【해독(解讀)】

진자금이 자공에게 일러 말했다[陳子禽謂子貢曰]. "그대가 겸손해서 그렇지[子爲恭也] 공자가 어찌 그대보다 더 현명하겠는가[仲尼豈賢於子乎]?"

자공이 말해주었다[子貢曰]. "군자는 말 한마디로 현명하기도 하고[君子一言以爲知] 말 한마디로 어리석기도 하니[一言以爲不知] 말하기를 무슨 일이 있어도 삼가오[言不可不愼也]. 선생을 따라잡을 수 없음은[夫子之不可及] 마치 하늘에 사다리를 놓고 올라가는 꼴이요[猶天之不可階而升也]. 선생께서 나라를 다스리게 되면[夫子之得邦家者] 옛

말대로 나라의 백성을 세워 나라의 백성이 제대로 서게 하고[所謂立之斯立] 나라의 백성을 바르게 이끌어 백성이 바른 길을 가게 하며[道之斯行], 백성을 편안하게 하여 백성이 모여들게 하고[綏之斯來] 백성을 감동시켜 백성이 서로 화목하게 할 것이오[動之斯和]. 선생께서 살아 계시면 백성이 영광스럽게 여기고[其生也榮], 선생께서 돌아가신다면 백성이 애통해할 것이오[其死也哀]. 그런데 어찌 어느 누가 선생에게 미칠 수 있겠소[如之何其可及也]?"

【담소(談笑)】

자위공야(子爲恭也) 중니기현어자호(仲尼豈賢於子乎)

▶ 그대가[子] 공손해서이지[爲恭], 어찌[豈] 공자가[仲尼] 그대보다[於子] 더 현명하겠는가[賢乎]?

자(子)는 영어의 이인칭과 같다고 보면 된다. 물론 존대어로서 자(子)이고 자공(子貢)을 가리킨다. 그대[子]. 공(恭)은 손(遜)과 같다. 공손하다[恭]. 중니(仲尼)는 공자의 이름이다. 현(賢)은 명(明)과 같다. 현명(賢明)의 준말로 여기고 새기면 된다. 슬기롭다[賢]. 어(於)는 여기서 비교급으로 보고 새긴다. 어(於)는 문맥(文脈)이나 문의(文意)에 따라 뜻을 맞추어 새겨야 한다. 한문은 비교급이 영어처럼 정해져 있지 않기 때문이다. 어자(於子)의 자(子)는 자공을 가리킨다.

위와 같이 진자금이[陳子禽] 자공에게[子貢] 일러[謂] 말했다[曰]. 앞 장에서는 무숙(武叔)이 공자를 헐뜯고, 여기서는 진자금(陳子禽)이란 자가 공자를 얕보고 깎아내린다. 이에 자공이 사정없이 면박하고 나선다. 공자는 참으로 행복한 선생이다. 스승을 진실로 받들고 섬기는 제자들을 두었기 때문이다. 앞 장에서 무숙을 꼼짝 못하게 했던 것처럼 스승을 얕보는 진자금을 사정없이 면박하는 자공을 보라. "군자일언이위지(君子一言以爲知) 일언이위부지(一言以爲不知) 언불가불신야(言不可不愼也)." 군자는[君子] 말 한마디로써[一言以] 현명해지기도 하고[爲知] 말 한마디로써[一言以] 어리석게 되므로[爲不知] 말하기를[言] 삼갈[愼] 수밖에 없다[不可不].

일언이(一言以)는 이일언(以一言)으로 여겨도 된다. 이(以)는 목적어를 앞뒤로 다 받을 수 있기 때문이다. 자공은 지금 일언(一言)을 강조하고 있다. 평범하게 말하면 위지이일언(爲知以一言)이다. 함부로 말하지 말라는 뜻이다. 무슨 일이 있어도 세 치 혀를 조심해야 한다. 조주선사(趙州禪師)도 합취구구(合取狗口)하라고 했다. 개 주둥이[狗口] 닥쳐라[合取]. 언불가불신(言不可不愼)은 언(言)을 강조하려고 앞으로 끌어냈다. 불가불신언(不可不愼言)이라 여기고 새기면 쉽다. 무슨 일이 있어도[不可不] 말조심 해라[愼言]. 말을 함부로 하는 것으로 보아 진자금 너는 소인배에 불과하다는 가시가 자공의 말 속에 박혀 있다.

그대 자(子), 할 위(爲), 공손할 공(恭), 버금 중(仲), 여승 니(尼), 어찌 기(豈), 밝을 현(賢), ~보다 어(於)

부자지불가급(夫子之不可及) 유천지불가계이승야(猶天之不可階而升也) 부자지득방가자(夫子之得邦家者) 소위립지사립(所謂立之斯立) 도지사행(道之斯行) 완지사래(綏之斯來) 동지사화(動之斯和) 기생야영(其生也榮) 기사야애(其死也哀) 여지하기가급야(如之何其可及也)

▶ 공자를[夫子] 미칠[及] 수 없음은[不可] 하늘에[天] 사다리를 놓고[階] 올라가겠다는 것과[升] 같소[猶]. 공자께서[夫子] 나라와[邦] 백성을[家] 얻게 되는[得] 것이면[者] 옛 말대로[所謂] 나라와 백성을[之] 일으켜 세워[立] 나라와 백성이[斯] 잘 살게 하고[立], 나라와 백성을[之] 바르게 이끌어[道] 나라와 백성이[斯] 바르게 행하게 하며[行], 나라와 백성을[之] 따뜻이 하여[綏] 나라와 백성이

〔斯〕 모여들게 하고〔來〕, 나라와 백성을〔之〕 움직여〔動〕 나라와 백성이〔斯〕 서로 어울리게 할 것이오〔和〕. 그래서 공자께서〔其〕 살아 계시면〔生〕 백성은 영광스럽게 여기고〔榮〕, 공자께서〔其〕 돌아가셔 없게 되면〔斯〕 백성이 애통해할 것이오〔哀〕. 그런데 어떻게〔如之何〕 공자에〔其〕 미칠 수 있겠소〔及〕?

방가(邦家)를 나라[邦] 또는 백성[家]으로 여기고 새기면 된다. 민족(民族)이니 시민(市民)이니 국민(國民)이니 하는 말들은 서양 문물과 더불어 생겨난 말들이다. 본래 백성(百姓)이나 민(民)이라고 했다. 방(邦)은 국(國)과 같고, 가(家)는 민가(民家)의 준말로 여기고 새기면 된다. 『대학(大學)』에서 밝히는 친민(親民)의 민(民)이 바로 백성이다. 도(道)는 여기서 도(導)와 같다. 이끌어간다[道]. 입지(立之)·도지(道之)·완지(緩之)·동지(動之)의 지(之)는 방가(邦家)를 받는 지시어로 보면 된다. 그리고 사립(斯立)·사행(斯行)·사래(斯來)·사화(斯和)의 사(斯)는 방가(邦家)를 가리키는 지시어로 보고 새기면 된다.

자공이 진자금을 강한 어조로 사정없이 몰아세우고 있다. 말이 되는 소리를 해야지 입에 담을 수 없는 말을 지껄이면 못난 소인배에 불과함을 사무치게 하고 있다. 공자를 하늘로 여기는 자공을 보라. 앞 장에서 일월(日月)이라고 했으니 여기서 다시 공자를 천(天)에 비유하는 것이 마땅하고 당연하지 않은가. 언어(言語)에 뛰어났다 함은 정곡을 찔러 말할 줄 알았다는 뜻이다. 아마도 자공은 순발력이 뛰어났을 터이다. 진자금이란 자가 자공의 말을 제대로 알아들었다면, 자공이 자신의 면전에 대고 백성이 원망하는 자리에 머무적거리면서 어찌 공자를 이렇다저렇다 입에 올리느냐고 호통치고 있음을 알았을 터이다. 백성은 성군이면 길이길이 살기를 바라지만, 폭군이라면 어서 빨리 죽기를 바란다. 만일 공자께서 임금이 된다면 요순(堯舜)에 미치는 성군(聖君)이 될 게 틀림없다고 자공이 장담하고 있다. 자공이 제대로 잘 말하는 것이지 결코 허풍치는 것이 아니다.

미칠 급(及), ~과 같을 유(猶), 사다리 놓을 계(階), 오를 승(升), 얻을 득(得), 나라 방(邦), 집 가(家), 바 소(所), 일컬을 위(謂), 설 립(立), 이 사(斯), 이끌 도(道), 따뜻할 완(綏), 영광스러울 영(榮), 슬퍼할 애(哀)

후편(後篇) 20

요왈(堯曰)

입문 이 편에서 맨 처음 나오는 '요왈(堯曰)'을 따서 편명(篇名)으로 삼았다. 「요왈(堯曰)」 편은 3장(章)으로 이루어져 있으며 『논어(論語)』에서 가장 짧다. 다만 1장과 2장이 긴 편이어서 여기서는 편의상 몇 개로 나누어 살펴보려고 한다. 1장을 여섯 부분으로 나누고, 2장을 세 부분으로 나누었다. 다른 뜻은 없고 다만 담소(談笑)하기에 편하도록 편의상 그렇게 한 것에 불과하다.

1장과 2장이 긴 탓으로 「요왈」 편을 두고 말들이 많다. 나아가 마지막 3장은 『논어』를 엮은 사람이 집어넣었다는 말까지 있다. 그러나 그런 시비(是非)를 가릴 것 없이 그냥 그대로 성인(聖人)의 말씀을 주로 하면서 현자(賢者)의 어록(語錄)도 함께 곁들였다고 여기고 새겨들으면 그만이다.

『논어』는 이른바 철학(哲學) 책 같은 것이 아니다. 그렇다고 『성경(Bible)』이나 『코란(Colan)』이나 『베다(Veda)』 같은 종교의 경전(經典) 같은 것도 아니다. 그냥 공자와 그 제자들의 어록이라고 편하게 여기면서 듣고 새겨도 죄가 될 리 없으리라. 다만 공자를 성인(聖人)으로 여기고 『논어』에 등장하는 공자의 제자들을 현자(賢者)들로 여기며, 그들 사이의 말씀을 그냥 그대로 새겨들으면 충분하다고 본다.

「요왈」 편 1장에서는 왜 공자가 요순(堯舜)을 성군(聖君)의 이상형으로 보았는지 살펴볼 수 있다. 2장에서는 공자의 정치관(政治觀)을 살필 수 있고, 마지막 3장에서는 순명(順命)을 살펴볼 수 있다. 이렇듯 『논어』의 끝을 천명(天命)으로 끝맺은 것이 그

의미를 여러 가지로 새겨보게 한다. 천명이란 곧 저마다 본래(本來)를 어기지 말라는 뜻이 아닌가. 사람은 사람의 길이 있고, 소는 소의 길이 있고, 나무는 나무의 길이 있다. 그 길을 벗어나거나 어기는 짓을 말라 함이 천명 아닌가. 그러니 「요왈」 편 3장은 『논어』의 벼리[紀]를 생각하게 한다. 부지명(不知命)·부지례(不知禮)·부지언(不知言) 등에 붙어 있는 부(不)를 없애기 위하여 수기(修己)하고 극기(克己)하라 함이 이 책의 어록들이 담고 있는 공통분모가 아닌가 한다. 그러니 3장을 『논어』의 끝매김이라고 보면 되리라.

제1장

1

【문지(聞之)】

윤집기중(允執其中)

【원문(原文)】

堯曰 咨라 爾舜아 天之曆數在爾躬하니 允執其中하라 四海困窮하면 天祿永終하리라 舜亦以命禹하시니라
요왈 자 이순 천지력수재이궁 윤집기중 사해곤궁 천록영종 순역이명우

【해독(解讀)】

요임금이 말했다[堯曰]. "이보게[咨]! 순이여[爾舜]! 하늘이 내려준 차례가 그대에게 있다[天之曆數在爾躬]. 진정코 중용을 벗어나지 말라[允執其中]. 세상이 곤하고 궁하면[四海困窮] 하늘이 내리는 복록도 영영 끝나고 만다[天祿永終]."

순임금도 우왕에게 똑같은 분부를 내렸다[舜亦以命禹].

【담소(談笑)】

자(咨) 이순(爾舜) 천지력수재이궁(天之曆數在爾躬) 윤집기중(允執其中) 사해곤궁(四海困窮) 천록영종(天祿永終)

▶ 여보게[咨]! 자네[爾] 순이여[舜]! 하늘이[天] 내린 차례가[曆數] 바로 자네에게[爾躬] 있다네[在]. 무슨 일이 있어도 진실로[允] 중용의 도를[其中] 지키게[執]. 만물이 사는 세상이[四海] 가난에 찌

들어[困] 궁하면[窮] 하늘이 내린 녹봉도[天祿] 영원히[永] 끊어지리라[終].

자(咨)는 탄식하는 모습이다. 이순(爾舜)의 이(爾)는 손아랫사람을 낮추어 부르는 말투이다. '자네' 정도로 새기면 된다. 역수(曆數)는 철 따라 오는 절기를 연상하고 하늘이 정해주는 차례로 이해하면 된다. 여기서는 하늘이 임금을 정해주는 차례를 뜻한다. 이궁(爾躬)의 궁(躬)은 몸을 말한다. '네 몸 자신'이란 뜻이 이궁(爾躬)이다. 윤(允)은 여기서 성(誠)과 같다. '언제 어디서 무엇을 하든'이란 속뜻이 있는 윤(允)이다. 기중(其中)에서 기(其)는 '나 요(堯)임금이 그랬던 것처럼 순(舜)임금도 그리해주기 바란다'는 속뜻이 있다고 보고, 중(中)은 중용(中庸)의 준말로 여기고 새기면 된다. 사해(四海)는 만물이 있는 세상을 말한다. 곤궁(困窮)은 곤경(困境)과 궁핍(窮乏)의 준말로 여기고 새긴다. 살기가 어렵고 궁하다[困窮]. 종(終)은 여기서 절(絶)과 같다. 끊어져버린다[終].

윤집기중(允執其中)의 윤(允)에 담긴 간절한 뜻을 헤아리기 위해서는 『서경(書經)』「요전(堯典)」을 살펴두어야 한다. 거기서 요임금에 대한 내용을 살펴보면 도움이 된다. 「요전」은 다음과 같이 시작한다.

"왈약계고제요(曰若稽古帝堯)컨대 왈방훈(曰放勳)이시니 흠명문사(欽明文思)가 안안(安安)하시며 윤공극양(允恭克讓)하사 광피사표(光被四表)하시며 격우상하(格于上下)하시니라. 극명준덕(克明俊德)하사 이친구족(以親九族)하시고 구족기목(九族旣睦)하시니 평장백성(平章百姓)하시고 백성소명(百姓昭明)하니 협화만방(協和萬邦)하사 여민(黎民)이 오변시옹(於變時雍)하니라."

옛[古] 요임금을[帝堯] 살펴[稽] 이르되[曰若], 더할 바 없이[放] 백성을 편안히 살게 하는 공적을 이루었다[勳]. 공손하고[欽] 현명하며[明] 우아하고[文] 속이 깊어[思] 온유하면서[安安] 진실로[允] 공손하였고

[恭], 서슴없이[克] 사양하여[讓] 그 빛을[光] 온 사방에[四表] 비춰[被] 천지에[于上下] 그득하게 하였다[格]. 큰 덕을[俊德] 남김없이 밝혀[克明] 집안 대대로[九族] 이로써[以] 가까이 지내게 되고[親], 백성을[百姓] 고르게 하고[平] 밝게 하여[章] 백성이[百姓] 밝게 다스려지니[昭明], 온 세상을[萬邦] 두루 평화롭게 해서[協和] 백성은[黎民] 놀랍게[於] 변하여[變] 곧[時] 평화로움을 누렸다[雍].

왜 유가(儒家)에서 요임금을 성인으로 받드는지 그 까닭을 여기서 알 수 있다. 요임금은 수신(修身) · 제가(齊家) · 치국(治國) · 평천하(平天下)를 손수 일구어낸 화신(化身)이기 때문에 유가가 그를 성인(聖人)이요 성군(聖君)으로 모시는 것이다. 흠명문사(欽明文思)는 수신(修身)의 길이고, 윤공극양(允恭克讓)은 제가(齊家)의 길이며, 평장백성(平章百姓)은 치국(治國)의 길이고, 협화만방(協和萬邦)은 평천하(平天下)의 길이다. 모든 길은 곧 수신(修身)의 길에서부터 열린다는 것을 요임금이 몸소 보여주었다고 『서경(書經)』이 밝혀주고 있다.

이런 요임금이 순(舜)에게 임금의 자리를 물려주면서 간곡히 부탁한 말이 곧 윤집기중(允執其中)이란 말씀이다. 그러니 기중(其中)의 중(中)을 중용(中庸)이라고 헤아릴 때 그 중용(中庸)이란 '흠명문사(欽明文思)는 수신(修身)의 길이고, 윤공극양(允恭克讓)은 제가(齊家)의 길이며, 평장백성(平章百姓)은 치국(治國)의 길이고, 협화만방(協和萬邦)은 평천하(平天下)의 길' 에서 벗어나지 말라는 간곡한 부탁이라고 새겨 짚을 수 있다. 물론 기중(其中)의 중(中)을 중정(中正)으로 새겨도 중용과 같은 말이다.

이렇게 간곡하게 당부하면서 임금의 자리를 자신의 아들이 아니라 남에게 물려주는 요임금이야말로 나라는 백성의 것이지 임금 개인의 것이 아님을 맨 처음 세상에 알린 분이라고 하겠다. 요새 말하는 민주주의란 무엇인가? 나라는 백성의 것이란 뜻을 현실화하겠다는 이념이 아닌가. 그러니 요임금을 최초의 민주적인 임금이었다고 해도 틀리지 않을 것이다. 지금도 나라를 마치 제 것인 양 사유화(私有化)하려는 속셈을 감추고 있는 독재자들이 득실거린다. 그런데 요임금은 B. C. 2258년에 돌아가신 분이니 이 얼마나 일찍이 민주주의를 실천한 성군(聖君)인가 말이다. 맏아들에게 임금의 자리를 물려주자고 주청하는 신하들을 물리치고 남인 순(舜)에게 임금의 자리를 물려주는 요임금을 잊어서는 안 된다. 투표한다고 해서 백성의 세상이 되지 않는 현실을 우리는 너무나 잘 안다. 요임금 같은 분이 있다면 투표해야 할 까닭이 없다. 다시 말해 투표한답시고 태평성대가 보장되는 것은 아니란 말이다.

이 자(咨), 너 이(爾), 순임금 순(舜), 책력 력(曆), 숫자 수(數), 몸 궁(躬), 참으로 윤(允), 잡을 집(執), 가운데 중(中), 곤할 곤(困), 막힐 궁(窮), 복록 록(祿), 길 영(永), 그칠 종(終)

순역이명우(舜亦以命禹)

▶ **순임금이[舜] 임금의 자리를 우(禹)에게 물려줄 때[禹] 요임금이 순임금에게 해주었던 것과 같은 말을[亦] 들려주었다[命].**

『서경(書經)』「순전(舜典)」을 보면 순(舜)에게 임금의 자리를 물려주기까지 요(堯)임금이 여러 가지로 순의 사람됨을 살폈음을 알 수 있다. 그 내용은 이러하다.

"신휘오전(愼徽五典)하시니 오전극종(五典克從)하며 납우백규(納于百揆)하시니 백규시서(百揆時敍)하며 빈우사문(賓于四門)하시니 사문목목(四門穆穆)하며 납우대록(納于大麓)하시니 열풍뇌우(烈風雷雨)에 불미(弗迷)하시니라. 제왈(帝曰) 격여순(格汝舜)하노라 순사고언(詢事考言)컨대 내언저가적(乃言底可績)이 삼재(三載)니 여첩제위(汝陟帝位)하라 순양우덕(舜讓于德)하사 불사(弗嗣)하시니라."

삼가[愼] 오륜을[五典] 빛나게 하니[徽] 오륜이[五典] 더할 바 없이

[克] 이행되고[從], 여러 관직을[百揆] 맡기시니[納] 여러 관직에[百揆] 곧[時] 질서가 잡혔고[敍], 사방 문에서[于四門] 제후를 맞이하게 하니[賓] 사방의 문이[四門] 화기애애하게 되었고[穆穆], 큰 숲 속에[于大麓] 들게 해[納] 모진 바람과[烈風] 우레와 빗속에서도[雷雨] 길을 잃지 않았다[弗迷]. 그래서 요임금이 말했다[帝曰]. "그대[汝] 순에게[舜] 고하노라[格]. 일을[事] 물어보았고[詢] 그대의 말을[言] 살펴보았다[考]. 그대의[乃] 말이[言] 가히[可] 공적을[績] 이룬 지[底] 3년이 지났으니[三載], 그대가[汝] 임금의 자리에[帝位] 오르시오[陟]." 순은[舜] 크게[于德] 사양하면서[讓] 계승하지 않았다[弗嗣].

순(舜)은 눈먼 아버지와 계모 밑에서 온갖 고초를 겪으면서도 효를 다했고, 이복동생이 자신을 죽이려 했지만 잘 타일러서 집안을 잘 이끌어갔다 한다. 그리고 초야에서 농사를 짓고 있을 때 요임금에게 발탁되어 임금의 자리까지 물려받게 되었지만 한사코 사양했다 한다. 요임금이 장자에게 제위(帝位)를 물려주기 바라고 한사코 거절했다는 것이다.

참으로 호랑이 담배 피던 시절이었다 하겠다. 임금의 자리마저 탐하지 않았던 순(舜)이었으니 가히 무친(無親) 무사(無私)의 성인이라 할 만하다. 요임금은 순에게 임금의 자리를 물려주었고, 순임금은 우(禹)에게 임금의 자리를 물려주면서 요임금이 자신에게 당부했던 내용을 그대로 전달하면서 우임금에게 성군이 되라고 했다 한다. 이 고사(故事)를 지금 우리는 어떻게 들어야 할까? 서로 대통령이 되려고 뻔뻔스럽게 몰아쳐야 하는 이 판국에서 요순(堯舜)은 꿈 같은 이야기에 불과하다는 자조(自嘲)를 어쩔 수 없다.

순임금 순(舜), 또한 역(亦), 명령할 명(命), 우임금 우(禹)

2

【문지(聞之)】

만방유죄(萬方有罪) 죄재짐궁(罪在朕躬)

【원문(原文)】

曰 予小子履는 敢用玄牡하야 敢昭告于皇皇后
왈 여소자리 감용현모 감소고우황황후

帝하노니 有罪不敢赦하며 帝臣不蔽니 簡在帝心이
제 유죄불감사 제신불폐 간재제심

니이다 朕躬有罪는 無以萬方이오 萬方有罪는 罪
짐궁유죄 무이만방 만방유죄 죄

在朕躬하니라
재짐궁

【해독(解讀)】

은나라 탕왕(湯王)이 하나라 마지막 임금인 무도한 걸왕(桀王)을 쳐낸 다음 천자(天子)의 자리에 오를 때 천지와 제후들에게 말했다[曰]. "나 미천한 이(履)는 [予小子履] 감히 검은 수소를 제물로 바치면서[敢用玄牡] 천제에게 숨김없이 밝힙니다[敢昭告于皇皇后帝]. 죄를 범한 자는 감히 용서할 수 없으나[有罪不敢赦] 옛 임금의 신하라 해서 다 묻어두지는 않을 것이며[帝臣不蔽], 이를 살펴보심은 천제의 뜻에 있습니다[簡在帝心]. 내 자신에게 죄가 있다면[朕躬有罪] 세상과는 무관하지만[無以萬方], 세상에 죄가 있다면[萬方有罪] 그 죄는 바로 제 탓입니다[罪在朕躬]."

【담소(談笑)】

여소자리(予小子履) 감용현모(敢用玄牡) 감소고우황황후제(敢昭告于皇皇后帝) 유죄불감사(有罪不敢赦) 제신불폐(帝臣不蔽) 간재제심(簡在帝心) 짐궁유죄(朕躬有罪) 무이만방(無以萬方) 만방유죄(萬方有罪) 죄재짐궁(罪在朕躬)

▶ 변변찮은[小子] 나[予] 이가[履] 감히[敢] 검은 수컷 소를[玄牡] 제물로 바치면서[用] 감히[敢] 천제께[于皇皇后帝] 숨김없이[昭] 고합니다[告]. 죄를 범했다면[有罪] 감히 용서할 수 없지만[不敢赦] 물러간 임금의 신하라 해서[帝臣] 다 묻어두지는 않을 것임을[不蔽] 살펴보는 일은[簡] 천제의 마음에[帝心] 달려 있습니다[在]. 제 자신이[朕躬] 죄를 범하면[有罪] 세상의[萬方] 탓이 아니지만[無以], 세상에[萬方] 죄가 있다면[有罪] 그 죄는[罪] 바로 저에게[朕躬] 있습니다[在].

현모(玄牡)는 제물(祭物)로 바치는 검은 수컷 소[牛]를 말한다. 암수를 자웅(雌雄)이라고 하지만, 심오한 뜻을 담아 암수라고 말할 때는 빈모(牝牡)라고 한다. 『도덕경(道德經)』에서 노자(老子)는 도(道)를 비유해 현빈(玄牝)이라고 했다. 도를 삼라만상(森羅萬象)을 낳는 검은[玄] 암컷[牝]이라고 비유한 것이다. 사(赦)는 석(釋)과 같다. 사죄(赦罪)의 준말로 여기고 새기면 된다. 죄를 용서해준다[赦]. 제신불폐(帝臣不蔽)는 불폐제신(不蔽帝臣)으로 여기고 새겨도 된다. 한문은 문법(文法)보다 문의(文意)를 중시하므로 주어니 목적어니 하여 제 자리가 엄격하게 정해져 있지 않다. 다만 앞머리에 나올수록 문의가 강조된다고 본다. 따라서 여기서는 제신(帝臣)을 강조한 말로 들으면 된다. 물론 제신(帝臣)의 제(帝)는 폭군 걸왕(桀王)을 말한다. 걸왕 밑에서 신하 노릇을 하면서 죄를 지은 신하와 죄를 짓지 않은 신하를 분별해서 죄를 범한 자는 처벌하고, 그렇지 않은 자는 찾아 새로 등용하겠다는 뜻이 제신불폐(帝臣不蔽)에 담겨져 있다.

간재제심(簡在帝心)의 간(簡)은 열(閱)과 같다. 간(簡)은 여기서 간취(簡取)의 준말로 여기고 새기면 된다. 골라서 취한다[簡]. 제심(帝心)의 제(帝)는 황황후제(皇皇后帝) 즉 천제(天帝)를 뜻한다. 그러니 여기서 제심(帝心)이란 하늘의 뜻을 말하고 나아가 백성의 뜻을 의미한다고 볼 수 있다. 죄를 범한 신하와 그렇지 않은 신하를 간별(簡別)하고 간취(簡取)하는 일을 탕왕 자신의 뜻이 아니라 하늘의 뜻에 따라 하겠다는 말로 간재제심(簡在帝心)을 새겨들으면 된다.

짐궁유죄(朕躬有罪)의 짐(朕)은 본래 신분의 차별 없이 자칭(自稱)하는 말이었다. 그러나 임금이 자신을 가리켜 칭하는 말이 되어 임금이 아니면 쓸 수 없는 말로 굳어졌다. 짐궁(朕躬)이란 바로 '이 나라는[朕] 몸뚱이[躬]' 정도로 뜻을 새기면 된다. 여기서 궁(躬)은 분명하게 강조한다는 의미가 있다. 짐궁유죄(朕躬有罪)는 임금이 된 내 자신이 죄를 범한다는 말이다. 그렇다면 세상 탓이 아니라 바로 내 자신의 탓이니 천벌을 달게 받겠다는 속뜻이 무이만방(無以萬方)에 스며 있다. 그러나 백성이 죄를 범한다면 모조리 임금이 된 내 자신 탓이란 뜻이 만방유죄(萬方有罪) 죄재짐궁(罪在朕躬)이란 말 속에 스며 있다. 온 세상에[萬方] 죄가 있다면[有罪] 그 죄는 바로 임금인 내 탓이란 말로 죄재짐궁(罪在朕躬)을 새기면 된다. 여기서 탕왕(湯王)은 성군이 될 자질을 갖추고 있음을 엿볼 수 있다. 자신에게 엄격하기 때문이다. 자신은 부정을 저질러대면서 남이 부정을 저질렀다고 으름장 놓는 세도가(勢道家)들이 얼마든지 있는 게 우리 세상 아닌가.

여소자리(予小子履)의 이(履)는 은(殷)나라를 연 탕왕(湯王)의 이름이다. 탕왕은 지금 자신을 엄하게 다스린 다음에 세상을 다스리겠다고 천제(天帝) 앞에 맹세하고 있다. 그러나 아무리 폭군 걸왕(桀王)을 내친 탕왕이라 한들 요순(堯舜)에 버금간다고 할 수는 없다. 하(夏)를 밀어내고 은(殷)나라를 열어 탕왕이 된 이(履)는 피를 흘리게 하고 임금의 자리에 올랐기 때문이다.

나 여(予), 신발 리(履), 감히 감(敢), 쓸 용(用), 검을 현(玄),
수컷 모(牡), 밝을 소(昭), 고할 고(告), ~에게 우(于), 임금 황(皇),
임금 후(后), 임금 제(帝), 용서할 사(赦), 묻을 폐(蔽), 바라볼 간(簡),
나 짐(朕), 몸 궁(躬)

3

【문지(聞之)】

수유주친(雖有周親) 불여인인(不如仁人)

【원문(原文)】

周有大賚하신대 善人是富하니라 雖有周親이나 不如仁人이오 百姓有過는 在予一人이니라
(주유대뢰 선인시부 수유주친 불여인인 백성유과 재여일인)

【해독(解讀)】

주나라에는 하늘이 내려주신 큰 선물이 있다[周有大賚]. 훌륭한 인재들이 많다는 것이다[善人是富]. 비록 지극히 친밀한 인재들이 있다 해도[雖有周親] 어진 사람만 못하다[不如仁人]. 백성한테 잘못이 있다면[百姓有過] 그 죄는 내 한 몸에 있다[在予一人].

【담소(談笑)】

주유대뢰(周有大賚) 선인시부(善人是富) 수유주친(雖有周親) 불여인인(不如仁人) 백성유과(百姓有過) 재여일인(在予一人)

▶ 주나라에는[周] 크나큰[大] 선물이[賚] 있다[有]. 그 선물이란

[是] 풍부한[富] 훌륭한 인재들이다[善人]. 비록[雖] 지극히[周] 친밀한 사람이[親] 있다 해도[有] 어진 사람[仁人] 같지 못하다[不如]. 백성에게[百姓] 허물이[過] 있다면[有] 그 죄는 내[予] 이 한 몸에[一人] 있다[在].

뇌(賚)는 사(賜)와 같다. 뇌사(賚賜)의 준말로 여기고 새기면 된다. 어른이 아랫사람에게 내려준다[賚]. 대뢰(大賚)의 대(大)를 하늘로 여겨도 된다. 본래 대(大)는 하늘을 대신하는 말로 쓰이기 때문이다. 선인시부(善人是富)의 선인(善人)은 훌륭한 인재를 뜻한다. 시(是)는 앞의 대뢰(大賚)를 가리키는데 선인(善人)이 곧 대뢰(大賚)임을 의미한다. 부(富)는 풍부(豊富)의 준말로 여기고 새기면 된다. 맨 앞 주유(周有)의 주(周)는 나라 이름이고, 주친(周親)의 주(周)는 지(至)와 같다. 지극하다는 뜻의 주(周)이다. 한문의 글자 하나하나에는 여러 뜻이 있다. 그래서 문의(文意)를 놓치면 헷갈리고 만다. 유과(有過)는 허물을 짓는다는 말이다.

주(周)나라 무왕(武王)이 은(殷)나라 마지막 임금인 폭군 주왕(紂王)을 치기 앞서 위와 같이 밝혔다고 한다. 주왕에 대한 이야기는 앞에서도 여러 번 이야기한 바 있다. 폭군의 화신(化身)을 대라면 으레 걸주(桀紂)를 말한다. 특히 주왕은 저 자신밖에 몰랐던 무도(無道)한 임금으로서 바른 말을 올리는 비간(比干)을 찢어 죽였다고 한다. 지금 무왕은 신하들에게 따끔한 말을 하고 있다. 아무리 절친한 사람이 있다 해도 한 명의 어진 사람만 같지 못하다고 설파하면서 폭군을 응징하기 위한 명분을 내세우고 있다 하겠다. 그러나 무왕이 주왕을 토벌했다는 소식을 듣고 수양산으로 들어가 고사리를 캐먹고 살다가 굶어죽었다는 백이숙제(伯夷叔齊)를 떠올려보면, 무왕 역시 피를 흘리게 한 임금에 불과하다는 생각이 든다.

그런데 무왕이 말한 수유주친(雖有周親)이나 불여인인(不如仁人)에 숨은 뜻을 어떻게 헤아려야 할까? 폭군 주왕(紂王)을 마땅히 내쳐야 하는 까닭을 암시하고 있다고 보면 무방할 것이다. 말하자면 폭군 주왕의 주변에는 아주 가까운 인척(周親)들은 있지만 인덕을 갖춘 어진 사람[仁人]은 없다는 말이다. 이 말을 어떻게 새겨들어야 할까? 폭군 주왕에게 제발 성군이 되라고 간(諫)했던 미자(微子)나 기자(箕子)나 비간(比干)은 주왕의 주친(周親)이었다. 비간은 주왕의 숙부(叔父)이고, 미자는 주왕의 서형(庶兄)이고, 기자는 주왕의 숙배(叔輩)였으니 지극히 가까운[周] 친척인 셈이다. 그렇기 때문에 이 셋을 주친이라고 말했던 것이리라. 그런데 불여인인(不如仁人)이라 했으니 주왕 곁에는 인덕을 갖춘 어진 사람이 한 사람도 없었다는 말로 들린다. 하지만 공자는 「미자(微子)」편 1장에서 기자 · 비간 · 미자를 가리켜 은유삼인언(殷有三仁焉)이라고 잘라 말했다. 공자는 이 셋을 다 인인(仁人)으로 본 것이다. 그러니 주왕 옆에는 인인(仁人)이 하나도 아니고 셋이나 있던 셈이다. 여기서 무왕이 은(殷)나라, 즉 상(商)나라를 물리쳐 은나라의 제후(諸侯)를 벗어나 천자(天子)가 되고자 했음을 짐작할 수 있다. 폭군 주(紂)를 토벌하고자 무왕이 명분을 쌓고 있다고 보면 되겠다.

그렇다고 무왕 역시 무도한 임금이란 의미는 아니다. 무왕은 문물제도를 공고히 하여 사람이 살 만하도록 주나라의 기틀을 다졌기 때문이다. 공자도 백성을 편안하게 살도록 했던 모범적인 나라로 주나라를 언급하지 않았는가. 「팔일(八佾)」편 14장에서 공자는 "오종주(吾從周)"라고 밝혔다. 나는[吾] 주나라를[周] 따른다[從]. 그리고 폭군을 몰아내려고 군사를 일으키는 명분을 내세우고 있지만, 백성한테 허물이 있어도[百姓有過] 그 죄는 바로 이 내 한 몸에 있다[在予一人]고 밝히는 무왕은 당당하다. 무왕 역시 탕왕처럼 자신에게 엄격하다. 무도한 임금이 되지 않으려면 무엇보다 먼저 자신에게 엄해야 한다. 공자가 왜 극기복례(克己復禮)하라 했으며, 『대학(大學)』은 왜 신독(愼獨)을 군자의 덕목으로 내놓았는가? 이는 다 자신을 엄하게 다스리라는 말이 아닌가. 무왕은 스스로를 다스리고 있던 셈이니 무왕의 명분(名分) 쌓기를 두고 시비를 가리자는 것은 아니다.

주나라 이름 주(周), 줄 뢰(賚), 풍부할 부(富), 비록 수(雖),
지극할 주(周), 친밀할 친(親), 같을 여(如), 허물 과(過)

4

【문지(聞之)】

근권량(謹權量)

【원문(原文)】

謹權量하며 審法度하며 修廢官하신대 四方之政行焉하니라
근권량 심법도 수폐관 사방지정행언

【해독(解讀)】

도량형을 고치고[謹權量], 문물제도들을 살펴 고치고[審法度], 없앴던 관서를 새로 다듬어[修廢官] 사방의 정치가 올바르게 되었다[四方之政行焉].

【담소(談笑)】

근권량(謹權量) 심법도(審法度) 수폐관(修廢官) 사방지정행언(四方之政行焉)

▶ 저울추와[權] 말과 되를[量] 엄격하게 하고[謹], 법률과[法] 제도

들을[度] 살펴서 좋게 하며[審], 없앴던[廢] 관서를[官] 고쳐 다듬어[修] 세상을[四方] 다스리는 일을[政] 바르게 했다[行].

근(謹)은 신(愼)과 같다. 근엄(謹嚴)의 준말로 여기고 새기면 된다. 삼가 엄하게 한다[謹]. 권(權)은 추(錘)와 같다. 권량(權量)은 저울추와 되[升]란 뜻이고, 권도(權度)는 저울과 자란 뜻이다. 심(審)은 상(詳)과 같다. 자세하게 살피다[審]. 수(修)는 여기서 정(正)과 같다. 수정(修正)의 준말로 여기고 새기면 된다. 고쳐 바르게 다듬다[修]. 사방지정행언(四方之政行焉)의 언(焉)은 사방지정(四方之政)을 받는 지시어로 보아 행사방지정야(行四方之政也)라고 고쳐 새긴다.

백성이 편안히 살 수 있는 세상이 되려면 권량(權量)이 어디서나 다 같아야 한다. 저울추와 되가 형편에 따라 서로 다르다면 항상 강자가 약자를 울리게 마련이다. 법도(法度)가 백성을 위하는 쪽이어야지 임금이나 대부를 위해 짜여지면 친민(親民)은 물 건너간 셈이다.

이른바 행정편의란 것이 설치면 백성이 고달프다. 관료가 떵떵거리는 나라치고 잘 사는 나라는 없다. 그러니 심법도(審法度)를 안민(安民)의 법도를 이룬다는 뜻으로 새기면 될 것이다. 또한 친민(親民)을 위한 관서를 부활시켰다는 뜻으로 수폐관(修廢官)을 새기면 된다. 폭군은 친민(親民)하기를 가장 싫어한다. 그러니 주왕(紂王)이 저질렀던 폐관(廢官)을 복구해 더 좋게 개선했다는 뜻으로 수폐관(修廢官)의 수(修)를 헤아리면 된다. 사방지정(四方之政)의 정(政)은 물론 안민(安民)의 정치로 새길 수 있다. 그렇지 않았다면 왜 공자가 "오종주(吾從周)"라고 실토했겠는가.

엄하게 할 근(謹), 저울추 권(權), 되 량(量), 살필 심(審), 제도 도(度), 고칠 수(修), 없앨 폐(廢), 관청 관(官), 다스릴 정(政), 행할 행(行), 이 언(焉)

5

【문지(聞之)】

거일민(擧逸民)

【원문(原文)】

興滅國하며 繼絶世하며 擧逸民하신대 天下之民歸心焉하니라
흥멸국 계절세 거일민 천하지민귀심언

【해독(解讀)】

망해가는 나라를 다시 일으켜주고[興滅國], 끊겨가던 세대를 다시 이어주며[繼絶世], 인재를 골라 등용하여[擧逸民] 온 백성이 떠났던 마음을 되돌렸다[天下之民歸心焉].

【담소(談笑)】

흥멸국(興滅國) 계절세(繼絶世) 거일민(擧逸民) 천하지민귀심언(天下之民歸心焉)

▶ **사라져가는[滅] 나라를[國] 다시 일으켜주고[興], 끊어진[絶] 대를[世] 다시 이어주며[繼], 숨은 인재를[逸民] 등용하여[擧] 온 백성의[天下之民] 마음이[心] 되돌아왔다[歸].**

흥(興)은 부흥(復興)의 준말로 여기고 새기면 된다. 다시 일으키다[興]. 계(繼)는 계승(繼承)의 준말로 여기고 새긴다. 절(絶)은 단(斷)과 같다. 세손(世孫)이 끊기게 하지 않았다는 말로 계(繼)를 새기면 된다. 거(擧)는 여기서 기(起)와 같다. 거용(擧用)의 준말로 여기고 새기면 된다. 일으켜 쓰다[擧]. 일민(逸民)은 숨어 있는 인재를 말한다. 숨어 있는 인재를 널리 찾아 썼다는 말로 거(擧)를 헤아리면 된다.

망해가는 나라를 다시 일으켜 세우려면 민심을 잃어서는 안 된다. 그러기 위해서는 무엇보다 거일민(擧逸民)으로써 떨어져 나간 민심을 되돌려야 한다. 이는 옛날이나 지금이나 다를 바가 없다. 썩어가는 나라일수록 일족(一族)이니 정실(情實)이니 하는 패거리들이 나라를 좀먹는다. 폭군이나 독재자 밑에는 그런 좀벌레들이 득실거리기 마련이다. 그래서 폭군이나 독재자의 끝이 험하고 흉한 것이다. 걸주(桀紂)의 말로를 아는 인간이라면 독재자를 멀리할 것이다. 그러나 권력이란 게 워낙 썩은 고깃덩이 같아서 한번 물면 놓기 싫어져 거일민(擧逸民)을 마다하고 아부하는 무리들과 패를 짓다가, 결국에는 걸주처럼 흉하게 끝을 보는 바보들이 나오고야 만다. 그들이 바로 폭군이요 독재자이다. 『논어(論語)』의 편자는 지금 무왕(武王)은 폭군 주(紂)를 토벌하기 위해 은나라를 공격한 것이지 은나라를 정복하기 위하여 그리한 것은 아니라고 무왕의 손을 들어주고 있다. 이를 감안하여 읽어두면 된다.

흥할 흥(興), 없어질 멸(滅), 이을 계(繼), 끊어질 절(絶), 들 거(擧), 빼어날 일(逸), 돌아올 귀(歸)

6

【문지(聞之)】

공즉열(公則說)

【원문(原文)】

所重民食喪祭러시니 寬則得衆하고 信則民任焉하
소중민식상제 관즉득중 신즉민임언

고 敏則有功하고 公則說이니라
민즉유공 공즉열

【해독(解讀)】

백성의 삶과 상례와 제례를 소중히 하고[所重民食喪祭] 너그러우면 백성을 얻고[寬則得衆], 신의를 얻으면 백성이 맡겨줄 것이다[信則民任焉]. 민활하면 공을 세울 것이고[敏則有功], 공평하게 하면 다 기뻐할 것이다[公則說].

【담소(談笑)】

소중민식상제(所重民食喪祭) 관즉득중(寬則得衆) 신즉민임언(信則民任焉) 민즉유공(敏則有功) 공즉열(公則說)

▶ 백성의 삶과[民食] 상례와[喪] 제례를[祭] 열마라도[所] 소중히 하고[重] 너그럽고 넉넉하게 하면[寬] 곧[則] 많은 사람을[衆] 얻는다[得]. 신의를 얻으면[信] 곧[則] 백성이[民] 믿고 맡기며[任], 현명하게 재빠르면[敏] 곧[則] 공을[功] 이루고[有], 두루 공평하면[公] 곧[則] 두루 기뻐한다[說].

소(所)는 여기서 기하(幾何)와 같은 뜻이다. 소중(所重)의 중(重)을 꾸며주는 부사로 볼 수 있다. 이 소(所)에는 깊은 뜻이 있다는 생각이 든다. 백성이 바라는 바는 대단한 것이 아니다. 여기서도 그저 마음 편하게 해주면 배가 덜 부르더라도 견디며 산다는 말로 들리기 때문이다. 그런 백성의 소박한 소망 하나 못 들어주는 치세(治世)라면 잘못된 것이라고 암시하는 말투를 소중(所重)의 소(所)가 느끼게 한다.

관(寬)은 유(裕)·유(宥)·서(恕) 등을 아우르는 뜻으로 볼 수 있다. 넉넉하고[裕], 느긋하며[宥], 용서하는[恕] 마음가짐이 곧 관(寬)이다. 관용(寬容)·관대(寬大)의 준말로 여기고 새기면 된다. 신(信)은 진(眞)·명(明) 등을 한데 묶는 뜻으로 새기면 된다. 진실하고[眞] 밝아[明] 의심할 것이 없다[信]. 이런 신(信)을 이루게 하는 덕목을 검(儉)·척(戚)·애(愛)·경(敬)이라고 한다. 검소하게 살라[儉], 친족끼리 화목하라[戚], 남들을 사랑하라[愛], 하늘(세상)을 두려워하라[敬]. 그러면 누구나 신임(信任)을 얻게 된다는 것이다. 민(敏)은 첩(捷)·총(聰)·달(達)·면(勉) 등을 아우르는 뜻이라고 보면 된다. 재빠르고[捷], 총명하며[聰], 두루 알고[達], 부지런하다[勉]는 뜻으로 민(敏)을 새기면 유공(有功)의 공(功)이 성실하게 노력해서 성취하는 보람임을 알 수 있을 것이다.

잔재주를 부려 세운 공은 모래 위의 성벽 같아 반드시 무너지고 말지만 땀 흘려 쌓아올린 공은 자랑스럽다. 공(公)은 공평(公平)하다는 말이다. 미운 놈 고운 놈이 없어지면 자연스럽게 공평해진다. 노자(老子)는 "용내공(容乃公) 공내주(公乃周)"라고 했다. 가리지 않고 품에 안음이[容] 곧[乃] 공평함이고[公], 공평함은[公] 곧[乃] 두루 통함이다[周]. 이런 점을 공자는 「위정(爲政)」편 14장에서 "주이불비(周而不比)"라 했다. 두루 통하되[周] 차별하지 않는[不比] 사람이 곧 군자라는 것이다. 공평하면[公] 임금이든 신하든 백성이든 두루 모두 기뻐한다[說]는 말을 누가 의심하겠는가.

세상을 바르게 다스려[四方之政行焉] 온 백성의 떠나버린 마음을 되돌릴 수 있는[天下之民歸心焉] 방책을 위와 같이 '소중민식상제(所重民食喪祭)·관즉득중(寬則得衆)·신즉민임언(信則民任焉)·민즉유공(敏則有功)·공즉열(公則說)'이라고 밝힌 셈이다. 무엇보다 민생(民生), 즉 소중민식상제(所重民食喪祭)를 가장 소중하게 하라고 당부하는 데 주목해야 한다. 금강산도 식후경(食後景)이란 말이 실감난다. 그리고 치자(治者)는 뭐라 해도 관대해야 하고, 신임을 얻어야 하고, 공평해야 한다. 이렇게 하면 덕치(德治)는 절로 되지 않겠는가. 이렇듯 「요왈(堯曰)」 편 1장은 요순(堯舜) · 탕왕(湯王) · 무왕(武王)을 들어 덕치를 환기시킨다. 그런데 치자들이 외면하니 언제나 덕치는 말로만 떠돌고 만다.

얼마 소(所), 중히 여길 중(重), 잃을 상(喪), 제사 올릴 제(祭), 너그러울 관(寬), 얻을 득(得), 무리 중(衆), 믿을 신(信), 맡길 임(任), 총명할 민(敏), 공로 공(功), 다 공(公), 기뻐할 열(說)

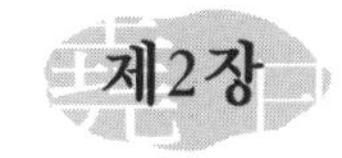

제2장

1

【문지(聞之)】

존오미(尊五美) 병사악(屛四惡)

【원문(原文)】

子張問於孔子曰 何如斯可以從政矣니이꼬
자 장 문 어 공 자 왈 하 여 사 가 이 종 정 의

子曰 尊五美하고 屛四惡이면 斯可以從政矣리라
자 왈 존 오 미 병 사 악 사 가 이 종 정 의

【해독(解讀)】

자장이 공자께 여쭈었다[子張問於孔子曰]. "어떻게 하면 바른 정치를 좇아 할 수 있습니까[何如斯可以從政矣]?"

공자께서 말해주었다[子曰]. "다섯 가지 미덕을 존중하고[尊五

美] 네 가지 악을 없앤다면[屛四惡] 바른 정치를 좇아 할 수 있다[斯可以從政矣]."

【담소(談笑)】

존오미(尊五美) 병사악(屛四惡) 사가이종정의(斯可以從政矣)

▶ 다섯 가지[五] 미덕을[美] 높여 공경하고[尊] 네 가지[四] 악덕을[惡] 가로막아 없애라[屛]. 그렇게 하면 곧[斯以] 바른 정치를[政] 좇아 할 수 있다[可從].

존(尊)은 귀(貴)와 경(敬)을 한데 묶은 뜻으로 새긴다. 높여[貴] 공경한다[敬]. 오미(五美)의 미(美)는 선(善)과 같은데 미덕(美德)의 준말로 여기고 새기면 된다. 덕을 넓힌다[美德]. 병(屛)은 제(除)와 같다. 가로막아 없앤다[屛]. 사악(四惡)의 악(惡)은 악덕(惡德)의 준말로 여기고 새긴다. 덕을 해친다[惡德]. 사(斯)는 여기서 즉(則)과 같다. 즉(則)은 앞의 내용을 다시 밝히는 구실을 한다. 사(斯)가 이(以) 뒤에 있다 생각하고 이사(以斯)로 바꾸어 새기면 쉽다. '이렇게[斯] 하면[以]' 정도로 이해하면 된다. 이 때 이(以)는 위(爲)와 같다.

자장이[子張] 공자께[於孔子] 물어[問] 여쭈었다[曰]. "하여사가이종정의(何如斯可以從政矣)?" 어떻게[何如] 하면[斯以] 바른 정치를[政] 좇아 할 수 있겠습니까[可從]? 이에 공자가 위와 같이 오미(五美)를 소중히 하여 높이고 사악(四惡)을 가로막아 물리치면 올바른 정치를 할 수 있다고 밝혀주었다.

오미(五美)는 다섯 가지 미덕을 말하고 사악(四惡)은 네 가지 악덕을 말한다. 정치의 덕(德)이란 친민(親民)을 실현하려는 뜻이다. 치자(治者)가 이런 정치의 덕을 실현하려면 수기안인(修己安人)하라는 공자의 말씀을 실천해야 할 것이다. 오늘날 치자들이 백성으로부터 불신(不信)당하는 것은 자신을 닦지 않고 남부터 다스리려고 덤비기 때문이 아닌가. 자신부터 깨끗하게 닦아라. 이는 무엇보다 정직하라 함이다. 그러자면 치자는 무사(無私)해야 한다. 수기(修己)하라. 이는 곧 무사(無私)하라 함이다. 무사(無私)하면 절로 오덕(五德)이 이루어지고 그러면 친민(親民)은 절로 된다. 백성의 마음을 읽고 백성을 편하게 해준다[親民]는 것은 먼저 수기(修己)로부터 시작됨을 잊지 말라. 그런 후에야 오미(五美)를 헤아릴 수 있다.

높일 존(尊), 좋을 미(美), 막을 병(屛), 나쁜 악(惡), 이 사(斯), 좇을 종(從), 다스릴 정(政)

2

【문지(聞之)】

혜(惠) · 노(勞) · 욕(欲) · 태(泰) · 위(威)

【원문(原文)】

子張曰 何謂五美니이꼬
자장왈 하위오미

子曰 君子惠而不費하며 勞而不怨하며 欲而不貪하며 泰而不驕하며 威而不猛이니라
자왈 군자혜이불비 노이불원 욕이불탐 태이불교 위이불맹

子張曰 何謂惠而不費니이꼬
자장왈 하위혜이불비

子曰 因民之所利而利之니 斯不亦惠而不費乎아 擇可勞而勞之이니 又誰怨이리오 欲仁而得仁
자왈 인민지소리이리지 사불역혜이불비호 택가로이로지 우수원 욕인이득인

이어니 又焉貪이리오 君子無衆寡하며 無小大히 無敢慢하나니 斯不亦泰而不驕乎아 君子正其衣冠하며 尊其瞻視하야 儼然人望而畏之하나니 斯不亦威而不猛乎아

우언탐 군자무중과 무소대 무감만 사불역태이불교호 군자정기의관 존기첨시 엄연인망이외지 사불역위이불맹호

【해독(解讀)】

자장이 여쭈었다[子張曰]. "다섯 가지 미덕이란 무엇입니까[何謂五美]?"

공자께서 말해주었다[子曰]. "군자는 혜택을 베풀되 낭비하지 않고[君子惠而不費], 일을 부리되 원망을 사지 않게 하며[勞而不怨], 바라되 탐하지 않고[欲而不貪], 태연하되 교만하지 않으며[泰而不驕], 위엄이 있되 사납지는 않다[威而不猛]."

자장이 여쭈었다[子張曰]. "혜택을 베풀되 낭비하지 않는다 함은 무슨 뜻입니까[何謂惠而不費]?"

공자께서 말해주었다[子曰]. "백성이 이득을 바라는 바를 따라 이득을 얻게 해주니[因民之所利而利之] 혜택을 주되 낭비하지 않는 것이 아니겠는가[斯不亦惠而不費乎]? 시킬 수 있는 일을 선택하여 일을 하게 하니[擇可勞而勞之] 또한 누가 원망하겠는가[又誰怨]? 어짊을 원해서 어질게 되는데[欲仁而得仁] 또 어찌 더 바랄 것이며[又焉貪], 군자한테는 많은 사람이건 적은 사람이건 따로 없고[君子無衆寡] 작은 사람 큰 사람이 따로 없어[無小大] 감히 교만하지 않으니[無敢慢] 이 또한 태연하되 교만하지 않음이 아닌가[斯不亦泰而不驕乎]? 군자는 옷차림을 바르게 하고[君子正其衣冠] 표정을 소중히 하며[尊其瞻視] 엄숙한 모습을 띠니 사람들이 군자를 우러러보고 어려워한다[儼

然人望而畏之]. 이 또한 위엄이 있되 사납지 않음이 아닌가[斯不亦威而不猛乎]?"

【담소(談笑)】

군자혜이불비(君子惠而不費) 노이불원(勞而不怨) 욕이불탐(欲而不貪) 태이불교(泰而不驕) 위이불맹(威而不猛)

▶ **군자는[君子] 백성에게 은혜를 베풀되[惠] 헛되이 쓰지 않고[不費], 백성에게 일을 부리되[勞] 백성으로부터 원한을 사지 않으며[不怨], 어질기를 바라되[欲] 어긋나게 바라지 않고[不貪], 백성을 편안하게 해주면서도[泰] 거드름을 피우지 않으며[不驕], 함부로 대하지 않게 하되[威] 사납게 대하지 않는다[不猛].**

혜(惠)는 인(仁) · 순(順) · 은(恩) · 사(賜) 등의 뜻을 두루 갖춘 말이다. 어진 마음으로 베푼다[惠]. 은혜(恩惠)의 준말로 여기고 새긴다. 백성을 편안하게 하면[安民] 그것이 곧 혜(惠)이다. 비(費)는 손(損) · 모(耗) 등의 뜻을 아우르는 말이다. 소중한 것을 없앤다[費]. 노(勞)는 근(勤)과 같다. 일을 시킨다[勞]. 한문에는 피동(被動)이니 능동(能動)이 따로 없다. 문의(文意)를 보고 새기면 된다. 그래서 노(勞)는 노역(勞役)의 준말로 새긴다. 원(怨)은 한(恨) · 에(恚) · 구(仇)와 같다. 한이 쌓이면[恨] 분노가 되고[恚] 분노가 쌓이면 원수가 된다[仇]는 뜻의 원(怨)이다. 원한(怨恨)의 준말로 여기고 새기면 된다.

군자가 바라는 바[所欲]는 인(仁)이다. 그러니 여기서 욕(欲)을 욕인(欲仁)의 준말로 여기고 새기면 된다. 그러나 군자는 탐인(貪仁)하지 않는다. 어긋나면서까지 인을 바라지 않는다. 군자는 항상 중용(中庸)에 머물러 살고자 하기 때문이다. 그래서 군자의 삶을 우제용(寓諸庸)이라 하지 않던가. 중용(中庸)으로 산다[寓]. 바로 앞 장에서 요(堯)임금이 순(舜)임금에게 윤집기중(允執其中)하라고 간곡히 부탁한 것도 따지고 보면 욕인(欲仁)하라 함이다.

태(泰)는 대(大) · 통(通) · 관(寬) · 안(安) 등을 아우르는 뜻으로 보면 된다. 특히 태(泰)는 여기서 안(安)과 같다. 편안하게 하다[泰]. 태안(泰安)의 준말로 여기고 새기면 된다. 위(威)는 구(懼)와 같다. 함부로 대하지 못하게 하다[威]. 맹(猛)은 엄(儼)과 악(惡)과 같다. 엄하고[儼] 모질다[惡]는 뜻의 맹(猛)이다. 사납고 모질다[猛].

자장이 "하위오미(何謂五美)"냐고 묻자 공자가 위와 같이 풀이해 주었다. 치자(治者)가 갖추어야 할 다섯 가지 미덕(美德)을 혜(惠) · 노(勞) · 욕(欲) · 태(泰) · 위(威)라고 밝힌 것이다. 이러한 치자의 오미(五美)에는 반드시 단서가 붙는다. 혜(惠)는 불비(不費)로, 노(勞)는 불원(不怨)으로, 욕(欲)은 불탐(不貪)으로, 태(泰)는 불교(不驕)로, 위(威)는 불맹(不猛)으로 이어져야 한다는 것이다. 턱없이 베풀지 말라 함이 혜(惠)의 불비(不費)일 것이고, 바라지 않는데 무리하게 노역을 부과하지 말라 함이 노(勞)의 불원(不怨)일 것이며, 백성을 어질게 대하되 함부로 어진 척하지 말라 함이 욕(欲)의 불탐(不貪)일 것이고, 백성을 편안하게 해준다며 백성 앞에서 내로라하며 뻐기지 말라 함이 태(泰)의 불교(不驕)일 것이며, 엄숙하게 대하되 모질게 대하지 말라 함이 곧 위(威)의 불맹(不猛)일 것이다. 정치를 하겠다면 오미(五美)를 새기면서 백성을 위해 헌신하라 함이 곧 친민(親民)이다.

은혜를 베풀 혜(惠), 소모할 비(費), 일할 로(勞), 원망할 원(怨),
바랄 욕(欲), 탐할 탐(貪), 넉넉할 태(泰), 교만할 교(驕),
위엄 위(威), 사나울 맹(猛)

인민지소리이리지(因民之所利而利之) 사불역혜이불비호(斯不亦惠而不費乎) 택가로이로지(擇可勞而勞之) 우수원(又誰怨) 욕인이득인(欲仁而得仁) 우언탐(又焉貪) 군자무중과(君子無衆寡) 무소대(無小大) 무감만(無敢慢) 사불역태이불교호(斯不亦泰而不驕乎) 군자정기의관(君子正其衣冠) 존기첨시(尊其瞻視) 엄연인망이외지(儼然人望而畏之) 사불역위이불맹호(斯不亦威而不猛乎)

▶ 백성이[民] 이롭게 되는 바에[所利] 말미암아[因] 백성을[之] 이롭게 해주는데[利], 이는[斯] 베풀어주되[惠] 함부로 마구 베풀지 않음이[不費] 아니겠는가[不亦乎]? 백성이 힘들여 할 수 있는[可勞] 바를 골라서[擇] 백성에게[之] 일하게 하는데[勞] 또[又] 어느 누가[誰] 한을 품겠는가[怨]? 군자는 어진 일을[仁] 바라서[欲] 그 어진 일을[仁] 이룩하는데[得] 또[又] 어찌[焉] 욕심을 부리겠는가[貪]? 군자에게는[君子] 사람들이 많거나[衆] 적거나가[寡] 따로 없고[無] 소인이나[小] 대인이[大] 따로 없으며[無] 무모하거나[敢] 오만하지도[慢] 않은데[無], 이는[斯] 넉넉해 너그럽되[泰] 방정스럽지 않음이[不驕] 아니겠는가[不亦乎]? 군자가[君子] 의관을[衣冠] 바르게 하고[正] 자기[其] 모습을[瞻視] 소중히 하면서[尊] 엄숙히 하면[儼然] 사람들이[人] 우러러보고[望] 군자를[之] 함부로 대하지 못할 것인데[畏], 이는[斯] 위엄을 갖추되[威] 사납지 않음이[不猛] 아니겠는가[不亦乎]?

인(因)은 여기서 유(由)와 같다. ～에 말미암아[因]. 민지소리(民之所利)는 백성[民]의[之] 이익 되는[利] 바[所]라고 직역해본 다음 우리말에 맞도록 풀어서 새기는 연습을 하면 한문(漢文)을 풀이하는 데 익숙해질 것이다. 이지(利之)의 지(之)는 백성을 가리키는 지시어이다. 소리(所利)의 이(利)는 '이롭게 된다' 는 뜻이고, 이지(利之)의 이(利)는 '이롭게 한다' 는 뜻이다. 이처럼 한문은 피동이니 능동이 따로 없으니 문의(文意)에 따라 여기고 새기면 된다. 불역(不亦) 호(乎)는 '~이 아니겠는가' 하고 부드럽게 반문하는 관용구로 보면 된다. 택가로(擇可勞)는 택민지소가로(擇民之所可勞)로 보고 새기면 된다. 한문은 되풀이하지 않고 서슴없이 생략하는 버릇이 심하다. 득인(得仁)은 어진 일을 실제로 행한다고 새기면 된다. 어진 일을 행동으로 보여 어짊을 이룩한다 함이 곧 득인(得仁)이다. 첨시(瞻視)는 남의 눈에 비치는 모습을 뜻한다. 곧 시선의 대상이 된다는 뜻이다.

자장이 "하위혜이불비(何謂惠而不費)"냐고 묻자 공자가 위와 같이 자상하게 풀어주었다. 무슨 뜻입니까[何謂]? 참으로 자상한 스승을 마주하게 된다. 성인은 사람을 가르쳐 개두(改頭)하는 데 꺼리지 않는다. 이렇듯 성인보다 더 미래를 걱정하는 사람은 없다. 공자가 「자한(子罕)」편 22장에서 왜 "후생가외(後生可畏)"하라고 당부하겠는가. 미래를[後生] 두려워할 수 있어야 한다[可畏]. 지금 공자는 자장(子張)이 정치를 묻자 어떻게 하면 선정(善政)을 실천할 수 있는가를 친절하게 타일러주고 있다. 치자(治者)라면 오미(五美)를 잊지 말라는 것이다. 베풀되 함부로 마구 베풀지 말라[惠而不費], 노역을 부리되 원한을 사지 말라[勞而不怨], 바라되 억지로 사납게 바라지 말라[欲而不貪], 너그럽되 교만하지 말라[泰而不驕], 의젓하되 사납지 말라[威而不猛]. 오늘날 치자(治者)들이 위와 같은 오미(五美)로 자신부터 삼가 다스린다면 정권이 바뀔 때 쇠고랑 차는 일들이 없어질 것이다.

말미암을 인(因), 이익 리(利), 이 사(斯), 고를 택(擇), 또 우(又), 누구 수(誰), 무리 중(衆), 적을 과(寡), 거만할 만(慢), 옷 의(衣), 갓 관(冠), 높일 존(尊), 바라볼 첨(瞻), 바라볼 시(視), 의젓할 엄(儼), 그럴 연(然), 바랄 망(望), 두려워할 외(畏)

3

【문지(聞之)】

학(虐) · 포(暴) · 적(賊) · 인(吝)

【원문(原文)】

子張曰 何謂四惡이니이꼬
자장왈 하위사악

子曰 不教而殺을 謂之虐이요 不戒視成을 謂之暴요 慢令致期를 謂之賊이요 猶之與人也로되 出納之吝을 謂之有司니라
자왈 불교이살 위지학 불계시성 위지포 만령치기 위지적 유지여인야 출납지린 위지유사

【해독(解讀)】

자장이 여쭈었다[子張曰]. "네 가지 악이란 무엇입니까[何謂四惡]?"

공자께서 말해주었다[子曰]. "백성을 가르치지 않고 죽이는 것을[不教而殺] 잔학(殘虐)이라고 하고[謂之虐], 미리 훈계하지 않고 결과만을 따지는 짓을[不戒視成] 포악(暴惡)이라고 하며[謂之暴], 명령을 엉터리로 하고 이행할 기한을 재촉하는 짓을[慢令致期] 적해(賊害)라고 하고[謂之賊], 어차피 사람들에게 줄 것을[猶之與人也] 주고받는 데 인색함을[出納之吝] 못난 벼슬아치라 한다[謂之有司]."

【담소(談笑)】

불교이살(不敎而殺) 위지학(謂之虐) 불계시성(不戒視成) 위지포(謂之暴) 만령치기(慢令致期) 위지적(謂之賊) 유지여인야(猶之與人也) 출납지린(出納之吝) 위지유사(謂之有司)

▶ 백성을 가르치지 않고[不敎] 죽이는 짓을[殺] 일러[謂] 잔학(殘虐)이라 하고[虐], 조심하고 경계해야 할 사항을 일러주지 않고[不戒] 성과만을[成] 살펴 따지는 짓을[視] 일러[謂] 포악(暴惡)이라 하며[暴], 명령을[令] 엉터리로 하고[慢] 기한을[期] 재촉하는 짓을[致] 일러[謂] 적해(賊害)라고 하고[賊], 어차피[猶之] 백성에게[人] 줄 것을[與] 내고[出] 들이는 데[納] 인색한 짓을[吝] 일러[謂] 윗전의 눈치만 살피는 벼슬아치 같다 한다[有司].

교(敎)는 교육(敎育)의 준말로, 살(殺)은 살인(殺人)의 준말로 여기고 새기면 된다. 백성을 편하게 살게 해주라는 것이 여기서의 교(敎)이고, 백성을 전쟁터로 몰아넣지 말라 함이 여기서의 살(殺)이다. 학(虐)은 잔(殘)·혹(酷)·가(苛) 등을 한데 묶은 뜻으로 여기면 된다. 잔학(殘虐)·잔혹(殘酷)·가학(苛虐) 등의 준말로 여기고 새기면 된다. 천하에 못된 짓이 바로 학(虐)이다. 호랑이보다 더 무서운 정치를 가리켜 학정(虐政)이라 한다. 이보다 더한 정치의 악폐(惡弊)는 없다.

계(戒)는 경(警)·고(告)·수(守) 등과 같다. 경계시키고[警] 알려주고[告] 지켜야[守] 한다는 뜻의 계[戒]이다. 일을 시키려면 먼저 철저하게 주의사항을 미리 알려주라 함이 여기서의 계(戒)이다. 시(視)는 여기서 비(比)와 같다. 살펴 따져 견준다[視]. 성(成)은 여기서 성과(成果)의 준말로 여기고 새기면 된다. 결과만 놓고 잘잘못을 따진다[視成]. 공자는 어떤 일에 대하여 면밀하게 살펴두지 않고[不戒] 일을 해놓은 결과만을 들어 따지고 못 살게 구는 것을 정치(政治)의 포(暴)라고 밝힌다. 포(暴)는 포악(暴惡)의 준말로 여기고 새기면 된다. 국민에게 덮어씌우려고 할수록 정치는 횡포에 불과하게 됨을 밝히고 있다.

만령(慢令)의 만(慢)은 산만(散漫)의 준말로 여기고 새기면 된다. 치기(致期)의 치(致)는 지(至)와 같다. 기한이 차다[致期]. 명령을 엉터리로 내려놓고 그 명령을 완수할 기한만을 다그치는 짓이 치기(致期)다. 공자는 이런 치기를 적(賊)이라고 밝힌다. 적(賊)은 여기서 상(傷)·해(害)와 같다. 상처를 내고[傷] 해롭게 하는[害] 짓[賊]이 정치의 적해(賊害)라고 한다. 이러한 적해는 백성으로 하여금 세상을 등지게 하고 만다. 그러면 민심(民心)은 멀리 달아나버린다.

유지(猶之)는 관용구로 '어차피 마찬가지'란 뜻이다. 유사(有司)는 창고지기에 해당하는 관직이다. 백성이 내는 세금으로 나라가 유지되는 줄 모르고 치자(治者)들이 백성을 우습게 보다가는 아래 벼슬아치들이 더욱 등쌀을 부리게 마련이다. 예산의 출납(出納)이 제멋대로 자행돼 벼슬아치가 도둑이 되고 만다. 백성의 재산이 마치 제 것인 양 높은 자한테는 후하고 백성한테 깐깐하게 구는 벼슬아치를 제대로 다루지 못하면 정치는 좀도둑을 키우는 꼴을 면하기 어렵다. 왜 탐관오리(貪官汚吏)가 생기는가? 벼슬아치들을 마치 치자(治者)만 위하는 창고지기[有司]마냥 몰아가기 때문이 아닌가. 모든 벼슬아치가 백성의 머슴 노릇 하기를 마다하지 않아야 친민(親民)의 치세(治世)가 된다고 공자가 밝히고 있다.

자장(子張)이 하위사악(何謂四惡)이냐고 묻자 공자가 위와 같이 대답해준 것이다. 공자가 밝혀놓은 정치의 사악(四惡)을 낡았다고 할 수 있겠는가? 아무리 세상이 변해도 정치를 망하게 하는 것은 변함없이 이 사악(四惡)일 것이다. 학(虐)·포(暴)·적(賊)·인(吝) 이 네 가지는 분명 정치의 악(惡)이다. 왜 지금 우리네 정치가 불신당하고 있는가? 바로 이 사악(四惡)을 뿌리뽑지 못하고 빈둥거리는 탓이 아닌가. 그러니 공자의 정치관(政治觀)을 낡은 것이라고 말할 수 없다.

가르칠 교(教), 죽일 살(殺), 일컬을 위(謂), 모질 학(虐), 조심할 계(戒)

따질 시(視), 이룰 성(成), 사납게 해칠 포(暴), 느슨할 만(慢), 명령 령(令), 말길 치(致), 해칠 적(賊), 같을 유(猶), 줄 여(與), 날 출(出), 들일 납(納), 인색할 인(吝), 맡을 사(司)

제3장

【문지(聞之)】

부지명(不知命)

【원문(原文)】

子曰 不知命이면 無以爲君子也오 不知禮면 無以立也요 不知言면 無以知人也니라
자 왈 부 지 명 무 이 위 군 자 야 부 지 례 무 이 립 야 부 지 언 무 이 지 인 야

【해독(解讀)】

공자께서 말했다[子曰]. "천명을 모르면[不知命] 군자가 될 수 없고[無以爲君子也], 예를 모르면[不知禮] 세상살이를 할 수 없으며[無以立也], 말을 모르면[不知言] 남을 알 수 없다[無以知人也]."

【담소(談笑)】

부지명(不知命) 무이위군자야(無以爲君子也) 부지례(不知禮) 무이립야(無以立也) 부지언(不知言) 무이지인야(無以知人也)

▶ 하늘이 시키는 바를[命] 알지 못하면[不知] 그래서는[以] 군자가[君子] 될 수[爲] 없고[無], 예를[禮] 알지 못하면[不知] 그래서는

〔以〕 세상에 나설 수〔立〕 없으며〔無〕, 말을〔言〕 모르면〔不知〕 그래서는〔以〕 남을〔人〕 알지〔知〕 못한다〔無〕.

지명(知命)은 지천명(知天命)과 같다. 무이위(無以爲)의 이(以) 앞에 앞의 내용을 받는 시(是)가 있다고 여기고 시이무위(是以無爲)로 새기면 쉽다. 여기서 군자(君子)는 넓은 뜻으로 인의(仁義)로 사는 사람을 말한다고 보면 된다. '바람직한 사람' 정도로 새기면 된다. 무위(無爲)는 될 수[爲] 없다[無]는 말이지 도가(道家)에서 말하는 무위(無爲)처럼 생각해서는 안 된다. 지례(知禮)의 예(禮)는 좁은 뜻의 예의(禮義)가 아니라 넓은 뜻의 예의로 보아야 한다. 사람이 사람답게 살도록 하는 모든 문물제도(文物制度)라고 이해하면 된다. 무이립(無以立) 앞에 군자(君子)가 있다고 여기고, 또한 무이지(無以知) 앞에도 군자(君子)가 있다고 여기고 새기면 된다.

이 3장을 두고 『논어(論語)』를 펴낸 사람이 만들어 넣었다는 말도 있지만, 자왈(子曰)로 시작하고 있으니 그냥 성인(聖人)의 말씀으로 여기고 마음 속 깊이 새겨들으면 그만일 것이다. 이 3장이 『논어』가 바라는 결론이라고 여겨도 무방하다. 왜냐하면 『논어』는 사람이므로 사람이 되어야 한다 함이 그 벼리[紀]이기 때문이다.

천명(天命)을 알라[知]. 여기서 천명은 하늘이 물려준 목숨으로 여기면 된다. 천명은 유가(儒家)와 도가(道家)에 두루 통하는 마음가짐이다. 목숨을 내 것이라고 생각하지 말라. 이는 내 목숨은 부모로부터 물려받았으므로 잘 간수했다가 후손에게 물려주어야 한다는 생사관(生死觀)이다. 공자도 나이 쉰이 되어서야 지천명(知天命)했노라고 실토한 것으로 보아 젊어서 알기는 어려운 경지가 지명(知命)인 모양이다. 나이 들어갈수록 제 부모(父母)에 대한 불효(不孝)가 사무쳐 온다고 한다. 늙어서야 효성의 참뜻을 뉘우친다니 이 또한 지명(知命)의 뉘우침이리라.

지례(知禮)란 자비존인(自卑尊人)의 참뜻을 알라 함이다. 자기를

[自] 낮추고[卑] 남을[人] 높여라[尊]. 그러면 남도 절로 그렇게 나를 대할 것이라 한다. 오만(傲慢)하고 불손(不遜)한 인간을 어느 누가 믿고 따를지 생각해보라. 겸허한 사람이 오만한 사람을 뉘우치게 하는 법이다. 빈 수레일수록 요란스럽다 함은 곧 무례(無禮)·결례(缺禮)·비례(非禮)를 떠올리게 하는 속담이 아닌가. 부지례(不知禮)란 곧 무례·결례·비례를 저지르고도 부끄러운 줄 모름을 가리키는 말이다. 뻔뻔스럽고 느글거리는 인간이 곧 예(禮)를 얕보는 망나니인 셈이다. 망나니가 어떻게 세상에 나설 수 있겠는가. 세상의 손가락질을 받지 않는 사람이 되고 싶은가? 그렇다면 행여 예에서 벗어날까 두려워하라.

지언(知言)이란 구급(口給)을 무서워하라 함이다. 공자는 「위령공(衛靈公)」편 40장에서 "사달이이의(辭達而已矣)"라 했다. 여기 지언(知言)이 왜 사달(辭達)인지 밝혀주고 있다. 남에게 내 말을 들어달라 하지 말고 내가 남을 알아들으려고 노력할 줄 알면 그게 바로 지언(知言)일 것이다. 말과 글이 서로 통한다[辭達] 함이 지언(知言)이니 말이다. 그래서 지언(知言)이라면 불언(不言)일 터이고, 불언(不言)이라면 침묵(沈默)이라 하는 것이다.

함부로 가볍게 말을 지껄이며 말을 버리는 짓[口給]을 범하는 사람이 되지 말라. 그래서는 남의 속을 알 수 없다. 그러면 불인(不仁)일 수밖에 없다. 남을 사랑하고[愛人] 남을 알아야[知人] 인도(仁道)를 걸어갈 수 있기 때문이다. 그러므로 성인(聖人)이신 공자의 말씀을 빌어 『논어』의 끝맺음을 "부지언(不知言)이면 무이지인(無以知人)"이라고 엮었으니 절묘하다. 남을 알아라[知人]. 그래야 남을 사랑한다[愛人]. 지인(知人)·애인(愛人)이 곧 『논어』를 관류하는 인도(仁道)의 풀이가 아닌가.

명령을 내릴 명(命), 예절 례(禮), 설 립(立)